신구 한국어교육선서 14

한국어교육 연구의 현황

2013

신구 한국어교육선서 14

한국어교육 연구의 현황 2013

한 재 영

신구문화사

머리말

유사 이래로 한국인 이외의 사람들이 이토록 한국어에 관심을 가지고, 한국어를 배우고자 하였던 시기가 있었던가 싶다. 바야흐로 한국어의 전성시대를 구가하고 있는 듯이 보이기도 한다. 감사한 일이다. 그러던 중 문득 한국어 교육이 어디쯤 가고 있는 것인지, 어느 곳으로 가고 있는 것인지, 우리가 제대로 하고 있는 것인지에 대한 의문이 들면서 그동안 해왔던 일들을 돌아볼 필요가 있음을 느끼게 되었다.

개인적으로는 서울대학교 어학연구소 한국어반(현 언어교육원 한국어교육센터)의 일을 거들게 되면서 인연을 맺게 된 한국어교육이 어느 새 30년을 지나게 되어 한번쯤 지나온 시간을 돌아보는 기회를 가지는 것이 필요하다고 생각해 오던 터였다.

그를 위하여 시작한 작업의 하나가 그동안의 한국어교육 관련 업적을 모두 모아보자는 것이었다. 한국어교육을 전공하고자 하는 이들에게 기본적인 자료를 제공할 수도 있고, 전문가들에게는 연구의 방향과 진행에 도움을 줄 수도 있을 것이며, 우리가 하고 있는 작업의 전반적인 내용과 방향을 가늠해 볼 수 있는 근거가 될 수도 있을 것이기 때문이다. 처음에는 한국어교육에 참고가 되는 업적들까지 대상으로 삼아 국어학과 언어학 그리고 국어교육의 관련 논저까지 목록화하였으나, 작업의 진행이 그리 간단한 일도 아닐 뿐만 아니라 현실적으로도 한국어교육의 오늘을 살피는 데에 별다른 도움이 되지 않는다는 판단을 하게 되었다. 한국어교육에 관한 문제를 다룬 업적들로 대상을 줄인 것이다.

그와 함께 무수히 간행된 한국어 교재 목록도 일단 제외하기로 하였다. 교재 자체에 관해서는 별도의 작업이 필요할 정도로 방대할 뿐만 아니라 한국어교육 연구와는 다소 성격을 달리한다고 판단한 것이다. 한국어교육 연구에 관한 것이라고 하더라도 학회의 발표집 등에 실려 논문의 형식과는 거리가 있거나, 발표집에 소개한 후에 정식 논문으로 간행된 경우에는 가급적이면 배제하고자 하였다. 하지만 발표집에만 소개되었으나 참고가 될 만한 내용이라고 판단이 되면 일부 대상으로 삼기도 하였다. '중국조선어문' 등에 수록된 내용들을 모두 수록 대상으로 삼지는 않은 까닭도 그러하다.

수집된 목록을 단순 나열하지 않고, 주제별로 영역을 나누어 제시한 것은 독자의 이용에 편의를 제공하고자 하는 의도도 있으나, 한국어교육의 연구 현황을 살피는 데에는 영역 구분이 필요하다는 생각을 하였기 때문이다. 그에 따라 하나의 논문이 둘 이상의 영역에 수록되는 경우가 생기게 되어, 7,380편의 논문이 전체적으로는 10,370편이 되었다.

논문을 수집하여 수록하는 과정에서 학회나 기관 또는 논문집의 명칭이 바뀐 경우가 일부 있었다. 대상의 시간폭이 30년 이상이나 되는 데에서 생긴 일이다. 여기서는 오늘의 학회명과 기관명 그리고 논문집 명칭으로 통일하기로 하였다. 동일한 학회나 기관 또는 논문집이 별개의 것으로 오해받을 수 있는 소지를 없애기 위한 조처이다. 그들의 몇몇을 소개하면 다음과 같다.

'청람어문학회'를 '청람어문교육학회'로, '경북어문학회'를 '한국문학언어학회'로, '한국국어교육연구학회'를 '한국어교육학회'로, '한국이어이문학회'를 '한국이탈리아어문학회'로 바꾼 것이라든가, '경희대학교 교육문제연구소'를 '경희대학교 교육발전연구원'으로, '연세대학교 언어정보개발원'을 '연세대학교 언어정보연구원'으로, '한국여성개발원'을 '한국여성정책연구원' 등으로 바꾼 것이 그러한 예이다.

지나온 30년을 돌아보면서 한국어교육과 인연을 맺도록 도와주시고, 한국어교육 현장에서 일할 수 있는 기회를 주신 여러 선생님을 기억하게 된다. 지금은 모두 정년퇴직을 하신, 서울대학교 국어국문학과의 이상억 선생님, 서울대학교 어학연구소 소장을 지내셨던 영어영문학과의 조준학 선생님과 박남식 선생님 그리고 돌아가신 김한곤 선생님(선생님께서는 한국어 강의를 들어가던 첫날, 학생들의 눈빛을 보며 이해하였는지를 확인해 가며 강의하라고 당부하시기도 하셨다.)과 언어학과의 이현복 선생님의 배려와 도와주심이 없었더라면 한국어교육과의 인연을 계속 이어나갈 수 없었을 지도 모른다. 하지만 선생님들께는 감사의 인사를 한 번도 제대로 드린 적이 없다. 너무나 인사가 늦어져 면구스러우나 이 자리를 빌어 감사의 인사를 드린다.

지나온 한국어교육을 돌아보고자 하는 작은 욕심으로 시작한 일이 생각보다 커지게 되었다. 기초적인 자료를 모으는 데에 결정적인 힘이 되어 준 고려대학교 박사과정의 이연정 선생과 자료의 완성도를 높이기 위하여 수정하고 보완하는 데에 큰 힘을 보태준 경희대학교 석사과정의 홍경아 선생의 도움이 없었다면 오늘의 이만한 목록은 만들어질 수 없었을 것이다. 그저 고마울 뿐이다. 기다림을 미덕으로 알고 마음 편히 대하여 주시는 신구문화사의 임미영 사장과 거친 원고를 고치고, 고치면서도 싫은 내색도 없이 늘 한결같은 모습으로 일을 맡아준 신구문화사의 최승복 편집부장께도 감사의 인사를 전한다.

모은다고 모으고, 다듬는다고 다듬었으나 미처 싣지 못한 업적들도 많이 있을 것이고, 내용이 잘못된 부분도 상당수 있으리라 생각한다. 특히 외국학자들의 이름 처리에는 일관성을 유지하지도 못하였다. 꾸준히 보완하고 수정해 나가야 할 나의 일이다.

2013년 10월 단풍 좋은 날에

한재영

차례

머리말 004

0. '한국어교육 연구의 현황 2013' 개관 011
Ⅰ- 01. 총론 023
Ⅰ- 02. 국가별 현황 033
Ⅰ- 03. 한국어 교육 관련 일반 059
Ⅰ- 04. 역사서 063
Ⅱ- 01. 교수법 067
Ⅱ- 02. 교재론 101
Ⅱ- 03. 학습목적별 151
Ⅱ- 04. 교육과정 165
Ⅱ- 05. 학습자 181
Ⅱ- 06. 오류/피드백/학습전략/학습불안/중간언어 215
Ⅱ- 07. 언어습득/이중언어 239
Ⅱ- 08. 교사양성 243
Ⅲ- 01. 말하기 253
Ⅲ- 02. 발음, 음성, 음운론 265
Ⅲ- 03. 구어 295
Ⅲ- 04. 표현(말하기, 쓰기, 어휘, 문법) 305
Ⅲ- 05. 듣기 319

Ⅲ- 06. 이해 327
Ⅲ- 07. 읽기 331
Ⅲ- 08. 문어 349
Ⅲ- 09. 쓰기 353
Ⅲ- 10. 한글/한글맞춤법 375
Ⅳ- 01. 문법 379
Ⅴ- 01. 어휘 467
Ⅴ- 02. 사전 533
Ⅴ- 03. 말뭉치 539
Ⅵ- 01. 평가 543
Ⅶ- 01. 지식/의식/인지양식/화행/담화 557
Ⅶ- 02. 문화 569
Ⅶ- 03. 문학 607
Ⅷ- 01. 대조 619
Ⅷ- 02. 통번역 657
Ⅸ- 01. 정책, 북한, 표준화, 기본법 661
Ⅸ- 02. 다문화, 여성결혼이민자, 방언 669
Ⅹ- 01. 사례 697

인명 찾아보기 703

0.
'한국어교육 연구의 현황 2013' 개관

0-1. 들어가며

바야흐로 한국어 전성시대가 왔다고 하여도 지나치지 않을 만큼 외국인들의 한국어에 대한 관심과 학습열은 유사 이래 거의 최고도에 이른 느낌이다. 그에 따라 한국어교육학에 관한 연구 업적도 엄청나게 많은 양이 생산되고 있다. 사실 한국어교육이 이루어진 역사는 상당히 오래되었으나, '한국어교육학'이라는 학문의 한 영역으로 자리를 잡게 된 역사는 그리 오래된 것은 아니다. 어찌 보면 학문 영역 가운데에서는 가장 어린 학문 영역이라고도 할 수 있겠다. 그동안 앞만 바라보고 달려 왔던 까닭은 한국어교육이라는 영역이, 아무것도 미리 준비된 것이 없는 황무지와 같은 형편이기 때문이었다.

하지만 언제까지 무작정 앞만 바라보고 뛸 수만은 없는 일이다. 이제는 우리가 어디쯤 가고 있는지, 어디로 가야 하는지를 확인해 보아야 할 때가 되었다고 할 수 있다. 우리가 달려온 길이 제대로 된 길이었는지, 우리가 달려온 태도와 방식은 온당한 것이었는지를 돌아보는 것은 한국어교육의 건강한 앞날을 위해서도 필요한 일이라 하겠다. 여기에 그동안의 한국어교육에 관한 연구의 총목록을 작성하는 것은 지나온 우리의 발자취를 돌아보는 데에 무엇보다도 먼저 해야 할 일이라고 판단한 까닭이다.

한국어교육에 관한 연구의 총목록은 한국어교육의 발전의 성격과 내용을 확인하고 점검하여, 한국어교육학이 보다 균형 잡힌 학문으로 나아갈 수 있는 근거 자료가 되리라고 믿는다. 아울러 학위논문이나 연구논문을 준비하는 이들에게는 참고논저 조사의 편의를 제공할 수 있음은 물론 개별 논문의 주제와 논지 전개의 방향을 잡는 데에도 도움을 줄 수 있을 것이다. 나아가 한국어교육 현장에 종사하는 이들에게는 현장에서 마주하게 되는 다양한 문제의 답을 찾아가는 길을 제시해 줄 것이며, 한국어교육 정책 입안자들에게는 한국어교육 연구의 전체적인 틀을 바라볼 수 있는 기회를 제공하여 한국어교육 연구의 폭과 깊이를 더할 수 있게 할 것이다.

본 목록은 크게 10개의 장으로 구성하였다. 이는 한국어교육이라는 학문이 갖추어야 할 이상적인 틀을 전제로 한 것은 아니다. 다만 지금까지 한국어교육에 관한 연구 업적들을 모아 살펴, 편의상 큰 범주로 나누어 본 것에 지나지 않는다고 할 수 있다. 아직 학문으로서의 한국어교육이 갖추어야 할 이상적인 틀의 모습이 분명하지 않은 현실을 생각한다면, 논저목록의 분류 작업을 통하여 틀을 상정하고, 보완하는 과정에서 보다 완벽한 한국어교육학의 모습을 찾아갈 수 있으리라 기대한다. 10개의 장은 다음과 같다.

먼저 Ⅰ장에서는 한국어교육에 관한 총론과 국가별 현황 그리고 한국어 교육과 관련된 일반론을 다룬 연구 업적들을 한자리에 모았다. 그와 함께 한국어교육과 관련된 역사서 또는 한국어교육의 역사를 다룬 업적들도 함께하도록 하였다. Ⅱ장에는 교육 현장과 관련한 주제를 다룬 업적들을 모았다. 교수법, 교재론, 학습목적별, 교육과정, 학습자, 오류·피드백·학습전략·학습불안·중간언어, 언어습득·이중언어 그리고 교사양성과 관련한 업적들이 그것이다. Ⅲ장에는 언어의 기능과 관련한 업적들을 소개하였다. 말하기, 듣기, 읽기, 쓰기가 그의 주된 내용이나, 이들과 관련된 문제들도 별도의 절로 묶어 제시하였다. 말하기와 관련한 발음·음성·음운론에 관한 주제가 그것이고, 말하기·듣기를 아울러 다룬 구어가 그것이며, 말하기와 쓰기를 함께 다룬 표현이 그것이다. 특히 표현에는 다소 성격이 다른 내용이 함께 묶여 있다는 점에서 이용에 유의할 필요가 있다. 외국어에서 문법적인 방식으로 나타내는 내용이 한국어에서는 문법범주를 취하지 않는 경우를 다룬 경우까지도 표현이라는 절로 묶었기 때문이다. 그러니까 표현이라는 절에는 어휘적인 문제라든가 문법적인 문제를 다룬 내용도 섞이어 있는 셈이다. 아직은 잠정적인 조처이다. 그밖에도 듣기와 읽기를 아울러 다룬 내용은 이해라는 이름으로 묶었으며, 읽기와 쓰기를 함께 다룬 업적은 문어로 묶어 제시하였다. 쓰기와 관계가 있는 한글과 한글맞춤법에 관한 내용들도 Ⅲ장에서 처리하였다. Ⅳ장에서는 문법과 관련한 업적들을 제시하였고, Ⅴ장에는 어휘 관련 업적들을 모았다. 어휘와 관련하여서는 한국어 학습자 사전과 말뭉치 관련 연구 업적들을 별도의 절로 묶어 제시하였다. Ⅵ장에서는 평가와 관련한 업적들을 모아 제시하였다.

Ⅶ장에는 한국어교육의 본질적인 문제와는 다소 거리가 있어 보이는 주제를 다룬 업적을 모았다. 인지양식과 화행 그리고 담화를 다룬 업적들과 한국문화 관련 업적 그리고 문학과 관련된 업적들이 그것이다. Ⅷ장에는 대조와 통역 및 번역 문제를 다룬 업적들을 제시하였으며, Ⅸ장에서는 한국어교육 정책과 관련하여 북한 관련 문제라든가 한국어교육의 표준화 문제 그리고 국어기본법 등과 관련된 문제를 다룬 업적들을 묶었으며, 다문화가정의 문제라든가 그와 관련한 한국어의 방언 교육에 관한 문제 그리고 여성결혼이민자에 관한 문제를 다룬 업적들을 제시하였다. 그리고 끝으로 Ⅹ장에는 한국어교육 현장

의 사례를 다룬 업적들의 목록을 소개하였다. 아직은 어설픈 모습을 보이고 있다고 하겠다. 앞으로 보완할 수 있는 기회를 가져 본서의 장 분류의 내용이 보다 정제되어 완성도를 높일 수 있기를 바란다.

다음 장에서는 위에 제시한 주제별 연구 현황을 간단히 살펴보기로 한다

0-2. 주제별 연구 현황

본서의 연구업적 총목록에 제시된 업적의 숫자는 10,370편이다. 앞서 제시한 각 장의 논문 수효는 다음과 같다.

Ⅰ장:	661
Ⅱ장:	2,793
Ⅲ장:	1,729
Ⅳ장:	1,509
Ⅴ장:	1,203
Ⅵ장:	226
Ⅶ장:	934
Ⅷ장:	705
Ⅸ장:	540
Ⅹ장:	70
	10,370

Ⅱ장의 교육 현장과 관련한 주제와 Ⅲ장의 언어의 기능과 관련한 주제 그리고 Ⅳ장의 문법과 Ⅴ장의 어휘와 관련한 문제들이 주된 관심의 대상이 되어 왔음을 알 수 있다. 이들 4개 영역에 관한 논저가 거의 70%를 차지하고 있는 것이다. 보다 구체적인 현황을 각 절별로 나누어 살펴보면 다음과 같다.

장절	논저수
Ⅰ-01: 총론	154
Ⅰ-02: 국가별 현황	428
Ⅰ-03: 한국어 교육 관련 일반	35

Ⅰ-04: 역사서	44
Ⅱ-01: 교수법	546
Ⅱ-02: 교재론	808
Ⅱ-03: 학습목적별	195
Ⅱ-04: 교육과정	216
Ⅱ-05: 학습자	513
Ⅱ-06: 오류/피드백/학습전략/학습불안/중간언어	348
Ⅱ-07: 언어습득/이중언어	33
Ⅱ-08: 교사양성	134
Ⅲ-01: 말하기	171
Ⅲ-02: 발음, 음성, 음운론	459
Ⅲ-03: 구어	137
Ⅲ-04: 표현(말하기, 쓰기, 어휘, 문법)	201
Ⅲ-05: 듣기	98
Ⅲ-06: 이해	35
Ⅲ-07: 읽기	245
Ⅲ-08: 문어	28
Ⅲ-09: 쓰기	319
Ⅲ-10: 한글/한글맞춤법	36
Ⅳ-01: 문법	1,509
Ⅴ-01: 어휘	1,118
Ⅴ-02: 사전	56
Ⅴ-03: 말뭉치	29
Ⅵ-01: 평가	226
Ⅶ-01: 지식/의식/인지양식/화행/담화	157
Ⅶ-02: 문화	592
Ⅶ-03: 문학	185
Ⅷ-01: 대조	668
Ⅷ-02: 통번역	37
Ⅸ-01: 정책, 북한, 표준화, 기본법	91
Ⅸ-02: 다문화, 여성결혼이민자, 방언	449
Ⅹ-01: 사례	70
	10,370

각 절별로 제시된 연구 업적의 수효는 그동안 한국어교육 연구 분야에서 관심을 가져왔던 주제의 내용을 보다 구체적으로 제시하고 있다고 할 수 있다. 이를 테면, 언어 기능 가운데 말하기와 관련된 문제라고 하더라도 발음이라든가 음운과정 등에 관한 문제에 보다 많은 관심을 가져왔다는 사실을 보여주고, 이는 고급 단계의 말하기보다는 초급 단계의 말하기에 더 많은 관심을 가져왔음을 이야기하고 있으며, 언어 기능 가운데 일반적으로 듣기가 차지하고 있는 비중을 생각하여 본다면 듣기 영역이 상대적으로 적은 관심을 받아왔음을 보여준다는 점 등이 그것이다. 앞으로 보다 면밀한 검토의 과정을 거치게 된다면 문법과 어휘에 관한 주제 가운데에도 상대적으로 덜 관심을 받아온 그러나 비중있게 다루어야 할 주제들을 찾을 수 있을 것이라 생각한다. 이는 보다 충실한 목록의 작성과 검토가 필요한 까닭이 된다.

0-3. 일반논저와 학위별 연구 현황

다음으로 살펴 볼 내용은 연도별 연구 업적의 발표 현황이다. 연도별 발표 연구 업적의 수효는 한국어교육학의 성장 양상을 반영하는 것이라고 보아도 거의 다름이 없을 것이다. 본서의 목록에 제시된 논문 가운데 가장 앞선 시기의 한국어교육 관련 논문은 1969년도의 석사논문이다. 물론 그에 앞선 시기에 나온 논문들도 있을 수 있으나 한국어교육에만 초점을 맞춘 논문으로 보기에는 적절하기 않다는 점을 고려한 판단이다. 본서에 정리한 논저 목록이 한국어교육학과 관련된 것이기는 하지만, 논저의 주된 관심이 국어학이나 국어교육에 있는 업적들은 일단 제외하는 것을 원칙으로 삼았기 때문이다.

연도별로 발표된 업적의 숫자를 보면, 1988년과 2004년 그리고 2011년 등이 눈에 뜨인다. 한국어교육에 대한 관심 증대와 연구 업적이 일정한 관계를 가지는 것으로 이해할 수 있다. 그러한 관심의 증대는 최근에 이르러 더욱 고조되고 있는 느낌이다. 최근 5년 동안에 발표된 연구 업적의 수가 4,318편으로 전체 7,380편 가운데 58.5%에 이르는 것이다. 이는 2013년 발표 논문의 경우 아직 연말까지 발표될 논문의 수효가 포함되지 않은 점을 감안한다면 80%를 넘길 수도 있으리라 예상할 수 있다. 여기서 영역별 수록 논저수 10,370편과 연도별 업적수 7,380편이 보이는 차이에 관해서는 잠시 설명할 필요가 있겠다. 이는 영역별 논저목록에는 한 편의 논문이 둘 이상의 영역에 관련된 주제를 다루었을 경우 해당 영역의 논문으로 간주하여 하나의 논문이 복수로 계산되는 경우가 있어서 생긴 차이이다.

연도별 논저의 수효가 가지는 의미를 파악하기 위해서는 그들의 구체적인 내용을 좀

연도별	합계	연도별	합계
1969	1	1992	38
1970	0	1993	40
1971	0	1994	44
1972	0	1995	34
1973	1	1996	72
1974	3	1997	77
1975	0	1998	76
1976	0	1999	107
1977	1	2000	110
1978	0	2001	156
1979	0	2002	177
1980	1	2003	200
1981	0	2004	318
1982	2	2005	282
1983	4	2006	348
1984	1	2007	384
1985	5	2008	438
1986	6	2009	566
1987	7	2010	763
1988	17	2011	1,285
1989	26	2012	1,223
1990	33	2013	481
1991	53		
			7,380

더 살펴볼 필요가 있다. 다음 절에서는 연도별 발표 업적을 대상으로 학위논문과 일반논저로 구분하여 살피기로 한다.

0-4. 일반논문과 학위논문의 분포

연도별 발표 업적 7,380편을 일반 논저과 학위논문으로 구분하여 정리하여 보면 다음과 같다. 학위논문의 경우에는 석사학위논문과 박사학위논문을 구분하였다.

연도별	일반논저	석사	박사	합계
1969	0	1	0	1
1970	0	0	0	0
1971	0	0	0	0
1972	0	0	0	0
1973	0	1	0	1
1974	2	0	1	3
1975	0	0	0	0
1976	0	0	0	0
1977	0	1	0	1
1978	0	0	0	0
1979	0	0	0	0
1980	0	1	0	1
1981	0	0	0	0
1982	1	1	0	2
1983	4	0	0	4
1984	1	0	0	1
1985	5	0	0	5
1986	1	5	0	6
1987	6	1	0	7
1988	15	2	0	17
1989	26	0	0	26
1990	33	0	0	33
1991	51	2	0	53
1992	34	3	1	38
1993	35	5	0	40
1994	41	3	0	44
1995	31	2	1	34
1996	66	3	3	72
1997	70	7	0	77

1998	62	14	0	76
1999	97	10	0	107
2000	96	13	1	110
2001	128	28	0	156
2002	132	44	1	177
2003	164	35	1	200
2004	216	97	5	318
2005	211	65	6	282
2006	292	55	1	348
2007	295	85	4	384
2008	318	113	7	438
2009	382	175	9	566
2010	417	327	19	763
2011	443	792	50	1,285
2012	326	836	61	1,223
2013	43	416	22	481
	4,044	3,143	193	7,380

한국어교육에 대한 관심 증대가 최근에 이르러 더욱 고조되고 있다고 하나, 그러한 고조 양상이 과연 바람직한 것인가 하는 데에는 선뜻 동의하기가 어렵다고 하겠다. 전체 7,380편의 논저 가운데 학위논문의 수가 3,336편으로 45.2%에 이른다는 사실은 그리 반갑기만한 현상은 아니기 때문이다. 도표에서 보는 바와 같이, 그러한 양상은 2011년과 2012년에 이르러서는 학위논문의 수가 일반 논저의 수효를 엄청난 차이로 역전하는 결과에 이르고 있다. 2013년의 결과가 아직 나오지 않은 상태이기는 하나, 그리 크게 달라질 것으로 보이지는 않는다. 물론 논문이 학위논문이냐 일반논문이냐 하는 것 자체가 그리 큰 문제가 아니라고 할 수도 있을 것이다. 어떤 경우에라도 논문이 가지는 질적인 수준이 문제라는 점에서 본다면 단순히 숫자에만 기대어 문제를 삼을 일은 아니기 때문이다. 하지만 한국어교육 현장의 규모를 생각하거나, 학문의 발달을 기대한다면 학위논문 이후에 지속적으로 논문을 발표하는 것이 바람직하다고 할 것이다. 그러한 점에서 본다면 위에서 보이는 양상은 하나의 학문 영역이 온전한 모습을 갖추어 가는 과정과는 다소 거리를 두고 있는 것은 아닌가 하는 우려를 가지게 한다. 이는 관심 영역의 다변화와 체계화 못지않게 필요한 것이 논문의 질적인 관리와 지속적인 연구가 이어질 수 있도록 하

는 방안이 모색될 필요가 있음을 의미한다고 하겠다.

참고로 대학별 석사학위논문과 박사학위논문 배출 현황을 간단히 제시하기로 한다. 이는 한국어교육학이 가지고 있는 현실적인 모습의 한 단면을 보여주는 것으로 이해되기 때문이다. 먼저 본서의 목록을 통하여 살필 수 있는 한국어교육 전공의 박사학위 배출 수효 상위 대학은 다음과 같다.

대학	박사
고려대학교	23
경희대학교	18
서울대학교	17
부산대학교	12
부산외국어대학교	10
연세대학교	10
이화여자대학교	10
상명대학교	9
한국외국어대학교	9
	118

이는 193편의 박사학위논문을 배출한 37개 대학 가운데 위의 24%에 해당하는 9개 대학에서 60.7%의 박사학위를 배출하고 있음을 보여준다. 석사학위의 경우에는 다음의 도표에서처럼 그 편중 현상이 조금 더 심한 양상을 보인다.

대학	석사
경희대학교	330
이화여자대학교	268
연세대학교	239
한국외국어대학교	211
고려대학교	174
한양대학교	121
부산대학교	114
중앙대학교	98
부산외국어대학교	96
동국대학교	88

계명대학교	85
상명대학교	83
충남대학교	77
서울대학교	75
영남대학교	75
배재대학교	71
전남대학교	57
건국대학교	53
충북대학교	51
인하대학교	49
	2,415

한 편이라도 석사학위논문을 배출한 대학은 100개 대학에 이른다. 하지만 위의 도표에서 보듯이 석사학위 배출 상위 20%인 20개 대학이 전체 석사학위논문 3,143편의 논문 가운데 76.8%인 2,415편의 논문을 배출하고 있음을 알 수 있다. 이들이 의미하는 내용에 관해서는 별도의 자리에서 보다 자세히 다루어 볼 생각이다.

0-5. 나가며

지금까지 본서에 수록된 한국어교육 관련 논저목록의 내용을 바탕으로 2013년 현재의 한국어교육 연구 현황의 대강을 살펴보았다. 아직은 어린 학문인 한국어교육학의 오늘을 돌아볼 수 있는 기회였다고 생각한다. 그 결과 한창 전성기를 구가하고 있는 듯이 보이는 한국어교육학의 오늘은 여전히 과도기를 지나고 있음을 알 수 있었다. 한국어교육학이 제대로 자리 잡기 위해서 우리가 하여야 할 과제 목록을 어느 정도 확인한 셈이라고 하겠다.

우선은 한국어교육학 연구의 균형 잡힌 틀을 생각한다면 조금 더 관심을 가져야 할 영역과 보완이 필요한 영역 그리고 새로이 관심을 가져야 할 주제 목록의 필요성을 확인할 수 있었다. 국가나 기관의 교육 현황 소개가 필요한 것이기는 하나, 상대적으로 큰 비중을 차지하고 있다는 점이라든가, 문법과 어휘에 관한 관심이 언어 기능에 대한 관심보다 현저하게 많았다는 점 또는 언어 기능 가운데에서도 실제 언어생활에서의 비중이 높은 듣기 영역에 관한 관심은 상대적으로 적었다는 점 등이 그렇다. 아울러 한국어교육이 가지고 있는 기본적인 속성상 한국어교육 외적인 상황의 영향에 민감한 분야라는 점에서, 한국어교육과 정치, 경제, 사회, 문화, 역사 등의 분야와 가지는 관계에 대한 적극적인 관심을 가질 필요도 있다고 하겠다.

아직은 피상적으로 살펴서 구체적인 내용까지 이야기할 수 있는 형편은 아니나, 연구가 상당히 활발하게 이루어진 영역이라고 하더라도 실제로는 연구자들의 관심이 한 부분에 치우쳐 있을 가능성도 배제할 수 없다는 점도 염두에 두어야 할 것이다. 이를테면, 교재론과 관련된 논의가 많이 이루어지기는 하였으나, 교육 현장에서 사용할 중급과 고급 단계의 마땅한 한국어 교재를 찾기가 그리 쉽지 않다는 점은 그간의 교재론의 주된 관심이 초급 단계에 있었음을 의미하는 것으로 보이기 때문이다.

우리가 가지고 있는 목록의 내용을 살펴 볼 때에, 일반논저와 학위논문의 비율이 적절한 것인가 하는 문제도 생각하여야 할 과제 목록의 하나라 할 것이다. 아직은 과도기적인 성격을 가지고 있는 한국어교육계의 현실을 감안한다고 하더라도, 최근 들어 급격히 많이 배출되고 있는 전문연구자들이 지속적으로 연구와 교육 현장에서 보다 많은 좋은 업적을 낼 수 있도록 하기 위하여 모두 함께 관심을 가져야 하겠기 때문이다.

미처 살피지 못하였으나 영역별 연구 업적의 발표연도를 따로 살펴본다면 연구 영역에 대한 그간의 관심의 흐름도 파악할 수 있을 것이라 생각한다. 아직은 2013년이 지나지 않아 미완 상태인 2013년의 연구 결과가 보완이 되고, 지금의 목록이 가지고 있을 오류와 미비점을 다듬어 보다 구체적인 현황과 앞으로의 전망 등을 적극적으로 다루어 볼 수 있는 별도의 기회가 그리 멀지 않았으면 하는 바람이다.

I-01. 총론

강승혜(2003), 한국어 교육의 학문적 정체성 정립을 위한 한국어교육 연구 동향분석, 한국어교육 14-1, 국제한국어교육학회. pp.1~27.

강승혜(2003), 한국어 교육학의 학문적 정체성 정립을 위한 연구, 외국어로서의 한국어교육 28, 연세대학교 언어연구교육원 한국어학당. pp.37~60.

강현화(2003), I. S. P. Nation(2001): Learning Vocabulary in Another Language, 외국어로서의 한국어교육 28, 연세대학교 언어연구교육원 한국어학당. pp.61~70.

강현화(2008), 서평: Sandra Lee Mckay(2006)「Researching Second Language Classrooms」, 외국어로서의 한국어교육 33, 연세대학교 언어연구교육원 한국어학당. pp.79~93.

강현화(2008), 한국어교육학 내용학의 발전 방향 모색, 한국어교육 19-2, 국제한국어교육학회. pp.1~21.

경희사이버대학교(2008), 생생한 한국어 교육 이야기, 경희대학교 출판국.

경희사이버대학교(2009), 감동을 주는 한국어 교육 이야기, 하우.

경희사이버대학교(2010), 사랑을 나누는 한국어 교육 이야기, 하우.

경희사이버대학교(2011), 마음과 마음을 잇는 한국어 교육 이야기, 하우.

고경민(2013), 신문 기사를 바탕으로 살핀 한국어교육의 흐름: 1880년부터 2012년까지의 신문 기사를 중심으로, 어문연구 157, 한국어문교육연구회. pp.505~530.

고영근(1974), 외국어로서의 한국어 교육에 대한 연구, 언어교육 6-1, 서울대학교 언어연구소. pp.79~117.

고혜선(2005), 해외 한국어 및 한국학 강의 프로그램 현황과 개선 방안, 연구보고서, 단국대학교.

국립국어원(2008), 국외 한국어 교육, 어떻게 발전시킬 것인가?, 문화체육관광부.

국립국어원(2008), 다중의 시대, 언어 소통 기획: 국내외 한국어 교육의 현황과 과제, 국립국어원.

권재욱(2010), 한국어 국외 보급 정책의 통합 방안 연구, 동국대학교 대학원 석사학위논문.
권재일 외(2012), 세계화 시대의 국어국문학, 보고사.
권재현 외(2012), 외국인에 대한 한국어 교육은 한류 관광 동기에 영향을 미치는가?, 한국항공경영학회지 10-4, 한국항공경영학회. pp.207~226.
김건수(1992), 외국인을 위한 한국어 교육 실시 방안, 인문학연구 30, 강원대학교. pp.98~129.
김남길(2011), 국제 한국어 응용 언어학 특집을 꾸미면서, 한국어정보학 13-2, 한국어정보학회. pp.1~14.
김남주(2011), 외국인을 위한 한국어 교육, 원광대학교 교육대학원 석사학위논문.
김대행(2003), 국어교육과 한국어교육의 거리, 국어교육 112, 한국어교육학회. pp.1~19.
김명광(2007), 상위 영역 항목 속에서 바라본 한국어 교과목에 대한 일고찰, 국어교육 124, 한국어교육학회. pp.87~125.
김민수(2004), 중국에서의 한국어교육과 교재 및 이중언어교육: 외국에서의 모국어 교육, 이중언어학 24, 이중언어학회. pp.1~7.
김상희(1996), 외국어로서의 한국어 교육을 위한 사회언어학적 접근 고찰, 국어교육학연구 6, 국어교육학회. pp.201~217.
김선호(1999), 21세기 산업과학기술과 한국어의 위상에 대하여, 기술교육연구지 7, 대전산업대학교 산업과학기술연구소. pp.87~92.
김승환(2010), 한국어교육의 개념과 갈래, 개신어문연구 31, 개신어문학회. pp.377~400.
김영규(2005), 연구 유형 분류를 통한 한국어교육학 연구의 경향 분석, 한국어교육 16-3, 국제한국어교육학회. pp.71~89.
김영규(2006), 한국어교육학 연구방법론의 과제와 전망, 한국어교육 17-2, 국제한국어교육학회. pp.267~287.
김영만(1998), 21세기를 향한 한국어 교육, 한국어문학연구 9, 한국외국어대학교 사범대학 한국어문학연구회. pp.325~341.
김영만(2005), 한국어 교육의 이론과 실제, 역락.
김영만(2007), 인터넷 시대의 한국어 교육, 한국문화사.
김영미(1996), 한국어 세계화의 제문제, 이중언어학 13, 이중언어학회. pp.35~62.
김용현(2011), 한국어교육학 연구의 현황과 분석, 언어와 문화 7-2, 한국언어문화교육학회. pp.103~123.
김은주(2001), 한국어 교육의 학문적 위상 정립과 학문으로의 미래 조망, 외국어로서의 한국어교육 25, 연세대학교 언어연구교육원 한국어학당. pp.33~77.
김일권(2008), 중국의 한국학 현황과 개선 방안에 관한 연구: 한국어 및 한국학 교육 연구 현황을 중심으로, 한국외국어대학교 대학원 석사학위논문.
김일병(2012), 언어와 교육: 국어 교육과 한국어 교육의 쟁점과 과제, 박이정.
김정남(2012), 텍스트 언어학과 한국어 교육, 텍스트언어학 33, 한국텍스트언어학회. pp.181~212.
김정숙 외(1992), 외국어로서의 한국어교육의 반성과 새로운 방법론 모색: 의사소통능력 계발을 위한 통합교육론을 중심으로, 어문논집 31, 안암어문학회. pp.117~141.
김정숙(1997), 외국어로서의 한국어 교육 원리 및 방법, 한국어학 6, 한국어학회. pp.117~133.
김정숙(2012), 한국어교육학의 정체성 및 연계학문적 특성 연구, 한국어교육 23-2, 국제한국어교육학회. pp.39~59.
김중섭(1999), 한국어 교육의 새로운 방법, 국어교육연구 6, 서울대학교 국어교육연구소. pp.29~52.
김중섭(2001), 기록과 관찰을 통한 한국어 교수법 개선 방안 연구, 한국어교육 12-2, 국제한국어교육학회. pp.377~395.
김중섭(2004), 한국어 교육학의 정체성에 관한 연구, 경희대학교 교육문제연구소 논문집 20, 경희대학교 교육발전연구원. pp.207~221.
김중섭(2004), 한국어 교육학의 정체성에 관한 연구, 한국어교육 15-2, 국제한국어교육학회. pp.75~92.
김진호(2012), 외국인 유학생의 한국어 능력 제고를 위한 연구: 가천대학교 "한국어교육"을 중심으로, 한말연구 30, 한말연구학회. pp.33~55.
김현상(2012), 국내대학의 국제화 교육 실태 분석, 교양교육연구 6, 한국교양교육학회. pp.211~240.
김혜영(2005), 한국어 교육의 역할과 과제, 교육이론과 실천 15, 경남대학교 교육문제연구소. pp.45~61.
김희숙(2002), 한국어의 세계적 전파: 믿음인가? 가능성인가?, 이중언어학 21, 이중언어학회. pp.141~176.
김희숙(2004), 한국어 세계화 전략과 한글의 세계화 전략, 이중언어학 26, 이중언어학회. pp.69~89.
김희숙(2004), Which strategy is preferable for the export of Korean culture: globalization of Korean or globalization of Hangul?, 이중언어학 25, 이중언어학회. pp.69~89.
남기심(2001), 외국인을 위한 한국어 교육의 회고와 전망, 외국어로서의 한국어교육 25, 연세대학교 언어연구교육원 한국어학당. pp.1~9.
노형남(2009), 영어 국제공용어 시대의 한국어교육 세계화 방안, 한국어교육학회 학술발표회2009, 한국어교육학회. pp.32~50.

문화관광부(2000), 한국어세계화 2000년도 사업 최종보고서, 문화관광부 한국어세계화 추진위원회.

민현식(2002), 한국어교육 전공 발전 방안에 대한 연구, 선청어문 30, 서울대학교 국어교육과. pp.95~181.

민현식(2005), 한국어 세계화의 과제, 한국언어문화학 2-2, 국제한국언어문화학회. pp.89~138.

박갑수(1999), 한국어 교육의 과제와 전망, 국어교육연구 6, 서울대학교 국어교육연구소. pp.5~28.

박갑수(2005), 국어교육과 한국어교육의 성찰, 서울대학교출판부.

박갑수(2007), 재외동포 한국어교육의 오늘과 내일, 이중언어학 33, 이중언어학회. pp.365~393.

박기덕(1990), 외국어로서의 한국어교육에 관한 소고, 외국어교육연구논집 6, 한국외국어대학교부설 외국어교육연구소. pp.31~46.

박덕유 외(2010), 한국어교육의 전략과 탐색, 박문사.

박영순(1997), 국어교육과 한국어교육, 한국어학 6, 한국어학회. pp.1~17.

박영순(2005), 이중언어교육의 본질과 한국어교육의 과제, 이중언어학 29, 이중언어학회. pp.11~33.

박영순(2007), 세계화 시대 한국어의 위상, 국어교육학연구 30, 국어교육학회. pp.5~21.

박영순(2009), 세계 속의 한국어학과 다언어교육의 본질, 세계한국어문학회 학술대회2009, 세계한국어문학회. pp.17~33.

박정진(2009), 국어교육학과 한국어교육학의 통합성과 독자성, 한국어교육 20-1, 국제한국어교육학회. pp.69~90.

박종욱 외(2004), 한국학 진흥을 위한 기초 연구의 방향성 제고, 라틴아메리카연구 17, 한국라틴아메리카학회. pp.179~212.

박창원(2004), 외국어로서의 한국어 교육, 제1차 KOREAN 교육 국제 학술토론회 발표논문집: 외국어로서의 KOREAN 교육의 과제와 발전 방향2004, 이화여자대학교 한국어문학연구소. pp.22~29.

박창원(2006), 한국어의 세계화와 관련된 제반 사항, 국학연구 8, 한국국학진흥원. pp.319~367.

박창원(2009), 한국어의 정비와 세계화 1, 박문사.

방인태(2003), 21세기 한국어 교육의 지향, 어문연구 120, 한국어문교육연구회. pp.533~555.

배희임(2001), 한국어 교육의 이론과 적용, 우리어문연구 17, 우리어문학회. pp.7~24.

서상규(2007), 한국어교육학과 기초 학문, 한국어교육 18-3, 국제한국어교육학회. pp.75~97.
서혁(2007), 한국어교육과 국어교육의 관계 설정: 상호 발전과 세계화를 위한 과제, 국어교육학연구 30, 국어교육학회. pp.51~86.
성기철(1998), 한국어 교육의 목표와 내용, 이중언어학 15, 이중언어학회. pp.41~68.
손성옥(2000), SAT 2 한국어와 한국어 교육, 국어교육연구 7, 서울대학교 국어교육연구소. pp.221~239.
손종영(2000), 한국어 교육 45 년간의 경험, 한국어교육 11-2, 국제한국어교육학회. pp.283~295.
손호민(2008), 한국어의 유형적 특징, 한글 282, 한글학회. pp.61~95.
송철의(2012), 한국어 교육의 이론과 실제, 아카넷.
송향근(2002), 부산외대 한국어 교육 발전 방안 연구, 비교문화연구 13, 부산외국어대학교 비교문화연구소. pp.61~75.
신경철(1996), 외국인을 위한 한국 교육 방법, 한국어교육 7, 국제한국어교육학회. pp.53~66.
신상철(2011), 한국어교육과 한국학교육의 연계 방안 모색: 호주의 경험을 중심으로, 외국어로서의 한국어교육 36, 연세대학교 언어연구교육원 한국어학당. pp.113~137.
신현숙(2009), 한국어교육의 어제와 오늘, 한국어문학연구 53, 한국어문학연구학회. pp.5~70.
양태식(1999), 외국어로서의 한국어 교육의 이념과 목표, 초등 국어교육 9, 서울교육대학 국어교육과. pp.32~56.
윤여탁(2007), 한국학으로서 한국어교육학의 정체성에 대한 연구, 국어교육 124, 한국어교육학회. pp.151~180.
윤인진(2006), 사회통합을 위한 한국어 교육 정책, 한국어의 미래를 위한 제1차 토론회: 국외 동포 및 이주민을 위한 한국어 교육을 중심으로, 이화여자대학교 한국어문학연구소. pp.3~15.
윤인진(2009), 재외동포사회의 변화와 미래 한국어교육의 방향, 한국어교육학회 학술발표회2009, 한국어교육학회. pp.33~64.
윤희원(1996), 제1언어로서의 한국어와 제2언어로서의 한국어 교육, 한국어교육 7, 국제한국어교육학회. pp.173~187.
윤희원(2006), 한국어교수법 연구의 전제와 방법, 국어교육연구 18, 서울대학교 국어교육연구소. pp.7~29.
윤희원(2007), 비한국학 분야의 한국어교육, 국어교육연구 20, 서울대학교 국어교육연구소. pp.63~88.

이강훈(2004), 외국인을 위한 기초 한국어 교육 연구, 국민대학교 교육대학원 석사학위 논문.
이광호(2010), 한국어 교육과 국어 정보학, 어문논집 43, 중앙어문학회. pp.49~73.
이규희(1997), 한국어 교육의 개선 방향, 교육한글 10, 한글학회. pp.395~408.
이미혜 외(2011), 한국어교육론, 한국방송통신대학교출판부.
이삼형(2004), 한국어 교육의 계층적 체계화 시론, 한국어교육 15-2, 국제한국어교육학회. pp.175~197.
이상억 외(1985), 제2언어로서의 한국어 교육 〈좌담〉, 어학연구 21-1, 서울대학교 어학연구소. pp.109~123.
이성은(1998), 제2언어로서의 한국어 교육을 위한 총체적 언어 접근법, 이중언어학 15, 이중언어학회. pp.385~409.
이영근(2008), 한국어교육학의 정체성을 찾아서: 응용언어학적 관점에서 바라보기, 한국어교육 19-3, 국제한국어교육학회. pp.379~401.
이은정(2008), 독일 한국학의 현황과 전망에 관한 연구, 경상대학교 대학원 석사학위논문.
이은혜 외(2009), (감동을 주는) 한국어 교육 이야기, 하우.
이중언어학회(2006), 한국어 교육의 오늘과 내일, 이중언어학회.
이해영(2011), 한국어교육과 한국어의 세계화, 인문정책 포럼 9, 경제 · 인문사회연구회. pp.77~80.
이현복(1990), 한국어 교육 향상을 위한 언어학적 기초 연구, 말소리 19, 대한음성학회. pp.43~57.
임서연(2012), 한국어교육의 학제적 성격과 학적 체계, 새국어교육 90, 한국국어교육학회. pp.339~362.
임소영(2003), 외국인을 위한 한국어 교육의 학습목표, 한말연구 13, 한말연구학회. pp.189~215.
임향란 외(2012), 외국어로서의 한국어 교육 연구, 소명출판.
장용수(2010), 시장전체주의와 한국어교육의 정체성, 한국어교육 21-4, 국제한국어교육학회. pp.229~253.
전상인(2007), 한국학, 한국어, 한국어교육, 국어교육연구 20, 서울대학교 국어교육연구소. pp.45~62.
전성운(2008), 한국어 세계화의 실상과 링구아 프랑카의 가능성, 아태연구 15-1, 경희대학교 아태지역연구원. pp.163~178.
전재호(1997), 문화와 한국어 교육: 세계 속에서의 한국어, 이중언어학 14, 이중언어학회. pp.155~178.

정광(2007), 해외 한국학과 한국어교육의 전망, 국어교육연구 20, 서울대학교 국어교육연구소. pp.7~43.

정동환(2004), 한국어 교육의 올바른 방향, 교육한글 16·17, 한글학회. pp.5~33.

조승복(1991), The Korean Language of the New Era, 이중언어학 8, 이중언어학회. pp.154~194.

조오현 외(2009), 한국어의 어제 그리고 오늘, 역락.

조태린(2011), 국가 브랜드와 한국어 교육 정책, 한글 294, 한글학회. pp.199~224.

조항록(2005), 국외 한국어 교육의 발달 과정과 특징 1: 태동과 도약, 한국어교육 16-1, 국제한국어교육학회. pp.249~275.

조항록(2005), 한국어 교육학의 학문적 정체성 연구 방법론 소고, 한국언어문화학 2-1, 국제한국언어문화학회. pp.265~281.

조항록(2008), 한국어교육 환경의 변화와 발전을 위한 과제, 한국어교육 19-1, 국제한국어교육학회. pp.253~277.

주경희(1996), 외국어로서의 한국어 교육, 국어교육학연구 6, 국어교육학회. pp.185~200.

중앙대학교(2005), (한국어 교육을 통해서 본) 한류의 문제점과 발전 방향, 중앙대학교 한류아카데미.

최경봉(2006), 표준어 정책과 교육의 현재적 의미, 한국어학 31, 한국어학회. pp.335~363.

최기호(2007), 유비쿼터스 시대 한글의 우수성과 한국어의 세계화 교육, 한국어정보학 9-1, 한국어정보학회. pp.67~73.

최길시(1998), 한국어 교육의 실제, 태학사.

최길시(2000), 외국인을 위한 한국어 교육의 실제, 태학사.

최길시(2006), 외국인을 위한 한국어 교육의 실제, 유씨엘아이엔씨.

최명옥(2010), 한국어학의 발전을 위한 제언, 어문연구 145, 한국어문교육연구회. pp.7~34.

최윤갑(1998), 조선어 한국어 연구, 홍문각.

최정순 외(2011), 한국어교육 연구 동향 분석, 인문연구 63, 영남대학교 인문과학연구소. pp.53~90.

최정순(2005), 외국어로서의 한국어교육학 개론: 기초편, 박이정.

최정순(2012), 한국어교육 연구의 균형화와 전문화를 위하여, 새국어교육 92, 한국국어교육학회. pp.367~391.

최현섭(1999), 21세기를 대비한 한국어 교육의 과제, 한국초등국어교육 15, 한국초등국어교육학회. pp.5~20.

최호철 외(2009), 학위 논문의 한국어 교육 연구 경향, 박문사.

최희수(Xi Xiu Cui)(2008), 외국어로서의 한국어 교육의 제 문제, 순천향 인문과학논총 22,

순천향대학교 인문과학연구소. pp.207~238.

하치근 외(1995), 외국어로서의 한국어 교육에 관한 연구, 언어와 언어교육 6, 동아대학교 어학연구소. pp.189~253.

한국방송대학교(1997), 해외동포 한국어 교육지원과 해외 한국어학과 현황에 대한 기초 연구, 한국방송대학교.

한국방송통신대학교 평생교육원(2005), 외국어로서의 한국어교육학, 한국방송통신대학교.

한글학회(1991), 외국 사람에 대한 한국어 교육, 어떻게 할 것인가?, 한글학회.

한영목(2007), 외국어로서의 한국어 교육의 현실과 세계화 전략, 새국어교육 75, 한국국어교육학회. pp.359~376.

한재영 외(2001), 21세기 해외한국학 진흥 및 국제교류 활성화 방안 연구, 한국어교육 12-2, 국제한국어교육학회. pp.255~282.

허용 외(2005), 외국어로서의 한국어교육학 개론, 박이정.

허용(1997), 모국어로서의 한국어 교육: 영국의 경우, 교육한글 10, 한글학회. pp.265~278.

허용(2009), 한국어교육에서의 한국어학, 한국언어문화교육학회 학술대회2009, 한국언어문화교육학회. pp.11~28.

허재영(2007), 제2언어로서의 한국어 교육의 이해와 탐색, 보고사.

황경수(2006), 한국어교육의 이해, 청운.

황인교(1997), 외국어로서의 한국어교육 연구: 읽기, 쓰기 지도법을 중심으로, 이화어문논집 15, 이화어문학회. pp.145~164.

황인교(1999), 외국어로서의 한국어 교육 연구 2: 구어 교수 이론의 정립을 위하여, 한국어교육 10-1, 국제한국어교육학회. pp.283~301.

황인교(1999), 외국인을 위한 한국어교육 이론의 지평, 교과교육학연구 3, 이화여자대학교 교과교육연구소. pp.272~288.

황인교(2003), 외국어로서의 한국어교육의 제 문제, 인문과학논집 12, 강남대학교 인문과학연구소. pp.221~233.

Brekle, Herbert E(1995), 한국어 교육 및 외국어 교육, 이중언어학 12, 이중언어학회. pp.437~441.

Ho Min Sohn(1993), KOREAN PROFICIENCY GUIDELINES: NKEDS, PROCEDURES, PRINCIPLES AND IMPLICATIONS, 한국어교육 4, 국제한국어교육학회. pp.191~230.

Kim, Byong Won(1989), Elementary Language Education in Korea, 이중언어학 5, 이중언어학회. pp.127~138.

Kim-Renaud 외(1993), The Governance of Foreign Language Educations: Common Concerns and Experience With Korean, 한국어교육 4, 국제한국어교육학회. pp.141~158.

Ross King(2003), 한 미국인이 본 한국어교육, 인문과학논집 12, 강남대학교 인문과학연구소. pp.201~210.

Shin, Seong-Chul(2010), 한국어 교육의 범세계적 확대를 위한 전략적 방향과 과제, 한국언어문화학 7-2, 국제한국언어문화학회. pp.93~119.

Sohn, Sung Ock Shin(2001), Teaching Korean Language as a Second Language, 외국어로서의 한국어교육 25, 연세대학교 언어연구교육원 한국어학당. pp.137~148.

I-02.
국가별 현황

간노 히로오미(菅野裕臣)(1991), 일본에서의 한국어 교육, 새국어생활 1, 국립국어연구원. pp.61~67.

강남욱 외(2012), 대외 언어 보급 정책 비교를 통한 세종학당 활성화 방안 연구: 중국 공자학원 운영 정책과의 비교를 중심으로, 새국어교육 90, 한국국어교육학회. pp.409~447.

강바타르 어요(2012), 몽골 내 대학교들의 한국어 교육의 현황과 방안: 한국어 문법을 중심으로, 창원대학교 대학원 석사학위논문.

강보유(2002), 중국 대학교에서의 한국어 교육과 교수법, 한국어교육 13-2, 국제한국어교육학회. pp.1~19.

岡山善一郎(2006), 일본에서의 한국문학 연구현황과 전망(2), 어문논집 34, 중앙어문학회. pp.41~61.

강신(2007), 몽골에서의 한국어교육의 현황과 과제, 몽골학 22, 한국몽골학회. pp.147~168.

강양원 외(2011), 한국 이민 초기 교육의 발자취: 미국, 일본, 중국, 카자흐스탄의 초기 한국어 교육 자료를 중심으로, 선인.

강은국(2007), 국속의미론(國俗意味論) 연구와 한국어교육, 국어교육연구 20, 서울대학교 국어교육연구소. pp.161~188.

강헌규(1993), 말레이시아에서의 한국어 교육, 이중언어학 10, 이중언어학회. pp.43~56.

강현화(2010), 한국어교육학 연구의 최신 동향 및 전망, 국어국문학 155, 국어국문학회. pp.39~78.

강희숙(2011), 학문 목적 한국어교육 현황 및 대책: 광주, 전남 지역 소재 4년제 대학을 중심으로, 한국어교육 22-2, 국제한국어교육학회. pp.1~25.

강희은(2013), 日本의 高等學校 韓國語 教育 現況과 問題點: 히로시마현의 事例를 中心으로, 부산외국어대학교 대학원 석사학위논문.

고송무(1991), 핀란드와 카자스탄에서의 한국말 및 고려말 교육, 교육한글 4, 한글학회. pp.241~262.
고혜원(2011), 한국어 교육 정책의 현황과 과제, 한성어문학 30, 한성대학교 한성어문학회. pp.197~215.
공일주(1992), 일본인의 한국어 교육에 대하여, 교육한글 5, 한글학회. pp.157~173.
곽수경(2003), 중국어 학습을 위한 언어 구사 단계별 한국어와 중국어 비교, 언어와 언어교육 18, 동아대학교 국제교육원. pp.115~139.
곽추문(2001), 대만에서의 한국어교육 현황과 문제점: 한류와의 관계를 중심으로, 이중언어학 37, 이중언어학회. pp.1~23.
괵셀 튀르쾨쥬(2001), 터키에서의 한국어 교육 현황, 이중언어학 18, 이중언어학회. pp.403~415.
괵셀 튀르쾨쥬(2007), 터키에서의 한류와 한국어 교육 현황, 한국언어문화학 4-1, 국제한국언어문화학회. pp.19~33.
권성훈(2009), 몽골 대학들의 한국어 교육, 한국어문학연구 53, 한국어문학연구학회. pp.71~96.
권용해(2005), 프랑스 대학에서의 한국어 교재 개선 방안: 한국어1, Integrated Korean Beginning1을 사용 후, 한국어교육 16-3, 국제한국어교육학회. pp.29~70.
권재일(2002), 미국 대학에서의 한국어 교육 현황, 한말연구 11, 한말연구학회. pp.1~21.
권재일(2002), 외국어로서의 한국어 교육: 미국 인디애나대학의 한국어 교육 현황, 학회발표집 16, 한말연구학회. pp.1~12.
권현주(2006), 일본 내 한국어 교재의 명칭에 대한 실태 분석, 한국어교육 17-2, 국제한국어교육학회. pp.1~20.
권현주(2006), 한국어 교육과 명칭에 대한 역사적 고찰 및 실태 분석: 일본의 고등교육기관을 대상으로, 인문과학 38, 성균관대학교 인문과학연구소. pp.137~167.
김경령(2008), 미국에서의 한국어 교육, 한국어와 문화 3, 숙명여자대학교 한국어문화연구소. pp.237~255.
김경선(2004), 중국의 한국어교육에서 문학 활용의 현황과 과제, 국어교육연구 14, 서울대학교 국어교육연구소. pp.213~233.
김경자(2004), 일본 대학의 교양 한국어 교재 구성 방안 연구, 이화여자대학교 대학원 석사학위논문.
김경훈(1997), 미국에서의 한국학 현황과 관련하여: 외국어로서의 한국어 교육의 현황과 전망, 논문집 46, 서울산업대학교. pp.365~376.
김경훈(2002), 헝가리에서의 한국어 교육 역사 및 현황, 개신어문연구 19, 개신어문학회.

pp.33~53.
김광해 외(2002), LA 지역의 한국어 교육 실태 조사 연구, 문화관광부.
김광해(2002), LA 지역의 한국어교육 실태에 관한 설문 조사, 선청어문 30, 서울대학교 국어교육과. pp.55~94.
김규진(2012), 중국대학 내 한국어과 관련 수업의 현황과 실제, 아시아문화연구 25, 경원대학교 아시아문화연구소. pp.181~205.
김금현(2001), 동남아에서의 한국어 교육, 이중언어학 19, 이중언어학회. pp.95~110.
김기중(1991), 한국어문화연수부 소개: 고려대학교 부설, 새국어생활 1-2, 국립국어연구원. pp.26~32.
김남길(1994), 미국 로스엔젤레스에서의 한국어 교육 현황과 제문제: 지역사회 학교를 중심으로, 한국어교육 5, 국제한국어교육학회. pp.261~269.
김남길(2009), 한국어 기반 응용언어학의 과제와 미주 지역의 한국어 교육, 한국어정보학 11-2, 한국어정보학회. pp.1~14.
김남길(2010), 한국어 기반 응용 언어학의 과제와 미주 지역의 한국어 교육, 나라사랑 116, 외솔회. pp.275~307.
김대현(2007), 중국인 대학원 유학생들의 학업적응 경험에 대한 근거이론적 연구, 아시아교육연구 8, 서울대학교 교육연구소. pp.159~187.
김동규(1995), 한국어가 중국 중소학교 우리 말 교육에 주는 영향 및 해결방도, 중국조선어문 80, 길림성민족사무위원회. pp.44~46.
김동선 외(2010), 선교지 선교 목적 한국어 교육의 현황과 과제, 한국어교육 21-1, 국제한국어교육학회. pp.29~60.
김동욱 외(1995), 독일에서의 한국어 교육, 이중언어학 12, 이중언어학회. pp.469~476.
김명광(2008), 몽골의 한국어 교육과정에 대한 일고찰, 한국초등국어교육 38, 한국초등국어교육학회. pp.30~49.
김명광(2009), 아시아 국가 한국어교육과정 현황, 시학과 언어학 17, 시학과 언어학회. pp.35~65.
김명광(2010), 국내외 한국어 교육의 현황과 지속 방안, 인문과학연구 34, 대구대학교 인문과학연구소. pp.187~218.
김명권(2011), 몽골의 한국어교육 현황과 그 발전방향 제언, 한어문교육 25, 한국언어문학교육학회. pp.451~477.
김민수(1983), 해외 교포 자녀를 위한 국어 교육의 효율적 방안(일본편), 이중언어학 1, 이중언어학회. pp.94~116.
김민수(1996), 한국어의 국제적인 이질화 현상과 전망: 러, 중, 일, 미 동포의 모국어 현황과 관련하여, 한국어교육 7, 국제한국어교육학회. pp.261~268.
김민수(2004), 중국에서의 한국어교육과 교재 및 이중언어교육: 외국에서의 모국어 교육, 이중언어학 24, 이중언어학회. pp.1~7.
김민수(2005), 일본에서의 한국어교육과 이중언어교육: 재외교포의 이중언어에 대하여, 이중언어학 29, 이중언어학회. pp.1~9.
김민자(1997), 호주에서의 한국어 교육 현황과 앞으로의 과제, 교육한글 10, 한글학회. pp.101~112.
김병운 외(2002), 중국에서의 한국어(조선어) 교육의 현황과 장래, 월인.
김병운 외(2012), 중국대학 한국어교육 실태 조사 보고, 한국문화사.
김병운 외(2012), 한국어교육 연구에 대한 회고와 과제, 한국문화사.
김병운(1999), 중국에서의 한국어 교육 방법 및 지도, 국어교육연구 6, 서울대학교 국어교육연구소. pp.89~107.
김병운(2006), 중국에서의 한국어 교육의 실태와 과제, 한국학연구 15, 인하대학교 한국학연구소. pp.45~66.
김병운(2007), 중국조선족의 한국어교육의 현황과 발전방향: 초·중·고등학교 교육을 중심으로, 이중언어학 33, 이중언어학회. pp.395~422.
김석자 외(2006), 해외 한국어 및 한국학 강의 프로그램 현황과 개선에 관한 연구: 일본의 경우: 일본 대학에서의 한국어 교육을 중심으로, 일본학보 66, 한국일본학회. pp.333~348.
김성란(2010), 중국에서의 한국어 교육 현황, 나라사랑 119, 외솔회. pp.66~99.
김소현(2011), 소설을 활용한 한국어 능력 신장 방안 연구: 중국인 유학생을 대상으로, 충북대학교 대학원 석사학위논문.
김수정(2004), 일본 대학에서의 한국어 학습자의 요구 분석, 국어교육 113, 한국어교육학회. pp.399~431.
김숙지(2008), 일본 내 시민교육으로서의 한국어교육 발전 방안, 상명대학교 교육대학원 석사학위논문.
김순녀(2003), 중국에서의 한국어교재의 현황과 과제: 정독교재를 중심으로, 선청어문 31, 서울대학교 국어교육과. pp.183~207.
김시경 외(2005), 해외 한국어 및 한국학 강의 프로그램 현황과 개선에 관한 연구: 유럽, 특히 프랑스를 중심으로, 한국프랑스학논집 34, 한국프랑스학회. pp.423~443.
김영(2009), 영국에서의 동아시아 한국학의 연구동향, 한국학연구 21, 인하대학교 한국학연구소. pp.419~440.
김영곤(1994), 캐나다의 소수 민족 모국어 교육 프로그램: 효과적인 한국어 교육을 위한 고찰, 한국어교육 5, 국제한국어교육학회. pp.285~292.
김영아(1995), 호주의 한국어 교육, 이중언어학 12, 이중언어학회. pp.347~367.
김영아(2000), 호주에서의 한국어 교재 개발의 문제점 및 해결 방안, 국어교육연구 7, 서울대학교 국어교육연구소. pp.159~188.
김영아(2005), 한국어 수행평가와 공정성: 호주 모나시 대학의 사례 연구, 한국어교육 16-3, 국제한국어교육학회. pp.91~108.
김영옥(2003), 중국에서의 한국어(조선어) 교육에 관한 고찰, 청람어문교육 26, 청람어문교육학회. pp.253~272.
김영춘(2009), 해외 교민 자녀의 한국어교육 문제점에 대하여: 중국의 사례를 중심으로, 한국어교육학회 학술발표회2009, 한국어교육학회. pp.101~114.
김용경(2011), 오사카 세종학당의 한국어 교육 특성 연구, 한말연구 28, 한말연구학회. pp.25~59.
김용현(2011), 한국어교육학 학술지의 현황과 분석, 한국어교육 22-3, 국제한국어교육학회. pp.49~75.
김월휘(2012), 중국 내 한국어 교재의 교수 가능성 향상 방안 연구, 배재대학교 대학원 석사학위논문.
김인숙(2012), 러시아 한국어 교육 현황과 개선에 관한 연구: 사할린을 중심으로, 개신어문연구 36, 개신어문학회, pp.261~293.
김인환(1996), 미국의 한국학 교육에 대하여, 민족문화연구 29, 고려대학교 민족문화연구소. pp.325~347.
김재웅(2005), 인도에서 한국어 교육의 실제와 과제, 한국어문연구 16, 한국어문연구학회. pp.39~68.
김정(1993), 일본에 있어서 한국어 교육의 문제점, 이중언어학 10, 이중언어학회. pp.262~282.
김종도(2010), 아랍국가의 한국어 교육현황, 중동문제연구 9, 명지대학교 중동문제연구소. pp.93~112.
김중섭 외(1998), 북한의 한국어교육 연구, 한국어교육 9-1, 국제한국어교육학회. pp.113~133.
김중섭 외(2001), 러시아 및 중국 지역 한국어교육 실태조사 및 지원방안 연구, 교육인적자원부.
김중섭 외(2012), 중국에서의 한국학 연구 발전 과정과 과제, 한국어교육 23-1, 국제한국어교육학회. pp.47~75.
김중섭(2011), 재외동포를 위한 한국어교육 연구의 현황과 과제, 이중언어학 47, 이중언어학회. pp.627~657.

김지영(2005), 일본에서의 외국어로서의 한국어 교육 현황 및 문제점, 부산외국어대학교 대학원 석사학위논문.

김진호(2005), 한국어 세계화와 한국어교육: 한국어교육 관련 주체별 현황 및 개선방향을 중심으로, 학회발표집 22, 한말연구학회. pp.115~124.

김진호(2008), 한국어 교육 관련 주체별 현황 및 개선방향: 국내 대학 관련 단체 및 정부기관을 중심으로, 한말연구 23, 한말연구학회. pp.63~91.

김창원(2005), 싱가포르 한국학교의 사례를 통해 본 해외 한국학교의 국어교육 프로그램 개선 방안, 한국초등국어교육 28, 한국초등국어교육학회. pp.5~34.

김철(2008), 중국에서의 한국어 교육의 어제와 오늘 및 그 미래, 한중인문학연구 24, 중한인문과학연구회. pp.275~308.

김청자(1997), 한국어 교육 현황과 과제, 교육한글 10, 한글학회. pp.409~414.

김하수(2001), 『외국어로서의 한국어 교육』의 현황과 과제, 인문학연구 8, 제주대학교 인문과학연구소. pp.1~16.

김한철(2010), 브라질 한인교포사회의 실태와 한국어 교육의 필요성, 중남미연구 28, 한국외국어대학교 외국종합연구센터 중남미연구소. pp.245~268.

김현숙(2008), 웹기반 한국어교육 현황과 유비쿼터스 교육으로의 발전 방안, 상명대학교 교육대학원 석사학위논문.

김혜숙(1996), 중국에서의 한국어 학습과 교육에 대한 제언, 한국어문학연구 31, 한국어문학연구학회. pp.506~509.

김혜숙(1998), 중국에서의 한국어 쓰임 현황과 교육에 대한 제언, 새국어교육 56, 한국국어교육학회. pp.7~26.

김호정(2007), 재외동포의 한국어 사용 실태 연구 방향에 대한 일고찰: 한국어 교육 정책 수립을 위한 기초 연구 관점에서, 한국어교육 18-1, 국제한국어교육학회. pp.73~100.

김화란(2011), 태국 대학에서의 관광 한국어 교과과정 연구, 경희대학교 교육대학원 석사학위논문.

김훈태(2009), 이탈리아 한국어 교육의 현황과 과제: 베네치아대학을 중심으로, 어문연구 144, 한국어문교육연구회. pp.465~486.

나은영(2007), 말레이시아에서의 한국어 교육 현황과 말라야 대학교(UM)의 한국어와 한국문화의 통합교육 방안, 언어와 문화 3-3, 한국언어문화교육학회. pp.127~143.

남미혜(2010), 베트남 북부 하노이 소재 대학 한국학교육의 현황과 과제: 국립 하노이 인문사회대, 외국어대, 하노이대학을 중심으로, 한국문화연구 19, 이화여자대학교 한국문화연구원. pp.163~191.

남미혜(2012), 베트남의 한국학 연구 현황과 한국학 교육, 사학연구 105, 한국사학회. pp.365~391.

남상영(2009), 일본에서의 한류와 한국어 교육, 이중언어학 39, 이중언어학회. pp.79~112.

노금송(1999), 중국에서의 한국어 교육 현황과 문제의 해결 방안, 국어국문학 18, 동아대학교 국어국문학과. pp.243~252.

노금송(2009), 중국 북경 지역 한국어 교육 현황과 과제, 국어교육연구 23, 서울대학교 국어교육연구소. pp.33~59.

노기호(Ki Ho Noh)(2011), 다문화가정 자녀에 대한 국가 교육지원 정책의 현황과 문제점, 법과 정책연구 11, 한국법정책학회. pp.839~868.

노대규(1990), 중국에서의 한국어 교육 방법에 대한 연구, 이중언어학 7, 이중언어학회. pp.50~70.

노마 히데키(Hideki Noma)(2003), 일본 대학교 대학원에서의 한국어 교육: 동경외국어대학 대학원의 교육 현황을 중심으로, 한국어교육 14-2, 국제한국어교육학회. pp.83~106.

노미연(2009), 태국의 한국어 교육 현황, 한국어문학연구 53, 한국어문학연구학회. pp.97~121.

노야마 히로시(2009), 일본의 다문화화 상황과 지역 일본어지원 활동의 전개: 지속 가능한 공생사회의 구축을 지향하며, 외국어로서의 한국어교육 34, 연세대학교 언어연구교육원 한국어학당. pp.33~64.

노윤환(2008), 재외동포교육기관의 한국어교육 실태 연구, 한국교원대학교 교육정책대학원 석사학위논문.

니르자 씽(Neerja Singh)(2006), 인도에서 한국어 교육: 인도 학습자 중심으로, 국어교육 119, 한국어교육학회. pp.325~343.

도옥순(2006), 태국에서의 한국어 문법교육의 실태 및 개선방향 연구, 이화여자대학교 대학원 석사학위논문.

도옥순(2007), 태국에서의 한국어 문법교육의 실태 및 개선방향, 이화교육논총 17, 이화여자대학교 교육대학원. pp.61~74.

동쌍쌍(2012), 중국 대학의 한국어 학과 교육에 대한 연구, 성균관대학교 대학원 석사학위논문.

레브 콘체비치(1994), 러시아에서의 정통적인 한국학의 발전사 현황과 문제점: 한국어학을 중심으로, 이중언어학 11, 이중언어학회. pp.125~171.

리득춘(2003), 한국어교육의 현황과 과제, 중국조선어문 125, 길림성민족사무위원회. pp.4~7.

리득춘(2005), 한국학의 흥기와 전망, 중국조선어문 136, 길림성민족사무위원회. pp.34~38.
리득춘(De Chun Li)(2004), 중국 한국학의 흥기와 전망, 한국어교육 15-3, 국제한국어교육학회. pp.193~208.
마금선(2009), 연변에서의 이중언어 사용 실태와 한국어 교육, 세계한국어문학 1, 세계한국어문학회. pp.57~90.
마쯔자키 마히루 외(2008), 일본어 모어 화자를 위한 한국어교육 연구의 현황과 과제: 한국에서의 연구 성과를 중심으로, 한국언어문화학 5-2, 국제한국언어문화학회. pp.87~114.
묘춘매(1996), 중국의 대학교육에 있어서 한국 말과 글 교재 및 교수법의 문제점과 그 대책, 한국어문학연구 31, 한국어문학연구학회. pp.495~500.
묘춘매(1997), 문화와 한국어 교육: 중국에서의 조선어 교육, 이중언어학 14, 이중언어학회. pp.49~73.
武力文(2012), 중국에서의 관광한국어 교과과정의 교수요목 설계 방안: 길림성 직업기술학교를 중심으로, 고려대학교 교육대학원 석사학위논문.
문금현(2005), 외국인을 위한 한국어 의미 교육의 현황과 전망, 한국어 의미학 16, 한국어의미학회. pp.143~177.
문금현(2005), 한국어 다의어 교육의 현황과 전망, 새국어교육 71, 한국국어교육학회. pp.67~89.
문애리(2000), SAT 2 한국어의 현황과 문제점, 국어교육연구 7, 서울대학교 국어교육연구소. pp.241~252.
문영자(Ying Zi Wen)(1996), 중국에서의 조선어 이질화 현상, 한국어교육 7, 국제한국어교육학회. pp.405~415.
문화관광부(2002), LA지역의 한국어 교육 실태 조사 연구, 문화관광부.
미중한인우호협회(2002), 중국 속의 한글학교: 민족의 얼을 심는 교육의 전당, 고구려.
민현식(1998), 사할린 지역의 한국어 환경에 대하여: '98 사할린 한국어 교원 연구 보고서(1), 한국어교육 9-2, 국제한국어교육학회. pp.41~65.
박갑수(1990), 중국에서의 한국어 교육기관에 대한 연구, 이중언어학 7, 이중언어학회. pp.10~29.
박갑수(1997), 외국어로서의 한국어 교육: 그 현황과 과제, 나랏말쌈 12, 대구대학교 국어교육과. pp.241~261.
박갑수(1997), 중국의 조선말과 남 북한어의 비교, 이중언어학 14, 이중언어학회. pp.253~282.
박갑수(2001), 한국어 교육의 현황과 과제, 어문연구 110, 한국어문교육연구회. pp.242~257.

박갑수(2007), 재외동포 한국어교육의 오늘과 내일, 이중언어학 33, 이중언어학회. pp.365~393.

박경철(2013), 공공외교로서의 한국어 해외보급 현황 및 개선방안 연구: 정규 교육과정을 중심으로, 경희대학교 교육대학원 석사학위논문.

박계영(2007), 미국에서의 한국학과 한국어교육: 어디로 가야 하나?: 버지니아 테크 총격사건과 재미 한인 사회, 국어교육연구 20, 서울대학교 국어교육연구소. pp.89~129.

박병철(1996), 이탈리아에서의 한국어 교육, 한국어교육 7, 국제한국어교육학회. pp.391~406.

박선자 외(2009), 대학에서의 국어의미론 교육의 현황과 전망, 한국어 의미학 29, 한국어의미학회. pp.57~89.

박소연(2011), 일본 대학에서 사용하는 한국어 교재 분석: 사용 빈도가 가장 높은 교재를 중심으로, 한국어교육 22-1, 국제한국어교육학회. pp.99~121.

박수현(2011), 한국어-중국어 이중언어사용의 연구: 한국 화교(華僑) 언어를 중심으로, 영남대학교 대학원 석사학위논문.

박영순 외(2002), (21세기) 한국어교육학의 현황과 과제, 한국문화사.

박영순(1990), 이중언어 이론과 중국에서의 한국어 문제, 이중언어학 6, 이중언어학회. pp.135~167.

박영순(1991), 소련의 한국어학과 한국어 교육, 그리고 언어이질성에 대하여, 이중언어학 8, 이중언어학회. pp.272~298.

박영순(2004), 한국어 교육의 현황과 과제, 국어교과교육연구 7, 국어교과교육학회. pp.17~51.

박영순(2005), 이중언어교육의 본질과 한국어교육의 과제, 이중언어학 29, 이중언어학회. pp.11~33.

박영애(2010), 한국사회 속의 중국 한자 음역어 사용 고찰, 중앙대학교 대학원 석사학위논문.

박영환(2007), 중국에서 한국어교육의 효율적 방안, 한국언어문학 60, 한국언어문학회. pp.27~51.

박영환(2009), 중국에서 한국어 의미교육 연구, 비교한국학 17, 국제비교한국학회. pp.145~165.

박인옥(2010), 강원도 다문화가정의 미취학자녀에 대한 교육지원 실태 조사, 인문과학연구 25, 강원대학교 인문과학연구소. pp.467~507.

박일재 외(1990), 해외 한국학의 현황과 발전방향, 한국학술진흥재단.

박정윤(2009), 다문화가족지원센터의 다문화가정을 위한 지원서비스: 현황과 발전방향에 관한 연구, 다문화콘텐츠연구 7, 중앙대학교 문화콘텐츠기술연구원. pp.31~62.
박정태(2012), 방문교육으로 살펴본 다문화가정 한국어사용 실태 및 교육 방안 연구: 베트남계 이주여성과 그의 자녀를 중심으로, 중부대학교 대학원 석사학위논문.
박주영(2011), 한국어 교육 관련 다문화가족지원사업의 문제점과 개선 방안, 한국어교육 22-2, 국제한국어교육학회. pp.161~186.
박준언(2011), 한국어 교육의 현황과 과제, 이중언어학 47, 이중언어학회. pp.243~262.
박창원(2010), 외국에서의 한국어 교육 2, 박문사.
박채형(2011), 재외 교육기관의 한국어 교육에 대한 역사적 고찰, 교육사상연구 25, 한국교육사상연구회. pp.73~94.
박충록(2006), 북경대학교 한국어과에서 한 한국문학교육, Korean 연구와 교육2, Korean 교육 연구 국제협의회: 이화여자대학교 한국어문학연구소. pp.55~69.
박혜숙(2005), 미국 소재 주말 한글학교에서의 학습과 그 후 10년, 교육문제연구 23, 고려대학교 교육문제연구소. pp.163~185.
박희숙(1999), 일본에서의 한국어교육, 한국어문교육 8, 한국교원대학교 한국어문교육연구소. pp.27~50.
방성원 외(2008), 몽골 대학의 한국어 학습자와 교사의 요구 분석, 국어국문학 150, 국어국문학회. pp.509~535.
배문수(2006), 일본지역에서의 한국어 교육실태 및 지원방안 연구: 고등학교, 대학교를 중심으로, 한국교원대학교 대학원 석사학위논문.
배순호(2010), 키르키즈스탄의 한국어 교육, 나라사랑 117, 외솔회. pp.30~32.
배현숙(2001), 한국어 교육과정의 현황과 문제점, 우리어문연구 17, 우리어문학회. pp.55~75.
배현숙(2002), 한국어 교육에서 문화교육 현황 및 문제점, 이중언어학 21, 이중언어학회. pp.178~199.
백종학 외(1993), 미국사회에서 한국인 2세가 겪는 언어와 정체성의 문제, 이중언어학 10, 이중언어학회. pp.34~42.
보야코프스카 크리스티나(1991), 폴란드에서의 한국어 교육, 새국어생활 1-2, 국립국어연구원. pp.90~93.
부첵(1991), 체코슬로바키아에서의 한국어 교육에 대하여, 교육한글 4, 한글학회. pp.225~240.
브로홀로스 홀머(1991), 독일에서의 한국어 교육, 새국어생활 1-2, 국립국어연구원. pp.33~37.
빅토르 코쥐마코(2006), 러시아에서의 한국어 교육역사와 미래, 아태연구 13-1, 경희대학교 아태지역연구원. pp.129~140.
빠릿 웡타나센(2007), 태국에서의 한류 현상, 한국언어문화학 4-1, 국제한국언어문화학회. pp.129~143.
쁘리마코바 따띠아나(Primakova Tatiana)(2009), 러시아에서의 한국어 교육의 현황과 과제, 세계한국어문학 1, 세계한국어문학회. pp.11~34.
사사키 노리코(2009), 일본의 한국어 교육: 대학에서의 한국어교육을 중심으로, 서울대학교 대학원 석사학위논문.
서영빈(2001), 중국에서의 한국어 교육, 교육연구 9, 한남대학교 교육연구소. pp.207~215.
서옥란 외(2012), 중국에서의 한국어 문화교육 현황, 한중인문학연구 35, 한중인문학회. pp.131~149.
서울대학교 언어교육원(2002), 일본인을 위한 한국어교육 연구, 서울대학교 언어교육원.
서혁(2004), 호주의 한국어 교육정책의 현황과 문제점: 뉴사우스웨일스 주를 중심으로, 한국어교육 15-2, 국제한국어교육학회. pp.145~173.
성광수(1995), 해외 한국어 교육의 몇가지 문제, 이중언어학 12, 이중언어학회. pp.291~323.
성낙수(2002), 중국 연변 지역의 한국어 연구, 한국어문교육 11, 한국교원대학교 한국어문교육연구소. pp.43~59.
성비락(2005), 몽골에서의 한국어 교육 현황 및 발전 방향, 학회발표집 22, 한말연구학회. pp.89~101.
성비락(2007), 동아시아 정세분석: 한국어의 세계화와 몽골에서의 한국어 교육의 현주소, 동아시아 브리프 2, 성균관대학교 동아시아학술원. pp.40~45.
손상미(2010), 한국어 교육실습 현황 분석 및 개선 방안, 한양대학교 교육대학원 석사학위논문.
손성옥(2004), 재미교포 학습자들을 대상으로 한 한국어 교육의 현황, 문학사상 33-8 통권(382), 문학사상사.
손영훈(2000), 카작스탄에서 한국어 교육의 현황과 과제, 한국중동학회논총 21, 한국중동학회. pp.119~142.
손정일(2003), 중국 대학에서의 한국어 교육과정, 한국어교육 14-3, 국제한국어교육학회. pp.217~237.
손한(1991), 언어연구교육원 소개: 연세대학교 부설, 새국어생활 1-2, 국립국어연구원. pp.17~25.
손호민(1990), 미국에서의 한국어 교육의 현황과 과제, 이중언어학 6, 이중언어학회. pp.19~79.
손호민(1991), 미국에서의 한국어 교육, 새국어생활 1-2, 국립국어연구원. pp.52~60.

손호민(1997), 미국에서의 한국어 연구와 한국어 교육, 교육한글 10, 한글학회. pp.55~90.
손호민(1999), 미국에서의 한국어 교육 방법, 국어교육연구 6, 서울대학교 국어교육연구소. pp.109~142.
손호민(2001), 미국에서의 한국어 교육의 역사와 미래 조망, 외국어로서의 한국어교육 25, 연세대학교 언어연구교육원 한국어학당. pp.79~135.
송명희 외(2010), 몽골 대학의 한국문학교육 연구, 한어문교육 23, 한국언어문학교육학회. pp.75~110.
송영복(2004), 귀국반 어린이를 위한 효과적인 한국어 교육 방안 연구: 주요 귀국반의 한국어 교육 현황과 과제를 활용한 한국어 지도 방안을 중심으로, 고려대학교 교육대학원 석사학위논문.
송은영(2011), 재외 동포 가정의 한국어 교육 실태와 부모 주도 교육 방안 연구, 충남대학교 교육대학원 석사학위논문.
송향근 외(2006), 재중 동포 한국어교육의 현황과 과제, 비교문화연구 18, 부산외국어대학교 비교문화연구소. pp.41~56.
송향근(2005), 재외동포 한국어 교육의 현황과 과제, 비교문화연구 17, 부산외국어대학교 비교문화연구소. pp.1~26.
송향근(2010), 아프리카 · 중동의 한국어 교육, 나라사랑 119, 외솔회. pp.43~65.
송현호(2012), 중국 지역의 한국학 현황, 한중인문학연구 35, 한중인문학회. pp.463~504.
수원대학교(1990), 해외 한국학연구 현황, 수원대학교출판부.
시마 아츠코(1993), 재일한국인 교육의 현황과 조사 분석, 이화여자대학교 대학원 석사학위논문.
신성철(2009), Korean Language Education in Australian Schools: Current State, Issues and Strategies, 외국어로서의 한국어교육 34, 연세대학교 언어연구교육원 한국어학당. pp.175~225.
심상민(2011), 호주에서의 한국어 및 한국어교육의 현황, 한국언어문화학 8-1, 국제한국언어문화학회. pp.65~82.
심재기 외(1990), 중국에서의 한국어교육, 이중언어학 7, 이중언어학회. pp.469~475.
안기화(2002), 호주의 한국어 평가방식 · 실태 및 평가 내용 및 개선 방법 모색, 국어교육연구 10, 서울대학교 국어교육연구소. pp.343~363.
안성도(1996), 미국의 초등학교에서 외국어 조기 교육의 동향과 과제, 한국 초등교육 8, 서울교육대학교 초등교육연구소. pp.431~459.
안수정(2012), 한글학교 교육과정에 대한 연구: 동남아시아 지역을 중심으로, 한국어교육 23-2, 국제한국어교육학회. pp.191~213.

안여경(2011), 우즈베키스탄 한국어능력시험(TOPIK)의 현황 및 특징, 한어문교육 25, 한국언어문학교육학회. pp.479~493.

안여경(2012), 우즈베키스탄 한국어교육의 역사와 현황, 한어문교육 26, 한국언어문학교육학회. pp.45~71.

안정근(2004), 미국 대학의 한국어교육 개선 방안, 한국어교육 15-3, 국제한국어교육학회. pp.341~379.

앤드류 핀치(Andrew Finch)(2009), 재영한글학교: 주요 쟁점들과 발전 방향, 한국어교육 20-3, 국제한국어교육학회. pp.205~234.

양지선 외(2012), 베트남의 한국어 교육 현황과 발전방향 제언, 한국어교육 23-3, 국제한국어교육학회. pp.133~157.

여학봉(2009), 중국 내 한국어 교재 개발 현황 연구, 고황논집 45, 경희대학교 대학원. pp.51~64.

연변과학기술대학 한국학연구소(2001), 중국에서의 한국어 교육 2, 회화 시청각 인터넷, 태학사.

연변과학기술대학 한국학연구소(2002), 중국에서의 한국어 교육 3, 태학사.

연변과학기술대학 한국학연구소(2003), 중국에서의 한국어 교육 3, 회화 시청각 인터넷, 태학사.

연변과학기술대학(2000), 중국에서의 한국어 교육 1, 태학사.

연변과학기술대학(2000), 중국에서의 한국어 교육 2, 태학사.

연변과학기술대학(2002), 중국에서의 한국어 교육 3, 회화 시청각 인터넷, 태학사.

연변과학기술대학(2003), 중국에서의 한국어 교육 4, 태학사.

연변과학기술대학(2003), 중국에서의 한국어 교육 5, 태학사.

연변과학기술대학(2005), 중국에서의 한국어 교육, 태학사.

연변대학교(2007), 중국에서의 한국어 교육. 7, 태학사.

연재훈(1997), 영국에서의 한국어 교육과 연구 현황, 교육한글 10, 한글학회. pp.113~140.

연재훈(1999), 영국에서의 한국학 연구와 교육 현황, 정신문화연구 22, 한국학중앙연구원. pp.79~99.

연재훈(2001), 유럽 지역 대학에서의 한국어 교육 현황, 이중언어학 18, 이중언어학회. pp.381~401.

연재훈(2011), 유럽 한국어 교육의 현황과 쟁점: 유럽 한국어 교육자 워크숍 논문집, 박이정.

염창권(Chang Gwon Yeom)(2006), 중국 대학의 한국어학과에서, 한족 학생들의 한국어 습득 양상에 대한 문화기술적 연구: 교재의 동원 및 활용 양상을 중심으로, 새국어

교육 74, 한국국어교육학회. pp.25~48.
영월연세포럼(2011), 세계 한국어 교육의 현황과 발전방향, 영월연세포럼.
오고시 나오키(生越直樹)(1994), 일본에 있어서의 Korean language 교육의 실태 조사, 한국어교육 5, 국제한국어교육학회. pp.271~284.
오고시 나오키(生越直樹)(1996), 日本における韓國語教育の現狀と問題點, 일본학보 37, 한국일본학회. pp.27~34.
오고시 나오키(生越直樹)(2003), 일본 대학에 있어서의 한국어 교육, 일본연구 18, 중앙대학교 일본연구소. pp.17~32.
오대환(2010), 일본에서의 한국어교육의 문제점에 관한 이해, 국어학 57, 국어학회. pp.203~226.
오만석(2011), 다문화가정 자녀교육의 현실과 과제, 다문화교육연구 4, 한국다문화교육학회. pp.43~77.
오상순(2010), 중국에서의 한국어교육의 현황과 과제, 한어문교육 23, 한국언어문학교육학회. pp.5~29.
오춘화(2001), 중국에서의 한국어교육, 중국학논총 11, 한국중국문화학회. pp.443~461.
오태헌(2006), 일본 대학에서의 한국어 교육 현황과 특징, 아태연구 13-2, 경희대학교 아태지역연구원. pp.105~118.
왕맹(2011), 중국 국내 학습자를 위한 관용어, 속담 교육 현황 분석 및 교육 방안 연구, 경희대학교 대학원 석사학위논문.
왕문용(1995), 일본 천리대학의 한국어 교육, 태릉어문연구 5·6, 서울여자대학교. pp.443~452.
왕재이(2011), 중국 대학 한국어학과의 교육실태와 발전방향에 관한 연구, 공주대학교 대학원 석사학위논문.
요시모토 하지메(Yoshimoto Hajime)(2012), 일본의 한국어 교육 및 규범성 문제, 새국어교육 92, 한국국어교육학회. pp.393~418.
우림걸(1996), 중국에서의 한국어교육 현황과 문제점, 새국어교육 53, 한국국어교육학회. pp.143~152.
우메다 히로유키(Umeda Hiroyuki)(2003), Studies of Korean Language in Japan: Retrospect and Prospect, 한국어학 18, 한국어학회. pp.295~322.
우메다 히로유키(Umeda Hiroyuki)(2006), 일본에서의 한국어 교육의 몇 가지 문제점, 이중언어학 30, 이중언어학회. pp.1~24.
우상열(2006), 중국에서의 한국 · 국어국문학 현황 및 전망, 어문논집 34, 중앙어문학회. pp.77~104.

우영란(2006), 중국의 한국어교육 현황 및 전망: 산동성의 한국어교육을 중심으로, 새국어교육 73, 한국국어교육학회. pp.139~155.

우형식(2010), 한국어교육학의 내용 체계와 연구 방향 모색, 동북아 문화연구 24, 동북아시아문화학회. pp.235~251.

유 엔 마주르(1991), 러시아와 소련에서의 한국어학과 한국어교육, 이중언어학 8, 이중언어학회. pp.26~41.

유영지(2010), 우즈베키스탄의 한국어 교재 분석 및 개선 방안, 국어교과교육연구 17, 국어교과교육학회. pp.139~168.

유영지(2011), 우즈베키스탄의 한국어 교재 분석 및 개선 방안, 전남대학교 대학원 석사학위논문.

유패림(1997), 중국에서의 한국어학 연구의 이모저모, 교육한글 10, 한글학회. pp.141~160.

유홍주(2011), 해외 한국학 교육기관에서의 한국문학교육: 터키 에르지예스대학을 중심으로, 새국어교육 88, 한국국어교육학회. pp.275~293.

유홍주(2012), 해외 대학 한국어학과의 한국문학 교수 방안: 헝가리 엘테대학교를 중심으로, 새국어교육 91, 한국국어교육학회. pp.135~157.

윤경원(2005), 태국에서의 한국어교육 현황과 문제점, 동남아연구 15, 한국외국어대학교 동남아연구소. pp.113~139.

윤금선(2004), 19세기 초 재미 한인의 국어교육, 국어교육 113, 한국어교육학회. pp.297~354.

윤여탁(2004), 한국어교육에서 문학교육 방법 연구: 미주 지역 한국어교육을 중심으로, 국어교육연구 14, 서울대학교 국어교육연구소. pp.67~146.

윤인진(2010), 재외동포의 현황과 동포 청소년을 위한 한국어교육의 방향, 국어교육 131, 한국어교육학회. pp.49~77.

윤해연(2006), 중국 내 한국어문학 교육현장에서의 느끼는 문제점과 그 해법, 한국학연구 15, 인하대학교 한국학연구소. pp.67~86.

이광규(2005), 세계 속 동포들의 현황과 과제, 이중언어학 28, 이중언어학회. pp.1~10.

이광규(2008), 미주동포와 한국어 교육, 언어와 문화 4-2, 한국언어문화교육학회. pp.1~30.

이광재(2007), 중국 대학 한국어학과 한국문학 교육 현황 연구, 한국학연구 17, 인하대학교 한국학연구소. pp.177~192.

이광정(1998), 미국에서의 한국어 교육 실태와 발전적 개선안, 이중언어학 15, 이중언어학회. pp.349~384.

이귀옥(2003), 중국 연변 조선족 아동의 이중언어 환경, 서림출판사.

이길원(2010), 일본의 한국어교육 현황과 과제, 나라사랑 116, 외솔회. pp.308~313.

이나(2012), 중국 대학 한국어학과 교과과정 분석 및 개선방안 연구, 배재대학교 대학원 석사학위논문.
이남근(2003), 미국에서 한국어의 언어지위 향상에 관한 연구, 새국어교육 66, 한국국어교육학회. pp.193~210.
이남순(1998), 일본에서의 한국어 교육, 동서문화연구 6, 홍익대학교 동서문화연구소. pp.143~169.
이대로(2008), 중국에서의 한국어 교육 현실과 문제, 한국어정보학 10-2, 한국어정보학회. pp.63~68.
이대로(2009), 나라 밖의 한국말 교육 현황과 문제, 한국어정보학 11-2, 한국어정보학회. pp.47~56.
이동배(2007), 호주 대학의 한국어 교재 개선 방향: 초급단계의 문화내용을 중심으로, 한국어교육 18-2, 국제한국어교육학회. pp.267~284.
이동은 외(2008), 미국 내 한국어 프로그램과 한국 현지 프로그램 간의 연계를 위한 요구분석, 이중언어학 38, 이중언어학회. pp.341~367.
이동재(1996), 한국어 교육의 현황과 앞으로의 방향, 한국어교육 7, 국제한국어교육학회. pp.69~103.
이동재(2003), 미국에서의 중·고등학생 대상의 한국어 교육과 교수법: 한국어 세계화의 지름길, 한국어교육 14-2, 국제한국어교육학회. pp.205~226.
이득춘(1997), 중국에서의 한국어 교육의 급속한 부상과 한국어의 위치, 교육한글 10, 한글학회. pp.161~180.
이득춘(1998), 중국 동포의 모어로서의 한국어 교육의 어제와 오늘, 새국어생활 8-2, 국립국어연구원. pp.155~159.
이득춘(1999), 조선족을 대상으로 한 제2언어로서의 한국어교육의 현황 및 발전 추세 그리고 그 문제점, 한국어문교육 8, 한국교원대학교 한국어문교육연구소. pp.11~25.
이득춘(2004), 중국에서의 한국어교육과 교재 및 이중언어교육: 외국에서의 모국어 교육, 이중언어학 25, 이중언어학회.
이득춘(2006), 한국학과 중국의 한국학, 제3차 Korean 교육 학술토론회 논문집, 이화여자대학교 한국어문학연구소. pp.47~57.
이병규(2008), 국외 한국어 교육 정책 현황 및 추진 방향, 새국어교육 79, 한국국어교육학회. pp.341~366.
이선근(2009), 미국 고등학교의 한국어교육: 한국어를 정규 외국어과목에 채택시키는 추진사업을 중심으로, 한국어교육학회 학술발표회2009, 한국어교육학회. pp.65~72.
이성순(2009), 이주여성과 자녀의 한국어교육 현황과 과제: 대전지역 한국어교실 운영사례를 중심으로, 우리어문연구 35, 우리어문학회. pp.247~276.
이성연(2003), 중국에서 한국어의 언어지위 향상에 관한 연구, 새국어교육 65, 한국국어교육학회. pp.217~234.
이승환(1991), 언어교육원 한국어 강좌 소개: 이화여자대학교 부설 새국어생활 1-2, 국립국어연구원. pp.12~16.
이안나(2007), 동아시아 한국학 교육의 현황과 문제, 한국학연구 17, 인하대학교 한국학연구소. pp.57~88.
이영숙(2010), 국내외 한국어 교육의 현황과 과제, 나라사랑 119, 외솔회. pp.100~128.
이영희(2007), 외국인을 위한 한국어 한자 교육의 현황과 방향, 새국어교육 76, 한국국어교육학회. pp.269~293.
이영희(2009), 외교관을 위한 한국어 교육의 현황과 과제, 세계한국어문학 1, 세계한국어문학회. pp.123~154.
이윤정(2012), 러시아 사하공화국 한국어 교육 현황과 과제 연구, 한국어문학연구 35, 한국외국어대학교 한국어문학연구회. pp.187~204.
이윤정(2012), 러시아 사하공화국 한국어 교육 현황과 현지 사용 초급 교재 분석 연구, 한국외국어대학교 대학원 석사학위논문.
이은숙(2005), 중국에서의 한국어 교육 성과 제고 방안 고찰, 이중언어학 27, 이중언어학회. pp.137~159.
이은자(2006), 영국 대학에서의 한국학 교육 및 연구 현황, 한중인문학연구 17, 한중인문학회. pp.315~335.
이재분 외(2011), 한국과 대만의 국제결혼가정 자녀의 이민자 부모 출신국 언어교육 지원 실천사례 비교 연구, 중국학논총 33, 한국중국문화학회. pp.61~82.
이정노(2000), 미국에서의 한국어 교재 개발의 문제점 및 해결 방안, 국어교육연구 7, 서울대학교 국어교육연구소. pp.99~132.
이정순 외(2011), (수나와 타미르의) 몽골 이야기: KOICA 해외봉사단원 활동경험담, 디자인인트로.
이정옥(2006), 경상북도 결혼이주여성 현황 및 적응교육, 한국어의 미래를 위한 제1차 토론회: 국외 동포 및 이주민을 위한 한국어 교육을 중심으로, 이화여자대학교 한국어문학연구소. pp.72~84.
이종순(2000), 중국에서 조선족 시 교육의 현황과 과제, 한중인문학연구 4, 중한인문과학연구회. pp.309~326.
이주행(2003), 중국에서의 한국어 교육의 문제, 국어교육 112, 한국어교육학회. pp.49~71.
이중언어학회(1987), 해외에서의 한국어 교육, 탑출판사.

이중언어학회(1989), 미국에서의 한국어 교육, 집문당.
이중언어학회(1990), 중국에서의 한국어교육 1, 집문당.
이중언어학회(1990), 중국에서의 한국어교육 2, 이중언어학회.
이중언어학회(1991), 소련에서의 한국어학과 한국어 교육, 집문당.
이중언어학회(1992), 미국에서의 한국어 교육, 이중언어학회.
이중언어학회(1993), 미국에서의 한국어 교육, 이중언어학회.
이중언어학회(1994), 미국에서의 한국어 교육, 이중언어학회.
이중언어학회(1995), 미국에서의 한국어 교육, 한국문화사.
이중언어학회(1995), 이중언어와 해외 한국어 교육, 한국문화사.
이중언어학회(1995), 중국에서의 한국어교육 2, 한국문화사.
이중언어학회(1996), 이중언어와 해외 한국어 교육, 한국문화사.
이진명(1991), 프랑스에서의 한국어 교육의 역사적 배경과 현황, 새국어생활 1-2, 국립국어연구원. pp.94~110.
이춘호(2007), 중국에서의 한국역사 교육에 대하여, China 연구 3, 부산대학교 중국연구소. pp.377~394.
이토 히데토(1999), 일본에서의 한국어 교육 방법, 국어교육연구 6, 서울대학교 국어교육연구소. pp.67~87.
임기중(1996), 중국의 대학 교육에 있어서 한국말과 글 교육의 현황과 전망, 한국어문학연구 31, 한국어문학연구학회. pp.473~475.
임미은(2010), 연해주지역 슈콜라 한국어교육, 한국노어노문학회소식 54, 한국노어노문학회. pp.3~4.
임영상(2008), 독립국가연합 고려인 청소년의 현황과 분석, 역사문화연구 29, 한국외국어대학교 역사문화연구소. pp.3~46.
임정빈(1989), U.C Berkeley 한국어 프로그램의 소개와 전망, 이중언어학 5, 이중언어학회. pp.61~69.
임형재(2010), 지난 10년, 한국어 교육의 변화와 과제, 한민족문화연구 32, 한민족문화학회. pp.269~299.
임홍수(1992), 재소한인(在蘇韓人)의 한국어 교육문제, 슬라브연구 8, 한국외국어대학교 외국학종합연구센터 러시아연구소. pp.211~228.
임홍수(1999), 러시아와 중앙아시아에서의 한국어 교육 실태와 문제점: 설문조사를 통한 통계학적 분석, 러시아 지역연구 3, 한국외국어대학교 외국학종합연구센터 러시아연구소. pp.109~134.
임홍수(2001), 러시아에서의 한국어 교육 실태조사 및 지원 방안 연구, 동유럽발칸학 3,

한국동유럽발칸학회. pp.1~17.

자세 베르너(1991), 독일 보훔 대학교에서의 한국어 교육, 새국어생활 1-2, 국립국어연구원. pp.38~51.

장광군(2000), 중국에서의 한국어 교재 개발의 문제점 및 해결 방안, 국어교육연구 7, 서울대학교 국어교육연구소. pp.79~97.

장미경(2009), 한국어 교육의 조사 교육 연구 동향 분석, 우리어문연구 33, 우리어문학회. pp.547~581.

장민(1996), 중국의 대학 교육에 있어서 한국 말과 글 교육의 문제점과 그 대책, 한국어문학연구 31, 한국어문학연구학회. pp.477~485.

장소원(2004), 외국어로서의 한국어교육의 현황과 전망: 서울대학교 언어교육원의 경우, 언어와 문화 1-1, 한국언어문화교육학회. pp.207~226.

장호종(2007), 러시아 한국어 교육의 실태와 과제: 시베리아의 한국어 교육 현황을 중심으로, 한중인문학연구 21, 한중인문학회. pp.309~345.

장호종(2009), 민족어교육과 외국어교육의 이중성: 러시아의 한국어교육, 박문사.

장효단(2008), 중국에서의 한국어 교육 발전 방안 연구: 중국의 대외한어 정책과의 비교를 중심으로, 상명대학교 대학원 석사학위논문.

전병선(1993), 일부 나라들에서의 조선어 교육과 연구에 대한 고찰, 이중언어학 10, 이중언어학회. pp.64~80.

전우 외(2012), 범주강 삼각주지역 한국어 교육의 현황과 과제, 한어문교육 26, 한국언어문학교육학회. pp.29~44.

전은주(2003), 국제 도시 부산에서의 한국어 교육 실태와 발전 방안 연구: 지역 특성을 고려한 학습자 중심의 한국어 교육과정 개발을 중심으로, 한국어교육 14-2, 국제한국어교육학회. pp.361~397.

정도상(1997), 핀란드에서의 한국어 연구와 한국어 교육, 교육한글 10, 한글학회. pp.241~264.

정미량(2010), 중국 조선족 민족교육, 그 지속과 변화, 한국교육사학 32, 한국교육사학회. pp.127~158.

정승혜(2006), 대마도에서의 한어(韓語) 교육, 어문연구 130, 한국어문교육연구회. pp.37~58.

정정식(2001), 국내외에서의 한국어 교육의 현황, 일본학논집 13, 일본학연구회. pp.23~34.

정형근(2010), 국내 재외동포 모국수학과정 한국어 교육의 현황과 과제, 한어문교육 23, 한국언어문학교육학회. pp.231~260.

정형근(2012), 독립국가연합(CIS)지역 고려인 후속세대를 위한 모국수학과정 교육프로그램 개선 방향, 한어문교육 26, 한국언어문학교육학회. pp.73~98.
정환승(2008), 태국에서의 한류와 한국어교육, 동남아연구 17, 한국외국어대학교 동남아연구소. pp.131~168.
조나야(2009), 카자흐스탄의 한국어 교육 현황과 전망, 전북대학교 교육대학원 석사학위논문.
조동일(2005), 아시아 지역 한국문학 연구의 현재와 미래, 어문학 87, 한국어문학회. pp.47~68.
조명숙(2001), 베트남에서의 한국어 교육 현황, 이중언어학 19, 이중언어학회. pp.77~93.
조승복(1988), 스웨덴에서의 한국어 교수와 연구 현황, 한글 201·202, 한글학회. pp.271~290.
조영미(2010), 북미 지역 내 한국어 마을의 한국어 교육 사례 연구: 미국 콘코디아 언어 마을의 외국어 몰입교육 프로그램을 중심으로, 한국문화인류학 43-2, 한국문화인류학회. pp.45~90.
조위수 외(2009), 이집트 룩소르 지역의 한국어 교육을 위한 교육 자료 개발 방안: 룩소르 호텔, 관광 고등교육원을 중심으로, 외국어로서의 한국어교육 34, 연세대학교 언어연구교육원 한국어학당. pp.493~518.
조은숙(2012), 일본어교육학의 연구 동향과 발전 방향: 2000년 이후 연구사를 중심으로, 일본어교육연구 22, 한국일어교육학회. pp.7~24.
조정순(2009), 부산지역 한국어교육기관의 현황과 발전 방향, 부산연구 7, 신라대학교 부산학연구센터.
조항록(2001), 한국어 교육의 현황과 교육 정책, 외국어로서의 한국어교육 25, 연세대학교 언어연구교육원 한국어학당. pp.149~178.
조항록(2005), 국외 한국어 교육의 발달 과정과 특징 1: 태동과 도약, 한국어교육 16-1, 국제한국어교육학회. pp.249~275.
조항록(2005), 중국 내 한국어 교육의 특징과 발전 방안, 한국언어문화학 2-2, 국제한국언어문화학회. pp.249~267.
조항록(2006), 한국어 능력 평가 체계의 현황과 과제, 한국어교육 17-1, 국제한국어교육학회. pp.333~363.
조현용 외(2012), 러시아 사할린 지역의 언어 환경과 한국어교육 문제 연구, 한국어교육 23-1, 국제한국어교육학회. pp.257~282.
조형일(2006), 한국어교육의 현황과 과제, 인문과학연구 11, 가톨릭대학교 인문과학연구소. pp.5~19.
중천부(2000), 대만에서의 한국어 교재 개발의 문제점 및 해결 방안, 국어교육연구 7, 서울대학교 국어교육연구소. pp.195~219.

증천부(2003), 대만에서의 문화를 통한 한국어 교육의 실정과 개선방향, 국어교육연구 12, 서울대학교 국어교육연구소. pp.307~330.

진정란(2009), 비한국계 학습자 대상 한국어 과정의 안착 방안: 미국 흑인 대학의 사례를 중심으로, 언어와문화 5-3, 한국언어문화교육학회. pp.323~343.

진정란(2012), 태국 중고등학교 한국어교육의 현황과 과제, 언어와 문화 8-2, 한국언어문화교육학회. pp.235~257.

차한필(2009), 르포! 재중동포 우리말글 교육 실태, 아이필드.

蔡連康(Lien Kong Tsai) 외(2007), 재대만 동포의 한국어 교육: 대만 한국어 교육 전반적 현황, 이중언어학 33, 이중언어학회. pp.497~523.

천영자(2005), 일본인을 대상으로 한 한국어교육에 대하여: 중급을 중심으로, 중국조선어문 140, 길림성민족사무위원회. pp.31~37.

최권진(2005), 동유럽 지역의 한국어 교육과 문법 교육, 국어교육연구 16, 서울대학교 국어교육연구소. pp.351~388.

최권진(2006), 한국 문화의 이해와 충돌: 동유럽 지역에서 한국어와 한국문화 교육, 한국언어문화학 3-1, 국제한국언어문화학회. pp.209~233.

최기호 외(2010), 몽골에서 한국어 교육의 역사와 오늘, 나라사랑 119, 외솔회. pp.27~42.

최기호(2007), 몽골에서 한국어 교육 현황과 과제; 문법 교육 6, 한국문법교육학회. pp.187~211.

최낙구(1997), 도이칠란트의 2세 한국말 교육을 개선할 방향, 교육한글 10, 한글학회. pp.221~240.

최낙복(2008), 미국에서의 한국어 교육 실태조사 연구: 로스앤젤레스 지역을 중심으로, 우리말연구 22, 우리말학회. pp.211~245.

최쓰웨틀라나쎄르게예브나(1991), 타시켄트의 한국어 교육실정(1970~91), 이중언어학 8, 이중언어학회. pp.631~634.

최용기(2007), 한국어 교육의 현황과 세종학당 운영 방향, 문법 교육 6, 한국문법교육학회. pp.213~246.

최윤갑(1991), 중국 조선민족 산재지구에서의 아동들에 대한 조선어 교육, 교육한글 4, 한글학회. pp.263~274.

최윤곤(2010), 비원어민 한국어 교원의 현황과 역할: 중국 대학 사례를 중심으로, 외국어로서의 한국어교육 35, 연세대학교 언어연구교육원 한국어학당. pp.187~206.

최은규(2009), 국내 학문 목적 한국어 교육의 현황과 과제, 어문연구 141, 한국어문교육연구회. pp.333~358.

최은지(2008), 한류(韓流) 진단: 한국-한국어 교육의 현황과 과제, 민족연구 36, 한국민족연구원. pp.46~73.

최은지(2012), 해외에서의 아동 대상 한국어교육의 쟁점과 과제, 한국어교육 23-2, 국제한국어교육학회. pp.421~445.

최은하 외(2011), 국제결혼이주여성의 정부지원 한국어교육사업현황 및 만족도조사: 전라북도 3개 도시(전주 · 익산 · 군산)와 광주광역시를 중심으로, 국제한국어교육학회 추계학술발표논문집, 국제한국어교육학회. pp.217~232.

최인나(2010), 러시아 상트페테르부르그 국립대학교의 한국어 문학 교육의 현황과 전망, 한어문교육 23, 한국언어문학교육학회. pp.45~73.

최정민(2011), 자국어 해외 교육 정책: 프랑스 · 영국 · 중국 · 한국을 중심으로, 숙명여자대학교 국제관계대학원 석사학위논문.

최창성(1989), 태국에서의 한국어교육 현황과 문제점, 외국어교육연구논집 5, 한국외국어대학교 외국어교육연구소. pp.47~67.

최한우(1991), 터키에서의 한국어 교육, 새국어생활 1-2, 국립국어연구원. pp.76~89.

최희수(Xi Xiu Cui)(2005), 중국의 한국어 교육에서 제기되는 과제, 외국어로서의 한국어 교육 30, 연세대학교 언어연구교육원 한국어학당. pp.211~226.

쿤 드 퀘스터(Koen De Ceust)(2007), 한국학의 관문으로서의 한국어: 대학의 교육환경 면에서 본 지역학의 중요성, 국어교육연구 20, 서울대학교 국어교육연구소. pp.131~160.

태평무(1996), 중국의 대학 교육에 있어서 한국 말과 글 교육과정의 문제점과 그 대책, 한국어문학연구 31, 한국어문학연구학회. pp.487~493.

토모자와 아키에(2009), 일본과 한국에 있어서 자국어 보급 시책의 비교(시론), 한일기업경영의 제문제 2, 계명대학교산업경영연구소. pp.117~133.

티엔티다탐즈른깃(1999), 태국에서의 한국어 교육 방법, 국어교육연구 6, 서울대학교 국어교육연구소. pp.143~156.

편집부(1988), 일본에서의 한국어 교육, 한국문화사.

편집부(2002), 중국에서의 한국어 (조선어) 교육의 현황과 장래, 월인.

편집위원회 자료(2000), 우즈베키스탄 타슈켄트 한국교육원과 한글학교 현황(2000년 6월 현재), 한국어교육 11-1, 국제한국어교육학회. pp.201~216.

푸레브오치르 아디야수렝(2008), 몽골에서의 한국어 교재 현황과 개발 방안: 울란바타르대학교 교재를 중심으로, 우석대학교 대학원 석사학위논문.

풍의산(Feng Yi Shan)(2000), 중국의 민족 언어 정책과 연변의 한국어 사용 실태, 정신문화연구 23, 한국학중앙연구원. pp.209~224.

프로스트(1988), 프랑스에서의 한국어학 과정, 한글 201·202, 한글학회. pp.349~362.
하인숙(2009), 베트남 남부지역의 한국어교육 현황: 호치민국가인문사회과학대학교, 외국어정보대학교, 홍방대학교를 중심으로, 동남아시아연구 19-3, 한국동남아학회. pp.101~135.
학회자료(1989), 미국에서의 한국어 교육: 부록 1 – 미국의 한국어 교육기관, 이중언어학 5, 이중언어학회. pp.139~205.
한득봉(1991), 소련에서의 한국어교육, 이중언어학 8, 이중언어학회. pp.609~613.
한영균 외(2009), 중앙아시아 3국의 한국어 교육: 교육 현황과 특징을 중심으로, 한국어 교육 20-2, 국제한국어교육학회. pp.303~335.
한용(2010), 러시아 연방의 언어정책과 한국어 교육 현황, 동유럽연구 24, 한국외국어대학교 국제지역연구센터 동유럽발칸연구소. pp.61~82.
허덕행 외(1990), 연변의 이중언어제에 대한 몇가지 고찰: 흑룡강성 조선족들의 이중언어 사용실태 및 그에 대한 약간한 생각, 이중언어학회 7, 이중언어학회. pp.197~205.
허련화(2010), 중국에서의 한국어교육과 인재양성, 중국조선어문 5, 길림성민족사무위원회. pp.41~45.
허영자(1995), 프랑스에서의 한국학 및 한국어문학 교육의 실태 조사 연구, 새국어교육 51, 한국국어교육학회. pp.15~36.
허형원(2011), 재한 중국 유학생이 지각한 진로장벽, 진로결정 자기효능감과 진로준비행동의 관계, 충남대학교 대학원 석사학위논문.
현원숙(1998), 카자흐스탄에서의 한국어 교육 방법에 관한 연구, 이화여자대학교 교육대학원 석사학위논문.
홍은진(2006), 대학의 어학원 운영과 어학 교육: 국내 한국어 교육을 통해 본 경기대 한국어 교육의 현황과 과제, 시민인문학 14, 경기대학교 인문과학연구소. pp.53~67.
홍재성(1991), 서울대학교 어학연구소에서의 한국어 교육, 교육한글 4, 한글학회. pp.209~224.
홍종선(2007), 재대양주 동포의 한국어 교육, 이중언어학 33, 이중언어학회. pp.525~550.
홍종선(2007), 해외 이민 초기 사회의 한국어 사용과 교육 실태: 뉴질랜드 한인 사회를 중심으로, 이중언어학 35, 이중언어학회. pp.385~408.
황유복(2002), 중국에 있어서의 한국어학 교육의 현황과 과제, 역사문화연구 16, 한국외국어대학교 역사문화연구소. pp.233~250.
황유복(2004), 동아시아 문화교류와 중국속의 한국어 교육, 한국언어문화학 1-2, 국제한국언어문화학회. pp.211~218.
황인교(2006), 한국어 교육과정의 현황과 과제: 국내 대학 부설 한국어 교육기관을 중심으로, 한국어교육 17-3, 국제한국어교육학회. pp.381~400.
후스차 외(1988), 폴란드에서의 한국어 교육 현황, 한글 201·202, 한글학회. pp.339~348.
후지모토 유키오(1997), 일본에서의 한국어 연구 현황, 교육한글 10, 한글학회. pp.13~26.
후지이시 다카요(2000), 일본에서의 한국어 교재 개발의 문제점 및 해결 방안, 국어교육연구 7, 서울대학교 국어교육연구소. pp.61~77.
히시게(2009), 몽골 지역 대학의 한국어 문학 교육 현황, 한국어교육학회 학술발표회2009, 한국어교육학회. pp.117~134.
Anders Karlsson(1996), Theory and Practice: Discrepancies in Supply and Demand in Korean Language Education in Sweden, 한국어교육 7, 국제한국어교육학회. pp.269~275.
Antonetta L. Bruno(2008), 이탈리아의 다문화 교육에 대한 소개: 이론과 실천에 대하여, 국어교육연구 22, 서울대학교 국어교육연구소. pp.35~56.
Bronislav Lee(2009), Koreans and Korean Language at Uzbekistan, 한국어교육학회 학술발표회2009, 한국어교육학회. pp.96~100.
Bronislav S. Lee(2010), Korean Language in Educational Organizations of Uzbekistan, 한어문교육 23, 한국언어문학교육학회. pp.113~129.
Fkorian Carolus Horatianus(2008), 인도네시아의 한국어 교육 현황과 제 문제, 한국언어문화학 5-2, 국제한국언어문화학회. pp.225~242.
John Y. Sohn(1990), Korean Language Programs in the World, 한국어교육 2, 국제한국어교육학회. pp.167~188.
Koncevich, L. R(1991), 러시아와 소련에서의 전통적 한국학의 발전사에 대한 일련의 문제, 이중언어학 8, 이중언어학회. pp.242~257.
Liu Dan(2010), 중국 대학생의 한국유학 선호도에 관한 연구, 충북대학교 대학원 석사학위논문.
Marcin Starnowski(2012), A Study of Korean Language and Literature Education in Poland, 어문학 115, 한국어문학회. pp.79~107.
Matsuo Isamu(2003), 일본어 모어(母語) 화자를 위한 한국어교육의 개선 방향, 인문과학논집 12, 강남대학교 인문과학연구소. pp.211~220.
Merrill, Craig C.(2002), The Future of Korean Language Education in the United States, 외국어로서의 한국어교육 27, 연세대학교 언어연구교육원 한국어학당. pp.301~340.
Nam Victor(2006), 우즈베키스탄의 한국어 교육: 타슈켄트 국립 니자미 사범대 한국어문학과를 중심으로, 어문논집 34, 중앙어문학회. pp.63~76.
Phan Thi Thanh Lan(2008), Korean Language Education in South Vietnam, 아주대학교

대학원 석사학위논문.

Ross King(1991), Korean Language Studies in the U.S.S.R, 이중언어학 8, 이중언어학회. pp.42~53.

Ross King(1991), 소련의 한국어학 연구, 새국어교육 47, 한국국어교육학회. pp.245~258.

Saito Akemi(2011), 한국과 중국의 중학교에 있어서 일본어교육에 관한 고찰: 한국과 중국 교과서 비교를 중심으로, 일본어교육연구 20, 한국일어교육학회. pp.205~221.

Skillend W. E.(1988), Korean in the University of London, 한글 201 · 202, 한글학회. pp.409~421.

Sonja Häußler(1996), 시간의 변화를 통하여 본 베를린 홈볼트 대학에서의 한국어 교육, 한국어교육 7, 국제한국어교육학회. pp.361~368.

Sonja Häußler(1998), 재독한글학교의 한국어 교육 현황과 문제점: 베를린 한인학교를 중심으로, 한국어교육 9-1, 국제한국어교육학회. pp.135~147.

Tamara Kaplan(2009), 러시아 극동 한국어 교육의 과거와 현재: 동양대학교부터 한국학대학까지, 인문논총 24, 경남대학교 인문과학연구소. pp.317~347.

Wang dan(2009), 중국에서의 한국어 교육의 현황과 전망, Journal of Korean Culture 12, 한국어문학국제학술포럼.

I-03.
한국어 교육 관련 일반

강영덕(1992), 중국 조선족학교에서의 이중언어교육의 실태와 과제, 이중언어학 9, 이중언어학회. pp.194~207.
국제한국어교육학회(2005), 한국어 교육론 1, 한국문화사.
국제한국어교육학회(2005), 한국어 교육론 3: 한국어교육의 역사와 전망, 한국문화사.
김경근 외(2007), 재외한인의 민족교육관, 북코리아.
김중섭(2004), 한국어 교육의 이해, 한국문화사.
김중섭(2010), 한국어 교육의 이해, 하우.
김중섭(2011), 한국어 교육의 변화와 한국어 교원의 미래, 새국어생활 21-3, 국립국어원. pp.5~26.
김진호(2008), (외국어로서의) 한국어학개론, 박이정.
남기심 외(1999), 외국인을 위한 한국어 교육의 방법과 실제, 한국방송대학교출판부.
노대규(2007), 외국어로서의 한국어 교육, 푸른사상.
노마 히데키(Hideki Noma)(2008), 언어를 배우는 〈근거〉는 어디에 있는가: 한국어 교육의 시점, 한글 282, 한글학회. pp.235~276.
梅田博之(1988), 한국어와 일본어: 언어교육상의 문제점에 대하여, 이중언어학 4, 이중언어학회. pp.144~158.
민현식 외(2005), 한국어교육론: 한국어교육의 역사와 전망 1, 한국문화사.
민현식 외(2005), 한국어교육론: 한국어교육의 역사와 전망 2, 한국문화사.
민현식 외(2005), 한국어교육론: 한국어교육의 역사와 전망 3, 한국문화사.
박상규 외(2010), 한국어학의 이해, 역락.
박영순(2001), (외국어로서의) 한국어 교육론, 월인.
상명대학교 교육대학원(2003), (한국어 세계화를 위한) 한국어교육, 상명대학교 교육대학원.

신지영 외(2012), (쉽게 읽는) 한국어학의 이해, 지식과 교양.
우리어문학회(2001), 외국인을 위한 한국어 교육, 국학자료원.
우형식(2006), (외국어로서의) 한국어 교육론, 부산외국어대학교출판부.
이승연(2012), (한국어교육을 위한) 응용언어학 개론, 태학사.
정경일 외(2003), 한국어의 탐구와 이해, 박이정.
조현용(2005), 한국어 교육의 실제, 유씨엘아이엔씨.
조현용(2012), 우리말, 가슴을 울리다, 하우.
중앙민족대학(2006), (조선) 한국학 연구, 신성출판사.
최기호(1987), 중공 한국교포의 한국어 연구 동향, 이중언어학 3, 이중언어학회. pp.50~62.
최용재(1974), 외국어로서의 한국어 교육론, 조선대학교 대학원 박사학위논문.
한국방송통신대학교(2005), 외국어로서의 한국어학, 한국방송통신대학출판부.
한국방송통신대학교(2006), 외국어로서의 한국어교육학, 한국방송통신대학교 출판부.
한재영 외(2010), 한국어학: 용어 해설, 신구문화사.
한재영 외(2011), 언어학: 용어 해설, 신구문화사.
한재영 외(2011), 한국어교육: 용어 해설, 신구문화사.
황경수(2009), 한국어 교육을 위한 한국어학, 청운.
Banks, James A.(2011), 다문화교육: 현안과 전망, 박학사.

I-04.
역사서

고경민(2011), 근대계몽기 한국어 학습서의 문법기술에 대한 고찰, 한국문법교육학회 학술발표논문집, 한국문법교육학회. pp.25~35.

고예진(2008), 개화기의 한국어 학습서 연구: 언더우드(Underwood)의 「한영문법」을 중심으로, 부산대학교 대학원 석사학위논문.

김성주(2012), 역학서 언해와 조선의 외국어 교육, 한국어문학연구 58, 한국어문학연구학회. pp.51~93.

김유정(2013), 『교린수지(交隣須知)』의 종결어미 분포에서 나타나는 언어 교재로서의 특징 연구, 외국어로서의 한국어교육 38, 연세대학교 언어연구교육원 한국어학당. pp.29~66.

김인규(2012), 조선의 '외국어로서 조선어교육' 연구: 류학생 회화 교재를 중심으로, 한국어교육 23-1, 국제한국어교육학회. pp.283~306.

명월봉(1991), 재쏘 고려인 교육의 력사적 과정, 교육한글 4, 한글학회. pp.275~294.

박채형(2011), 재외 교육기관의 한국어 교육에 대한 역사적 고찰: 미국의 한글학교 · 한국학교 · 한국교육원을 중심으로, 교육사상연구 25-1, 한국교육사상연구회. pp.73~94.

신현숙(2004), 한국어교육의 어제와 오늘, KBS 한국어 연구논문 55, KBS아나운서실 한국어연구회. pp.2~41.

심보경(2012), 개화기 한국어학습서 『교린수지』 표기 연구, 어문연구 154, 한국어문교육연구회. pp.59~89.

심영섭(1998), 카자흐스탄 한인사: 1937-1998, 알마아타 한국교육원.

악휘 외(2006), 중국어 교과서의 서 · 발문에 나타난 조선시대 언어교육의식, 한국어문학연구 46, 한국어문학연구학회. pp.163~191.

야마타 히로이토(山田寬人)(1997), 朝鮮語學習書·辭典から見た日本人と朝鮮語: 1880년-

1945년, 朝鮮學報 169, 朝鮮學會, pp.53~83.
오대환(2010), 식민지 시기의 조선어와 일본어의 문법 대조를 통한 조선어교육에 관한 연구: 조선문조선어강의록(경성 조선어연구회 간행)의 국선문대역법을 중심으로, 한국어교육 21-3, 국제한국어교육학회. pp.105~128.
오대환(2011), 조선문조선어강의록의 교육내용에 관한 검토: 교육내용의 발전적 측면, 언어정보와 사전편찬 27, 연세대학교 언어정보연구원. pp.69~92.
오대환(2011), 해방 전 기독교 선교사를 위한 조선어교육에 관한 기록의 발굴, 한국어교육 22-3, 국제한국어교육학회. pp.177~194.
오대환(2012), Korean for Beginners를 통해 본 해방 전의 조선어교육: 초판본(1925년)을 중심으로, 한국어교육 23-3, 국제한국어교육학회. pp.159~193.
이강민(2004), 近世日本의 韓國語 學習書: 言語史 硏究資料로서의 系譜와 性格, 일본학보 58, 한국일본학회, pp.175~192.
이강민(2006), 開化期 日本의 韓國語 學習書: 言語資料로서의 性格과 成長性을 중심으로, 일본학보 67, 한국일본학회, pp.65~80.
이강민(2006), 메이지(明治)期 參謀本部의 韓國語 學習書: 1894年刊 「日韓會話」와 관련하여, 일본어문학 31, 한국일본어문학회, pp.1~18.
이강민(2007), 島井浩와 『實用韓語學』, 일본학보 71, 한국일본학회, pp.79~91.
이득춘(De Chun Li)(2004), 중세의 한국어교육과 교재, 이중언어학 25, 이중언어학회. pp.1~20.
이명희(2003), 明治時代의 朝鮮語學習: 〈交隣須知〉의 時代別 背景을 중심으로, 日語日文學硏究 44, 韓國日語日文學會, pp.205~227.
이미향(2007), 일본어 화자를 위한 개화기 한국어 교재의 언어 교수 고찰: 『일한통화(日韓通話)』, 『한어교정』, 『신안한어간』을 중심으로, 한국어교육 18-1, 국제한국어교육학회. pp.337~363.
이응호(1982), 19세기 중국 개신교 선교사들의 한국어 연구, 명대어문논집 13-1, pp.7~62.
이지영(2003), 근현대 한국어 교육 교재 연구, 제17회 한말연구학회 전국학술대회 자료집, 한말연구학회, pp.121~132.
이지영(2004), 근현대 한국어 교재의 사적 고찰, 국어교육연구 13, 서울대학교 국어교육연구소, pp.503~541.
이지영(2007), 초기 한국어 교재의 내용 분석: 19세기 말 영어판 한국어 교재를 중심으로, 한국언어문화학 4-2, 국제한국언어문화학회, pp.159~181.
임상석(2011), 조선총독부 중등교육용 조선어급한문독본의 조선어 인식, 한국어문학연구 57, 한국어문학연구학회. pp.185~208.

장서평(Xi Ping Zhang)(2004), 중세의 한국어교육과 교재: 《老乞大》對漢語史硏究的啓示-漢語作爲第二語言學習和硏究歷史簡論, 이중언어학 25, 이중언어학회. pp.21~39.
장소원(2006), 프랑스 선교사에 의한 한국어교육 강독자료에 대하여, 제2차 한 · 중 · 조 Korean 교육 국제 학술 토론회 논문집, 이화여자대학교 한국어문학연구소. pp.1~17.
정광(1990), 중국에 있어서 한국어 교육의 역사적 고찰, 이중언어학 6, 이중언어학회. pp.169~181.
정광(2004), 조선시대 중국어 교육과 교재: 〈노걸대〉를 중심으로, 이중언어학 24, 이중언어학회. pp.21~43.
정근식(2007), 구한말 일본인의 조선어교육과 통역경찰의 형성, 한국문학연구 32, 동국대학교 한국문학연구소. pp.7~55.
정승혜(2002), 한국에서의 외국어 교육에 대한 역사적 고찰, 이중언어학 21, 이중언어학회. pp.285~311.
정승혜(2004), 외국어 교재로서의 〈노걸대(老乞大)〉, 이중언어학 26, 이중언어학회. pp.291~328.
정승혜(2006), 대마도에서의 한어(韓語) 교육, 어문연구 130, 한국어문교육연구회. pp.37~58.
정승혜(2007), 한일 양국에서의 외국어 교육의 역사에 대하여, 한국여성교양학회지 16, 한국여성교양학회. pp.251~290.
정진배(1995), 한 · 중 근대 언어 운동과 보편성 논리의 재고, 외국어로서의 한국어교육 20, 연세대학교 언어연구교육원 한국어학당. pp.57~80.
齊藤明美(2005), 明治時期 日本의 韓語 學習書 硏究: 『交隣須知』의 影響을 中心으로, 고려대학교 대학원 박사학위논문.
조진경(2010), 일본 〈한어사〉에서의 한국어 교육, 부산대학교 대학원 박사학위논문.
차윤정(2004), 근대 조선어 학습서에 나타난 오류 표현과 원인 분석: 『전일도인(全一道人)』, 『강화(講話)』, 『표민대화(漂民對話)』를 중심으로, 한국어교육 15-3, 국제한국어교육학회. pp.277~294.
최은규(2010), 한국어 학습서의 경어법 연구: 1880년대~1930년대 간행본을 중심으로, 서울대학교 대학원 박사학위논문.
허재영(2004), 일제강점기 일본인을 대상으로 한 조선어(한국어) 교육, 《월간잡지 조선어》, 역락출판사, pp.7~54.
허재영(2007), 일제강점기 조선어 장려 정책과 한국어 교육, 한말연구 20, 한말연구학회. pp.293~316.

Ⅱ-01.
교수법

간노 히로오미(菅野裕臣)(1991), 일본인을 위한 한국어 교재 개발과 교수 방법, 교육한글 4, 한글학회. pp.143~164.
강근미(2005), 의사소통 중심의 수업이 언어 기능 향상에 미치는 영향, 아주대학교 교육대학원 석사학위논문.
강명희(2011), 한국어 교사용 지침서의 과제(task) 지도 방법 분석, 연세대학교 교육대학원 석사학위논문.
강승혜(1999), 외국어 교수법 이론의 비판적 검토: 외국어로서 한국어 교육에 적용을 위하여, 연세대학교 미래교육연구 12-1, 연세대학교 교육연구소. pp.131~153.
강현주(2012), 스토리텔링 광고를 활용한 한국어 교수 · 학습 방안, 한양대학교 교육대학원 석사학위논문.
강현화 외(2004), 학문 목적의 병존 언어 교수 모델 적용 연구: 경영학 전공 학습자를 대상으로, 한국어교육 15-2, 국제한국어교육학회. pp.1~22.
강혜은(2009), 한국어 e-러닝의 효율적인 학습 방안 연구: 중국어 원어민 교사를 대상으로, 한국외국어대학교 교육대학원 석사학위논문.
고문희(2011), UCC를 활용한 한국어 수업 연구, 부산대학교 대학원 석사학위논문.
고영원(2007), 한국어 학습자를 위한 속담 교육연구: 교사와 학습자의 속담 교육 인식을 중심으로, 연세대학교 교육대학원 석사학위논문.
고은영(2012), 연역적 문법 교수와 귀납적 문법 교수의 효과 비교 연구: 일본인 한국어 학습자를 대상으로, 이화여자대학교 교육대학원 석사학위논문.
공영(2011), 한국어 관용표현을 통한 개념 은유 교육 방안에 관한 연구: 감각기관 관용표현 중심으로, 중앙대학교 대학원 석사학위논문.
곽수진(2011), 형태 집중을 활용한 한국어 문장 구조 교육 연구, 경희대학교 대학원 박사학위논문.

곽옥(2012), 중국인 학습자를 위한 한국어 피동 표현 교육 방안 고찰, 전남대학교 대학원 석사학위논문.
곽지영 외(2007), 한국어 교수법의 실제, 연세대학교출판부.
곽홍란(2010), 다문화가정 방문지도사의 활동 특성 및 현황 연구, 한민족어문학 57, 한민족어문학회. pp.599~625.
괵셀 튀르쾨쥬(1999), 노래를 활용한 한국어 교육, 국어교육연구 6, 서울대학교 국어교육연구소. pp.157~171.
구민숙(2001), 외국인 노동자를 위한 한국어 교육 방안 연구: 교재구성을 중심으로, 경희대학교 교육대학원 석사학위논문.
구민지(2010), 한국어 교육학 연구방법론 경향에 대한 일고찰: 교실 기반 실험연구를 포함하는 한국어 교육학 학위논문을 대상으로, 한성어문학 29, 한성대학교 한성어문학회. pp.181~209.
구효진(2011), 한국어 관용표현 지도 방안 연구, 건국대학교 대학원 석사학위논문.
권기환(2009), 외국어로서의 한국어 교육 서비스 품질에 관한 탐색적 연구, 생산성논집 23, 한국생산성학회. pp.101~121.
권기환(2009), 한국어 교육 서비스와 한류 관광 동기의 관련성에 관한 탐색적 연구, 한중경상학회 학술대회2009, 한중경상학회. pp.239~267.
권미정(2001), 교사와 학습자의 학습 방법 선호도 비교, 한국어교육 12-2, 국제한국어교육학회. pp.299~322.
권성미 외(2009), 초급 단계 한국어 수업의 매개 언어 선택에 대한 연구, 외국어 교육 16-3, 한국외국어교육학회. pp.487~515.
권순대(2009), 드라마를 활용한 한국어교육 시론, 학술대회2009, 한국언어문화교육학회. pp.193~199.
권순희(2002), 수업 분석을 통한 한국어 교수법 연구, 선청어문 30, 서울대학교 국어교육과. pp.223~256.
권양이(2008), 외국인 유학생의 국내 대학 초기 적응에 관한 질적 탐색, 한국교육학연구 14, 안암교육학회. pp.301~333.
권영숙(2013), 지역 신문을 활용한 한국어 교육 방안: 청주지역을 중심으로, 충북대학교 교육대학원 석사학위논문.
권용해 외(2011), 초급 한국어 교실에서의 텔레비전 드라마 활용방안에 대한 연구, 한국어교육 22-1, 국제한국어교육학회. pp.27~46.
권현주(1996), 일본인 학습자를 대상으로 한 한국어 발음교수법 연구: 대조언어학적 방법을 통하여, 이화여자대학교 교육대학원 석사학위논문.

김경령 외(2006), 한국어 어떻게 가르칠 것인가, 태학사.
김경령(2010), 한국어 교수 방법에 대한 고찰, 세계한국어문학 4, 세계한국어문학회. pp.131~150.
김광옥(2010), 한국어 정보화의 향후과제와 원격 교육의 문제, 나라사랑 117, 외솔회. pp.5~29.
김광일(2011), 한국어능력시험 결과 분석을 통한 언어권별 교수 방안 연구, 한양대학교 교육대학원 석사학위논문.
김금석(2005), 조선어교육에서 복합문의 기능적의미를 고찰하는 정보전달적성분화문제, Korean 연구와 교육 1, 이화여자대학교 한국어문학연구소. pp.177~185.
김동환(2008), 공유 텍스트를 통한 한국어교육의 한 방법, 국어교육학연구 31, 국어교육학회. pp.297~321.
김명월(2013), 전화 통화를 활용한 한국어교육 방안 연구: 긴급 상황을 중심으로, 동국대학교 대학원 석사학위논문.
김미옥(1998), 인지양식을 고려한 한국어 교수 학습: 장 독립성과 장 의존성을 중심으로, 한국어교육 9-1, 국제한국어교육학회. pp.1~18.
김미옥(2011), 한국어 기본문형 교육 방안 연구, 숙명여자대학교 대학원 석사학위논문.
김병원(1988), 외국어로서의 한국어 교육 원리, 이중언어학 4, 이중언어학회. pp.113~143.
김상희(2000), 한국어 교실의 의사소통의 양상, 화법연구 2, 한국화법학회. pp.9~34.
김서형(2007), 한국어 약속 표현 교육의 연구, 한국어학 36, 한국어학회. pp.99~122.
김성수 외(2004), 비언어 텍스트를 통한 한국어 교육 방안: 이미지를 중심으로, 언어와 문화 1-1 한국언어문화교육학회. pp.103~119.
김성수(2006), 중국인을 위한 한국어 학습 방안 연구, 한어문교육 15, 한국언어문화교육학회. pp.97~114.
김성희(2012), 학습자 모국어 활용 교수가 학업성취도와 상호작용에 미치는 영향: 중국어권 한국어 학습자를 대상으로, 영남대학교 대학원 석사학위논문.
김수미 외(2008), 중급 듣기 교재의 구성 원리와 실제: 연세대 중급 1 듣기 교재의 개발에 관하여, 외국어로서의 한국어교육 33, 연세대학교 언어연구교육원 한국어학당. pp.329~357.
김수진(2013), 한국어 교육에서의 만화 활용 교수·학습 방안, 한양대학교 교육대학원 석사학위논문.
김순희(2006), 한국어 조사 교수법 연구: 중국 학생들을 대상으로 하여, 숭실대학교 대학원 석사학위논문.
김승연 외(2012), UCC 제작을 활용한 한국어 수업 방안: 프로젝트 수업을 중심으로, 이중언어학 49, 이중언어학회. pp.29~57.
김승옥(2012), 여성결혼이민자를 위한 한국어 교육방안 연구: '좀'의 의미·기능을 중심으로, 세종대학교 대학원 석사학위논문.
김승주(2010), 구성주의를 기반으로 한 한국어 대우표현 교육 연구: 문제중심학습(PBL) 모형을 중심으로, 상명대학교 대학원 석사학위논문.
김신회(2012), 여성결혼이민자의 방문교육 서비스에 대한 만족도 분석, 원광대학교 대학원 석사학위논문.
김아영 외(2009), 국제 유학생들의 한국어 학습과정에 대한 근거이론적 연구, 수산해양교육연구 21, 한국수산해양교육학회. pp.523~542.
김애경(2013), 외국인 수용자를 위한 한국어교육 방안, 계명대학교 대학원 석사학위논문.
김양숙(2010), 현대소설의 한국어교육 제재화 방안과 교수학습 방법연구, 한성대학교 대학원 석사학위논문.
김연희(2011), 여성 결혼이민자를 위한 내용중심 한국어 교육 방안 연구: 부모교육을 중심으로, 경희대학교 대학원 석사학위논문.
김영곤(1999), 제2언어로서의 한국어학습과 심리적 요인, 한국어문교육 8, 한국교원대학교 한국어문교육연구소. pp.1~10.
김영기(1991), 외국어로서의 한국어 교육: 이론적 배경, 효과적 교수법과 교재 개발, 교육한글 4, 한글학회. pp.55~108.
김영란(1999), 한국어 금지 표현의 교수 방법, 한국어교육 10-2, 국제한국어교육학회. pp.171~193.
김영란(2004), 한국어 교육을 위한 의문사 어휘 정보와 교수 방법 연구, 상명대학교 대학원 박사학위논문.
김영만(2001), 학습자 중심의 한국어 교육 방향, 외국어교육연구논집 15, 한국외국어대학교 외국어교육연구소. pp.31~46.
김영만(2005), 블로그를 활용한 한국어 표현 교육 방안 연구, 한말연구 16, 한말연구학회. pp.25~42.
김영만(2008), 인터넷을 활용한 한국시 교육 방안 연구, 우리말교육현장연구 2, 우리말교육현장학회. pp.369~387.
김영선(2009), 한국어 불규칙 용언의 교수 방법 연구, 우리말연구 25, 우리말학회. pp.163~186.
김영순 외(2011), 결혼이주여성의 자기문화 스토리텔링 활용 표현교육 사례 연구, 비교문화연구 25, 경희대학교 비교문화연구소. pp.695~721.
김영엽(2005), 동영상 광고를 활용한 한국어 수업 활성화 방안 연구, 선문대학교 대학원

석사학위논문.
김영주(2009), 한국어 교육에서의 과제 기반 형태 집중 연구 고찰, 이중언어학 41, 이중언어학회. pp.83~110.
김영희(2006), 한국어 교육에서 영화 활용 수업 방안 연구, 부산외국어대학교 교육대학원 석사학위논문.
김영희(2010), 우즈베키스탄 한국어 학습자를 위한 내용중심 교수요목 연구, 한국외국어대학교 대학원 석사학위논문.
김우리(2013), 한국어 학습자를 위한 언어교환 연구, 연세대학교 교육대학원 석사학위논문.
김유진(2012), 동료 피드백을 활용한 한국어 발표 교육 방안 연구, 동국대학교 대학원 석사학위논문.
김은숙(1980), 외국어로서의 한국어 교육방법에 관한 연구, 상명여자대학교 교육대학원 석사학위논문.
김재욱 외(2010), 한국어 교수법, 형설출판사.
김재욱(2007), 한국어 수업에서의 교사 발화 연구, 이중언어학 34, 이중언어학회. pp.27~47.
김정(1992), 일본에 거주하는 아동을 대상으로 한 한국어 교육의 Case Study, 이중언어학 9, 이중언어학회. pp.217~233.
김정(2011), 입력 처리 교수가 한국어 불규칙 활용 학습에 미치는 효과 연구, 부산외국어대학교 대학원 석사학위논문.
김정숙 외(1992), 외국어로서의 한국어 교육의 반성과 새로운 방법론 모색: 의사소통능력 계발을 위한 통합교육론을 중심으로, 어문논집 31, 안암어문학회. pp.117~141.
김정숙(1998), 과제 수행을 중심으로 한 한국어 교육 방법론, 한국어교육 9-1, 국제한국어교육학회. pp.95~112.
김정은(1999), VIDEO 자료에 의한 한국어 수업 방안 연구, 숙명어문논집 2, 숙명여자대학교. pp.79~100.
김정은(2003), 한국어교육에서의 중간언어와 오류 분석, 한국어교육 14-1, 국제한국어교육학회. pp.29~50.
김정해(2012), 중국인 학습자들을 위한 한국어 피동 표현 교육 방안, 고려대학교 대학원 석사학위논문.
김정훈 외(2001), 사이버 공간에서의 한국어 학습 전략 연구, 한국어교육 12-2, 국제한국어교육학회. pp.355~376.
김정훈(2000), Microsoft Power Point를 이용한 초급 한국어 구조 학습, 한국어교육 11-1, 국제한국어교육학회. pp.25~44.
김종석 외(2002), 구성주의 수업에 있어서 학습양식이 학습효과에 미치는 영향, 교육발전논총 23, 충남대학교 교육발전연구소. pp.89~110.
김쥬리(2012), 팟캐스팅(Podcasting)을 활용한 한국어 학습 방안 연구, 한양대학교 교육대학원 석사학위논문.
김지형(2003), 한국어 교육에서의 한자 교수법, 국제어문 27, 국제어문학회. pp.343~368.
김지혜(2009), 외국어로서의 한국어 내포문 교육 연구, 한국어교육 20-1, 국제한국어교육학회. pp.45~67.
김지혜(2011), 담화 분석을 통한 한국어 간접 인용 표현 교육 방안 연구, 이중언어학 46, 이중언어학회. pp.45~65.
김진복(2007), 만화를 활용한 한국어 교육 방안 연구: 신문만화를 중심으로, 선문대학교 대학원 석사학위논문.
김창구(2010), 외국어로서의 한국어 관계절 습득 연구, 부경대학교 대학원 박사학위논문.
김창구(2011), 한국어 관계절 구조의 교수와 일반화 가능성에 관한 연구, 한국어교육 22-2, 국제한국어교육학회. pp.75~111.
김충실(2004), 한국어수업분석을 통한 학습자중심교수법 연구, 중국조선어문 133, 길림성민족사무위원회. pp.26~31.
김충실(2006), 중국에서의 한국어 교수방법 연구, 박이정.
김하얀(2012), 애니메이션 '강아지똥' 을 활용한 한국어교육 방안 연구, 수원대학교 대학원 석사학위논문.
김현숙(2011), 간접인용문에서 의문문의 실현 양상과 한국어 교육에의 적용 문제, 어문연구 70, 어문연구학회. pp.29~52.
김현영(2011), 상황학습 기반 디지털스토리텔링에서 학습자의 지식 생성 과정 및 교사의 스캐폴딩 전략 탐색: 여성결혼이민자 대상 한국어교육을 중심으로, 한국교원대학교 대학원 석사학위논문.
김현진(2006), 프로젝트 수업의 구성 방안 연구, 한국어교육 17-1, 국제한국어교육학회. pp.101~131.
김현진(2007), 단편 소설을 활용한 한국어 고급반 수업 지도 방안: 프로젝트 수업을 적용하여, 이중언어학 34, 이중언어학회. pp.77~105.
김형복(1998), 외국인을 위한 한국어 어미의 수업과 학습 순서 연구, 부산대학교 대학원 석사학위논문.
김형순(2011), 외국인 한국어 학습자를 위한 비언어적 의사소통 교육 방안 연구, 인하대학교 교육대학원 석사학위논문.
김혜영 외(2010), 다문화 사회의 (한)국어 수업: 중등 다문화 학습자의 국어과 교수-학습 양상 분석, 국어교육학연구 38, 국어교육학회. pp.5~31.

김혜영(2002), Learning a Second Language Through Interaction, 외국어로서의 한국어 교육 27, 연세대학교 언어연구교육원 한국어학당. pp.103~110.

김혜영(2003), 한국어(말과 글)에 관한 이론학습과 실용학습의 통합적 적용을 위한 국어학적 교육방법론 연구, 배달말 32, 배달말학회. pp.361~382.

김혜정(2005), 국어과 교수-학습 방법론에 대한 비판적 고찰, 국어교육 118, 한국어교육학회. pp.31~64.

김화영(2012), 스토리텔링을 활용한 한국어 교육 방안 연구: 전래동화를 중심으로, 선문대학교 교육대학원 석사학위논문.

김희숙(2008), 인터페이싱(interfacing) 언어를 이용한 새로운 한국어 교육방법, 언어학연구 13, 한국중원언어학회. pp.31~52.

남 빅토르(2001), 번역 과제 수행 중심 교수법 연구: 러시아어권 한국어 학습자 중심으로, 경희대학교 교육대학원 석사학위논문.

노금숙(Jin Shu Lu)(2010), 노래와 시의 상호텍스트성을 활용한 한국어교육: 김소월의 시와 마야의 진달래꽃을 중심으로, 국어교육학연구 38, 국어교육학회. pp.155~176.

노대규(1969), 외국어로서의 한국어교수에 있어서 연습유형에 대한 연구, 연세대학교 교육대학원 석사학위논문.

노형남(2001), 3차원 가상현실상의 한국어 공동원격 교육 제안, 이중언어학 19, 이중언어학회. pp.209~230.

동이신(2012), 시청각 자료를 활용한 한국어 교수 방안 연구: 뮤직비디오를 중심으로 한 수업 활동 모형, 동국대학교 대학원 석사학위논문.

등남(2010), 중국인 학습자를 위한 한자어 교육 방법 연구, 한양대학교 대학원 석사학위논문.

라혜민 외(1999), 한국어 교수법, 선문대학교출판부.

라혜민 외(2011), 한국어 선생님을 위한 문법 교수법, 소통.

류남(2011), 한국어 부정표현 지도 방안 연구: 중국인 학습자를 중심으로, 건국대학교 대학원 석사학위논문.

류한나(2011), 선교사 자녀를 위한 한국 언어·문화 교육 방안 연구, 계명대학교 대학원 석사학위논문.

류형엽(2012), 학습자 반응 중심의 문학 복합 교수·학습 모형 연구, 한국외국어대학교 교육대학원 석사학위논문.

류희정(2011), 노래를 활용한 한국어 수업 방안 연구, 배재대학교 교육대학원 석사학위논문.

리비어 스티븐(2004), 교실 상호작용이 한국어 학습자의 불안과 동기에 미치는 영향, 연세대학교 교육대학원 석사학위논문.
리우씨아오쉬엔(2012), 한국어 완곡 표현 교육 방안 연구: 완곡 표현의 화행 유형을 중심으로, 청주대학교 대학원 석사학위논문.
리천(2013), TPR을 활용한 언어 기능 교수 연구: 6세부터 8세까지 중국아동을 중심으로, 숙명여자대학교 대학원 석사학위논문.
묘춘매(1996), 중국의 대학교육에 있어서 한국 말과 글 교재 및 교수법의 문제점과 그 대책, 한국어문학연구 31, 한국어문학연구학회. pp.495~500.
문금현(1998), 외국어로서의 한국어 관용표현의 교육, 이중언어학 15, 이중언어학회. pp.207~233.
문금현(2008), 외국인을 위한 한국어 인사 표현의 교육 방안, 새국어교육 80, 한국국어교육학회. pp.199~226.
문은주(2004), 한국어 교육에서의 문화 체험 수업 방안 연구, 한양대학교 교육대학원 석사학위논문.
문진형(2004), 협동학습을 활용한 한국어 수업 방안 연구, 경희대학교 교육대학원 석사학위논문.
민혜정(2004), 한국어 교재의 과제 중심 교수요목 설계 방안, 고려대학교 교육대학원 석사학위논문.
박나리(2012), 장르 기반 교수법(Genre-based teaching approach)에 근거한 학술논문 쓰기교육 방안: 학술논문 서론의 텍스트생산 목적진술담화를 중심으로, 한국어교육 23-3, 국제한국어교육학회. pp.55~94.
박덕재 외(2011), 외국어 습득론과 한국어 교수, 박이정.
박덕재(2007), 외국어로서 한국어 교육의 성별 언어의 문제와 교사의 인식에 관한 연구, 인문사회과학논문집 37, 광운대학교 인문사회과학연구소. pp.9~28.
박문자(2009), 한국어교육에서의 학습법에 대한 고찰, 한국어문학국제학술포럼 학술대회, 한국어문학국제학술포럼. pp.267~274.
박문자(2010), 한국어교육에서의 교수법과 학습법의 상관관계 연구, 중국조선어문 169, 길림성민족사무위원회. pp.25~30.
박미경(2000), 한국어 교육에서의 외국어 교수법 활용 방안, 지역학논집 4, 숙명여자대학교 지역학연구소. pp.35~70.
박미라(2010), 대중음악을 활용한 한국어 교육 방법 연구, 건양대학교 대학원 석사학위논문.
박미선(2011), 놀이를 활용한 아동 대상 한국어 교육 방안 연구, 한국외국어대학교 교육대학원 석사학위논문.

박미선(2011), 일본인을 위한 한국어 관용표현의 교육 방안, 대구가톨릭대학교 대학원 석사학위논문.

박미엽(2004), 한국어 교육 방안 1, 국어문학 39, 국어문학회. pp.96~116.

박미은(2013), 외국인 근로자를 위한 한국어 교육 내용과 교수 학습 방법 연구, 대진대학교 대학원 석사학위논문.

박민정(2010), TV 휴먼 다큐멘터리를 활용한 한국어 · 문화 교수학습 방안 연구, 한양대학교 교육대학원 석사학위논문.

박민진(2004), 피동·사동 표현 지도 방법에 관한 연구, 인제대학교 교육대학원 석사학위논문.

박선영(2012), 아동 · 청소년 대상 한국어 교재의 과제 활동 연구: 다중지능(MI)을 바탕으로, 계명대학교 대학원 석사학위논문.

박선희(2006), 영화를 활용한 한국어 고급반 프로젝트 수업: 공동 영화평 쓰기, 영화 가이드북 제작, 영화 제작 프로젝트의 상호작용을 중심으로, 이중언어학 30, 이중언어학회. pp.179~207.

박성숙(2010), 외국인을 위한 한국어 어순교육 방안, 경희대학교 교육대학원 석사학위논문.

박성창(2004), 문학 텍스트와 외국어 교육: 외국인을 위한 프랑스어 교재를 중심으로, 국어교육연구 14, 서울대학교 국어교육연구소. pp.235~253.

박성혜(1998), 컴퓨터를 활용한 한국어 교육, 이화여자대학교 대학원 석사학위논문.

박성희(2004), 외국인을 위한 한국어 교육에서의 컴퓨터 게임 활용 방안 연구, 홍익대학교 교육대학원 석사학위논문.

박소라(2010), 한국어 학습자를 위한 시간관계 연결 표현 교육 연구, 한양대학교 교육대학원 석사학위논문.

박수경(2010), 인지언어학과 TPR 교수법에 의한 한국어 교육 활용방안 고찰: 다의어 '잡다' 를 중심으로, 한국언어문화학 7-1, 국제한국언어문화학회. pp.173~196.

박수지(2002), 한국어 교육에서의 설명적 텍스트 교수 방안: 형식 스키마 활성화 전략을 중심으로, 이화여자대학교 교육대학원 석사학위논문.

박시은(2012), 한국어 교육의 교수 방법론에 대한 비판적 고찰, 한남대학교 교육대학원 석사학위논문.

박용준(1993), 일본인 대학생의 한국어 학습상의 난점과 그 지도에 대하여, 새국어교육 50, 한국국어교육학회. pp.27~41.

박용준(1995), 일본의 대학에 있어서의 한국어교육 이론 연구에 관한 일 고찰, 교육연구사논집 8-2, 한국교육생산성연구소. pp.70~74.

박유진(2011), 모바일(m-Learning)을 활용한 한국어 학습 방안 연구, 한양대학교 교육대

학원 석사학위논문.

박유진(2012), 한국어교육에서 모바일 앱과 소셜 미디어의 역할 및 활용 사례 분석, 이화여자대학교 교육대학원 석사학위논문.

박은선(2012), 한국어 교육에서 트위터(Twitter) 사용의 교육적 효과, 한국어교육 23-2, 국제한국어교육학회. pp.115~142.

박은정 외(2008), 한국어 온라인교육(e-Learning)에서 학업성취도 향상 방안에 관한 연구: UOI(User Oriented Indexing) 방법으로, 학술대회 논문집2008, 한국경영정보학회. pp.410~415.

박재승(2010), 효과적인 한국어 교수-학습 방법에 관한 연구, 개신어문연구 31, 개신어문학회. pp.349~376.

박정애(2011), 상호작용 활성화를 위한 중급 한국어 수업의 운영 방안 연구, 배재대학교 대학원 석사학위논문.

박진아(2009), 교육연극을 활용한 한국어교육 방안 연구: 재외동포 청소년을 대상으로, 한국외국어대학교 대학원 석사학위논문.

박진욱 외(2011), 다문화가정 자녀의 학업 수행 능력 향상을 위한 표현 교육 방안: 초등학교 국어과를 중심으로, 이중언어학 47, 이중언어학회. pp.49~76.

박진철(2013), 모바일 기반의 한글 자모 학습용 애플리케이션 설계 및 구현, 상명대학교 교육대학원 석사학위논문.

박태호(2008), 수업의 명료성과 국어 수업 사례, 국어교육 125, 한국어교육학회. pp.163~191.

박한나(2013), 스마트 기기를 활용한 한국어 학습 어플리케이션의 효용성 고찰, 충북대학교 교육대학원 석사학위논문.

박환(2012), 동영상 제작 과제를 활용한 초급 한국어 교수–학습 방안, 상명대학교 대학원 석사학위논문.

방혜숙(2007), 한국어 교재에 나타난 인사표현 양상과 그 효과적 교수 방안 연구, 한국어교육 18-1, 국제한국어교육학회. pp.155~185.

배고운(2011), Tandem 언어 학습법을 기반으로 한 한국어 교육 방안, 부산외국어대학교 대학원 박사학위논문.

배규범 외(2009), 중국인 학습자를 위한 대우법 교육 현황과 과제, 언어학연구 15, 한국중원언어학회. pp.85~99.

배상남(2011), 한국어 방문교육의 효용성 연구: 청주지역 여성 결혼이민자를 중심으로, 충북대학교 교육대학원 석사학위논문.

배현숙(2006), 외국인을 위한 한국어 의성어·의태어 교수법 연구, 이중언어학 31, 이중언어학회. pp.97~121.
백봉자(2001), 교재와 교수법을 통해 본 한국어 교육의 역사와 과제, 외국어로서의 한국어교육 25, 연세대학교 언어연구교육원 한국어학당. pp.11~31.
부루너통 야닉(Yannick Bruneton)(2006), 한국학전공 프랑스 대학생을 위한 한자교육 방법론, 국어교육연구 18, 서울대학교 국어교육연구소. pp.145~165.
사마와디 캉하에(Kanghae Samawadee)(2011), 태국어권 학습자를 위한 한국어 피동 표현 교육 연구, 서울대학교 대학원 석사학위논문.
서상영(2011), 한국어교원의 현직교육 프로그램 개발 연구: 국내 대학 한국어교원을 중심으로, 고려대학교 교육대학원 석사학위논문.
서춘희(Seo Choonhee)(2011), 중국인을 위한 한국어교재의 관용어실태와 그 교수방안, 중국조선어문 172, 길림성민족사무위원회. p.35.
서희정(2005), 도깨비 설화를 활용한 한국어 교육 방안, 한국어교육 16-3, 국제한국어교육학회. pp.185~206.
석주연(2005), 한국어 교육에서의 문형 교육의 방향에 대한 일고찰, 한국어교육 16-1, 국제한국어교육학회. pp.169~194.
성미선(2009), 한국어 추측표현의 완곡어법 양상과 교육방안, 한양대학교 교육대학원 석사학위논문.
성인경(2011), 한국어 교육에서 담화표지를 사용한 발표지도 방안 연구, 부산대학교 대학원 석사학위논문.
성지연(2012), 형태 초점 교수를 통한 한국어 내포문 교육 연구: 관형사절과 명사절을 대상으로, 고려대학교 대학원 박사학위논문.
성진선(2001), 외국인을 위한 한국어 교육의 연구, 사림어문연구 14, 창원대학교 국어국문학과 사림어문학회. pp.217~250.
손명진(2011), 영화를 활용한 의사소통 중심의 한국어 수업 방안 연구, 공주대학교 대학원 석사학위논문.
손성옥(2009), 서평: John Hellermann(2008) Social Actions for Classroom Language Learning, 외국어로서의 한국어교육 34, 연세대학교 언어연구교육원 한국어학당. pp.113~128.
손성희(2008), 선택 수업을 활용한 한국어 교육, 외국어로서의 한국어교육 33, 연세대학교 언어연구교육원 한국어학당. pp.117~138.
손승남 외(2011), 좋은 수업이란 무엇인가?, 삼우반.
손연자(1992), 학습 현장에서 운용된 청각 구두 교수법에 대한 일 고찰, 외국어로서의 한국어교육 16, 연세대학교 언어연구교육원 한국어학당. pp.107~131.

손호민(1991), Sociolinguistic and Pragmatic Appropriateness in Proficiency-Oriented Korean Language Instruction, 이중언어학 8, 이중언어학회. pp.461~490.

손호민(2009), 플래그십 언어교육 패러다임과 한국어교육, 국어교육연구 24, 서울대학교 국어교육연구소. pp.7~36.

손희연(2006), 한국어 수업 상황의 코드 스위칭: 프랑스의 한국어 수업에서 관찰되는 유형과 기능, 이중언어학 31, 이중언어학회. pp.123~151.

송미정(1998), 초급 한국어 교육의 소그룹 활동에 대한 연구, 이화여자대학교 대학원 석사학위논문.

송민(1988), 일본어권에서의 한국어 교수 대비책, 이중언어학 4, 이중언어학회. pp.21~34.

송소교(2012), 중국인 학습자를 위한 한국어 추측표현 교육 방안 연구, 인천대학교 대학원 석사학위논문.

송연화(2011), 중국인 학습자를 위한 외래어 교육 연구, 중앙대학교 대학원 석사학위논문.

송향근(2004), Tandem 언어 학습법을 통한 한국어 교육 방안: 헬싱키대 한국어 학습자의 경우를 중심으로, 국어교과교육연구 7, 국어교과교육학회. pp.53~72.

송현주 외(2010), 동기화에 기반을 둔 단어 형성법 교육, 한국어 의미학 33, 한국어의미학회. pp.153~177.

신상성(2004), 현단계 한국어 교양교육의 현황과 문제점, 인문사회논총 11, 용인대학교 인문사회과학연구소. pp.31~46.

신주철 외(2011), 한국어교육에서 노래활용 교육 연구, 한국언어문화교육학회 학술대회, 한국언어문화교육학회. pp.55~62.

신주철(2003), 한국 시 교육의 실제: 외국어로서의 한국어교육 고급과정의 경우, 한국어교육 14-1, 국제한국어교육학회. pp.109~129.

신해균(2012), 드라마를 활용한 통합적 한국어 교수학습 방안, 안동대학교 대학원 석사학위논문.

심순실(2004), 귀국학생 교육의 실태 분석 및 귀국학생을 위한 국어과 교수·학습설계, 연세대학교 교육대학원 석사학위논문.

심옥례(2012), 탈북학생의 국어 수업 참여 양상과 국어 수업 곤란 요인 연구, 경인교육대학교 교육대학원 석사학위논문.

심윤진(2013), 모바일 게임 앱의 활용이 한국어 어휘 학습에 미치는 영향, 이화여자대학교 국제대학원 석사학위논문.

쑨메이링(2013), 드라마를 활용한 한국어 교육 방안 연구: 중국인 초·중급 학습자를 대상으로, 대구가톨릭대학교 대학원 석사학위논문.

아라와키 메구미(2004), 외국인 산업연수생의 한국어 학습 및 교육 현황에 대한 조사 연구, 한남대학교 대학원 석사학위논문.
안병일(2009), 한국어 의도표현 항목 교육방법 연구: '하다' 와 '되다' 로 구성된 의도표현 항목을 중심으로, 경희대학교 교육대학원 석사학위논문.
안선욱(2011), 한국어 교육을 위한 교육 연극 활용 방안 연구: 연극적 기법 활동을 중심으로, 경희대학교 교육대학원 석사학위논문.
안유진(2009), 외국인을 위한 한국어 자동 학습 프로그램, 한국외국어대학교 교육대학원 석사학위논문.
안윤정(2002), 총체적 한국어 교육을 위한 현장학습 방안, 이화여자대학교 대학원 석사학위논문.
안은영(2010), 외국인 유학생을 위한 〈한국고전작가론〉 수업의 실제와 의의, 우리말교육현장연구 4, 우리말교육현장학회. pp.101~124.
양균(2011), 중국인 학습자를 대상으로 한 한국어 철자법 교육에 관한 연구: 자음과 모음의 문자습득 중심으로, 중앙대학교 대학원 석사학위논문.
양루이(2011), 설화를 활용한 한국어능력 향상 방안 연구: 〈나무꾼과 선녀〉 설화를 중심으로, 부산대학교 대학원 석사학위논문.
양민정(2003), 고전소설을 활용한 한국어교육 방법, 국제지역연구 7, 한국외국어대학교 외국학종합연구센터. pp.279~303.
양소(2012), 대중매체를 활용한 한국어 기능 교육 방법 연구: 시트콤과 신문의 활용을 중심으로, 건양대학교 대학원 석사학위논문.
양정정(2012), SIT기법을 활용한 한국어 발표 능력 신장 교육방안 연구: 중국인 고급 학습자를 대상으로, 중앙대학교 대학원 석사학위논문.
양종샤(2012), 중국인 교환학생을 위한 생활한국어, 이화여자대학교 외국어교육특수대학원 석사학위논문.
양청즈(2012), 설화를 활용한 한국어 교육방안 연구: 흥부와 놀부를 중심으로, 청주대학교 대학원 석사학위논문.
어수진(2010), 협동학습을 통한 다문화 가정의 한국어 교육 방안 연구: 결혼이주여성과 그 자녀를 대상으로, 한국외국어대학교 대학원 석사학위논문.
어수진(2011), 협동학습을 통한 다문화 가정의 한국어 교육 방안 연구, 세계한국어문학 5, 세계한국어문학회. pp.133~174.
엄정윤(2012), 한국어 초급 학습자의 질문 유형 및 양상, 영남대학교 대학원 석사학위논문.
엄훈(2011), 지식으로 수업 보기, 그 관점과 방법, 국어교육 135, 한국어교육학회. pp.215~242.
에릭 코테(2008), 한국의 수업시간 참관에 근거한 외국 교수법 비교연구, 공주대학교 대

학원 석사학위논문.
염시열(2012), 토박이말로 여는 한국어 수업, 나비꿈.
염창권(Chang Gwon Yeom)(2006), 중국 대학의 한국어학과에서, 한족 학생들의 한국어 습득 양상에 대한 문화기술적 연구: 교재의 동원 및 활용 양상을 중심으로, 새국어교육 74, 한국국어교육학회. pp.25~48.
오가레크 최(1991), 폴란드인을 위한 한국어 교재 편찬과 교수 방법, 교육한글 4, 한글학회. pp.175~190.
오경석(2007), 민요를 활용한 한국문화 교육방안 연구, 한국외국어대학교 교육대학원 석사학위논문.
오광근(2008), 기초 단계의 한국어 자모 교육(자모교육), 한민족어문학 53, 한민족어문학회. pp.181~208.
오누리(2011), 구성주의적 모형을 활용한 한국어 시간표현 교육방안, 계명대학교 대학원 석사학위논문.
오로지(2011), 한국어 교육을 위한 '-더-' 결합형과 '-던'의 교육 방안, 서울여자대학교 대학원 석사학위논문.
오로지(2011), 한국어 교육을 위한 '-더-' 결합형과 '-던'의 교육 방안, 태릉어문연구 17, 서울여자대학교. pp.157~187.
오명희(2012), 영어권 초급학습자를 위한 한국어 연어표현 지도 방안, 인하대학교 교육대학원 석사학위논문.
오미정(2007), 외국인을 위한 한국어 존대법 교육: 담화 자료 분석을 중심으로, 한국어 의미학 22, 한국어의미학회. pp.185~208.
오민수(2010), 한국어 교재와 화행 분석을 통한 지시적 화행 교육 방안 연구, 한양대학교 교육대학원 석사학위논문.
오승은(2009), 한국어 쉽게 가르치기, 랭기지플러스.
오유진(2009), 중국인 대학 예비교육과정 학습자 대상 장르 중심 교수법이 학문 목적 한국어 쓰기에 미치는 영향, 이화여자대학교 국제대학원 석사학위논문.
오은경(2011), 한국어 초분절음 교육을 위한 자기 수정 활동의 개발과 효과, 이화여자대학교 국제대학원 석사학위논문.
오은아(2012), TV드라마를 활용한 수사의문문 교육 방안 연구, 한국외국어대학교 교육대학원 석사학위논문.
오츠보(小坪由希)(1992), 일본인에 대한 한국어 학습 문제점 연구, 동아대학교 대학원 석사학위논문.
왕가음(2011), 대중소설을 활용한 한국문학교육 지도 방안 연구: 김수현 장편소설 〈눈꽃〉

을 중심으로, 인하대학교 대학원 석사학위논문.
왕맹(2011), 중국어권 학습자를 위한 한국어 감탄사 교육 방안 연구, 중앙대학교 대학원 석사학위논문.
왕방(2010), 신체 관련 관용 표현의 교육 방안 연구, 계명대학교 대학원 석사학위논문.
왕설(2013), 한국어 추측표현 교육방안 연구: '-겠-' 과 '-(으)ㄹ 것이-' 를 중심으로, 부산대학교 대학원 석사학위논문.
왕슈에(2013), 한국어 분류사 교육 방법 연구, 부산대학교 대학원 박사학위논문.
왕월(2011), 중국인 학습자를 위한 한국어 감정관련 관용표현 교육방법 연구: '사랑' 과 '미움' 중심으로, 한양대학교 대학원 석사학위논문.
왕이(2012), 중국인 학습자를 위한 한국어 제3자 지칭 표현 교육 방안 연구: 구어를 중심으로, 세종대학교 대학원 석사학위논문.
王絢(Wang Xuan)(2009), 중국인 한국어 학습자를 위한 제스처를 활용한 교육 방안, 어문논집 41, 중앙어문학회. pp.67~95.
왕효효(2011), 한국어 완곡 표현 교육 연구: 교재에 나타난 완곡 표현을 중심으로, 동국대학교 대학원 석사학위논문.
요금휘(2011), 중국인 학습자를 위한 한국어 관용 표현 교육 방안 연구, 경희대학교 대학원 석사학위논문.
요시모토 하지메(Yoshimoto Hajime) 외(2012), 불규칙활용에 대한 한국어 교육적 재고찰, 한국어교육 23-1, 국제한국어교육학회. pp.101~122.
우가민(2012), 한국어 준말에 대한 교육 연구, 명지대학교 대학원 석사학위논문.
우삼삼(2012), 한국어 피동 표현의 교수 방안: 중국인 학습자를 중심으로, 인천대학교 대학원 석사학위논문.
우선희(2012), 영어권 한국어 학습자를 위한 자모 교수 · 학습 방안, 한양대학교 교육대학원 석사학위논문.
우인혜(1998), 한일 언어 비교를 통한 발음 교수법, 이중언어학 15-1, 이중언어학회. pp.319~347.
우주희(2004), 한국어 초급 학습자의 수업 활성화를 위한 게임 활용 방안 연구, 한양대학교 교육대학원 석사학위논문.
우창현(2011), 방언 (한국어) 교육 방향, 서강인문논총 32, 서강대학교 인문과학연구소. pp.103~124.
우형식 외(2011), 현장 중심의 한국어 교수법, 한글파크.
우형식(1999), 외국어로서의 한국어 교육 이론과 방법, 牛岩斯黎 9, 부산외국어대학교 국어국문학과. pp.303~326.

원동연 외(2007), 이것이 한국어다 ! : 5차원 한국어 학습법, 김영사.
원원(2012), 대중매체를 활용한 한국어 비친족 관계 호칭어 교육 연구: 비유학생 교육을 중심으로, 중앙대학교 대학원 석사학위논문.
유경수 외(2011), 드라마를 활용한 한국어 교수법의 실제, 국어교육연구 49, 국어교육학회. pp.291~328.
유경숙(2012), 일본어권 한국어 학습자를 위한 색채어 관용 표현의 교수 · 학습 방안 연구, 한양대학교 교육대학원 석사학위논문.
유말희(2011), 초보학습자에게 미치는 원어강의와 한국어강의의 효율성 비교, 시민인문학 20, 경기대학교 인문과학연구소. pp.264~299.
劉蓓(2012), 중국인 학습자를 위한 한국어 피동 표현의 교육 방안 연구, 한남대학교 대학원 석사학위논문.
유석훈(2005), 고급 수준 학문-직업 연계 한국어교육: 과제기반 KFOP-KU의 예, 한국어교육 16-3, 국제한국어교육학회. pp.227~251.
유숙영(2002), 단기 한국어 연수 과정의 프로젝트 중심 수업 방안 연구, 한국어교육 13-1, 국제한국어교육학회. pp.157~174.
유양(2012), 한국어 사동문의 교육 방안에 관한 연구, 중앙대학교 대학원 석사학위논문.
유언동(2012), 중국인 학습자를 위한 한국어의 음식 관용어 교육 방안 연구, 중앙대학교 대학원 석사학위논문.
유은숙(2012), 한국어 시제의 효과적인 교육방안 연구: 초급 교재를 중심으로, 충북대학교 대학원 석사학위논문.
유창(2011), 중국인 학습자를 위한 한국어 「추측」과 「의지」표현의 교수 방안 연구, 부산외국어대학교 대학원 석사학위논문.
유춘매(2012), 중국인 학습자를 위한 조건관계 접속어미 교육방안: 중급 학습자를 중심으로, 중앙대학교 대학원 석사학위논문.
유탕탕(2012), 중국인 학습자를 위한 한국어 피동표현 교육 방안 연구, 세종대학교 대학원 석사학위논문.
유해준(2010), 연어적 구성을 통한 한국어 교육용 어휘 구성 방안, 어문논집 43, 중앙어문학회. pp.31~48.
유혜정(2012), 외국인을 위한 역사문화 체험학습 방안 연구: 부산지역 역사문화를 중심으로, 부산외국어대학교 대학원 석사학위논문.
유홍준(2010), 외국인을 위한 한국어 한자교육 방안: 터키 에르지예스대학교를 중심으로, 새국어교육 84, 한국국어교육학회. pp.183~199.
윤소영(2010), 한국어 학습교수를 위한 두 도구 사용에 대한 관찰 연구: 프랑스 국립동양학대학 한국어 학습자들을 대상으로, 한국어교육 21-1, 국제한국어교육학회. pp.249~266.
윤애선(1999), 외국어 교육의 컴퓨터 보조 학습, 인문논총 53, 부산대학교 인문학연구소. pp.173~190.
윤여탁(2006), 한국어 문학 교수-학습 방법의 현황과 과제: 교육과정, 교재, 외국어 문학 교육론을 통한 투시, 국어교육연구 18, 서울대학교 국어교육연구소. pp.123~144.
윤영(1999), 외국인을 위한 한국소설교육 방안, 이화여자대학교 대학원 석사학위논문.
윤영(2008), 영화를 활용한 소설 교수-학습 방안 연구: 소설 "사랑손님과 어머니"를 중심으로, 한국어교육 19-1, 국제한국어교육학회. pp.141~168.
윤영(2011), 한국어 교육에서 영화를 활용한 소설 교육 연구, 연세대학교 대학원 박사학위논문.
윤영숙(2009), 결혼이주여성 대상 한국어 방문교육의 효율성 제고 방안 연구, 배재대학교 대학원 석사학위논문.
윤재민(2012), 외국인을 위한 한국어교육에 있어서의 한자교육, 한문교육연구 38, 한국한문교육학회. pp.5~19.
윤혜영(2008), 재남미 동포를 위한 한국어 교육 방안 연구: 영상자료를 활용하여, 경희대학교 교육대학원 석사학위논문.
이경은(2004), 한국어 교육에서의 조직 형태별 게임 활용 방안, 한양대학교 교육대학원 석사학위논문.
이경화(1996), 외국어로서의 한국어 교수-학습 방법 모색, 교육한글 9, 한글학회. pp.177~198.
이관식(2008), 중국인 유학생의 특성과 한국어 학습실태 조사: 광주 지역 학문목적 한국어 학습자를 중심으로, 어문연구 139, 한국어문교육연구회. pp.319~343.
이금진 외(2008), 이주 아동을 위한 한국어 수업과 교재, 우리말교육현장연구 2, 우리말교육현장학회. pp.335~362.
이기갑(2008), 농촌 지역의 이주 외국인 여성들을 위한 방언 교육: 전라남도 지역 여성들을 중심으로, 한글 280, 한글학회. pp.165~202.
이대규(2012), 일기예보를 활용한 한국어 교육: KBS 9시 뉴스 일기예보 대본을 중심으로, 충북대학교 교육대학원 석사학위논문.
이동은(2002), 한국어 평가담화의 특징: 한국어교사들의 담화분석을 중심으로, 한국어교육 13-2, 국제한국어교육학회. pp.181~204.
이동재(2008), 한국어교수법의 새 방향, 한국어교육 19-1, 국제한국어교육학회. pp.195~230.
이득춘(1991), 중국인에 대한 한국어교육, 외국어로서의 한국어교육 15, 연세대학교 언어연구교육원 한국어학당. pp.69~77.

이락희(2011), 다문화가정 방문 한국어 교육의 학습효과에 관한 연구, 한남대학교 교육대학원 석사학위논문.

李麗秋(2003), 한국어를 배우고 가르치면서 느꼈던 개선점, 인문과학논집 12, 강남대학교 인문과학연구소. pp.247~255.

이묘영(Myo Yeong Lee)(2010), 한국어 표현능력 신장을 위한 교육연극기법 활용 방안 연구, 국어교육연구 25, 서울대학교 국어교육연구소. pp.335~363.

이미숙(2013), 스마트폰을 활용한 한국어 쓰기 능력 향상 방안: 카카오 톡을 중심으로, 충북대학교 교육대학원 석사학위논문.

이민경(2011), 한국어 감정 관련 표현의 교육 방안, 동덕여자대학교 대학원 석사학위논문.

이민정(2010), 한국어 불평 화행 교육 방안 연구: 한국어 모어 화자의 담화와 교재 분석을 중심으로, 한양대학교 교육대학원 석사학위논문.

이보배(2011), 여성결혼이민자를 위한 관용표현 교육 방안, 상명대학교 교육대학원 석사학위논문.

이빈(2011), 학문목적 중국인 학습자를 위한 한국어 듣기 교재의 내용 선정 연구, 영남대학교 대학원 석사학위논문.

이상구(2002), 국어과 교육에서의 통합 교육 방법, 어문학 77, 한국어문학회. pp.151~174.

이선진(2010), 중국인 학습자의 한국어 주제중심어적 특성 습득 연구: 사용양상과 효과적인 교육 방안 모색, 경희대학교 대학원 석사학위논문.

이선한(2004), 제2언어로서의 한국어 교육에 관한 몇 가지 방법론 문제, 한국언어문화학 1-1, 국제한국언어문화학회. pp.175~182.

이선현(2012), 실시간 '1 : 1' 한국어 화상교육 방안, 부산외국어대학교 대학원 석사학위논문.

이선화(2011), 전래동화를 활용한 초등학교 다문화가정 학생의 한국어교육 방안, 충남대학교 교육대학원 석사학위논문.

이성은(2004), 실체와 매체로서의 한국어 교육, 이중언어학 24, 이중언어학회. pp.195~215.

이성지(2006), 외국인의 한국어 교육을 위한 수필 활용 방안 연구, 단국대학교 대학원 석사학위논문.

이성희(2011), 다문화가족 방문교육지도사의 서비스 실천 경험 연구, 성공회대학교 대학원 석사학위논문.

이소연(2011), 한국어 토의 담화 구성 능력 신장을 위한 교육 내용 연구, 서울대학교 대학원 석사학위논문.

이소영(2011), 한국어교육에서 외래어 교육의 위상, 우리말교육현장연구 5, 우리말교육

현장학회. pp.224~243.
이소현(2010), 초등학교 다문화가정 자녀를 위한 한국어 교육 방안, 중앙대학교 문화콘텐츠기술연구원 학술대회2010, 중앙대학교 문화콘텐츠기술연구원. pp.99~113.
이수(2011), TV 광고를 활용한 한국어 교육 방안 연구, 세종대학교 대학원 석사학위논문.
이수미(2011), 다문화가정 자녀를 위한 한국어 교육 방법 연구: 전신반응 교수법을 중심으로, 국어교육연구 49, 국어교육학회. pp.269~290.
이순룡(2011), 한국어 추측 양태 표현에 대한 교육 방안 연구, 충남대학교 대학원 석사학위논문.
이슬비(2010), 한국어 동작상에 대한 형태 초점 과제 설계 연구, 서울대학교 대학원 석사학위논문.
이연경(1999), 한국어 수업 설계에 관한 연구, 이화여자대학교 대학원 석사학위논문.
이연경(2009), 시트콤을 활용한 한국어 유의어 교육 방안 연구, 한국외국어대학교 교육대학원 석사학위논문.
이연정(2009), 한국어 교사의 읽기 교육 시 담화 표지어 교수 현황 연구, 이화여자대학교 교육대학원 석사학위논문.
이연정(2011), 광고에 나타난 은유표현의 한국어 교육에서의 활용방안 연구, 어문연구 151, 한국어문교육연구회. pp.467~489.
이연주(2004), 외국어로서의 한국어 교수-학습에 있어서 신체언어 활용방안: 초급 단계를 중심으로, 세종대학교 교육대학원 석사학위논문.
이연희(2012), 환유에 의한 한국어 관용어 교육 연구: '손' 관련 관용어를 중심으로, 부산외국어대학교 대학원 석사학위논문.
이영숙(2004), 교실 환경 요인과 교사, 학습자 상호 협력을 통한 교실 운영 전략, 외국어로서의 한국어교육 29, 연세대학교 언어연구교육원 한국어학당. pp.181~202.
이옥화(2011), 스마트러닝 한국어 학습 시스템 구축 방안 연구, 충북대학교 대학원 석사학위논문.
이용주(1991), 한국어 대우법과 그 교육(1), 선청어문 19, 서울대학교 국어교육과. pp.1~12.
이운정(2011), 중국인 학습자를 위한 한국어 간접인용표현 교육 방안 연구, 중앙대학교 대학원 석사학위논문.
이유미(2011), 결혼이민자를 위한 한국어 방문교육 연구: 춘천시 다문화가족지원센터의 활동을 중심으로, 강원대학교 교육대학원 석사학위논문.
이윤경(2011), 게임을 활용한 한국어 수업의 효과에 관한 연구: 게임 구성 요소와 운용 방식에 따른 학습 효과, 경기대학교 대학원 석사학위논문.
이윤진(2007), 한국어 교육에서 "-것 같다" 제시 방안 연구, 이중언어학 34, 이중언어학

회. pp.323~347.
이은경(2008), 전남 지역 여성 결혼 이민자를 위한 한국어 교육 연구: 방언을 포함한 교재 구성을 중심으로, 목포대학교 대학원 석사학위논문.
이은애(2012), 한국어 학습용 웹 애플리케이션 콘텐츠 설계 및 구현, 고려대학교 교육대학원 석사학위논문.
이은자(2012), 외국인 유학생을 위한 한국어 토론 수업 설계와 지도 방법, 배달말 50, 배달말학회. pp.256~286.
이은정(2011), 한국어 '하다' 표현의 일본어 대응 양상 연구: 한국어 교육적 관점에서, 계명대학교 대학원 석사학위논문.
이은주(2010), 한국어 학습자를 위한 위로표현 교육방안 연구, 동국대학교 대학원 석사학위논문.
이은희(2011), 설득 텍스트의 본질 및 특성과 교수 학습, 국어교육 136, 한국어교육학회. pp.1~36.
이재원(2009), 정중 어법 교육 연구, 세계한국어문학 1, 세계한국어문학회. pp.155~196.
이재은(2011), 초등학교 중국어 방과 후 수업 운용 실태와 원어민 교사활용 방안 연구, 상명대학교 대학원 석사학위논문.
이정(2011), 중국어권 학습자를 위한 피동표현 교육 연구, 충남대학교 대학원 석사학위논문.
이정숙(2004), 일본인 교환유학생의 한국어 학습과 문제점, 교육과학연구 9, 신라대학교 교육과학연구소. pp.421~427.
이정숙(2006), 외국인 노동자를 위한 외국어로서의 한국어 e-러닝 학습방안 연구, 연세대학교 교육대학원 석사학위논문.
이정자(2001), 그룹활동을 통한 의사소통능력 신장 연구: 과제수행 중 상호작용을 중심으로, 한국어교육 12-2, 국제한국어교육학회. pp.29~52.
이정현(2010), 한국어 교육에서의 연어 교육 양상 연구, 언어학연구 10, 한국중원언어학회. pp.205~224.
이정희(1999), 영화를 통한 한국어 수업 방안 연구, 한국어교육 10-1, 국제한국어교육학회. pp.221~240.
이주연(2011), 지역신문을 활용한 다문화교육 연구: 결혼 이주여성을 대상으로, 건국대학교 대학원 석사학위논문.
이준호(2010), TTT 모형을 활용한 추측 표현 교육 연구: "-는 것 같다", "-나 보다", "-는 모양이다"를 중심으로, 이중언어학 44, 이중언어학회. pp.247~273.
이지연(2011), 설화를 활용한 '외국어로서의 한국어' 지도방안 연구: 「선녀와 나무꾼」을 중심으로, 강원대학교 교육대학원 석사학위논문.
이지영(2006), 담화 원리를 바탕으로 한 제안 기능 교육 내용 구성, 한국어교육 17-3, 국제한국어교육학회. pp.185~208.
이지용 외(2010), 인지의미론을 통한 한국어 관용어 교육의 효율성 연구: 영상도식 은유를 중심으로, 한국어 의미학 31, 한국어의미학회. pp.209~247.
이지용(2011), 개념적 은유를 활용한 한국어 수업 방안 연구, 어문논집 47, 중앙어문학회. pp.7~32.
이지은(2008), 이독성을 높이기 위한 텍스트 수정 방안 연구, 이화여자대학교 국제대학원 석사학위논문.
이찬희(2010), 신문을 활용한 한국어 교육 방안 연구: 고급 학습자를 중심으로, 중앙대학교 대학원 석사학위논문.
이추연(2010), 한국어 교육에서의 학습동기 유발에 관한 연구: 학습 환경(수업, 교사, 학습자 집단)을 중심으로, 경희대학교 교육대학원 석사학위논문.
이충우(2003), 국어 교육과 한국어 교육의 사용 언어, 국어교육 112, 한국어교육학회. pp.21~47.
이침(2010), 드라마를 활용한 한국어 교육방안 연구: 인사말을 중심으로, 한성대학교 대학원 석사학위논문.
이토 히데토(伊藤英人)(1999), 일본에서의 한국어 교육 방법: 동경외국어대학의 경우, 국어교육연구 6, 서울대학교 국어교육연구소. pp.67~87.
이해영(1998), 문법 교수의 원리와 실제, 이중언어학 15, 이중언어학회. pp.411~438.
이현복(1997), 한국어 교육을 위한 음성·언어 십계명, 교육한글 10, 한글학회. pp.7~12
이현아(2010), 다문화가족 대상 방문 한국어교육 실태 조사, 한남대학교 교육대학원 석사학위논문.
이현진(2002), 한국어 피동표현의 교수 내용 및 방안 연구, 이화여자대학교 교육대학원 석사학위논문.
이혜진(2011), 고전소설을 활용한 한국어교육 방안 연구: '홍길동전' 을 중심으로, 대구가톨릭대학교 대학원 석사학위논문.
이효인(2005), 텍스트구조 표지를 이용한 한국어 교육 연구, 전남대학교 대학원 박사학위논문.
이효재(2012), 단편소설을 이용한 한국어 교육 방안: 전광용의 〈꺼삐딴 리〉를 중심으로, 고신대학교 교육대학원 석사학위논문.
이효정(2011), 한국어 인과 표현 교육 내용 연구, 가톨릭대학교 대학원 석사학위논문.
이훈(2006), '-은/는' 의 순차적 교수에 대하여: 중국어권 학습자들의 오류 통계 해석과 문법지식을 중심으로, 어문논집 35, 중앙어문학회. pp.47~68.
이훈병(2011), 유학생들의 한국어 강의 개선을 위한 기초연구, 순천향 인문과학논총 28, 순천향대학교. pp.323~344.
이훈호(2009), 의미장 접근법을 활용한 한국어 어휘 교수·학습 방안 연구, 한국외국어대학교 대학원 석사학위논문.
이희경(2008), 일본어 모어 화자를 대상으로 한 보조 동사의 교수·학습 방법론 연구: '-아/어 버리다' 를 중심으로, 이중언어학 37, 이중언어학회. pp.175~198.
이희진(2005), 금기 체계의 사례를 이용한 한국어 교육 방안, 이화여자대학교 교육대학원 석사학위논문.
임동윤(2002), 한국어 조사 교수법에 대한 연구: {이/가}와 {은/는}을 중심으로, 부산외국어대학교 대학원 석사학위논문.
임미화(2002), 영어권 화자의 한국어 발음 교수법 연구: 발음 간섭 현상 개선을 중심으로, 건국대학교 교육대학원 석사학위논문.
임미화(2002), 영어권 화자의 한국어 발음 교수법 연구: 발음 간섭 현상 개선을 중심으로, 교육논총 37, 건국대학교 교육대학원. pp.153~171.
임삼미(2011), 변인에 따른 한국어 교수법에 대한 연구, 태릉어문연구 17, 서울여자대학교. pp.96~118.
임성희(2006), 학습자 중심 교육론과 한국어 교육, 제2차 한·중·조 Korean 교육 국제 학술 토론회 논문집, 이화여자대학교 한국어문학연구소. pp.1~11.
임성희(2012), 결혼이주여성의 의사소통능력과 부부갈등에 관한 연구, 상지대학교 사회복지정책대학원 석사학위논문.
임수경(2011), 창작활동을 활용한 한국어교육 방안 연구, 한국문예창작 10, 한국문예창작학회. pp.219~251.
임예선(2009), 그림 자료를 활용한 한국어 교육 방안 연구, 동국대학교 대학원 석사학위논문.
임은하(2011), 한국어 사용 능력 신장을 위한 속담 지도 방안 연구: 표현용 속담 지도 방안을 중심으로, 한국문법교육학회 학술발표논문집, 한국문법교육학회. pp.117~126.
임지룡(2006), 의미교육의 학습 내용에 대하여, 한국어학 33, 한국어학회. pp.87~116.
임지선(2012), 한국어 상징어 교육을 위한 의미영역 분류 방안, 한남대학교 교육대학원 석사학위논문.
임지아(2006), 의사소통적 교수법에 의한 한국어 교육 방법론, 동남어문논집 22, 동남어문학회. pp.181~211.
임지혜(2010), 인터넷 영상 뉴스를 활용한 한국어 교육 방안 연구, 부산대학교 대학원 석

사학위논문.
임진숙(2006), 지방 대학 한국어 학습자의 학습 목적 및 그에 따른 교육 방안: 영남대학교 한국어 학습자를 대상으로, 언어와 문화 2-1, 한국언어문화교육학회. pp.111~126.
임태연(2009), 중국어 번안 노래를 이용한 한국어 교육 연구, 계명대학교 대학원 석사학위논문.
임태운(2009), 한국어 학습자의 인과관계 연결 표현 교육 방안, 전남대학교 대학원 석사학위논문.
임현숙(2012), 말하기 과제활동과 주제 · 기능 간의 상관성 연구: 한국어 고급 교재 분석을 바탕으로, 계명대학교 대학원 석사학위논문.
임형재 외(2010), 한국어교육을 위한 멀티미디어 수업 도구 개발의 실제: 보조 자료의 개발 과정을 중심으로, 한국어교육 21-2, 국제한국어교육학회. pp.167~191.
장경미(2009), 파키스탄 초급 학습자를 위한 한국어 교수 · 학습 방안, 경희대학교 교육대학원 석사학위논문.
장광군(2004), 중국인을 위한 한국어 교육 연구: 문법교육을 중심으로, 한국의 철학 35-1, 경북대학교 퇴계연구소. pp.303~323.
장근주(2006), 음악을 활용한 한국어 교수 학습 연구, 음악교육공학 5, 한국음악교육공학회. pp.129~140.
장러(2012), 한 · 중 외래어 수용 방식에 따른 한국어 외래어 교육 방안 연구, 부산대학교 대학원 석사학위논문.
장미라(2008), 문장 구조 중심의 한국어 교육 연구, 경희대학교 대학원 박사학위논문.
장미라(2008), 한국어 인용문의 교육 내용 선정과 배열에 관한 연구, 이중언어학 38, 이중언어학회. pp.419~438.
장미라(2009), "-은/는 것이다" 구성의 표현 문형 설정과 교육 방안에 대한 연구, 한국어교육 20-2, 국제한국어교육학회. pp.229~253.
장미라(2010), 한국어 교재에 나타난 읽기 교육의 내용과 방법의 변천 연구, 한국중원언어학회 학술발표회 자료집, 한국중원언어학회. pp.31~41.
장복(2013), 과정 중심 한국어 쓰기 교육 연구, 전남대학교 대학원 석사학위논문.
장세아(2005), 한국어 교육에서의 희곡 교육 연구, 이화여자대학교 교육대학원 석사학위논문.
장소원(2005), 외국인 대상 한국어문형교육의 실태와 문제점, Korean 연구와 교육 1, 이화여자대학교 한국어문학연구소. pp.93~120.
장옥정(2013), 소집단 활동을 통한 한국어 교육 방안 연구, 한양대학교 대학원 석사학위논문.

장용선(2012), 동화를 활용한 한국어 교육 방안 연구: 『강아지똥』과 「옥상의 민들레꽃」을 중심으로, 순천향대학교 대학원 석사학위논문.
장운잠(2011), 토론을 활용한 한국어 교육 방안 연구: 중·고급 학습자 대상으로, 대불대학교 대학원 석사학위논문.
장점(2013), 인터넷을 활용한 한국어 교육 방안 연구: 중국어로 된 학습도구를 중심으로, 청주대학교 대학원 석사학위논문.
장창영(2011), 다문화가정 학습자를 위한 국어교육 방안, 다문화콘텐츠연구 11, 중앙대학교 문화콘텐츠기술연구원. pp.357~389.
장홍수(2010), 중국인 한국어 학습자를 위한 한국어 한자어계 분류사 교육 방안에 관한 연구: 중국어 양사와 대조연구를 바탕으로, 중앙대학교 대학원 석사학위논문.
장효우(2012), 시청각 자료를 활용한 중급 한국어 듣기 교재 개발 방안 연구, 부산외국어대학교 대학원 석사학위논문.
전소현(2012), 스토리텔링을 활용한 한국어 교육 방안 연구: 〈흥부와 놀부〉를 중심으로, 부산대학교 대학원 석사학위논문.
전아원(2012), 한국어 교사를 위한 읽기 텍스트 수정 안내서 개발: 어휘 상세화를 중심으로, 이화여자대학교 교육대학원 석사학위논문.
전우리(2013), 다문화가정 자녀의 한국어 쓰기 능력 향상을 위한 과정 장르 통합 접근 방안 연구, 한국외국어대학교 대학원 석사학위논문.
전은지(2012), 한국어 은유의 교육 방법 연구: 사람의 성격 은유를 중심으로, 울산대학교 대학원 석사학위논문.
전지수(2006), 드라마를 이용한 한국어 교육방법 연구, 선문대학교 교육대학원 석사학위논문.
전지숙(2011), 교수언어에 따른 교사와 학생간 상호작용 연구, 건국대학교 교육대학원 석사학위논문.
전한성(2008), 이미지(Image) 활용을 통한 고전시교육의 내용구성 연구, 국어교육 126, 한국어교육학회. pp.417~443.
전헌주(2003), 교육연극을 활용한 한국어 말하기 교수학습 방안 연구: 고급 수준 학습자를 대상으로, 부경대학교 대학원 석사학위논문.
전형길(2008), TV광고를 활용한 통합적 한국어 교수·학습방안 연구, 한양대학교 대학원 석사학위논문.
전혜영(2006), 은유를 이용한 한국어 교육, 제2차 한·중·조 Korean 교육 국제 학술 토론회 논문집, 이화여자대학교 한국어문학연구소. pp.1~5.
정남조(2010), 정부초청 외국인 유학생의 학업적응 요인 연구, 단국대학교 대학원 박사

학위논문.
정다운 외(2007), 다문화 가정 자녀를 위한 이중언어 교육 Ⅷ, 한국어 교수법, 서울교육대학교 다문화교육연구원.
정다운(2011), 외국인 대학원생의 한국어 요약문 분석을 통한 요약하기 교육 방법 연구, 어문연구 150, 한국어문교육연구회. pp.421~448.
정대현(2009), 출력 기능을 통한 한국어 형태 습득 연구: 메타말과 언어지식에피소드를 중심으로, 한국어교육 20-1, 국제한국어교육학회. pp.161~182.
정대현(2009), 학습자중심 형태초점교수 모형 연구, 국어교육학연구 34, 국어교육학회. pp.371~395.
정대현(2012), 한국어교육에서 입력 처리 교수 연구에 관한 통시적 고찰, 한국언어문화학 9-2, 국제한국언어문화학회. pp.265~286.
정명숙(2010), 재외동포 유아 대상 한국어 교육 방안, 이중언어학 44, 이중언어학회. pp.295~317.
정미영(2003), 동화를 활용한 외국어로서의 한국어 지도 방안, 국어교과교육연구 5, 국어교과교육학회. pp.337~356.
정미영(2011), 학교생활 적응 프로그램을 통한 외국인 가정 자녀의 상담사례연구, 전주교육대학교 교육대학원 석사학위논문.
정선주(2009), ESA 교수 절차 모형을 활용한 한국어 교육 방안 연구, 언어와 문화 5-1, 한국언어문화교육학회. pp.197~218.
정선화(2009), 구어적 특성을 반영한 듣기교재 구성에 관한 연구, 어문논집 40, 중앙어문학회. pp.67~99.
정소진(2010), 한국어 교육용 TV 방송을 활용한 수업 구성 방안, 계명대학교 대학원 석사학위논문.
정승혜(1998), 외국인을 위한 국어 한자 교육 연구, 이화여자대학교 대학원 석사학위논문.
정연창 외(1998), 담화기능적 개념에 관한 연구, 교사교육연구 35, 부산대학교 사범대학. pp.25~49.
정영선(2011), 드라마형 뮤직비디오를 활용한 한국어 교육 방안 연구, 학술대회2011, 한국언어문화교육학회. pp.249~262.
정은경(2009), '-어서' 와 '-니까' 의 효과적인 지도 방안, 창원대학교 대학원 석사학위논문.
정은화(2001), 한국어교육에 있어서 시 교육에 대한 연구, 이화여자대학교 교육대학원 석사학위논문.
정정덕(2010), 중국인 학습자의 한국어 조사 교수, 학습 방법: 중국어 표현과의 대응을 중심으로, 문법 교육 12, 한국문법교육학회. pp.343~397.

정정정(2012), 한국어 외래어의 교육 방안에 관한 연구, 중앙대학교 대학원 석사학위논문.
정주영(2009), 인터넷을 이용한 다문화가정 자녀의 한국어 교육 방안, 동국대학교 교육대학원 석사학위논문.
정현선(2004), 동화와 애니메이션 보기(viewing)를 중심으로 한 멀티리터러시의 국어교육적 고찰, 국어교육 114, 한국어교육학회. pp.109~141.
정형근(2010), 한국어 방문교육의 효율성 제고, 한어문교육 22, 한국언어문학교육학회. pp.445~479.
정형근(2012), 독립국가연합(CIS)지역 고려인 후속세대를 위한 모국수학과정 교육프로그램 개선 방향, 한어문교육 26, 한국언어문학교육학회. pp.73~98.
정혜경(2011), 효율적인 한국어 어휘 확장 교육 방안 연구: 희비표현 감정형용사의 의미관계를 중심으로, 중앙대학교 대학원 석사학위논문.
정호완(2005), 한국어 교육의 교수 학습과 과제, 대구대학교 학술논문집 1, 대구대학교. pp.89~104.
정훈(2009), 외국인을 위한 한국한자 교육 연구, 국어문학 47, 국어문학회. pp.341~359.
정희원(2006), 다문화 시대 사회 통합을 위한 한국어 교육 강화 방안, 한국어의 미래를 위한 제1차 토론회: 국외 동포 및 이주민을 위한 한국어 교육을 중심으로, 이화여자대학교 한국어문학연구소. pp.54~59.
조경순(2007), 한국어 비문법적 표현 교육 연구, 국어교육 122, 한국어교육학회. pp.407~438.
조뢰(2012), TV 광고를 활용한 한국문화교육 방안 연구: 한·중 TV 광고 대조 분석을 중심으로, 부산외국어대학교 대학원 석사학위논문.
조선경(2006), 이주여성 한국어교육의 방향: 재단 사업으로서의 이주여성 한국어교육, 한국어의 미래를 위한 제1차 토론회: 국외 동포 및 이주민을 위한 한국어 교육을 중심으로, 이화여자대학교 한국어문학연구소. pp.60~71.
조성문(2005), 구어 말뭉치에 의한 한국어 초급교재의 어휘 분석, 한민족문화연구 17, 한민족문화학회. pp.259~286.
조세영(2008), 외국인을 위한 한국어 반어법 교육 방안, 한양대학교 교육대학원 석사학위논문.
조수봉(2012), 한국어 교육에서의 관용 표현 지도 방안 연구, 한국외국어대학교 교육대학원 석사학위논문.
조양(2012), 한국어 보조사에 대한 교수 방안: '도', '까지', '마저', '조차'를 중심으로, 중앙대학교 대학원 석사학위논문.
조영란(2011), 다문화가정 학생을 위한 한국어교육 방안 연구, 충북대학교 대학원 석사

학위논문.
조영미(2010), 북미 지역 내 한국어 마을의 한국어 교육 사례 연구: 미국 콘코디아 언어 마을의 외국어 몰입교육 프로그램을 중심으로, 한국문화인류학 43-2, 한국문화인류학회. pp.45~90.
조영미(2012), 미 국무성 주관 National Security Language Initiative for Youth 프로그램 연구: 한국어 몰입교육 프로그램 방향 모색, 이중언어학 49, 이중언어학회. pp.347~379.
조영미(2012), 한국어 몰입교육 프로그램 개발을 위한 원리 연구: 한국어마을 프로그램 사례를 중심으로, 가톨릭대학교 대학원 박사학위논문.
조영화(2011), 한국어 학습자를 위한 관용 표현 교육방안: 신체 내부 관련 관용 표현을 중심으로, 숙명여자대학교 대학원 석사학위논문.
조윤경(2012), 교사의 학습자 모어 사용이 교실 상호작용과 정의적 요인에 미치는 영향, 부산외국어대학교 대학원 박사학위논문.
조의성(2009), 재일교포의 민족어 교육과 언어 사용 양상, 한국어교육학회 학술발표회 2009, 한국어교육학회. pp.80~95.
조정(2010), 한국어 관형사형 구문 수업 방안 연구, 동국대학교 대학원 석사학위논문.
조창규(2007), 접두사를 이용한 한국어 어휘 교육 연구: 교육용 접두사 목록과 교수·학습 전략을 주로 하여, 어문연구 134, 한국어문교육연구회. pp.405~429.
조태린(2010), 재외 동포에게 한국어가 갖는 의미: 재외 동포 한국어 교육의 방향 정립을 위하여, 한국어교육 21-2, 국제한국어교육학회. pp.193~218.
조항록(2008), 이주 노동자 대상 한국어 교육의 실제와 과제: 한국어 교육 정책의 관점에서, 사회언어학 16-1, 한국사회언어학회. pp.299~316.
조현용(2001), 일본어 모어 화자를 위한 한국어 교육의 유의점, 어원연구 4, 한국어원학회. pp.185~202.
조현용(2004), 한국어 교육과 문자 교육 연구, 경희대학교 교육문제연구소 논문집 20, 경희대학교 교육발전연구원. pp.223~236.
조현용(2007), 한국인 비언어적 행위의 특징과 한국어교육 연구, 이중언어학 33, 이중언어학회. pp.269~295.
조현용(2008), 가치 중심 한국어 교육 연구, 한국어교육 19-1, 국제한국어교육학회. pp.279~297.
조형일(2012), 한국어 교실 수업의 원리와 실제, 소통.
주경아(2011), 공교육에서의 한국어교육 방안 연구: 중등학교의 다문화 가정 자녀를 중심으로, 인하대학교 교육대학원 석사학위논문.

주도(2011), 한국어 학습자를 위한 문화 교육 방법: 『춘향전』을 중심으로, 건양대학교 대학원 석사학위논문.

주하(2010), 한국어 유의어 교육 방안에 관한 연구: 중국인 한국어 고급 학습자 중심으로, 중앙대학교 대학원 석사학위논문.

지수용(2000), 중국인을 위한 문화 도입식 한국어 교수법 연구, 한국어교육 11-2, 국제한국어교육학회. pp.169~187.

지현숙 외(1999), 인터넷을 이용한 한국어 수업의 실제: 서강대학교 'Novice-Net Korean 1' 의 경우, 한국어교육 10-2, 국제한국어교육학회. pp.313~335.

지현숙(2001), 웹 기반 한국어교육의 교수전략 연구, 이화여자대학교 대학원 석사학위논문.

지현숙(2007), 한국어 구어 문법 교육을 위한 과제 기반 교수법, 국어교육연구 20, 서울대학교 국어교육연구소. pp.247~270.

지현숙(2009), 실세계 접근을 통한 학문 목적 한국어 듣기 교재의 설계 방안, 우리어문연구 33, 우리어문학회. pp.583~614.

진정신(2011), 한국어 학습자를 위한 우체국 이용 교육 방안, 부산외국어대학교 교육대학원 석사학위논문.

진제희(2004), 한국어 교실 구두 상호작용에 나타난 문제 해결을 위한 의미 협상, 연세대학교 대학원 박사학위논문.

진제희(2005), 한국어 수업을 위한 내용 중심 교수 방안: 고급 수준 재미 교포 학습자를 대상으로, 한국어교육 16-3, 국제한국어교육학회. pp.353~377.

진제희(2006), 외국인을 위한 한국어 수업대화분석, 커뮤니케이션북스.

차숙정(2006), 한국어 교육 현장에서의 교재 선택과 활용, 새국어교육 74, 한국국어교육학회. pp.103~124.

채영희 외(2010), 스토리텔링 기법을 통한 한국어 교재 구성, 동북아 문화연구 22, 동북아시아문화학회. pp.109~121.

채윤정 외(2010), FonF 연구의 최근 동향이 한국어 교육에 시사하는 점, 한국어교육 21-4, 국제한국어교육학회. pp.333~359.

척전(2012), 공익광고를 활용한 한국어 의사소통능력 향상 수업 방안, 공주대학교 대학원 석사학위논문.

초곤(2012), 외국인을 위한 한국어 사동법 교육 방안 연구: 형태 초점 교수법을 기반으로, 동국대학교 대학원 석사학위논문.

초시(2013), 한국어 학습자를 위한 시청각 자료의 기준과 교수법에 대한 연구, 경희대학교 대학원 석사학위논문.

최경도(2012), 한국어 재귀 표현의 교육 방안 연구, 충남대학교 대학원 석사학위논문.

최경인(2010), 다문화가정 미취학 아동을 위한 전래동화 활용 한국어 교육 방안, 부산외국어대학교 대학원 석사학위논문.

최경자(2011), 동화를 활용한 한국어 표현 능력 향상 방안 연구: 초등학교 다문화 가정 고학년 학생을 대상으로, 충북대학교 대학원 석사학위논문.

최권진 외(2010), 다문화가정 자녀 대상 한국어 교육의 현황과 교재 분석, 한국어문학연구 54, 한국어문학연구학회. pp.431~46.

최권진(2006), 전래동화를 활용한 한국어 교수-학습 방법 연구, 한국어교육 17-2, 국제한국어교육학회. pp.237~266.

최권진(2008), 학습자 모국어를 활용한 한국어 교수-학습 방법의 모색, 한국어교육 19-1, 국제한국어교육학회. pp.299~319.

최길시(1994), 일본어를 모어로 하는 사람들을 위한 한국어 교육 방법 연구, 이중언어학 11, 이중언어학회. pp.231~279.

최명환(2007), 통합 지향의 교학 전략, 공주교대논총 44, 공주교육대학 교육연구소. pp.87~104.

최문석(2000), 학습자 활동 중심의 한국어 교육 방법 연구: 게임과 Information Gap Activity를 중심으로, 경희대학교 교육대학원 석사학위논문.

최영권(2012), 중도입국 청소년을 위한 한국어 교육 연구: 정규과정 진입을 위한 한국어 교육 원리 연구, 배재대학교 대학원 석사학위논문.

최윤희(2008), 광고를 활용한 한국어 교육 방안, 순천향 인문과학논총 21, 순천향대학교 인문과학연구소. pp.29~52.

최은규(2004), 신문을 활용한 한국어 교육 방법 연구, 한국어교육 15-1, 국제한국어교육학회. pp.231~233.

최은지(2007), 한국어 듣기 교재 내 음성 자료 속도의 실제성, 한국어교육 18-1, 국제한국어교육학회. pp.401~427.

최인자(2004), 대중매체를 활용한 한국어 교육 방법: 텔레비전 드라마를 중심으로, 어문학교육 28, 한국어문교육학회. pp.267~286.

최정순(1996), 교재 구성에 있어서 과제(Task) 개념의 적용에 관하여, 한국어교육 7, 국제한국어교육학회. pp.311~333.

최정순(2011), 한국어 표현 교육 연구, 이중언어학 47, 이중언어학회. pp.383~402.

최주열(1994), 한자 교육 방법에 관한 고찰: 외국인에 대한 한자 교육을 중심으로, 한국어교육 5, 국제한국어교육학회. pp.145~174.

최지영(2012), 외국어로서의 한국어 관용표현 지도 방안: 영화 '식객-김치전쟁'을 중심으로, 고신대학교 교육대학원 석사학위논문.

최해주(2007), 한국어 피동, 사동 표현의 효율적인 교육방안 연구: 한국어 문법서 및 교재 분석과 학습자 오류 유형을 중심으로, 새국어교육 78, 한국국어교육학회. pp.295~317.

최혜령(2007), 초급 학습자를 위한 한국어 관용표현 지도방안, 한양대학교 교육대학원 석사학위논문.

최혜진(2009), 외국인 근로자 고용제도와 한국어 교육의 과제, 한말연구 25, 한말연구학회. pp.293~315.

팜티튀린(2012), '바꿔 쓰기' 활동을 통한 한국어 문법 교수·학습 방안 연구, 서울대학교 대학원 석사학위논문.

평쉬통(2011), 중국인을 위한 한국어 과거시제 표현 교육 방안, 청주대학교 대학원 석사학위논문.

포문수(2012), 중국인을 위한 한국어 시간 표현 문법 교육 연구, 한성대학교 대학원 석사학위논문.

하승현(2013), 한국어 자기소개서의 장르 분석 및 장르 중심 접근법을 활용한 쓰기 교육 방안, 이화여자대학교 교육대학원 석사학위논문.

한재영 외(2005), 한국어 교수법, 태학사.

한재영 외(2012), 한국어로 놀자, 신구문화사.

함욱(Uk Ham) 외(2011), 이야기 표현을 통한 결혼이주여성의 한국어 교육 방안, 한국어 교육 22-2, 국제한국어교육학회. pp.351~373.

허송난(2012), 멕시코 한인후손 초청연수에서 한국어 수업에 관한 질적 연구, 이화여자대학교 교육대학원 석사학위논문.

허용 외(2000), 원격교육을 통한 한국어 교육, 이중언어학 17, 이중언어학회. pp.359~390.

허용 외(2005), 즐거운 한국어 수업을 위한 교실활동 100, 박이정.

허용(2002), 한국어 교수-학습에 나타나는 오류에 대한 언어학적 연구, 언어와 언어학 30, 한국외국어대학교 외국어 종합연구센터 언어연구소. pp.157~175.

현윤호(2001), 과제 수행 중심의 말하기 지도 방안: 「말이 트이는 한국어」를 중심으로, 한국어교육 12-2, 국제한국어교육학회. pp.511~531.

현윤호(2005), 독일어권 한국어 학습자를 위한 과제 중심의 교재 구성 연구, 이화여자대학교 대학원 박사학위논문.

형재연(2011), 외국어로서의 한국어 관용 표현 교육 방안 연구: 주제 및 기능과의 연계성을 중심으로, 한성대학교 대학원 석사학위논문.

호선희(2012), 중국인 학습자를 위한 한국어 시제표현 교육 연구: 과거시제를 중심으로, 부산대학교 대학원 박사학위논문.

호심(2012), 중국인 고급 학습자를 위한 한국어 동물 비유 표현 교육 연구, 경희대학교 대학원 석사학위논문.

호정환(2000), 외국인의 한국어 학습에서 성정 변인과 인지적 노력, 교육한글 13, 한글학회. pp.113~134.

홍경표(1982), 외국어로서의 한국어 교수-학습 방법 개선에 관한 일 조사 연구, 연세대학교 대학원 석사학위논문.

홍성채(2010), '-적' 파생어의 효과적인 한국어 교육 방안, 계명대학교 대학원 석사학위논문.

홍순주(2006), 시각자료를 활용한 한국어 교육 방안 연구, 경희대학교 교육대학원 석사학위논문.

홍순주(2008), 도표를 활용한 한국어 교수 방안, 한국어교육 19-2, 국제한국어교육학회. pp.333~354.

홍윤기(2007), 한국어 첨사의 양태 기능 교육 방안 연구: 기능, 의미의 메타언어를 활용하여, 이중언어학 34, 이중언어학회. pp.399~425.

홍윤의(2004), 한국어 초급교실에서의 언어사용에 관한 연구, 고려대학교 교육대학원 석사학위논문.

홍은실(2012), 한국어교육의 스마트러닝 구현을 위한 기초 연구, 국어교육학연구 44, 국어교육학회. pp.585~612.

홍주영(2010), 만화를 활용한 한국어 교육방안 연구, 중앙대학교 대학원 석사학위논문.

홍칠선(2011), 여성결혼이민자를 위한 한국어 방문교육 개선 방안 연구: 경남지역을 중심으로, 부산외국어대학교 교육대학원 석사학위논문.

황정숙(1992), 외국인을 위한 한국어 조사의 수업모형, 상명여자대학교 대학원 석사학위논문.

황주원(2009), 한국어 교육을 위한 토론 수업 모형 개발 연구, 상명대학교 교육대학원 석사학위논문.

황주하(2011), 한국어 교육에서의 피동 표현 교육 방안: 파생 피동사에 의한 피동법을 중심으로, 한국문법교육학회 학술발표논문집, 한국문법교육학회. pp.143~155.

황혜나(2011), 유비쿼터스 시대의 한국어 교육 방안, 한국언어문화교육학회 제14차 전국학술대회 학술발표자료, 한국언어문화교육학회. pp.213~223.

황효우(2012), 중국어권 초급 학습자를 위한 한국어 부정표현 {아니다}, {안}, {못} 지도 방안, 상명대학교 대학원 석사학위논문.

Fouser, Robert J.(1997), Toward a New Paradigm in Korean Language Teaching, 한국어교육 8, 국제한국어교육학회. pp.295~311.

Ho Min Sohn(1995), Performance-based Principles and Proficiency Criteria for KFL Textbook Development, 한국어교육 6, 국제한국어교육학회. pp.67~98.

Jung, Jae Hoon(1997), Distance Language Education Using Multimedia, 한국어교육 8, 국제한국어교육학회. pp.235~249.

Kang, Seok-Han(1999), The Schema Theory and Its Application to Korean English Learners Phonological Knowledge Acquisition, 논문집 5, 제주관광대학. pp.43~55.

Kil Su Park(2009), Reflective Language Teaching in the Korean Context, Jimoondang.

Kwan Sik Minn(1990), Motivational Models of Good Korean Linguists, 한국어교육 2, 국제한국어교육학회. pp.37~52.

LE DANG HOAN(2006), 베트남의 한국어교육에서 의사소통 교수법 도입 상황, 한국언어문화학 3-1, 국제한국언어문화학회. pp.41~54.

Lee, Young Geun(2000), Task-Based Approach to Syllabus Design for Korean as a Foreign Language, 한국어교육 11-1, 국제한국어교육학회. pp.111~130.

Min Jung Jee(2012), Effects of Language Anxiety on Three Levels of Classes of Korean as a Foreign Language, 한국어교육 23-2, 국제한국어교육학회. pp.467~487.

Nam Gui Chang(1989), Acquisition of Topic and Subject Marking: The SOD Paradigm ia Japanese and Korean, 한국어교육 1, 국제한국어교육학회. pp.151~167.

Sabine Ganter(1996), Teaching Hanja in Korean Language Courses, 한국어교육 7, 국제한국어교육학회. pp.275~280.

Soo Ah Kim(1993), Proficiency Oriented Instruction for the Correction of Patherned Weaknesses In Korean Language Teaching, 한국어교육 4, 국제한국어교육학회. pp.231~248.

Unterbeck, Barbara(1997), Korea on German TV, or Teaching Korean: To Whom?, 한국어교육 8, 국제한국어교육학회. pp.205~234.

Zhu Wenying(2012), 한국어 말하기 수업에서 교사의 학습자 모어 사용 전략 연구: 중국에서의 한국어 말하기 수업을 중심으로, 서울대학교 대학원 석사학위논문.

Ⅱ-02.
교재론

간노 히로오미(菅野裕臣)(1991), 일본인을 위한 한국어 교재 개발과 교수 방법, 교육한글 4, 한글학회. pp.143~164.

강나현(2012), 여성결혼이민자를 위한 독학용 한국어 기초 교재 개발 방안 연구, 인하대학교 교육대학원 석사학위논문.

강남욱 외(2012), 한국어 교재 평가론의 통시적 고찰, 국어교육연구 29, 서울대학교 국어교육연구소. pp.1~33.

강란숙(2007), 언어와 언어게임, 학술대회2007, 한국언어문화교육학회. pp.61~74.

강숙희(2013), 초급 한국어 『읽기·쓰기』 교재 개발에 관한 연구, 전남대학교 대학원 석사학위논문.

강승혜(2002), 재미교포 성인 학습자 문화프로그램 개발을 위한 요구조사 분석연구, 한국어교육 13-1, 국제한국어교육학회. pp.1~25.

강승혜(2003), 한국문화 프로그램 개발을 위한 한국어 학습자 요구분석, 한국어교육 14-3, 국제한국어교육학회. pp.1~29.

강승혜(2003), 한국어 교재 개발을 위한 학습자 요구 분석, 외국어로서의 한국어교육 28, 연세대학교 언어연구교육원 한국어학당. pp.251~286.

강승혜(2009), 한국어 문법서와 교재에 나타난 '-더-' 관련 문법항목 의미 기술의 검토와 '-더-' 관련 문법항목의 제시순서, 어문연구 142, 한국어문교육연구회. pp.397~422.

강승혜(2012), 프랑스어권 재외동포 맞춤형 한국어 교재 개발: 프랑스 파리 한글학교를 중심으로, 외국어로서의 한국어교육 37, 연세대학교 언어연구교육원 한국어학당. pp.1~39.

강아영(2010), 한국어 문화 교재 분석, 동덕여자대학교 대학원 석사학위논문.

강주영(2010), 한국어 교재에 나타난 '콩쥐팥쥐' 텍스트의 거시구조, 한국말글학 27, 한국말글학회. pp.1~29.
강철구(2010), 의사소통 중심 한국어 교육을 위한 시각 자료 활용 방안 연구, 한국외국어 대학교 교육대학원 석사학위논문.
강현정(2003), 한국어 및 독일어 교재에 나타난 문화 내용 비교 연구: 초급 교재를 중심으로, 고려대학교 대학원 석사학위논문.
강현화 외(2009), 한국어 학습자를 위한 어휘 학습용 워크북 개발 모형 연구: 그림 어휘 사전 워크북 개발 사례를 중심으로, 한국어교육 20-3, 국제한국어교육학회. pp.1~30.
강현화 외(2011), 한국 문화 교육 항목 선정에 관한 기초 연구: 선행연구, 교재, 기관 현황 조사 자료의 비교를 통하여, 외국어로서의 한국어교육 36, 연세대학교 언어연구교육원 한국어학당. pp.1~35.
강현화(2004), 한국어 회화 교재에 나타난 어휘 분석: 어휘와 주제와의 상관성을 중심으로, 비교문화연구 8, 경희대학교비교문화연구소. pp.131~156.
강현화(2004), 회화 교재의 주제 유형과 어휘: 한국어 교재와 외국어 교재의 비교를 바탕으로, 외국어로서의 한국어교육 29, 연세대학교 언어연구교육원 한국어학당. pp.39~64.
강현화(2006), 외국인 학습자의 문화 요구조사: 문화교재 개발을 위해, 외국어로서의 한국어교육 31, 연세대학교 언어연구교육원 한국어학당. pp.99~128.
강현화(2007), 한국어 교재의 문형유형 분석: 문형 등급화를 위해, 한국어교육 18-1, 국제한국어교육학회. pp.1~21.
강현화(2010), 한국어 어휘학습 교재 개발을 위한 기초 연구: 학습자 요구분석을 중심으로, 언어와 문화 6-1, 한국언어문화교육학회. pp.45~67.
강혜진(2009), 한국어 교육을 위한 교사용 지침서 개발 연구, 경희대학교 교육대학원 석사학위논문.
고경민(2012), 한국어 교재 변천사 연구, 건국대학교 대학원 석사학위논문.
고명지(2012), 재미동포 미취학 아동 학습자를 위한 한국어 가정학습 교재 개발 방안 연구, 부산외국어대학교 대학원 석사학위논문.
고예진(2013), 19세기 서양인의 한국어 교재 연구, 부산대학교 대학원 박사학위논문.
고혜리(2010), 여성 결혼 이민자를 대상으로 한 한국어 교재 분석, 한양대학교 교육대학원 석사학위논문.
고혜진(2011), 베트남어권 학습자 맞춤형 한국어 교재 분석, 경희대학교 교육대학원 석사학위논문.
공펭 소파(2013), 태국 고등학교 학습자를 위한 한국어 교재 개발 방안 연구, 고려대학교 대학원 석사학위논문.

곽민경(2011), 한국어 교재에 나타난 생활 문화 교육 연구: 초급 학습자를 중심으로, 경희대학교 교육대학원 석사학위논문.
곽성미(2009), 이주노동자를 위한 초급 한국어 교재 개발 방안: 부산지역을 중심으로, 부산대학교 대학원 석사학위논문.
곽수진(2007), 비즈니스 목적을 위한 한국어 교재개발에 관한 연구: 중급 학습자를 대상으로, 선문대학교 교육대학원 석사학위논문.
곽수진(2007), 비즈니스 목적을 위한 한국어 교재개발에 관한 연구: 중급 학습자를 대상으로, 언어와 문화 3-1, 한국언어문화교육학회. pp.163~184.
곽지영(2008), 고급 한국어 교재 개발의 실제: 연세 한국어 5를 중심으로, 외국어로서의 한국어교육 33, 연세대학교 언어연구교육원 한국어학당. pp.261~298.
곽지영(2011), 멀티미디어 자료 개발의 실제: 일반 목적 한국어 고급 수업의 부교재를 중심으로, 외국어로서의 한국어교육 36, 연세대학교 언어연구교육원 한국어학당. pp.37~67.
喬宇博(Yu Bo Qiao)(2011), 중국의 한국어 교재 『정독』에 대한 연구: 학습자의 반응과 요구를 중심으로, 고려대학교 대학원 박사학위논문.
구장회(1991), 외국인을 위한 한국어 교재 개선에 대하여, 교육한글 4, 한글학회. pp.103~116.
국립국어원(2005), 한국어 교재 분석 연구, 국립국어원.
권미미(2008), 한국어교육문법의 인과 관계 연결어미 연구: 초급교재에 나타난 '-니까'를 중심으로, 교육문화연구 14-2, 인하대학교 교육연구소. pp.147~174.
권미정(1992), 외국어로서의 한국어 교재 연구: 기존교재의 검토와 새 모델의 모색, 고려대학교 대학원 석사학위논문.
권성미 외(2008), 한국어 초·중급 교재에 제시된 간접화행의 실현 양상 연구, 한국어교육 19-2, 국제한국어교육학회. pp.43~73.
권성미(2013), 한국어 교재 대화 텍스트의 문화 항목 분석, 한국언어문화학 10-1, 국제한국언어문화학회. pp.1~24.
권순희(1996), 언어 문화적 특성을 고려한 한국어 교육의 교재 편성 방안, 국어교육연구 3, 서울대학교 국어교육연구소. pp.1~19.
권승임(2011), 여성결혼이민자를 위한 읽기 자료 개발과 활용 방안 연구, 한양대학교 교육대학원 석사학위논문.
권용해 외(2011), 초급 한국어 교실에서의 텔레비전 드라마 활용방안에 대한 연구, 한국어교육 22-1, 국제한국어교육학회. pp.27~46.
권용해(2005), 프랑스 대학에서의 한국어 교재 개선 방안: 한국어1, Integrated Korean

Beginning1을 사용 후, 한국어교육 16-3, 국제한국어교육학회. pp.29~70.
권의현(2012), 외국인을 위한 한국어 발음 교재 연구, 순천향대학교 대학원 석사학위논문.
권종산 외(2013), 한국어 교육을 위한 게임화 방법론 연구, 한국게임학회지 13-1, 한국게임학회. pp.61~74.
권준영(2009), 초등학교 귀국학생을 위한 한국어 초급 교재 개발 방안: 귀국학생 특별학급 지도 자료 분석을 바탕으로, 한양대학교 대학원 석사학위논문.
권지현(2004), 중국어권 학습자를 위한 한국어 초급 교재 개발 연구, 한양대학교 교육대학원 석사학위논문.
권지현(2012), 만화를 활용한 한국어 교육방안 연구: 문화교육 방안을 중심으로, 경희대학교 교육대학원 석사학위논문.
권혁범 외(2012), 결혼이주민여성을 위한 한국어 디지털 교육 컨텐츠 UI 컨셉 제안, 한국HCI학회 학술대회2012, 한국HCI학회. pp.741~743.
권현주(2006), 일본 내 한국어 교재의 명칭에 대한 실태 분석, 한국어교육 17-2, 국제한국어교육학회. pp.1~20.
권현주(2008), NHK 한국어 강좌 교재의 발음표기에 대한 실태 분석: 종성 발음을 중심으로, 한국어교육 19-1, 국제한국어교육학회. pp.1~23.
기영흠(2011), TOPIK 응시자를 위한 한국어 교재 개발 연구: 중급 어휘 · 문법 영역을 중심으로, 부산외국어대학교 대학원 석사학위논문.
기준성(2006), 한국어 교재에 나타난 학습 활동 연구: 최근 주요 한국어 교육기관의 교재를 대상으로, 한국언어문화학 3-2, 국제한국언어문화학회. pp.1~31.
김경섭(2011), 외국군을 위한 「군사 한국어」 교재 개발 연구, 경희대학교 교육대학원 석사학위논문.
김경식(1986), 외국어로서의 한국어 교재에 대한 연구, 연세대학교 교육대학원 석사학위논문.
김경자(2004), 일본 대학의 교양 한국어 교재 구성 방안 연구, 이화여자대학교 대학원 석사학위논문.
김경지(2001), 중급 학습자를 위한 한국어 교육 연구: 영화와 노래를 중심으로 한 수업 활동, 경희대학교 교육대학원 석사학위논문.
김경화(2007), 중국에서의 초급한국어교재 문법항목의 문제점 및 개선방안, 문법 교육 6, 한국문법교육학회. pp.23~51.
김경화(2009), 중국에서의 초급한국어교재 문법항목의 선정과 배렬 연구, 중국조선어문 150, 길림성민족사무위원회. pp.23~26.
김경희(2009), 문학을 활용한 여성 결혼 이민자를 위한 한국어문화 교재 개발 연구, 외국어교육연구 23, 한국외국어대학교 외국어교육연구소. pp.1~25.
김공언(1985), 한국어 교재 개발의 기술적 문제, 이중언어학 2, 이중언어학회. pp.3~28.
김광옥(2010), 한국어 정보화의 향후과제와 원격 교육의 문제, 나라사랑 117, 외솔회. pp.5~29.
김기국(2008), 재외 동포용 한국어 교재를 통한 문화교육 방법론: 이미지 텍스트의 기호학적 접근을 중심으로, 언어와 문화 4-1, 한국언어문화교육학회. pp.61~79.
김나리(2011), 세시 풍속의 텍스트를 활용한 한국문화교재의 개발, 경성대학교 교육대학원 석사학위논문.
김다원(2011), 한국어 초급 교재의 대화문에 나타난 사회언어학적 요소와 대화 구조 분석 연구, 한양대학교 교육대학원 석사학위논문.
김동욱(2011), 외국어로서의 한국어 문화 교재의 구성과 수업 방안 연구: 문화 체험 학습 사례를 대상으로, 청주대학교 대학원 석사학위논문.
김동환(2008), 공유 텍스트를 통한 한국어교육의 한 방법, 국어교육학연구 31, 국어교육학회. pp.297~321.
김라리사(2010), 러시아어권 학습자를 위한 대학용 한국어 교재 개발 방안, 고려대학교 대학원 석사학위논문.
김록희(2013), 재외동포용 한국어 교재 분석 및 개선 방안: 『한글학교 한국어』와 『맞춤 한국어』를 대상으로, 공주대학교 대학원 석사학위논문.
김명광(2007), 인도네시아 한국어교육과정의 상위 영역과 교과목의 상관성에 대한 연구, 한국학연구 27, 고려대학교 한국학연구소. pp.201~232.
김명순(1986), 한국어 어휘와 품사의 빈도에 대한 연구: 외국어로서의 한국어 교재를 중심으로, 연세대학교 대학원 석사학위논문.
김명화(2011), 자녀 교과를 활용한 여성결혼이민자 한국어 교육 연구, 경희대학교 교육대학원 석사학위논문.
김명희(2006), 자습용 한국어 기본 문법 학습 교재 모형 개발 연구, 문법 교육 5, 한국문법교육학회. pp.195~239.
김문기(2010), 한국어 교재에서의 문법 항목 제시 방안 연구: 보조 용언을 중심으로, 우리말연구 27, 우리말학회. pp.245~267.
김미라(2010), 한국어 말하기 교재의 과제 분석 연구, 영남대학교 대학원 석사학위논문.
김미옥(2005), 초급 한국어 과제 구성의 원리와 실제: 연세대학교 언어연구교육원 한국어학당의 정규과정 새 교재 한국어1을 중심으로, 외국어로서의 한국어교육 30, 연세대학교 언어연구교육원 한국어학당. pp.23~43.
김미정(2009), 한국어 초급 교재에 나타난 쓰기 활동 유형과 개선 방안 연구, 한양대학교

교육대학원 석사학위논문.
김민서(2012), 스마트 러닝을 활용한 한국어 말하기 학습용 애플리케이션 연구, 경희대학교 교육대학원 석사학위논문.
김민성(2001), 과정 중심적 웹기반 한국어 쓰기 교육, 한국어교육 12-1, 국제한국어교육학회. pp.19~47.
김민성(2001), 과정 중심적 웹기반 한국어 쓰기 교육: 'hanclass' 의 운영 사례를 중심으로, 연세대학교 교육대학원 석사학위논문.
김민애(2006), 한국어 고급 과정 교재의 문법 교육 내용 개발 연구, 문법 교육 5, 한국문법교육학회. pp.171~193.
김민진(2011), 세종학당 온라인 한국어 교재의 통사적 특성 연구, 한국외국어대학교 대학원 석사학위논문.
김민화 외(2008), 국제결혼가정 자녀의 한국어 방문교육 교재개발 연구, 국립국어원.
김범석(2012), 다문화가정 유아를 위한 한국어교재 개발연구, 연세대학교 대학원 석사학위논문.
김봉성(2011), 한국어 교재의 가치문화 고찰: 집단주의 문화를 중심으로, 영남대학교 대학원 석사학위논문.
김부옥(2010), 특수목적 한국어 현지화 교재의 구성: 어휘를 중심으로, 선청어문 37 · 38, 서울대학교 국어교육과. pp.289~332.
김상수(2007), 한국어 교재의 말하기 활동 연구, 동남어문논집 24, 동남어문학회. pp.39~58.
김서형(2013), 한국어 교재의 대화문에 나타난 상황의 다양성 연구, 우리어문연구 45, 우리어문학회. pp.201~226.
김선미(2010), 기초 생활 한국어 교재 개발 방안 연구: 표현 항목을 중심으로, 계명대학교 대학원 석사학위논문.
김선영(2012), 웹 기반 한국어 교육 프로그램의 동기 요소 분석 연구, 연세대학교 교육대학원 석사학위논문.
김선정 외(1999), 한국어 교재 선택법 및 학습지도안 작성법, 이중언어학 16, 이중언어학회. pp.101~118.
김선정 외(2006), 한국어 관용어 교재 개발을 위한 기초 연구 및 단원 제시, 이중언어학 32, 이중언어학회. pp.35~56.
김선정 외(2006), 한국어 속담 교재 개발을 위한 기초연구 및 모형 제시, 외국어 교육 13-2, 한국외국어교육학회. pp.489~507.
김선정 외(2007), 한자성어 교재 개발의 구성 방향 및 단원 제시, 외국어 교육 14-2, 한국외국어교육학회. pp.339~359.

김선정(2009), 설문조사를 통해 본 여성결혼이민자 대상 한국어교재 개발의 방향, 언어과학연구 49, 언어과학회. pp.1~22.

김선정(2010), 한국어 교사 교육용 교재의 개발 현황 및 개발 방향, 교육문화연구 16, 인하대학교 교육연구소. pp.59~83.

김선희(2011), 한국 문화 교육을 위한 웹 자료 활용 방안, 상명대학교 교육대학원 석사학위논문.

김선희(2011), 한국어 워크북에 대한 학습자 인식 양상 연구, 한국외국어대학교 교육대학원 석사학위논문.

김성숙 외(2008), 실제적 텍스트 중심의 쓰기 교재 개발에 관한 연구: 중급 1 쓰기 선택반 교재의 개발과 운용에 관하여, 외국어로서의 한국어교육 33, 연세대학교 언어연구교육원 한국어학당. pp.299~328.

김성일(2012), 보조사 '-은/는'의 교육을 위한 초급 한국어 교재 분석 연구, 안동대학교 대학원 석사학위논문.

김성주(2005), 범용 한국어 교재와 모국어 화자를 위한 한국어 교재, 한국언어문화학 2-2, 국제한국언어문화학회. pp.1~17.

김성찬 외(1995), 해외 한국어 교육의 교재 개발을 중심으로, 이중언어학 12, 이중언어학회. pp.477~487.

김세현(2011), 다문화가정 자녀 대상 한국어 교재의 한국어 발달 측면에서의 적합성: 초등학교 저학년의 언어 발달을 중심으로, 부산외국어대학교 대학원 석사학위논문.

김세화(2008), 한국어 초급 교재에 나타난 학습자 간 상호 활동 분석연구, 경희대학교 교육대학원 석사학위논문.

김세희(2012), 한국 한시(漢詩)를 활용한 한국어 교육방안 연구: 중국어권 고급 학습자를 중심으로, 경희대학교 교육대학원 석사학위논문.

김소담(2012), 영상매체를 활용한 한국문화 특별수업 교육방안: 리얼 버라이어티 프로그램을 중심으로, 경희대학교 교육대학원 석사학위논문.

김수정(1999), 한국어 교육을 위한 대화형 시스템의 한국어 대우표현 연구, 국어교육학연구 9, 국어교육학회. pp.435~454.

김수정(2001), 한국어 교사를 위한 멀티미디어자료 개발에 대한 소고, 국어교육 106, 한국어교육학회. pp.1~30.

김수정(2011), 한국어 교재와 TOPIK에서의 기본어휘의 상관성 연구, 충남대학교 교육대학원 석사학위논문.

김수정(2011), 한국어 교재의 공손성 분석: 요청 발화를 중심으로, 이화여자대학교 국제대학원 석사학위논문.

김수현(2004), 한국어 교재의 문화 교육 현황과 방안, 이화어문논집 22, 이화어문학회. pp.43~59.

김수현(2006), 외국어로서의 한국어의 문화 교육에 관한 일고찰: 교재 분석을 중심으로, 한국문화연구 11, 이화여자대학교 한국문화연구원. pp.319~341.

김수현(2008), 여성 결혼이민자 대상 한국어 교재 연구, 이화어문논집 26, 이화어문학회. pp.209~225.

김숙자(1996), 한일어의 바람직한 교재를 위하여, 일본학보 37, 한국일본학회. pp.13~26.

김숙자(2000), 한·일 교과서의 외래어의 대조, 일본학보 44, 한국일본학회. pp.211~223.

김순녀(2003), 중국에서의 한국어교재의 현황과 과제: 정독교재를 중심으로, 선청어문 31, 서울대학교 국어교육과. pp.183~207.

김순임(2009), 교육 현장에서의 활용을 위한 한국어와 일본어의 통신언어에 관한 일고찰, 일본어교육연구 17, 한국일어교육학회. pp.155~165.

김승연 외(2012), UCC 제작을 활용한 한국어 수업 방안: 프로젝트 수업을 중심으로, 이중언어학 49, 이중언어학회. pp.29~57.

김애순(2011), 한국어 초급 교재의 쓰기 활동 연구: 영어 교재와의 비교를 중심으로, 전남대학교 대학원 석사학위논문.

김양미(2008), 자기주도적인 웹 기반 한국어 교육 시스템 설계 및 구현, 경성대학교 교육대학원 석사학위논문.

김연실(2009), 외국인을 위한 문학 중심 한국어 교재 개발 연구, 한국외국어대학교 교육대학원 석사학위논문.

김연희 외(2010), 다문화 가정 자녀를 위한 한국어 교재 분석: 기초 문식성을 중심으로, 이중언어학 43, 이중언어학회. pp.55~79.

김연희(2011), 중국인 학습자를 위한 "-에 대해"의 교육 내용 연구: 한국어 사전과 교재를 중심으로, 새국어교육 87, 한국국어교육학회. pp.301~325.

김영규(2005), 외국어 텍스트 수정 연구가 한국어 읽기 및 듣기 교재개발에 시사하는 점, 이중언어학 29, 이중언어학회. pp.63~82.

김영금(2012), 여성결혼이민자 한국어 교재에 나타난 어휘 분석 연구: 한국어능력시험 어휘와의 상관성을 중심으로, 영남대학교 대학원 석사학위논문.

김영기(1991), 외국어로서의 한국어 교육: 이론적 배경, 효과적 교수법과 교재 개발, 교육한글 4, 한글학회. pp.55~108.

김영란(2004), 한국어 멀티미디어 교육 자료에 나타난 한국 문화, 한국언어문화학 1-2, 국제한국언어문화학회. pp.57~74.

김영란(2009), 한국어교육 교재의 변천 연구, 고려대학교 대학원 박사학위논문.

김영란(2011), (언어교육 이론에 비추어 본) 한국어교육 교재와 연구, 소통.
김영만(2000), 한국어 교육에서의 과제 구성 방안, 한국어문학연구 11, 한국외국어대학교 사범대학 한국어문학연구회. pp.267~276.
김영만(2001), 고급 수준 학습자를 위한 한국어 교재 단원 구성 방안, 한국어교육 12-2, 국제한국어교육학회. pp.323~353.
김영만(2006), 다매체를 활용한 한국어 통합 교육 방안: 고급 수준 학습자를 중심으로, 한말연구 18, 한말연구학회. pp.23~36.
김영만(2008), 인터넷을 활용한 한국시 교육 방안 연구, 우리말교육현장연구 2, 우리말교육현장학회. pp.369~387.
김영미(2006), 외국어로서의 한국어교육의 내용영역 잡기에 관한 연구, 이중언어학 32, 이중언어학회. pp.81~114.
김영선(2005), 한국어 교재의 기술 방식과 문제점, 동남어문논집 20, 동남어문학회. pp.119~136.
김영선(2006), 한국어 교육 교재의 평가 기준 연구, 한국어교육 17-1, 국제한국어교육학회. pp.1~20.
김영선(2006), 한국어 교육 발음 교재의 구성 방식과 내용, 우리말연구 18, 우리말학회. pp.237~260.
김영순 외(1998), 독일어권 한국인 2세를 위한 교재개발의 이론과 실제, 한국어교육 9-2, 국제한국어교육학회. pp.21~39.
김영아(2000), 호주에서의 한국어 교재 개발의 문제점 및 해결 방안, 국어교육연구 7, 서울대학교 국어교육연구소. pp.159~188.
김영엽(2005), 동영상 광고를 활용한 한국어 수업 활성화 방안 연구, 선문대학교 대학원 석사학위논문.
김영주 외(2008), 다문화가정 자녀를 위한 한국 언어문화 교재 개발 방안, 언어와 문화 4-3, 한국언어문화교육학회. pp.21~46.
김영주 외(2010), 언어경험접근법에 기초한 요리 한국어 교재 개발 및 활용 방안 연구, 이중언어학 42, 이중언어학회. pp.1~23.
김영주(2007), 단편비디오를 이용한 문화교육의 유효성: 영어권 한국어 고급학습자들을 대상으로, 새국어교육 75, 한국국어교육학회. pp.121~143.
김영주(2009), 다문화 가정 아동의 한국어 문어 교재 개발: 균형적 접근법을 활용하여, 새국어교육 83, 한국국어교육학회. pp.99~132.
김영주(2009), 한국어 교육에서의 과제 기반 형태 집중 연구 고찰, 이중언어학 41, 이중언어학회. pp.83~110.

김예원(2013), 베트남 출신 여성결혼이민자를 위한 초급 한국어 교재 개발, 이화여자대학교 외국어교육특수대학원 석사학위논문.

김월휘(2012), 중국 내 한국어 교재의 교수 가능성 향상 방안 연구, 배재대학교 대학원 석사학위논문.

김유미(2010), 한국어 단기 과정을 위한 언어문화 교재 개발 방안, 가톨릭대학교 대학원 석사학위논문.

김유정(2013),『교린수지(交隣須知)』의 종결어미 분포에서 나타나는 언어 교재로서의 특징 연구, 외국어로서의 한국어교육 38, 연세대학교 언어연구교육원 한국어학당. pp.29~66.

김윤수(2011), 한국어교육에서 청유문 화행 연구: 한국어 교재를 중심으로, 충북대학교 교육대학원 석사학위논문.

김윤정(2005), 일본 고등학교 학습자를 위한 한국어교재의 모형 개발 연구, 상명대학교 대학원 석사학위논문.

김윤주(2010), 재외동포 아동학습자용 한국어 교재 개발 방안 연구: 아동문학 제재를 활용한 문화교육 단원 구성 방안, 한국어교육 21-1, 국제한국어교육학회. pp.61~85.

김윤주(2011), 여성결혼이민자 대상 한국어교재 비교 분석: 의사소통상황 및 문화를 중심으로, 우리어문연구 39, 우리어문학회. pp.337~368.

김윤주(2012), 다문화 학생 대상 한국어 교재의 학습 한국어 단원 구성 방안, 이중언어학 50, 이중언어학회. pp.25~46.

김윤주(2012), 재외동포 아동 학습자용 한국어 교재의 기초 문식성 학습 활동 분석, 어문논집 66, 민족어문학회. pp.237~264.

김윤진(2011), 외국인을 위한 한글 자모 교재 개발 연구, 한양대학교 교육대학원 석사학위논문.

김율희(2010), 여성결혼이민자를 위한 생활 중심 읽기 교재 개발 방안, 국어교과교육연구 17, 국어교과교육학회. pp.119~138.

김율희(2011), 여성결혼이민자를 위한 생활 중심 읽기 교재 개발 방안, 전남대학교 대학원 석사학위논문.

김은라(2009), 멀티미디어를 활용한 한국어 발음 교육 연구, 원광대학교 교육대학원 석사학위논문.

김은선(2009), 시트콤을 활용한 한국어 문화 교육 방안 연구: '거침없이 하이킥'을 중심으로, 한국외국어대학교 교육대학원 석사학위논문.

김은실(2013), 이주노동자를 위한 한국어 교재의 통사적 난이도 비교 연구, 한국외국어대학교 대학원 석사학위논문.

김은애 외(2008), 한국어 억양 교육을 위한 방법론적 고찰: 교재 개발의 측면에서, 한국어교육 19-2, 국제한국어교육학회. pp.93~123.

김은영(2010), 한국어 교재 대화문에 나타난 명령 · 요청 · 제안의 적절성 연구, 경희대학교 교육대학원 석사학위논문.

김은영(2012), 한국어 연결어미 '-고' 와 '-어서' 의 연구: 한국과 중국 초급 한국어 교재를 중심으로, 중부대학교 대학원 석사학위논문.

김은주(2012), 다문화가정 자녀를 위한 한국어 교재의 텍스트 유형별 문장 분석 연구: 초등학교 1, 2학년 국어과 교과서와 비교하여, 한국외국어대학교 대학원 석사학위논문.

김은혜(2010), 한국어 교육을 위한 '-더-' 결합형 어미 연구: 한국어 문법서와 중급 교재를 중심으로, 건국대학교 대학원 석사학위논문.

김의수 외(2009), 외국어로서의 한국어 학습 교재의 문장 분석, 언어학연구 14, 한국중원언어학회. pp.39~67.

김의수 외(2009), 한국어 교재를 구성하는 텍스트의 통사론적 난이도와 균질성 연구: 한국어(서울대)의 본문, 듣기, 읽기를 중심으로, 어문론총 51, 한국문학언어학회. pp.1~33.

김의수 외(2010), 국어교육 교재와 한국어교육 교재 간의 접점 연구: 문장의 통사론적 난이도를 중심으로, 문법 교육 12, 한국문법교육학회. pp.139~171.

김의수 외(2012), 이주노동자용 한국어교재들의 통사적 수준 비교 연구, 한민족어문학 62, 한민족어문학회. pp.401~426.

김인택 외(2000), 웹 기반 한국어 발음 교육 코스웨어 설계, 우리말연구 10, 우리말학회. pp.193~211.

김장미(2010), 한국어 교재 내의 문화 교육 양상과 개선방안 연구: 문화와 언어의 통합을 중심으로, 한성대학교 대학원 석사학위논문.

김재영(2004), 의사소통 향상을 위한 한국어 교육 방안: 매체를 활용한 문화 통합 교육, 동국대학교 교육대학원 석사학위논문.

김재욱(2002), 재외동포 아동 학습자를 위한 한국어회화 교재의 구성원리 및 개발에 관한 연구, 한국어교육 13-2, 국제한국어교육학회. pp.67~85.

김재욱(2012), 외국어로서의 한국어 교재 개발에서의 번역 양상 문제, 통번역학연구 16, 한국외국어대학교 통번역연구소. pp.39~64.

김정남 외(2012), 중도입국학생을 위한 한국어교육 교재 분석 연구: 새날학교와 아시아공동체학교의 한국어교재를 중심으로, 한국언어문화교육학회 학술대회 제16차 추계 전국학술대회, 한국언어문화교육학회. pp.133~148.

김정미(2011), 여성결혼이민자를 위한 한국어 교재 연구, 대구가톨릭대학교 대학원 석사

학위논문.
김정민(2007), 일본 대학 한국어 초급 교재의 문법 항목 분석과 교재 개발 방안: 조사와 어미 분석을 중심으로, 한양대학교 교육대학원 석사학위논문.
김정숙 외(2005), "한국어 교육 총서 5 한국어 교재론" 개발 최종 보고서, 문화관광부.
김정숙 외(2011), '세종학당용 초급 한국어 표준교재' 개발을 위한 교수요목 설계 방안 연구, 이중언어학 46, 이중언어학회. pp.19~43.
김정숙(1992), 한국어 교육 과정과 교과서 연구, 고려대학교 대학원 박사학위논문.
김정숙(2004), 한국어 읽기, 쓰기 교재 개발 방안 연구: 교수요목의 유형과 과제 구성을 중심으로, 한국어교육 15-3, 국제한국어교육학회. pp.1~22.
김정숙(2008), 재외동포용 한국어 교재 개발 방안 연구: 초급 1단계 교육 내용을 중심으로, 이중언어학 37, 이중언어학회. pp.61~83.
김정숙(2011), 여성결혼이민자 대상 한국어교육을 위한 초등국어 저학년 교과서 활용 방안 연구, 강원대학교 대학원 석사학위논문.
김정우(2005), 한국어 교재 개발을 위한 중국 교수, 학습자들의 요구 분석 연구, 한국어교육 16-1, 국제한국어교육학회. pp.99~129.
김정우(2008), 중국의 한국어 초급 교재 비교 연구, 한국어교육 19-3, 국제한국어교육학회. pp.113~146.
김정우(2012), 중국의 한국어 고급 교재 분석, 한중인문학연구 35, 한중인문학회. pp.151~181.
김정은(1999), VIDEO 자료에 의한 한국어 수업 방안 연구, 숙명어문논집 2, 숙명여자대학교. pp.79~100.
김정은(2000), 외국어로서의 한국어 초급 교재 분석과 교재 개발, 한말연구 7, 한말연구학회. pp.65~92.
김정은(2004), 한국어 학습자의 조사 교육 실태 연구: 한국어교재를 중심으로, 외국어 교육 11-2, 한국외국어교육학회. pp.467~489.
김정은(2005), 단원의 구성과 전체적 유기성 관점에서의 한국어 교재 분석, 외국어 교육 12-2, 한국외국어교육학회. pp.377~403.
김정은(2006), 한국어교재에 나타난 언어문화 교육 실태와 교육방안, 한국외국어교육학회 학술대회 자료집, 한국외국어교육학회. pp.253~260.
김정은(2007), 문화 간 의사소통 관점에서의 한국어교재 분석, 외국어 교육 14-2, 한국외국어교육학회. pp.361~380.
김정은(2011), 중국의 한국어교재 오류분석 연구: 중국에서 개발한 초급 정독 교재를 중심으로, 부산외국어대학교 교육대학원 석사학위논문.

김정헌(2005), 한국어 통합 초급 교재 구안: 외국어로서의 한국어 교육을 위한, 한어문교육 14, 한국언어문학교육학회. pp.127~195.

김정훈 외(2001), 사이버 공간에서의 한국어 학습 전략 연구, 한국어교육 12-2, 국제한국어교육학회. pp.355~376.

김제열(2001), 한국어 교재의 문법 기술 방법 연구, 외국어로서의 한국어교육 25, 연세대학교 언어연구교육원 한국어학당. pp.203~229.

김종규(1997), 불어와 한국어의 동사 생성 프로그램 비교, 어학연구 4, 강원대학교 어학교육원. pp.201~221.

김주향(2010), 중국인 학습자를 위한 무역 한국어 교재 개발 방안 연구, 한양대학교 대학원 석사학위논문.

김준희(2011), 초급 한국어 교재 대화문의 적절성 연구, 배재대학교 대학원 석사학위논문.

김중섭 외(1999), 외국인을 위한 한국어 교재 개발에 관한 연구, 한국어교육 10-1, 국제한국어교육학회. pp.61~81.

김중섭(1999), 북한의 한국어 교재 연구, 선청어문 27, 서울대학교 국어교육과. pp.227~248.

김쥬리(2012), 팟캐스팅(Podcasting)을 활용한 한국어 학습 방안 연구, 한양대학교 교육대학원 석사학위논문.

김지(2011), 한국어교재의 '쓰기' 내용 분석: 〈배재 한국어1〉를 중심으로, 어문논총 26, 동서어문학회. pp.241~261.

김지선(2008), 한국어 길 안내 상황에서의 외국인 대상어와 교재 진정성 연구, 이화여자대학교 교육대학원 석사학위논문.

김지언(2012), 일본 고등학교 학습자를 위한 한국어 교재 분석, 부산대학교 대학원 석사학위논문.

김지연(2013), 한국어 교재 개선 방안 연구: 여성결혼이민자의 한국 사회 적응을 중심으로, 충북대학교 교육대학원 석사학위논문.

김지영(2009), 부교재로서의 초급 한국어 교육용 멀티미디어 자료개발 방안, 계명대학교 대학원 석사학위논문.

김지향(2000), 외국인을 위한 한국어 기초 어휘 선정 연구: 외국인을 위한 한국어 교재 명사 어휘 분석을 중심으로, 한성대학교 대학원 석사학위논문.

김지혜(2007), 외국인을 위한 한국어 교재의 관용표현 연구, 대진대학교 대학원 석사학위논문.

김지혜(2011), 동요를 활용한 활동 중심 한국어 교육 방안 연구: 재외동포 아동 학습자를 중심으로, 한국외국어대학교 교육대학원 석사학위논문.

김진희(2011), 한국어 교재의 문법적 연어 구성 연구: 의존명사 구성을 중심으로, 연세대

학교 대학원 석사학위논문.
김창구(2003), 한일 한자 어휘의 대조 분석과 교육적 접근: 한국어 교재에 나타난 한자 어휘를 대상으로, 경희대학교 대학원 석사학위논문.
김창아(2011), 한국어 문학읽기 교재구성 방안 연구: 초급 학습자를 대상으로, 인하대학교 교육대학원 석사학위논문.
김충실(2005), 한국문화교수와 한국문화교재개발방안, 중국조선어문 135, 길림성민족사무위원회. pp.26~30.
김하나(2006), 초급 한국어 학습어휘 선정 연구: 초급 교재와 평가의 비교를 중심으로, 배재대학교 대학원 석사학위논문.
김하수(1999), 법용 한국어 교육 교재(초급)의 개발: 사업보고서, 문화관광부 한국어 세계화 추진 위원회.
김하얀(2012), 애니메이션 '강아지똥' 을 활용한 한국어교육 방안 연구, 수원대학교 대학원 석사학위논문.
김해동(2004), 외국어 교재 개발을 위한 학습자의 요구 비교: 한국어 학습자와 영어 학습자, 외국어로서의 한국어교육 29, 연세대학교 언어연구교육원 한국어학당. pp.1~38.
김현권 외(1999), 원격교육을 통한 한국어와 한국 문화 교육을 위한 소프트웨어 개발에 대한 연구: 교사 교육을 중심으로, 한국어교육 10-1, 국제한국어교육학회. pp.83~107.
김현미(2011), NIE를 활용한 한국어 쓰기 교육 방안 연구, 부산대학교 대학원 석사학위논문.
김현아(2011), 멀티미디어 매체를 활용한 한국어 교육 방안 연구: 결혼 이주여성을 중심으로, 한국외국어대학교 국제지역대학원 석사학위논문.
김현정(2003), 한국어 중급 학습자용 작문 교재 개발 방안, 고려대학교 교육대학원 석사학위논문.
김현정(2012), 제2언어로서의 한국어 교육을 위한 읽기 교재 개발 방안: 초등학교 저학년 교재를 중심으로, 이화여자대학교 교육대학원 석사학위논문.
김현주(2011), 인권을 주제로 한 이주여성 한국어 교재 구성 연구, 경희대학교 교육대학원 석사학위논문.
김현진(2006), 프로젝트 수업의 구성 방안 연구, 한국어교육 17-1, 국제한국어교육학회. pp.101~131.
김현희(2002), 한국어 교재의 어휘 구성에 관한 비교 연구, 울산대학교 대학원 석사학위논문.
김형규 외(2008), 러시아 한국학 진흥을 위한 전문 교재의 필요성과 개발의 방향, 한중인문학연구 24, 중한인문과학연구회. pp.335~362.

김혜련(2004), 학습자 중심의 한국어 읽기 교재 개발 연구, 한국외국어대학교 교육대학원 석사학위논문.
김혜련(2012), 한국어 교육을 위한 한국어 요청 화행 유형 연구: 초급 교재를 중심으로, 한국어교육학회 학술발표회2012, 한국어교육학회. pp.151~169.
김혜숙(2000), 매체 언어의 국어 교육적 수용의 필요성과 방안에 대하여, 한국어문학연구 36, 동악어문학회. pp.43~65.
김혜순 외(1993), 멀티미디어를 이용한 한국어 발음 교육 시스템, 정보과학회논문지 20, 한국정보과학회. pp.1807~1824.
김혜영(2013), 한국어 교육에서 문학 교재 개발의 방향, 새국어교육 94, 한국국어교육학회. pp.361~388.
김혜정(2011), 매체언어의 한국어과 수용방안 연구, 중국조선어문2011, 길림성민족사무위원회. pp.44~48.
김혜진(2011), 설화를 활용한 자기 성찰적 글쓰기 교육 연구, 고전문학과 교육 22, 한국고전문학교육학회. pp.249~278.
김홍상(2012), 한국어 교재의 부사 출현 양상과 교수방안 연구, 한남대학교 대학원 석사학위논문.
나경희(2007), 웹 기반 한국어 학습 사이트 상호작용성 연구, 연세대학교 대학원 석사학위논문.
나수경(2011), 매스미디어를 활용한 한국어 은유표현 연구, 배재대학교 교육대학원 석사학위논문.
나은선(2002), 한국어 교재의 과제 분석과 활용방안: 초급 한국어 교재를 중심으로, 이화여자대학교 대학원 석사학위논문.
나정윤(2011), 여성결혼이민자 대상 범용교재의 수요자 만족도 조사와 개발 방안: 국립국어원 『여성결혼이민자와 함께하는 한국어』를 대상으로, 상명대학교 교육대학원 석사학위논문.
나찬연(2005), 한국어 교육의 영역별 특징을 반영한 멀티미디어 자료의 개발, 한국어교육 16-3, 국제한국어교육학회. pp.109~135.
남애리(2004), 5~8세 미주 지역 교포 아동 대상 웹기반 한국어 교재 개발 연구, 이화여자대학교 대학원 석사학위논문.
남주혜(2011), 학문 목적 한국어 논설문 쓰기 교재 개발 방안 연구, 가톨릭대학교 대학원 석사학위논문.
남지희(2010), 다문화가정 자녀를 위한 초등학교 한국어 교재 개발 방안 연구, 한양대학교 교육대학원 석사학위논문.

노금송(2001), 시사한국어, 한국문화사.

노금숙(Jin Shu Lu)(2010), 노래와 시의 상호텍스트성을 활용한 한국어교육: 김소월의 시와 마야의 진달래꽃을 중심으로, 국어교육학연구 38, 국어교육학회. pp.155~176.

노마 히데키(Hideki Noma) 외(2006), NHK(일본방송협회) 텔레비전 교육 방송을 통한 한국어 교육, 한국어교육 17-2, 국제한국어교육학회. pp.95~134.

노명완(1998), 한국어 교육 자료의 체제 분석, 이중언어학 15, 이중언어학회. pp.69~102.

노유미(2011), 영상 매체를 활용한 한국어 문화 교육 방안 연구, 대불대학교 대학원 석사학위논문.

노은희(1999), 한국어 교재 개발을 위한 한국어의 문형 빈도 조사, 국어교육연구 6, 서울대학교 국어교육연구소. pp.283~298.

단현주(2012), 한국어 교재의 상대높임법 연구: 사회언어학적 요인과 화계 변동 현상을 중심으로, 연세대학교 대학원 석사학위논문.

도원숙(2007), 초기 한국어 학습자를 위한 어휘 교재 개발 연구, 경희대학교 대학원 석사학위논문.

동소령(2013), 중국어권 한국어 문법 교재의 격조사 용어 표준화 방안 연구, 동국대학교 대학원 석사학위논문.

동환경(2012), 스마트폰 기반 한국어 말하기 교육 어플리케이션 설계 방안 연구, 한국외국어대학교 대학원 석사학위논문.

등숙결(2012), 중국인 관광 가이드를 위한 한국어 교재 개발 방안 연구: 중국 하이난(海南) 한국어 관광 가이드 중심으로, 동국대학교 대학원 석사학위논문.

라혜민 외(1999), 한국어 교재의 효율적 개발 방향, 한국어교육 10-2, 국제한국어교육학회. pp.95~115.

란천우(2011), 중국의 한국어 초급 교재 어휘 비교 연구, 국어교과교육연구 19, 국어교과교육학회. pp.203~266.

랍 카루바(2007), 한국어 초급 교재의 문법 설명 분석: 종결어미를 대상으로, 서강대학교 대학원 석사학위논문.

류선숙(2011), 재외동포 아동 학습자를 위한 한국어 교재 모형 개발, 경기대학교 대학원 석사학위논문.

류징(2012), 한국어 초급 교재의 주제 유형과 어휘 분석: 한국 내 교재와 중국 현지화 교재의 비교를 바탕으로, 연세대학교 대학원 석사학위논문.

리득춘(1997), 외국인을 위한 조선어/한국어 교재의 토 사용 비교, 한국어교육 8, 국제한국어교육학회. pp.1~16.

리송월(2008), 게임을 활용한 한국어어휘교육, 중국조선어문 158, 길림성민족사무위원회.

pp.23~28.
리준(2011), 중급 한국어 교재의 읽기 과제 분석, 한국외국어대학교 국제지역대학원 석사학위논문.
마금선(2011), 한국어 교재 발음정보에 대한 고찰: 중국에서의 한국어 교재를 중심으로, 한국언어문화학 8-1, 국제한국언어문화학회. pp.1~22.
마쓰야마 수미레(2011), 일본어권 학습자를 위한 독학용 한국어 발음 교재 개발 연구: 발음 교정을 목적으로, 고려대학교 대학원 석사학위논문.
마주영(2010), 자기 주도적 학습을 위한 웹 기반 한국어 어휘 교육 연구, 경희대학교 교육대학원 석사학위논문.
마쯔자키 마히루(2009), 한국어 읽기 질문 유형 분석 연구: 고급 과정 교재를 중심으로, 이중언어학 41, 이중언어학회. pp.111~137.
마쯔자키 마히루(Mahiru Matsuzaki)(2006), 실제적인 대화 자료 작성에 관한 연구: 대화분석으로 본 청취교재, 한국어교육 17-1, 국제한국어교육학회. pp.133~161.
마쯔자키 마히루(Mahiru Matsuzaki)(2009), 문법 항목 "-(으)ㅂ시다"의 교재 기술과 사용양상 연구, 한국어교육 20-2, 국제한국어교육학회. pp.53~84.
만리(2010), 한국어 교재의 시간부사 분석: 유의어 시간부사를 중심으로, 상명대학교 대학원 석사학위논문.
맹상염(2012), 한국어 교재에 나타난 인사 표현 분석, 한남어문학 36, 한남대학교 한남어문학회. pp.93~109.
맹수미(2012), 한국어 어휘 교육을 위한 게임 활용 방안 연구: 중국인 고급 학습자를 대상으로, 청주대학교 대학원 석사학위논문.
모경환 외(2012), 결혼이주자를 위한 온라인 교육 프로그램 개발 연구, 시민교육연구 44, 한국사회과교육학회. pp.29~63.
묘춘매(2007), 중국인 대상의 한국어 고급 학습자를 위한 교육자료 개발, 한국학 · 한국문화 교육의 국제화사업 제1차 워크숍: 한국어 고급 학습자를 위한 교육자료 개발 2007, 이화여자대학교 한국문화연구원. pp.23~34.
문경희(2013), 미얀마 대학생을 위한 한국어 교재 개발 방안: 초급 말하기 교재 중심으로, 부산외국어대학교 대학원 석사학위논문.
문금현(2001), 구어 중심의 한국어 교재 편찬 방안에 대하여, 국어교육 105, 한국국어교육연구회. pp.233~262.
문화관광부(2001), "한국어" 초급(읽기 · 쓰기) 실물 교재 개발, 문화관광부.
민경모(2010), 학문 목적 한국어 교육용 말뭉치 설계 방안 연구, 언어와 문화 6-1, 한국언어문화교육학회. pp.137~156.

민상희(2010), 여성 결혼 이민자를 위한 독학용 한국어 발음 교재 개발 방안 연구: 베트남인 여성 결혼 이민자를 대상으로, 부산외국어대학교 교육대학원 석사학위논문.
민지연(2013), 한국어능력시험(TOPIK)과 한국어 교재에 나타난 어휘 요소 및 문법 유형 비교 연구, 대진대학교 대학원 석사학위논문.
민지혜(2012), 한국어 교재에서의 조사의 내용 제시 방안 연구: '에' 와 '로' 를 중심으로, 공주대학교 대학원 석사학위논문.
민현식(2000), 한국어 교재의 실태 및 대안, 국어교육연구 7, 서울대학교 국어교육연구소. pp.5~60.
민현식(2008), 한국어 교재의 문법 항목 위계화 양상에 대하여, 문법 교육 9, 한국문법교육학회. pp.105~157.
박건숙(2003), 국내 웹 기반의 한국어 교육 사이트에 대한 비교 · 분석 연구, 한국어교육 14-3, 국제한국어교육학회. pp.145~167.
박건숙(2006), 한국어 교재에 나타난 학습 활동 연구: 1960~1980년대 중반까지 편찬된 교재를 중심으로, 국어교육연구 17, 서울대학교 국어교육연구소. pp.427~480.
박건숙(2006), 한국어 교재의 문법 교육 연구: 19세기 말의 교재를 중심으로, 한국어교육 17-1, 국제한국어교육학회. pp.163~190.
박경래(2008), 다문화가정 대상 방언 한국어 교재 개발 타당성 조사 연구 용역 보고서, 국립국어원.
박경래(2010), 결혼이민자를 위한 방언 한국어 교재의 필요성 고찰, 우리말글 48, 우리말글학회. pp.85~118.
박기영 외(2007), 일본인 학습자용 한국어 교재에 대한 고찰: 1890년~1945년에 간행된 교재를 중심으로, 이중언어학 34, 이중언어학회. pp.131~157.
박기영(2009), 한국어 교재의 발음 기술에 대한 일고찰: 음운규칙과 정확성, 유창성의 관계를 중심으로, 이중언어학 40, 이중언어학회. pp.57~78.
박나리 외(2003), 학문적 목적의 외국어로서의 한국어 교재 개발, 외국어 교육 10-1, 한국외국어교육학회. pp.245~265.
박덕재(2009), 외국어로서 한국어 교육콘텐츠에서의 성별언어에 대한 인식, 한국콘텐츠학회논문지 9, 한국콘텐츠학회. pp.423~432.
박미희 외(2006), 유학생을 위한 읽기 교재 개발 연구: SQ3R을 통한 읽기 능력 향상을 중심으로, 한국외국어교육학회 학술대회 자료집, 한국외국어교육학회. pp.273~280.
박민신(2010), 교재 평가를 통한 고급 한국어 문법 교재의 개발 방향 연구, 선청어문 37 · 38, 서울대학교 국어교육과. pp.333~368.
박상은(2011), 대화분석을 활용한 한국어 교재 전화 대화문 분석 연구: 전화 대화 수행 양상을 중심으로, 경희대학교 교육대학원 석사학위논문.
박서향(2006), 한국어 교재의 의미 분석을 토대로 한 다의어 교육 연구, 연세대학교 대학원 석사학위논문.
박석준(2005), 초급 한국어 교재의 청자 높임법, 한말연구 17, 도서출판 박이정.
박석준(2005), 한국어 교재의 대화문에 대하여, 문법 교육 3, 한국문법교육학회. pp.233~251.
박석준(2006), 한국어교육에서의 인터넷 문화 콘텐츠 활용 방안, 한말연구 19, 한말연구학회. pp.121~143.
박선영(2012), 아동·청소년 대상 한국어 교재의 과제 활동 연구: 다중지능(MI)을 바탕으로, 계명대학교 대학원 석사학위논문.
박선옥(2009), 학문 목적 한국어 말하기 교재 분석을 통한 교재 개발 방향 연구, 어문연구 143, 한국어문교육연구회. pp.381~409.
박선옥(2011), 여성결혼이민자를 위한 한국어 교재의 쓰기 활동 분석과 구성 방안 제언, 언어학연구 19, 한국중원언어학회. pp.71~96.
박선옥(2011), 한국어 교재 개발의 실제, 한성어문학 30, 한성대학교 한성어문학회. pp.137~169.
박성우 외(2009), 콘텐츠 네트워크를 활용한 문법교육 이러닝 시스템 구축, 겨레어문학 43, 겨레어문학회. pp.35~51.
박성우 외(2011), 프로젝트 기반 유러닝을 활용한 국어 교육, 한말연구 29, 한말연구학회. pp.119~140.
박성일(2011), 한국어교재에서 경어법 제시 방식에 대한 비교 분석: 중국어판 교재를 중심으로, 한중인문학연구 32, 한중인문학회. pp.261~288.
박성혜(1998), 컴퓨터를 활용한 한국어 교육, 이화여자대학교 대학원 석사학위논문.
박성희(2012), 외국인 학습자용 흉내말 어휘교재 개발 방안 연구, 숙명여자대학교 대학원 석사학위논문.
박소연(2011), 일본 대학에서 사용하는 한국어 교재 분석: 사용 빈도가 가장 높은 교재를 중심으로, 한국어교육 22-1, 국제한국어교육학회. pp.99~121.
박순애 외(2006), 커뮤니케이션 능력육성과 한국어 교재, 한국외국어교육학회 학술대회 자료집, 한국외국어교육학회. pp.267~272.
박아현(2009), 한국어교육의 담화 교육 방안 연구: 매체를 활용한 구어 담화 교수·학습을 중심으로, 동국대학교 대학원 석사학위논문.
박영순 외(2007), 이중언어 교육과 한국어교재론, 서울교육대학교 다문화교육연구원.
박영순 외(2009), 다문화 가정 자녀를 위한 이중언어 교육 3, 이중언어 교육과 한국어교재론, 서울교육대학교 다문화교육연구원.

박영순(2003), 한국어 교재의 개발 현황과 발전 방향, 한국어교육 14-3, 국제한국어교육학회. pp.169~188.

박영순(2007), 이중언어 교육과 한국어교재론, 서울교육대학교 다문화교육연구원.

박유진(2011), 모바일(m-Learning)을 활용한 한국어 학습 방안 연구, 한양대학교 교육대학원 석사학위논문.

박유진(2012), 한국어교육에서 모바일 앱과 소셜 미디어의 역할 및 활용 사례 분석, 이화여자대학교 교육대학원 석사학위논문.

박윤신(2005), 한국어 읽기 지문 속에 나타난 학습 어휘 · 문법 요소 연구: 중급 교재를 중심으로, 경희대학교 대학원 석사학위논문.

박은경(2013), 초급 한국어 범용 어휘교재 개발 연구, 부산대학교 대학원 석사학위논문.

박은선(2012), 한국어 교육에서 트위터(Twitter) 사용의 교육적 효과, 한국어교육 23-2, 국제한국어교육학회. pp.115~141.

박은정 외(2008), 한국어 온라인교육(e-Learning)에서 학업성취도 향상 방안에 관한 연구: UOI(User Oriented Indexing) 방법으로, 학술대회 논문집2008, 한국경영정보학회. pp.410~415.

박은하(2011), 결혼 이주여성을 대상으로 한 한국어교재와 설문조사에 나타난 호칭어 비교 연구, 사회언어학 19-1, 한국사회언어학회. pp.83~102.

박은하(2012), 다문화 가정을 위한 한국어교재 개발 방안, 인문과학연구 39, 대구대학교 인문과학연구소. pp.131~160.

박재희(1998), 한국어 문법 교수에 관한 연구: 회화 교재의 문법항목을 중심으로, 이화여자대학교 대학원 석사학위논문.

박정민(2010), 초급 한국어 교재 문화 항목 연구, 대구가톨릭대학교 대학원 석사학위논문.

박정우(2012), 한국어 교재 대화문의 실제성 연구: 은행 대화를 중심으로, 연세대학교 교육대학원 석사학위논문.

박정은 외(2008), 외국인을 위한 한국어 발음교재의 분석과 개선방향 연구, 국어국문학 150, 국어국문학회. pp.565~602.

박정진(2010), 한국어 교재 개발 현황 및 과제: 국립국어원 개발 한국어 교재를 중심으로, 언어와 문화 6-2, 한국언어문화교육학회. pp.147~164.

박진경(2008), 매체교육을 활용한 한국어 교육 방안: 신문과 웹을 중심으로, 대구대학교 교육대학원 석사학위논문.

박진국(2011), 외국인을 위한 한국어초급교재 내용의 적절성 분석, 강원대학교 대학원 석사학위논문.

박창원(2007), 한국어 고급 학습자료의 기본 조건 몇 가지, 한국학 · 한국문화 교육의 국제화사업 제1차 워크숍: 한국어 고급 학습자를 위한 교육자료 개발2007, 이화여자대학교 한국문화연구원. pp.83~94.

박현진 외(2010), 멀티미디어를 활용한 한국어 문학 수업, 한국어교육 21-4, 국제한국어교육학회. pp.119~152.

박혜경(2004), 한국어 기초단계 교재 모형 개발 연구, 고황논집 35, 경희대학교 대학원 원우회. pp.13~28.

박혜주(2005), 해외 한국학 대학 문학교재 연구, 한국문학번역원.

박효영(2000), 외국인을 위한 한국어 교재의 높임법 연구, 신라대학교 대학원 석사학위논문.

박효훈(Hyo Hoon Park)(2011), 학문 목적 한국어 읽기 교재의 읽기 후 활동 분석 연구, 새국어교육 88, 한국국어교육학회. pp.171~192.

방성원(2000), 통합 교수를 위한 한국어 교재 개발 연구, 한국어교육 11-2, 국제한국어교육학회. pp.111~131.

방성원(2003), 고급 교재의 문법 내용 구성 방안, 한국어교육 14-2, 국제한국어교육학회. pp.143~168.

방성원(2005), 웹 기반 한국어 과정 개발 연구, 한국어교육 16-3, 국제한국어교육학회. pp.163~184.

방성원(2008), 국제결혼 이주 여성을 위한 한국어 교재 개발 방안 연구, 한국어교육 19-3, 국제한국어교육학회. pp.262~293.

방성원(2011), 한국어 교재 및 교육 자료 연구 동향 분석, 이중언어학 47, 이중언어학회. pp.591~626.

방혜숙(2008), 한국어 교재 대화 구성에 관한 사회언어학적 연구: 전화 대화 구성을 중심으로, 이중언어학 36, 이중언어학회. pp.167~207.

배윤경 외(2011), 학문 목적 한국어 학습자를 위한 쓰기 교육 프로그램 개발: 중국인 학습자를 대상으로, 한국어교육 22-4, 국제한국어교육학회. pp.163~191.

배희임(1990), 중국에서의 한국어 학습을 위한 교재 연구, 이중언어학 7, 이중언어학회. pp.71~92.

백낙천 외(2009), 한국어 교재에 나타난 형용사의 연어 관계 연구: 서울대 언어교육원 〈한국어 1, 2〉 교재를 중심으로, 한말연구 25, 한말연구학회. pp.113~138.

백봉자(1991), 한국어 교재 개발을 위한 기초 작업, 교육한글 4, 한글학회. pp.191~208.

백봉자(1999), 서양어권 학습자를 위한 한국어 교재 개발 연구, 한국어교육 10-2, 국제한국어교육학회. pp.1~16.

백봉자(2001), 교재와 교수법을 통해 본 한국어 교육의 역사와 과제, 외국어로서의 한국어교육 25, 연세대학교 언어연구교육원 한국어학당. pp.11~31.
백봉자(2007), 세종학당 교재 개발 연구, 국립국어원.
백소영(2010), 한국어 통합 교재를 통한 발음 교육 고찰, 시학과 언어학 18, 시학과 언어학회. pp.119~138.
백승주(2003), 언어학습 교재의 시각디자인에 대한 기호학적 분석: 한국어 교재 '말이 트이는 한국어'와 독일어 교재 'Themen'의 분석을 중심으로, 한국어교육 14-1, 국제한국어교육학회. pp.77~107.
백승주(2004), 언어 학습교재의 시각디자인에 대한 기호학적 분석, 연세대학교 교육대학원 석사학위논문.
백승주(2011), 멀티미디어 어휘 주석과 학습자 인지 양식이 우연적 한국어 어휘 학습에 미치는 영향, 이화여자대학교 국제대학원 석사학위논문.
백승주(2011), 멀티미디어 어휘 주석과 학습자 인지 양식이 우연적 한국어 어휘 학습에 미치는 영향, Multimedia Assisted Language Learning 14, 한국멀티미디어언어교육학회. pp.265~289.
백웅진(1991), 캐나다 대학에서 사용하는 한국어 교재, 교육한글 4, 한글학회. pp.165~174.
백종훈(2011), 스마트폰을 활용한 한국어 학습 지원 어플리케이션 구성 방안 연구, 한국외국어대학교 교육대학원 석사학위논문.
벌러르마(2011), 몽골인 학습자를 위한 한국어 유의어 교육 방안 연구: 중급 단계의 한국어 교재의 동사를 중심으로, 경희대학교 대학원 석사학위논문.
변혜원(2007), 노래를 활용한 한국어 수업모형 연구, 이화여자대학교 교육대학원 석사학위논문.
뷰티반앵(2009), 한국과 베트남 초등학교 교과서 비교 연구: 읽기, 쓰기 중심으로, 광주여자대학교 대학원 석사학위논문.
사카와 야스히로(2002), 제2외국어 과목으로서의 한국어 교재 구성 방안 연구: 일본 대학 과정을 중심으로, 경희대학교 교육대학원 석사학위논문.
서민아(2012), 직업 목적 한국어 교재 개발 기초 연구: 중국 산동성 위해 지역 예비 취업자를 대상으로, 연세대학교 교육대학원 석사학위논문.
서민정(2011), 한국어 교재의 조사 기술 방식에 대한 연구, 단국대학교 대학원 석사학위논문.
서상국 외(2005), 해외 한국어 및 한국학 강의 프로그램 현황과 개선에 관한 연구; 러시아의 경우: 활용되고 있는 교재 분석을 중심으로, 슬라브학보 20-2, 한국슬라브학회. pp.131~148.

서종학 외(2007), 한국어 교재론, 태학사.
서종학(2002), 한국어 교재 평가의 실제, 국어교육 109, 한국어교육학회. pp.89~110.
서종학(2002), 한국어 교재의 학습내용에 대한 실제적 평가: Lukoff(1993)을 대상으로, 어문연구 116, 한국어문교육연구회. pp.299~324.
서주영(2013), 여성결혼이민자 대상 육아 목적 한국어 교재 개발 방안 연구: 영유아기(1세~4세)를 중심으로, 부산외국어대학교 대학원 석사학위논문.
서지현(2013), 한국어 기본어휘의 학문목적 교재 텍스트 커버율 연구, 경희대학교 교육대학원 석사학위논문.
서지혜 외(2012), 한국어 교재에서의 맥락 정보 제시 방안 연구: 요청 표현 '-(으)ㄹ래(요)?' 를 중심으로, 언어와 문화 8-3, 한국언어문화교육학회. pp.147~171.
서춘희(Seo Choonhee)(2011), 중국인을 위한 한국어교재의 관용어실태와 그 교수방안, 중국조선어문 172, 길림성민족사무위원회. p.35.
서혁(1992), 한국어 학습자의 오류와 교재구성의 방향, 선청어문 20, 서울대학교 국어교육과. pp.265~292.
서희정(2001), 한국어 거절 화행 교육 연구: 교재 분석을 중심으로, 경희대학교 교육대학원 석사학위논문.
서희정(2004), 학습자 중심 워크북 개발 방안 연구, 한국어교육 15-3, 국제한국어교육학회. pp.95~121.
성보금(2010), 초급 한국어 교재에 나타난 어휘 분석: 한국어능력시험 1·2급 어휘·문법 영역의 어휘를 중심으로, 대진대학교 대학원 석사학위논문.
성영주(2010), 한국어 읽기 교재 분석과 구성 방안 연구, 한국외국어대학교 교육대학원 석사학위논문.
성효정(2012), 웹 기반 한국어 음운교육의 문제점과 개선 방안 연구, 인하대학교 대학원 석사학위논문.
손다정(2009), 한국어 교육을 위한 현장 체험 중심의 문화 교재 개발 방안, 한국어교육 20-1, 국제한국어교육학회. pp.91~110.
손복희(2011), 중국의 발음교재의 구성체계에 대한 검토, 한어문교육 25, 한국언어문학교육학회. pp.523~546.
손세모돌(2010), 중국 출간 한국어 교재의 감사표현과 응답표현 분석, 국제어문 50, 국제어문학회. pp.203~239.
손영복(2012), 외국인 승무원 대상 한국어 교재개발을 위한 기초연구: 기존 교재분석과 요구조사를 중심으로, 연세대학교 교육대학원 석사학위논문.
손이(2011), 중국인 한국어 학습자를 위한 한자어 교육 방안 연구: 중급 한국어 교재를 중심으로, 인하대학교 대학원 석사학위논문.
손재은(2009), 한국어 교육에서 멀티미디어를 활용한 프로젝트 수업 연구, 이중언어학 39, 이중언어학회. pp.147~169.
손정애(2007), 한국어 쓰기 교재 구성 방안 연구, 부경대학교 대학원 석사학위논문.
손주일(2010), 외국인을 위한 한국어 교육용, 교재 만들기 수업 모델(안)에 대하여, 한어문교육 23, 한국언어문학교육학회. pp.131~168.
손춘섭 외(2002), 외국인을 위한 한국어 교재 개발과 현실적인 문제, 언어학 10-3, 대한언어학회. pp.193~216.
송대헌(2008), 한국어 초급 교재 학습자를 위한 연결어미 교육 방안 연구, 청주대학교 대학원 석사학위논문.
송용실(2012), 한국어 문화 교육의 실태와 교육 방향 연구: 한국어 교재에 나타난 문화 교육 관점 분석을 중심으로, 인하대학교 교육대학원 석사학위논문.
송재목(2011), 재일동포 총련 조선학교의 교과 내용 변천: 국어과목을 중심으로, 한국어 교육 22-1, 국제한국어교육학회. pp.145~178.
송재희(2011), 한국어교육 웹 교재의 내용 설계 연구: 문화통합교육을 중심으로, 관동대학교 대학원 석사학위논문.
송필숙(2010), 비즈니스 한국어 교재 분석 및 개발 방안: 중급 학습자를 중심으로, 인하대학교 교육대학원 석사학위논문.
송혜원(2005), 한국어 교재의 관용표현 분석과 지도 방안, 고려대학교 교육대학원 석사학위논문.
신문영(2007), 공익광고를 활용한 한국어 교실수업 모형 연구, 경희대학교 교육대학원 석사학위논문.
신미진(2011), 학부모로서 필요한 한국어 능력 향상을 위한 여성 결혼 이민자의 한국어 교재 연구: 학습자 요구를 반영한 읽기 텍스트 개발 방안을 중심으로, 부경대학교 대학원 석사학위논문.
신은경 외(2005), 유형별 어휘를 중심으로 한 어휘 교재 개발 방안 연구, 이중언어학 29, 이중언어학회. pp.165~194.
신은희(2009), 한·중 한국어 교재 비교 연구, 대진대학교 대학원 석사학위논문.
신지민(2011), 고급 학습자를 위한 교육 연극 활용 한국어 교육, 경희대학교 교육대학원 석사학위논문.
신현숙 외(2004), 한국어 교재의 어휘 범주 분석: 1960년대, 국어교육 113, 한국어교육학회. pp.433~466.
신현숙(2006), 한국어 교재에 나타난 학습 활동의 현황과 변천 과정 연구, 한국어교육 17-

3, 국제한국어교육학회. pp.111~142.
신혜원 외(2006), TV 드라마를 활용한 한국어 교육 자료 개발의 실제: 「ENJOY 韓國語」를 중심으로, 한국어교육 17-1, 국제한국어교육학회. pp.265~286.
신효원(2006), 한국어 교실 관찰 도구 K-COLT 개발, 이화여자대학교 대학원 석사학위논문.
신효원(2007), 한국어 교실 관찰 도구 K-COLT의 개발 및 활용 방안, 한국어교육 18-2, 국제한국어교육학회. pp.177~198.
심민희(2007), 중국인 학습자를 위한 비즈니스 한국어 교재 구성 방안, 한양대학교 교육대학원 석사학위논문.
심민희(2012), 한국어 초급 말하기 교재의 간투사 연구, 인문연구 65, 영남대학교 인문과학연구소. pp.127~162.
안경화 외(2009), 현지화 교재의 단원 구성 방안: 인도네시아 대학권 한국어 교재의 경우, 어문연구 141, 한국어문교육연구회. pp.359~387.
안성혜(2008), 국내 거주 외국인 아동을 위한 한국어 교재 개발: 7세~14세의 Homeschooler를 대상으로, 경희대학교 교육대학원 석사학위논문.
안성훈(2012), 이러닝 활용 다문화교육에 대한 결혼이민자의 수요 분석 및 지원 방안, 정보교육학회논문지 16, 한국정보교육학회. pp.131~142.
안소영(2013), 관광통역 한국어 교재 개발 방안 연구: 중국 전문대학을 중심으로, 계명대학교 대학원 석사학위논문.
안영수 외(2008), 한국어 교재 연구, 도서출판 하우.
안정현(2004), 재외동포 교육용 한국어 교재 개발·공급 현황 및 개선 방안 연구, 고려대학교 교육대학원 석사학위논문.
안주호(2009), 한국어 학습자의 교재 선호 특성에 대한 연구, 새국어교육 82, 한국국어교육학회. pp.279~307.
안주호(2009), 한국어교재에서 나타난 명사 관련 문법 형태의 영어설명에 대한 고찰, 어문연구 59, 어문연구학회. pp.49~74.
야마모토 아키코(2003), 외국어로서의 한국어 교재와 일본어 교재의 문화 내용 비교 연구: 초급 교재를 대상으로, 경상대학교 교육대학원 석사학위논문.
양경진(2011), 일본 고등학교의 한국어 교재 분석과 개선 방안 연구, 배재대학교 교육대학원 석사학위논문.
양명희(2009), 한국어 교재의 읽기 텍스트 종류, 우리말글 46, 우리말글학회. pp.67~92.
양명희(2010), 고급 한국어 어휘 교재 개발을 위한 기초 연구, 반교어문연구 29, 반교어문학회. pp.141~162.
양산(2012), 한국어 고급 문법 항목 연구: 한국어능력시험 고급 문항과 한국어 교재 고급 문법을 중심으로, 경희대학교 대학원 석사학위논문.
양선진(2004), 외국어로서의 한국어 교육을 위한 교재 연구, 경원대학교 교육대학원 석사학위논문.
양지원(2010), 한국어교육 교재와 국어교육 교재의 문장 난이도 비교 연구, 한국외국어대학교 교육대학원 석사학위논문.
어광숙(2012), 옛이야기를 활용한 한국어 교재 개발 방안 연구: 다문화 가정 아동을 대상으로, 건국대학교 대학원 석사학위논문.
엄나영(2011), 구어 향상을 위한 한국어 교재의 대화문 분석 연구, 영남대학교 대학원 석사학위논문.
엄녀(Nyeo Eom)(2007), 평가 기준을 통한 중국 대학교의 한국어 교재 분석: 북경대학(北京大學) 조선문화연구소(朝鮮文化研究所) 『한국어 1, 2』와 상해복단대학(上海復旦大學) 『초급한국어 (상, 하)』를 중심으로, 한국어교육 18-1, 한국어교육학회. pp.235~262.
여은혜(2012), 노래를 활용한 한국어 교육의 실제와 수업 방안 연구: 여성결혼이민자를 대상으로, 대구가톨릭대학교 대학원 석사학위논문.
여학봉(2009), 중국 내 한국어 교재 개발 현황 연구, 고황논집 45, 경희대학교 대학원. pp.51~64.
연재훈(2000), 영어권 한국어 초급 교재 개발과 관련한 문제들, 국어교육연구 7, 서울대학교 국어교육연구소. pp.133~157.
오가레크 최(1991), 폴란드인을 위한 한국어 교재 편찬과 교수 방법, 교육한글 4, 한글학회. pp.175~190.
오고시 나오키(生越直樹)(2007), 일본인 대상의 한국어 고급 학습자를 위한 교육자료 개발, 한국학 · 한국문화 교육의 국제화사업 제1차 워크숍: 한국어 고급 학습자를 위한 교육자료 개발2007, 이화여자대학교 한국문화연구원. pp.71~81.
오광근(2008), 기초 단계의 한국어 자모 교육(字母教育): 통합 교재를 중심으로, 한민족어문학 53, 한민족어문학회. pp.181~208.
오광근(2009), 한국어 교재의 발음기호 제시 현황과 문제점, 반교어문연구 26, 반교어문학회. pp.53~80.
오광근(2012), 한국어 교재의 발음기호 제시 방법 고찰: 기초 단계에서의 자모 "ㅟ, ㅚ, ㅢ" 발음기호를 중심으로, 반교어문연구 32, 반교어문학회. pp.173~202.
오광근(2013), 한국어 교재의 경어법 대화문 제시의 문제와 그 해결 방안, 새국어교육 94, 한국국어교육학회. pp.341~360,
오명진(2012), 드라마를 활용한 간접 화행 교수 방안: 지시 화행을 중심으로, 동덕여자대

학교 대학원 석사학위논문.
오문천(2012), 통합 한국어 교재에 나타난 문화 학습 활동 분석, Journal of Korean Culture 21, 한국어문학국제학술포럼. pp.125~168.
오미정 외(2007), 한국어 외래어 교육과 교재 개발, 한국어 의미학 23, 한국어의미학회. pp.75~97.
오미정(2004), 한국어 교육용 어휘 교재 개발 연구, 한국어교육 15-3, 국제한국어교육학회. pp.147~169.
오민정(2010), 의사소통향상을 위한 언어 중심 한국어 문화 교재 개발 연구, 경희대학교 대학원 석사학위논문.
오상언(2010), 한국어 교재 분석을 통한 한국어 교육용 분류사 선정 연구, 부산외국어대학교 논집 47, 부산외국어대학교 비교문화연구소. pp.33~63.
오선화(2011), 한국어 교재의 발음교육내용 분석과 효과적인 교육방안, 중국조선어문 182, 길림성민족사무위원회. pp.41~47.
오성애(2007), 효율적인 발음 교육을 위한 한국어 교재 분석: 기초 단계 중국인 학습자를 중심으로, 언어와 문화 3-2, 한국언어문화교육학회. pp.1~12.
오승영(2011), 웹 기반 한국어 교재의 재사용성 제고 방안 연구, 배재대학교 대학원 석사학위논문.
오영훈 외(2012), 중도입국학생을 위한 한국어교육 교재 분석 연구: 새날학교와 아시아공동체학교의 한국어교재를 중심으로, 텍스트언어학 33, 한국텍스트언어학회. pp.409~434.
오유진(2013), 외국인 노동자를 위한 한국어 교재의 어휘 분석 연구, 영남대학교 대학원 석사학위논문.
오인미(2012), 외국인 근로자를 위한 한국어 교재 개발 방안, 창원대학교 교육대학원 석사학위논문.
오지헌(2009), 한국어 교육을 위한 감사 화행 연구: 실제 담화와 교재 담화 비교, 계명대학교 대학원 석사학위논문.
오치성(2012), 한국문화교육 교재 분석 연구, 부산외국어대학교 대학원 석사학위논문.
오현아 외(2012), 일제 강점기 일본인 대상 조선어 교재 분석 연구를 위한 시론, 한국언어문화학 9-1, 국제한국언어문화학회. pp.199~219.
오현아(2010), 이야기를 활용한 품사 단원 내용 구성에 대한 고찰, 국어교육 133, 한국어교육학회. pp.145~181.
오현아(2012), 에듀테인먼트 콘텐츠로서의 문법 교육 내용의 이야기화 모델 탐색, 국어교육 138, 한국어교육학회. pp.117~146.

왕단(Wang Dan)(2004), 중국인 학습자를 위한 한국어 발음 교재 개발 방안: 한국어 발음 교재의 비교 분석을 중심으로, 이중언어학 25, 이중언어학회. pp.183~210.

왕단(Wang Dan)(2011), 중국의 한국어 교재 발음 기술의 문제점과 개선 방안 연구, 순천향 인문과학논총 30, 순천향대학교 인문과학연구소. pp.257~296.

왕단(Wang Dan)(2012), 중국의 한국어 고급 읽기 교재 분석 연구, 국어교육 137, 한국어교육학회. pp.417~449.

왕미(2010), 중국대학교의 초급 한국어 교재 문법 항목의 분석: 조사 분석을 중심으로, 중앙대학교 대학원 석사학위논문.

왕배배(2011), 한 · 중 동형이의 한자어 대조 연구: 한국 각 한국어교육기관 교재를 중심으로, 한양대학교 대학원 석사학위논문.

왕시훼(2011), 중국 대학생을 위한 한국어 청자경어법 교재 개선 방안 연구: 광동성 지역 대학교 교재를 중심으로, 동국대학교 대학원 석사학위논문.

왕지원(2011), 한국어교재의 옛이야기 비교 연구: 한국과 중국에서 출판된 교재를 중심으로, 전남대학교 대학원 석사학위논문.

우복남(2008), 충남 이주여성을 위한 한국어교육 전문 강사 양성 및 사이버교재 개발(1), 충청남도여성정책개발원.

우인혜(2000), 한국어 인터넷 초급 교재 비교 분석, 새국어교육 60, 한국국어교육학회. pp.55~85.

우형식(2003), 한국어 교재의 단원 구성요소, 우리말연구 13, 우리말학회. pp.135~160.

원사가(2013), 과정 · 장르 통합 교육에 기반한 고급 쓰기 교재 개발 방안 연구: 중국 대학 내 한국어 전공자를 대상으로, 고려대학교 대학원 석사학위논문.

원진숙 외(2002), 영어권 교포 자녀를 위한 한국어 교재 개발 방향, 이중언어학 20, 이중언어학회. pp.193~212.

원진숙(1999), 외국어로서의 한국어 교육을 위한 교재 개발 방향, 국어교육 99, 한국국어교육연구회. pp.31~54.

원진아(2010), 귀국 초등학생의 교과학습 지원을 위한 내용 중심 한국어 교재 개발 방안: 일반학교 통합학급 학생을 대상으로, 한양대학교 교육대학원 석사학위논문.

원해영(2009), 한국어교재의 과제활동 수행양상 연구, 외국어로서의 한국어교육 34, 연세대학교 언어연구교육원 한국어학당. pp.257~282.

유경수(2010), 영상 미디어를 활용한 한국어 교육: 영화 〈아내가 결혼했다〉를 중심으로, 한국언어문학 75, 한국언어문학회. pp.59~582.

유기환(1986), 외국어로서의 한국어 교재론: 듣기교재를 중심으로, 연세대학교 교육대학원 석사학위논문.

유미현(2011), 일본어권 학습자를 위한 한자어 어휘집 개발 방안 연구, 한국외국어대학교 교육대학원 석사학위논문.

유석훈(2004), 구성주의 다매체 교자재 데이터베이스 구축: 영어권 한국어 학습자를 위한, 한국어교육 15-3, 국제한국어교육학회. pp.171~192.

유성미(2011), 다문화가정 자녀들을 위한 국어교육: 다문화가정 정책 및 국어 교재 분석을 중심으로, 한남대학교 교육대학원 석사학위논문.

유승원(2012), 한국어 교육용 멀티미디어 자료 개발에 있어서의 시각 콘텐츠 연구, 상명대학교 대학원 박사학위논문.

유양(2010), 중국 대학교에서 사용하는 한국어 교재의 비교 분석과 개선 방안: 초급 교재를 중심으로, 경기대학교 대학원 석사학위논문.

유영지(2010), 우즈베키스탄의 한국어 교재 분석 및 개선 방안, 국어교과교육연구 17, 국어교과교육학회. pp.139~168.

유영지(2011), 우즈베키스탄의 한국어 교재 분석 및 개선 방안, 전남대학교 대학원 석사학위논문.

유은우(2011), 여성 결혼이민자 대상 한국어 교재의 대화문 분석 및 구성 방안 연구: 사회언어학적 요소를 중심으로, 배재대학교 대학원 석사학위논문.

유재택 외(2002), 재외동포용 한국어 교재 개선을 위한 교육과정 개발 연구, 한국교육과정평가원.

유재택 외(2004), 재외동포용 한국어 교육과정 및 교재 체제 개발 연구, 한국교육과정평가원.

유정호(2009), 멀티미디어콘텐츠를 활용한 한국어 교육 방안 연구, 인천대학교 교육대학원 석사학위논문.

유지연(2007), 한국어 교재에 나타난 문법 기술 양상 분석: '-다니' 를 중심으로, 한국중원언어학회 학술발표회 자료집 4, 한국중원언어학회. pp.59~69.

유지연(2010), 한국어 초급 교재에 사용된 감탄사 '아' 의 의미와 교육 방안, 한국중원언어학회 학술발표회 자료집2010, 한국중원언어학회. pp.81~98.

유천(2010), 중국에서 출판된 한국어 교재의 오류 분석, 대진대학교 대학원 석사학위논문.

유해준(2008), 학문 목적 한국어교재의 읽기 텍스트 분석: 내용 중심 언어 교육(CBLT)을 중심으로, 어문논집 39, 중앙어문학회. pp.71~90.

유해준(2011), 여성결혼이민자를 위한 한국어 교재 구성 방안, 다문화콘텐츠연구 10, 중앙대학교 문화콘텐츠기술연구원. pp.29~48.

윤경숙(2007), 학문 목적 한국어 학습자를 위한 쓰기 교재 개발 연구, 배재대학교 대학원 석사학위논문.

윤경원(2009), 태국어의 언어적 특성을 기초로 한 태국인을 위한 효과적인 한국어 교육 교재의 적절한 방향성에 관한 연구, 동남아연구 18, 한국외국어대학교 동남아연구소. pp.1~19.

윤경원(2012), 중등교육과정을 위한 외국어로서의 한국어 교재 개발 방향에 대한 일고찰, 언어사실과 관점 29, 연세대학교 언어정보연구원. pp.181~205.

윤성준(2012), 다문화 가정 학습자를 위한 국어과 교과서 개발 연구, 중앙대학교 교육대학원 석사학위논문.

윤애선(1999), 외국어 교육의 컴퓨터 보조 학습, 인문논총 53, 부산대학교 인문학연구소. pp.173~190.

윤여탁 외(2010), 인터넷 언어의 국어교육 내용 연구: 전문가 델파이 조사를 중심으로, 국어교육 133, 한국어교육학회. pp.233~258.

윤영로(1986), 한국어 교재에 나타난 한국어와 연어의 시제 불일치 현상에 대해서: '-았-' 을 중심으로, 연세대학교 대학원 석사학위논문.

윤은재(2013), 초등 다문화 학생용 한국어 보충 교재의 구성 방안 연구, 서울교육대학교 교육대학원 석사학위논문.

윤인아(2010), 다문화 가정 아동을 위한 웹기반 한국어 교재 개발 방안, 한남대학교 교육대학원 석사학위논문.

윤재한(2011), 국제결혼가정 초등학생을 위한 한국어 교재 개발 방안 연구, 한양대학교 교육대학원 석사학위논문.

윤정기(2011), 효율적인 발음 교육을 위한 한국어 교재 분석, 어문연구 69, 어문연구학회. pp.37~59.

윤지영(2005), 한국어 초급 교재의 비교 연구: 문법 항목을 중심으로, 배재대학교 대학원 석사학위논문.

윤희원(2008), 다문화가정자녀의 교육을 위한 '초급' 교재 출판 및 '중급' 교재 개발 최종 보고서, 교육과학기술부.

이경 외(2011), 한국어 교재 분석을 통한 문법 과제의 화용적 측면 제고, 한국문법교육학회 학술발표논문집, 한국문법교육학회. pp.38~50.

이경민(2008), 베트남 이주노동자를 위한 취업 전 한국어 교재 개발 연구, 부산외국어대학교 교육대학원 석사학위논문.

이경연(2007), 문화 교육 겸용 초급 한국어 교재 개발 연구: 여성 결혼 이민자를 대상으로, 고려대학교 교육대학원 석사학위논문.

이경임(2012), 한국어 고급 교재 읽기 텍스트의 어휘 분석 연구, 계명대학교 대학원 석사학위논문.

이경화(2008), 만화를 활용한 한국어 쓰기 교육 방안, 언어와 문화 4-3, 한국언어문화교육학회. pp.197~220.
이경화(2011), 한·일 양국에 있어서의 다문화가정을 위한 언어 교육의 비교, 대조 연구: 양국의 교재 분석을 중심으로, 중앙대학교 교육대학원 석사학위논문.
이관규(1995), 한국어 교재의 구성 원리와 내용, 이중언어학회 12, 이중언어학회. pp.273~290.
이관식(2005), 북한의 한국어교육 회화교재 분석 연구: 『조선어회화』, 『조선어회화2』를 중심으로, 한국어교육 16-1, 국제한국어교육학회. pp.195~217.
이관식(2007), 북한의 한국어 문화(민속)교육 교재 분석: 『조선민속학(류학생용)』, 『조선의 민속』, 『조선문화사』를 중심으로, 어문연구 135, 한국어문교육연구회. pp.421~447.
이광재(Guang Zai Li)(2006), 중국 내 대학생용 한국문화교재 개발 연구, 외국어로서의 한국어교육 31, 연세대학교 언어연구교육원 한국어학당. pp.191~206.
이귀염(2011), 중상급 수준 여성 결혼이민자 대상 읽기·쓰기 교재 개발을 위한 문식성 과제 단위 요구분석, 이화여자대학교 교육대학원 석사학위논문.
이금진 외(2008), 이주 아동을 위한 한국어 수업과 교재, 우리말교육현장연구 2, 우리말교육현장학회. pp.335~362.
이금춘(2011), 중국 내 한국어 교재에서의 문화 내용 비교 연구, 한국외국어대학교 국제지역대학원 석사학위논문.
이대규(2012), 일기예보를 활용한 한국어 교육: KBS 9시 뉴스 일기예보 대본을 중심으로, 충북대학교 교육대학원 석사학위논문.
이동배(2007), 호주 대학의 한국어 교재 개선 방향: 초급단계의 문화내용을 중심으로, 한국어교육 18-2, 국제한국어교육학회. pp.267~284.
이득춘(2007), 조선족동포 고급 한국어 교육자료 구축의 제 관계, 한국학·한국문화 교육의 국제화사업 제1차 워크숍: 한국어 고급 학습자를 위한 교육자료 개발2007, 이화여자대학교 한국문화연구원. pp.1~21.
이림림(2010), 한국어 학습 사이트의 교육 내용 분석: 중국 학습자를 대상으로, 상명대학교 대학원 석사학위논문.
이미향(2007), 효율적인 교수 모형 계발을 위한 한국어교재의 한글 교수 단원 연구, 언어과학연구 42, 언어과학회. pp.81~105.
이미향(2010), 학습자의 문화 간 의사소통능력 향상을 위한 한국어 교재 고찰, 이중언어학 42, 이중언어학회. pp.135~165.
이미혜(2001), 프로젝트 작업을 통한 고급 과정 수업 모형, 한국어교육 12-2, 국제한국어

교육학회. pp.159~179.
이미혜(2007), 방송 매체를 이용한 다문화 가정 한국어 교재 개발, 국립국어원.
이미혜(2009), 베트남 지역 한국어 현지화 교재 개발을 위한 기초 연구, 한국어교육 20-2, 국제한국어교육학회. pp.129~149.
이병규 외(2005), 한국어 교재 분석 연구, 국립국어원.
이보라(2008), 한국어 교재의 상대 경어법 제시 양상 분석 및 교재 개선 방안 연구, 한양대학교 교육대학원 석사학위논문.
이보라미(2010), 학습 목적 한국어 교육을 위한 초등학교 국어과 교과서 "활동 지시문" 연구, 이중언어학 43, 이중언어학회. pp.325~344.
이상금 외(2011), 외국어 학습에서 영화매제를 활용한 "창의적 글쓰기" 학습모형: 한국영화 『중독』을 중심으로, 교사교육연구 50, 부산대학교 과학교육연구소. pp.99~117.
이상숙(2005), 특수 목적을 위한 한국어 교재 개발 방안 연구: 일본인 대상의 '관광 한국어' 교재 개발을 중심으로, 이화여자대학교 교육대학원 석사학위논문.
이상애(2007), 재일 조선학교 초급부 국어 교과서의 어휘 분석, 이화여자대학교 대학원 석사학위논문.
이상억(1998), 외국인용 한국어교재에 포함된 문법사항 비교 평가, 한국어교육 9-2, 국제한국어교육학회. pp.105~119.
이상혁(2011), 해외동포와 외국인을 위한 우리말 교육과 남북 언어 문제: 우리말 통합 교육 교재 편찬의 제안을 중심으로, 한말연구 28, 한말연구학회. pp.231~252.
이상희(2010), 학문 목적 한국어 교재 개발 방향 연구, 한국말글학 27, 한국말글학회. pp.59~75.
이선아(2000), 일본어 화자를 위한 한국어 교재의 분석과 개발 방향, 이화여자대학교 교육대학원 석사학위논문.
이선애(2010), 중국의 한국어 교재에 나타난 문화요소 분석 연구: 생활양식 중 음식문화를 중심으로, 연세대학교 대학원 석사학위논문.
이선영(2011), 한국어 교재에서의 쓰기 과제 분석, 인문논총 22, 서울여자대학교 인문과학연구소. pp.175~211.
이선한(1999), 한국어 교과서 개발의 이론과 실제, 국어교육연구 6, 서울대학교 국어교육연구소. pp.53~66.
이설(2011), 한국과 중국의 한국어 교육용 웹사이트 내용 분석, 세종대학교 대학원 석사학위논문.
이성희(2010), '단군신화'의 한국어 교재 수용 양상 고찰 및 수록 기준 모색, 정신문화연구 33, 한국학중앙연구원. pp.261~288.

이소라(2012), 중도입국 청소년의 학업 문식성 신장을 위한 한국어 교재 개발 연구, 이화여자대학교 대학원 석사학위논문.
이소영 외(2008), 여성 결혼이민자를 위한 한국어 교재의 분석과 과제, 우리말교육현장연구 2, 우리말교육현장학회. pp.257~302.
이소영 외(2011), 한국어 교재에 수록된 문학작품의 적합성 판단과 기준, 우리말교육현장연구 5, 우리말교육현장학회. pp.85~118.
이소영(2001), 한국어 교재의 문화 요소 분석 및 한국어 문화 통합 교수 방안: 웹 활용 방안을 중심으로, 이화여자대학교 교육대학원 석사학위논문.
이송자 외(2008), 결혼이주여성의 한국어 방문교육 교재 개발 연구, 국립국어원.
이순복(2011), 중국인 학습자 대상 한국어 관용표현의 단계별 목록 선정 방안 연구: 신체어 '손'과 '발'을 중심으로, 배재대학교 대학원 석사학위논문.
이순애(2005), 한국어 교재의 식생활 어휘 연구, 가톨릭대학교 대학원 석사학위논문.
이승연 외(2011), 고급 한국어 교재 내 읽기 자료의 텍스트 전형성 연구: 사설, 칼럼 텍스트 분석을 바탕으로, 어문논집 63, 민족어문학회. pp.113~140.
이승연(2010), 웹기반 학문 목적 한국어 어휘 학습 프로그램 개발 방안 연구, 한국외국어대학교 대학원 석사학위논문.
이승연(2012), 한국어 교재 읽기 텍스트의 전형성 연구: 고급 교재의 기사문 분석을 바탕으로, 언어정보 15, 고려대학교 언어정보연구소. pp.133~151.
이승희 외(2008), 외국인 근로자 교재 제작, 우리말교육현장연구 2, 우리말교육현장학회. pp.303~333.
이아람(2010), 한국어 학습자를 위한 과정 중심 수업 모형 연구: 소설과 영상 매체의 비교 활용을 중심으로, 동국대학교 대학원 석사학위논문.
이애리(2011), 결혼이민자의 학부모 역할 수행을 위한 읽기 자료 개발 방안, 충남대학교 교육대학원 석사학위논문.
이엘레나(2011), 러시아 학습자를 위한 한국어 말하기 교재 개발 방안 연구: 대학용 교재를 중심으로, 경희대학교 대학원 석사학위논문.
이영란(2011), 그림책을 활용한 한국어 교육 방법 연구: 여성결혼이민자를 대상으로, 충북대학교 대학원 석사학위논문.
이영민(2004), 한국어 교재의 문법 설명에 대한 재고, 시학과 언어학 8, 시학과 언어학회. pp.143~156.
이영옥(2007), 이주 여성을 위한 생활한국어 교재 개발 연구, 언어와 문화 3-2, 한국언어문화교육학회. pp.33~66.
이영희(2008), 과제 활동 중심의 한국어 말하기 교재의 모형 연구, 부산대학교 대학원 석

사학위논문.
이영희(2012), 영어권 학습자를 위한 한국어 문법교재 개발 연구: 교재 분석 및 요구도 조사를 중심으로, 한국어교육 23-3, 국제한국어교육학회. pp.289~314.
이유경(2003), 외국인을 위한 한국문화 교육에 관한 연구: 교재 분석과 학습자 요구 분석을 중심으로, 한양대학교 교육대학원 석사학위논문.
이유경(2005), 외국인의 한국어 학습서 분석, 최호철 외, 외국인의 한국어 연구, 경진문화사, pp.221~263.
이윤경(2011), 게임을 활용한 한국어 수업의 효과에 관한 연구: 게임 구성 요소와 운용 방식에 따른 학습 효과, 경기대학교 대학원 석사학위논문.
이윤정(2003), 한국어 교재에 나타난 조사 교육 내용 비교 연구, 울산대학교 교육대학원 석사학위논문.
이윤정(2012), 러시아 사하공화국 한국어 교육 현황과 현지 사용 초급 교재 분석 연구, 한국외국어대학교 대학원 석사학위논문.
이윤진(2009), 한국어 교재에서의 문형 제시 양상, 이중언어학 39, 이중언어학회. pp.213~237.
이윤진(2011), 외국인 유학생 대상의 윤리적 글쓰기 지침서 개발 방안 연구, 작문연구 12, 한국작문학회. pp.301~331.
이은경(2002), 한국어 교재의 경어법 사용 분석: 1단계 교재를 중심으로, 관악어문연구 27, 서울대학교 인문대학 국어국문학과, pp.410~438.
이은경(2008), 전남 지역 여성 결혼 이민자를 위한 한국어 교육 연구: 방언을 포함한 교재 구성을 중심으로, 목포대학교 대학원 석사학위논문.
이은숙(2002), 외국인을 위한 고급 한국어 교재로써의『혼불』고찰, 한국언어문학 48, 한국언어문학회. pp.407~423.
이은정(2011), 다문화가정 유아를 위한 한국어 교재 개발 방안: 어휘폭발기 아동을 중심으로, 부산외국어대학교 대학원 석사학위논문.
이은주(2006), 결혼 이주여성을 위한 초급 한국어교재 단원 내용 구성 방안: 의사소통 상황을 중심으로, 선문대학교 교육대학원 석사학위논문.
이은희(2004), 한국어 교재의 문법 기술 방식: 높임법을 중심으로, 이중언어학 25, 이중언어학회. pp.207~231.
이정노(1991), 외국인을 위한 한국어 교재 편찬에 있어서 고려할 몇 가지, 교육한글 4, 한글학회. pp.83~98
이정노(2000), 미국에서의 한국어 교재 개발의 문제점 및 해결 방안, 국어교육연구 7, 서울대학교 국어교육연구소. pp.99~132.

이정래(2012), 말하기 과제 수행을 위한 한국어 초급 교재 삽화 구성 방안: 사회구성주의 이론을 기반으로, 고려대학교 교육대학원 석사학위논문.
이정민 외(2008), 한국어 독학용 어휘학습 교재 개발 방안: 좁은 독서를 통한 점증적 어휘학습 전략 활용, 한국어교육 19-1, 국제한국어교육학회. pp.231~252.
이정민(2008), 한국어 초급 학습자를 위한 불규칙 용언 활용의 교재 구성 방안, 상명대학교 대학원 석사학위논문.
이정민(2011), 한국어 말하기 교재 속 '역할극' 활동의 구성 방안, 고려대학교 교육대학원 석사학위논문.
이정현(2010), 한국어 교육에서의 문법적 연어 연구: 한국어 교재 말뭉치를 중심으로, 한국중원언어학회 학술발표회 자료집 5, 한국중원언어학회. pp.203~216.
이정희 외(2010), 효과적인 한국어 어휘 교육을 위한 자료 개발의 실제, 이중언어학 42, 이중언어학회. pp.195~218.
이정희(2004), 한국어 부교재 개발에 관한 학습자 요구 조사 및 구성 방안, 이중언어학 25, 이중언어학회. pp.233~254.
이제희(2011), 한국어 교재에 나타난 형용사 · 동사의 유의어 분석, 한남대학교 교육대학원 석사학위논문.
이주행(2003), 외국어로서의 한국어 교재의 개선 방안에 대한 고찰: 대우법의 교육 내용을 중심으로, 이중언어학회 2003 북경 국제학술대회 자료집, 이중언어학회, pp.207~231.
이주화 외(2011), 중국인을 위한 한국어 문법 교재 분석: 교재의 구성과 기술을 중심으로, 문법 교육 14, 한국문법교육학회. pp.281~308.
이주희(2009), 요구 분석을 통한 한국어 초급 발음 교재 연구, 경희대학교 교육대학원 석사학위논문.
이준기(2011), 관광 가이드를 위한 한국어 교재 개발 방안 연구, 고려대학교 대학원 석사학위논문.
이준호(2008), 화용론적 관점에서 본 의문문 교육 연구: 한국어 교재에 나타난 의문문을 중심으로, 한국어교육 19-2, 국제한국어교육학회. pp.281-306.
이중진(2009), 한국어 읽기교재의 텍스트 구성방안, 이중언어학 40, 이중언어학회. pp.127~151.
이지연(1992), 초급 과정의 학습 교재연구, 외국어로서의 한국어교육 17, 연세대학교 언어연구교육원 한국어학당. pp.77~94.
이지영(2003), 근현대 한국어 교재의 단원 구성 변천, 국어교육연구 11, 서울대학교 국어교육연구소. pp.369~410.

이지영(2004), 근현대 한국어 교재의 사적 고찰, 국어교육연구 13, 서울대학교 국어교육연구소. pp.503~541.
이지영(2005), 1930년대 구소련 원동지역 한인 초등학교 문법 교재 내용 분석, 한국어교육 16-1, 국제한국어교육학회. pp.219~247.
이진경(2009), 한국어교육 기관의 특성을 고려한 한국어교재 개발의 방향, 학술대회2009, 한국언어문화교육학회. pp.183~192.
이진아(2013), 일본 고등학교 제2외국어로서의 한국어교재 분석 연구, 한국외국어대학교 교육대학원 석사학위논문.
이찬희(2010), 신문을 활용한 한국어 교육 방안 연구: 고급 학습자를 중심으로, 중앙대학교 대학원 석사학위논문.
이채원(2011), 스토리텔링을 활용한 한국어 문법 교재 개발 방안, 충남대학교 교육대학원 석사학위논문.
이한나(2009), 농학생의 기능적 문해능력 신장을 위한 'Inserting' 이중언어교육 체제 모색: 재외동포용 한국어 교재 분석을 통하여, 특수교육학연구 44-3, 한국특수교육학회. pp.239~258.
이해영 외(2006), 한국학 전공자를 위한 한국 사회, 문화 교재 개발 방향, 한국어교육 17-3, 국제한국어교육학회. pp.209~230.
이해영 외(2011), 『세종학당용 초급 한국어 표준교재』의 단원모형 개발 연구, 이중언어학 46, 이중언어학회. pp.321~345.
이해영(1999), 통합성에 기초한 교재 개작의 원리와 실제: 듣기 능력 향상을 위한 모색, 한국어교육 10-2, 국제한국어교육학회. pp.273~294.
이해영(2000), 인터넷의 활용과 한국어 개별화 수업 설계, Multimedia Assisted Language Learning 3, 한국멀티미디어언어교육학회. pp.264~286.
이해영(2001), 학습자 중심 수업을 위한 교재 분석, 한국어교육 12-1, 국제한국어교육학회. pp.199~232.
이해영(2001), 한국어 교재의 언어 활동 영역 분석, 한국어교육 12-2, 국제한국어교육학회. pp.469~490.
이해영(2001), 한국어 학습용 웹사이트의 분석, 외국어 교육 8-2, 한국외국어교육학회. pp.285~314.
이해영(2004), 한국어 교재의 문법 영역 분석: '이/가' 와 '은/는' 을 대상으로, 문법 교육 1, 한국문법교육학회. pp.231~256.
이해영(2006), 한국어 교재를 위한 어휘 및 문법 학습 활동 유형, 외국어로서의 한국어교육 31, 연세대학교 언어연구교육원 한국어학당. pp.25~56.

이해인(2013), 한국어 교재와 한국어능력시험의 상관관계 연구: 듣기 이해 과정을 중심으로, 한국외국어대학교 대학원 석사학위논문.

이향(2002), 중국어권 학습자를 위한 발음 교재 개발 방안, 이화여자대학교 교육대학원 석사학위논문.

이현주 외(2012), 한국어 교육 멀티미디어 자료의 유형과 구축 방식: 누리-세종학당의 "디지털 자료관" 구축을 위하여, 한국어교육 23-1, 국제한국어교육학회. pp.25~45.

이혜경(2009), 교재의 분석을 통한 한국어 교육과정 개선안, 창원대학교 대학원 석사학위논문.

이혜영(2008), 외국인 학습자를 위한 기초 한자 선정과 한자 교재 모형 연구, 고려대학교 대학원 석사학위논문.

이혜영(2012), 한국어 교재의 유의어 분석: 시간부사를 중심으로, 충북대학교 대학원 석사학위논문.

이혜은(2009), 한국어 교재 분석항목 설정에 관한 연구, 한국외국어대학교 교육대학원 석사학위논문.

이효상(2005), 외국어로서의 한국어 교재와 문법 교육의 문제점, 국어교육연구 16, 서울대학교 국어교육연구소. pp.241~270.

이희자(2001), 한국어교재 텍스트의 효율적인 분석 방법론 1: 주제부의 텍스트 결속 기능에 대한 설명을 중심으로, 텍스트언어학 10, 한국텍스트언어학회. pp.107~151.

인알렉산드르(2000), 러시아에서의 한국어 교재 현황과 개발 방향, 국어교육연구 7, 서울대학교 국어교육연구소. pp.189~193.

임경화(2012), 초등학교 국어교과서를 활용한 여성결혼이민자 한국어교육 방안, 부경대학교 대학원 석사학위논문.

임예선(2009), 그림 자료를 활용한 한국어 교육 방안 연구, 동국대학교 대학원 석사학위논문.

임윤선(2009), 아동을 위한 한국어 교육 자료 개발, 동덕여자대학교 대학원 석사학위논문.

임은하(2011), 한국어 교재에 나타난 속담 교육 양상 분석, 인문논총 22, 서울여자대학교 인문과학연구소. pp.115~145.

임지아(2005), 한국어 교재에 나타난 교육용 어휘 분석, 국어국문학 24, 동아대학교 국어국문학과. pp.121~146.

임지혜(2010), 인터넷 영상 뉴스를 활용한 한국어 교육 방안 연구, 부산대학교 대학원 석사학위논문.

임찬진(2011), 설화텍스트를 활용한 한국문화교재 개발방안 연구: 중급학습자를 중심으로, 부산외국어대학교 대학원 석사학위논문.

임현성(2004), 외국어로서의 한국어 학습자용 워크북 개발 연구, 한국외국어대학교 교육대학원 석사학위논문.

임형재 외(2009), 한국어교육을 위한 멀티미디어 수업 도구 개발에 대한 연구: K-TAS(Korean Teaching Assistant System) 개발의 필요성을 중심으로, 언어와 문화 5-3, 한국언어문화교육학회. pp.303~321.

임형재 외(2010), 한국어교육을 위한 멀티미디어 수업 도구 개발의 실제: 보조 자료의 개발 과정을 중심으로, 한국어교육 21-2, 국제한국어교육학회. pp.167~191.

임혜원(2013), 한국어 단기 과정 학습자를 위한 교재 분석 및 개발 방안, 고려대학교 교육대학원 석사학위논문.

임희영(2011), 텔레비전 드라마를 활용한 한국어 교육 연구: 여성 결혼 이민자를 중심으로, 충북대학교 교육대학원 석사학위논문.

장광군(2000), 중국에서의 한국어 교재 개발의 문제점 및 해결 방안, 국어교육연구 7, 서울대학교 국어교육연구소. pp.79~97.

장미영(2006), 여성결혼이민자를 위한 체감형 한국어교육콘텐츠 개발 및 구성: 전북지역을 중심으로, 한국어교육 17-3, 국제한국어교육학회. pp.231~254.

장미영(2009), 다문화가정아동을 위한 언어치료 학습교재 개발 방안, 국어문학 46, 국어문학회. pp.209~234.

장미영(2012), 한국어 초급교재의 조사 설명 방식에 대하여, 순천대학교 교육대학원 석사학위논문.

장석진(1974), 외국어로서의 언어교육: 교재편찬에 대한 기초 연구, 언어교육 6-2, 서울대학교 언어연구소. pp.69~107.

장영미 외(2012), 초급단계 한국어교재의 어휘구성과 사용실태 분석: 《기초한국어(1, 2)》를 중심으로, 중국조선어문 180, 길림성민족사무위원회. pp.43~48.

장용수(2009), 이야기 형식을 활용한 한국어 중급교재 개발 방안 연구, 군산대학교 대학원 석사학위논문.

장용수(2012), 이야기를 활용한 한국어교재의 구성 방안, 외국어로서의 한국어교육 37, 연세대학교 언어연구교육원 한국어학당. pp.357~384.

장은옥(2011), 결혼이민자여성의 평생학습 참여성과 분석, 동의대학교 대학원 석사학위논문.

장이(2011), 중국인 학습자를 위한 현대소설을 활용한 한국어 교육 방안 연구: 〈소나기〉를 중심으로, 경희대학교 대학원 석사학위논문.

장치(2009), 중국어 화자를 위한 한국어 초급교재 개발 연구, 원광대학교 대학원 석사학위논문.

장현옥(2008), 이주 노동자 대상 한국어 문화 교재 모형 개발 연구, 상명대학교 대학원 석사학위논문.

전가영(2011), 외국인을 위한 한국어 교재의 반복구문 분석과 교육 방안 연구, 한양대학교 교육대학원 석사학위논문.

전나영 외(2011), 중국인 학습자를 위한 한국어 문법 교재 분석: 중국 내 출판 교재를 중심으로, 한국문법교육학회 학술발표논문집, 한국문법교육학회. pp.128~144.

전지수(2006), 드라마를 이용한 한국어 교육방법 연구, 선문대학교 교육대학원 석사학위논문.

전홍식(2006), 이민자를 위한 한국어 교육 교재에 나타난 문화 항목에 관한 분석, 교육연구 16, 부산대학교 교육연구소. pp.117~130.

정다운(2010), 자가학습용 한국어 교재의 평가 기준 연구, 배재대학교 대학원 석사학위논문.

정명숙(2009), 여성결혼이민자를 위한 한국어 웹교재 개발 방안, 이중언어학 39, 이중언어학회. pp.345~373.

정미진(2012), 외국인 학습자용 한국어 문법 교재의 문법 제시 방안 연구: 담화 · 맥락 정보를 중심으로, 한국어교육 23-1, 국제한국어교육학회. pp.307~329.

정소진(2010), 한국어 교육용 TV 방송을 활용한 수업 구성 방안, 계명대학교 대학원 석사학위논문.

정순영(2012), 여성 결혼이민자를 위한 한국어 교재에 나타난 요청 표현 연구: 드라마에 나타난 요청 표현과 비교하여, 영남대학교 대학원 석사학위논문.

정순희(2012), 중국인 학습자를 위한 한국어 통합 교재 개선 방안 연구: 『基礎韓國語』(1~4)를 중심으로, 청주대학교 대학원 석사학위논문.

정승혜(2006), 일본에서의 한어 교육과 교재에 대한 개관, 이중언어학 30, 이중언어학회. pp.335~353.

정연배(2012), 다문화 가정의 한글 교육을 위한 기능성 게임 개발안 탐구, 경희대학교 대학원 석사학위논문.

정연희 외(2006), 일본대학의 한국어 교재 개발을 위한 기초조사: 교재의 만족도와 요구조사 분석을 중심으로, 한국어교육 17-2, 국제한국어교육학회. pp.199~236.

정영미 외(2011), 영상 매체를 활용한 말하기 교육: 중고급 말레이시아 학습자를 대상으로, 국제한국어교육학회 추계학술발표논문집, 국제한국어교육학회. pp.303~315.

정영선(2011), 드라마형 뮤직비디오를 활용한 한국어 교육 방안 연구: 중급 학습자를 대상으로, 선문대학교 대학원 석사학위논문.

정영애(2013), 공학계열 외국인 유학생을 위한 한국어 학술보고서 쓰기 교재 개발 방안,

전남대학교 대학원 석사학위논문.
정정(2012), 학문 목적 중국인 학습자를 위한 한국어 말하기 교재 개발 연구, 고려대학교 대학원 석사학위논문.
정주리(2011), 여성결혼이민자를 위한 한국어 교재 개발 방안 연구: 여성결혼이민자의 요구분석을 중심으로, 서울교육대학교 교육대학원 석사학위논문.
정한네(2010), 한국어 교재의 통사론적 난이도 연구: 서울대 『한국어』와 『연세한국어』를 대상으로, 한국외국어대학교 대학원 석사학위논문.
정현옥(2011), 이주민 여성을 위한 한국어 교재 분석 연구, 전주대학교 대학원 석사학위논문.
정호선(2004), 한국어 교재에 나타난 문화 교육내용 분석, 상명대학교 교육대학원 석사학위논문.
정호진(2010), 이공계 전공 예비 유학생을 위한 한국어 교재 개발 방안, 언어연구 27, 경희대학교 언어연구소. pp.309~332.
조남민(2002), 한국어 교육용 교재에 나타난 불규칙 용언에 관한 분석, 이중언어학 20, 이중언어학회. pp.281~308.
조남민(2011), 한국어 교육과정에 반영된 사회문화적 현상에 대한 연구: 한국어 교재에 나타난 성별언어와 관련하여, 언어와 문화 7-1, 한국언어문화교육학회. pp.211~239.
조렬녕(2011), 중국 내 사설학원용 초급 한국어 회화 교재 개발 방안 연구: 강소성 남부지역을 중심으로, 부산외국어대학교 대학원 석사학위논문.
조문정(2010), 주제 중심 통합 학습을 적용한 한국어 교재 단원 개발, 경남대학교 대학원 석사학위논문.
조미경(2001), 귀국초등 학생용 한국어 교재의 개선 방안 연구, 서울교육대학교 대학원 석사학위논문.
조선경(2006), 이주노동자 대상 한국어 교재 개발 방향, 한국어교육 17-3, 국제한국어교육학회. pp.255~279.
조수진 외(2008), 다문화가정자녀를 위한 "학습 한국어" 교재 개발의 방향, 이중언어학 37, 이중언어학회. pp.235~264.
조수진(2005), 인공지능형 한국어 말하기 코스웨어 개발 연구, 어문연구 128, 한국어문교육연구회. pp.527~546.
조수진(2005), 한국어 교육 포털 사이트 구현 방안 연구, 이중언어학 27, 이중언어학회. pp.185~202.
조수현 외(2011), 한국어교재와 TOPIK에 나타난 의사소통전략 유형과 분포, 한국어의미학 34, 한국어의미학회. pp.409~430.

조애란(2011), Flash를 활용한 한국어 발음교육 교재 개발 연구, 대불대학교 대학원 석사학위논문.

조옥이(2008), 외국인 학습자를 위한 한국어 줄임 표현 연구: 유형 분류와 교육 목록 선정을 중심으로, 배재대학교 대학원 석사학위논문.

조위수 외(2009), 이집트 룩소르 지역의 한국어 교육을 위한 교육 자료 개발 방안: 룩소르 호텔, 관광 고등교육원을 중심으로, 외국어로서의 한국어교육 34, 연세대학교 언어연구교육원 한국어학당. pp.493~518.

조위수(2009), 한국문학 교재 단원 구성 방안: 아랍어권 한국어 학습자를 대상으로, 이중언어학 41, 이중언어학회. pp.425~448.

조은희(2003), 한국어 교재의 문화 교육 내용에 대한 연구, 중앙대학교 교육대학원 석사학위논문.

조인정 외(2012), 한국어 교재의 행 바꾸기: 띄어쓰기와 읽기 능력의 계발, 한국어교육 23-1, 국제한국어교육학회. pp.77~100.

조주희(2012), 학문 목적 학습자를 위한 한국어 교재 보완 연구, 부산대학교 대학원 석사학위논문.

조찬희(2008), 한국어 교재의 분류: 주교재와 부교재를 중심으로, 한국어문학연구 27, 한국외국어대학교한국어문학연구회. pp.283~301.

조하(2013), 중국어권 학습자를 위한 한·중 한국어 교재에 나타난 인과관계 표현 분석 연구, 상명대학교 교육대학원 석사학위논문.

조항록(2003), 한국어 교재 개발을 위한 기초적 논의: 교재 유형론적 관점에서 본 교재 개발의 현황과 주요 쟁점, 한국어교육 14-1, 국제한국어교육학회. pp.249~278.

조항록(2003), 한국어 교재 개발의 기본 원리와 실제, 외국어로서의 한국어교육 28, 연세대학교 언어연구교육원 한국어학당. pp.223~250.

조항록(2010), 한국어교육 현장의 주요 쟁점: 교재, 평가, 문화교육, 한국문화사.

조현용(2007), 한국어 교재의 기능 교수요목 제시 비교 연구, 어문연구 134, 한국어문교육연구회. pp.377~404.

조현용(2008), 외국인을 위한 한국어 어휘 교재 연구, 외국어교육연구 22, 한국외국어대학교 외국어교육연구소. pp.181~202.

조혜(2012), 중국어권 한국어 교재의 높임법 연구, 동국대학교 대학원 석사학위논문.

조효경(2011), 초등 귀국학생의 교과학습 적응을 위한 한국어 읽기 교재 개발 방안, 연세대학교 교육대학원 석사학위논문.

주미옥(2012), 일본인 한국어 학습자 교재에 나타난 한국 · 한국인의 이미지 변화: 1980년대 후반에서 2007년까지, 이화여자대학교 국제대학원 석사학위논문.

주원경(2010), 중국 내 초급 한국어 교재 어휘 분석, 전남대학교 대학원 석사학위논문.
주일(2011), 중국인 학습자를 위한 한국어 어휘 교재 개발 방안, 부산외국어대학교 대학원 석사학위논문.
주일문(2011), 중국 신세대 학습자를 대상으로 한 한국어 교육 방안 연구: 블로그의 활용 방법을 중심으로, 중앙대학교 대학원 석사학위논문.
증천부(2000), 대만에서의 한국어 교재 개발의 문제점 및 해결 방안, 국어교육연구 7, 서울대학교 국어교육연구소. pp.195~219.
지승필(2011), 한국어 중급 교재의 과제 제시 방안 연구, 배재대학교 대학원 석사학위논문.
지창란(2012), 한국 한자어와 현대 중국어 어휘비교연구: 고등학교 중국어교재를 중심으로, 계명대학교 대학원 석사학위논문.
지현숙 외(1999), 인터넷을 이용한 한국어 수업의 실제: 서강대학교 'Novice-Net Korean 1' 의 경우, 한국어교육 10-2, 국제한국어교육학회. pp.313~335.
지현숙(2001), 웹 기반 한국어 교재 개발의 쟁점, 한국어교육 12-1, 국제한국어교육학회. pp.253~274.
지현숙(2001), 웹 기반 한국어교육의 교수전략 연구, 이화여자대학교 대학원 석사학위논문.
지현숙(2010), 한국어교육학에서 제재를 중심으로 한 연구 동향과 향후 과제, 시학과 언어학 18, 시학과 언어학회. pp.17~42.
진경지(2012), 온라인 속담 강의 개발 연구: 대만의 대학 한국어문학과를 중심으로, 한국어교육 23-2, 국제한국어교육학회. pp.395~420.
진대연(1999), 한국어 교재 분석의 기준, 국어교육학연구 9, 국어교육학회. pp.407~434.
진정(2010), 중국 내 한국어 초급 교재의 비교 분석 연구, 한국외국어대학교 대학원 석사학위논문.
진정란(2011), 중국 대학기관용 한국어 교재 개발 방향에 대한 고찰, 중국학연구 58, 중국학연구회. pp.269~292.
진정란(晉靜欄)(2011), 중국 대학기관용 한국어 교재 개발 방향에 대한 고찰, 중국학연구 58, 중국학연구회. pp.269~292.
차숙정(2006), 한국어 교육 현장에서의 교재 선택과 활용, 새국어교육 74, 한국국어교육학회. pp.103~124.
채숙희(2011), 한국어 교재의 인용구문 분석, 언어학연구 19, 한국중원언어학회. pp.303~322.
채영희 외(2005), 다중매체를 이용한 한국어 표준발음 교육용 콘텐츠 모형, 우리말연구 16, 우리말학회. pp.163~189.
채영희 외(2010), 스토리텔링 기법을 통한 한국어 교재 구성, 동북아 문화연구 22, 동북아시아문화학회. pp.109~121.

척전(2012), 공익광고를 활용한 한국어 의사소통능력 향상 수업 방안, 공주대학교 대학원 석사학위논문.

최권진 외(2010), 다문화가정 자녀 대상 한국어 교육의 현황과 교재 분석, 한국어문학연구 54, 한국어문학연구학회. pp.431~46.

최권진 외(2010), 매체자료를 활용한 한국어 신체 관용어 교육 방안 연구, 한국언어문화학 7-2, 국제한국언어문화학회. pp.221~246.

최권진(2008), 속담을 활용한 한국어교재 개발의 실제, 국어교육연구 21, 서울대학교 국어교육연구소. pp.247~27.

최권진(2010), 다문화가정 자녀 대상 한국어 교육의 현황과 교재 분석, 한국어문학연구 학술발표자료, 한국어문학연구학회. pp.431~462.

최문석(2000), 학습자 활동 중심의 한국어 교육 방법 연구: 게임과 Information Gap Activity를 중심으로, 경희대학교 교육대학원 석사학위논문.

최배영(2009), 여성 결혼이민자 대상 초급한국어교재의 생활문화 내용분석, 한국가정관리학회지 27-1, 한국가정관리학회. pp.107~125.

최보라(2007), 한국어 교재의 높임법 오류 분석을 통한 교재 개발 방안 연구, 한양대학교 교육대학원 석사학위논문.

최선미(2008), 외국인 유학생을 위한 한국어 학술 보고서 쓰기 교재의 개발 연구, 한국외국어대학교 교육대학원 석사학위논문.

최성 외(2008), 중국인을 위한 맞춤형 한국어학습지원시스템 구현방안 연구, 한국어정보학 10-1, 한국어정보학회. pp.71~76.

최수정 외(2011), 한국어능력시험(TOPIK) 평가기준과 교재 분석, 언어학연구 20, 한국중원언어학회. pp.317~346.

최연재(2004), 외국어로서의 한국어 교재 개발 연구, 한국외국어대학교 교육대학원 석사학위논문.

최열(2011), 인터넷 활용능력이 한국어교육에 미치는 영향, 한국언어문화학 8-2, 국제한국언어문화학회. pp.277~295.

최유미(2011), 한국어 모어 화자 담화와 한국어 교재에 나타난 설득 화행 분석: 설득 전략 유형을 중심으로, 연세대학교 교육대학원 석사학위논문.

최윤곤(2006), 중국어 한국어 교재 개발 현황: 정독 교재를 중심으로, 한국언어문화학 3-2, 국제한국언어문화학회. pp.257~270.

최윤곤(2011), 중국어권 한국어 문법의 교재 용어 분석(1): 품사를 중심으로, 새국어교육 89, 한국국어교육학회. pp.577~600.

최윤희(2008), 광고를 활용한 한국어 교육 방안, 순천향 인문과학논총 21, 순천향대학교 인문과학연구소. pp.29~52.
최은규 외(2005), 한국어 교육용 TV 프로그램의 현황과 과제, 한국어교육 16-1, 국제한국어교육학회. pp.277~298.
최은규 외(2006), 초급 학습자를 위한 웹 기반 한국어 교육 프로그램 연구: 'Click Korean'을 중심으로, 한국어교육 17-1, 국제한국어교육학회. pp.437~457.
최은규(2004), 신문을 활용한 한국어 교육 방법 연구, 한국어교육 15-1, 국제한국어교육학회. pp.231~233.
최인자(2004), 대중매체를 활용한 한국어 교육 방법: 텔레비전 드라마를 중심으로, 어문학교육 28, 한국어문교육학회. pp.267~286.
최재찬(2011), 한국어 도우미 프로그램 개발을 위한 요구분석 연구: A대학의 한국어 도우미 프로그램 사례를 중심으로, 연세대학교 교육대학원 석사학위논문.
최정순(1996), 교재 구성에 있어서 과제(Task) 개념의 적용에 관하여, 한국어교육 7, 국제한국어교육학회. pp.311~333.
최정순(1998), 웹기반의 한국어 교육 프로그램 개발의 실제: 서강대학교 가상대학 한국어 프로그램을 중심으로, 한국어교육 9-2, 국제한국어교육학회. pp.239~268.
최정순(1999), 새로운 수업도구로서의 컴퓨터(웹), 한국어교육 10-2, 국제한국어교육학회. pp.325~346.
최정인(2008), 초·중·종성 구성원리를 이용한 한글교육 WBI 시스템의 설계 및 구현: 국제결혼 이주여성을 대상으로, 계명대학교 교육대학원 석사학위논문.
최정희(2012), 한국어 쓰기 교재 결속기제 사용 양상 분석: 텍스트 유형별 사용 양상을 중심으로, 연세대학교 교육대학원 석사학위논문.
최지현(2004), 한국어교육과 문학의 연관성 탐색: 영어권 한국어 교재 편찬에 활용되는 한국 문학의 범위와 과제, 국어교육연구 14, 서울대학교 국어교육연구소. pp.337~364.
최진숙(2012), 상경계열 전공의 학문 목적 한국어 학습자를 위한 어휘 중심 교재 개발, 이화여자대학교 외국어교육특수대학원 석사학위논문.
최진아(2012), 인지언어학에 기반을 둔 비유 교육 내용 연구, 한국어 의미학 38, 한국어의미학회. pp.165~192.
최향옥(2011), 한국어 고급 교재의 쓰기 영역 학습 활동 분석, 고려대학교 대학원 석사학위논문.
최현주(2011), 비즈니스 한국어교재를 위한 문화요소 연구, 세종대학교 대학원 석사학위논문.

최형난(2011), TV 다큐멘터리를 활용한 한국어 교실수업모형, 부산대학교 대학원 석사학위논문.

최효정(2011), 여성결혼이민자를 위한 웹기반 한국어 쓰기 교육 연구, 선문대학교 교육대학원 석사학위논문.

추혜정(2004), 외국인 노동자의 한국어 교재 구성을 위한 학습자 요구 조사, 선문대학교 교육대학원 석사학위논문.

테시마 아이코(2012), 드라마를 활용한 독학용 한국어 교재 개발 방안 연구: 취미로 한국어를 익히고자 하는 일본인 학습자를 중심으로, 고려대학교 대학원 석사학위논문.

판원차오(2012), 한중 한자어 대비 연구: 한국어 초급 교재 한자어를 중심으로, 청주대학교 대학원 석사학위논문.

편효경(2011), TV 드라마를 활용한 한국어 말하기 교재 개발 연구, 대불대학교 대학원 석사학위논문.

푸레브오치르 아디야수렝(2008), 몽골에서의 한국어 교재 현황과 개발 방안: 울란바타르대학교 교재를 중심으로, 우석대학교 대학원 석사학위논문.

하세가와 유키코(Hasegawa Yukiko) 외(2002), 한일 한국어 교재의 문법 실러버스 비교 분석: 일본 학습자를 지도하는 관점에서, 한국어교육 13-2, 국제한국어교육학회. pp.247~278.

하연주(2007), 재미교포 청소년 학습자의 요구조사를 바탕으로 한 문화 중심의 한국어 교재 개발 방향 연구, 선문대학교 교육대학원 석사학위논문.

하재선(2006), 비즈니스를 위한 한국어 교재의 모형 개발 연구: 일본인 학습자를 대상으로, 상명대학교 대학원 석사학위논문.

하지영(2012), 드라마를 활용한 일본인 성인 학습자의 한국어 발음 교육 연구, 부경대학교 교육대학원 석사학위논문.

한국교육과정평가원(2002), 재외동포용 한국어 교재 개선을 위한 교육과정 개발연구, 한국교육과정평가원.

한국방송대학교 방송통신교육연구소(1998), 해외동포를 위한 한국어 교재 개발 보고서. 97-7, 한국방송대학교.

한국방송통신대학교(1999), 해외 동포를 위한 한국어 교재(하): 문화와 전통에 나타난 한국인의 삶. 98-4, 한국방송통신대학교.

한국어교재연구소(2010), 한국어교육능력검정 2차 면접시험: 하루만에 다잡기, 시대고시기획.

한봉원(2012), 한국어 파생어 교육을 위한 학습자료 개발 방안 연구, 세명대학교 대학원 석사학위논문.

한선(2007), 영상 매체를 활용한 한국 문화 교육: 'TV 드라마와 영화'를 중심으로, 언어와 문화 3-3, 한국언어문화교육학회, pp.195~216.

한송화(2003), 연세대학교 언어연구교육원 한국어학당 교재 분석, 외국어로서의 한국어 교육 28, 연세대학교 언어연구교육원 한국어학당. pp.331~362.

한송화(2005), 중급 교재의 문법 교수 요목 선정을 위한 연구: 연세대학교 언어연구교육원 한국어학당 4급 교재를 중심으로, 외국어로서의 한국어교육 30, 연세대학교 언어연구교육원 한국어학당. pp.227~264.

한송희(2010), 교육방송을 활용한 영어권 초급 학습자 한국어 교육 방안 연구: EBS 한국어 프로그램을 중심으로, 한국외국어대학교 교육대학원 석사학위논문.

한염아(2011), '조사' 구현 양상에 대한 한 · 중 한국어 교재 대비분석, 부산대학교 대학원 석사학위논문.

한혜민(2011), 원어민 영어 교사를 위한 e-러닝 한국어 학습 방안 연구, 한국외국어대학교 교육대학원 석사학위논문.

허용(1998), 해외동포를 위한 한국어 교재 개발 보고서, 한국방송대학교.

허유라 외(2012), 한국어 초급 교재에서의 발음교육 방안 연구: 음운 변동 규칙을 중심으로, 새국어교육 90, 한국국어교육학회. pp.363~388.

허유라(2011), 한국어 초급 교재에서의 발음 교육 방안 연구: 음운 변동 규칙을 중심으로, 한국중원언어학회 학술발표회 자료집, 한국중원언어학회. pp.85~97.

허재영(2006), 교육과정기 이전의 작문 교재 변천사, 한국어학 32, 한국어학회. pp.241~263.

허재영(2006), 한국어 교육의 입장에서 본 중국 동북3성의 우리 민족 학교의 〈조선어문〉 교과 연구, 겨레어문학 37, 겨레어문학회. pp.65~88.

허재영(2007), 한국어 교육에서의 준말과 생략 표현의 교재화 방안, 중등교육연구 55-1, 경북대학교 사범대학 부속 중등교육연구소. pp.251~273.

허지애(2010), 한국어 교재에 나타난 비언어행동의 분석과 한국어 교육에서의 활용방안, 국어교과교육연구 17, 국어교과교육학회. pp.37~66.

허지훈(2012), 한국어 교재의 삽화 오류 연구: 비언어적 행위를 중심으로, 경희대학교 교육대학원 석사학위논문.

허팔복(1973), 외국인을 위한 한국어 교본의 체재 및 내용비교연구, 이화여자대학교 교육대학원 석사학위논문.

헤르만(1991), 베를린 훔볼트 대학교(동독)에서의 한국말 교육과 교재에 대하여, 교육한글 4, 한글학회. pp.7~14.

현윤호(2005), 독일어권 한국어 학습자를 위한 과제 중심의 교재 구성 연구, 이화여자대학교 대학원 박사학위논문.

현윤호(2006), 과제중심 교재 설계와 지도: 외국인을 위한 한국어, 대한나래출판사.
호명양(2004), 《노걸대》 급대외한어교학적계시, 이중언어학 24, 이중언어학회. pp.45~48.
호전마수자(2006), 일본어권 학습자를 위한 한국어 대우법 교재 개발 연구, 상명대학교 대학원 석사학위논문.
혼다 토모쿠니(Honda Tomokuni) 외(2011), 한국어교육과 일본어 교육에서의 학문 목적 쓰기 교재 분석, 인문연구 61, 영남대학교 인문과학연구소. pp.31~72.
홍선미 외(2012), 원격대학의 실용한국어 동영상 강의 개발 방안, 한국어문학연구 58, 한국어문학연구학회. pp.281~310.
홍수민(2013), 한국어 학습자의 의사소통전략 사용 양상 연구: 교재에 반영된 의사소통 전략과 비교하여, 영남대학교 대학원 석사학위논문.
홍순주(2008), 도표를 활용한 한국어 교수 방안, 한국어교육 19-2, 국제한국어교육학회. pp.333~354.
홍승랑(2011), 여성 결혼이민자 대상 한국어 교육에서의 스토리텔링 활용 방안 연구, 배재대학교 대학원 석사학위논문.
홍윤표(2011), 해외 한국어 교육에서 한국학 디지털 자료의 활용 방안, 한국중원언어학회 학술발표회 자료집2011, 한국중원언어학회. pp.1~18.
홍윤혜 외(2008), 중급 말하기 교재의 구성 원리와 실제: 연세대 〈한달 완성 한국어 중급 1 말하기〉를 중심으로, 외국어로서의 한국어교육 33, 연세대학교 언어연구교육원 한국어학당. pp.359~393.
홍은실(2007), 웹기반 한국어교육 프로그램에 나타난 '학습자 중심성' 연구, 이중언어학 33, 이중언어학회. pp.317~362.
홍은실(2012), 한국어교육의 스마트러닝 구현을 위한 기초 연구, 국어교육학연구 44, 국어교육학회. pp.585~612.
홍정은(2006), 과제 중심 한국어 교재의 과제 분석, 고려대학교 대학원 석사학위논문.
홍종명(1996), 외국어로서의 한국어 교재 비교 분석 연구: 초급 교재를 중심으로, 한국외국어대학교 대학원 석사학위논문.
홍종명(2011), 교재 선정을 위한 한국어교재 평가 모형 연구, 외국어 교육 18-3, 한국외국어교육학회. pp.413~438.
홍주영(2010), 만화를 활용한 한국어 교육방안 연구, 중앙대학교 대학원 석사학위논문.
홍희종(2012), 여성 결혼이민자를 위한 한국어교재 분석 및 개선 방안: 여성 결혼이민자와 함께하는 한국어 1, 2를 대상으로, 공주대학교 대학원 석사학위논문.
황가이(2008), 인도인을 위한 한국어 교재의 문화항목 설정에 대한 연구, 전남대학교 대학원 석사학위논문.

황은지(2011), 통합교재에서의 한국어 발음 교육 방안 연구, 부산대학교 대학원 석사학위논문.

황인교(1998), 외국인을 위한 한국어 교재 개발: 검토 및 방향 제시, 한국어교육 9-2, 국제한국어교육학회. pp.269~284.

황인교(2003), 국내·외 한국어 교재 분석, 외국어로서의 한국어교육 28, 연세대학교 언어연구교육원 한국어학당. pp.287~329.

황인교(2005), 초급 한국어 교재 개발의 실제: 연세대학교 언어연구교육원 한국어학당의 정규과정 새 교재 한국어1을 중심으로, 외국어로서의 한국어교육 30, 연세대학교 언어연구교육원 한국어학당. pp.265~309.

황인교(2007), 외국인을 위한 한국어 교재와 문화, 이중언어학 35, 이중언어학회. pp.409~437.

황인해(2010), 여성 결혼이민자를 위한 한국어교육 방송 분석: 한국교육방송공사 프로그램을 중심으로, 연세대학교 교육대학원 석사학위논문.

황지유(2010), TV 광고를 활용한 한국어 발음교육 연구: 소리의 반복기법을 중심으로, 한국외국어대학교 교육대학원 석사학위논문.

황진재(2011), 중국 내 한국어 교재 분석: 대학용 초급 정독교재를 대상으로, 고려대학교 대학원 석사학위논문.

후인 투이 미 웬(2012), 노래를 활용한 한국어 발음 교육 방안 연구: 초급 학습자를 대상으로, 부산외국어대학교 대학원 석사학위논문.

후지이시 다카요(2000), 일본에서의 한국어 교재 개발의 문제점 및 해결 방안, 국어교육연구 7, 서울대학교 국어교육연구소. pp.61~77.

Chen, Liuyan(2011), 중국인을 위한 독학용 문법 교재 개발 연구: 중·고급 단계를 중심으로, 고려대학교 대학원 석사학위논문.

Dong Jae Lee(1993), A Review of Recently Published Korean Textbooks, 한국어교육 4, 국제한국어교육학회. pp.249~281.

Dong Jae Lee(1995), The State of the Art in and Desiderata for Korean Language Textbook Compilation, 한국어교육 6, 국제한국어교육학회. pp.121~158.

Fouser, Robert J.(2010), 제2언어로서의 한국어 학습자의 사회언어적 능력 평가를 위한 웹상 멀티미디어 도구 개발: 이론과 방법, 국어교육연구 25, 서울대학교 국어교육연구소. pp.3~29.

Fraschini, Nicola(2008), 한국어 학습자를 위한 문학 읽기 교재 개발 방안 연구: 중·고급 학습자를 대상으로 한 현대 시와 현대 소설을 중심으로; 고려대학교 대학원 석사학위논문.

Jin Zhongshi(2012), 교재분석을 통한 한국어 말하기 교재개발 연구, Journal of Korean Culture 19, 한국어문학국제학술포럼. pp.61~80.

Jung, Jae Hoon(1997), Distance Language Education Using Multimedia, 한국어교육 8, 국제한국어교육학회. pp.235~249.

Lee, Jong Eun(1997), A Model of Video Activities on Korean Language Teaching for Elementary to Intermediate Level Learners, 한국어교육 8, 국제한국어교육학회. pp.279~296.

Liang Miao(2011), 중국 대학용 한국문화교재 개발 방안: 학습자 요구를 중심으로, 고려대학교 대학원 석사학위논문.

Mizuma Ikumi(2013), 초급 한국어 교재의 어휘 항목 분석: 일본 현지화 교재와 한국 출간 교재의 비교를 바탕으로, 연세대학교 대학원 석사학위논문.

Nam Kil Kim(1989), On Korean language textbooks, 한국어교육 1, 국제한국어교육학회. pp.49~62.

Ross King(1991), 마틴-리의 《한국어 입문》(1969)에 새 생명을 더하면서, 교육한글 4, 한글학회. pp.121~142.

Suci Dewi(2010), 인도네시아 대학생을 위한 한국어 교재 개발 방안, 부산외국어대학교 대학원 석사학위논문.

Tran Thi Huong(2008), 국제 결혼 이민자를 위한 한국어 초급교재 개발에 대한 연구: 베트남인 결혼 이민여성과 웹사이트를 중심으로, 연세대학교 대학원 석사학위논문.

Ⅱ-03.
학습목적별

강소영(2011), 여성결혼이민자를 위한 속담 교육 방안 연구, 한국외국어대학교 교육대학원 석사학위논문.

강철서(2009), 한국어 모음 교수-학습 방안: 이주노동자를 대상으로, 인하대학교 교육대학원 석사학위논문.

강현화 외(2004), 학문 목적의 병존 언어 교수 모델 적용 연구: 경영학 전공 학습자를 대상으로, 한국어교육 15-2, 국제한국어교육학회. pp.1~22.

강희숙(2011), 학문 목적 한국어교육 현황 및 대책: 광주, 전남 지역 소재 4년제 대학을 중심으로, 한국어교육 22-2, 국제한국어교육학회. pp.1~25.

공하림(2012), 문제중심학습(PBL) 모형을 활용한 학문목적 한국어 수업 방안 연구, 고려대학교 대학원 석사학위논문.

곽수진(2007), 비즈니스 목적을 위한 한국어 교재개발에 관한 연구: 중급 학습자를 대상으로, 선문대학교 교육대학원 석사학위논문.

곽수진(2007), 비즈니스 목적을 위한 한국어 교재개발에 관한 연구: 중급 학습자를 대상으로, 언어와 문화 3-1, 한국언어문화교육학회. pp.163~184.

곽순복(2013), 외국인 근로자 대상 입국 전후 한국어 교육 연구, 계명대학교 대학원 석사학위논문.

곽연화(2010), 몽골 이주노동자 자녀를 위한 한국어 교육과정 개발 연구: 재한몽골학교 초등한국어 교육과정을 중심으로, 경희대학교 교육대학원 석사학위논문.

구민지(2012), 한국어 읽기 교육 이해질문 분석 연구: 학문 목적 한국어 교재의 읽기 텍스트 이해질문을 대상으로, 새국어교육 92, 한국국어교육학회. pp.495~522.

구지민(2005), 학문 목적 한국어를 위한 강의 담화표지 학습 연구, 한국어교육 16-1, 국제한국어교육학회. pp.23~43.

권혁범 외(2012), 결혼이주민여성을 위한 한국어 디지털 교육 컨텐츠 UI 컨셉 제안, 한국

HCI학회 학술대회2012, 한국HCI학회. pp.741~743.
김경미(2012), 학문 목적 한국어 학습자를 위한 요약하기 전략 연구: 설명적 텍스트를 중심으로, 한성대학교 대학원 석사학위논문.
김경섭(2011), 외국군을 위한 「군사 한국어」 교재 개발 연구, 경희대학교 교육대학원 석사학위논문.
김구용(2012), 유학생을 위한 한국어 교육과정 설계 연구, 건국대학교 대학원 석사학위논문.
김낭예(2010), 학문 목적 외래어 목록 선정 연구, 한국어교육 21-2, 국제한국어교육학회. pp.59~86.
김동선 외(2010), 선교지 선교 목적 한국어 교육의 현황과 과제, 한국어교육 21-1, 국제한국어교육학회. pp.29~60.
김두섭(2006), 한국인 국제결혼의 설명틀과 혼인 및 이혼신고자료의 분석, 한국인구학 29, 한국인구학회. pp.25~56.
김명광(2011), 국내외 외국인 근로자 정책과 대안: 특수 목적 한국어 교육을 중심으로, 현대사회와 다문화 1, 대구대학교 다문화사회정책연구소. pp.200~225.
김명화(2011), 자녀 교과를 활용한 여성결혼이민자 한국어 교육 연구, 경희대학교 교육대학원 석사학위논문.
김미애(2012), 음식 만들기 활동을 통한 한국어 지도법 연구: 결혼이주여성을 대상으로, 경성대학교 교육대학원 석사학위논문.
김민경(2012), 학문 목적 한국어능력시험을 위한 평가 유형 연구, 국어교과교육연구 20, 국어교과교육학회. pp.103~139.
김민경(2013), 학문 목적 한국어의 쓰기 평가 도구 제안, 전남대학교 대학원 석사학위논문.
김민국(2009), 학문 목적 한국어 교육용 어휘와 연어 추출: 키워드 개념의 활용을 중심으로, 문법교육 11, 한국문법교육학회. pp.141~171.
김민호(2010), 여성결혼이민자를 위한 한국어 방언 교육 연구: 경북방언을 중심으로, 영남대학교 대학원 석사학위논문.
김보람(2012), 베트남어권 한국어 학습자의 파열음 인지와 발화: 여성 결혼 이민자를 대상으로, 영남대학교 대학원 석사학위논문.
김상영(2011), 학문 목적 한국어 학습자를 위한 학습기술 교육 방안 연구, 선문대학교 대학원 석사학위논문.
김선정(2007), 결혼 이주 여성을 위한 한국어 교육, 이중언어학 33, 이중언어학회. pp.423~446.
김선효(2012), 학문목적 한국어의 글쓰기 현황과 방향성, 어문연구 155, 한국어문교육연구회. pp.431~455.
김수미(2013), 담화 능력 배양을 위한 비즈니스한국어의 화행 교육 방안 연구: 표현형 화행을 중심으로, 숙명여자대학교 대학원 석사학위논문.
김수연(2013), 취업을 원하는 중도입국 청소년의 한국어교육 방안 수립을 위한 기초 연구, 한국외국어대학교 대학원 석사학위논문.
김승옥(2012), 여성결혼이민자를 위한 한국어 교육방안 연구: '좀' 의 의미 · 기능을 중심으로, 세종대학교 대학원 석사학위논문.
김신회(2012), 여성결혼이민자의 방문교육 서비스에 대한 만족도 분석, 원광대학교 대학원 석사학위논문.
김연아(2010), 학문 목적 한국어 교육과정 설계 방안: 대학 입학 전 과정을 중심으로, 상명대학교 교육대학원 석사학위논문.
김연희(2011), 여성 결혼이민자를 위한 내용중심 한국어 교육 방안 연구: 부모교육을 중심으로, 경희대학교 대학원 석사학위논문.
김영주(2008), 중국인 한국어 학습자들의 구어오류수정에 대한 인식조사: 학문목적 학습자를 중심으로, 이중언어학 37, 이중언어학회. pp.25~60.
김옥남 외(2009), 도시지역 여성결혼이민자의 재사회화에 관한 질적 연구, 교육사회학연구 19, 한국교육사회학회. pp.55~80.
김은정(2013), 학문 목적 한국어 학습자를 위한 글쓰기 교육, 교양교육연구 7-1, 한국교양교육학회. pp.365~398.
김인규(2003), 학문 목적을 위한 한국어 요구 분석 및 교수요목 개발, 한국어교육 14-3, 국제한국어교육학회. pp.81~113.
김인규(2009), 학문 목적을 위한 한국어교육에서 듣고 받아 적어 재구성하기(dictogloss) 적용 방안 연구, 새국어교육 82, 한국국어교육학회. pp.51~72.
김일란(2006), 여성 결혼이민자 대상 한국어 교육과정 개발을 위한 요구분석: 서울, 경기, 인천 지역을 중심으로, 학술대회 발표집, 한국언어문화교육학회. pp.134~143.
김재련(2007), 국제결혼을 통한 이주여성의 지위, 명지대학교 대학원 석사학위논문.
김정숙(2000), 학문적 목적의 한국어 교육과정 설계를 위한 기초 연구: 대학 진학생을 위한 교육과정을 중심으로, 한국어교육 11-2, 국제한국어교육학회. pp.1~19.
김정숙(2011), 여성결혼이민자 대상 한국어교육을 위한 초등국어 저학년 교과서 활용 방안 연구, 강원대학교 대학원 석사학위논문.
김정은(2006), 이주노동자의 한국어교육 현황과 교육자료 분석, 이중언어학 30, 이중언어학회. pp.77~112.
김진숙(2003), 특정 목적 한국어 교육과정 개발을 위한 과제 단위 학습자 요구 분석: 기업체 근무 한국어 학습자 대상으로, 연세대학교 교육대학원 석사학위논문.
김진아(2013), 학문 목적 학습자를 위한 맥락 접근 한국어 읽기 교육 연구, 서울여자대학교 대학원 박사학위논문.
김현주(2009), 결혼 이주여성 대상 거절 화행 교육 방안 연구, 한국외국어대학교 교육대학원 석사학위논문.
김혜영(2010), 학문 목적 한국어 학습자를 위한 국어교육과 한국어능력시험 연구, 국어교과교육연구 17, 국어교과교육학회. pp.67~92.
김호정(2011), 태국 대학생을 위한 비즈니스 한국어 교육과정 설계 방안 연구: 한국어학과 재학생, 졸업생들의 요구분석을 중심으로, 고려대학교 교육대학원 석사학위논문.
김희진(2012), 학문 목적 학습자를 위한 쓰기 전략 교수 방안 연구, 계명대학교 대학원 석사학위논문.
나임순(2008), 외국인 결혼 이주여성들의 스트레스에 영향을 미치는 요인, 한국비영리연구 7, 한국비영리학회. pp.97~136.
남정희(2013), 학문 목적 한국어 학습자를 위한 중심내용 파악하기 지도 방안 연구, 경희대학교 교육대학원 석사학위논문.
다나카 에리(2012), 일본인 여성 결혼이민자를 위한 한국어 요리 관련 동사 교육 방안 연구: 한 · 일 대조 분석을 중심으로, 경희대학교 대학원 석사학위논문.
등숙결(2012), 중국인 관광 가이드를 위한 한국어 교재 개발 방안 연구: 중국 하이난(海南) 한국어 관광 가이드 중심으로, 동국대학교 대학원 석사학위논문.
류은정(2011), 결혼 이주여성을 위한 한국어 교육과정 연구, 연세대학교 대학원 석사학위논문.
맹지은(2011), 한국어 고급 학습자를 위한 유의어 사전 개발 연구, 한양대학교 교육대학원 석사학위논문.
모경환 외(2012), 결혼이주자를 위한 온라인 교육 프로그램 개발 연구, 시민교육연구 44, 한국사회과교육학회. pp.29~63.
묘예나(2011), 이공계 학문 목적 학습자를 위한 한국어 어휘 선정 및 교육 방안, 중앙대학교 대학원 석사학위논문.
민경모(2010), 학문 목적 한국어 교육용 말뭉치 설계 방안 연구, 언어와 문화 6-1, 한국언어문화교육학회. pp.137~156.
박석준 외(2012), 통계자료를 활용한 학문 목적 한국어 교육 방안 연구, 외국어로서의 한국어교육 37, 연세대학교 언어연구교육원 한국어학당. pp.139~166.
박석준(2008), 국내 대학의 학문 목적 한국어 교육 현황 분석: 입학 후 과정을 중심으로, 한국어교육 19-3, 국제한국어교육학회. pp.169~200.

박선옥 외(2010), 자녀 교육 능력 향상을 위한 여성결혼이민자 특별 교육 프로그램 설계, 인문과학연구 26, 강원대학교 인문과학연구소. pp.551~574.

박선옥(2009), 학문 목적 한국어 말하기 교재 분석을 통한 교재 개발 방향 연구, 어문연구 143, 한국어문교육연구회. pp.381~409.

박선옥(2009), 학습자 요구 분석을 바탕으로 한 학문 목적 한국어 교육과정 구성 방안, 한성어문학 28, 한성대학교 한성어문학회. pp.107~133.

박성민(2012), 여성결혼이민자를 위한 한국어 매체 교육 교수요목 설계, 부경대학교 교육대학원 석사학위논문.

박연신(2011), 이주여성을 위한 한국어 속담 교육 방안 연구, 인하대학교 교육대학원 석사학위논문.

박윤주(2009), 의사소통을 위한 응답 발화 전략 연구: 결혼 이주여성의 효율적인 한국어 교육을 위하여, 경희대학교 교육대학원 석사학위논문.

박준언(2006), 특수목적외국어교육의 연구주제들, 한국어교육 17-1, 국제한국어교육학회. pp.211~236.

박지원(2007), 비즈니스 한국어 교육을 위한 프리젠테이션 담화 분석, 외국어로서의 한국어교육 32, 연세대학교 언어연구교육원 한국어학당. pp.105~140.

박현정(2013), 직업 목적 일본인 학습자를 위한 한국어 말하기 교육 방안, 경희대학교 교육대학원 석사학위논문.

박현주(2011), 그림동화를 활용한 이야기 구성 능력 향상 방안 연구: 여성결혼이민자를 대상으로, 부산외국어대학교 대학원 석사학위논문.

방성희(2007), 대학 수학 목적의 한국어 기본 어휘 선정 연구: 인문계열 명사어휘를 중심으로, 고려대학교 대학원 석사학위논문.

배상남(2011), 한국어 방문교육의 효용성 연구: 청주지역 여성 결혼이민자를 중심으로, 충북대학교 교육대학원 석사학위논문.

배윤경 외(2011), 학문 목적 한국어 학습자를 위한 쓰기 교육 프로그램 개발: 중국인 학습자를 대상으로, 한국어교육 22-4, 국제한국어교육학회. pp.163~191.

배재현(2012), '비즈니스 한국어' 학습자를 위한 인사 표현 연구, 고려대학교 대학원 석사학위논문.

付子健(2012), 비즈니스 한국어 쓰기 교육과정 연구: 중국 대학 한국어 학습자를 대상으로, 고려대학교 대학원 석사학위논문.

빈도경(2011), 학습자 요구 분석을 통한 캄보디아 노동자 대상 한국어 교육 방안 연구, 부산외국어대학교 대학원 석사학위논문.

사와다 히로유키(Sawada Hiroyuki)(2009), 직업 목적 한국어 교육을 위한 교육과정과 교

사의 자질: 해상 업무 종사자를 중심으로, 한국어교육 20-3, 국제한국어교육학회. pp.111~134.

서민아(2012), 직업 목적 한국어 교재 개발 기초 연구: 중국 산동성 위해 지역 예비 취업자를 대상으로, 연세대학교 교육대학원 석사학위논문.

서승이(2011), 동시를 활용한 한국어 교육 방안: 여성결혼이민자를 대상으로, 한국외국어대학교 교육대학원 석사학위논문.

서주영(2013), 여성결혼이민자 대상 육아 목적 한국어 교재 개발 방안 연구: 영유아기(1세~4세)를 중심으로, 부산외국어대학교 대학원 석사학위논문.

서지현(2013), 한국어 기본어휘의 학문목적 교재 텍스트 커버율 연구, 경희대학교 교육대학원 석사학위논문.

손석주(2013), 터키인을 위한 학문목적 한국어 말하기 수업 방안 연구, 경희대학교 교육대학원 석사학위논문.

송지연(2010), 비즈니스 한국어 텍스트 유형에 따른 읽기 전략 활용 방안 연구: 구조화 중심으로, 한국외국어대학교 교육대학원 석사학위논문.

송지현(2006), 학문 목적 한국어 교육을 위한 과제 중심 요구 분석, 이화여자대학교 대학원 석사학위논문.

신명선(2006), 학문 목적의 한국어 학습자를 위한 어휘 교육의 내용 연구, 한국어교육 17-1, 국제한국어교육학회. pp.237~264.

신문경(2006), 학문 목적의 한국어 교육과정 개발 연구: 외국인 대학생의 교육 사례를 중심으로, 경희대학교 대학원 석사학위논문.

신성(2008), 중국 조선족 학습자를 위한 비즈니스 목적의 한국어 교육 연구, 한국외국어대학교 교육대학원 석사학위논문.

신성철(2008), 시드니 한인 이민자 자녀들의 언어 사용과 유지, 외국어로서의 한국어교육 33, 연세대학교 언어연구교육원 한국어학당. pp.139~167.

신수영 외(2010), 결혼이주여성을 위한 한국어 교실 체험에 담긴 문해교육의 의미 탐색, 교육인류학연구 13, 한국교육인류학회. pp.83~113.

신희량(2009), 요약하기 활동이 한국어 학습자의 독해 능력과 읽기 처리 능력에 미치는 영향: 학문 목적 중국인 학습자를 대상으로, 이화여자대학교 교육대학원 석사학위논문.

심보경 외(2012), 여성결혼이민자의 학부모 역량강화를 위한 시기별 한국어교육 및 자녀 학습 지도방안 연구, 어문연구 71, 어문연구학회. pp.57~78.

심재숙(2011), 동시를 활용한 한국어교육 과정안 연구: 여성결혼이민자 중 초급학습자를 중심으로, 충북대학교 교육대학원 석사학위논문.

안미란 외(2007), 특수 목적 한국어 교육을 위한 언어 능력 기술, 한국어교육 18-1, 국제한국어교육학회. pp.207~234.

안소영(2013), 관광통역 한국어 교재 개발 방안 연구: 중국 전문대학을 중심으로, 계명대학교 대학원 석사학위논문.

안은경(2011), 한국어 교육과정 개발 연구: 중국인 근로자를 대상으로, 충북대학교 교육대학원 석사학위논문.

안형미(2011), 학습자 요구 분석을 통한 비즈니스 한국어 교육과정 개발 방안 연구, 한양대학교 교육대학원 석사학위논문.

야마시타아이(2011), 일본인 고급 학습자를 위한 한국어 연어 교육 방안 연구, 경희대학교 대학원 석사학위논문.

여은혜(2012), 노래를 활용한 한국어 교육의 실제와 수업 방안 연구: 여성결혼이민자를 대상으로, 대구가톨릭대학교 대학원 석사학위논문.

오유진(2013), 외국인 노동자를 위한 한국어 교재의 어휘 분석 연구, 영남대학교 대학원 석사학위논문.

오인미(2012), 외국인 근로자를 위한 한국어 교재 개발 방안, 창원대학교 교육대학원 석사학위논문.

오지연(2013), 한국어 학위 논문의 논증 표현 연구: 국어학, 경영학, 전기전자공학 학위논문 분석을 중심으로, 연세대학교 대학원 석사학위논문.

오진욱(2012), 외국인의 보건의료기관 이용을 위한 한국어 교육 방안 연구, 부산외국어대학교 교육대학원 석사학위논문.

왕한석(2006), 국제결혼 이주여성의 언어 적응의 제 양상, 담화 · 인지언어학회 학술대회 발표논문집, 담화 · 인지언어학회. pp.3~17.

유수정(2008), 요구 분석을 통한 직업 목적의 한국어 교육과정 설계 연구, 경희대학교 교육대학원 석사학위논문.

유준영(2010), 취업 목적 한국어 능력 평가 개선 방안 연구: ESP-KLT와 B-TOPIK 분석을 중심으로, 한양대학교 교육대학원 석사학위논문.

유한아(2010), 한국어 학문 목적 쓰기 교육 방안 연구: 통합적 독서 토의 전략을 활용한 논술 형식 글쓰기를 중심으로, 고려대학교 교육대학원 석사학위논문.

유해준(2007), 학문 목적 한국어 교육을 위한 기본 어휘 선정에 관한 연구: 인문 · 사회 영역을 중심으로, 고려대학교 대학원 석사학위논문.

유향선 외(2011), 결혼이주여성의 자녀 언어 지도 경험에 관한 고찰, 유아 교육학논집 15, 한국영유아교원교육학회. pp.109~133.

윤영숙(2009), 결혼이주여성 대상 한국어 방문교육의 효율성 제고 방안 연구, 배재대학

교 대학원 석사학위논문.

윤영하(2012), 한국사회 결혼이주여성의 결혼생활만족도에 관한 연구: 베트남 이주여성을 중심으로, 경희대학교 대학원 석사학위논문.

윤정아(2012), 학문목적 학습자들을 위한 한국어 읽기 교수요목 구성에 관한 연구, 새국어교육 93, 한국국어교육학회. pp.537~564.

이관식(2009), 광주 지역 학문 목적 중국인 유학생의 한국어 학습에 대한 요구 분석, 인문사회과학연구 24, 호남대학교 인문사회과학연구소. pp.67~90.

이덕희(2003), 요구분석을 통한 학문 목적의 한국어 교육과정 설계 연구, 연세대학교 대학원 석사학위논문.

이동은(2003), 학구적 목적의 한국어 토론 수업 방안, 한국어교육 14-3, 국제한국어교육학회. pp.239~260.

이명화(2010), 외국인을 위한 한국어·호칭어와 지칭어 교육 방안 연구: 여성 결혼 이민자를 중심으로, 동국대학교 대학원 석사학위논문.

이명희(2011), 결혼여성이민자의 한국어 호칭어·지칭어 사용양상 연구, 영남대학교 대학원 석사학위논문.

이미진(2012), 학문 목적 한국어 학습자 문학교육을 위한 대화주의 프로젝트 교수·학습 방안 연구: 백석 시를 중심으로, 한양대학교 교육대학원 석사학위논문.

이미혜(2003), 직업을 위한 한국어 교육 연구: 교육 현황 및 '비즈니스 한국어' 개발 검토, 한국어교육 14-2, 국제한국어교육학회. pp.227~256.

이미혜(2008), 국내 직업 목적 한국어 교육의 현황과 과제, 한국어교육 19-3, 국제한국어교육학회. pp.321~347.

이보라미(2010), 학습 목적 한국어 교육을 위한 초등학교 국어과 교과서 "활동 지시문" 연구, 이중언어학 43, 이중언어학회. pp.325~344.

이상희(2010), 학문 목적 한국어 교재 개발 방향 연구, 한국말글학 27, 한국말글학회. pp.59~75.

이소연(2009), 형식 스키마를 활용한 읽기 교육 방안 연구: 학문목적 중국 학습자를 중심으로, 선문대학교 교육대학원 석사학위논문.

이수정(2012), 직업 목적 한국어 교육을 위한 IT 분야 기본 어휘 선정 및 분석, 연세대학교 교육대학원 석사학위논문.

이아름(2013), 한국어 담화통합 쓰기 전략 교육의 효과 연구: 학문 목적 한국어 학습자를 대상으로, 고려대학교 대학원 석사학위논문.

이연수(2011), 여성결혼이민자 대상 한국어 교육에서의 교육연극 활용 방안, 부산외국어대학교 교육대학원 석사학위논문.

이연주(2010), 새터민 청소년을 위한 한국어 속담교육 방안, 이화여자대학교 교육대학원 석사학위논문.
이영란(2011), 그림책을 활용한 한국어 교육 방법 연구: 여성결혼이민자를 대상으로, 충북대학교 대학원 석사학위논문.
이은경(2013), 학문 목적 한국어 학습자의 요약문 쓰기 과정에 대한 연구: 사고발화법을 통한 전략 사용 양상을 중심으로, 연세대학교 대학원 박사학위논문.
이은선(2012), 실험음성학적 분석을 통한 베트남어권 학습자의 한국어 억양 교육 방안 연구: 여성 결혼이민자를 대상으로, 고려대학교 교육대학원 석사학위논문.
이은진(2011), 외국인 근로자를 위한 한국어 통역 교육과정 개발 연구: TV 뉴스를 중심으로, 상명대학교 교육대학원 석사학위논문.
이재은(2012), 학문 목적 한국어 학습자의 발표 능력 함양을 위한 교수요목 설계 연구, 배재대학교 대학원 석사학위논문.
이재은(2012), 한국어 발표 교육을 위한 교수요목 설계 연구: 학문 목적 한국어 학습자를 대상으로, 국제한국언어문화학회 학술대회, 국제한국언어문화학회. pp.197~209.
이정민 외(2009), 학문 목적 한국어(KAP) 학습자를 위한 보고서 담화표지 교육 연구: 작품 분석, 비평하기 과제를 중심으로, 외국어로서의 한국어교육 34, 연세대학교 언어연구교육원 한국어학당. pp.347~373.
이정희(2012), 인문사회계열 전공자를 위한 대학 입학 전후 학문 목적 한국어교육과정 모형 개발, 어문연구 156, 한국어문교육연구회. pp.427~454.
이종호(2010), 전공 연계 학문 목적 한국어 교수요목 설계 연구: 국제통상학부를 중심으로, 인하대학교 교육대학원 석사학위논문.
이준기(2011), 관광 가이드를 위한 한국어 교재 개발 방안 연구, 고려대학교 대학원 석사학위논문.
이준호(2009), KAP 학습자를 위한 사고 기술 평가 방안: 사고 기술과 평가 과제 선정을 중심으로, 한국어교육 20-2, 국제한국어교육학회. pp.175~201.
이준호(2012), 일반 목적 한국어 교육과정의 쓰기 수업의 양상과 제언: 분리 수업의 경우를 중심으로, 국제한국어교육학회 춘계학술발표논문집, 국제한국어교육학회. pp.53~59.
이지은(2012), 여성결혼이민자의 언어 학습전략 분석 연구, 경남대학교 대학원 석사학위논문.
이하늘(2013), 도식화 활동을 활용한 읽기 교수 방안 연구: 학문 목적 한국어 교육의 경우, 가톨릭대학교 대학원 석사학위논문.
이학경(2012), 여성결혼이민자를 위한 한국어 학습용 외래어 목록 선정 연구, 한양대학

교 교육대학원 석사학위논문.

이해영(2004), 학문 목적 한국어 교과과정 설계 연구, 한국어교육 15-1, 국제한국어교육학회. pp.137~164.

이해영(2008), 외국인 대학원생의 학문적 구두 발표 장르 분석: 한국인 대학원생 및 학문 목적 한국어 학습자의 구두 발표와 비교하여, 이중언어학 37, 이중언어학회. pp.133~174.

임경화(2012), 초등학교 국어교과서를 활용한 여성결혼이민자 한국어교육 방안, 부경대학교 대학원 석사학위논문.

임희영(2011), 텔레비전 드라마를 활용한 한국어 교육 연구: 여성 결혼 이민자를 중심으로, 충북대학교 교육대학원 석사학위논문.

장미영 외(2008), 국제결혼 이주여성을 위한 효과적인 한국어 지원 정책 방안 연구, 국어문학 44, 국어문학회. pp.111~138.

장미영(2006), 여성결혼이민자를 위한 체감형 한국어교육콘텐츠 개발 및 구성: 전북지역을 중심으로, 한국어교육 17-3, 국제한국어교육학회. pp.231~254.

장영(2009), 중국인을 위한 직업 목적 한국어 말하기 수업 구성 방안, 배재대학교 대학원 석사학위논문.

전병옥(2011), 학문 목적 한국어 학습자의 다독 능력 향상에 관한 연구, 배재대학교 대학원 석사학위논문.

전영옥(2011), 여성결혼이민자의 한국어 조사 오류 분석, 한국어교육 22-4, 국제한국어교육학회. pp.27~62.

전은주(2009), 국제결혼 가정 자녀의 의사소통능력과 국어과 교수-학습에 영향을 미치는 변인, 청람어문교육 39, 청람어문교육학회. pp.73~108.

전형길 외(2012), 의성·의태어를 활용한 여성결혼이민자의 자녀 교육 방안 연구: 학령기전 자녀와의 상호작용을 중심으로, 한국어교육 23-2, 국제한국어교육학회. pp.361~393.

정대용(2011), 결혼 이민 여성의 문해 교육 경험이 생활 적응 과정에 미치는 의미, 숭실대학교 대학원 박사학위논문.

정명숙(2003), '비즈니스 한국어'의 교수요목 설계를 위한 연구, 한국어교육 14-2, 국제한국어교육학회. pp.403~421.

정미향(2009), 결혼이민자를 위한 한국어 방문교육 방안 연구, 경희대학교 교육대학원 석사학위논문.

정은미(2011), 결혼이주여성을 대상으로 한 알기 쉬운 통신문 작성을 위한 텍스트 수정 연구, 이화여자대학교 교육대학원 석사학위논문.

정은희(2004), 농촌지역 국제결혼 가정 아동의 언어 발달과 언어 환경, 언어치료연구 13, 한국언어치료학회. pp.33~52.
정정(2012), 학문 목적 중국인 학습자를 위한 한국어 말하기 교재 개발 연구, 고려대학교 대학원 석사학위논문.
정종수(2013), 한국어 고급 학습자들의 목적별 읽기 전략 사용 양상 연구: 학습 읽기와 즐거움을 위한 읽기를 중심으로, 고려대학교 교육대학원 석사학위논문.
조광문(2012), 비즈니스 한국어 교육과정 개발을 위한 요구 분석: 국외 기업체 근무 중국인 학습자를 대상으로, 연세대학교 교육대학원 석사학위논문.
조선경(2007), 특수목적 한국어 교육 연구: 이주노동자, 이주여성 및 그 자녀에 대한 한국어 교육을 중심으로, 이화여자대학교 대학원 박사학위논문.
조현용(2002), 단기간 방문자를 위한 한국어 교육 연구, 어원연구 5, 한국어원학회. pp.149~168.
조현지(2011), 거주기간과 상호작용이 여성 결혼이민자의 연어 습득에 미치는 영향, 이화여자대학교 교육대학원 석사학위논문.
차현진(2012), 학문 목적 한국어 능력 시험 쓰기 연구, 동국대학교 대학원 석사학위논문.
채옥희 외(2009), 결혼이민자를 위한 한국어와 가정생활교육효과, 한국가족자원경영학회지 13, 한국가족자원경영학회. pp.107~128.
최권진 외(2007), 특정 학문 목적의 주제 중심 한국어 교육: 마케팅 전공생을 중심으로, 학술대회2007, 한국언어문화교육학회. pp.97~111.
최선경(2011), 학문 목적 한국어 학습자를 위한 기초교육의 방향: 기초교육 교재 개발 방향에 대한 제안을 중심으로, 어문연구 150, 한국어문교육연구회. pp.369~391.
최승희(2010), 선교 목적 한국어 교육을 위한 성경 스토리텔링의 효과 연구, 경희대학교 대학원 석사학위논문.
최윤곤(2003), 유학생을 위한 한국어 교육 과정 설계, 한국어문학연구 41, 한국어문학연구학회. pp.115~138.
최윤정(2011), 한국어 학습자의 노트 필기 전략과 언어 학습 신념 및 전략에 따른 학업 성취도 연구: 학문 목적 중국인 학습자를 대상으로, 한국외국어대학교 대학원 석사학위논문.
최은규(2009), 국내 학문 목적 한국어 교육의 현황과 과제, 어문연구 141, 한국어문교육연구회. pp.333~358.
최정순 외(2012), 연구 동향 분석을 통해 본 학문 목적 한국어교육 연구의 실태와 제언, 어문연구 74, 어문연구학회. pp.131~156.
최정순(2006), 학문 목적 한국어 교육의 교육과정과 평가, 이중언어학 31, 이중언어학회.

pp.277~313.
최주열(2012), 학문목적 외국인 유학생 수업 방안 연구: 한국어교육 및 전공 수학능력 향상 방안을 중심으로, 언어와 문화 8-1, 한국언어문화교육학회. pp.167~184.
최진숙(2012), 상경계열 전공의 학문 목적 한국어 학습자를 위한 어휘 중심 교재 개발, 이화여자대학교 외국어교육특수대학원 석사학위논문.
최혜진(2011), 이주노동자를 위한 한국어 교육과정 개발 연구, 한국외국어대학교 대학원 석사학위논문.
한국희(2013), 학문목적 한국어 학습자를 위한 영상매체활용 어휘교육 연구: EBS '지식채널e' 를 중심으로, 한성대학교 대학원 석사학위논문.
한미연(2011), 여성결혼이민자를 위한 한국어 관용어 목록 선정과 학습 지도 방안 연구: 여성결혼이민자와 함께하는 한국어를 중심으로, 인하대학교 교육대학원 석사학위논문.
한송화(2010), 학문목적 한국어 교육과정 설계의 실제: 대학 입학 전 한국어 교육과정을 중심으로, 한국어교육 21-1, 국제한국어교육학회. pp.225~248.
홍성희 외(2009), 여성결혼이민자가족의 지원을 위한 통합적 교육프로그램 개발에 관한 연구, 한국가족자원경영학회지 13, 한국가족자원경영학회. pp.119~146.
홍승량(2011), 여성 결혼이민자 대상 한국어 교육에서의 스토리텔링 활용 방안 연구, 배재대학교 대학원 석사학위논문.
홍용도(2009), '여성 결혼이민자' 의 한국어 교육 참여 실태 분석: 진주 · 사천시 지역 여성 결혼이민자를 중심으로, 계명대학교 교육대학원 석사학위논문.
홍윤기(2012), 학문목적 글쓰기를 위한 문장 구성 틀 연구: 종결표현에 따른 연결표현의 공기 양상의 차이를 중심으로, 어문연구 155, 한국어문교육연구회. pp.375~403.
홍종명(2012), 결혼이민자 대상 직업 목적 한국어 교육 과정 설계를 위한 기초연구, 국제어문 54, 국제어문학회. pp.567~599.
홍칠선(2011), 여성결혼이민자를 위한 한국어 방문교육 개선 방안 연구: 경남지역을 중심으로, 부산외국어대학교 교육대학원 석사학위논문.
황설운(2013), 학문 목적 한국어 학습자를 위한 문화교육 항목 선정 연구, 한국언어문화학 10-1, 국제한국언어문화학회. pp.253~273.
황윤정(2011), 입양청소년 대상 한국어 교육과정 개발을 위한 요구분석, 이화여자대학교 교육대학원 석사학위논문.
황인해(2010), 여성 결혼이민자를 위한 한국어교육 방송 분석: 한국교육방송공사 프로그램을 중심으로, 연세대학교 교육대학원 석사학위논문.
황티엔(2008), 실무목적 한국어 교육과정 개발을 위한 요구분석 및 적용: 실무문서 작성

교육을 중심으로, 이화여자대학교 국제대학원 석사학위논문.
황현주(2006), 학문 목적 한국어 교육과정 개발을 위한 과제 단위 요구 분석: 중국인 유학생을 대상으로, 연세대학교 교육대학원 석사학위논문.
황현주(2006), 학문 목적 한국어 교육과정 개발을 위한 과제 단위 요구 분석: 중국인 유학생을 대상으로, 외국어로서의 한국어교육 31, 연세대학교 언어연구교육원 한국어학당. pp.229~257.
황혜경(2010), 결혼이주여성 대상 한국어 교육과정 개발을 위한 요구분석, 연세대학교 교육대학원 석사학위논문.
Lein, Gim Woon(2011), 말레이시아 정부 장학생을 위한 학문 목적 한국어 교육과정의 중요도-만족도 분석을 통한 요구분석, 이화여자대학교 국제대학원 석사학위논문.

Ⅱ-04.
교육과정

강남욱(2011), 북한의 외국어로서의 조선어교육 운영 사례에 대한 면담 조사 연구: 김형직사범대학 연수생 출신의 제보자 면담을 중심으로, 국어교육학연구 40, 국어교육학회. pp.295~326.

강명희(1996), 초보단계 외국인을 위한 단기 한국어 프로그램의 추세와 첫 일주일간의 언어적 개괄교육의 필요성, 동서문화 28, 계명대학교 인문과학연구소. pp.269~285.

강현화(2006), 한국어교육 · 한국학 교육과정 분석 및 발전방향, 아태연구 13-1, 경희대학교 아태지역연구원. pp.73~104.

강현화(2008), 자국어 국외 보급을 위한 언어정책 사례 연구: 세종학당 교육과정 구축을 위해, 언어와 문화 4-2, 한국언어문화교육학회. pp.31~56.

강현화(2012), 표준교육과정의 어휘, 문법 위계화에 대한 제언, 국제한국어교육학회 춘계학술발표논문집, 국제한국어교육학회. pp.293~320.

고경숙 외(2010), 교환학생을 위한 한국어 교육 과정 개발의 실제, 언어와 문화 6-1, 한국언어문화교육학회. pp.1~26.

곽연화(2010), 몽골 이주노동자 자녀를 위한 한국어 교육과정 개발 연구: 재한몽골학교 초등한국어 교육과정을 중심으로, 경희대학교 교육대학원 석사학위논문.

곽재용(2012), "한국어 교육과정" 부록에 제시된 어휘 목록 분석, 배달말 51, 배달말학회. pp.305~329.

喬宇博(Yu Bo Qiao)(2011), 중국의 한국어 『정독』 과목에 대한 요구 분석: 졸업 진로에 대한 요구를 중심으로, 문법 교육 14, 한국문법교육학회. pp.153~180.

권승명(2012), 미취학 자녀교육을 위한 여성결혼이민자용 한국어 교수요목 설계: 만 5세 교육과정을 중심으로, 영남대학교 대학원 석사학위논문.

김경근 외(2008), 재외 비정규 한글학교용 표준교육과정 체제 개발 연구, 교육과학기술부.

김경렬(2012), 중학교 다문화 가정 학생의 학습 한국어 능력 신장을 위한 한국어 교육과정 설계 연구, 한국외국어대학교 교육대학원 석사학위논문.
김경미(2012), 학문 목적 한국어 학습자를 위한 요약하기 전략 연구: 설명적 텍스트를 중심으로, 한성대학교 대학원 석사학위논문.
김경애(2010), 중국대학에서의 학문목적 한국어 쓰기 교육과정 설계방안 연구, 한국외국어대학교 교육대학원 석사학위논문.
김구용(2012), 유학생을 위한 한국어 교육과정 설계 연구, 건국대학교 대학원 석사학위논문.
김명광(2007), 국어과 교육과정과 한국어과 교육과정의 비교와 대조, 한국초등국어교육 34, 한국초등국어교육학회. pp.129~164.
김명광(2007), 인도네시아 한국어교육과정의 상위 영역과 교과목의 상관성에 대한 연구, 한국학연구 27, 고려대학교 한국학연구소. pp.201~232.
김명광(2007), 한국어 교육과정의 표준화에서 고려되어야 할 몇 문제, 새국어교육 76, 한국국어교육학회. pp.29~55.
김명광(2008), 몽골의 한국어 교육과정에 대한 일고찰, 한국초등국어교육 38, 한국초등국어교육학회. pp.30~49.
김명광(2012), 외국어로서의 한국어 교육과정 개론, 대구대학교 출판부.
김문준 외(2010), 외국인 유학생 대상 교양교육과정 개발을 위한 기초 연구, 교육문화연구 16, 인하대학교 교육연구소. pp.113~134.
김민재(2004), 외국인 유학생을 위한 내용중심 대학예비교육과정 설계 연구, 경희대학교 교육대학원 석사학위논문.
김민창(2010), 집중 몰입식 한국어교육 프로그램 평가: 미국 미네소타 콘코디아 언어마을 '숲 속의 호수' 를 중심으로, 연세대학교 교육대학원 석사학위논문.
김병호(2011), 키르기스스탄 대학 한국어 교육과정 개발에 관한 탐색, 성균관대학교 대학원 석사학위논문.
김보경(2004), 비즈니스 한국어 교육과정 연구, 고려대학교 교육대학원 석사학위논문.
김상영(2011), 학문 목적 한국어 학습자를 위한 학습기술 교육 방안 연구, 선문대학교 대학원 석사학위논문.
김서형(2012), 한국어 교육과정에서의 수준별 수업 운영 방안 연구, 경희대학교 인문학연구 21, 경희대학교 인문학연구. pp.115~138.
김선정 외(2011), 표준 한국어 교육과정의 기술 원리 및 적용 방안에 대한 고찰: 세 가지 표준의 비교를 중심으로, 국어교육학연구 41, 국어교육학회. pp.251~277.
김숙경(2005), 한국 선교사 자녀를 위한 단기교육 교육과정, 장로회신학대학교 대학원 석사학위논문.

김순옥(2011), 학습자-교수자 요구 분석을 통한 유학생 대상 대학 예비 과정 연구, 계명대학교 대학원 석사학위논문.

김아영(2011), 한국어 국외 보급 정책으로서의 세종학당 연구: 세계 주요 국가 자국어 보급 정책과의 비교를 중심으로, 상명대학교 교육대학원 석사학위논문.

김연란(2013), 중국 내 한국어 교육 환경의 변화와 중국 대학의 한국어학과 교육과정 개선 방향 연구, 상명대학교 교육대학원 석사학위논문.

김연아(2010), 학문 목적 한국어 교육과정 설계 방안: 대학 입학 전 과정을 중심으로, 상명대학교 교육대학원 석사학위논문.

김영수(2007), 중국의 한국어학과 교육과정 내실화를 위한 기초 연구, 한중인문학연구 20, 한중인문학회. pp.417~435.

김유미 외(2009), 학문 목적 학습자를 위한 한국어 교육과정 설계 연구: 한국어학 전공생을 위한 내용 중심 접근 방법, 언어와 문화 5-3, 한국언어문화교육학회. pp.193~215.

김유미(2009), '한국어 교육실습' 교과목의 교수요목과 교육방안연구, 외국어 교육 16-2, 한국외국어교육학회. pp.355~384.

김윤주(2013), 다문화 배경 학생 대상 한국어 교육과정 구성 방안: 다문화 시대 문식성 교육을 중심으로, 고려대학교 대학원 박사학위논문.

김인규(2003), 학문 목적을 위한 한국어 요구 분석 및 교수요목 개발, 한국어교육 14-3, 국제한국어교육학회. pp.81~113.

김일란(2006), 여성 결혼이민자 대상 한국어 교육과정 개발을 위한 요구분석: 서울, 경기, 인천 지역을 중심으로, 학술대회2006, 한국언어문화교육학회. pp.134~143.

김재욱(2009), 외국 대학과 한국 대학의 한국어교육 전공학과 교육과정 비교 연구, 새국어교육 82, 한국국어교육학회. pp.73~93.

김재욱(2009), 한국어교육 전공 학과 교육과정 분석 연구, 언어와 문화 5-1, 한국언어문화교육학회. pp.23~41.

김재욱(2010), 한국 내 대학 한국어교육학과의 교육과정 개발 연구, 언어와 문화 6-1, 한국언어문화교육학회. pp.47~67.

김재희(2008), 나선형 한국어 교육과정 구성 방안 연구, 고려대학교 교육대학원 석사학위논문.

김정숙 외(2011), '세종학당용 초급 한국어 표준교재' 개발을 위한 교수요목 설계 방안 연구, 이중언어학 46, 이중언어학회. pp.19~43.

김정숙(1998), 숙달도 배양을 위한 한국어 교육 원리 및 모형, 이중언어학 15, 이중언어학회. pp.103~122.

김정숙(2000), 학문적 목적의 한국어 교육과정 설계를 위한 기초 연구: 대학 진학생을 위한 교육과정을 중심으로, 한국어교육 11-2, 국제한국어교육학회. pp.1~19.
김정숙(2003), 통합 교육을 위한 한국어 교수요목 설계 방안 연구, 한국어교육 14-3, 국제한국어교육학회. pp.119~143.
김정숙(2011), 한국어 교육과정 연구 성과와 향후 과제 연구, 이중언어학 47, 이중언어학회. pp.331~349.
김종숙(2013), 한국어 방문교육의 요구분석 및 방안: 시흥시 결혼 이민자를 중심으로, 충북대학교 교육대학원 석사학위논문.
김지영(2008), 유학생을 위한 한국어 교육과정 연구: 내용 보호 교수 모형을 중심으로, 동국대학교 대학원 석사학위논문.
김지영(2012), 과제 중심 접근법에 기반한 한국어 교육 과정 개발 방안 연구: 비고츠키 사회문화이론을 적용하여, 고려대학교 대학원 박사학위논문.
김지현(2011), 일본어권 대학생을 위한 단기 한국어문화연수과정 교수요목 설계방안 연구, 한양대학교 교육대학원 석사학위논문.
김진숙(2003), 특정 목적 한국어 교육과정 개발을 위한 과제 단위 학습자 요구 분석: 기업체 근무 한국어 학습자 대상으로, 연세대학교 교육대학원 석사학위논문.
김향영(2008), 다문화가정 자녀를 위한 초등교육과정 개발 방안 연구, 경희대학교 대학원 석사학위논문.
김현정(2010), 계승 한국어 교육의 개념과 발전 방안 연구, 부산대학교 대학원 석사학위논문.
김현진(2009), 재미동포 청소년을 위한 한국어, 문화교육 병행 프로그램 설계 방안 연구, 이중언어학 39, 이중언어학회. pp.53~77.
김현진(2011), 학위논문 작성 교과목의 교수요목 개발을 위한 기초 연구: 외국인 대학원생을 중심으로, 한국어교육 22-1, 국제한국어교육학회. pp.47~73.
김호정(2011), 태국 대학생을 위한 비즈니스 한국어 교육과정 설계 방안 연구: 한국어학과 재학생, 졸업생들의 요구분석을 중심으로, 고려대학교 교육대학원 석사학위논문.
김화란(2011), 태국 대학에서의 관광 한국어 교과과정 연구, 경희대학교 교육대학원 석사학위논문.
노정은(2009), 다문화 가정 자녀를 위한 단기 집중 교육과정 개발 방안, 다문화교육연구 2, 한국다문화교육학회. pp.111~137.
류영석(2008), 이주노동자 대상 한국어 교수요목 설계 방안 연구: 입국 예정 이주노동자의 한국어 학습을 위해서, 언어와 문화 4-3, 한국언어문화교육학회. pp.77~102.
류은정(2011), 결혼 이주여성을 위한 한국어 교육과정 연구, 연세대학교 대학원 석사학위논문.

림금란(2011), 중국 유학생의 한국 대학생활 적응 예측모형, 공주대학교 대학원 박사학위논문.

武力文(2012), 중국에서의 관광한국어 교과과정의 교수요목 설계 방안: 길림성 직업기술학교를 중심으로, 고려대학교 교육대학원 석사학위논문.

민경모 외(2010), 해외 초 중등학교의 한국어 교육과정 설계를 위한 기초적 연구, 언어와 문화 6, 한국언어문화교육학회. pp.135~161.

민수진(2013), 한국어 전문가 양성을 위한 한국어 교육과정 설계, 부산대학교 대학원 석사학위논문.

민현식(2004), 한국어 표준교육과정 기술 방안, 한국어교육 15-1, 국제한국어교육학회. pp.50~51.

박고영(2010), 경음화 교육 내용 선정과 제시 순서 연구: 중국인 학습자를 대상으로, 고려대학교 교육대학원 석사학위논문.

박선옥(2009), 학습자 요구 분석을 바탕으로 한 학문 목적 한국어 교육과정 구성 방안, 한성어문학 28, 한성대학교 한성어문학회. pp.107~133.

박성민(2012), 여성결혼이민자를 위한 한국어 매체 교육 교수요목 설계, 부경대학교 교육대학원 석사학위논문.

박성수(2006), 외국인 노동자 대상 한국어 교육과정 내용 선정을 위한 요구 분석 연구, 연세대학교 교육대학원 석사학위논문.

박윤주(2009), 의사소통을 위한 응답 발화 전략 연구: 결혼 이주여성의 효율적인 한국어 교육을 위하여, 경희대학교 교육대학원 석사학위논문.

박정진(2008), 한국어 교육과정 개발 전략 탐색, 국어교육 127, 한국어교육학회. pp.1~25.

박지선(2009), 초등학교 다문화가정 자녀를 위한 한국어 교육과정 연구, 한국외국어대학교 교육대학원 석사학위논문.

박춘연(Chun Yan Piao)(2010), 중국 내 한국 문화 교육과정 설계 연구, 경희대학교 대학원 박사학위논문.

박하나(2011), 외교관을 위한 한국어 교육과정 설계 연구, 한국어문학연구 33, 한국외국어대학교 한국어문학연구회. pp.155~171.

방성원(2005), 웹 기반 한국어 과정 개발 연구, 한국어교육 16-3, 국제한국어교육학회. pp.163~184.

배지윤(2005), 외국어로서의 한국어교육에서 문화교육 모형, 선문대학교 교육대학원 석사학위논문.

백성은(2013), 비정규 과정 학습자를 위한 한국어 교수요목 설계 연구: 초급 과정을 대상으로, 한국외국어대학교 대학원 석사학위논문.

변지영(2013), 「한국어 교육과정」 구현 방안: 탈북 중학생을 중심으로, 전남대학교 대학원 석사학위논문.

변혜원(2007), 노래를 활용한 한국어 수업모형 연구, 이화여자대학교 교육대학원 석사학위논문.

付子健(2012), 비즈니스 한국어 쓰기 교육과정 연구: 중국 대학 한국어 학습자를 대상으로, 고려대학교 대학원 석사학위논문.

사와다 히로유키(Sawada Hiroyuki)(2009), 직업 목적 한국어 교육을 위한 교육과정과 교사의 자질: 해상 업무 종사자를 중심으로, 한국어교육 20-3, 국제한국어교육학회. pp.111~134.

사카와 야스히로(Sakawa Yasuhiro)(2010), 한일 한국어 교육과정 연계에 대하여: 교육기관 간의 교육과정 연계를 위한 한 방안, 한국어교육 21-2, 국제한국어교육학회. pp.109~139.

서진숙 외(2012), 외국인 단기 전문 연수자를 위한 한국어 교육과정 설계 연구: 문화동반자 대상 한국어 교육을 중심으로, 국어국문학 160, 국어국문학회. pp.249~276.

손성옥(2003), 외국어 교육학에서의 학문 영역과 교과 과정 구축, 외국어로서의 한국어교육 28, 연세대학교 언어연구교육원 한국어학당. pp.1~36.

손오규(2008), 「외국인을 위한 한국어」 교육의 실제와 교과과정 운영방향, 교육과학연구 백록논총 10-1, 제주대학교 교육과학연구소. pp.5~20.

손정일(2003), 중국 대학에서의 한국어 교육과정, 한국어교육 14-3, 국제한국어교육학회. pp.217~237.

신문경(2006), 학문 목적의 한국어 교육과정 개발 연구: 외국인 대학생의 교육 사례를 중심으로, 경희대학교 대학원 석사학위논문.

신문영(2007), 공익광고를 활용한 한국어 교실수업 모형 연구, 경희대학교 교육대학원 석사학위논문.

신석홍(2010), 한국어 능력 중심 교육과정 개발 및 교수요목 연구: 외국인 노동자들을 중심으로, 고려대학교 교육대학원 석사학위논문.

신은경(2010), 한국어 교육과정 연구 동향 분석, 백양인문논집 15, 부산여자대학교 인문과학연구소.

신자영 외(2011), 한국어교육을 위한 병렬말뭉치의 대조 주석 모형 개발 방안, 언어와 정보 사회 14, 서강대학교 언어정보연구소. pp.97~124.

신정아(2013), 태국 대학 내 한국어과 교육과정 개선 방안 연구, 부산외국어대학교 대학원 석사학위논문.

신정애 외(2010), 의사소통 기능 중심의 한국어 교육을 위한 교육 내용 선정 및 배열 연구, 외국어 교육 17-1, 한국외국어교육학회. pp.405~432.

신쪼오 후토시(2004), 외국어로서의 한국어 수업에 대한 학습자와 교수자의 요구분석 연구: 일본 고등학교를 중심으로, 연세대학교 대학원 석사학위논문.

신현숙(2002), 한국어 대화의 교수모형: 질문과 응답, 한국어교육 13-2, 국제한국어교육학회. pp.131~157.

심상민(2011), 다문화 가정 자녀 대상의 한국어교육 프로그램의 교육 목표 및 내용, 교수-학습 모형에 관한 연구, 국어교육연구 48, 국어교육학회. pp.115~140.

심현숙(2010), 기초한국어 교육과정의 수행평가모형 개선에 대하여, 중국조선어문 167, 길림성민족사무위원회. pp.34~35.

아사리 텐세이(2006), 일본인 학습자를 위한 한국어 고급 교육과정 개발 연구, 경희대학교 대학원 석사학위논문.

안경화 외(2000), 학습자 중심의 한국어 교육과정 개발 방향에 대하여, 한국어교육 11-1, 국제한국어교육학회. pp.67~83.

안경화(2007), 한국어 교육의 연구, 한국문화사.

안수정(2012), 한글학교 교육과정에 대한 연구: 동남아시아 지역을 중심으로, 한국어교육 23-2, 국제한국어교육학회. pp.191~213.

안영희(2010), 한국어 교육의 '-겠-' 수업 모형 연구, 동국대학교 대학원 석사학위논문.

안은경(2011), 한국어 교육과정 개발 연구: 중국인 근로자를 대상으로, 충북대학교 교육대학원 석사학위논문.

안은희(2006), 다언어 학습 시스템을 통한 웹 기반 한국어 교육 프로그램: 동경외국어대학 『TUFS 언어모듈』 개발 사례를 중심으로, 한국어교육 17-2, 국제한국어교육학회. pp.157~181.

안형미(2011), 학습자 요구 분석을 통한 비즈니스 한국어 교육과정 개발 방안 연구, 한양대학교 교육대학원 석사학위논문.

어다은(2012), 이주노동자 대상 한국어 프로그램 분석: 서울 · 경기 지역 이주노동자지원센터를 중심으로, 연세대학교 교육대학원 석사학위논문.

염창권(2007), 중국 대학의 한국어학과에서 학생들의 한국어 습득 양상에 대한 문화기술적 연구: 교육과정 운영과 교수 인력 구성을 중심으로, 한국어교육 18-1, 국제한국어교육학회. pp.257~288.

오은순 외(2010), 다문화가정 학생을 위한 한국어교육 프로그램 내용 요소 탐색: 학교체제 운영을 중심으로, 청소년학연구 17-12, 한국청소년학회. pp.83~107.

오지혜(2007), 한국어교육에서의 언어문화 교육을 위한 교육내용의 범주 및 구조 설계 방안, 한국언어문화학 4-2, 국제한국언어문화학회. pp.83~120.

왕단(Wang Dan)(2002), 중국 대학교 한국어과 교육과정 설계에 관한 연구, 외국어로서의 한국어교육 27, 연세대학교 언어연구교육원 한국어학당. pp.219~242.

원진숙(1992), 의사 소통 능력 계발을 위한 교수 요목 설계, 교육한글 5, 한글학회. pp.135~156.

원진숙(2009), 초등학교 다문화 가정 학생을 위한 언어 교육 프로그램, 한국초등국어교육 40, 한국초등국어교육학회. pp.158~187.

위수광(2010), 한국인 중국어 학습자 교육문법요목 설계에 관한 연구, 부산외국어대학교 대학원 박사학위논문.

유 빅토리아(2012), 방문취업제도 CIS 동포 근로자 대상의 한국어와 생활문화 통합적 교육과정에 대한 연구, 연세대학교 대학원 석사학위논문.

유수정(2008), 요구 분석을 통한 직업 목적의 한국어 교육과정 설계 연구, 경희대학교 교육대학원 석사학위논문.

유재택 외(2002), 재외동포용 한국어 교재 개선을 위한 교육과정 개발 연구, 한국교육과정평가원.

유재택 외(2004), 재외동포용 한국어 교육과정 및 교재 체제 개발 연구, 한국교육과정평가원.

유홍태(2012), 고학력 전문인 대상 한국어 교수요목 설계를 위한 학습자 연구: 대덕 연구단지 내 한국어 학습자를 중심으로, 배재대학교 대학원 석사학위논문.

윤병우(2013), 요구 분석을 통한 한국어 도우미 프로그램의 효율적 운영 방안 연구: 초급 단계를 중심으로, 경희대학교 교육대학원 석사학위논문.

윤희원(1997), 한국어 교육과정 개발의 전제와 과제, 한국외국어교육학회 학술대회 자료집, 한국외국어교육학회. pp.56~61.

이경우 외(2006), 균형 잡힌 한국어교육 프로그램의 산학 협동 연구, 한국어린이미디어학회학술대회 자료집, 한국어린이미디어학회, pp.9~19.

이금희(2012), 학문목적 한국어 글쓰기 교육에 필요한 교수요목과 교재 개발 방향, 반교어문연구 33, 반교어문학회. pp.191~224.

이기종(2006), 한국어 교육기관 운영론, 한남어문학 30, 한남대학교 한남어문학회. pp.233~256.

이나(2012), 중국 대학 한국어학과 교과과정 분석 및 개선방안 연구, 배재대학교 대학원 석사학위논문.

이덕희(2003), 요구분석을 통한 학문 목적의 한국어 교육과정 설계 연구, 연세대학교 대학원 석사학위논문.

이미혜(2001), 프로젝트 작업을 통한 고급 과정 수업 모형, 한국어교육 12-2, 국제한국어

교육학회. pp.159~179.
이숙현(2010), International Baccalaureate Diploma Programme 한국어 교육과정 실행형태 연구: 베트남 지역 외국인학교를 중심으로, 연세대학교 교육대학원 석사학위논문.
이승연 외(2012), 한국어교사교육과정의 다양화 방안 연구: 해외 선교지 한국어교육을 위한 교사교육과정을 중심으로, 국제한국어교육학회 국제학술발표논문집, 국제한국어교육학회. pp.539~548.
이아람(2010), 한국어 학습자를 위한 과정 중심 수업 모형 연구: 소설과 영상 매체의 비교 활용을 중심으로, 동국대학교 대학원 석사학위논문.
이윤필(2013), 기초 전공 한국어 교육과정 개발을 위한 요구조사, 이화여자대학교 교육대학원 석사학위논문.
이은진(2011), 외국인 근로자를 위한 한국어 통역 교육과정 개발 연구: TV 뉴스를 중심으로, 상명대학교 교육대학원 석사학위논문.
이은희(1998), 외국어로서의 한국어 교육을 위한 교육과정 개발 연구, 한국어교육 9-2, 국제한국어교육학회. pp.121~141.
이재은(2012), 학문 목적 한국어 학습자의 발표 능력 함양을 위한 교수요목 설계 연구, 배재대학교 대학원 석사학위논문.
이정희 외(2003), 내용중심 한국어교육과정 수립을 위한 기초 연구: 최고급 단계를 중심으로, 한국어교육 14-1, 국제한국어교육학회. pp.211~232.
이정희(2012), 인문사회계열 전공자를 위한 대학 입학 전후 학문 목적 한국어교육과정 모형 개발, 어문연구 156, 한국어문교육연구회. pp.427~454.
이종호(2010), 전공 연계 학문 목적 한국어 교수요목 설계 연구: 국제통상학부를 중심으로, 인하대학교 교육대학원 석사학위논문.
이준호(2012), 일반 목적 한국어 교육과정의 쓰기 수업의 양상과 제언: 분리 수업의 경우를 중심으로, 국제한국어교육학회 춘계학술발표논문집, 국제한국어교육학회. pp.53~59.
이지민(2011), 전문 근로자를 위한 비즈니스 한국어 문화 항목 설정과 교육방안 연구, 한국외국어대학교 교육대학원 석사학위논문.
이지은(2012), 여성결혼이민자의 언어 학습전략 분석 연구, 경남대학교 대학원 석사학위논문.
이진영(2008), 한국어 쓰기 교육과정 개발 연구, 경희대학교 대학원 석사학위논문.
이해영(2004), 학문 목적 한국어 교과과정 설계 연구, 한국어교육 15-1, 국제한국어교육학회. pp.137~164.
이현정(2012), 다문화가정 초·중등 학생 학교적응을 위한 교육 프로그램 운영 및 개선에 대한 연구, 건국대학교 교육대학원 석사학위논문.

이혜경(2009), 교재의 분석을 통한 한국어 교육과정 개선안, 창원대학교 대학원 석사학위논문.

이혜리(2013), KSL 학습자를 위한 내용중심 교육방안 연구: 중도입국 청소년을 대상으로, 한국외국어대학교 교육대학원 석사학위논문.

이홍수(1999), 외국어습득 및 교육과정론, 한국문화사.

임미은(2012), 러시아 초등학교 어린이를 위한 한국어교육 내용 연구: 총체적 언어접근법을 바탕으로, 서울대학교 대학원 석사학위논문.

임서연(2009), 한국어 교육과정 설계 방안 연구: 여성결혼이민자를 대상으로, 충북대학교 대학원 박사학위논문.

임승선(2006), 이주노동자 대상 취업 전 한국어 교육과정 개발 연구, 상명대학교 교육대학원 석사학위논문.

임현영(2010), 다국적 기업 외국인 경영자 대상 한국어 교육과정 내용 선정을 위한 요구분석 연구, 연세대학교 교육대학원 석사학위논문.

장문정(2008), 한국어 문학 교수요목 설계를 위한 요구 분석, 이중언어학 36, 이중언어학회. pp.345~369.

장미라 외(2012), 문화 기반 초급 온라인 한국어교육 콘텐츠의 교수요목 설계 및 단원 구성 방안 연구, 어문학 116, 한국어문학회. pp.103~130.

장정윤(2011), 번역 교육 모형설계를 위한 고찰: 고급수준이상의 한국어 학습자를 대상으로, 고려대학교 교육대학원 석사학위논문.

장향실 외(2009), 외국인 대학생을 위한 교양 한국어 쓰기 수업 모형 개발 연구, 한국어교육 20-2, 국제한국어교육학회. pp.255~279.

장향실(2006), 중국 대학의 한국어 전공 학습자를 위한 쓰기 교육 연구: 교수 요목 설계를 위한 교육 내용 선정에 대하여, 이중언어학 32, 이중언어학회. pp.325~347.

전은주(2003), 국제 도시 부산에서의 한국어 교육 실태와 발전 방안 연구: 지역 특성을 고려한 학습자 중심의 한국어 교육과정 개발을 중심으로, 한국어교육 14-2, 국제한국어교육학회. pp.361~401.

전은주(2008), 다문화 사회와 제2언어로서의 한국어(KSL) 교육과정의 목표 설정 방향, 국어교육학연구 33, 국어교육학회. pp.629~656.

정광숙(2004), 한 · 미 · 호 초등학교 국어과 교육과정 읽기 영역 비교 연구, 어문학교육 28, 한국어문교육학회.

정대현(2009), 학습자중심 형태초점교수 모형 연구, 국어교육학연구 34, 국어교육학회. pp.371~395.

정명숙(2003), '비즈니스 한국어'의 교수요목 설계를 위한 연구, 한국어교육 14-2, 국제한국어교육학회. pp.403~421.

정미정(2010), 다문화가정 초등학교 학생을 위한 한국어 교과학습 프로그램 실태 및 교육 정책 연구, 한양대학교 교육대학원 석사학위논문.

정미혜(2012), 공학계열 내용기반 한국어 교육과정 개발 연구: 대학 입학 전 학습자를 중심으로, 경희대학교 대학원 박사학위논문.

정영근 외(2009), 재외 한글학교용 표준 교육과정(총론 및 각론) 연구 개발, 한국교육과정평가원.

정재훈 외(2009), 해외 한글학교 교육과정에 대한 연구: 호주의 사례를 중심으로, 새국어교육 82, 한국국어교육학회. pp.415~438.

정지현(2011), 다문화가정 자녀 대상 내용 중심 한국어 교육과정 개발, 부산대학교 대학원 석사학위논문.

정진봉 외(2009), 한국어교육기관의 조직효과성 평가모형 개발에 관한 연구, 한국사회와 행정연구 20-2, 서울행정학회. pp.321~346.

정태섭 외(2010), 한국어 교수요목을 위한 요구분석 모형 개발 연구, 한국어교육 21-3, 국제한국어교육학회. pp.209~230.

정태섭(2012), 요구분석을 통한 한국어 교수요목 설계 방안 연구: 원어민 영어 보조교사를 대상으로, 한국외국어대학교 대학원 석사학위논문.

정혜민(2012), 단기해외봉사활동 한국 문화교육 프로그램의 개발 연구: 캄보디아 대학생을 대상으로, 한국외국어대학교 교육대학원 석사학위논문.

조광문(2012), 비즈니스 한국어 교육과정 개발을 위한 요구 분석: 국외 기업체 근무 중국인 학습자를 대상으로, 연세대학교 교육대학원 석사학위논문.

조남민(2011), 한국어 교육과정에 반영된 사회문화적 현상에 대한 연구: 한국어 교재에 나타난 성별언어와 관련하여, 언어와 문화 7-1, 한국언어문화교육학회. pp.211~239.

조수현(2006), 관광 안내원 한국어 교육과정 개발을 위한 요구분석 연구: 태국과 캄보디아 한국어 학습자를 대상으로, 연세대학교 교육대학원 석사학위논문.

조은숙 외(2011), 한국어 교육과정의 설계와 개선 방향에 대하여: 중국 내 대학 교육과정을 중심으로, 한국언어문화교육학회 학술대회, 한국언어문화교육학회. pp.79~91.

조은숙(2011), 한국어 교육과정의 설계와 개선 방향에 대하여, 언어와 문화 7-2, 한국언어문화교육학회. pp.257~277.

조태린(2012), 한국어 교육의 학문적 발전을 위한 한국어 교원 자격 제도의 개선: 대학원의 교육과정을 중심으로, 언어와 문화 8-3, 한국언어문화교육학회. pp.275~293.

조항록(2004), 재외동포를 대상으로 하는 한국어 교육정책의 실제와 과제, 한국어교육 15-

2, 국제한국어교육학회. pp.199~232.
조항록(2010), 다문화 가정 자녀를 위한 한국어 교육 프로그램 운영 지원 방안, 이중언어학 42, 이중언어학회. pp.243~271.
지현숙(2010), 한국어교육에서 문화 교육과정 연구의 새로운 탐색: 소위 '다문화 교육'을 넘어, 한국언어문화학 7-1, 국제한국언어문화학회. pp.261~290.
진정란(2009), 비한국계 학습자 대상 한국어 과정의 안착 방안: 미국 흑인 대학의 사례를 중심으로, 언어와 문화 5-3, 한국언어문화교육학회. pp.323~343.
진정란(2009), 재미동포 저밀집 지역의 한국어 교육을 위한 한국어 캠프, 외국어교육연구 23-2, 한국외국어대학교 외국어교육연구소. pp.105~126.
진정란(2010), 주말한국학교를 위한 대안적 프로그램으로서의 한국어캠프, 학술대회 발표집, 한국언어문화교육학회. pp.173~182.
천성옥(2010), 요구분석을 통한 한국어 · 문화 교육 통합 프로그램 설계 방안 연구: 비정규 비영리 한국어 교육 기관을 중심으로, 이화여자대학교 국제대학원 석사학위논문.
최선영(2010), 재외 한국학교 한국어 학습 부적응 학생을 위한 한국어 교육 프로그램의 설계: 싱가포르 한국학교 사례를 중심으로, 서울교육대학교 교육대학원 석사학위논문.
최윤곤(2003), 유학생을 위한 한국어 교육 과정 설계, 한국어문학연구 41, 한국어문학연구학회. pp.115~138.
최윤곤(2007), 유학생 한국어 교육과정 운영과 현황: 동국대학교 유학생 한국어 과정을 중심으로, 새국어교육 78, 한국국어교육학회. pp.271~294.
최윤정(2011), 한국어 학습자의 노트 필기 전략과 언어 학습 신념 및 전략에 따른 학업 성취도 연구: 학문 목적 중국인 학습자를 대상으로, 한국외국어대학교 대학원 석사학위논문.
최윤혜(2010), 웹기반 한국어 독서 교육 프로그램 모형 개발 및 효과에 관한 연구: 중급 학습자를 대상으로, 연세대학교 교육대학원 석사학위논문.
최정순(2006), 학문 목적 한국어 교육의 교육과정과 평가, 이중언어학 31, 이중언어학회. pp.277~313.
최형난(2011), TV 다큐멘터리를 활용한 한국어 교실수업모형, 부산대학교 대학원 석사학위논문.
최혜진(2011), 이주노동자를 위한 한국어 교육과정 개발 연구, 한국외국어대학교 대학원 석사학위논문.
태평무(1996), 중국의 대학 교육에 있어서 한국 말과 글 교육과정의 문제점과 그 대책, 한국어문학연구 31, 한국어문학연구학회. pp.487~493.

한국교육과정평가원(2002), 재외동포용 한국어 교재 개선을 위한 교육과정 개발연구, 한국교육과정평가원.

한귀은(2001), 서사적 담화 수행을 위한 교수-학습 모형 개발, 국어교육 106, 한국어교육학회. pp.65~89.

한상미 외(2012), 온라인 한국어 교육과정 개발을 위한 기초 연구, 외국어로서의 한국어교육 37, 연세대학교 언어연구교육원 한국어학당. pp.411~449.

한선(2011), 문화간 의사소통 중심의 한국 문화 교수요목 설계 방안 연구, 한국외국어대학교 대학원 박사학위논문.

한송화(2010), 학문목적 한국어 교육과정 설계의 실제: 대학 입학 전 한국어 교육과정을 중심으로, 한국어교육 21-1, 국제한국어교육학회. pp.225~248.

허봉자(2011), 유기적상관성을 확보한 교수요목 설계방안: 기초단계 한국어교육을 중심으로, 중국조선어문 3, 길림성민족사무위원회. pp.29~34.

허용(2007), 세종학당 교육과정 개발 연구, 국립국어원.

홍성희 외(2009), 여성결혼이민자가족의 지원을 위한 통합적 교육프로그램 개발에 관한 연구, 한국가족자원경영학회지 13, 한국가족자원경영학회. pp.119~146.

홍종명(2012), 결혼이민자 대상 직업 목적 한국어 교육 과정 설계를 위한 기초연구, 국제어문 54, 국제어문학회. pp.567~599.

황 뱌채슬랍(2012), 키르기즈스탄 지역 한국학과의 한국어 교육과정 연구, 배재대학교 대학원 석사학위논문.

황윤정(2011), 입양청소년 대상 한국어 교육과정 개발을 위한 요구분석, 이화여자대학교 교육대학원 석사학위논문.

황인교 외(2004), 집중적인 한국어 교육과정의 교육: 연세대학교 언어연구교육원 한국어학당 문학 수업을 중심으로, 외국어로서의 한국어교육 29, 연세대학교 언어연구교육원 한국어학당. pp.231~280.

황인교(2006), 한국어 교육과정의 현황과 과제: 국내 대학 부설 한국어 교육기관을 중심으로, 한국어교육 17-3, 국제한국어교육학회. pp.381~400.

황티옌(2008), 실무목적 한국어 교육과정 개발을 위한 요구분석 및 적용: 실무문서 작성교육을 중심으로, 이화여자대학교 국제대학원 석사학위논문.

황현주(2006), 학문 목적 한국어 교육과정 개발을 위한 과제 단위 요구 분석: 중국인 유학생을 대상으로, 연세대학교 교육대학원 석사학위논문.

황현주(2006), 학문 목적 한국어 교육과정 개발을 위한 과제 단위 요구 분석: 중국인 유학생을 대상으로, 외국어로서의 한국어교육 31, 연세대학교 언어연구교육원 한국어학당. pp.229~257.

황혜경(2010), 결혼이주여성 대상 한국어 교육과정 개발을 위한 요구분석, 연세대학교 교육대학원 석사학위논문.

Han Sohn(1990), Korean Language Programs: The Institut of Language Research and Education, Yonsei University, Seoul, Korea, 한국어교육 2, 국제한국어교육학회. pp.189~215.

Hoang Thi Hai Anh(2010), 베트남 여성 결혼이민자 대상 입국 전 한국어 교육과정 개발을 위한 요구분석, 이화여자대학교 국제대학원 석사학위논문.

Sainbilegt. D.(2009), 몽골 한국어 교육과정의 현황 및 발전 방향, Journal of Korean culture 12, 서정시학. pp.7~31.

Sohn, John Y.(1997), THE FOREIGN LANGUAGE TEACHING PROGRAM, 한국어교육 8, 국제한국어교육학회. pp.313~324.

Vercholyak, Vladmir 외(2002), 러시아 대학의 한국어교육과정의 현 능력평가제도에 대하여: 러시아 국립 극동대학교 한국학 대학을 예로, 국어교육연구 10, 서울대학교 국어교육연구소. pp.275~289.

Victor Nam(2012), 우즈베키스탄의 한국어 쓰기 교육과정 연구, 서울대학교 대학원 박사학위논문.

Young Key Kim(1990), The Korean Language Program At The George Washington University: A Review, 한국어교육 2, 국제한국어교육학회. pp.217~252.

Ⅱ-05.
학습자

가마카리 스즈(2004), 일본어권 한국어 학습자의 발달 양상 연구: 이유 표현 연결구를 중심으로, 고려대학교 교육대학원 석사학위논문.
감영필(2013), 영어권학습자를 위한 한국어 의태어 교육연구, 부경대학교 교육대학원 석사학위논문.
강경민(2013), 한국어 초급 학습자를 위한 서술어 교육 내용 연구, 서울대학교 대학원 석사학위논문.
강나현(2012), 여성결혼이민자를 위한 독학용 한국어 기초 교재 개발 방안 연구, 인하대학교 교육대학원 석사학위논문.
강봉식(2006), 일본어를 모어로 하는 한국어 학습자들의 받침 발음의 문제점과 교정법에 관한 한일 양 언어의 음운학적 고찰연구, 어원연구 7, 한국어원학회. pp.137~150.
강사희(1999), 외국어로서의 한국어 교수법: 성인 학습자를 위한 새 방향, 외국어로서의 한국어교육 23, 연세대학교 언어연구교육원 한국어학당. pp.17~28.
강승혜(2005), 학습자 요인 측면에서 본 한국어 학습자 분석: 학습자 상담 사례 분석을 중심으로, 이중언어학 27, 이중언어학회. pp.1~20.
강승혜(2011), 한국어 교사, 학습자 관련 한국어 교육 연구 동향 분석, 이중언어학 47, 이중언어학회. pp.687~712.
강정희(1996), 해외 동포 자녀들에 대한 모국어 교육 실태 조사 연구: 캐나다 동포 사회를 중심으로, 한국어교육 7, 국제한국어교육학회. pp.3~20.
강현화 외(2003), 스페인어권 한국어 학습자의 어미, 조사 및 시상, 사동 범주의 오류 분석, 한국어교육 14-2, 국제한국어교육학회. pp.1~23.
고명지(2012), 재미동포 미취학 아동 학습자를 위한 한국어 가정학습 교재 개발 방안 연구, 부산외국어대학교 대학원 석사학위논문.
고선주 외(2007), 이주외국인을 위한 한국어 교육의 과제와 발전 방향, 이중언어학 33, 이중언어학회. pp.575~593.
고혜리(2010), 여성 결혼 이민자를 대상으로 한 한국어 교재 분석, 한양대학교 교육대학원 석사학위논문.
고혜진(2011), 베트남어권 학습자 맞춤형 한국어 교재 분석, 경희대학교 교육대학원 석사학위논문.
공펭 소파(2013), 태국 고등학교 학습자를 위한 한국어 교재 개발 방안 연구, 고려대학교 대학원 석사학위논문.
곽단양(2006), 중국어권 학습자를 위한 한국어 완곡 표현 교육 연구, 서울대학교 대학원 석사학위논문.
곽박림(2013), 중국인 학습자를 위한 한·중 한자어의 의미 대조 연구, 울산대학교 대학원 석사학위논문.
郭爽(2006), 중국인 학습자를 위한 한·중 동형 한자어의 의미 기술과 지도 방안 연구, 서울대학교 대학원 석사학위논문.
곽성미(2009), 이주노동자를 위한 초급 한국어 교재 개발 방안: 부산지역을 중심으로, 부산대학교 대학원 석사학위논문.
곽소원(2013), 중국인 학습자를 위한 한국어 동형이의 한자어 교육 방안 연구: Ausubel의 선행조직자 학습전략을 활용하여, 중앙대학교 대학원 석사학위논문.
곽영(2013), 드라마를 활용한 한국어교육 문화통합 연구: 중국인 학습자를 대상으로, 중앙대학교 대학원 석사학위논문.
괵셀 튀르쾨쥐(1999), 터키인을 위한 한국어 교육, 이중언어학 16, 이중언어학회. pp.61~76.
괵셀 튀르쾨쥐(2004), 한국어 쓰기 교육 내용 구성 연구: 터키인 학습자를 대상으로, 서울대학교 대학원 박사학위논문.
구민숙(2001), 외국인 노동자를 위한 한국어 교육 방안 연구: 교재구성을 중심으로, 경희대학교 교육대학원 석사학위논문.
구영산(2012), 한국어 학습 동기화 과정에 대한 연구: 국제 한인 입양인을 둘러싼 결핍의 담론 생산을 중심으로, 한국어교육 23-1, 국제한국어교육학회. pp.183~217.
굴영(2011), 중국어권 학습자를 위한 한국어 쓰기 교재 개발 방안, 건양대학교 대학원 석사학위논문.
권기양(2007), 중국어권 KFL 학습자들을 위한 효과적인 발음교육 방안, 코기토 61, 부산대학교 인문학연구소. pp.7~30.
권성미(2007), 한국어 단모음 습득에 대한 실험음성학적 연구: 일본어권 학습자를 중심으로, 이화여자대학교 대학원 박사학위논문.
권용해(2006), 어조청각법을 활용한 한국어 발음교정 연구: 프랑스어권 학습자를 중심으로, 이중언어학 30, 이중언어학회. pp.25~60.

권현주(1996), 일본인 학습자를 대상으로 한 한국어 발음교수법 연구: 대조언어학적 방법을 통하여, 이화여자대학교 교육대학원 석사학위논문.

권현주(2006), 특수음소의 변이음을 이용한 한국어 종성 발음 인지교육 방안: 일본어권 학습자를 대상으로, 일본어문학 31, 한국일본어문학회. pp.35~54.

기준성(2004), 한국어 학습자를 위한 {-음/기}의 표현 유형과 의미 연구, 상명대학교 대학원 석사학위논문.

김경섭(2011), 외국군을 위한 「군사 한국어」 교재 개발 연구, 경희대학교 교육대학원 석사학위논문.

김경지(2001), 중급 학습자를 위한 한국어 교육 연구: 영화와 노래를 중심으로 한 수업 활동, 경희대학교 교육대학원 석사학위논문.

김경지(2009), 한국어 학습자를 위한 비언어적 커뮤니케이션 연구, 이중언어학 40, 이중언어학회. pp.1~29.

김고은(2013), 학습자의 모국어에 따른 한국어 추측양태 표현 습득 양상: 몽골어권과 중국어권 학습자를 대상으로, 이화여자대학교 교육대학원 석사학위논문.

김길동(2008), 중국어권 학습자를 위한 한국어 발음 교육 연구, 단국대학교 대학원 박사학위논문.

김남돈(2006), 학습자 말뭉치에 기반한 국어지식의 계량적 연구 방안: 초등학교 일기 말뭉치에서 조사를 중심으로, 어문연구 132, 한국어문교육연구회. pp.449~471.

김남미(2007), 재외국민반 학생을 위한 교양국어 수업 방안, 국어교육 124, 한국어교육학회. pp.55~86.

김도연(2012), 다문화 가정의 한국어교육 욕구분석: 예산다문화가족지원센터 중심으로, 강남대학교 교육대학원 석사학위논문.

김라리사(2010), 러시아어권 학습자를 위한 대학용 한국어 교재 개발 방안, 고려대학교 대학원 석사학위논문.

김명광(2008), 해외 귀국 학생들의 문장 오류 분석, 한국초등국어교육 37, 한국초등국어교육학회. pp.41~72.

김문희(2011), 전래동화 스토리텔링을 활용한 한국어 교육 방안 연구: 중국인 학습자를 대상으로, 청주대학교 대학원 석사학위논문.

김미옥(2006), 중국인 학습자를 위한 한국어 교육 제고, 학술대회 발표집, 한국언어문화교육학회. pp.193~200.

김민경(2007), 한국어 한자 어휘 학습 자료 개발을 위한 기초 연구: 중국어권 중급 학습자를 대상으로, 한양대학교 대학원 석사학위논문.

김민경(2013), '딕토콤프(Dicto-comp)' 가 한국어 학습자의 듣기 능력과 쓰기 능력에 미치는 효과 연구, 고려대학교 대학원 석사학위논문.
김민애(2011), 한국어 토론 수업 내용 연구: 고급 학습자의 논증 구성을 중심으로, 어문학논총 30, 국민대학교 어문학연구소. pp.101~126.
김민정(2012), 한국어가 모국어가 아닌 학습자를 위한 수학 지도 방법 연구, 서울시립대학교 교육대학원 석사학위논문.
김병운(2009), 중국어권 학습자를 위한 한국어 교육 연구, 충남대학교 대학원 박사학위논문.
김병운(2009), 중국어권 학습자를 위한 한국어 교육 연구, 한국문화사.
김부영 외(2013), 중국인 학습자의 한국어 유음 습득 양상 연구, 우리어문연구 45, 우리어문학회. pp.57~78.
김빅토리아(2004), 러시아어권 학습자를 위한 한국어 발음 교육 연구, 경희대학교 교육대학원 석사학위논문.
김선미(2011), 한국어 모어화자와 몽골인 한국어 학습자의 논설 텍스트 분석, 이화여자대학교 교육대학원 석사학위논문.
김선정 외(2010), 다문화 가정 한국어 학습자를 위한 한국어 발음 교육: 베트남 여성결혼이민자를 중심으로, 나라사랑 119, 외솔회. pp.131~160.
김선정(2009), 설문조사를 통해 본 여성결혼이민자 대상 한국어교재 개발의 방향, 언어과학연구 49, 언어과학회. pp.1~22.
김선효(2010), 일본어권 한국어 학습자를 위한 어휘적 연어 학습 방안, 이중언어학 44, 이중언어학회. pp.25~47.
김성수 외(2007), 이주여성 대상 한국어교육 사례 보고: 대구경북지역, 언어와 문화 3-2, 한국언어문화교육학회. pp.13~32.
김세현(2011), 다문화가정 자녀 대상 한국어 교재의 한국어 발달 측면에서의 적합성: 초등학교 저학년의 언어 발달을 중심으로, 부산외국어대학교 대학원 석사학위논문.
김수미(2004), 한국어 학습자를 위한 연결어미 교육 연구, 충남대학교 교육대학원 석사학위논문.
김수미(2011), 재외동포 학습자를 위한 한국문화교육 교수요목에 대한 소고, 한어문교육 24, 한국언어문화교육학회. pp.283~300.
김수현(2008), 여성 결혼이민자 대상 한국어 교재 연구, 이화어문논집 26, 이화어문학회. pp.209~225.
김수희(2005), 중국인 초급 한국어 학습자를 위한 어휘교육연구: 한자 어휘를 중심으로, 경희대학교 대학원 석사학위논문.

김순저(2007), 중국인 학습자를 위한 한국어 부정 접두사 교육에 대한 연구, 신라대학교 대학원 석사학위논문.

김아름 외(2013), 중국배경 중도입국 청소년의 국어 습득과 학습자 변인 연구, 새국어교육 94, 한국국어교육학회. pp.469~498.

김영란 외(2009), 환경에 따른 한국어 학습자 유형 분류와 연구 과제, 국어교육학연구 34, 국어교육학회. pp.211~237.

김영란(2010), 한국어 학습자의 쓰기 능력 향상에 관한 질적 연구, 작문연구 11, 한국작문학회. pp.353~398.

김영란(2013), 여성결혼이민자를 위한 부부 간 의사소통 교육 방안, 부산외국어대학교 교육대학원 석사학위논문.

김영주(2008), 중국인 한국어 학습자들의 구어오류수정에 대한 인식조사: 학문목적 학습자를 중심으로, 이중언어학 37, 이중언어학회. pp.25~60.

김영찬(2007), 중국인 학습자 대상 한국어 교육에 대한 일고찰, 중국학 28, 대한중국학회. pp.109~120.

김영춘(2009), 해외 교민 자녀의 한국어교육 문제점에 대하여: 중국의 사례를 중심으로, 한국어교육학회 학술발표회2009, 한국어교육학회. pp.101~114.

김유리(2013), 한국어 학습자의 발표능력 신장을 위한 교육방안 연구, 숙명여자대학교 대학원 석사학위논문.

김유미(2000), 학습자 말뭉치를 이용한 한국어 학습자 오류 분석 연구, 연세대학교 대학원 석사학위논문.

김유선(2006), 일본인 학습자의 한국어 대우법 교육방안, 부산외국어대학교 대학원 석사학위논문.

김윤주(2012), 재외동포 아동 학습자용 한국어 교재의 기초 문식성 학습 활동 분석, 어문논집 66, 민족어문학회. pp.237~264.

김윤희(2009), 프라트 분석을 통한 중국인 학습자의 한국어 모음 발음 오류 연구: 일부 동형동의 한자어 발음을 대상으로, 배재대학교 대학원 석사학위논문.

김은실(2013), 이주노동자를 위한 한국어 교재의 통사적 난이도 비교 연구, 한국외국어대학교 대학원 석사학위논문.

김은애(2013), 음향 분석을 통한 프랑스인 학습자의 한국어 발음 습득 연구, 이화여자대학교 대학원 박사학위논문.

김은정(2013), 학문 목적 한국어 학습자를 위한 글쓰기 교육, 교양교육연구 7-1, 한국교양교육학회. pp.365~398.

김이진(2004), 외국어로서의 한국어 학습자의 조사 사용 오류 연구: 중급 단계 일본어 모어 학습자의 작문을 바탕으로, 한국외국어대학교 대학원 석사학위논문.
김재욱(2011), 귀화 외국인 학습자를 위한 한국어 교육, 언어와 문화 7-2, 한국언어문화교육학회. pp.125~145.
김정(2008), 아랍인을 위한 한국어 교육 연구, 조선대학교 대학원 석사학위논문.
김정남(2006), 한국어 학습자의 오류 유형에 대한 연구: 시제 및 연결어미 표현을 중심으로, 이중언어학 32, 이중언어학회. pp.115~138.
김정미(2011), 여성결혼이민자를 위한 한국어 교재 연구, 대구가톨릭대학교 대학원 석사학위논문.
김정숙 외(2002), 한국어 학습자 말뭉치 구축을 위한 기초 연구: 개인 정보 표지 체계와 오류 정보 표지 체계를 중심으로, 이중언어학 21, 이중언어학회. pp.97~119.
김정숙(2006), 러시아어권 학습자를 위한 한국어 격조사 교육 방안 연구: 초급 단계 학습자를 중심으로, 경희대학교 대학원 석사학위논문.
김정숙(2010), 사회적 상호작용을 활용한 재외동포 아동 한국어 교육 방안, 이중언어학 42, 이중언어학회. pp.25~46.
김정은 외(2004), 중간언어 관점에서 한국어 학습자의 조사 오류 연구: '을/를, 이/가, 에, 에서' 를 중심으로, 이중언어학 25, 이중언어학회. pp.87~108.
김정화(2008), 관형격 조사 '의' 의 교육 방안 연구: 중국인 학습자를 중심으로, 경희대학교 대학원 석사학위논문.
김종록(2004), 해외 교포학생을 위한 한국어 교육의 한 방법, 국어교육연구 36, 국어교육학회. pp.61~76.
김주희(2011), 몽골인을 위한 한국어-몽골어 학습 사전 편찬에 관한 기초 연구, 경기대학교 대학원 박사학위논문.
김중섭 외(2008), 일본인 한국어 학습자의 작문에 나타난 주격조사 오류 연구, 이중언어학 36, 이중언어학회. pp.69~91.
김지나(2012), 스페인어권 한국어 학습자를 위한 비언어적 의사소통의 연구, 연세대학교 교육대학원 석사학위논문.
김지숙(2008), 암시적 피드백과 명시적 피드백이 조사 오류에 미치는 영향: 베트남 학습자를 대상으로, 이중언어학 36, 이중언어학회. pp.93~114.
김지혜 외(2013), 영어권 초급 한국어 학습자의 사회적 거리감과 한국어 학업 성취도와의 관계, 외국어로서의 한국어교육 38, 연세대학교 언어연구교육원 한국어학당. pp.105~132.
김지혜(2012), 한국어 학습자의 과제별 스토리텔링 수행 능력에 관한 소고, 우리어문연구 44, 우리어문학회. pp.361~388.

김진숙(2003), 특정 목적 한국어 교육과정 개발을 위한 과제 단위 학습자 요구 분석: 기업체 근무 한국어 학습자 대상으로, 연세대학교 교육대학원 석사학위논문.

김진아(2005), 외국인 학습자의 경어법 이해 및 사용 양상 연구: 고급 학습자를 중심으로, 고려대학교 대학원 석사학위논문.

김창호(2002), 귀국 학생을 위한 이중언어교육의 필요성, 이중언어학 21, 이중언어학회. pp.121~139.

김충실(2010), 한국어 '를' 구문 교수방법 연구: 중국인 학습자를 대상으로, 박이정.

김태진(2011), 재미 한글학교 교육의 중요도-만족도 분석을 통한 교육주체 요구분석, 이화여자대학교 국제대학원 석사학위논문.

김현경(2003), 한자문화권 학습자를 위한 한자 어휘 지도 방안: 한·중·일 한자어 대조 분석을 중심으로, 한국외국어대학교 대학원 석사학위논문.

김현정(2003), 한국어 중급 학습자용 작문 교재 개발 방안, 고려대학교 교육대학원 석사학위논문.

김현주(2011), 인권을 주제로 한 이주여성 한국어 교재 구성 연구, 경희대학교 교육대학원 석사학위논문.

김형복(2003), 외국인 학습자를 위한 종결어미 학습 순서, 문창어문논집 40, 문창어문학회. pp.177~189.

김혜은(2007), 외국인 한국어 학습자를 위한 반의어 교육 방안 연구, 경희대학교 대학원 석사학위논문.

김호정 외(2010), 한국어 학습자의 문법 습득 양상 연구 (II): 조사 {이/가}와 {은/는}의 사용 양상을 중심으로, 국어국문학 156, 국어국문학회. pp.5~41.

김홍범 외(2010), 다문화 가정 한국어학습자를 위한 문법 교육, 나라사랑 119, 외솔회. pp.194~217.

김희선(2003), 한국어교육에서의 사동문 연구: 일본인 중급 학습자를 중심으로, 고려대학교 교육대학원 석사학위논문.

김희영(2012), 한국어 학습자와 교사의 언어 학습 신념 연구, 경희대학교 교육대학원 석사학위논문.

남부현(2008), 외국인을 위한 언어교육 액션플랜 사례와 농촌지역 외국인 대상 한국어 교육의 시사점, 농촌지도와 개발 15, 한국농촌지도학회. pp.243~292.

남현진(2013), 중국어권 학습자를 위한 한국어 부정표현 교육 방안 연구, 부산대학교 대학원 석사학위논문.

노민경(2008), 중국인 학습자를 위한 연결어미 '-고' 의 교수 방안, 경희대학교 대학원 석사학위논문.

니르자 씽(Neerja Singh)(2006), 인도에서 한국어 교육: 인도 학습자 중심으로, 국어교육 119, 한국어교육학회. pp.325~343.

도옥루이엔(2006), 베트남인 한국어 학습자를 위한 언어 교수 학습 방안 연구, 서울대학교 대학원 석사학위논문.

도원숙(2007), 초기 한국어 학습자를 위한 어휘 교재 개발 연구, 경희대학교 대학원 석사학위논문.

라티탄마이(2005), 베트남 학습자를 위한 한국어 호칭법 교수 방안 연구, 경희대학교 대학원 석사학위논문.

마맹(2012), 중국인 학습자를 위한 한국어 자음 교육 연구, 숭실대학교 대학원 석사학위논문.

맹주억(1999), 중국어 학습자 언어중의 중국어 침투 현상, 외국어교육연구논집 13, 한국외국어대학교 외국어교육연구소. pp.61~74.

목야미희 외(2012), 일본인 학습자를 위한 한국어 한자어휘 교육 연구: 한일 한자음 대응관계를 이용하여, 일본근대학연구 38, 한국일본근대학회. pp.79~96.

문금현(2012), 실태조사에 근거한 다문화가정 여성 학습자의 한국어교육 방안, 어문연구 156, 한국어문교육연구회. pp.397~426.

문승실(2004), 한국어 학습자를 위한 외래어 교육 방안 연구, 경희대학교 대학원 석사학위논문.

문은영(2012), 중국어권 학습자를 위한 유음 발음 교수방안, 서울여자대학교 대학원 석사학위논문.

문화관광부(2000), 한국어 초급(쓰기 · 읽기) 교사용 지침서 및 학습자용 워크북 개발 사업보고서: 2000년도 한국어 세계화 추진을 위한 기반 구축 사업, 문화관광부.

민원정(2008), 스페인어권 화자를 위한 한국문화교육의 현황과 과제: 칠레가톨릭대학교의 한국문화수업 발표 사례를 중심으로, 한국어교육 19-1, 국제한국어교육학회. pp.1~15.

민진영(2002), 한국어 고급 학습자의 조사 오류 분석, 연세대학교 대학원 석사학위논문.

민혜경(2013), 영어권 학습자를 위한 한국어 억양 교육방안 연구, 부산외국어대학교 대학원 석사학위논문.

박기선(2012), 한국어 교실의 수업 대화 분석: 학습자의 침묵 반응 요인을 중심으로, 한국어교육 23-3, 국제한국어교육학회. pp.23~53.

박기영 외(2007), 일본인 학습자용 한국어 교재에 대한 고찰: 1890년~1945년에 간행된 교재를 중심으로, 이중언어학 34, 이중언어학회. pp.131~157.

박덕유 외(2011), 한국어학습자를 위한 음운교육 연구, 박문사.

박덕유 외(2012), 한국어학습자를 위한 문법교육 연구, 박문사.
박미선(2008), 중국인 학습자의 정도부사 '너무'의 사용 경향 연구: 중국 요녕대학교 한국학과 학습자를 대상으로, 이중언어학 37, 이중언어학회. pp.85~112.
박봉남(1989), 재미 교포 2세들의 한국어 교육 문제, 이중언어학 5, 이중언어학회. pp.5~27.
박선옥(2009), 학습자 요구 분석을 바탕으로 한 학문 목적 한국어 교육과정 구성 방안, 한성어문학 28, 한성대학교 한성어문학회. pp.107~133.
박선옥(2011), 여성결혼이민자를 위한 한국어 교재의 쓰기 활동 분석과 구성 방안 제언, 언어학연구 19, 한국중원언어학회. pp.71~96.
박선혜(2004), 오류분석을 통한 한국어 시제 및 상 교육 방안 연구: 일본어권 학습자를 대상으로, 부경대학교 교육대학원 석사학위논문.
박선희(2004), 한국어와 한국문화의 통합 교육 연구: 고급 단계 학습자를 중심으로, 경희대학교 교육대학원 석사학위논문.
박선희(2009), 중국어권 한국어 학습자의 진행상 습득 연구, 이중언어학 41, 이중언어학회. pp.139~178.
박선희(2012), 일본인 한국어 학습자의 동사연결 구성 습득 연구, 새국어교육 93, 한국국어교육학회. pp.503~535.
박성규(2012), 대구·경북 거주 여성 결혼이민자의 지역어 사용 양상 연구, 계명대학교 대학원 석사학위논문.
박세원(2012), 외국인 유학생의 대학생활 적응에 관한 내러티브 연구: 경북대학교를 중심으로, 경북대학교 대학원 석사학위논문.
박세희(2012), 프랑스인 학습자의 한국어 발음 오류 및 습득 패턴 연구, 한국외국어대학교 대학원 석사학위논문.
박소영(2008), 중국인 학습자의 한국어 조사 사용 오류 분석과 교수 방안: 조사 '이/가', '을/를' 그리고 '은/는'을 중심으로, 성신여자대학교 대학원 석사학위논문.
박수연(2012), 중국어 학습자의 성격특성이 학습전략과 학업성취도에 미치는 영향, 이화여자대학교 교육대학원 석사학위논문.
박수진(2010), 한국어 학습자의 서사 담화 유형에 따른 전경·배경의 구분 기준과 그 양상 연구, 이중언어학 44, 이중언어학회. pp.193~216.
박수진(2011), 중급 한국어 학습자의 서사 담화 연구: 서사 담화 구조에 따른 시제 사용 양상을 중심으로, 이중언어학 46, 이중언어학회. pp.131~157.
박영순(2001), 학습자 언어와 한국어 교육, 한국어교육 12-2, 국제한국어교육학회. pp.1~28.
박영순(2005), 이중언어교육의 최근 동향과 재외동포의 한국어교육 문제, 이중언어학 28, 이중언어학회. pp.11~31.

박재희(2008), 노래를 통한 학습자 중심의 한국어 교육 연구, 고려대학교 교육대학원 석사학위논문.
박정선(2005), 한국어 학습자를 위한 맞장구 표현 연구, 상명대학교 대학원 석사학위논문.
박종호(2008), 한국어 학습자의 문법적 오류 분석, 한국중원언어학회 학술발표회 자료집, 한국중원언어학회. pp.115~124.
박지희(2012), 귀국학생을 위한 문식성 신장 프로그램의 개발: 균형적 언어 접근법을 활용하여, 서울교육대학교 교육대학원 석사학위논문.
박찬숙(2011), 아랍어권 한국어 학습자의 자모 쓰기 교육 방안, 언어와 문화 7-1, 한국언어문화교육학회. pp.101~118.
박춘설(2012), 중국 조선족 학습자를 위한 한국어 어휘 교육 연구: 한국어와 중국조선어 어휘 차이를 중심으로, 서울대학교 대학원 석사학위논문.
박해연(2004), 중국어권 학습자를 위한 한국어 발음 교육 연구: 초분절 음소 발음을 중심으로, 서울대학교 대학원 석사학위논문.
박호은(2012), 프랑스어권 학습자를 위한 한국어 발음 교육 연구: 음운 대조분석과 학습자 오류분석을 중심으로, 연세대학교 대학원 석사학위논문.
박희양 외(2007), 재외동포 한국어 교육의 과제와 발전 방향, 이중언어학 33, 이중언어학회. pp.551~574.
방성원(2003), 한국어 학습자를 대상으로 한 교육 문법의 개발 방향: 학교 문법과 외국어로서의 한국어 문법의 비교를 바탕으로, 어문연구 117, 한국어문교육연구회. pp.269~295.
방혜숙(2007), 영어권 학습자들의 한자 학습에 대한 요구와 전략 분석 연구, 이중언어학 34, 이중언어학회. pp.185~220.
배도용(2011), 한국어 학습자 쓰기에 나타난 어휘 사용빈도 예비 조사, 동남어문논집 31, 동남어문학회. pp.175~197.
배영애(2013), 원어민 영어보조교사를 위한 한국어 문화 교육 방안 연구, 부경대학교 교육대학원 석사학위논문.
배재원(2013), 고급 한국어 학습자를 위한 한국문화 교육 방안 연구: 한국문화의 상호관계성을 중심으로, 시학과 언어학 24, 시학과 언어학회. pp.85~107.
백대현(2012), 중국인 학습자의 한국어 발음 오류 연구: 자음동화를 중심으로, 충북대학교 대학원 석사학위논문.
백봉자(1988), 기초단계에서의 한국어 교육은 무엇부터 다루는 것이 좋은가?: 동사류어와 종결어미를 중심으로, 한글 201 · 202, 한글학회. pp.391~407.
백소영(2001), 러시아 한국어 학습자의 격조사 사용의 오류분석과 연구지도, 이화여자대

학교 대학원 석사학위논문.
백승옥(2013), 재미동포 학습자를 위한 한국어 비언어적표현 교육 방안 연구, 경희대학교 교육대학원 석사학위논문.
백승희(2004), 한국어 학습자를 위한 고빈도 양태 부사의 통사 제약 연구, 고려대학교 대학원 석사학위논문.
백옥란(2010), 한국어학습자들의 발음오류현상과 그 교육방안: 분절음을 중심으로, 중국조선어문 165, 길림성민족사무위원회. pp.29~35.
부루너통 야닉(Yannick Bruneton)(2006), 한국학전공 프랑스 대학생을 위한 한자교육 방법론, 국어교육연구 18, 서울대학교 국어교육연구소. pp.145~165.
비강강(2011), 중국인 학습자를 위한 한국어 겹받침 발음 교육 방안 연구, 한남어문학 34, 35, 한남대학교 한남어문학회. pp. 199~225.
빈도경(2011), 학습자 요구 분석을 통한 캄보디아 노동자 대상 한국어 교육 방안 연구, 부산외국어대학교 대학원 석사학위논문.
사근(2013), 중국인 학습자를 위한 한국어 의성어 · 의태어 교육 방안의 연구: 반복형 의성어 · 의태어의 분석을 중심으로, 중앙대학교 대학원 석사학위논문.
사미란(2013), 교육연극을 활용한 한국어 감정형용사 유의어 교육방안 연구: 중국인 학습자를 대상으로, 중앙대학교 대학원 석사학위논문.
사원원(2009), 한국어능력시험 초급 문법 문항 분석 및 학습지도 방안 연구: 중국인 학습자를 중심으로, 원광대학교 대학원 석사학위논문.
서단(2004), 중국인 한국어 학습자를 위한 한국어 의성 · 의태어 교육 방안 연구, 경희대학교 대학원 석사학위논문.
서진욱(2012), 원어민 영어보조교사를 위한 한국어 · 문화의 교육 내용 연구: 학습자 요구분석을 중심으로, 전남대학교 교육대학원 석사학위논문.
서희정(2005), 형용사 '괜찮다'의 담화 기능: 한국어 모어 화자와 일본인 한국어 학습자의 인식 차이를 중심으로, 이중언어학 28, 이중언어학회. pp.135~160.
석주연(2007), 학습자 중심의 한국어 문법 제시 방안 연구: 두 모델 적용의 개선안을 중심으로, 국어국문학 145, 국어국문학회. pp.374~409.
석지영(2010), 한국어 학습자를 위한 의존명사 교육 방안, 계명대학교 대학원 석사학위논문.
성의연(2012), 한국 전래동화를 활용한 한국어 교육방안 연구: 중급 학습자를 대상으로, 청주대학교 대학원 석사학위논문.
성지연(2002), 오류 분석을 통한 한국어 관형사형 어미 사용 연구: 일본인 중급 학습자를 중심으로, 고려대학교 대학원 석사학위논문.

성지연(2007), 초급, 중급, 고급 과정에 나타나는 한국어 학습자의 어말 어미 사용 실태 연구, 이중언어학 34, 이중언어학회. pp.221~245.

성희재(2003), 한국어 초기학습자를 위한 한국어음운 교육, 한국언어문학 50, 한국언어문학회. pp.493~514.

손성희(2012), 중국어권 한국어 학습자의 언어 학습전략 사용에 관한 연구, 외국어로서의 한국어교육 37, 연세대학교 언어연구교육원 한국어학당. pp.167~194.

손현화(2011), 스리랑카와 베트남 출신 이주노동자들의 한국어 문장 연구, 한국외국어대학교 교육대학원 석사학위논문.

송대헌(2008), 한국어 초급 교재 학습자를 위한 연결어미 교육 방안 연구, 청주대학교 대학원 석사학위논문.

송윤경 외(2012), 중국인 한국어 학습자의 발음과 억양 연구, 언어학 62, 한국언어학회. pp.147~173.

송지혜(2010), 한국어교육에서의 설화를 활용한 언어 · 문화 연계 수업방안 연구: 중국인 초급 학습자 대상 수업 사례를 중심으로, 건국대학교 대학원 석사학위논문.

隋增輝(2012), 중국인 학습자를 위한 한국어 발음 교육에 대한 연구, 가천대학교 대학원 석사학위논문.

시요민(2012), 중국인 학습자를 위한 한국어 파찰음 발음 교육 연구, 연세대학교 대학원 석사학위논문.

신나탈리아(2003), 한국어 조사 사용의 오류 분석 및 지도 내용 연구: 러시아어를 모어로 하는 한국어 학습자들을 대상으로, 서울대학교 대학원 석사학위논문.

신성(2008), 중국 조선족 학습자를 위한 비즈니스 목적의 한국어 교육 연구, 한국외국어대학교 교육대학원 석사학위논문.

신지민(2011), 고급 학습자를 위한 교육 연극 활용 한국어 교육, 경희대학교 교육대학원 석사학위논문.

신지영(2008), 외국인 학습자를 위한 한국어 '부사류+용언' 형 연어 교육 방안 연구, 한국외국어대학교 대학원 석사학위논문.

신희량(2009), 요약하기 활동이 한국어 학습자의 독해 능력과 읽기 처리 능력에 미치는 영향: 학문 목적 중국인 학습자를 대상으로, 이화여자대학교 교육대학원 석사학위논문.

심민희(2007), 중국인 학습자를 위한 비즈니스 한국어 교재 구성 방안, 한양대학교 교육대학원 석사학위논문.

심옥례(2012), 탈북학생의 국어 수업 참여 양상과 국어 수업 곤란 요인 연구, 경인교육대학교 교육대학원 석사학위논문.

심은지(2011), 한국어 학습자 쓰기 담화에 나타난 텍스트 장르별 시제상 습득 양상, 담화와 인지 18-3, 담화 · 인지언어학회. pp.169~193.

심재숙(2011), 동시를 활용한 한국어교육 과정안 연구: 여성결혼이민자 중 초급학습자를 중심으로, 충북대학교 교육대학원 석사학위논문.

심혜령 외(2012), 일본인 한국어 학습자를 위한 "-던"과 "-었던"의 의미, 기능 연구, 외국어로서의 한국어교육 37, 연세대학교 언어연구교육원 한국어학당. pp.243~274.

싯티니 탐마차이(2001), 한국어 쓰기 지도에 관한 연구: 태국인 학습자의 오류를 중심으로, 서울대학교 대학원 석사학위논문.

아라와키 메구미(2004), 외국인 산업연수생의 한국어 학습 및 교육 현황에 대한 조사 연구, 한남대학교 대학원 석사학위논문.

아리프 이스람(Khandaker Ariful Islam)(2004), 방글라데시 학습자를 위한 한국어 문법 교육 연구: 조사와 어미 사용 중심으로, 경희대학교 대학원 석사학위논문.

안경화 외(2005), 일본어권 한국어 학습자를 대상으로 한 조사 '의'의 교수 방안, 이중언어학 27, 이중언어학회. pp.195~223.

안경희(2004), 수필을 통한 한국어 교육 방안 연구: 중급 학습자를 중심으로, 홍익대학교 교육대학원 석사학위논문.

안미영(2012), 다문화가정 아동의 한국어교육 방안, 한국언어문화 47, 국제한국언어문화학회. pp.123~145.

안승주(2013), 중국인 한국어 학습자의 의사소통불안과 의사소통의지(WTC)에 관한 연구, 연세대학교 대학원 석사학위논문.

안재경(2012), 한국어 어휘 능력 향상을 위한 연어 교육 연구: 영어권 학습자를 대상으로, 서울대학교 대학원 석사학위논문.

안종천(2006), 중국문화소유자들을 위한 조선어교육에서 제기되는 몇가지 문제, Korean 연구와 교육 2, Korean 교육 연구 국제협의회: 이화여자대학교 한국어문학연구소. pp.71~81.

안주연(2012), 한국어 학습자의 자기결정성 동기와 스트레스의 관계 연구: 국내 외국인 유학생을 대상으로, 한국외국어대학교 교육대학원 석사학위논문.

안형미(2011), 학습자 요구 분석을 통한 비즈니스 한국어 교육과정 개발 방안 연구, 한양대학교 교육대학원 석사학위논문.

알레파이 멘나탈라(2013), 아랍권 학습자를 위한 한국어 격조사 교육 연구, 서울대학교 대학원 석사학위논문.

양기(2013), 한국어 연결어미 '-느라고, -노라니까, -노라면'의 교수 방안: 중국인 학습자를 대상으로, 공주대학교 대학원 석사학위논문.

양명희(2009), 외국인 학습자를 위한 한글 자모와 발음 교육 방법에 대하여, 어문논집 41, 중앙어문학회. pp.5~27.

양염(2013), 한국어 동음이의어 교육 방안 연구: 중국인 한국어 학습자 대상으로, 중앙대학교 대학원 석사학위논문.

양종사(2012), 중국인 교환학생을 위한 생활한국어, 이화여자대학교 외국어교육특수대학원 석사학위논문.

어다은(2012), 이주노동자 대상 한국어 프로그램 분석: 서울 · 경기 지역 이주노동자지원센터를 중심으로, 연세대학교 교육대학원 석사학위논문.

엄정윤(2012), 한국어 초급 학습자의 질문 유형 및 양상, 영남대학교 대학원 석사학위논문.

엄진숙(2009), 중국인 한국어 학습자의 '요' 습득 양상, 이중언어학 41, 이중언어학회. pp.229~269.

여경선(2001), 한국어 학습자를 위한 문화 교육 연구: 체험을 통한 문화 교육을 중심으로, 경희대학교 교육대학원 석사학위논문.

여덕휘(1996), 한국어 학습자를 위한 '-아서' 와 '-니까' 의 교육 방법에 대한 조사 연구, 서울대학교 대학원 석사학위논문.

여순민(2002), 고급 한국어 학습자의 글쓰기 전략 연구: '문제-해결' 글쓰기 중심으로, 연세대학교 교육대학원 석사학위논문.

옌난(2011), 중국인 학습자를 위한 드라마를 활용한 한국어 교육 방안 연구, 경희대학교 대학원 석사학위논문.

오문경(2004), 외국인 학습자의 한국어 발음에 대한 이론적 고찰과 교육 방안, 한국외국어대학교 교육대학원 석사학위논문.

오상은(2004), 러시아어권 한국어 학습자의 격조사 오류분석 및 지도방안 연구: 초급 단계를 중심으로, 한양대학교 대학원 석사학위논문.

오성애(2007), 효율적인 발음 교육을 위한 한국어 교재 분석: 기초 단계 중국인 학습자를 중심으로, 언어와 문화 3-2, 한국언어문화교육학회. pp.1~12.

오순희(2012), 중국인 학습자를 위한 한국어 단모음 발음 교육 방안 연구: 한중 동형한자어에서의 간섭현상을 중심으로, 세종대학교 대학원 석사학위논문.

오지혜(2008), 이야기 문법을 활용한 한국어 고급 학습자의 이야기 쓰기 교육 연구, 작문연구 7, 한국작문학회. pp.275~305.

오지혜(2012), 한국어 학습자를 위한 문체 중심의 자기 표현적 글쓰기 교육 연구, 언어학연구 25, 한국중원언어학회. pp.133~158.

오지혜(2012), 한국어 학습자의 문화 리터러시를 위한 언어문화 교육 방안: 광고 텍스트를 중심으로, 국제한국언어문화학회 학술대회 제13차 학술대회 발표 자료집, 국제한국언어문화학회. pp.125~136.
오초롱(2013), 중국인 한국어 학습자와 한국인의 단모음 및 모음공간면적 비교 연구, 부산대학교 대학원 석사학위논문.
왕기(2013), 중국인 학습자를 대상으로 한 목적 표현 연결어미 교육 연구, 인천대학교 대학원 석사학위논문.
왕단(Wang Dan)(2004), 중국인 학습자를 위한 한국어 발음 교재 개발 방안: 한국어 발음 교재의 비교 분석을 중심으로, 이중언어학 25, 이중언어학회. pp.183~210.
왕단(Wang Dan)(2005), 중국어권 학습자를 위한 한국어 형용사 기술과 교육 방안 연구, 서울대학교 대학원 박사학위논문.
왕단(Wang Dan)(2007), 중국어권 학습자를 위한 한국어 형용사 교육 연구, 태학사.
왕비(2012), 중국인 한국어 학습자의 한자어 이해 능력이 한국어 읽기에 미치는 영향, 영남대학교 대학원 석사학위논문.
왕사민(2006), 중국어권 학습자를 위한 한국어 의존명사 표현 교육 연구, 서울대학교 대학원 석사학위논문.
왕원원(2012), 중국인 한국어 학습자를 위한 '괜찮다'의 담화 기능 연구, 연세대학교 대학원 석사학위논문.
우인혜(2003), 영-일 학습자의 조사 교육을 위한 연구, 이중언어학 22, 이중언어학회. pp.239~267.
우창현(2007), 결혼이민자에 대한 한국어 교육 문제: 충북 제천 지역을 중심으로, 언어와 문화 3-3, 한국언어문화교육학회. pp.145~158.
우파(2012), 중국 학습자의 한국어 듣기 교육 방법에 대한 연구, 건양대학교 대학원 석사학위논문.
원극연(2013), 중국인 학습자를 위한 한국어 부정표현 교수 방안 연구, 공주대학교 대학원 석사학위논문.
원수은(2003), 베트남인 한국어 학습자를 위한 속담 교육 연구, 경희대학교 대학원 석사학위논문.
원원(2010), 중국인 한국어학습자의 하이퍼텍스트 읽기 전략에 관한 연구, 영남대학교 대학원 석사학위논문.
유 빅토리아(2012), 방문취업제도 CIS 동포 근로자 대상의 한국어와 생활문화 통합적 교육과정에 대한 연구, 연세대학교 대학원 석사학위논문.
유미상(2008), 중 · 고급 한국어 학습자의 어휘 학습을 위한 한자어 접사 및 파생어 선정에 관한 연구: 말뭉치를 기반으로, 연세대학교 대학원 석사학위논문.
유연경(2011), 한국어 교실 상황과 학습 동기 및 태도와의 관계 연구: 중국인 한국어 학습자를 대상으로, 연세대학교 교육대학원 석사학위논문.
유현경(2007), 영어권 중·고급 학습자를 위한 조사 '가'와 '는'의 교수 방안 연구: 한영 병렬 말뭉치를 이용하여, 이중언어학 34, 이중언어학회. pp.271~298.
유효진(2004), 한국어 학습자 작문의 텍스트 의미 구조 표지 연구, 연세대학교 교육대학원 석사학위논문.
윤경원(2004), 태국인 학습자를 위한 효과적인 한국어 문법교육의 방향, 한국태국학회 15-2, 한국태국학회. pp.125~154.
윤남주(2013), 아랍어권 한국어 학습자를 위한 명령화행 교육 방안 연구, 부산외국어대학교 대학원 석사학위논문.
윤석임(2006), 한국대중문화를 응용한 한국어 교육의 일 방안: 일본의 비전공 초급 한국어 학습자의 경우를 중심으로, 일본문화연구 20, 동아시아일본학회. pp.435~455.
윤성순(2008), 재한 몽골 초등 · 중등 학생의 한국어 및 영어불안 연구, 이화여자대학교 교육대학원 석사학위논문.
윤소영(2010), 한국어 학습교수를 위한 두 도구 사용에 대한 관찰 연구: 프랑스 국립동양학대학 한국어 학습자들을 대상으로, 한국어교육 21-1, 국제한국어교육학회. pp.249~266.
윤영(2012), 한국어 초급 학습자를 위한 문학 교육 연구, 한국어교육 23-3, 국제한국어교육학회. pp.195~229.
윤유선(2007), 어휘 학습 전략 훈련을 통한 한국어 학습자의 한자어 학습 효과, 이화여자대학교 대학원 석사학위논문.
윤은재(2013), 초등 다문화 학생용 한국어 보충 교재의 구성 방안 연구, 서울교육대학교 교육대학원 석사학위논문.
윤정아(2012), 학문목적 학습자들을 위한 한국어 읽기 교수요목 구성에 관한 연구, 새국어교육 93, 한국국어교육학회. pp.537~564.
윤혜영(2008), 재남미 동포를 위한 한국어 교육 방안 연구: 영상자료를 활용하여, 경희대학교 교육대학원 석사학위논문.
윤희경(2002), 초등귀국학생의 모국어 교육과 외국어 유지를 위한 노력에 관한 연구, 부산외국어대학교 대학원 석사학위논문.
은연옥(2010), 이주노동자 작업장 대화분석을 통한 의사소통 전략 연구, 연세대학교 교육대학원 석사학위논문.
이경우 외(2006), 교양필수과목으로서 유아를 위한 한국어교육 프로그램 개발, 어린이미디어연구 5, 한국어린이미디어학회. pp.161~182.
이다미 외(2011), 한국어 학습자들의 언어 연구를 위한 방법론 모색 〈토론〉, 이중언어학

45, 이중언어학회. pp.404~436.
이득춘(1991), 중국인에 대한 한국어교육, 외국어로서의 한국어교육 15, 연세대학교 언어연구교육원 한국어학당. pp.69~77.
이미향(2010), 학습자의 문화 간 의사소통능력 향상을 위한 한국어 교재 고찰, 이중언어학 42, 이중언어학회. pp.135~165.
이미혜(2006), 고급 단계 한국어 학습자를 위한 토론 수업 방안, 이중언어학 30, 이중언어학회. pp.305~334.
이민경(2004), 대화 상대자에 따른 의사소통전략 사용 양상 연구: 일본어권 학습자의 '목표어 자원의 결함' 상황을 중심으로, 이중언어학 26, 이중언어학회. pp.227~251
이상규(2007), 여성결혼이민자 한국어 교육의 과제, 어문논총 46, 한국문학언어학회. pp.101~130.
이상숙(2005), 한국어 학습자의 외래어 표기 오류 분석 및 교수 방안 연구, 한양대학교 대학원 석사학위논문.
이석란 외(2012), 베트남 이주노동자 가정 자녀와 한국 가정 아동의 이야기 만들기에 나타난 통사적 숙달도 비교 연구: 9세 아동을 중심으로, 한국어교육 23-2, 국제한국어교육학회. pp.215~245.
이선근(2007), 재미동포의 한국어 교육, 이중언어학 33, 이중언어학회. pp.447~468.
이선중(2013), 일본인 한국어 학습자를 위한 '-던', '-었던' 교육 연구, 배재대학교 대학원 석사학위논문.
이선진 외(2011), 언어유형학적 관점에서 본 한국어 학습자의 주제중심어적 특성 발달, 한국어교육 22-3, 국제한국어교육학회. pp.235~256.
이설(2013), 중국인 학습자를 위한 한국어 피동문 교육 연구, 부산대학교 대학원 석사학위논문.
이설(2013), 중국인 한국어학습자 위한 한·중 상대시제 표현 대조연구, 한양대학교 대학원 석사학위논문.
이성순(2002), 외국인 학습자의 한국어 요청 화행에 관한 연구, 이화여자대학교 대학원 석사학위논문.
이성순(2006), 이주 여성을 위한 한국어 교육, 우리어문연구 27, 우리어문학회. pp.69~85.
이소영(2003), 한국어 학습자의 표기 오류 실태 연구: 영어권·중국어권 학습자를 대상으로, 이중언어학 23, 이중언어학회. pp.255~282.
李秀楠(2012), 중국인을 위한 부사 '다만, 단지, 단, 오직'의 교육 방안 연구, 동국대학교 대학원 석사학위논문.
이수복(2007), 취학전 이중언어아동의 비유창성 특성연구, 이화여자대학교 대학원 석사

학위논문.
이승민(2013), 한국어 학습자의 완료상 보조용언 습득 연구, 이화여자대학교 국제대학원 석사학위논문.
이승연 외(2007), 한국어 학습자의 어휘적 연어 사용 연구, 이중언어학 34, 이중언어학회. pp.299~321.
이승연(2006), 한국어 학습자 말뭉치 오류 표지 방안 재고, 이중언어학 31, 이중언어학회. pp.171~196.
이승연(2007), 한국어 학습자 오류의 판정 및 수정 기준 연구: 교사 · 비교사 집단간 오류 판별 비교 실험을 바탕으로, 이중언어학 33, 이중언어학회. pp.189~213.
이승연(2012), 고급 한국어 학습자를 위한 수사의문문 교육 연구: 논증적 글쓰기의 문어체 수사의문문을 중심으로, 한국어교육 23-3, 국제한국어교육학회. pp.259~287.
이쌍건(2012), 중국인 학습자를 대상으로 한 한국어 한자어 교육 방안, 전주대학교 대학원 석사학위논문.
이아름(2013), 한국어 담화통합 쓰기 전략 교육의 효과 연구: 학문 목적 한국어 학습자를 대상으로, 고려대학교 대학원 석사학위논문.
이암 외(2011), 영상매체를 활용한 사회호칭어 교육방안 연구: 중국인 한국어 고급학습자를 위하여, 한국언어문화교육학회 학술대회, 한국언어문화교육학회. pp.103~116.
이영(2006), 중국인 학습자를 위한 한국어 보조용언 교육에 관한 연구, 서울대학교 대학원 석사학위논문.
이영희(2009), 외교관을 위한 한국어 교육의 현황과 과제, 세계한국어문학 1, 세계한국어문학회. pp.123~154.
이영희(2012), 영어권 학습자를 위한 한국어 문법교재 개발 연구: 교재 분석 및 요구도 조사를 중심으로, 한국어교육 23-3, 국제한국어교육학회. pp.289~314.
이유경(2003), 외국인을 위한 한국문화 교육에 관한 연구: 교재 분석과 학습자 요구 분석을 중심으로, 한양대학교 교육대학원 석사학위논문.
이유진(2008), 이주민 자녀들의 국어 정서법 오류 분석 및 교수 방안, 이화여자대학교 교육대학원 석사학위논문.
이윤진(2003), 한국어 학습자의 연결어미 사용 연구, 이화여자대학교 교육대학원 석사학위논문.
이은경(2008), 전남 지역 여성 결혼 이민자를 위한 한국어 교육 연구: 방언을 포함한 교재 구성을 중심으로, 목포대학교 대학원 석사학위논문.
이은경(2013), 학문 목적 한국어 학습자의 요약문 쓰기 과정에 대한 연구: 사고발화법을 통한 전략 사용 양상을 중심으로, 연세대학교 대학원 박사학위논문.

이은희(2006), 미국 대학 한국어 강좌의 학습자 특성 연구: 워싱턴 대학의 경우를 중심으로, 이중언어학 32, 이중언어학회. pp.227~260.

이은희(2006), 소설을 통한 한국어 교육 방안 연구: 고급 학습자를 중심으로, 충북대학교 교육대학원 석사학위논문.

이재경(2003), 한국어 학습자의 연결 어미 오류 분석과 지도 방안, 고려대학교 대학원 석사학위논문.

이재은(2012), 과제의 복잡성과 친숙성이 학습자 언어 산출에 미치는 영향, 경희대학교 대학원 석사학위논문.

이재은(2012), 한국어 발표 교육을 위한 교수요목 설계 연구: 학문 목적 한국어 학습자를 대상으로, 국제한국언어문화학회 학술대회, 국제한국언어문화학회. pp.197~209.

이정덕(2010), 한국어 학습자의 공손 표현 습득 연구: 말레이시아 학습자의 요청 화행을 중심으로, 이중언어학 44, 이중언어학회. pp.217~246.

이정란(2004), 한국어 학습자언어에 나타난 '-어서'와 '-니까'의 변이 연구, 이화여자대학교 대학원 석사학위논문.

이정란(2010), 고급 한국어 학습자의 발표 담화에 나타난 화용적 문제 연구, 이중언어학 42, 이중언어학회. pp.167~194.

이정란(2011), 한국어 학습자의 화용 능력에 영향을 미치는 요인 분석: 초급 양태 표현을 대상으로, 시학과 언어학 21, 시학과 언어학회. pp.199~220.

이정란(2011), 한국어 학습자의 화용 생산 능력과 이해 능력 비교: 추측, 희망 표현의 화행 실현을 중심으로, 이중언어학 46, 이중언어학회. pp.297~319.

이정민 외(2009), 입문기 성인 학습자의 한국어 개론 과정의 도입에 관한 제언, 이중언어학 39, 이중언어학회. pp.239~263.

이정숙(2004), 일본인 한국어 학습자의 한국어 오용 예에 관한 분석: 교환유학생을 중심으로, 일어일문학 23, 대한일어일문학회. pp.109~117.

이정은(2005), 재외동포의 이중언어상용 상황과 한국어 학습 양상의 특이성: 질적 연구 방법을 통한 교육 현장 사례 분석을 중심으로, 사회언어학 13, 한국사회언어학회. pp.193~217.

이정화(2004), 전자우편에 나타나는 해요체와 합쇼체의 사용양상 비교분석: 일본어권 및 중국어권 고급 한국어 학습자를 대상으로, 이화여자대학교 교육대학원 석사학위논문.

이정희 외(2005), 한국어 학습자의 어휘 오류 분류에 관한 연구, 이중언어학 29, 이중언어학회. pp.321~346.

이정희(2003), 초급 단계 한국어 학습자의 어휘 오류, 이중언어학 22, 이중언어학회.

pp.301~320.
이정희(2003), 한국어 학습자의 오류 연구, 박이정.
이정희(2004), 한국어 부교재 개발에 관한 학습자 요구 조사 및 구성 방안, 이중언어학 25, 이중언어학회. pp.233~254.
이준호(2007), 한국어 학습자를 위한 주제 중심 수업의 구성 방안 연구, 이중언어학 34, 이중언어학회. pp.349~370.
이준호(2012), 한국어교육에서의 보문절 교육을 위한 기초 연구: 학습자 오류를 중심으로, 국제한국어교육학회 국제학술발표논문집, 국제한국어교육학회. pp.401~413.
이중진(2012), 몽골인 학습자의 한국어 발음 교육 연구: 단순모음과 폐쇄음에 관한 실험음성학적 방법을 기반으로, 전북대학교 대학원 박사학위논문.
이지영(1991), 한국어 대우 표현의 오류분석: 한국어 학습자의 오류현상을 바탕으로, 상명대학교 대학원 석사학위논문.
이지영(2013), 중급 학습자의 문화 교육을 위한 문화 어휘 선정 및 분석, 연세대학교 교육대학원 석사학위논문.
이진주(2009), 한국어 학습자의 인지양식 분석을 통한 교수방안 연구: 모호함에 대한 관용(Ambiguity Tolerance)을 중심으로, 경희대학교 교육대학원 석사학위논문.
이춘희(2013), 일본인 한국어 학습자를 위한 한자어 교육방안 연구: 독음과 의미 대조 분석을 통하여, 한양대학교 교육대학원 석사학위논문.
이해영 외(2005), 한국어 학습자의 중간언어 연구, 커뮤니케이션북스.
이해영(2001), 대학의 외국인 유학생을 위한 한국어 교육, 이중언어학 18, 이중언어학회. pp.279~301.
이해영(2003), 한국어 학습자의 시제표현 문법항목 발달패턴 연구: 구어 발화 자료 분석을 토대로, 이중언어학 22, 이중언어학회. pp.269~298.
이해영(2004), 과제 유형에 따른 한국어 학습자의 중간언어 변이: 영어권 학습자의 한국어 시제표현 문법항목 습득을 대상으로, 이중언어학 25, 이중언어학회. pp.255~283.
이해영(2007), 외국인 근로자 자녀를 위한 한국어 교육: 재한몽골학교 운영 사례를 중심으로, 이중언어학 33, 이중언어학회. pp.469~496.
이해영(2008), 외국인 대학원생의 학문적 구두 발표 장르 분석: 한국인 대학원생 및 학문목적 한국어 학습자의 구두 발표와 비교하여, 이중언어학 37, 이중언어학회. pp.133~174.
이해영(2010), 재미 교포 초급 학습자와 비교포 초급 학습자의 한국어 능력 비교, 이중언어학 44, 이중언어학회. pp.275~294.
이해영(2011), 학습자 언어 연구: 오류분석과 중간언어 연구, 이중언어학 47, 이중언어학

회. pp.307~330.
이향아(1997), 한국어 학습자를 위한 문장의 교수 모형, 상명대학교 대학원 석사학위논문.
이현순(1995), 한국어 학습자를 위한 교수-학습 모형: 빈도수가 높은 종결어미를 중심으로, 상명대학교 대학원 석사학위논문.
이형재(2006), 일본인 한국어 학습자의 한국어 발음에 나타난 피치 패턴 분석, 일본어문학 30, 한국일본어문학회. pp131~147.
이화진(2013), 중국인 학습자의 한국어 음운목록 수립에 관한 연구: 어두 자음목록 유형을 중심으로, 홍익대학교 대학원 박사학위논문.
이환환(2013), 중국인 한국어 학습자의 발표문에 나타난 화제 층위 담화표지 연구, 경희대학교 대학원 석사학위논문.
이효상(2013), 중국인 한국어 학습자를 위한 신체동작 의태어 교육방안 연구, 숙명여자대학교 대학원 석사학위논문.
이효신(2013), 중국인 학습자를 위한 한국어 의문문 억양 교육 연구, 중앙대학교 대학원 석사학위논문.
이희재(2013), 표현의 다양성 향상 제고를 위한 한국어 유의어 교육 방안: 고급 단계 학습자를 중심으로, 고려대학교 교육대학원 석사학위논문.
임미은(2012), 러시아 초등학교 어린이를 위한 한국어교육 내용 연구: 총체적 언어접근법을 바탕으로, 서울대학교 대학원 석사학위논문.
임선영(2013), 한국어 관형절 상대시제 교육 방안 연구: 중국인 한국어 학습자를 대상으로, 부산대학교 대학원 석사학위논문.
임은진(2013), 한국어 어순 교육 방안에 대한 연구: 초급 학습자를 중심으로, 중앙대학교 대학원 석사학위논문.
임천우(2013), 중국인 한국어 학습자의 경음 및 경음화 오류 연구, 경희대학교 대학원 석사학위논문.
임형옥(2013), 한국어 쓰기에서 학습자 간 상호평가적 협의와 수정 양상 연구, 고려대학교 대학원 석사학위논문.
임혜원(2013), 한국어 단기 과정 학습자를 위한 교재 분석 및 개발 방안, 고려대학교 교육대학원 석사학위논문.
임혜진(2007), 학습자 수준별 관용표현 교수항목에 대한 연구: 의미 투영도와 사용빈도를 바탕으로, 한국외국어대학교 대학원 석사학위논문.
장경미(2009), 파키스탄 초급 학습자를 위한 한국어 교수·학습 방안, 경희대학교 교육대학원 석사학위논문.
장민지(2012), 태국인 학습자의 L2, L3 언어 유형이 한국어 어순 배열에 미치는 영향, 연세대학교 교육대학원 석사학위논문.
장설교(2013), 중국 경미소설의 한역본을 활용한 한국어 교육 방안 연구: 중국인 학습자를 위한 쓰기 교육을 중심으로, 중앙대학교 대학원 석사학위논문.
장영(2012), 중국 학습자를 위한 한국어 신체 관용 표현의 교수 방안, 공주대학교 대학원 석사학위논문.
장영미(2008), 한국어학습자들의 "띄여쓰기" 오류에 대한 고찰, 중국조선어문 157, 길림성민족사무위원회. pp.34~35.
장익(2007), 중국 학습자를 위한 한국 한자어 교육에 대한 연구, 신라대학교 대학원 석사학위논문.
장일결(2013), 비한자권 학습자를 위한 기초한자의 선정연구, 동국대학교 대학원 석사학위논문.
장준익(2013), 중국인 학습자를 위한 한국어 외래어 음운 분석, 건국대학교 대학원 석사학위논문.
장천매(2008), 대만인 초급 학습자를 위한 한국어 모음 발음 교육 연구: 대만어와 한국어 모음 체계의 대조를 중심으로, 한국외국어대학교 교육대학원 석사학위논문.
장학련(2012), 중국인 학습자를 위한 한국어 · 의성어 · 의태어 교육 연구, 부산외국어대학교 대학원 박사학위논문.
張欣(2012), 접미사 '-롭다'와 '-스럽다'의 교수모형 개발 연구: 중국인 학습자를 위하여, 청주대학교 대학원 석사학위논문.
전금혜(2013), 중국인 한국어 학습자의 발화 특성 연구: 언어학적 특성을 중심으로, 계명대학교 대학원 석사학위논문.
전나영(2003), 일본어권 학습자를 위한 한국어 교육: 한국어 피동성 표현의 교수 모형, 경진문화사.
전미순(2001), 일본어 모어 학습자를 위한 한국어 발음 교육 방안 연구, 경희대학교 교육대학원 석사학위논문.
전영아(2004), 영어권 학습자의 한국어 관형사형 어미 오류 분석, 한국외국어대학교 대학원 석사학위논문.
전용(2013), 중국인 학습자를 위한 한 · 중 동형한자어 교육 방안, 부산외국어대학교 대학원 석사학위논문.
전은주(2003), 국제 도시 부산에서의 한국어 교육 실태와 발전 방안 연구: 지역 특성을 고려한 학습자 중심의 한국어 교육과정 개발을 중심으로, 한국어교육 14-2, 국제한국어교육학회. pp.361~401.
전지현(2013), 귀국 중학생을 위한 읽기능력 증진 방안, 공주대학교 교육대학원 석사학

위논문.
전하나(2012), 중국인 학습자를 위한 한국어 비음화 교육 방안, 부산외국어대학교 대학원 석사학위논문.
정다솜(2013), 영어권 학습자를 위한 한국어 비음동화 교육방안 연구, 부산대학교 대학원 석사학위논문.
정명숙(2010), 재외동포 유아 대상 한국어 교육 방안, 이중언어학 44, 이중언어학회. pp.295~317.
정미라(2012), 네팔인 한국어 학습자의 발음 오류의 원인과 교정, 연세대학교 교육대학원 석사학위논문.
정미지(2000), 일본인 한국어 학습자의 평음·격음·경음 발음에 관한 연구, 이화여자대학교 대학원 석사학위논문.
정미지(2013), 한국어 학습자의 종성 습득 연구: 일본어와 중국어를 모국어로 하는 학습자를 중심으로, 이화여자대학교 대학원 박사학위논문.
정상근(2001), 일본어권 한국어 학습자를 위한 학습용 한일사전 연구, 경희대학교 대학원 석사학위논문.
정성(2012), 중국인 학습자를 위한 한국어 조건 연결어미의 교육방안 연구: 황석영의 『오래된 정원』 원문 및 중역본을 활용하여, 중앙대학교 대학원 석사학위논문.
정수영(2008), Cultural Diversity in Linguistic Politeness Strategies between American English and Korean, 교과교육연구 29, 조선대학교 사범대학 부설 교과교육연구소. pp.169~188.
정숙향(2007), 오류 분석을 통한 연어 교수 연구: 중국인 학습자를 중심으로, 이화여자대학교 대학원 석사학위논문.
정쌍(2013), 한국어 음운 발음에 대한 지도 방안 연구: 중국인 초급 학습자를 대상으로, 안동대학교 대학원 석사학위논문.
정영선(2011), 드라마형 뮤직비디오를 활용한 한국어 교육 방안 연구: 중급 학습자를 대상으로, 선문대학교 대학원 석사학위논문.
정은경(2004), 학습자 중심의 문화교육에 대한 이론적 고찰, 한국외국어대학교 교육대학원 석사학위논문.
정은모(2003), 한국어 학습자의 발음과 철자의 상관성 연구: 자음을 중심으로 그리고 중국어권과 일본어권 화자를 대상으로, 고려대학교 교육대학원 석사학위논문.
정인경(2013), 초급 학습자를 위한 연어 교육 방안 연구: '체언+용언' 형을 중심으로, 선문대학교 대학원 석사학위논문.
정정(2012), 학문 목적 중국인 학습자를 위한 한국어 말하기 교재 개발 연구, 고려대학교

대학원 석사학위논문.

정종수(2013), 한국어 고급 학습자들의 목적별 읽기 전략 사용 양상 연구: 학습 읽기와 즐거움을 위한 읽기를 중심으로, 고려대학교 교육대학원 석사학위논문.

정지은(2004), 한국어 초급 학습자를 위한 조사 학습 순서에 관한 연구: 기본 문형과 조사 사용 빈도를 중심으로, 홍익대학교 교육대학원 석사학위논문.

정진현(2013), 중국어권 학습자를 위한 한국어 연결어미 '-고' 교육 연구, 부산대학교 대학원 석사학위논문.

정철주(2009), 중국인 학습지를 위한 한국어 교육, 한국어문연구 18, 한국어문연구학회. pp.33~65.

정현미(2011), 한 · 일 속담 비교를 통한 한국어 교육 방안 연구: 일본인 학습자를 대상으로, 한국외국어대학교 교육대학원 석사학위논문.

정혜(2012), 중국어권 학습자를 위한 한국어 보조사의 교육 내용 연구, 고려대학교 대학원 석사학위논문.

정효민(2012), 한국어 교육에서 띄어쓰기의 오류 원인과 오류 분석: 중국인 학습자를 대상으로, 새국어교육 90, 한국국어교육학회. pp.389~407.

정효주 외(2011), 중국인 학습자의 한국어 비음화 발음 오류 양상, 이중언어학 47, 이중언어학회. pp.165~187.

정효주(2013), 중국인 학습자의 비음화 및 유음화 발음 오류 연구, 경희대학교 대학원 석사학위논문.

齊夢瑤(2013), 중국인 학습자를 위한 한국어 과거시제 표현 교육 방안 연구, 한남대학교 대학원 석사학위논문.

齊振(2013), 중국어권 한국어 학습자를 위한 의성의태어 교육 방안, 전남대학교 대학원 석사학위논문.

제효봉(2011), 중국인 한국어 학습자의 텍스트 생성과정 고찰: 단락 구성과 모국어의 영향 관계, 이중언어학 45, 이중언어학회. pp.231~259.

조경아(2003), 일본인 한국어 학습자의 요청(request) 화행에 관한 연구: 한국인 화자와 일본인 한국어 학습자간의 대조를 통해, 연세대학교 대학원 석사학위논문.

조동현(2011), 캄보디아인 학습자의 한국어 발음 오류의 원인과 교정, 연세대학교 교육대학원 석사학위논문.

조련희(2006), 한국어 교육에 있어서의 조사 학습 순서에 대한 연구: 중국어권 초급 학습자를 대상으로, 광운대학교 대학원 석사학위논문.

조미선(2012), 비한자권 한국어 학습자를 위한 한자어 교육 방안 연구, 영남대학교 대학원 석사학위논문.

조빈삼(2012), 한·중 공간형용사 '깊다/얕다'와 '深/淺'의 의미 대비, 숭실대학교 대학원 석사학위논문.
조선경(2006), 이주여성 한국어교육의 방향: 재단 사업으로서의 이주여성 한국어교육, 한국어의 미래를 위한 제1차 토론회: 국외 동포 및 이주민을 위한 한국어 교육을 중심으로, 이화여자대학교 한국어문학연구소. pp.60~71.
조성문(2004), 일본인 학습자의 한국어 모음 발음에 대한 연구, 음성과학 11-3, 한국음성과학회. pp.69~81.
조수현(2006), 관광 안내원 한국어 교육과정 개발을 위한 요구분석 연구: 태국과 캄보디아 한국어 학습자를 대상으로, 연세대학교 교육대학원 석사학위논문.
조위수(2011), 숙달도에 따른 중국어권 한국어 학습자의 의사소통 전략 사용 양상 연구: 반복을 중심으로, 이중언어학 45, 이중언어학회. pp.261~284.
조은주(2013), 태국인 학습자의 한국어 어두 파열음 산출 연구, 이화여자대학교 국제대학원 석사학위논문.
조의성(2009), 재일교포의 민족어 교육과 언어 사용 양상, 한국어교육학회 학술발표회 2009, 한국어교육학회. pp.80~95.
조인정(2005), 영어권 한국어 학습자의 오류: 무정성 주어와 타동사 구문, 한국어교육 16-3, 국제한국어교육학회. pp.331~352.
조일옥(2013), 중국어권 한국어 학습자의 화제전환 담화표지 사용 양상 연구, 이화여자대학교 교육대학원 석사학위논문.
조진희(2005), 한국어 학습자를 위한 유의 시간부사 교수모형, 상명대학교 대학원 석사학위논문.
조태린(2010), 재외 동포에게 한국어가 갖는 의미: 재외 동포 한국어 교육의 방향 정립을 위하여, 한국어교육 21-2, 국제한국어교육학회. pp.193~218.
조하(2013), 중국어권 학습자를 위한 한·중 한국어 교재에 나타난 인과관계 표현 분석 연구, 상명대학교 교육대학원 석사학위논문.
조항록(2004), 재외동포를 대상으로 하는 한국어 교육정책의 실제와 과제, 한국어교육 15-2, 국제한국어교육학회. pp.199~232.
조항록(2008), 이주 노동자 대상 한국어 교육의 실제와 과제: 한국어 교육 정책의 관점에서, 사회언어학 16-1, 한국사회언어학회. pp.299~316.
조현용(2010), 재미동포 학생을 위한 외래어 교육 연구, 한국어교육 21-4, 국제한국어교육학회. pp.283~306.
조혜(2012), 중국어권 한국어 교재의 높임법 연구, 동국대학교 대학원 석사학위논문.
조혜란(2011), 베트남인 학습자를 위한 한국어 자음발음 교육방안: 장애음을 중심으로, 한림출판사.
조효뢰(2013), 중국인 학습자를 위한 한자어 교육 방안: 동형이의어를 중심으로, 부산대학교 대학원 석사학위논문.
주서연(2011), 중국 학습자를 위한 한국어 발음법 연구, 경남대학교 대학원 석사학위논문.
주은경(2004), 한국어 학습자의 조사 '에'의 용법별 습득 양상 연구, 이화여자대학교 대학원 석사학위논문.
지민정(2011), 한국계 미국인 학생들의 한국어 학습과 정체성에 대한 견해, 외국어로서의 한국어교육 36, 연세대학교 언어연구교육원 한국어학당. pp.265~289.
지아씨아오(2012), 중국인 한국어 학습자를 통한 인과관계 연결어미 연구, 청주대학교 대학원 석사학위논문.
지현숙(2004), 학습자 중심 한국어 교육에서의 '대안적 평가', 한국어교육 15-2, 국제한국어교육학회. pp.233~252.
진강려(2013), 중국인 학습자를 위한 의문문의 간접화행 교육 연구, 서울대학교 대학원 박사학위논문.
진꾸이시엔(2013), 중국인 학습자를 위한 어휘 교육 방안 연구: 중국교재 〈표준한국어 3〉 중심으로, 대구가톨릭대학교 대학원 석사학위논문.
진사위(2013), 중국어권 학습자를 위한 한국어 색채어 교육 연구, 서울대학교 대학원 석사학위논문.
진정란(2009), 재미동포 저밀집 지역의 한국어 교육을 위한 한국어 캠프, 외국어교육연구 23-2, 한국외국어대학교 외국어교육연구소. pp.105~126.
진제희(2005), 한국어 수업에 나타난 교사의 수정적 피드백과 학습자 반응 연구, 이중언어학 28, 이중언어학회. pp.371~390.
진청(2013), 중국인 한국어 학습자의 홑소리 발음 오류에 관한 연구, 연세대학교 대학원 석사학위논문.
천은정(2004), 대화 일기를 통한 한국어 쓰기 교육 연구: 초급 학습자를 중심으로, 경희대학교 교육대학원 석사학위논문.
최고양(2012), 한국어 외래어 교육방안 연구: 중국인 학습자를 중심으로, 청주대학교 대학원 석사학위논문.
최권진 외(2009), 마케팅 전공생을 위한 한국어교육 연구주제 중심 교수 방법의 적용, 한국언어문화학 6-1, 국제한국언어문화학회. pp.165~190.
최금단(2005), 한·중 AB : AB형 동사 사용에 나타나는 중국어권 학습자의 오류 분석, 어문연구 127, 한국어문교육연구회. pp.395~416.
최금단(2010), 중국어의 자음을 역으로 활용한 중국어권 학습자의 한국어 자음의 발음 교정 방법에 대하여, 언어와 문화 6-3, 한국언어문화교육학회. pp.259~287.
최명선(2007), 한국어 불평·응답 화행의 양상과 교육 방안 연구: 한국인 모어 화자와 일본인, 중국인 학습자의 담화 분석을 중심으로, 고려대학교 대학원 석사학위논문.
최소현(2012), 일본어권 학습자를 위한 한국어 발음 교수 방안: 어두 초성 파열음과 파찰음을 중심으로, 서울여자대학교 대학원 석사학위논문.
최수근(2010), 중국인 한국어 학습자의 메타스테레오타입(Meta-stereotype) 연구, 연세대학교 교육대학원 석사학위논문.
최연숙(2013), 구두 DCT와 회고적 보고 방법을 활용한 불평 화행의 전략 사용 연구: 베트남 결혼이민자 한국어 학습자를 중심으로, 이화여자대학교 교육대학원 석사학위논문.
최열(2011), 인터넷 활용능력이 한국어교육에 미치는 영향, 한국언어문화학 8-2, 국제한국언어문화학회. pp.277~295.
최영권(2012), 중도입국 청소년을 위한 한국어 교육 연구: 정규과정 진입을 위한 한국어 교육 원리 연구, 배재대학교 대학원 석사학위논문.
최영란(2005), 중국인 학습자를 위한 한국어 부사 표현 교육 연구, 서울대학교 대학원 석사학위논문.
최은규 외(2006), 초급 학습자를 위한 웹 기반 한국어 교육 프로그램 연구: 'Click Korean'을 중심으로, 한국어교육 17-1, 국제한국어교육학회. pp.437~457.
최은란(2009), 한국어 교육에서의 접속어 교수 방안 연구: 초급단계 학습자를 대상으로, 선문대학교 교육대학원 석사학위논문.
최은정 외(2008), 이중언어환경 아동과 단일언어환경 아동의 연음규칙 인식능력 비교, 특수교육저널: 이론과 실천 9, 한국특수교육문제연구소. pp.1~16.
최은정(2002), 일본어 모국어 학습자를 위한 한국어 종성 발음 교육 방안, 고려대학교 대학원 석사학위논문.
최은지 외(2012), 중국어권 학습자들의 '서술성 명사+접미사' 구성 어휘의 사용 양상, 어문연구 156, 한국어문교육연구회. pp.455~475.
최은지(2011), 한국어 학습자의 '서술성 명사+접미사' 구성 어휘의 오류 양상, 이중언어학 45, 이중언어학회. pp.285~307.
최은지(2012), 해외에서의 아동 대상 한국어교육의 쟁점과 과제, 한국어교육 23-2, 국제한국어교육학회. pp.421~444.
최주희(2012), 한국어 학습자의 친교 텍스트에 대한 사회언어학적 접근, 국제한국어교육학회 춘계학술발표논문집2012, 국제한국어교육학회. pp.122~140.
최지연(2013), 중국인 학습자를 위한 과정 중심 쓰기 교육 방안, 청주대학교 대학원 석사

학위논문.
최지현(2012), 귀화 외국인을 위한 기초 문식성 교육 방안 연구: 법무부 사회통합프로그램을 중심으로, 한국외국어대학교 교육대학원 석사학위논문.
최하영(2011), 외국인 근로자들의 한국사회 적응방안에 관한 연구: 문화적 적응방법을 중심으로, 경남대학교 경영대학원 석사학위논문.
최현정(2011), 음절 길이 교육을 통한 중국인 학습자의 운율 오류 수정 효과 연구, 이중언어학 45, 이중언어학회. pp.309~330.
최혜경(2011), 태국 라후족 학습자를 위한 한국어 교육 방안, 한남대학교 교육대학원 석사학위논문.
최혜진(2009), 외국인 근로자 고용제도와 한국어 교육의 과제, 한말연구 25, 한말연구학회. pp.293~315.
카와노유카(2013), 일본인 한국어 학습자를 위한 양보 연결어미 교육 연구: '-아/어도', '-더라도' 를 중심으로, 서울대학교 대학원 석사학위논문.
카츠타 사토시(2001), 한국어 의성어 의태어 교육 연구: 일본어를 모어로 하는 한국어 학습자를 중심으로, 경희대학교 대학원 석사학위논문.
탕톈쟈오(2013), 한국어 '보다' 의 교육 방안 연구: 중국인 학습자를 중심으로, 부산대학교 대학원 석사학위논문.
포윤(2012), 중국인 학습자를 위한 종결어미 '-거든' 의 화용 교육 연구, 연세대학교 대학원 석사학위논문.
폴리 롱(2013), 홍콩 한국어 학습자를 위한 입문기 표기 교육 연구, 서울대학교 대학원 석사학위논문.
필아결(2013), 중국인 학습자를 위한 다의어 교육 방안: 동사 '들다' 를 중심으로, 중앙대학교 대학원 석사학위논문.
하나리(2012), 귀국 중학생을 위한 한국어 교육 방안 연구: 문학 텍스트를 활용한 개별화 수업 방안을 중심으로, 고려대학교 교육대학원 석사학위논문.
하세가와 유키코(Hasegawa Yukiko)(1997), 일본 학습자에 대한 한국어 발음지도법: 입문 단계를 중심으로, 한국어교육 8, 국제한국어교육학회. pp.161~178.
하지영(2012), 드라마를 활용한 일본인 성인 학습자의 한국어 발음 교육 연구, 부경대학교 교육대학원 석사학위논문.
한가누 비앙카 알리나(2013), 루마니아인 학습자를 위한 한국어 높임법 교육 연구, 배재대학교 대학원 석사학위논문.
한상미(2006), 한국어 학습자의 의사소통 문제 연구: 영어권 학습자의 화용적 실패를 중심으로, 커뮤니케이션북스.

한성우(2008), 중국어권 학습자를 위한 맞춤형 한국어 발음 교육 방안, 우리말글 44, 우리말글학회. pp.165~194.

한송희(2010), 교육방송을 활용한 영어권 초급 학습자 한국어 교육 방안 연구: EBS 한국어 프로그램을 중심으로, 한국외국어대학교 교육대학원 석사학위논문.

韓媛媛(2013), 중국어권 학습자의 형용사 어미 활용 사용 실태 및 오류에 대한 연구, 한남대학교 대학원 석사학위논문.

한재영(2013), 교사의 문법과 학습자의 문법, 문법 교육 18, 한국문법교육학회. pp.241~265.

한정희(2003), 일본어권 한국어 학습자의 오류 현상 분석, 한양대학교 대학원 석사학위논문.

한제(2013), 중국인 학습자를 위한 '형용성 동사' 시제 표현 교육 방안 연구, 부산대학교 대학원 석사학위논문.

함미령(2012), 중국어권 학습자의 관형사형 어미 사용 실태 및 오류 원인, 창원대학교 대학원 석사학위논문.

허봉자(2007), 중국어권 학습자의 경어법 사용 오류 분석, 이중언어학 35, 이중언어학회. pp.361~383.

허봉자(2008), 중국어권 학습자를 위한 한국어 경어법 교육 연구, 박이정.

허봉자(2008), 중국어권 학습자를 위한 한국어 경어법 교육방안 연구, 고려대학교 대학원 박사학위논문.

허용(2012), 외국인 학습자의 한국어 발음 오류에 대한 음운론적 분석, 한국학논집 46, 계명대학교한국학연구원. pp.201~232.

허재영(2010), 초급 한국어 학습자를 위한 한글 교육의 의미, 교양교육연구 4-1, 한국교양교육학회. pp.219~236.

호전마수자(2006), 일본어권 학습자를 위한 한국어 대우법 교재 개발 연구, 상명대학교 대학원 석사학위논문.

홍수민(2013), 한국어 학습자의 의사소통전략 사용 양상 연구: 교재에 반영된 의사소통 전략과 비교하여, 영남대학교 대학원 석사학위논문.

홍은선(2008), 한국어 읽기 능력 향상을 위한 자기 질문 전략 활용: 중급 한국어 학습자를 대상으로, 고려대학교 교육대학원 석사학위논문.

홍은실(2007), 웹기반 한국어교육 프로그램에 나타난 '학습자 중심성' 연구, 이중언어학 33, 이중언어학회. pp.317~362.

홍은진(2006), 중국인 한국어 학습자의 어휘 오류 연구: 대치 오류를 중심으로, 이중언어학 31, 이중언어학회. pp.315~358.

홍종명(2012), 요인분석을 통한 한국어 학습전략 범주화 연구: 결혼이민자 한국어 학습자를 중심으로, 새국어교육 92, 한국국어교육학회. pp.557~583.

홍진영(2013), 중국인의 한국어 업무 이메일 요청화행 연구: 한국인과의 요청 전략 비교를 중심으로, 연세대학교 교육대학원 석사학위논문.

홍혜란(2009), 한국어 학습자의 선호 학습양식에 관한 연구, 외국어 교육 16-2, 한국외국어교육학회. pp.385~412.

황은하(1999), 한국어 학습자의 반복 현상 연구: 모어화자와 학습자의 담화에서, 연세대학교 대학원 석사학위논문.

황정민(2012), 인사 장면에서 나타나는 중국인 한국어 학습자의 비언어적 의사소통 연구, 어문연구 153, 한국어문교육연구회. pp.473~495.

황종(2006), 중국인 학습자를 위한 한국어 반의어 교육 연구, 문창어문논집 43, 문창어문학회. pp.181~211.

황종(2007), 중국인 학습자를 위한 한국어 반의어 교육 연구: 부정접두 한자 반의어를 중심으로, 부산대학교 대학원 석사학위논문.

후인 투이 미 웬(2012), 노래를 활용한 한국어 발음 교육 방안 연구: 초급 학습자를 대상으로, 부산외국어대학교 대학원 석사학위논문.

후지와라 요시쯔구(2004), 한국어 학습자를 위한 생활지도 구성 방안 연구, 경희대학교 교육대학원 석사학위논문.

후청(2012), 중국인 초급 학습자의 한국어 터짐소리 발음 오류, 연세대학교 대학원 석사학위논문.

히라타 에미(2012), 일본인 한국어 학습자를 위한 한국어 발음 지도 방안: 어두 초성 파열음과 파찰음 대상으로, 동국대학교 대학원 석사학위논문.

Adinda, Rura Ni(2001), 인도네시아인을 위한 한국어 교육연구: 한국어 발음 듣기 지도를 중심으로, 서울대학교 대학원 석사학위논문.

Dina Yehia(2012), 아랍권 학습자를 위한 한국어 말하기 교재 개발 방안: 이집트 아인샴스대학교 한국어과 초급 학습자를 대상으로, 연세대학교 대학원 석사학위논문.

Heba Mohammed(2013), 아랍권 한국어 학습자 글쓰기 오류 분석: 이집트 아인샴스대학교 중급 학습자를 대상으로, 연세대학교 대학원 석사학위논문.

Jason Bumyong Sung(2013), 초급 한국어 학습자를 위한 어휘 학습법, 외국어로서의 한국어교육 38, 연세대학교 언어연구교육원 한국어학당. pp.133~162.

Jean L. Turner(1989), Changes in Ethnic Affiliation and Attitudes toward Heritage Language Among Students who Participated in the 1987 SNU/UCLA Korean Language Program, 한국어교육 1, 국제한국어교육학회. 27~149.

John Y. Sohn(1989), Why Korean Is Difficult for English Speakers to Learn, 한국어교육

1, 국제한국어교육학회. pp.75~113.

Kesmanee, Chutimon(2013), 숙달도에 따른 태국인 학습자의 한국어 과거 관형사형 어미 사용 양상, 이화여자대학교 국제대학원 석사학위논문.

Khandaker Ariful Islam(2004), 방글라데시 학습자를 위한 한국어 문법 교육 연구: 조사와 어미 사용 중심으로, 경희대학교 교육대학원 석사학위논문.

Kidera Emi(2013), 일본인 한국어 학습자의 이유 · 원인 표현 교육에 대한 연구: '-어서'와 '-니까'를 중심으로, 연세대학교 대학원 석사학위논문.

Kim, Kyung Ryung(2001), A Study of the Syntactic Development of Korean-English Bilingual Children, 한국어교육 12-2, 국제한국어교육학회. pp.71~88.

Kondo Mikako(2013), 일본인 학습자를 위한 한국어 발음 표기에 관한 연구: 가타카나에 의한 한국어 발음 표기를 중심으로, 연세대학교 대학원 석사학위논문.

Lee, Da Mi(2002), The Acquisition of Korean Numeral Classifiers by Korean English Bilingual Children, 한국어교육 13-1, 국제한국어교육학회. pp.265~278.

Lee, Jong Eun(1997), A Model of Video Activities on Korean Language Teaching for Elementary to Intermediate Level Learners, 한국어교육 8, 국제한국어교육학회. pp.279~296.

Meutia Fitri(피트리 메우티아) 외(2012), 인도네시아인 한국어 학습자의 /ㅓ/와 /ㅗ/ 발음에 대한 실험음성학적 연구, 음성·음운·형태론 연구 18, 한국음운론학회. pp.245~262.

O' Grady, William 외(2001), The Acquisition of Relative Clauses by Heritage and Non-Heritage Learners of Korean as a Second Language, 한국어교육 12-2, 국제한국어교육학회. pp.283~294.

OTSUKA CHIE(2013), 일본인 한국어 학습자의 '-더니' 습득 양상 연구, 경희대학교 대학원 석사학위논문.

S. Robert Ramsey(1995), Children without a Native Language, 한국어교육 6, 국제한국어교육학회. pp.59~66.

Shin, Seong-Chul(2002), Australian Students` Lexical Errors in Korean: Type, Frequency and Cause, 한국어교육 13-1, 국제한국어교육학회. pp.307~338.

Sila-ek Supsin(2012), 태국인 한국어 학습자를 위한 한국어 발음 교육 방안 연구, 연세대학교 대학원 석사학위논문.

Sohn, Joong-dong(2000), An Empirical Study of Paragraphing Schemata of Korean-English Users, 인문과학논집 20, 청주대학교 인문과학연구소. pp.265~282.

Suketsak Wanvaja(2013), 태국인 한국어 학습자를 위한 쓰기 교육 방안 연구: 응결 장치를 중심으로, 서울대학교 대학원 석사학위논문.
ZHANG LIN(2008), 중국어권 한국어 학습자의 발음교육에 관한 연구, 전남대학교 대학원 석사학위논문.
Zhang Rui(2013), 중국인 한국어 학습자의 심리동사 습득 오류 연구, 고려대학교 대학원 석사학위논문.
Zhang Wenyi(2013), 중국인 한국어 학습자의 명사형 관용표현에 대한 이해도 고찰, 이화여자대학교 대학원 석사학위논문.
Zhang Xiaowen(2013), 중국인 학습자의 한국어 '-아/어 가다', '-아/어 오다' 습득 양상 연구, 경희대학교 대학원 석사학위논문.
Zhu, Cuiying(2006), 한국어 관용적 비유표현 교육 연구: 중국인 학습자를 대상으로, 서울대학교 대학원 석사학위논문.

Ⅱ-06.

오류/피드백/학습전략/학습불안/중간언어

강군(2013), 중국인 한국어 학습자의 조사 사용 오류 분석: 주격조사 '이/가'와 보조사 '은/는'을 중심으로, 전주대학교 대학원 석사학위논문.

강남욱 외(2008), 한국어 교사의 학습자 오류 평가에 대한 연구: 원어민(NS) 교사와 비원어민(NNS) 교사의 오류 판정 양상을 중심으로, 국어교육연구 22, 서울대학교 국어교육연구소. pp.185~227.

강려(2011), 중국인 학습자의 한국어 파열음 오류 연구, 한양대학교 대학원 석사학위논문.

강소영(2012), 오류분석을 통한 연결어미 지도 방안: 초급 중국인 학습자를 중심으로, 충북대학교 대학원 석사학위논문.

강승혜(1996), 제2 언어로서의 한국어 학습자의 언어학습 전략에 관한 연구, 연세 교육연구 9, 연세대학교 교육연구소. pp.5~31.

강승혜(1996), 제2언어로서의 한국어 학습자의 언어학습 전략유형 및 학습결과 분석 연구, 연세대학교 대학원 박사학위논문.

강승혜(1999), 한국어 학습자의 언어학습 전략과 학습결과, 외국어로서의 한국어교육 23, 연세대학교 언어연구교육원 한국어학당. pp.89~115.

강정희(2009), 베트남인 학습자의 한국어 발음 오류 분석 및 교육방안 연구, 동국대학교 대학원 석사학위논문.

강현화 외(2003), 스페인어권 한국어 학습자의 어미, 조사 및 시상, 사동 범주의 오류 분석, 한국어교육 14-2, 국제한국어교육학회. pp.1~33

고비(2012), 중국 청도방언 화자의 한국어 발음 오류 연구, 연세대학교 대학원 석사학위논문.

고석주(2002), 학습자 말뭉치에서 조사 오류의 특징, 외국어로서의 한국어교육 27, 연세대학교 언어연구교육원 한국어학당. pp.543~570.

고석주(2004), 한국어 학습자 말뭉치와 오류 분석, 한국문화사.

고형진 외(2011), 중국인 한국어 학습자의 자기결정성 동기 유형과 학업 성취도와의 상관관계 연구, 한국어교육 22-1, 국제한국어교육학회. pp.1~26.

고형진(2011), 한국어 학습자의 자기결정성 동기 연구, 경희대학교 대학원 석사학위논문.

喬宇博(Yu Bo Qiao)(2011), 중국 내 학원에서의 한국어 학습자의 학습 실태 분석, 국내학술제 2, 고려대학교 한국어문교육연구소. pp.99~107.

권미경 외(2005), 외국어로서의 한국어 교육에서 성인학습자의 동기가 학업성취도에 미치는 영향, 한국어교육 16-3, 국제한국어교육학회. pp.1~28.

권미림(2013), 중국인 한국어 학습자의 조사 사용에 대한 오류 분석과 교육 방안, 한양대학교 대학원 석사학위논문.

권성미(2004), 일어권 초급 한국어 학습자의 철자 오류 분석, 이화여자대학교 대학원 석사학위논문.

권세희(2010), 과제 중심 말하기 활동이 초급 한국어 학습자의 학습 불안과 흥미에 미치는 영향, 한남대학교 교육대학원 석사학위논문.

권유진 외(2010), 외국어불안과 교실상황이 학업성취도에 미치는 영향: 한국어 학습자를 중심으로, 새국어교육 85, 한국국어교육학회. pp.381~402.

권유진 외(2011), 한국어 학습자의 외국어 불안과 모험시도가 학업성취도에 미치는 영향, 이중언어학 45, 이중언어학회. pp.27~49.

권유진(2012), 모둠별 피드백 제공 훈련이 한국어 쓰기 능력 향상에 미치는 영향, 이화여자대학교 국제대학원 석사학위논문.

기준성(2009), 중국어권 한국어 학습자의 읽기 전략 연구, 상명대학교 대학원 박사학위논문.

기준성(2010), 중국어권 한국어 학습자의 숙달도별 읽기 전략 연구, 한국어교육 21-2, 국제한국어교육학회. pp.29~58.

김경령(2010), 학문목적 유학생들의 독해력 지수와 읽기 전략, 동기 변인들과의 상관관계 연구, 한국어교육 21-4, 국제한국어교육학회. pp.25~50.

김경미(2012), 학문 목적 한국어 학습자를 위한 요약하기 전략 연구: 설명적 텍스트를 중심으로, 한성대학교 대학원 석사학위논문.

김경천(2008), 중국어화자의 한국어 쓰기 오류실태: 모국어 간섭현상을 중심으로, 중국문화연구 13, 중국문화연구학회. pp.53~66.

김경훤(2008), 외국인 학습자의 한국어 오류 양상에 관한 고찰: 중국 대학생들의 문장에 나타난 오류를 중심으로, 새국어교육 80, 한국국어교육학회. pp.5~26.

김계현(2009), 학문 목적 학습자를 위한 읽기 전략 사용 연구: 그래픽 조직자를 활용한 읽기 전략을 중심으로, 경희대학교 교육대학원 석사학위논문.

김금숙(2008), 한국어 시제 오류 분석과 교수 방안 연구, 충남대학교 대학원 석사학위논문.
김나나(2012), 일본인 한국어 학습자의 언어 사용 장면에 따른 한국어 불안 양상 연구, 이화여자대학교 국제대학원 석사학위논문.
김나라(2010), 한국어 학습자 텍스트의 접속부사 오류 연구: 일본인 고급 학습자의 중간언어를 중심으로, 전북대학교 대학원 석사학위논문.
김나연(2012), 한국인 일본어 학습자의 학습전략 연구: 격조사 오용을 중심으로, 단국대학교 교육대학원 석사학위논문.
김나형(2011), AAC 그림 상징의 표현 및 이해과제에 나타난 한국인의 생애 주기별 어순전략 특성, 이화여자대학교 대학원 석사학위논문.
김남미(2009), 대학 글쓰기 교육의 실제: 재외국민반의 대학 국어 글쓰기에 나타난 오류분석, 시학과 언어학 16, 시학과 언어학회. pp.159~182.
김명광(2008), 해외 귀국 학생들의 문장 오류 분석, 한국초등국어교육 37, 한국초등국어교육학회. pp.41~72.
김미경(2007), 의사소통전략 훈련을 위한 한국어 말하기 교육 방안 연구: 소통 장애 극복을 위한 전략을 중심으로, 고려대학교 교육대학원 석사학위논문.
김미옥(1994), 한국어 학습에 나타난 오류 분석, 한국어교육 5, 국제한국어교육학회. pp.233~244.
김미옥(2002), 학습 단계에 따른 한국어 학습자 오류의 통계적 분석, 외국어로서의 한국어교육 27, 연세대학교 언어연구교육원 한국어학당. pp.495~541.
김미옥(2003), 한국어 학습자의 단계별 언어권별 어휘 오류의 통계적 분석, 한국어교육 14-3, 국제한국어교육학회. pp.31~52.
김미희(2012), 한국어 독해력 향상을 위한 한·중 대학생 읽기 전략 비교 연구, 한양대학교 교육대학원 석사학위논문.
김민애(2006), 한국어 학습자 오류의 분석 방법 고찰, 한국어교육 17-2, 국제한국어교육학회. pp.21~43.
김민정(2008), 교사 피드백과 동료 피드백이 한국어 다시 쓰기에 미치는 영향 비교, 이화여자대학교 교육대학원 석사학위논문.
김보경(2012), 재미동포 한국어 학습자의 서술어 오류 연구, 상명대학교 대학원 박사학위논문.
김상수 외(2006), 한국어 교육의 오류분석 연구 동향 분석, 이중언어학 31, 이중언어학회. pp.1~33.
김상영(2011), 학문 목적 한국어 학습자를 위한 학습기술 교육 방안 연구, 선문대학교 대학원 석사학위논문.

김상희(2000), 한국어 학습자의 학습 전략: 미국에서의 한국어 학습자를 대상으로, 국어교육학연구 11, 국어교육학회. pp.107~133.
김서형(2009), 대학 수학 한국어 학습자의 조사 오류 분석과 교육 방안, 한국어학 42, 한국어학회. pp.95~121.
김선주(2008), 성공적인 한국어 학습자의 학습 전략 사용에 관한 연구, 경희대학교 교육대학원 석사학위논문.
김선효(2009), 일본어 모어 화자의 정도부사의 사용과 오류 양상: "아주, 너무"를 중심으로, 한국어교육 20-1, 국제한국어교육학회. pp.1~22.
김성란(Cheng Lan Jin)(2010), 중국어권 학습자의 과거 시제 사용 오류 분석: '-았-'을 중심으로, 문법 교육 13, 한국문법교육학회. pp.137~156.
김세영(2009), 교사 피드백 후 학습자의 다시쓰기가 한국어 쓰기 능력의 정확성 향상에 미치는 영향, 이화여자대학교 국제대학원 석사학위논문.
김수미(2010), 여성결혼이민자 담화에 나타난 연결어미 오류 분석 연구, 경희대학교 교육대학원 석사학위논문.
김승희(2012), 몽골인 한국어 학습자의 격조사 오류 분석 연구, 동국대학교 대학원 석사학위논문.
김영근 외(2012), 외국어로서의 한국어 교육에서 오류란 무엇인가?: 학자들의 견해를 중심으로, 인문과학논집 23, 강남대학교 출판부. pp.125~143.
김영만(1994), 오류분석을 통한 효율적인 한국어 작문 지도 방안 연구, 한국외국어대학교 대학원 석사학위논문.
김영주(2006), 영어권 고급학습자들의 조사 및 동사 어미 사용: 오류 분석, 외국어로서의 한국어교육 31, 연세대학교 언어연구교육원 한국어학당. pp.129~152.
김영주(2007), 고급한국어 작문수업을 이용한 담화중심 문법교육: 동사어미오류를 중심으로, 이중언어학 33, 이중언어학회. pp.1~34.
김영주(2008), 중국인 한국어 학습자들의 구어오류수정에 대한 인식조사: 학문목적 학습자를 중심으로, 이중언어학 37, 이중언어학회. pp.25~60.
김영주(2010), 한국어 학습자와 교사의 구어오류수정에 대한 인식 연구, 한국어교육 21-3, 국제한국어교육학회. pp.23~44.
김유미(2000), 학습자 말뭉치를 이용한 한국어 학습자 오류 분석 연구, 연세대학교 대학원 석사학위논문.
김유미(2002), 학습자 말뭉치를 이용한 한국어 학습자 오류 분석 연구, 외국어로서의 한국어교육 27, 연세대학교 언어연구교육원 한국어학당. pp.141~168.
김유정(2005), 한국어 학습자 말뭉치 오류분석의 기준 연구, 한국어교육 16-1, 국제한국

어교육학회. pp.45~75.

김윤희(2009), 프라트 분석을 통한 중국인 학습자의 한국어 모음 발음 오류 연구: 일부 동형동의 한자어 발음을 대상으로, 배재대학교 대학원 석사학위논문.

김은애(2006), 한국어 학습자의 발음 오류 진단 및 평가에 관한 연구, 한국어교육 17-1, 국제한국어교육학회. pp.71~97.

김은영(2012), 한·일 양국어의 화제회피전략에 관한 대조연구, 고려대학교 대학원 석사학위논문.

김은혜(2011), 말하기 평가에 구현된 한국어 초급 학습자의 의사소통 전략 양상, 국어교육학연구 40, 국어교육학회. pp.359~396.

김의수 외(2009), 중국어권 학습자 조사 습득에서의 오류와 원인 분석: 구조격 조사 "가"와 "를"의 대치 오류에 관한 생성문법적 접근, 한국어교육 20-2, 국제한국어교육학회. pp.29~52.

김이진(2004), 외국어로서의 한국어 학습자의 조사 사용 오류 연구: 중급 단계 일본어 모어 학습자의 작문을 바탕으로, 한국외국어대학교 대학원 석사학위논문.

김인선(2006), 한국어 환경에서 발생하는 귀국초등학생의 영어손실에 관한 연구: 통사 오류 분석을 중심으로, 연세대학교 교육대학원 석사학위논문.

김정남(2006), 한국어 학습자의 오류 유형에 대한 연구: 시제 및 연결어미 표현을 중심으로, 이중언어학 32, 이중언어학회. pp.115~138.

김정숙 외(2002), 영어권 한국어 학습자의 조사 사용 오류 분석과 교육 방법: '-이/가'와 '-은/는'을 중심으로, 한국어교육 13-1, 국제한국어교육학회. pp.27~45.

김정숙 외(2002), 한국어 학습자 말뭉치 구축을 위한 기초 연구: 개인 정보 표지 체계와 오류 정보 표지 체계를 중심으로, 이중언어학 21, 이중언어학회. pp.97~119.

김정애(2000), 과정 중심의 한국어 쓰기 교육 방안: 피드백을 이용한 다시 쓰기 전략을 중심으로, 이화여자대학교 대학원 석사학위논문.

김정은 외(2004), 중간언어 관점에서 한국어 학습자의 조사 오류 연구: '을/를, 이/가, 에, 에서'를 중심으로, 이중언어학 25, 이중언어학회. pp.87~108.

김정은(2004), 일본어권 학습자의 조사 오용 양상, 한국어교육 15-1, 국제한국어교육학회. pp.1~31.

김정은(2011), 중국의 한국어교재 오류분석 연구: 중국에서 개발한 초급 정독 교재를 중심으로, 부산외국어대학교 교육대학원 석사학위논문.

김중섭 외(2008), 일본인 한국어 학습자의 작문에 나타난 주격조사 오류 연구, 이중언어학 36, 이중언어학회. pp.69~91.

김중섭(2002), 한국어 학습자의 연결 어미 오류 양상에 관한 연구: 언어권별 오류 양상을 중심으로, 한국어교육 13-2, 국제한국어교육학회. pp.87~109.

김지숙(2007), 베트남어권 학습자의 오류 연구, 한국어교육 18-1, 국제한국어교육학회. pp.49~71.

김지숙(2008), 암시적 피드백과 명시적 피드백이 조사 오류에 미치는 영향: 베트남 학습자를 대상으로, 이중언어학 36, 이중언어학회. pp.93~114.

김지연(2010), 중국인 학습자의 자연발화 발음 오류 분석 연구, 충남대학교 대학원 석사학위논문.

김지혜(2008), 한국어 학습자의 이유 표현 오류 양상에 대한 연구, 한국어교육 19-2, 국제한국어교육학회. pp.193~214.

김춘애(2010), 중국인을 위한 한국어발음오류 연구와 지도, 중국조선어문 166, 길림성민족사무위원회. pp.32~35.

김태경(2009), 제1언어와 제2언어로서의 한국어 습득: 발음형태 오류를 중심으로, 국어교육연구 24, 서울대학교 국어교육연구소. pp.235~268.

김희용(2012), 대학생 한국어 작문의 L1/L2 수정 양상 비교 연구: 텍스트, 사고구술, 반성적 쓰기 분석을 중심으로, 연세대학교 대학원 석사학위논문.

김희정(2010), 베트남 결혼이주여성의 한국어 발음오류와 발음 교육: 평음, 격음, 경음을 중심으로, 군산대학교 대학원 석사학위논문.

김희진(2012), 학문 목적 학습자를 위한 쓰기 전략 교수 방안 연구, 계명대학교 대학원 석사학위논문.

나라오카 와카코(Naraoka Wakako)(2011), 日本語の「は」の誤用分析: 韓国語の「이/가」との對応を中心に, 한국외국어대학교 대학원 석사학위논문.

나원주(2008), 자기 점검식 피드백이 한국어 학습자의 쓰기능력 향상에 미치는 영향, 이화여자대학교 교육대학원 석사학위논문.

나은영(2006), 중국인 한국어 학습자의 오류 분석: 중급 학습자에서 나타나는 문법 오류를 중심으로, 새국어교육 72, 한국국어교육학회. pp.27~45.

나은영(2008), 한국어 학습 시 나타나는 말레이시아인 학습자의 특성: 문법 오류를 중심으로, 새국어교육 80, 한국국어교육학회. pp.179~198.

남명애(Myung Ai Nam) 외(2010), 중국인 한국어 학습자의 어휘 오류 연구: 이형동의어를 중심으로, 국어교육 132, 한국어교육학회. pp.325~349.

남명애(Myung Ai Nam) 외(2011), 교사의 동기 전략에 대한 학습자의 인식이 동기와 학업 성취도에 미치는 영향, 새국어교육 87, 한국국어교육학회. pp.327~351.

남상은(2011), 어휘 학습 전략이 어휘 기억에 미치는 영향, 경희대학교 대학원 석사학위논문.

노미연(2012), 한국어 학습자의 구어 오류와 후속 상호작용 분석 연구: 인터뷰 평가 담화를 중심으로, 동국대학교 대학원 박사학위논문.

니보리 유카(2013), 일본 내 한국어 교실에서의 구어오류수정 연구, 경희대학교 대학원 석사학위논문.

당문평(2012), 중국인 한국어 학습자의 중·한 번역에 나타난 오류 분석 연구, 계명대학교 대학원 석사학위논문.

도지희(2013), 한국어 학습자의 쓰기 오류에 관한 연구: 중국인 중·고급 학습자를 대상으로, 원광대학교 교육대학원 석사학위논문.

란효하(2012), 중국 북방방언권 학생들의 조선어종성 발음교육을 위한 오류분석 연구, 중국조선어문 177, 길림성민족사무위원회. pp.60~65

류미용(2011), 태국인 학습자의 한국어 모음 발음 오류 연구: 초급 학습자를 중심으로, 경희대학교 교육대학원 석사학위논문.

리해영(2011), 양태부사 혹시 사용에 관한 오류분석 및 중국어 대응관계, 중국조선어문 2011, 길림성민족사무위원회. pp.28~33.

마정(2012), 중국인 학습자들의 한국어 작문에 나타나는 문법 오류 분석 연구, 인하대학교 대학원 석사학위논문.

막비아(2010), 중국어권 한국어 학습자의 조사 '에' 사용 오류 분석과 교육 방안: 중급 학습자를 중심으로, 고려대학교 대학원 석사학위논문.

모뢰(2012), 학문 목적 중국인 학습자를 위한 읽기 전략 연구, 경희대학교 대학원 석사학위논문.

문진희(2013), 오류일지 작성이 한국어 쓰기의 문법 오류 감소에 미치는 영향: 중급 학습자의 조사·어미 오류를 중심으로, 이화여자대학교 교육대학원 석사학위논문.

민영란(Ying Lan Min)(2007), 중국어권 학습자의 한자어 어휘 오류 분석과 교육 방안: 모국어 영향에 의한 오류를 중심으로, 외국어로서의 한국어교육 32, 연세대학교 언어연구교육원 한국어학당. pp.81~101.

민영란(Ying Lan Min)(2008), 부정적 전이로 인한 중국어권 학습자의 오류 분석, 한국어교육 19-1, 국제한국어교육학회. pp.55~75.

민진영(2002), 한국어 고급 학습자의 조사 오류 분석, 연세대학교 대학원 석사학위논문.

박금숙(2012), 외래어 표기 및 발음 오류분석과 교육방안 연구: 베트남인, 중국인, 일본인 학습자를 대상으로, 군산대학교 교육대학원 석사학위논문.

박나영(2010), 음소결합제약에 의한 중국인 학습자의 한국어 발음 오류 연구: 초급 학습자를 대상으로, 부산대학교 대학원 석사학위논문.

박미영 외(1999), 학습자 오류를 기반으로 한 문법 평가 문항 개발 연구, 한국어교육 10-

1, 국제한국어교육학회. pp.141~171.
박서영(2011), 여성결혼이민자를 위한 전략 중심 한국어 쓰기 교육 방안 연구, 한국외국어대학교 교육대학원 석사학위논문.
박석준(2006), 한국어 학습자의 어문 규범 오류에 대하여, 문법 교육 5, 한국문법교육학회. pp.241~260.
박선혜(2004), 오류분석을 통한 한국어 시제 및 상 교육 방안 연구: 일본어권 학습자를 대상으로, 부경대학교 교육대학원 석사학위논문.
박선희(2008), 학습자의 근접발달영역 척도를 활용한 오류수정적 피드백 제공 방안, 한국어교육 19-3, 국제한국어교육학회. pp.201~236.
박성은(2008), 중급 단계 중국인 한국어 학습자의 한자 어휘 학습 전략 연구: 의미 발견 전략을 중심으로, 이화여자대학교 대학원 석사학위논문.
박세희(2012), 프랑스인 학습자의 한국어 발음 오류 및 습득 패턴 연구, 한국외국어대학교 대학원 석사학위논문.
박소영(2008), 중국인 학습자의 한국어 조사 사용 오류 분석과 교수 방안: 조사 '이/가', '을/를' 그리고 '은/는'을 중심으로, 성신여자대학교 대학원 석사학위논문.
박수연(2007), 한국어 학습자 오류 말뭉치 구축과 그 문제점에 관한 연구, 언어정보와 사전편찬 17, 연세대학교 언어정보개발원. pp.83~113.
박영목(2007), 작문 지도 모형과 전략, 국어교육 124, 한국어교육학회. pp.181~215.
박윤주(2009), 의사소통을 위한 응답 발화 전략 연구: 결혼 이주여성의 효율적인 한국어 교육을 위하여, 경희대학교 교육대학원 석사학위논문.
박은하(2008), 한국어-베트남어 사전에 나타난 한국어 오류 조사, 한국어교육 19-3, 국제한국어교육학회. pp.237~263.
박재현(2004), 한국인과 중국인의 승낙 획득 전략 비교 연구, 한국어교육 15-2, 국제한국어교육학회. pp.115~144.
박종호(2008), 한국어 학습자의 문법적 오류 분석, 한국중원언어학회 학술발표회 자료집, 한국중원언어학회. pp.115~124.
박종호(2009), 한국어 학습자의 조사 오류 연구, 새국어교육 82, 한국국어교육학회. pp.127~143.
박종호(2012), 한국어 학습자의 조사와 어미 오류 양상: 중국인 유학생의 작문을 중심으로, 새국어교육 90, 한국국어교육학회. pp.315~337.
박주영(2011), 일·한 경어 사용실태 연구: 오용표현 분석을 통하여, 명지대학교 교육대학원 석사학위논문.
박주현(2007), 교사 피드백 방법이 학습자 작문의 형태 오류 감소에 미치는 영향, 이화여자대학교 대학원 석사학위논문.
박주현(2007), 교사 피드백 방법이 한국어 학습자 작문의 형태 오류 감소에 미치는 영향, 한국어교육 18-1, 국제한국어교육학회. pp.131~154.
박진길(1989), 한국어의 특징과 언어간섭현상, 독어교육 7, 한국독어독문학교육학회. pp.5~41.
박하나(2011), 스페인어 화자의 한국어 발음 오류 분석과 습득 패턴 연구, 한국외국어대학교 대학원 석사학위논문.
박호은(2012), 프랑스어권 학습자를 위한 한국어 발음 교육 연구: 음운 대조분석과 학습자 오류분석을 중심으로, 연세대학교 대학원 석사학위논문.
백대현(2012), 중국인 학습자의 한국어 발음 오류 연구: 자음동화를 중심으로, 충북대학교 대학원 석사학위논문.
백민영(2002), 한국어 학습자의 학습양식에 대한 연구: 일본어권 학습자와 영어권 학습자를 중심으로, 이화여자대학교 대학원 석사학위논문.
백소영(2001), 러시아 한국어 학습자의 격조사 사용의 오류분석과 연구지도, 이화여자대학교 대학원 석사학위논문.
백소영(So Young Paik)(2008), 중국인 한국어 학습자의 발음 오류와 지도방법, 외국어교육연구 22, 한국외국어대학교 외국어교육연구소. pp.77~88.
백승주(2011), 한국어 교사 발화에 나타난 관여 유발 전략, 연세대학교 대학원 박사학위논문.
백옥란(2010), 한국어학습자들의 발음오류현상과 그 교육방안: 분절음을 중심으로, 중국조선어문 165, 길림성민족사무위원회. pp.29~35.
사와다 히로유키(2006), 일본어 모어 한국어 학습자의 읽기 전략 사용에 관한 연구, 국어교과교육연구 11, 국어교과교육학회. pp.225~254.
서아름(2011), 한국어 학습자의 거절 화행 전략 연구, 연세대학교 교육대학원 석사학위논문.
서혁(1992), 한국어 학습자의 오류와 교재구성의 방향, 선청어문 20, 서울대학교 국어교육과. pp.265~292.
서효원(2010), 질문 생성 전략을 활용한 장르 중심 한국어 쓰기 교육 방안 연구, 한국외국어대학교 교육대학원 석사학위논문.
서희연(2009), 어휘 학습 전략 활동을 활용한 한국어 수업 방안 연구: 의미 풀어 표현하기 전략 활동을 중심으로, 경희대학교 교육대학원 석사학위논문.
석주연 외(2003), 한국어 학습자 표현 오류분석의 몇 가지 문제, 한국어교육 14-3, 국제한국어교육학회. pp.189~215.

설수연(2011), 서면으로 제공되는 수정적 피드백, 제2언어적성 및 학습자 태도가 한국어 조사 습득에 미치는 영향, 이화여자대학교 국제대학원 석사학위논문.

성지연(2002), 오류 분석을 통한 한국어 관형사형 어미 사용 연구: 일본인 중급 학습자를 중심으로, 고려대학교 대학원 석사학위논문.

손동희(2010), 한 · 일 양 언어의 사죄 전략에 관한 대조연구, 고려대학교 대학원 석사학위논문.

손민수(2011), 일본어 학습자의 의사소통전략의 발달 프로세스, 중앙대학교 대학원 석사학위논문.

손성희 외(2011), 한국어 학습자의 자기효능감 분석 연구, 외국어로서의 한국어교육 36, 연세대학교 언어연구교육원 한국어학당. pp.93~111.

손성희 외(2011), 한국어 학습자의 학습 동기 분석, 한국어교육 22-3, 국제한국어교육학회. pp.133~152.

손성희 외(2012), 한국어 학습자의 귀인성향, 자기효능감과 학업성취도 관계 분석, 한국어교육 23-2, 국제한국어교육학회. pp.171~189.

손성희(2011), 한국어 학습자의 언어 학습전략 분석 연구, 연세대학교 대학원 박사학위논문.

손호섭(2011), 터키어권 한국어 학습자들의 주격조사 오류 분석 연구, 한국외국어대학교 교육대학원 석사학위논문.

송주영(2002), 한국어 학습에 나타나는 오류 연구: 어미를 중심으로, 한국외국어대학교 대학원 석사학위논문.

신나탈리아(2003), 한국어 조사 사용의 오류 분석 및 지도 내용 연구: 러시아어를 모어로 하는 한국어 학습자들을 대상으로, 서울대학교 대학원 석사학위논문.

신명선(2009), 국어 표현 과정에서 작용하는 어휘 사용 기제와 그 전략에 관한 연구, 한국어 의미학 29, 한국어의미학회. pp.91~131.

신보미(2012), 상위인지 전략을 활용한 한국어 쓰기 교육 방안 연구: 중급 학습자를 대상으로, 고려대학교 교육대학원 석사학위논문.

신성철(2007), 영어권 한국어 학습자의 철자 오류 유형과 패턴, 한국어교육 18-3, 국제한국어교육학회. pp.99~122.

신성철(2007), 의미상의 유사성으로 인한 한국어 어휘 오류, 외국어로서의 한국어교육 32, 연세대학교 언어연구교육원 한국어학당. pp.141~170.

신주연(2012), 한국어 학습자의 글쓰기 오류 분석 연구: 고급 중국어권 학습자를 대상으로, 한양대학교 교육대학원 석사학위논문.

신혜순(2010), 인터넷 커뮤니티를 활용한 한국어 쓰기 교육 연구: 온라인 피드백의 분석을 중심으로, 연세대학교 교육대학원 석사학위논문.
심민희(2012), 최적성 이론에 의한 중국인 학습자의 연음 오류 분석, 어문학 115, 한국어문학회. pp.55~77.
심상민(2007), 일본인 한국어 학습자와 중국인 한국어 학습자의 읽기 전략 비교 연구, 어문연구 133, 한국어문교육연구회. pp.441~465.
심은희(2011), 전화 상황에서의 한국어 의사소통전략 교육 방안 연구: 중 · 고급 학습자를 중심으로, 고려대학교 교육대학원 석사학위논문.
싯티니 탐마차이(2001), 한국어 쓰기 지도에 관한 연구: 태국인 학습자의 오류를 중심으로, 서울대학교 대학원 석사학위논문.
안경화 외(2003), 중간언어 의미 체계 정립을 위한 오류 분석의 실제, 어문연구 118, 한국어문교육연구회. pp.403~426.
안경화(2004), 일본어권 한국어 학습자의 언어간 전이 오류 연구, 어문연구 123, 한국어문교육연구회. pp.471~492.
안지은(2012), 오류 고쳐 되말하기와 개인차 요인이 중국인 한국어 학습자의 단형 사동 습득에 미치는 영향, 이화여자대학교 국제대학원 석사학위논문.
앤드류 변(Andrew Sangpil Byon)(2005), 고급 KFL 학습자 작문 교육에 관한 연구: 학습자간의 피드백을 이용하여, 한국어교육 16-1, 국제한국어교육학회. pp.299~325.
양소영(2013), 터키인 한국어 학습자의 작문 오류 분석: 한·터키어 대조 분석을 통하여, 충북대학교 교육대학원 석사학위논문.
양수향(2006), 한국어 학습자들의 연어 오류 연구: 러시아어 모어 학습자의 '체언+용언' 형태의 오류를 중심으로, 어문연구 130, 한국어문교육연구회. pp.421~443.
양순임(2006), 중국인 학습자언어에 나타나는 한국어 종성에 대한 음향, 청취 음성학적 오류분석, 한국어교육 17-3, 국제한국어교육학회. pp.163~183.
양순임(2007), 연음규칙 적용에 따른 오류 분석: 중국인 학습자의 중간언어를 대상으로, 한국어교육 18-3, 국제한국어교육학회. pp.123~144.
연봉월(2009), 한국어 학습자의 연결어미 오류 분석을 통한 교육 방안 연구, 충남대학교 대학원 석사학위논문.
염수(2013), 중국인 한국어 학습자의 화용적 실패 연구, 경희대학교 대학원 석사학위논문.
염염(2011), 중국인 학습자의 한국어 조사 사용 오류 분석: '에, 에게, 에서, 로' 를 중심으로, 상명대학교 대학원 석사학위논문.
오경화(2011), 중국인 학습자의 한국어 쓰기 오류 분석 연구, 호남대학교 대학원 석사학위논문.
吳鉢(2012), 중국인 한국어 학습자의 중간언어에 대한 연구, 전남대학교 대학원 박사학

위논문.
오상은(2004), 러시아어권 한국어 학습자의 격조사 오류분석 및 지도방안 연구: 초급 단계를 중심으로, 한양대학교 대학원 석사학위논문.
오소정(1986), 외국인의 한국어 학습에서 오는 문제에 대한 연구, 이화여자대학교 대학원 석사학위논문.
오지혜(2009), 한국어 학습자의 시 읽기 전략 양상 연구, 국어교육연구 24, 서울대학교 국어교육연구소. pp.343~375.
온다르마(2011), 몽골인 학습자들의 한국어 작문에 나타나는 오류 분석 연구: 초급 단계 학습자를 대상으로, 인하대학교 대학원 석사학위논문.
왕단(Wang Dan)(2005), 중국인 학습자의 한국어 형용사 이해 · 사용에 나타난 오류에 관한 연구, Korean 연구와 교육 1, 이화여자대학교 한국어문학연구소. pp.69~91.
왕단단(2009), 중국인 학습자의 한국어 구어 의사소통 전략 교육 연구, 배재대학교 대학원 석사학위논문.
왕려혜(2012), 중국인 한국어 학습자의 한자어 사용 오류 연구, 대진대학교 대학원 석사학위논문.
왕문비(2011), 중국어권 한국어 중급 학습자의 격조사 오류 분석 연구, 충남대학교 대학원 석사학위논문.
왕엽(2011), 중국어권 한국어 학습자의 조사 '로' 사용 오류 분석과 교육 방안: 중급 학습자를 대상으로, 고려대학교 대학원 석사학위논문.
왕혜숙(1995), 영어화자의 한국어 작문에 나타난 어휘상 오류분석, 이중언어학 12, 이중언어학회. pp.383~399.
우인혜(1998), 일본인 한국어 학습자의 오류 연구, 새국어교육 56, 한국국어교육학회. pp.47~71.
원샤오옌(2012), 중국어권 학습자의 한국어 연결어미 사용에 나타난 시제 오류 분석, 부산대학교 대학원 석사학위논문.
원씨향(2012), 베트남인 한국어 중급 학습자의 조사 사용 오류 분석, 영남대학교 대학원 석사학위논문.
위징징(2009), 중국인의 한국어 학습에서 나타나는 어휘 오류 연구, 청주대학교 대학원 석사학위논문.
유력몽(2012), 중국인 학습자의 한국어 어휘 사용 오류 연구: 초 · 중급 학습자를 대상으로, 부산대학교 대학원 석사학위논문.
유서천(2011), 중국인 학습자를 위한 한국 한자어 어휘 학습 전략의 연구: 한 · 중 한자어 의미 대조를 중심으로, 서울시립대학교 대학원 석사학위논문.

유승섭(2010), 한국어 관형사형 어미의 형태적 오류와 교육 방안: '-(으)ㄹ 때/-었을 때'를 중심으로, 한글 287, 한글학회. pp.73~108.
유승섭(2010), 한국어 시제 어미의 형태적 오류와 교육 방안: 관형사형 어미의 "-(으)ㄹ 때"를 중심으로, 국어문학 48, 국어문학회. pp.301~330.
유정(2011), 중국인 화자의 한국어 발음 오류 양상과 교육 방안 연구, 한국외국어대학교 대학원 석사학위논문.
유천(2010), 중국에서 출판된 한국어 교재의 오류 분석, 대진대학교 대학원 석사학위논문.
유형선(2008), 한국어 오류 유형의 분류에 관한 연구, 한국어학 41, 한국어학회. pp.357~380.
윤경미(2012), 한국어 학습자의 쓰기 오류 양상 비교 연구, 강남대학교 대학원 석사학위논문.
윤미영 외(2011), 태국 교포 아동의 맞춤법 오류 분석과 교육 방안: 푸껫 거주 교포 아동의 맞춤법 오류를 중심으로, 새국어교육 88, 한국국어교육학회. pp.193~220.
윤미영(2005), 태국인 한국어 학습자의 조사 사용 오류 양상, 이화여자대학교 교육대학원 석사학위논문.
윤성순(2008), 재한 몽골 초등 · 중등 학생의 한국어 및 영어불안 연구, 이화여자대학교 교육대학원 석사학위논문.
윤은미(2004), 한국인과 한국어 학습자의 거절화행에 나타난 공손전략 비교연구: 체면보호를 위한 언어적 장치를 중심으로, 외국어로서의 한국어교육 29, 연세대학교 언어연구교육원 한국어학당. pp.117~145.
윤혜숙(2004), 베트남인 한국어 학습자의 어휘 오류 분석 및 교육 방안 연구, 연세대학교 교육대학원 석사학위논문.
이경은(1998), 한국어 문말시상형태소의 오류분석: 외국어로서의 한국어 교육에서 '-고 있다'와 '-ている'의 대조분석을 중심으로, 이화여자대학교 대학원 석사학위논문.
이명우(2010), 학습자 질문생성 전략이 한국어 읽기 능력에 미치는 효과 연구, 연세대학교 교육대학원 석사학위논문.
이목자(2013), 오류 분석을 통한 한국어 연어 교육 연구: 중국인 학습자를 중심으로, 한양대학교 대학원 석사학위논문.
이병민(2003), 외국어 교육에서 학습자 변인으로서 언어학습 전략: 연구 동향 및 방향, 한국어교육 14-3, 국제한국어교육학회. pp.260~261.
이병운(2012), 베트남 학습자의 한국어 어휘사용 오류경향 분석, 교사교육연구 51, 부산대학교 사범대학 과학교육연구소. pp.313~322.
이상숙(2005), 한국어 학습자의 외래어 표기 오류 분석 및 교수 방안 연구, 한양대학교 대학원 석사학위논문.

이서현(2009), 한국어 학습자의 조사·어미 사용에 나타난 오류 유형 분석: 구어체를 중심으로, 단국대학교 대학원 석사학위논문.

이석란(2005), 교사의 오류 수정 유형에 따른 한국어 학습자 반응에 관한 연구, 이화여자대학교 대학원 석사학위논문.

이석란(2009), 교사의 오류 수정 유형에 따른 한국어 학습자 반응에 관한 연구, 외국어 교육 16-3, 한국외국어교육학회. pp.457~485.

이선진 외(2012), 미국인 한국어 학습자의 중간언어 발달 연구, 새국어교육 91, 한국국어교육학회. pp.159~191.

이선희(2009), 학습자 오류 주석 말뭉치 구축과 지능형 학습 도구 개발: 언어적 지식에 기반한 새로운 한국어 교육, 언어정보와 사전편찬 24, 연세대학교 언어정보연구원. pp.187~220.

이소영(2003), 한국어 학습자의 표기 오류 실태 연구: 영어권·중국어권 학습자를 대상으로, 이중언어학 23, 이중언어학회. pp.255~282.

이소영(2012), 중국인 한국어 학습자의 말하기에 나타난 의사소통 전략 연구, 계명대학교 대학원 석사학위논문.

이수경(1996), 일본어를 모어로 하는 한국어 학습자의 오용의 경향에 관하여: 특히 '조사, 접속어미, 보조용언, 시제와 상'을 중심으로, 한국어교육 7, 국제한국어교육학회. pp.87~108.

이수경(1997), 일본어를 모어로 하는 한국어 학습자의 '하고 있다'와 '해 있다'의 오류분석, 한국어교육 8, 국제한국어교육학회. pp.73~90.

이수민(2002), 한국어 쓰기 교육에서 교사 피드백이 학생 수정에 미치는 영향 연구, 연세대학교 교육대학원 석사학위논문.

이숙진(2010), 한국어 학습자 오류에 대한 인식 양상 연구, 문명연지 11, 한국문명학회. pp.185~207.

이순자(1987), 문법의 분석: 영어화자의 한국어 습득과정에서 일어난 오류를 중심으로, 연세대학교 교육대학원 석사학위논문.

이승연(2006), 한국어 학습자 말뭉치 오류 표지 방안 재고, 이중언어학 31, 이중언어학회. pp.171~196.

이승연(2007), 한국어 학습자 오류의 판정 및 수정 기준 연구: 교사·비교사 집단간 오류 판별 비교 실험을 바탕으로, 이중언어학 33, 이중언어학회. pp.189~213.

이은기(2005), 오류분석을 통한 한국어 관형절 시제 교수 방안 연구: 일본인 학습자를 대상으로, 이화여자대학교 교육대학원 석사학위논문.

이인영(2011), 외국인 대학생의 학술적 글쓰기에 나타난 오류 양상 연구, 현대문학의 연구 44, 한국문학연구학회. pp.493~526.
이재경(2003), 한국어 학습자의 연결 어미 오류 분석과 지도 방안, 고려대학교 대학원 석사학위논문.
이재성(2011), 중국인 대학생 학습자들의 한국어 종속접속문 구성 오류에 대한 연구, 인문논총 21, 서울여자대학교. pp.118~140.
이재욱 외(2001), 한국어 학습자의 어휘학습 전략 연구, 우리어문연구 17, 우리어문학회. pp.25~53.
이전(2012), 중국인 학습자의 한국어 연결어미 '-아(어서)' 오류 연구, 경희대학교 대학원 석사학위논문.
이정민(2010), 한국어 어휘 학습 전략 연구, 경희대학교 대학원 박사학위논문.
이정숙(2004), 일본인 한국어 학습자의 한국어 오용 예에 관한 분석: 교환유학생을 중심으로, 일어일문학 23, 대한일어일문학회. pp.109~117.
이정희 외(2005), 한국어 학습자의 어휘 오류 분류에 관한 연구, 이중언어학 29, 이중언어학회. pp.321~346.
이정희(2002), 한국어 오류 판정과 분류 방법에 관한 연구, 한국어교육 13-1, 국제한국어교육학회. pp.175~197.
이정희(2003), 초급 단계 한국어 학습자의 어휘 오류, 이중언어학 22, 이중언어학회. pp.301~320.
이정희(2003), 한국어 학습자의 오류 연구, 박이정.
이정희(2008), 중국어권 한국어 학습자의 어휘 오류 연구: 원인 분석을 중심으로, 한국어교육 19-3, 국제한국어교육학회. pp.403~425.
이준호(2010), 자기주도적 쓰기 기술 및 전략 연구: 한국어 학문 목적 학습자를 대상으로, 한국어학 48, 한국어학회. pp.269~297.
이준호(2012), 한국어교육에서의 보문절 교육을 위한 기초 연구: 학습자 오류를 중심으로, 국제한국어교육학회 국제학술발표논문집, 국제한국어교육학회. pp.401~413.
이중진(2010), 청취와 음성 산출 실험을 통한 몽골인 학습자의 한국어 단모음 오류 연구, 한국어교육 21-3, 국제한국어교육학회. pp.189~207.
이지영(1991), 한국어 대우 표현의 오류분석: 한국어 학습자의 오류현상을 바탕으로, 상명대학교 대학원 석사학위논문.
이지은(2012), 여성결혼이민자의 언어 학습전략 분석 연구, 경남대학교 대학원 석사학위논문.
이지훈(2011), 러시아어권 학습자의 한국어 격조사 오류 분석 연구: 러시아어, 카자흐어, 우즈벡어, 학습자를 중심으로, 한국외국어대학교 교육대학원 석사학위논문.

이해영(2011), 학습자 언어 연구: 오류분석과 중간언어 연구, 이중언어학 47, 이중언어학회. pp.307~330.

이혜영(2009), 발음전략을 이용한 한국어 발음교육의 효용성 연구, 계명대학교 대학원 석사학위논문.

이효신(2009), 중국인 학습자의 한국어 어휘 학습 전략 연구, 영남대학교 대학원 석사학위논문.

이효신(2012), 일지 연구 방법을 사용한 한국어 학습자의 읽기 불안에 관한 연구, 한국언어문화학 9-1, 국제한국언어문화학회. pp.221~245.

이효신(2012), 읽기 동기 및 불안과 한국어 읽기의 관계에 관한 연구, 영남대학교 대학원 박사학위논문.

이효영(2008), 한국인 학습자의 중국어 동사성 동목구조 사용상의 오류분석, 중국학 31, 대한중국학회. pp.191~214.

이훈(2006), '-은/는'의 순차적 교수에 대하여: 중국어권 학습자들의 오류 통계 해석과 문법지식을 중심으로, 어문논집 35, 중앙어문학회. pp.47~68.

임경희(2005), 중국인의 한국어 학습에 나타난 조사 오류 분석, 충북대학교 대학원 석사학위논문.

임유종 외(2004), 어미 활용 오류를 통해 본 유아의 언어 습득, 국어교육 115, 한국어교육학회. pp.65~85.

임은하(2009), 한국어 학습자의 속담 오류유형 분석: 한국어학습자의 쓰기 평가지에 나타난 속담오류를 중심으로, 외국어로서의 한국어교육 34, 연세대학교 언어연구교육원 한국어학당. pp.375~407.

임천우(2013), 중국인 한국어 학습자의 경음 및 경음화 오류 연구, 경희대학교 대학원 석사학위논문.

장경희(2012), 중국인 한국어 학습자의 작문 자료에 나타난 모국어 전이 오류 분석: 직접 쓰기와 번역 쓰기를 비교하여, 연세대학교 대학원 석사학위논문.

장영미(2008), 한국어학습자들의 "띄여쓰기" 오유에 대한 고찰, 중국조선어문 157, 길림성민족사무위원회. pp.34~35.

장옥경(2011), 초급 학습자를 위한 한국어 '체언+용언' 형 연어목록 선정 연구, 경희대학교 교육대학원 석사학위논문.

장은혜(2011), 담화 유형에 따른 한국어 학습자의 의사소통 전략 사용 양상 연구, 계명대학교 대학원 석사학위논문.

장은화(2011), 오류문 분석을 통한 시제 교육 방안: 중국어권 학습자를 대상으로, 문법 교육 14, 한국문법교육학회. pp.337~363.

장채린(2012), 한국어교육에서의 시간 표현 연구: 용언과 결합하는 시간 표현의 오류분석을 중심으로, 연세대학교 대학원 석사학위논문.

장향실(2002), 중국어 모국어 화자의 한국어 학습시 나타나는 발음상의 오류와 그 교육 방안, 한국어학 15, 한국어학회. pp.211~227.

장화숙(2011), 한국어 중급 학습자의 작문 오류 분석을 통한 조사 · 어미 교육방안, 충남대학교 대학원 석사학위논문.

전영분(2011), 중국인 한국어 학습자의 읽기 초인지 전략과 읽기 효능감과의 관계 연구, 연세대학교 교육대학원 석사학위논문.

전영아(2004), 영어권 학습자의 한국어 관형사형 어미 오류 분석, 한국외국어대학교 대학원 석사학위논문.

전영옥(2011), 여성결혼이민자의 한국어 조사 오류 분석, 한국어교육 22-4, 국제한국어교육학회. pp.27~62.

전원해(2005), 중국 학생들의 한국어 발음 오류 연구: 자음을 중심으로, 성균관대학교 대학원 석사학위논문.

전윤희(2006), 제2언어 학습자의 글쓰기에 나타난 오류분석: 모국어 전이를 중심으로, 고려대학교 교육대학원 석사학위논문.

전은영(2012), 중국인 한국어 학습자의 사과 화행 전략에 대한 한국인의 인식 조사, 고려대학교 교육대학원 석사학위논문.

정미경(2011), 한국어 학습자의 말하기 수준에 따른 의사소통전략 사용 양상 연구: 중급 학습자를 대상으로, 고려대학교 대학원 석사학위논문.

정미라(2012), 네팔인 한국어 학습자의 발음 오류의 원인과 교정, 연세대학교 교육대학원 석사학위논문.

정수아(2011), 담화 표지어를 활용한 읽기 전략이 한국어 읽기 능력에 미치는 영향, 영남대학교 대학원 석사학위논문.

정숙향(2007), 오류 분석을 통한 연어 교수 연구: 중국인 학습자를 중심으로, 이화여자대학교 대학원 석사학위논문.

정예랜(2005), 일본인 한국어 학습자의 부사 사용 연구: 학습자 작문의 오류분석을 중심으로, 연세대학교 대학원 석사학위논문.

정우희(2010), 초중고급 한국어 학습자의 조사 '에'의 오류 분석: 중간언어 관점으로, 연세대학교 교육대학원 석사학위논문.

정해권(2010), 한국어 의문문 습득의 중간언어 연구, 한국외국어대학교 대학원 석사학위논문.

정해연(2011), 한 · 중 음절 대조 분석을 통한 중국인 한국어 학습자의 발음 오류 연구, 한양대학교 대학원 석사학위논문.
정효민(2012), 한국어 교육에서 띄어쓰기의 오류 원인과 오류 분석: 중국인 학습자를 대상으로, 새국어교육 90, 한국국어교육학회. pp.389~407.
정효주 외(2011), 중국인 학습자의 한국어 비음화 발음 오류 양상, 이중언어학 47, 이중언어학회. pp.165~187.
조동현(2011), 캄보디아인 학습자의 한국어 발음 오류의 원인과 교정, 연세대학교 교육대학원 석사학위논문.
조성민(2010), 외국어로서의 한국어 맞춤법 요류 분석 및 교수 방안: 중국유학생을 대상으로, 군산대학교 교육대학원 석사학위논문.
조위수(2012), 한국어 학습자의 반복 전략 사용 양상과 교수 방안 연구, 국제한국어교육학회 춘계학술발표논문집2012, 국제한국어교육학회. pp.174~203.
조위수(2012), 한국어 학습자의 의사소통 전략 사용 양상과 교수 방안 연구: 반복을 중심으로, 부산외국어대학교 대학원 박사학위논문.
조윤경 외(2007), 한국어 쓰기 오류교정에서 오류일지의 효과에 관한 연구, 한국어교육 18-3, 국제한국어교육학회. pp.221~248.
조윤지(2012), 학습자 유형에 따른 말하기 학습전략 연구: 문법 학습전략과의 상관성을 중심으로, 경희대학교 교육대학원 석사학위논문.
조인정(2005), 영어권 한국어 학습자의 오류: 무정성 주어와 타동사 구문, 한국어교육 16-3, 국제한국어교육학회. pp.331~352.
조인정(2006), 영어권 한국어 학습자의 주격과 목적격 조사 대치 오류에 대한 비교언어학적 분석, 한국어교육 17-3, 국제한국어교육학회. pp.281~299.
주운(Yun Zhou)(2010), 중국유학생의 한국어 학습동기, 의사소통 불안 및 자기효능감의 관계, 교육연구 33, 전남대학교 교육문제연구소. pp.23~37.
주지현(2010), 과정 중심 한국어 쓰기 교육 방안 연구: 피드백 활동을 중심으로, 부산대학교 대학원 석사학위논문.
지서원(2004), 한국어 학습자의 어휘 오류 분석 연구, 경희대학교 교육대학원 석사학위논문.
지현숙 외(2012), 한국어 학습자의 이야기구술 수행 담화에 대한 중간언어적 고찰, 국어교육연구 29, 서울대학교 국어교육연구소. pp.295~322.
진가리(2012), 중급 단계 중국인 한국어 학습자의 조사 대치 오류 양상 및 방지 방안 연구, 울산대학교 대학원 석사학위논문.
진신(2012), 한국어 학습자의 연결어미에 대한 오류 연구: 중국인 학습자를 중심으로, 명지대학교 대학원 석사학위논문.

진제희(2000), 한국어 학습자들의 의사소통 전략 유형 분류 및 분석: 비상호적 상황을 중심으로, 한국어교육 11-1, 국제한국어교육학회. pp.175~199.

진제희(2001), 한국어 학습자들의 발화 속에 나타난 대화 전략으로서의 입말의 특성, 한국어교육 12-1, 국제한국어교육학회. pp.275~293.

차숙정 외(2006), 중국인 한국어 학습자의 쓰기에서 나타나는 어휘 오류, 한국어교육 17-1, 국제한국어교육학회. pp.415~436.

차윤정(2004), 근대 조선어 학습서에 나타난 오류 표현과 원인 분석: 『전일도인(全一道人)』, 『강화(講話)』, 『표민대화(漂民對話)』를 중심으로, 한국어교육 15-3, 국제한국어교육학회. pp.277~294.

채상이(2011), 대화식 저널 쓰기와 교사의 피드백에 따른 한국어 쓰기 능력 향상 연구, 공주대학교 대학원 석사학위논문.

최금단(2005), 한 · 중 AB : AB형 동사 사용에 나타나는 중국어권 학습자의 오류 분석, 어문연구 127, 한국어문교육연구회. pp.395~416.

최보라(2007), 한국어 교재의 높임법 오류 분석을 통한 교재 개발 방안 연구, 한양대학교 교육대학원 석사학위논문.

최보미(2011), 자기 조정 전략이 한국어 고급 학습자의 자기 주도적 쓰기에 미치는 효과 연구: 과정-장르 통합 교육을 중심으로, 고려대학교 대학원 석사학위논문.

최선영(2005), 학습자 오류에 대한 한국어 모어 화자의 평가: 일본어권 중 · 고급 학습자의 오류를 대상으로, 이화여자대학교 대학원 석사학위논문.

최우영(1997), 외국어로서의 한국어 학습자의 오류에 대한 연구: 작문에 나타난 오류를 중심으로, 이화여자대학교 대학원 석사학위논문.

최욱(2011), 한국어 학습자의 성격에 따른 의사소통전략 사용 양상에 관한 연구, 고려대학교 교육대학원 석사학위논문.

최유진(2007), 제2언어 학습자의 과 수동화 경향에 대한 연구, 고려대학교 교육대학원 석사학위논문.

최윤정(2011), 한국어 학습자의 노트 필기 전략과 언어 학습 신념 및 전략에 따른 학업 성취도 연구: 학문 목적 중국인 학습자를 대상으로, 한국외국어대학교 대학원 석사학위논문.

최은정 외(2011), 한국어 초급 교실에서의 교사의 수정적 피드백과 학습자 반응, 응용 언어학 27, 한국응용언어학회. pp.107~129.

최은지(2011), 한국어 학습자의 '서술성 명사+접미사' 구성 어휘의 오류 양상, 이중언어학 45, 이중언어학회. pp.285~307.

최정순 외(2009), 한국어 학습자의 불안이 학업 성취도에 미치는 영향 연구, 시학과 언어학 17, 시학과 언어학회. pp.199~229.
최주리(2008), 인지 구성주의 쓰기 전략 교수가 한국어 쓰기에 미치는 영향 연구, 외국어로서의 한국어교육 33, 연세대학교 언어연구교육원 한국어학당. pp.227~260.
최현정(2011), 음절 길이 교육을 통한 중국인 학습자의 운율 오류 수정 효과 연구, 이중언어학 45, 이중언어학회. pp.309~330.
최현지(2009), 중국인 한국어 학습자의 음독 오류 분석, 이화여자대학교 국제대학원 석사학위논문.
추준수(2007), 중국인의 한국어 학습에 나타난 오류 분석: 조사와 어미를 중심으로, 신라대학교 대학원 석사학위논문.
탁진영(2011), 베트남인 한국어 학습자의 조사 오류 연구, 경희대학교 교육대학원 석사학위논문.
하미령(2013), 명시적 FonF와 암시적 FonF가 중급 한국어 학습자의 조사 학습과 사용 오류에 미치는 영향 비교, 이화여자대학교 교육대학원 석사학위논문.
한기흔(2010), 학습자의 자기 수정 활동이 한국어 말하기 능력에 미치는 영향: 중급 학습자를 대상으로, 연세대학교 교육대학원 석사학위논문.
한민지(2012), 구두 반복 학습 전략과 음운 단기 기억 능력이 한국어 어휘 학습에 미치는 영향, 이화여자대학교 국제대학원 석사학위논문.
한상미(2001), 한국어 교실에서 나타난 교사의 피드백 유형 연구, 외국어로서의 한국어교육 25, 연세대학교 언어연구교육원 한국어학당. pp.453~505.
한송화(2002), 한국어 학습자의 오류 분석, 외국어로서의 한국어교육 27, 연세대학교 언어연구교육원 한국어학당. pp.571~608.
한영(Rong Han)(2012), 소리 내어 읽기 오류의 양상 연구: 중급 한국어 학습자를 중심으로, 한국어문교육 11, 고려대학교 한국어문교육연구소. pp.303~329.
韓媛媛(2013), 중국어권 학습자의 형용사 어미 활용 사용 실태 및 오류에 대한 연구, 한남대학교 대학원 석사학위논문.
한정희(2003), 일본어권 한국어 학습자의 오류 현상 분석, 한양대학교 대학원 석사학위논문.
한청(2009), 중국인 한국어 학습자의 내포문 오류 양상 연구, 학술대회2009, 한국언어문화교육학회. pp.407~423.
함미령(2012), 중국어권 학습자의 관형사형 어미 사용 실태 및 오류 원인, 창원대학교 대학원 석사학위논문.
허봉자(2007), 중국어권 학습자의 경어법 사용 오류 분석, 이중언어학 35, 이중언어학회. pp.361~383.

허용(2012), 외국인 학습자의 한국어 발음 오류에 대한 음운론적 분석, 한국학논집 46, 계명대학교한국학연구원. pp.201~232.

홍연정(2012), 한국어 학습자들의 지시어 사용 및 오류에 관한 연구: 숙달도 및 모어 변인을 중심으로, 연세대학교 대학원 석사학위논문.

홍은진(2004), 영어권 한국어 학습자의 어휘 오류 분석과 교육 방안, 이중언어학 25, 이중언어학회. pp.331~358.

홍은진(2006), 중국인 한국어 학습자의 어휘 오류 연구: 대치 오류를 중심으로, 이중언어학 31, 이중언어학회. pp.315~358.

황미연(2012), 중국어권 한국어 학습자의 자음 발음 오류와 교육 방안 연구, 충남대학교 교육대학원 석사학위논문.

황정인(2011), 스키마 활성화 전략이 한국어 읽기에 미치는 영향: 중급 한국어 학습자를 대상으로, 고려대학교 대학원 석사학위논문.

황주하(2009), 한국어 고급 학습자의 인지 과정 분석 연구: 학습 전략을 중심으로, 경희대학교 교육대학원 석사학위논문.

후청(2012), 중국인 초급 학습자의 한국어 터짐소리 발음 오류, 연세대학교 대학원 석사학위논문.

ANJALI, SINGH(2012), 인도인 한국어 학습자의 작문에 나타난 어휘 오류 분석 연구, 이화여자대학교 국제대학원 석사학위논문.

Du, Fan(2010), 자기 피드백과 교사 피드백이 중국인 한국어 학습자의 발음 오류 인식 및 수정에 미치는 영향, 이화여자대학교 국제대학원 석사학위논문.

Heba Mohammed(2013), 아랍권 한국어 학습자 글쓰기 오류 분석: 이집트 아인샴스대학교 중급 학습자를 대상으로, 연세대학교 대학원 석사학위논문.

I, Nadezda(2012), 러시아어권 학습자를 위한 한국어 연어 교육: 'работать' 동사와 한국어 한국어 대응 표현을 중심으로, 연세대학교 대학원 석사학위논문.

Ji Young Jung(2010), A Classroom Study on the Efficacy of Interactional Feedback for Korean Particles, 한국어교육 21-4, 국제한국어교육학회. pp.255~282.

Julie Damron 외(2009), 한국어 숙달 정도에 따른 미국대학 한국어 학습자의 오류 수정 선호 연구, 한국어교육 20-2, 국제한국어교육학회. pp.337~358.

Kim Eun-Joo(2002), 오류 교정을 통한 작문의 정확도 발달: 한국어 작문의 종적 연구, 한국어교육 13-1, 국제한국어교육학회. pp.279~306.

Mukabenova, Zhanna(2010), 러시아어 모국어 사용자의 한국어 격조사 사용 오류 연구, 경북대학교 대학원 석사학위논문.

Shin, Seong-Chul(2008), Locative Substitution Errors by English L1-KFL Learners, 언어

와 문화 4-1, 한국언어문화교육학회. pp.23~43.

Shin, Seong-Chul(2009), Students' Motivation, Learning Experiences and Learning Style Preferences: A Survey on Australian College Students of Korean, 언어와 문화 5-2, 한국언어문화교육학회. pp.289~319.

Vu, Thi Ngoc Anh(2011), 베트남인 학습자를 위한 한국어 한자어 학습 전략, 부산대학교 대학원 석사학위논문.

WANG Ye(2011), 중국어권 한국어 학습자의 조사 '로' 사용 오류 분석과 교육 방안: 중급 학습자를 대상으로, 고려대학교 대학원 석사학위논문.

Zhang Rui(2013), 중국인 한국어 학습자의 심리동사 습득 오류 연구, 고려대학교 대학원 석사학위논문.

ZHOU, WENXIAN(2011), 초급 중국인 학습자의 한중 동형이의 한자어 학습전략 사용 연구, 이화여자대학교 국제대학원 석사학위논문.

Ⅱ-07.
언어습득/이중언어

국응도(1990), 복합 문화와 이중언어 사회 속의 교육: 캐나다의 예, 이중언어학 6, 이중언어학회. pp.81~106.

권기영(1990), 연변의 이중언어 조기교육에 대하여, 이중언어학 7, 이중언어학회. pp.221~230.

김경령(2003), The sociolinguistic constraints on Korean-English bilingual children's code switching behavior, 이중언어학 22, 이중언어학회. pp.139~161.

김영만(1996), 재중 한인동포의 이중언어: 한국어 사용과 교육을 중심으로, 사회과학연구 13, 배재대학교 사회과학연구소. pp.113~131.

김정자(1994), 일본내의 한·일 2언어 병용화자(한국인)의 Code-Switching에 대하여, 이중언어학 11, 이중언어학회. pp.71~96.

남대현(2011), 원어민성: 두 명의 한국어-영어 이중언어자 사례연구, 외국어교육연구 25-2, 한국외국어대학교 외국어교육연구소. pp.171~193.

렴광호(1990), 연변의 이중언어에 대한 분석, 이중언어학 7, 이중언어학회. pp.188~197.

명월봉(1991), 이중언어와 재소한인의 모국어 교육 문제, 이중언어학 8, 이중언어학회. pp.1~10.

박갑수(1988), 관서지방 한국어교육의 국어교육, 이중언어학 4, 이중언어학회. pp.35~65.

박수영(1992), 헝가리어의 명사문과 한국어의 대응구조, 이중언어학 9, 이중언어학회. pp.131~160.

박수현(2011), 한국어-중국어 이중언어사용의 연구: 한국 화교(華僑) 언어를 중심으로, 영남대학교 대학원 석사학위논문.

박영순(1983), 이중언어교육의 의의와 해외 한국 자녀문제, 이중언어학 1, 이중언어학회. pp.3~27.

박영순(1985), 해외 교포 자녀를 위한 모국어교육 방안, 이중언어학 2, 이중언어학회.

pp.89~131.
박영순(1990), 이중언어 이론과 중국에서의 한국어 문제, 이중언어학 6, 이중언어학회. pp.135~167.
박영순(2005), 이중언어교육의 본질과 한국어교육의 과제, 이중언어학 29, 이중언어학회. pp.11~33.
박은희(2013), 언어노출환경에 따른 한국어 학습자의 조사 결합 습득 연구, 한국외국어대학교 교육대학원 석사학위논문.
박주경(1993), 이중언어를 구사하는 한국인 어린이들의 언어 선택에 대하여, 교육한글 6, 한글학회. pp.119~137.
박현선 외(2012), 다문화 가정의 이중언어, 이중문화적 양육 환경이 자녀 발달에 미치는 영향: 어머니 양육참여의 매개 효과를 중심으로, 사회복지연구 43, 한국사회복지연구회. pp.365~388.
염창권(2007), 중국 대학의 한국어학과에서 학생들의 한국어 습득 양상에 대한 문화기술적 연구: 교육과정 운영과 교수 인력 구성을 중심으로, 한국어교육 18-1, 국제한국어교육학회. pp.257~288.
왕서령(2012), 조사적 연어의 습득 양상에 대한 인지의미론적 연구, 한국외국어대학교 대학원 석사학위논문.
이다미(2004), 제2언어 습득: 내재적 언어능력 때문인가, 상호작용 때문인가?, 이중언어학 24, 이중언어학회. pp.177~193.
이득춘(1994), 한국의 한·중 이중언어 사용에서 제기되는 문제, 이중언어학 11, 이중언어학회. pp.59~70.
이상억(1983), 해외 교포 자녀를 위한 국어 교육의 효율적 방안(미국편), 이중언어학 1, 이중언어학회. pp.28~94.
이석주(2002), 이중언어교육과 문화교육: 한국어 문화의 내용별, 단계별 목록 작성 시고, 이중언어학 21, 이중언어학회. pp.19~43.
이숙화(1995), 이중 언어 문화 교육 철학론과 교육 모형, 이중언어학 12, 이중언어학회. pp.19~52.
이혜련 외(2008), 중국 조선족 한국어-중국어 이중 언어 유아의 한국어 발달과 인지발달, 서림출판사.
전병선(1990), 중국 연변 조선족의 이중언어 교육에 대한 역사적인 고찰, 이중언어학 7, 이중언어학회. pp.153~166.
전재호(1989), 자음 체계의 차이에 따른 한·미 이중언어의 교육, 이중언어학 5, 이중언어학회. pp.29~43.

정성범(1990), 중국 조선민족 조 · 중 이중언어 교육의 문제점, 이중언어학 7, 이중언어학회. pp.230~236.

최기홍(1988), 재일교포의 모국어 교육의 실황과 문제점, 이중언어학 4, 이중언어학회. pp.101~112.

한아름(2011), 다문화가정 자녀의 한국어 습득 양상 연구: 취학 전 만 2세-만 5세 아동을 중심으로, 경희대학교 교육대학원 석사학위논문.

Hyung Mi Joo(2008), The Influences of Biliteracy Practices on Identity Construction, 이중언어학 37, 이중언어학회. pp.265~285.

Ik Sang Eom(1989), Acquisition Order of Korean Particles and Influence of Tension on Second Language Acquisition, 한국어교육 1, 국제한국어교육학회. pp.169~203.

Ⅱ-08.
교사양성

강승혜(2010), 한국어 학습자들이 지각한 '좋은' 한국어 교사의 특성, 한국어교육 21-1, 국제한국어교육학회. pp.1~27.

강승혜(2011), 한국어 교사, 학습자 관련 한국어 교육 연구 동향 분석, 이중언어학 47, 이중언어학회. pp.687~712.

강현화(2002), 해외 한국어 교사 재연수 프로그램에 대한 요구 분석 논의: 러시아 지역의 현지연수와 국내연수를 대상으로, 한국어교육 13-2, 국제한국어교육학회. pp.21~38.

경인교육대학교 한국다문화교육연구원(2010), 모국어와 한국어 사이: 한국에서 이중 언어 교원을 꿈꾸는 사람들의 공부하기와 살아가기, 어문학사.

공민정(2011), '좋은' 한국어 교사에 관한 중국인 한국어 학습자의 인식 연구, 연세대학교 교육대학원 석사학위논문.

곽부모(2004), 남 · 여 한국어교사의 교실 언어 차이 연구, 한국어교육 15-2, 국제한국어교육학회. pp.23~50.

국립국어원(2007), 2007년 제1회 인도네시아 지역 한글학교 교사 연수회 결과보고서, 국립국어원.

국립국어원(2007), 세종학당 파견 한국어 교원 교육, 국립국어원.

국립국어원(2008), 한국어교원 자격제도 개선방안 연구, 국립국어원.

권미정(2001), 교사와 학습자의 학습 방법 선호도 비교, 한국어교육 12-2, 국제한국어교육학회. pp.299~322.

김경주(2001), 한국어 교사의 전문성 신장 방안 연구, 국어교육연구 8, 서울대학교 국어교육연구소. pp.69~91.

김경중 외(2008), 다문화가정 한국어 보조 예비교사의 이주민과 한국원어민 간의 다문화 교육 신념에 관한 비교연구, 미래유아교육학회지 15, 미래유아교육학회. pp.21~53.

김동위(1999), 교사에 대한 새로운 관점의 추구, 인문과학연구 8, 상명대학교 인문과학연

구소. pp.155~171
김명회(2009), 한국어 교원의 전문성 향상을 위한 ICT 실무 교육의 필요성과 활용 방안, 학술대회2009, 한국언어문화교육학회. pp.201~218.
김새롬(2010), 한국어 교사의 자가 평가 연구, 배재대학교 대학원 석사학위논문.
김선정(2010), 한국어 교사 교육용 교재의 개발 현황 및 개발 방향, 교육문화연구 16, 인하대학교 교육연구소. pp.59~83.
김수원(2001), 자치단체의 한국어강사 활용방안에 관한 연구, 지방자치연구 9, 전북대학교 지방자치연구소. pp.119~134.
김수정(2001), 한국어 교사를 위한 멀티미디어자료 개발에 대한 소고, 국어교육 106, 한국어교육학회. pp.1~30.
김시나(2011), 초등 교사를 위한 다문화교육 연수프로그램의 유형화: 교육내용의 범위를 중심으로, 서울교육대학교 교육대학원 석사학위논문.
김영국(2012), 한국어교사를 위한 한국문화의 이해, 바람나무.
김영선(2008), 한국어 교사의 처우 개선과 극복 과제: 부산, 경남북 지역을 중심으로, 한국어교육 19-3, 국제한국어교육학회. pp.65~87.
김은주(2011), 한국어교육에서의 교사 역할 연구, 한국외국어대학교 교육대학원 석사학위논문.
김은지(2012), 한국어교사 대상 문화 교육과정 연구: 대학원 문화 교육과정을 대상으로, 연세대학교 대학원 석사학위논문.
김재욱(2007), 한국어 수업에서의 교사 발화 연구, 이중언어학 34, 이중언어학회. pp.27~47.
김정은(2009), 한국어교사의 이문화능력과 교사를 위한 이문화교육 방안, 언어와 문화 5-3, 한국언어문화교육학회. pp.75~97.
김제열(2004), 한국어 교사 교육을 위한 국어학 교수 요목, 외국어로서의 한국어교육 29, 연세대학교 언어연구교육원 한국어학당. pp.87~116.
김종백 외(2011), 교사의 다문화 교육인식과 다문화가정 학생의 학교적응과의 관계: 교사-학생관계의 매개효과를 중심으로, 청소년학연구 18, 한국청소년학회. pp.161~185.
김주은(2013), 한국어 교실에서의 교사의 디딤말하기(scaffolding) 양상 연구, 연세대학교 교육대학원 석사학위논문.
김준희(2006), 한국어 교사 양성 제도의 실태와 전망: 국어기본법 시행 이후를 중심으로, 한말연구 18, 한말연구학회. pp.37~65.
김중섭 외(2006), 인터넷을 활용한 한국어 교사 교육 사례 연구, 우리말연구 18, 우리말학회. pp.261~289.

김한빛나리(2011), 한국어교원 교육의 효율적 운영 방안 연구: 국외 한국어교원 초청 연수를 중심으로, 경희대학교 교육대학원 석사학위논문.

김호정(2006), 한국어 교사에게 필요한 교육 문법 지식 내용 연구: 관형 표현을 중심으로, 이중언어학 32, 이중언어학회. pp.159~190.

김희영(2012), 한국어 학습자와 교사의 언어 학습 신념 연구, 경희대학교 교육대학원 석사학위논문.

남기심(2001), Fred Lukoff 교사의 Spoken Korean, 외국어로서의 한국어교육 25, 연세대학교 언어연구교육원 한국어학당. pp.507~512.

노마 히데키(Hideki Noma)(2002), 일본어권 한국어 교사의 기본조건, 국어교육연구 9, 서울대학교 국어교육연구소. pp.39~67.

노은희(2012), 다문화적 교수 역량 강화를 위한 국어 교사교육 연구, 새국어교육 90, 한국국어교육학회. pp.113~148.

문선미(2007), 교실 상호작용을 활성화시키는 교사 발화 전략 연구, 연세대학교 교육대학원 석사학위논문.

문화관광부(2001), 한국어 교사 교육·연수 프로그램 교과 과정 및 교수 요목 개발, 문화관광부.

문화관광부(2001), 한국어 교원 자격 인증 제도 시행 방안 개발, 문화관광부.

문화관광부(2001), 한국어 세계화 2001년도 최종 보고서: 교육·연수 분과, 문화관광부 한국어세계화재단.

문화관광부(2000), "주요 국제어의 자국어 교사 교육 프로그램에 대한 실태 조사 연구" 사업 보고서, 문화관광부.

문화관광부(2000), "한국어 교사 교육·연수 프로그램 교수요목 개발을 위한 기초 연구" 사업 보고서: 2000년도 한국어 세계화 추진을 위한 기반 구축 사업, 문화관광부.

민현식(2000), "한국어 교사 자격 인증 제도 시행을 위한 기초적 연구" 사업보고서, 문화관광부 한국어 세계화 추진 위원회.

민현식(2005), 한국어 교사론: 21세기 한국어 교사의 자질과 역할, 한국어교육 16-1, 국제한국어교육학회. pp.131~168.

박덕재(2007), 외국어로서 한국어 교육의 성별 언어의 문제와 교사의 인식에 관한 연구, 인문사회과학논문집 37, 광운대학교 인문사회과학연구소. pp.9~28.

박병수 외(1998), 외국인을 위한 한국어 교육 교원양성 프로그램개발 연구, 이중언어학 15, 이중언어학회. pp.235~267.

박영순(2008), 한국어 교사가 알아야 할 지식, 한국문화사.

박지순 외(2010), 교사 재교육 프로그램에 대한 한국어 교사들의 인식 조사, 한국어교육

21-3, 국제한국어교육학회. pp.45~76.
방성원(2011), 문법 교육에 대한 한국어 교사의 인식 연구, 한국어교육 22-2, 국제한국어교육학회. pp.187~211.
백봉자(1991), 외국어로서의 한국어 교사 훈련과 방법, 이중언어학 8, 이중언어학회. pp.507~526.
백인선(2012), 실시간 델파이 기법을 활용한 한국어 교사 현직교육 프로그램 개발 연구, 연세대학교 대학원 박사학위논문.
사와다 히로유키(Sawada Hiroyuki)(2009), 직업 목적 한국어 교육을 위한 교육과정과 교사의 자질: 해상 업무 종사자를 중심으로, 한국어교육 20-3, 국제한국어교육학회. pp.111~134.
서정애(2011), 초급 한국어 수업에서의 교사말 실태 연구: 문법 설명을 중심으로, 배재대학교 대학원 석사학위논문.
서진욱(2012), 원어민 영어보조교사를 위한 한국어·문화의 교육 내용 연구: 학습자 요구 분석을 중심으로, 전남대학교 교육대학원 석사학위논문.
석주연(2008), 한국어 교사와 한국어 교육, 박이정.
성시온(2010), 한국어 교사의 문화지능(Cultural Intelligence) 조사 연구, 연세대학교 교육대학원 석사학위논문.
성시온(2011), 한국어 교사의 문화지능 조사 연구, 청소년 문화포럼 28, 한국청소년문화연구소. pp.82~112.
손상미(2010), 한국어 교육실습 현황 분석 및 개선 방안, 한양대학교 교육대학원 석사학위논문.
송향근(2007), 한국어 교원 수급 방안, 국립국어원.
송향근(2012), 소통을 위한 한국어 교육: 한국어 교원 자격 제도를 중심으로, 어문논집 65, 민족어문학회. pp.53~76.
신경철(1998), 한국어교육과 한국어교사 연수, 어문연구 30, 어문연구학회. pp.257~270.
신성철(2009), 교실 내에서 교사가 사용하는 학습자의 제1언어와 제2언어에 대한 인식: 한국어 학습자와 교사의 인식 조사, 국어교육연구 24, 서울대학교 국어교육연구소. pp.165~195.
신성철(2009), 언어 교실에서 교사가 학습자의 제1언어와 제2언어를 사용하는 상황 연구: 한국어 교사 및 학습자의 인식을 중심으로, 언어정보와 사전편찬 24, 연세대학교 언어정보연구원. pp.157~186.
심규성(2007), 한국어 교사의 비언어적 커뮤니케이션 연구: 교실 상황을 중심으로, 경희대학교 교육대학원 석사학위논문.

안수정(2011), 한글학교 교사 교육의 방향 모색: 요구 분석을 중심으로, 한국어교육 22-2, 국제한국어교육학회. pp.233~253.
안정민 외(2011), 한국어 교사의 교사 효능감 연구, 이중언어학 45, 이중언어학회. pp.109~132.
안정민(2011), 한국어 교사 교육 능력 향상을 위한 교사 효능감 연구, 한국외국어대학교 대학원 석사학위논문.
양민애(2008), 한국어 교사 교육에서의 이문화(異文化) 교육의 필요성과 방향, 이중언어학 38, 이중언어학회. pp.235~262.
양영희 외(2011), 한국어 교사평가의 준거와 도구 마련을 위한 시론, 국어교과교육연구 18, 국어교과교육학회. pp.141~166.
어지혜(2012), 한국어교육을 위한 교사용 지침서 개발 원리 연구, 연세대학교 대학원 석사학위논문.
연준흠(2011), 초보 한국어 교사의 교사일지에 나타난 자신감과 불안 분석, 연세대학교 교육대학원 석사학위논문.
왕해하(2012), 학습자 반응 분석을 통한 한족(漢族), 조선족(朝鮮族), 원어민(原語民) 한국어 교사 집단 대조 연구, 호서대학교 대학원 석사학위논문.
원미진(2009), 한국어 교사의 이문화간 소통능력 구성요인에 대한 탐색적 연구, 한국어교육 20-2, 국제한국어교육학회. pp.85~105.
원진숙(2012), 다문화적 한국어 교수 역량 강화를 위한 초등 교사 양성 및 커리큘럼 개발 방향, 한국어교육학회 학술발표회2012, 한국어교육학회. pp.189~210.
원초희(2013), 한국어 교사 교수 평가 방안 연구, 부산외국어대학교 대학원 석사학위논문.
윤슬기 외(2011), 이집트에서 한국어 선생님으로 살기, 한국국제협력단.
윤지원(2013), 한국어 쓰기 수업에 대한 교사의 어려움과 개선 방안 연구, 한국언어문화학 10-1, 국제한국언어문화학회. pp.99~129.
이광희(2012), 한국어 교사의 발문 분석, 부산대학교 대학원 석사학위논문.
이민우 외(2008), 외국인 유학생의 교육 만족도 제고를 위한 한국어 강의평가 문항개발과 중요도 분석, 이중언어학 38, 이중언어학회. pp.369~388.
이세화(2012), 한국어교육지도사 교육 프로그램 개선방안 연구, 부산외국어대학교 교육대학원 석사학위논문.
이수민(2002), 한국어 쓰기 교육에서 교사 피드백이 학생 수정에 미치는 영향 연구, 연세대학교 교육대학원 석사학위논문.
이승연 외(2012), 한국어교사교육과정의 다양화 방안 연구: 해외 선교지 한국어교육을 위한 교사교육과정을 중심으로, 국제한국어교육학회 국제학술발표논문집, 국제한국

어교육학회. pp.539~548.
이승연(2007), 한국어 학습자 오류의 판정 및 수정 기준 연구: 교사·비교사 집단간 오류 판별 비교 실험을 바탕으로, 이중언어학 33, 이중언어학회. pp.189~213.
이승혁(2012), 재외 한국어 교원 전문성 향상을 위한 지원 방안 연구, 동국대학교 대학원 석사학위논문.
이용규(2011), 다문화 교육에 대한 초등학교 교사의 인식 및 실태에 관한 연구, 대진대학교 대학원 석사학위논문.
이우미(2013), 국외 파견 한국어 교원 연수 프로그램 개발에 관한 연구, 계명대학교 대학원 석사학위논문.
이정희 외(2006), 중국 대학 한국어 교원 재교육 프로그램 개발을 위한 사례 연구, 이중언어학 31, 이중언어학회. pp.227~251.
이정희(2011), 한국어 교사 교육 관련 연구 동향 분석, 이중언어학 47, 이중언어학회. pp.713~733.
이정희(2013), 방문교육 교육과정 개선을 위한 한국어지도사의 다문화 의식과 효능감 연구: 대전, 충남지역을 중심으로, 배재대학교 교육대학원 석사학위논문.
이충우(2005), 국어과 교사의 국어 지식 영역 평가 전문성 기준과 모형, 국어교육 117, 한국어교육학회. pp.377~413.
이해영(2002), 한국어 교육에서의 교사용 지침서 개발 연구, 한국어교육 13-1, 국제한국어교육학회. pp.199~224.
이호(2010), 다문화 교육에 대한 초등교사의 인식 조사, 경남대학교 교육대학원 석사학위논문.
장미라(2010), 예비 한국어 교사의 학습지도안 구성에 대한 연구, 국어국문학 154, 국어국문학회. pp.57~91.
정다운(2010), 다문화 가정 자녀의 한국어 교육에 대한 초등교사의 어려움 연구: 교수 학습 지도안을 중심으로, 우리어문연구 38, 우리어문학회. pp.383~408.
정다운(2011), G시의 다문화가정 희망유아교육사 프로그램 연구, 숙명여자대학교 대학원 석사학위논문.
정대현(2010), 다문화 사회의 (한)국어 수업: 경력 교사와 예비 교사의 교수 행위와 사고 행위에 관한 연구, 국어교육학연구 38, 국어교육학회. pp.233~266.
정대현(2011), 한국어 경력교사의 교수 지식 분석 연구, 국어교육학연구 41, 국어교육학회. pp.581~612.
정은정(2011), 다문화가정 초등학생의 학교적응에 관한 초등교사인식연구, 인제대학교 대학원 석사학위논문.

정지은(2012), 한국어 교사의 교사효능감에 관한 연구: 교사의 배경 변인과 직무환경의 영향을 중심으로, 연세대학교 교육대학원 석사학위논문.
조윤경(2012), 교사의 학습자 모어 사용이 교실 상호작용과 정의적 요인에 미치는 영향, 부산외국어대학교 대학원 박사학위논문.
조항록(1997), 한국에서의 한국어 교사 연구, 한국어교육 8, 국제한국어교육학회. pp.107~130.
조항록(2005), 한국어교사 교육과 한국학, 학술대회2005, 국제한국언어문화학회. pp.399~413.
조항록(2011), 한국어 교육자 네트워크 구축 방안, 한국어교육 22-1, 국제한국어교육학회. pp.223~256.
조화영(2010), 영어 원어민 교사 대상 한국어교육의 방향, 조선대학교 교육대학원 석사학위논문.
지현배(2006), 한국어교원 자격시험의 문화영역 문항 연구, 문학과 언어 28, 문학과언어연구회. pp.189~212.
지현숙 외(2011), 한국어 표준 교육과정 용어에 대한 (예비) 교사의 인식 양상에 대하여, 국어교육학연구 41, 국어교육학회. pp.667~688.
진대연(2009), 한국어 교사의 수업 구성에 대한 연구, 국어교육학연구 34, 국어교육학회. pp.429~466.
진정란(2011), 혼합 학습(Blended Learning)을 적용한 한국어 교원 양성 방안, 외국어교육연구 25, 한국외국어대학교 외국어교육연구소. pp.83~100.
진제희(2002), 교실 상호작용에서 나타난 교사의 역할: 스캐폴딩의 관점에서, 한국어교육 13-1, 국제한국어교육학회. pp.243~264.
진제희(2005), 한국어 수업에 나타난 교사의 수정적 피드백과 학습자 반응 연구, 이중언어학 28, 이중언어학회. pp.371~390.
채완(2006), 외국어로서의 한국어 교사 양성 프로그램, 인문과학연구 12, 상명대학교 인문과학연구소. pp.243~268.
최유하(2007), 대학기관의 한국어 교사 재교육을 위한 한국어 교사발달단계 측정과 동료장학방법 연구, 연세대학교 교육대학원 석사학위논문.
최윤곤(2010), 비원어민 한국어 교원의 현황과 역할: 중국 대학 사례를 중심으로, 외국어로서의 한국어교육 35, 연세대학교 언어연구교육원 한국어학당. pp.187~206.
최은규 외(2003), 한국어 교사 연수 프로그램 개발을 위한 사례 연구: 일본 고교 한국어 교사 연수의 경우, 한국어교육 14-1, 국제한국어교육학회. pp.323~341.
최은규(2002), 한국어 교사 양성 제도의 실태 및 제안, 국어교육연구 9, 서울대학교 국어

교육연구소. pp.5~37.
최은규(2013), 한국어 교육기관의 교사 재교육의 현황과 발전 방안 연구, 어문연구 157, 한국어문교육연구회. pp.443~475.
최정순(1997), "개발자(Developer)"로서의 교사, 한국어교육 8, 국제한국어교육학회. pp.131~159.
최주열(2008), 한국어 교사 교육 연구, 이중언어학 36, 이중언어학회. pp.321~359.
최주열(2008), 한국어교사의 육성과 위상 제고 방안, 한국어교육 19-1, 국제한국어교육학회. pp.1~39.
최청미(2009), 한국어교실 자원봉사활동의 활성화 방안 연구, 인하대학교 교육대학원 석사학위논문.
최태호(2009), 한국어 교사 양성제도 및 지도방법 연구, 새국어교육 82, 한국국어교육학회. pp.465~481.
최효선(2010), 한국어교원의 의사소통 유형과 교수행동과의 상관관계, 교육문화연구 16, 인하대학교 교육연구소. pp.205~234.
추의정(2003), 한국어 교사 양성 교육의 발전 방향 연구, 숙명여자대학교 교육대학원 석사학위논문.
한상미(2001), 외국어로서의 한국어 교육에서 교사말 연구: 상호작용 기능에 따른 유형을 중심으로, 연세대학교 교육대학원 석사학위논문.
한상미(2001), 외국어로서의 한국어 교육에서의 교사말 연구: 유도 발화 범주의 교사말 유형을 중심으로, 한국어교육 12-2, 국제한국어교육학회. pp.223~253.
한송화(2010), 한국어 문법용어에 사용에 관한 교사, 학습자의 인식 연구, 한국어교육 21-4, 국제한국어교육학회. pp.361~391.
한영목(2011), 한국어교원 양성과정생의 자국어 교육 프로그램 인식, 한국언어문학 79, 한국언어문학회. pp.389~412.
허경(2013), 비원어민 한국어 교원 양성 연구: 중국인을 대상으로, 동국대학교 대학원 석사학위논문.
허용(2001), 인터넷을 통한 한국어 교사 교육 프로그램 모형 개발, 한국방송통신대학교 방송통신교육연구소.
황혜나(2010), 온라인-오프라인 통합 한국어 교원 양성과정을 통한 다문화 가정 한국어 교원 육성 방안, 다문화교육연구 3, 한국다문화교육학회. pp.97~119.
Fraschini, Nicola(2012), 한국어 비원어민 교사 정체성 연구, 고려대학교 대학원 석사학위논문.
Kenneth M. Wells(1989), The Opportunities and Challenges Facing Teachers of Korean

as a Foreign Language, 한국어교육 1, 국제한국어교육학회. pp.63~73.

Kyung Min Bae(2012), A Study on Non-native Teachers of Korean as a Foreign Language: Focused on Filipino KFL teachers, 한국어교육 23-3, 국제한국어교육학회. pp.343~364.

Shin, Seong-Chul 외(2002), Needs Analysis for a KFL Teacher Training Program, 외국어로서의 한국어교육 27, 연세대학교 언어연구교육원 한국어학당. pp.169~203.

Ⅲ-01.
말하기

강보선 외(2007), 한국어 교육에서의 통역 교육 연구: 베트남에서의 통역 교육을 중심으로, 한국어교육 18-2, 국제한국어교육학회. pp.155~175.

강승혜(2005), 한국어 고급 말하기 평가 도구 개발 기초 연구: 고급 말하기 토론 활동을 중심으로, 외국어로서의 한국어교육 30, 연세대학교 언어연구교육원 한국어학당. pp.1~21.

강철서(2009), 한국어 모음 교수-학습 방안: 이주노동자를 대상으로, 인하대학교 교육대학원 석사학위논문.

강현화(2004), 한국어 회화 교재에 나타난 어휘 분석: 어휘와 주제와의 상관성을 중심으로, 비교문화연구 8, 경희대학교 비교문화연구소. pp.131~156.

강현화(2004), 회화 교재의 주제 유형과 어휘: 한국어 교재와 외국어 교재의 비교를 바탕으로, 외국어로서의 한국어교육 29, 연세대학교 언어연구교육원 한국어학당. pp.39~64.

공일주(1993), 한국어 숙달 지침과 말하기 능력 측정에 대하여, 교육한글 6, 한글학회. pp.91~118.

곽상흔(1994), TASK 개념을 기초로 한 듣기 말하기 수업 연계 방안: INTERMEDIATE LEVEL을 대상으로, 한국어교육 5, 국제한국어교육학회. pp.199~214.

곽새롬(2012), 스토리텔링을 활용한 수준별 말하기 교육의 유창성 및 이야기 구성력 향상 효과 연구, 고려대학교 교육대학원 석사학위논문.

곽홍란(2010), 동화·동요를 활용한 한국어 말하기 교수-학습법 연구: 다문화가정 어머니와 유아를 대상으로, 영남대학교 대학원 박사학위논문.

구현정(2001), 대화의 원리를 바탕으로 한 말하기 교육, 외국어로서의 한국어교육 25, 연세대학교 언어연구교육원 한국어학당. pp.303~330.

구현정(2008), 대화 분석론과 말하기 교육, 외국어로서의 한국어교육 33, 연세대학교 언어연구교육원 한국어학당. pp.19~42.
권성미(2012), 한국어 말하기 교육에 대한 연구자와 교육자의 두 관점, 우리어문연구 44, 우리어문학회. pp.39~67.
권세희(2010), 과제 중심 말하기 활동이 초급 한국어 학습자의 학습 불안과 흥미에 미치는 영향, 한남대학교 교육대학원 석사학위논문.
김경선 외(2010), 일반화가능도 이론을 적용한 한국어 말하기 성취도 평가의 신뢰도와 오차요인 분석, 한국어교육 21-4, 국제한국어교육학회. pp.51~75.
김남형(2010), 고쳐 말하기가 한국어 학습자의 정확성 향상에 미치는 효과, 경희대학교 대학원 석사학위논문.
김명권(2012), 시간제한을 활용한 단계적 말하기 구성방안, 한어문교육 26, 한국언어문학교육학회. pp.129~147.
김미경(2007), 의사소통전략 훈련을 위한 한국어 말하기 교육 방안 연구: 소통 장애 극복을 위한 전략을 중심으로, 고려대학교 교육대학원 석사학위논문.
김미라(2010), 한국어 말하기 교재의 과제 분석 연구, 영남대학교 대학원 석사학위논문.
김민서(2012), 스마트 러닝을 활용한 한국어 말하기 학습용 애플리케이션 연구, 경희대학교 교육대학원 석사학위논문.
김민애(2011), 한국어 토론 수업 내용 연구: 고급 학습자의 논증 구성을 중심으로, 어문학논총 30, 국민대학교 어문학연구소. pp.101~126.
김상수(2007), 한국어 교재의 말하기 활동 연구, 동남어문논집 24, 동남어문학회. pp.39~58.
김상수(2008), 한국어 학습자 발화의 유창성 판단에 관한 연구, 한국어교육 19-2, 국제한국어교육학회. pp.75~91.
김상희(1997), 판정의문문의 대답에 관한 연구: 외국어로서의 한국어 교육의 측면에서, 이화여자대학교 대학원 석사학위논문.
김선호(2008), 태국인을 위한 과제중심 한국어 말하기 교육 연구, 선문대학교 대학원 석사학위논문.
김성희 외(2011), 유럽 한국어 학습자를 위한 「말하기 Can Do」 개발 연구: 「서강 한국어」 사용 독일, 체코 대학에서의 성취도 평가를 목적으로, 국제한국어교육학회 추계학술발표논문집, 국제한국어교육학회. pp.65~82.
김수진(2012), 드라마 영상만화 활용 한국어 교육 방안: 읽기와 말하기를 중심으로, 충북대학교 대학원 석사학위논문.
김순녀(Shun Nu Jin)(2006), 중국학습자를 위한 한국어 말하기 교육 방법론, 국어교육연구 18, 서울대학교 국어교육연구소. pp.187~215.
김순녀(Shun Nu Jin)(2011), 중국인을 대상으로 하는 한국어 말하기 교수-학습에 대한 소견, 국어교육연구 27, 서울대학교 국어교육연구소. pp.107~133.

김유선(2011), 한국어의 협조적 대응 발화 유형 분석: 라디오 진행자와 청취자의 대화 분석을 중심으로, 국제한국어교육학회 추계학술발표논문집, 국제한국어교육학회. pp.85~102.

김윤선(2011), 드라마를 활용한 한국어 듣기·말하기 교육 방안 연구: 중급학습자를 대상으로, 선문대학교 교육대학원 석사학위논문.

김은혜(2011), 말하기 평가에 구현된 한국어 초급 학습자의 의사소통 전략 양상, 국어교육학연구 40, 국어교육학회. pp.359~396.

김재정(2011), 극화 학습을 통한 한국어 말하기 교수 학습 방안, 공주대학교 대학원 석사학위논문.

김정숙 외(1993), 한국어 말하기 능력 평가기준 설정을 위한 연구, 이중언어학 10, 이중언어학회. pp.24~33.

김정숙 외(2007), 한국어 표준 말하기 시험 측정 도구를 위한 기초 연구, 한민족어문학 51, 한민족어문학회. pp.229~258.

김종국 외(2006), 인터뷰평가의 담화분석 연구: 상호작용 담화모형 관점에서, 한국어교육 17-2, 국제한국어교육학회. pp.45~68.

김주은(2013), 한국어 교실에서의 교사의 디딤말하기(scaffolding) 양상 연구, 연세대학교 교육대학원 석사학위논문.

김지수(2012), 역할극 수행이 한국어 중급 학습자의 말하기 능력에 미치는 영향, 이화여자대학교 국제대학원 석사학위논문.

김지은(2010), 한국어 말하기 교육에서 영상을 활용한 극적동기 조성 방법의 교육 효과 연구, 부산대학교 대학원 석사학위논문.

김태나(2011), 한국어 발화에서의 무례(無禮) 연구: 무례 유형과 서양의 무례(Impoliteness) 유형 비교, 한국어교육 22-3, 국제한국어교육학회. pp.99~131.

김태나(2011), 한국어 발화에서의 불손 실현, 외국어 교육 18-3, 한국외국어교육학회. pp.439~477.

김태나(2012), 한국어 발화에서의 무례(無禮) 연구, 한국외국어대학교 대학원 박사학위논문.

나카가와 마사오미(Nakagawa Masaomi) 외(2010), 한국어교육에서 ACTFL-OPI의 활용 방안, 국어교육학연구 37, 국어교육학회. pp.283~311.

나카가와 마사오미(Nakagawa Masaomi)(2007), 일본어권 학습자를 위한 한국어 경어법 교육 연구: 중급단계의 말하기 영역을 중심으로, 한국어교육 18-1, 국제한국어교육학회. pp.101~130.

노미경(2011), 생각말하기 활동을 통한 한국어 학습자의 읽기 전략 지도방안 연구, 배재대학교 대학원 석사학위논문.

노선경(2010), 안정 상태 L2 영어 학습자의 말하기 오류 분석: 부자연스러운 표현 오류와 의사소통 장애 오류를 중심으로, 한양대학교 대학원 석사학위논문.

노아실(2007), 주제에 대한 관심과 숙달도가 한국어 말하기 능력에 미치는 영향, 이화여자대학교 대학원 석사학위논문.

노은희(2008), 말하기, 듣기 교육과정의 비언어적 표현 내용에 관한 비판적 고찰, 한국어학 39, 한국어학회. pp.159~189.

동환경(2012), 스마트폰 기반 한국어 말하기 교육 어플리케이션 설계 방안 연구, 한국외국어대학교 대학원 석사학위논문.

두도장(Tao Zhang Du) 외(2010), 영화를 활용한 한국어 듣기 말하기 통합 교육 방안: 중국 현지 대학생을 대상으로, 언어정보와 사전편찬 26, 연세대학교 언어정보연구원. pp.227~265.

문경희(2013), 미얀마 대학생을 위한 한국어 교재 개발 방안: 초급 말하기 교재 중심으로, 부산외국어대학교 대학원 석사학위논문.

문금현(2012), 한국어 감정표현 어휘에 대한 말하기 교육, 시학과 언어학 22, 시학과 언어학회. pp.175~200.

문수지(2013), 한국어 학습자의 말하기 능력 향상을 위한 담화표지 교육 방안 연구, 한국외국어대학교 대학원 석사학위논문.

문화관광부(2001), "한국어" 초급(말하기 · 듣기) 교사용 지침서 개발, 문화관광부.

박노순(2011), 한 · 중 · 영 모국어 화자의 발화에 나타난 한자 사용량에 관한 고찰: KY코퍼스를 활용하여, 계명대학교 교육대학원 석사학위논문.

박명실(2011), 드라마를 활용한 한국어 교육방법 연구: 듣기-말하기 교육을 중심으로, 건양대학교 보건복지대학원 석사학위논문.

박미경(1997), 외국어로서의 한국어 교육에 관한 연구: 의사 소통 활동(Communicative Activity)을 중심으로, 숙명여자대학교 대학원 석사학위논문.

박석진(2012), 한국어 성별언어의 실현 양상과 발화 상황 요인 연구: 하십시오/해요체의 전략적 용법을 중심으로, 한국외국어대학교 대학원 석사학위논문.

박선민(1995), 화계(Speech level)와 호칭의 관계 연구: 외국어로서의 한국어 교육의 측면에서, 이화여자대학교 대학원 석사학위논문.

박선옥(2009), 학문 목적 한국어 말하기 교재 분석을 통한 교재 개발 방향 연구, 어문연구 143, 한국어문교육연구회. pp.381~409.

박성옥(2010), 연결어미 '-고, -어서, -는데, -니까, -면' 의 성취도 양상 연구: 사우디 유학생의 말하기·쓰기 자료를 대상으로 한 종적 연구, 경희대학교 교육대학원 석사학위논문.

박성원(2002), 인터뷰 담화 분석을 이용한 한국어 말하기 숙달도 평가 연구, 이화여자대학교 교육대학원 석사학위논문.

박승재(2009), 웹 기반 한국어 말하기 능력 평가 방안 연구, 선문대학교 교육대학원 석사학위논문.

박애양(Ai Yang Park)(2008), 중국인 한국어 학습자의 토론능력 향상을 위한 말하기 교육방안: 토론담화표지를 활용하여, 비교문화연구 12, 경희대학교 비교문화연구소. pp.31~71.

박윤주(2009), 의사소통을 위한 응답 발화 전략 연구: 결혼 이주여성의 효율적인 한국어 교육을 위하여, 경희대학교 교육대학원 석사학위논문.

박해연(Hai Yan Piao)(2008), 한국어 말하기 교수, 학습에서 학습자-학습자 간 언어 상호작용 연구: 중국 대학교 학습자를 대상으로, 국어교육연구 21, 서울대학교 국어교육연구소. pp.195~222.

박현선(2008), 중국인 한국어 학습자 요구 분석과 회화교수방안에 대한 제언, 한중인문학연구 24, 중한인문과학연구회. pp.309~333.

박현정(2013), 직업 목적 일본인 학습자를 위한 한국어 말하기 교육 방안, 경희대학교 교육대학원 석사학위논문.

박현주(2011), 그림동화를 활용한 이야기 구성 능력 향상 방안 연구: 여성결혼이민자를 대상으로, 부산외국어대학교 대학원 석사학위논문.

박혜경(2003), 통역교육과 한국어 스피치 훈련, 통역과 번역 5, 한국통역번역학회. pp.125~144.

박혜미(2011), 학문 목적 학습자를 위한 한국어 말하기 과제 유형 개발 방안: 말하기 숙달도 평가 과제 분석을 중심으로, 한양대학교 교육대학원 석사학위논문.

박효은(2008), 자기수정을 통한 차이 주목하기가 한국어 말하기 정확성에 미치는 영향: 원인 연결어미와 연결표현을 중심으로, 이화여자대학교 국제대학원 석사학위논문.

배성애(2012), 한국어 말하기 숙달도 평가 도구 개발, 부산외국어대학교 대학원 석사학위논문.

배재훈(2012), 북한이탈학생의 국어 사용능력 신장에 대한 연구: 말하기와 쓰기를 중심으로, 부산교육대학교 대학원 석사학위논문.

상명식(2011), 교육연극적 기법을 활용한 말하기 능력 향상 방안, 상명대학교 대학원 석사학위논문.

상야지미(2011), 한국어 초급 교재의 과제(task) 복잡성과 의사소통 기능 분석: 초급2 단계 말하기 과제를 중심으로, 연세대학교 대학원 석사학위논문.

서경(2012), TV 드라마를 활용한 한국어 말하기 교육 방안 연구: 중국 내 대학교 고급 학습자를 대상으로, 한국외국어대학교 대학원 석사학위논문.

서윤미(2012), 섀도잉(Shadowing) 학습을 활용한 한국어 말하기 능력 향상 방안 연구: 학문 목적 학습자를 중심으로, 경희대학교 대학원 석사학위논문.

서평(2012), 스토리텔링을 활용한 한국어 말하기 능력 향상 연구: 중국인 한국어 중급 학습자를 대상으로, 동국대학교 대학원 석사학위논문.

설이(2013), 학문 목적 중국인 학습자의 한국어 읽기 전략 연구: 고급 단계 학습자들을 중심으로, 연세대학교 대학원 석사학위논문.

손석주(2013), 터키인을 위한 학문목적 한국어 말하기 수업 방안 연구, 경희대학교 교육대학원 석사학위논문.

신아영(2011), 감탄사를 활용한 한국어 말하기 전략 교육 연구: '네', '그래', '아니' 류의 담화 기능을 중심으로, 세종대학교 대학원 석사학위논문.

심민희(2012), 한국어 초급 말하기 교재의 간투사 연구, 인문연구 65, 영남대학교 인문과학연구소. pp.127~162.

안지은(2012), 오류 고쳐 되말하기와 개인차 요인이 중국인 한국어 학습자의 단형 사동 습득에 미치는 영향, 이화여자대학교 국제대학원 석사학위논문.

앤드류 변(Andrew Sangpil Byon)(2003), Analysis of a KFL learner's spoken performance variation, 한국어교육 14-1, 국제한국어교육학회. pp.343~366.

왕금봉(2013), 중국인을 위한 한국어 /ㄹ/의 발음 교육 연구, 건국대학교 대학원 석사학위논문.

왕나(2011), 영화를 활용한 한국어 듣기·말하기 지도 방안: 중국어권 학습자를 대상으로, 상명대학교 대학원 석사학위논문.

왕효성(Xiao Cheng Wang)(2012), 한국어 글쓰기 과정에서의 언어 전환(Language-switching) 양상: 중국인 대학생들의 생각 말하기(think-aloud) 자료를 바탕으로, 새국어교육 91, 한국국어교육학회. pp.105~134.

우레(2011), 유머 텍스트를 활용한 한국어문화교육 방안: 어휘·말하기·문화교육을 중심으로, 부산외국어대학교 대학원 석사학위논문.

원진숙(1992), 한국어 말하기 능력 평가 기준 설정을 위한 연구, 한국어문교육 6, 고려대학교 한국어문교육연구소. pp.101~133.

유샨샨(2012), 중국 내 대학 한국어 학습자를 위한 말하기 과제 구성 기준 및 활용 방안 연구, 고려대학교 대학원 석사학위논문.

유예진(2013), 외국인 유학생과 여성 결혼이민자의 구어 발화에 나타난 평균발화길이와 유창성 간의 상관관계, 경희대학교 교육대학원 석사학위논문.
유패패(2011), 각색극을 활용한 한국어 말하기 교육방안 연구, 대불대학교 대학원 석사학위논문.
유풍(2012), 한국어 말하기 활동의 의사소통 기능 연구: 중급 단계를 중심으로, 한성대학교 대학원 석사학위논문.
윤경원(2010), 한국어 혼잣말의 유형과 '-냐' 혼잣말의 의사소통적 기능, 한국문법교육학회 학술발표논문집, 한국문법교육학회. pp.155~172.
윤경원(2011), 한국어 혼잣말의 의사소통적 특성 연구, 연세대학교 대학원 석사학위논문.
윤상미(2012), 웹기반 한국어 말하기 평가 문항 유형 연구, 부산대학교 대학원 석사학위논문.
윤신애 외(2010), 학문 목적 한국어 듣기·말하기 과제 중심 요구 분석: 중국인 이공계열 유학생을 중심으로, 한국어교육 21-3, 국제한국어교육학회. pp.159~188.
윤신애(2008), 학문 목적 한국어 듣기 · 말하기 필요 분석 연구: 외국인 유학생과 한국어 교사를 대상으로, 이화여자대학교 교육대학원 석사학위논문.
윤은경(2008), 말하기 숙달도 평가에 관한 논평: ACTFL OPI를 대상으로, 한국어교육 19-1, 국제한국어교육학회. pp.169~193.
윤지원 외(2010), 외국인 유학생의 한국어 말하기 실태 분석 연구, 시학과 언어학 19, 시학과 언어학회. pp.145~174.
이도영(2006), 말하기 교육 내용 체계화 방안 연구, 국어교육 120, 한국어교육학회. pp.225~248.
이동연(2010), 한국어 성취도 평가의 실제: 말하기 · 쓰기 편, 한국문화사.
이동은(2003), 학구적 목적의 한국어 토론 수업 방안, 한국어교육 14-3, 국제한국어교육학회. pp.239~260.
이문규(2006), 소통 능력 신장에 중점을 둔 말하기 교육 내용 선정의 방향, 국어교육 119, 한국어교육학회. pp.297~324.
이미혜(2010), 한국어 교육에서 말하기와 문법의 통합 교육, 문법 교육 13, 한국문법교육학회. pp.93~114.
이민민(2012), 중국인 학습자들을 위한 비즈니스 한국어 말하기 · 쓰기 통합 교육 방안 연구: 과업 중심 교수법(TBLT) 활용을 중심으로, 중앙대학교 대학원 석사학위논문.
이민아(2013), 학문 목적 중국 학습자의 발표를 위한 교육 방안 연구: 설명하기와 설득하기를 중심으로, 고려대학교 교육대학원 석사학위논문.
이복자(2011), 의사소통 기능 중심의 말하기 수업 모형, 국제한국어교육학회 추계학술발표논문집, 국제한국어교육학회. pp.317~328.

이선영(2013), 한국어 말하기 성취도 평가에서의 평가범주의 세분화 문제 연구, 우리어문연구 45, 우리어문학회. pp.27~56.

이세훈(2011), 외국인을 위한 한국어 말하기 평가 문항 연구: 초급 학습자를 대상으로, 숙명여자대학교 대학원 석사학위논문.

이소영(2012), 중국인 한국어 학습자의 말하기에 나타난 의사소통 전략 연구, 계명대학교 대학원 석사학위논문.

이수복(2007), 취학전 이중언어아동의 비유창성 특성연구, 이화여자대학교 대학원 석사학위논문.

이엘레나(2011), 러시아 학습자를 위한 한국어 말하기 교재 개발 방안 연구: 대학용 교재를 중심으로, 경희대학교 대학원 석사학위논문.

이영식(2004), 한국어 말하기 시험의 유형 및 채점 기준 설정을 위한 기초 연구, 한국어교육 15-3, 국제한국어교육학회. pp.209~230.

이윤희(2011), 출력이 형태 습득에 미치는 영향 연구: 초급 학습자를 중심으로, 고려대학교 교육대학원 석사학위논문.

이을지(2007), 의미 중심 형태 교수가 한국어 학습자의 말하기 유창성에 미치는 영향, 이화여자대학교 대학원 석사학위논문.

이인선(2011), 영어와 한국어를 사용한 스토리텔링수업을 통한 영어말하기 능력 향상에 관한 연구, 국민대학교 교육대학원 석사학위논문.

이정래(2012), 말하기 과제 수행을 위한 한국어 초급 교재 삽화 구성 방안: 사회구성주의 이론을 기반으로, 고려대학교 교육대학원 석사학위논문.

이정민(2011), 한국어 말하기 교재 속 '역할극' 활동의 구성 방안, 고려대학교 교육대학원 석사학위논문.

이정화(2010), 한국어 학습자를 위한 효과적인 토론 수업 방안, 국제어문 48, 국제어문학회. pp.315~348.

이지현(2013), 몽골인 고급 한국어 학습자의 토론 담화에 나타난 말 끼어들기 양상 연구, 연세대학교 교육대학원 석사학위논문.

이향(2012), 말하기 수행 평가에서 발음 범주 채점의 최적화 방안 연구: 일반화가능도 이론을 활용하여, 한국어교육 23-2, 국제한국어교육학회. pp.301~329.

이향(2012), 한국어 말하기 수행평가의 발음 범주 채점 방식에 따른 채점 신뢰도 분석: 다국면 라쉬 모형을 활용하여, 외국어로서의 한국어교육 37, 연세대학교 언어연구교육원 한국어학당. pp.325~356.

이향(2013), 한국어 말하기 수행 평가의 발음 범주 채점에 대한 타당성 검증, 이화여자대학교 대학원 석사학위논문.

이희순(2011), 협상 과제 중심의 말하기 교육 연구, 가톨릭대학교 대학원 석사학위논문.
임연희(2011), 한국어 말하기 능력 평가의 문항 개발 및 적용, 동아대학교 대학원 석사학위논문.
임현숙(2012), 말하기 과제활동과 주제 · 기능 간의 상관성 연구: 한국어 고급 교재 분석을 바탕으로, 계명대학교 대학원 석사학위논문.
임화정(2009), 과제 중심의 한국어 말하기 지도 방안, 교육문화연구 15, 인하대학교 교육연구소. pp.65~90.
장경희(2006), 말하기 능력 측정도구 개발 1, 국립국어원.
장미경(2006), 한국어 고급 학습자 대상 말하기 수업 구성의 실제, 학술대회 발표집, 한국언어문화교육학회. pp.43~51.
장영(2009), 중국인을 위한 직업 목적 한국어 말하기 수업 구성 방안, 배재대학교 대학원 석사학위논문.
전나영 외(2007), 한국어 말하기 능력 평가 도구 개발 연구, 외국어로서의 한국어교육 32, 연세대학교 언어연구교육원 한국어학당. pp.259~338.
전민지(2012), 이야기 다시 말하기에 나타난 다문화가정 아동의 문법형태소 발달, 대구대학교 대학원 석사학위논문.
전은주(2011), 한국어 말하기 듣기교육에서 실제성 원리의 적용 층위와 내용, 새국어교육 89, 한국국어교육학회. pp.553~575.
전홍식(2006), 한국어 교육 현장에서 적용되고 있는 교수 방법론에 관한 실제 조사 연구: 서울 시내 4개 대학의 말하기 교육 중심으로, 인문사회과학연구 6, 부경대학교 인문사회과학연구소. pp.27~42.
정미경(2011), 한국어 학습자의 말하기 수준에 따른 의사소통전략 사용 양상 연구: 중급 학습자를 대상으로, 고려대학교 대학원 석사학위논문.
정영미 외(2011), 영상 매체를 활용한 말하기 교육: 중고급 말레이시아 학습자를 대상으로, 국제한국어교육학회 추계학술발표논문집, 국제한국어교육학회. pp.303~315.
정정(2012), 학문 목적 중국인 학습자를 위한 한국어 말하기 교재 개발 연구, 고려대학교 대학원 석사학위논문.
조성문 외(2009), 기능과 화행 중심의 한국어 말하기 활동, 제이앤씨.
조수진(2005), 인공지능형 한국어 말하기 코스웨어 개발 연구, 어문연구 128, 한국어문교육연구회. pp.527~546.
조수진(2010), 한국어 말하기 교육의 이론과 실제, 소통.
조아라(2006), 한국어 말하기 수행 평가의 역류효과 비교 연구: 수정적 피드백을 중심으로, 이화여자대학교 교육대학원 석사학위논문.

조위수(2008), 과제 중심의 한국어 말하기, 듣기 연계 교육 방안, 외국어로서의 한국어교육 33, 연세대학교 언어연구교육원 한국어학당. pp.169~199.

조윤지(2012), 학습자 유형에 따른 말하기 학습전략 연구: 문법 학습전략과의 상관성을 중심으로, 경희대학교 교육대학원 석사학위논문.

조중빈(2007), 정치활동과 언어능력: 말하기와 듣기, 국어교육 122, 국어교육학회. pp.45~57.

조찬희(2009), 과제 분담 학습 모형을 통한 한국어 말하기 능력 향상 방안 연구, 한국외국어대학교 대학원 석사학위논문.

지현숙 외(2012), 한국어 학습자의 이야기구술 수행 담화에 대한 중간언어적 고찰, 국어교육연구 29, 서울대학교 국어교육연구소. pp.295~322.

지현숙(2008), 한국어 말하기 시험에서의 '이야기 구술 과제' 연구, 어문연구 139, 한국어문교육연구회. pp.345~369.

진제희(2000), 한국어 학습자들의 의사소통 전략 유형 분류 및 분석: 비상호적 상황을 중심으로, 한국어교육 11-1, 국제한국어교육학회. pp.175~199.

진제희(2001), 한국어 학습자들의 발화 속에 나타난 대화 전략으로서의 입말의 특성, 한국어교육 12-1, 국제한국어교육학회. pp.275~293.

진제희(2003), 사회언어학적 및 전략적 말하기 능력 배양을 위한 담화분석 방법의 적용, 한국어교육 14-1, 국제한국어교육학회. pp.299~321.

최수현(2012), 외국인 대학생의 말하기 준비 단계를 위한 대화일지 활용 방안 연구, 한성대학교 대학원 석사학위논문.

최영(2012), 중국 내 한국어 말하기 교육의 현황과 효율적인 교육 방안 연구, 새국어교육 93, 한국국어교육학회. pp.565~594,

최진희(2011), 경북지역 여성결혼이민자를 위한 방언 교육 연구: 듣기와 말하기를 중심으로, 대구가톨릭대학교 대학원 석사학위논문.

파와나 펫프라이(2012), 태국인 학습자를 위한 한국어 호칭어 교육 연구: 한 · 태 호칭어 비교 분석과 말하기 교육 방안을 중심으로, 한성대학교 대학원 석사학위논문.

편효경(2011), TV 드라마를 활용한 한국어 말하기 교재 개발 연구, 대불대학교 대학원 석사학위논문.

하평평(2011), 즉시 쓰기와 말하기 후 쓰기 비교 연구: 고급수준의 한국어 학습자 대상으로, 고려대학교 대학원 석사학위논문.

학회자료(2001), Spoken Korean By Fred Lukoff, 외국어로서의 한국어교육 25, 연세대학교 언어연구교육원 한국어학당. pp.513~566.

한기흔(2010), 학습자의 자기 수정 활동이 한국어 말하기 능력에 미치는 영향: 중급 학습자를 대상으로, 연세대학교 교육대학원 석사학위논문.

한상미 외(2009), 컴퓨터 기반 한국어 말하기 숙달도 평가 도구 개발 연구, 외국어로서의 한국어교육 34, 연세대학교 언어연구교육원 한국어학당. pp.519~554.

한상미(2008), 한국어 교육에서의 문화적 능력의 평가: 말하기 평가를 중심으로, 한국언어문화학 5-1, 국제한국언어문화학회. pp.83~111.

한상미(2009), 학문 목적 한국어 말하기 평가 연구: 대학 입학 전 과정을 중심으로, 한국어교육 20-1, 국제한국어교육학회. pp.207~238.

허문영(2009), 한국어 말하기 인터뷰 시험의 상호작용 분석 연구, 한국외국어대학교 교육대학원 석사학위논문.

현윤호(2001), 과제 수행 중심의 말하기 지도 방안: 「말이 트이는 한국어」를 중심으로, 한국어교육 12-2, 국제한국어교육학회. pp.511~531.

형연희(2011), 교육연극을 통한 한국어 말하기 교육 연구: 중급수준 학습자를 대상으로, 중앙대학교 대학원 석사학위논문.

홍윤혜 외(2008), 중급 말하기 교재의 구성 원리와 실제: 연세대 〈한달 완성 한국어 중급 1 말하기〉를 중심으로, 외국어로서의 한국어교육 33, 연세대학교 언어연구교육원 한국어학당. pp.359~393.

후찡(2013), 드라마 장면을 활용한 한국어 말하기 교육 방안 연구: 초급 중국인 학습자를 대상으로, 영남대학교 대학원 석사학위논문.

히로유키 사와다(2003), 한국어 말하기 평가에서 전략적 능력과 어휘 구사력의 평가, 국어교육연구 12, 서울대학교 국어교육연구소. pp.101~130.

Dina Yehia(2012), 아랍권 학습자를 위한 한국어 말하기 교재 개발 방안: 이집트 아인샴스대학교 한국어과 초급 학습자를 대상으로, 연세대학교 대학원 석사학위논문.

Jin Zhongshi(2012), 교재분석을 통한 한국어 말하기 교재개발 연구, Journal of Korean Culture 19, 한국어문학국제학술포럼. pp.61~80.

Zhu Wenying(2012), 한국어 말하기 수업에서 교사의 학습자 모어 사용 전략 연구: 중국에서의 한국어 말하기 수업을 중심으로, 서울대학교 대학원 석사학위논문.

Ⅲ-02.
발음, 음성, 음운론

강금염(2010), 중국어권 학습자들의 한국어 초분절 발음 실현 양상 연구: 강세와 억양의 실현 양상을 중심으로, 인천대학교 대학원 석사학위논문.

강려(2011), 중국인 학습자의 한국어 파열음 오류 연구, 한양대학교 대학원 석사학위논문.

강미영 외(2005), 외국어로서 한국어 교육을 위한 API 발음기호열 생성, 한국프랑스학논집 51, 한국프랑스학회. pp.1~22.

강봉식(2006), 일본어를 모어로 하는 한국어 학습자들의 받침 발음의 문제점과 교정법에 관한 한일 양 언어의 음운학적 고찰연구, 어원연구 7, 한국어원학회. pp.137~150.

강석진(2010), 중국어와 한국어의 분절음 음운변동 대조 연구, 중국학 36, 대한중국학회. pp.1~29.

姜帥(2013), 학습단계별 발음능력 향상을 위한 중국인 학습자의 한국어 음운현상 발음 분석, 한양대학교 대학원 석사학위논문.

강윤미(2013), 한국어 학습자의 음성적 유창성에 영향을 미치는 초분절적 요소 연구, 경희대학교 교육대학원 석사학위논문.

강정희(2009), 베트남인 학습자의 한국어 발음 오류 분석 및 교육방안 연구, 동국대학교 대학원 석사학위논문.

고비(2012), 중국 청도방언 화자의 한국어 발음 오류 연구, 연세대학교 대학원 석사학위논문.

고영림(2002), 프랑스어와 한국어의 운율 구조에 대한 음성학적 비교 연구: 음성분석 컴퓨터 프로그램을 이용한 프랑스어 억양과 리듬 교육용 모델 개발, 한국프랑스학논집 39, 한국프랑스학회. pp.1~22.

곡향봉(2005), 중국인을 위한 한국어 발음 교육 방안, 신라대학교 교육대학원 석사학위논문.

공해령(2010), 중국 학습자의 한국어 단순모음 발음의 실험음성학적 연구, 한양대학교 대

학원 석사학위논문.

공혜진(2012), 한중 발음 대조를 통한 중국어권 학습자를 위한 발음 교육 연구: 자음을 중심으로, 대구가톨릭대학교 대학원 석사학위논문.

구희량(2011), 한국 내 아시아인의 한국어 조음음운 특성, 고신대학교 대학원 석사학위논문.

국제한국어교육학회(2006), 한국어교육론 2, 발음교육·어휘교육·문법교육·문학교육·문화교육, 한국문화사.

권경애(2011), 일본어모어화자의 자연스러운 한국어 발음교육을 위한 연구: 초분절적인 요소들을 중심으로, 외국어교육연구 25, 한국외국어대학교 외국어교육연구소. pp.1~23.

권기양(2007), 중국어권 KFL 학습자들을 위한 효과적인 발음교육 방안, 코기토 61, 부산대학교 인문학연구소. pp.7~30.

권병노 외(1999), 영어 화자에 대한 한국어 음성 교육의 문제점, 국어교육 10, 한국국어교육연구회. pp.153~171.

권성미(2007), 한국어 단모음 습득에 대한 실험음성학적 연구: 일본어권 학습자를 중심으로, 이화여자대학교 대학원 박사학위논문.

권성미(2007), L2 음성 습득에 유사성이 미치는 영향: 일어권 한국어 학습자를 대상으로 한 실험음성학적 연구, 한국어교육 18-3, 국제한국어교육학회. pp.1~25.

권성미(2009), 초점의 음성적 실현에 나타난 영어 화자의 한국어 운율 체계 습득 양상 연구, 한국어교육 20-2, 국제한국어교육학회. pp.1~27.

권성미(2010), 연결어미의 종결어미적 쓰임에 나타나는 억양의 중간언어 연구, 한국어교육 21-4, 국제한국어교육학회. pp.1~23.

권성미(2012), L1–L2 간 발음 규칙의 상이성에 따른 한국어 종성비음 습득 양상 연구, 우리어문연구 42, 우리어문학회. pp.63~90.

권영미(2008), 중국 학습자를 위한 한국어 발음 지도 방안 연구, 청주대학교 교육대학원 석사학위논문.

권용해(2006), 어조청각법을 활용한 한국어 발음교정 연구: 프랑스어권 학습자를 중심으로, 이중언어학 30, 이중언어학회. pp.25~60.

권의현(2012), 외국인을 위한 한국어 발음 교재 연구, 순천향대학교 대학원 석사학위논문.

권현주(1996), 일본인 학습자를 대상으로 한 한국어 발음교수법 연구: 대조언어학적 방법을 통하여, 이화여자대학교 교육대학원 석사학위논문.

권현주(2006), 일본어의 음장(Length)을 이용한 한국어 종성 발음 인지 교육 방안, 일어일문학연구 59, 한국일어일문학회. pp.39~54.

권현주(2006), 특수음소의 변이음을 이용한 한국어 종성 발음 인지교육 방안: 일본어권 학습자를 대상으로, 일본어문학 31, 한국일본어문학회. pp.35~54.
권현주(2008), NHK 한국어 강좌 교재의 발음표기에 대한 실태 분석: 종성 발음을 중심으로, 한국어교육 19-1, 국제한국어교육학회. pp.1~23.
김기훈(2010), 중국어 성조를 활용한 한국어 평음 경음 교육 방안 연구, 한국외국어대학교 교육대학원 석사학위논문.
김길동(2008), 중국어권 학습자를 위한 한국어 발음 교육 연구, 단국대학교 대학원 박사학위논문.
김문희(2009), 중국인 고급 한국어 학습자를 위한 한국어 발음 교육 연구, 충남대학교 대학원 석사학위논문.
김미성 외(2012), 언어치료 관점에서 본 한국어 발음교육, 인문학연구 87, 충남대학교 인문과학연구소. pp.181~203.
김미성(2010), 조음치료적 접근을 통한 한국어 발음교육의 효과에 관한 연구: 중국인 학습자를 대상으로, 충남대학교 대학원 석사학위논문.
김미진(2012), 프랑스어 화자의 한국어 파찰음에 대한 음향음성학적 연구, 동국대학교 대학원 석사학위논문.
김민경(2011), 중국인 학습자의 한국어 피치 패턴 연구, 한국외국어대학교 대학원 석사학위논문.
김민지(2013), 자기피드백을 활용한 한국어 발음교육 방안 연구: 중 · 고급 중국인 학습자를 대상으로, 부산대학교 대학원 석사학위논문.
김병운(2006), 표준발음법에서 인정하지 않는 첨가음 발음교육연구, 제2차 한 · 중 · 조 Korean 교육 국제 학술 토론회: 논문집, 이화여자대학교 한국어문학연구소. pp.1~9.
김보람(2012), 베트남어권 한국어 학습자의 파열음 인지와 발화: 여성 결혼 이민자를 대상으로, 영남대학교 대학원 석사학위논문.
김빅토리아(2004), 러시아어권 학습자를 위한 한국어 발음 교육 연구, 경희대학교 교육대학원 석사학위논문.
김상수 외(2006), 한국어 발음교육 연구 동향 분석, 한국어학 33, 한국어학회. pp.155~183.
김서윤(2010), 한국어 학습자의 감정 및 태도 표현 기능으로서의 억양 실현 연구, 상명대학교 교육대학원 석사학위논문.
김선정 외(2010), 다문화 가정 한국어 학습자를 위한 한국어 발음 교육: 베트남 여성결혼 이민자를 중심으로, 나라사랑 119, 외솔회. pp.131~160.
김선정 외(2012), 중국인 학습자의 한국어 장애음 청취와 조음 특성: Kalvin과 Praat을 활용한 음성 실험을 바탕으로, 비교문화연구 27, 경희대학교 비교문화연구소.

pp.497~523.
김선정(1999), 영어 모국어 화자를 위한 한국어 발음 교육 방안, 한국어교육 10-2, 국제한국어교육학회. pp.153~169.
김선정(2004), 숙달도 향상을 위한 한국어 파닉스(Phonics) 연구, 언어과학연구 29, 언어과학회. pp.45~66.
김선정(2004), 어말 음절 구조의 특성과 한국어 교육적 접근, 언어과학연구 24, 언어과학회. pp.23~40.
김선정(2009), 한국어 음운론과 한국어 교육 1, 학술대회2009, 한국언어문화교육학회. pp.31~44.
김선철(2007), 발음교육의 내용에 대한 일고찰, 문법 교육 7, 한국문법교육학회. pp.27~49.
김성란(2011), 한국어와 중국어 자음의 음성학적 대조고찰, 인문논총 21, 서울여자대학교 인문과학연구소. pp.34~58.
김성렬(1996), 한국어 표준 발음의 한 고찰, 한국어교육 7, 국제한국어교육학회. pp.21~29.
김소야(2006), 한국어 평음/경음/기음에 대한 중국인의 지각적 범주 연구, 이중언어학 32, 이중언어학회. pp.57~79.
김수미(2012), 중국인 학습자를 위한 한국어 말토막 강세 교육 방안 연구, 한국외국어대학교 교육대학원 석사학위논문.
김수현(2010), 외국어로서의 한국어의 억양 교육 연구, 한국문화연구 18, 이화여자대학교 한국문화연구원. pp.69~87.
김수희(2006), 한글 교육과 기초 발음 교육, 국어교육연구 18, 서울대학교 국어교육연구소. pp.217~244.
김신자(2012), 한국어 자음과 받침의 발음지도방안, 중국조선어문 181, 길림성민족사무위원회. pp.46~52.
김알라(2008), 러시아 학습자를 위한 한국어 발음 교육 방안, 창원대학교 대학원 석사학위논문.
김연이(2011), 한국어 치조 마찰음 발음 교육 연구: 중국인 초급 학습자를 대상으로, 경희대학교 교육대학원 석사학위논문.
김영석(1993), 장음화고(長音化攷), 외국어로서의 한국어교육 18, 연세대학교 언어연구교육원 한국어학당. pp.5~26.
김영선(2004), 베트남인 학습자의 한국어 경음화 발음 교육 방안 연구, 한국어교육 15-2, 국제한국어교육학회. pp.51~73.
김영선(2006), 한국어 교육 발음 교재의 구성 방식과 내용, 우리말연구 18, 우리말학회. pp.237~260.

김영송(1991), 한국어 마찰음 연구, 우리말연구 1, 우리말학회. pp.3~51.

김영송(1993), 우리말의 스침소리, 외국어로서의 한국어교육 18, 연세대학교 언어연구교육원 한국어학당. pp.27~61.

김영옥(2012), 베트남 한국어 학습자를 위한 자음 발음 교육 전략: 실험음성학적 분석을 중심으로, 경희대학교 대학원 석사학위논문.

김영욱(1997), 한국어 음소의 최소 독화 단위 연구, 특수교육논총 14, 한국특수교육학회. pp.55~72.

김영은(2012), 한국어 운율 교육 방안 연구: 스웨덴어 화자의 강세구 실현을 대상으로, 한국외국어대학교 교육대학원 석사학위논문.

김옥란(2011), 한국어 자음 발음 실태 분석 연구, 충남대학교 대학원 석사학위논문.

金庸珏(2003), 韓國語と日本語における漢字音の對照研究: 音節構造の對比を中心に, 일어일문학 20, 대한일어일문학회. pp.19~36.

김원필(2002), 스페인어와 한국어의 자음동화현상 대조, 스페인어문학 22, 한국스페인어문학회. pp.17~35.

김윤희(2009), 프라트 분석을 통한 중국인 학습자의 한국어 모음 발음 오류 연구: 일부 동형동의 한자어 발음을 대상으로, 배재대학교 대학원 석사학위논문.

김은경(2012), 중국인의 한국어 모음 습득 연구, 충남대학교 대학원 박사학위논문.

김은라(2009), 멀티미디어를 활용한 한국어 발음 교육 연구, 원광대학교 교육대학원 석사학위논문.

김은애 외(2008), 한국어 억양 교육을 위한 방법론적 고찰: 교재 개발의 측면에서, 한국어교육 19-2, 국제한국어교육학회. pp.93~123.

김은애(2006), 한국어 학습자의 발음 오류 진단 및 평가에 관한 연구, 한국어교육 17-1, 국제한국어교육학회. pp.71~97.

김은애(2013), 음향 분석을 통한 프랑스인 학습자의 한국어 발음 습득 연구, 이화여자대학교 대학원 박사학위논문.

김인택 외(2000), 웹 기반 한국어 발음 교육 코스웨어 설계, 우리말연구 10, 우리말학회. pp.193~211.

김정숙(2006), 외국어로서의 한국어 발음 교육 내용 선정 기준, 제2차 한 · 중 · 조 Korean 교육 국제 학술 토론회: 논문집, 이화여자대학교 한국어문학연구소, pp.1~2.

김정욱(2009), 중국인 학습자의 한국어 발음 교수 방안 연구: 한국어와 중국어 모음 체계 대조를 중심으로, 대구대학교 대학원 석사학위논문.

김주연(2006), 일본인 학습자의 한국어 의문문 억양 연구, 연세대학교 대학원 석사학위논문.

김주연(2013), 중국인 학습자의 한국어 모음 산출에 대한 종단 연구, 건국대학교 대학원 박사학위논문.

김지연(2010), 중국인 학습자의 자연발화 발음 오류 분석 연구, 충남대학교 대학원 석사학위논문.

김지용(2010), 한국어 학습자의 피치 패턴에 관한 연구, 영남대학교 대학원 석사학위논문.

김지은(2010), 지각 훈련을 활용한 한국어 분절음 교육 방안: 중국인 초급 학습자의 파찰음 지각과 산출을 중심으로, 고려대학교 교육대학원 석사학위논문.

김지형(2007), 훈민정음의 창제 원리를 활용한 한국어 자모 및 발음 교육 방안, 국어국문학 147, 국어국문학회. pp.221~258.

김지혜(2005), 중국어권 학습자를 위한 한국어 종성 발음 교육 방안, 고려대학교 교육대학원 석사학위논문.

김진만(2012), 한국어 낭독체의 발화 속도와 휴지의 상관관계 연구: 한국인과 중국인 학습자를 중심으로, 한양대학교 교육대학원 석사학위논문.

김진석(2013), 중국인 학습자의 한국어 종성 발음 특성 연구: 숙달도 단계별 특성을 중심으로, 계명대학교 대학원 석사학위논문.

김진원(1992), 노어와 국어 자음음소의 음성 음운적 대조, 이중언어학 9, 이중언어학회. pp.85~102.

김춘애(2010), 중국인을 위한 한국어발음오류 연구와 지도, 중국조선어문 166, 길림성민족사무위원회. pp.32~35.

김태경(2009), 제1언어와 제2언어로서의 한국어 습득: 발음형태 오류를 중심으로, 국어교육연구 24, 서울대학교 국어교육연구소. pp.235~268.

김현숙(2004), 러시아어 화자의 한국어 발음 습득과 관련한 몇 가지 문제, 연세대학교 대학원 석사학위논문.

김현숙(2011), 중국인 학습자의 한국어 겹받침 발음 교육 방안 연구, 충남대학교 교육대학원 석사학위논문.

김형복(2004), 한국어 음운 변동 규칙의 교수-학습 순서 연구, 한국어교육 15-3, 국제한국어교육학회. pp.23~41.

김형복(2009), 한국어 파닉스(Phonics)를 통한 발음 규칙 교수-학습 방안, 코기토 67, 부산대학교 인문학연구소. pp.277~298.

김혜순 외(1993), 멀티미디어를 이용한 한국어 발음 교육 시스템, 정보과학회논문지 20, 한국정보과학회. pp.1807~1824.

김혜영(2011), 한국어 겹받침의 발음 교육 방안 연구, 부산외국어대학교 대학원 석사학위논문.

김홍범(1996), 한국어 상징어의 음운론적 특성, 한국어교육 7, 국제한국어교육학회. pp.31~51.

김화(2013), 중국 월 방언권 학습자를 위한 한국 한자어의 종성 발음 교육 방안 연구, 충남대학교 대학원 석사학위논문.

김훈태(2011), 이탈리아어 모어 화자를 위한 한국어 발음교육 방안, 언어학연구 21, 한국중원언어학회. pp.73~94.

김희선(2006), 한국어 억양 습득과 지도 방법 연구: 영어권 학습자를 대상으로, 한국어교육 17-2, 국제한국어교육학회. pp.69~94.

김희정(2010), 베트남 결혼이주여성의 한국어 발음오류와 발음 교육: 평음, 격음, 경음을 중심으로, 군산대학교 대학원 석사학위논문.

껀나파 분마럿(2013), 태국인 학습자를 위한 한국어 발음 교육 방안: 종성 발음을 중심으로, 계명대학교 대학원 석사학위논문.

나빌 벤마크루프(2013), 아랍인 학습자의 한국어 파열음에 대한 실험음향음성학적 연구, 경희대학교 대학원 석사학위논문.

나애리(1997), 불어와 한국어 음운체계의 비교, 한국프랑스학논집 22, 한국프랑스학회. pp.59~82.

나카가와 아키오(Akio Nakagawa)(1994), 한국어와 일본어의 음운체계에 대하여: 외국어 학습의 관점에서, 서울대학교 사범대학원 입학지원 논문.

노대규(1986), 한국어의 발음 교육에 관한 연구: 외국어로서의 한국어의 발음 교육을 중심으로, 연세대학교 매지논총 2, 연세대학교 매지학술연구소. pp.1~33.

노미숙(2011), 일본인 학습자의 한국어 파찰음 발음 교육 방안 연구, 부산외국어대학교 대학원 석사학위논문.

노은송(2001), 중국인을 대상으로 한 한국어 발음 교육, 고려대학교 교육대학원 석사학위논문.

노향숙(1998), 한국어 발음 교육을 위한 원격 교육 시스템의 설계, 부산대학교 대학원 석사학위논문.

란효하(2012), 중국 북방방언권 학생들의 조선어종성 발음교육을 위한 오류분석 연구, 중국조선어문 177, 길림성민족사무위원회. pp.60~65

류문문(2013), 웹 기반 한국어 발음 교육 연구, 경희대학교 대학원 석사학위논문.

류미용(2011), 태국인 학습자의 한국어 모음 발음 오류 연구: 초급 학습자를 중심으로, 경희대학교 교육대학원 석사학위논문.

류화순(2011), 중국인 한국어 학습자의 파열음 인식과 발음, 전북대학교 대학원 석사학위논문.

마금선(2011), 한국어 교재 발음정보에 대한 고찰: 중국에서의 한국어 교재를 중심으로, 한국언어문화학 8-1, 국제한국언어문화학회. pp.1~22.
마려평(2013), 중국인 한국어 학습자를 위한 음절 교육 연구, 전남대학교 대학원 석사학위논문.
마맹(2012), 중국인 학습자를 위한 한국어 자음 교육 연구, 숭실대학교 대학원 석사학위논문.
마쓰야마 수미레(2011), 일본어권 학습자를 위한 독학용 한국어 발음 교재 개발 연구: 발음 교정을 목적으로, 고려대학교 대학원 석사학위논문.
만비(2011), 중국어권 학습자를 위한 한국어 발음 지도 방안 연구: 자음의 음운현상을 중심으로, 원광대학교 대학원 석사학위논문.
문연희(2002), 중국 대학생들을 위한 한국어 발음 교육, 경기대학교 교육대학원 석사학위논문.
문은영(2012), 중국어권 학습자를 위한 유음 발음 교수방안, 서울여자대학교 대학원 석사학위논문.
뭉흐치멕(2011), 몽골인 한국어 초급 학습자를 위한 발음 지도 방안 연구, 전남대학교 대학원 석사학위논문.
민상희(2010), 여성 결혼 이민자를 위한 독학용 한국어 발음 교재 개발 방안 연구: 베트남인 여성 결혼 이민자를 대상으로, 부산외국어대학교 교육대학원 석사학위논문.
박금숙(2012), 외래어 표기 및 발음 오류분석과 교육방안 연구: 베트남인, 중국인, 일본인 학습자를 대상으로, 군산대학교 교육대학원 석사학위논문.
박기영(2007), 국어 음운론 지식과 한국어 발음 교육의 상관성에 대하여: 모음, 자음의 기술을 중심으로, 어문연구 133, 한국어문교육연구회. pp.467~489.
박기영(2009), 한국어 교재의 발음 기술에 대한 일고찰: 음운규칙과 정확성, 유창성의 관계를 중심으로, 이중언어학 40, 이중언어학회. pp.57~78.
박기영(2010), 한국어 음운론과 한국어 발음 교육의 상관성에 대한 일고찰: 자모 교육과 음운 변동 교육을 중심으로, 어문논집 43, 중앙어문학회, pp.7~30.
박나영(2010), 음소결합제약에 의한 중국인 학습자의 한국어 발음 오류 연구: 초급 학습자를 대상으로, 부산대학교 대학원 석사학위논문.
박덕유 외(2011), 한국어학습자를 위한 음운교육 연구, 박문사.
박미정(2009), 운율을 통한 한국어 폐쇄음의 인지와 발음, 국어교육연구 24, 서울대학교 국어교육연구소. pp.143~163.
박병철(2005), 체코인을 위한 한국어 발음교육 방안 연구, 이중언어학 28, 이중언어학회. pp.111~134.

박성현(2011), 한국어 어두파열음 삼중대립 지각학습 효과: 일본인과 중국인 학습자를 대상으로, 한국어교육 22-2, 국제한국어교육학회. pp.139~160.
박세희(2012), 프랑스인 학습자의 한국어 발음 오류 및 습득 패턴 연구, 한국외국어대학교 대학원 석사학위논문.
박숙희(2011), 외국인을 위한 한국어 발음교육의 내용구성 방안, 한남대학교 교육대학원 석사학위논문.
박시균 외(2008), 외국어 화자에게 어려운 한국어 자음 분석 및 교육 방안 모색: 영어 화자를 중심으로, 국어문학 45, 국어문학회. pp.49~71.
박시균(1998), 영어 화자가 제대로 발음하지 못하는 한국어 음운과 한국어 음운 교육 개선 방안, 한글 242, 한글학회. pp.119~144.
박시균(2011), 교수법을 활용한 한국어 장애음 교육, 한국언어문학 77, 한국언어문학회. pp.325~353.
박용희(2012), Acoustic properties of Korean and English sibilants produced by native and non-native speakers, 이화여자대학교 대학원 석사학위논문.
박윤정(2011), 몽골인 한국어 학습자의 발음 교육 연구: 모음 발음 분석과 교정을 중심으로, 배재대학교 대학원 석사학위논문.
박은현(2011), 한국어 학습자를 위한 한국어 발음 진단 방안 연구, 계명대학교 대학원 석사학위논문.
박재양(1988), 한국어 이중모음의 형성요인, 어문연구 58, 한국어문교육연구회. pp.284~286.
박정은 외(2008), 외국인을 위한 한국어 발음교재의 분석과 개선방향 연구, 국어국문학 150, 국어국문학회. pp.565~602.
박종덕(2007), 한국어 교육을 위한 기초 음운론, 박이정.
박종만(2012), 한국어와 중국 광동어의 종성 발음 대조 연구, 동국대학교 대학원 석사학위논문.
박지연(2010), 중국인 한국어 학습자의 한국어 단모음 지각과 산출 관계 연구, 고려대학교 대학원 석사학위논문.
박지영(2010), 한국어 자음 발음 교육 방안 연구: 북부 베트남 학습자를 대상으로, 부산대학교 대학원 석사학위논문.
박지현(2012), 중국인 학습자와 한국인의 억양 비교 연구, 한양대학교 교육대학원 석사학위논문.
박채림(2010), 영어 마찰음 S와 한국어 마찰음 'ㅅ, ㅆ'에 관한 대조 음향연구, 홍익대학교 대학원 석사학위논문.
박하나(2011), 스페인어 화자의 한국어 발음 오류 분석과 습득 패턴 연구, 한국외국어대

학교 대학원 석사학위논문.

박해연(2004), 중국어권 학습자를 위한 한국어 발음 교육 연구: 초분절 음소 발음을 중심으로, 서울대학교 대학원 석사학위논문.

박해연(Hai Yan Piao)(2007), 한국어 억양 발음 교육: 한 · 중 의문문 억양 곡선 비교를 중심으로, 선청어문 35, 서울대학교 국어교육과. pp.185~213.

박헤레나(2011), 외국어로서의 한국어 듣기 교육을 위한 현실 발음 유형 연구, 연세대학교 교육대학원 석사학위논문.

박호은(2012), 프랑스어권 학습자를 위한 한국어 발음 교육 연구: 음운 대조분석과 학습자 오류분석을 중심으로, 연세대학교 대학원 석사학위논문.

방향옥(Xiang Yu Fang)(2009), 중국인 한국어 학습자를 위한 종성 /ㅇ/의 발음 교육 방안, 인문학연구 37, 조선대학교 인문학연구원. pp.389~410.

배정선(2011), 효과적인 억양 교육의 순서에 대한 연구, 부산외국어대학교 대학원 석사학위논문.

백경미(2012), 제1언어와 제2언어로서의 한국어 발음과 형태 습득 비교, 한양대학교 대학원 박사학위논문.

백대현(2012), 중국인 학습자의 한국어 발음 오류 연구: 자음동화를 중심으로, 충북대학교 대학원 석사학위논문.

백소영(2008), 중국인 한국어 학습자의 발음 오류와 지도방법, 외국어교육연구 22, 한국외국어대학교 외국어교육연구소. pp.77~88.

백소영(2009), 러시아어 화자를 위한 한국어 발음 교육, 어문연구 59, 어문연구학회. pp.29~48.

백소영(2009), 러시아어권 화자를 위한 한국어 발음교육 연구, 충남대학교 대학원 박사학위논문.

백소영(2010), 한국어 통합 교재를 통한 발음 교육 고찰, 시학과 언어학 18, 시학과 언어학회. pp.119~138.

백옥란(2010), 한국어학습자들의 발음오류현상과 그 교육방안: 분절음을 중심으로, 중국조선어문 165, 길림성민족사무위원회. pp.29~35.

범류(Fan Liu)(2009), 중국어권 학습자를 위한 한국어 발음교육 연구의 현황과 과제, 이중언어학 40, 이중언어학회. pp.79~108.

변광수(1992), 한국어와 스웨덴어의 음운론적 대조분석, 이중언어학 9, 이중언어학회. pp.103~130.

비강강(2011), 중국인 학습자를 위한 한국어 겹받침 발음 교육 방안 연구, 한남어문학 34, 35, 한남대학교 한남어문학회. pp.199~225.

샤우쮸나스 까찐스까스 마르띠나스(2011), 한 · 중 · 일 한자의 발음 비교 연구: 자음 중심으로, 경희대학교 대학원 박사학위논문.

서경석(2007), 스페인어권 학습자에 대한 한국어 발음 교육 방안, 이베로아메리카 9, 부산외국어대학교 이베로아메리카연구소. pp.197~220.

서승아(2010), 중국인 학습자의 한국어 발음 교육 연구: 자음과 모음을 중심으로, 우석대학교 대학원 석사학위논문.

서영(2011), 중국인 초급 학습자를 위한 한국어 자음 발음 교육 방안, 부산외국어대학교 대학원 석사학위논문.

서은영(2012), 북한이탈주민의 조음음운특성 및 조음중재효과에 대한 예비연구, 나사렛대학교 재활복지대학원 석사학위논문.

성비락(Sainbilegt, D.)(2002), 몽골어와 한국어의 단모음 비교: 실험음성학적 연구, 한국어교육 13-2, 국제한국어교육학회. pp.111~130.

성상환(2005), 독일어화자들의 한국어 습득 시 나타나는 인지상의 전이와 간섭현상연구: 한국어와 독일어의 파열음을 중심으로, 한국어교육 16-3, 국제한국어교육학회. pp.207~226.

성효정(2012), 웹 기반 한국어 음운교육의 문제점과 개선 방안 연구, 인하대학교 대학원 석사학위논문.

성희제(2002), 한국어 학습자를 위한 한국어 음운의 발음과 교육 방법에 대하여, 목원국어국문학 7, 목원대학교 국어국문학과. pp.55~75.

성희제(2003), 한국어 초기학습자를 위한 한국어음운 교육, 한국언어문학 50, 한국언어문학회. pp.493~514.

손복희(2011), 중국의 발음교재의 구성체계에 대한 검토, 한어문교육 25, 한국언어문학교육학회. pp.523~546.

손복희(2011), 한국어 발음교육에 대한 문제점과 개선방안 연구: 중국의 일반대학을 대상으로, 공주대학교 대학원 석사학위논문.

손복희(2012), 중국에서의 한국어 발음교육, 한국학술정보.

손영헌(2011), 인도인을 위한 한국어 교육 연구: 발음 교육을 중심으로, 충북대학교 교육대학원 석사학위논문.

손현미(2010), 중국인 학습자를 위한 한국어 종성 발음 교육 연구, 문창어문논집 47, 문창어문학회. pp.235~266.

손현미(2011), 중국인 학습자를 위한 한국어 종성 발음 교육 연구, 부산대학교 대학원 석사학위논문.

송윤경 외(2012), 중국인 한국어 학습자의 발음과 억양 연구, 언어학 62, 한국언어학회.

pp.147~173.
송진영(2012), 한국어 명사의 음성 분절에서 단어 빈도와 음절이웃크기의 효과, 고려대학교 대학원 석사학위논문.
송향근(2004), 핀란드 어 모국어 화자를 위한 한국어 발음 교육 방안, 이중언어학 25, 이중언어학회. pp.113~127.
송향근(2011), 음운 이론과 한국어 발음 교육, 한국어학 50, 한국어학회. pp.1~27.
隋增輝(2012), 중국인 학습자를 위한 한국어 발음 교육에 대한 연구, 가천대학교 대학원 석사학위논문.
시요민(2012), 중국인 학습자를 위한 한국어 파찰음 발음 교육 연구, 연세대학교 대학원 석사학위논문.
신경철(1990), 한국어 교육과 덧음소 문제, 이중언어학 6-1, 이중언어학회. pp.303~312.
신노 토모코(2008), 일본어권 한국어 학습자를 위한 억양 교육 방안: 접속구 경계 운율구조를 중심으로, 연세대학교 교육대학원 석사학위논문.
신예리(2011), 한국어 발음 오류에 나타난 체코어 화자의 중간언어 연구, 한국외국어대학교 대학원 석사학위논문.
신정애(2005), 베트남인 학습자를 대상으로 한 한국어 발음 교육을 위한 기초 연구, 경기대학교 대학원 석사학위논문.
신호철(2003), 한국어 유음의 발음 교육에 대한 연구: 중국어 모어 화자를 중심으로, 국어교육학연구 16, 국어교육학회. pp.253~272.
심민희(2012), 최적성 이론에 의한 중국인 학습자의 연음 오류 분석, 어문학 115, 한국어문학회. pp.55~77.
심현주(2011), 한국어 단모음 발음 자가 교정을 위한 프라트(Praat) 활용 기초 연구, 계명대학교 대학원 석사학위논문.
아뜨크닌 빅토르(Atknin Victor)(1991), 한국어 교육의 음성학적 문제점, 교육한글 4, 한글학회. pp.113~120.
안병호(2005), 언어 대비와 발음교육, Korean 연구와 교육 1, 이화여자대학교 한국어문학연구소. pp.3~14.
안상철(1993), 음운현상에 있어서의 유표성, 외국어로서의 한국어교육 18, 연세대학교 언어연구교육원 한국어학당. pp.81~104.
안성도(1994), 한국어와 영어의 자음 및 모음 비교분석, 논문집 27, 서울교육대학. pp.383~413.
안정균(2005), 조선말회화강의에서 발음교육을 잘하기 위한 몇가지 방도, Korean 연구와 교육 1, 이화여자대학교 한국어문학연구소. pp.39~46.

안주희(2000), 외국인을 위한 한국어 발음 교육 연구, 교육논총 9, 숙명여자대학교 교육대학원 원우회. pp.9~38.
야마모토 미사키(2010), 일본인 학습자의 한국어 발화에서의 피치 패턴 연구, 한국외국어대학교 대학원 석사학위논문.
양명희(2009), 외국인 학습자를 위한 한글 자모와 발음 교육 방법에 대하여, 어문논집 41, 중앙어문학회. pp.5~27.
양순임(2003), 유기음화와 관련된 한국어 발음 교육, 이중언어학 22, 이중언어학회. pp.223~238.
양순임(2003), 한국어 모음의 인지 및 발음 교육 방안, 이중언어학 23, 이중언어학회. pp.187~209.
양순임(2004), 음절 말 자음과 관련된 변동규칙 교육 방안, 한국어교육 15-3, 국제한국어교육학회. pp.123~146.
양순임(2004), 한국어 음절 초성의 발음 교육 방안, 국어교육 113, 한국어교육학회. pp.467~498.
양순임(2005), 한국어 음절 종성의 발음 교육, 국어교육 117, 한국어교육학회. pp.493~519.
양순임(2006), 중국인 학습자언어에 나타나는 한국어 종성에 대한 음향, 청취 음성학적 오류분석, 한국어교육 17-3, 국제한국어교육학회. pp.163~183.
양순임(2007), 연음규칙 적용에 따른 오류 분석: 중국인 학습자의 중간언어를 대상으로, 한국어교육 18-3, 국제한국어교육학회. pp.123~144.
양순임(2010), 한국어 발음 교육에서의 길이, 우리말연구 26, 우리말학회. pp.65~88.
양지이(2011), 한국어 비음화 교육 방안 연구: 중국인 중급 학습자를 대상으로, 부산대학교 대학원 석사학위논문.
양하석(2004), 중국에서의 조선어교육과 관련된 몇가지 음성학적 문제, 국제한국어교육학회.
여학봉(2007), 중국어권 화자를 위한 한국어 자음 발음 교육, 고황논집 40, 경희대학교 대학원 원우회. pp.63~78.
염창권(Chang Gwon Yeom)(2011), 중국 학생을 위한 한자어 음가 지도 방안, 새국어교육 88, 한국국어교육학회. pp.245~273.
오광근(2009), 한국어 교재의 발음기호 제시 현황과 문제점, 반교어문연구 26, 반교어문학회. pp.53~80.
오광근(2012), 한국어 교재의 발음기호 제시 방법 고찰: 기초 단계에서의 자모 "ㅟ, ㅚ, ㅢ" 발음기호를 중심으로, 반교어문연구 32, 반교어문학회. pp.173~202.
오대환(1999), 한국어 발음 교수를 위한 개괄, 외국어로서의 한국어교육 23, 연세대학교 언어연구교육원 한국어학당. pp.147~168.

오대환(2003), 일본 대학에서의 한국어 발음 교육, 외국어로서의 한국어교육 28, 연세대학교 언어연구교육원 한국어학당. pp.111~144.

오문경(2004), 외국인 학습자의 한국어 발음에 대한 이론적 고찰과 교육 방안, 한국외국어대학교 교육대학원 석사학위논문.

오문경(2005), 외국어로서의 한국어 발음 교육 방안 연구: 연극 기법을 중심으로, 언어와 문화 1-2, 한국언어문화교육학회. pp.219~248.

오미라 외(1994), 외국어로서의 한국어 억양 교육, 한국어교육 5, 국제한국어교육학회. pp.109~125.

오미라 외(2011), 영어 화자의 한국어 음운과 억양 연구, 외국어로서의 한국어교육 36, 연세대학교 언어연구교육원 한국어학당. pp.139~158.

吳鉢(2009), 중국 방언권에 따른 한국어 음소의 발음 교육 연구, 전남대학교 대학원 석사학위논문.

오선(2013), 중국어 성조를 활용한 한국어 평음 교육 방안 연구, 한국외국어대학교 대학원 석사학위논문.

오선화(2011), 한국어 교재의 발음교육내용 분석과 효과적인 교육방안, 중국조선어문 182, 길림성민족사무위원회. pp.41~47.

오성애(2007), 효율적인 발음 교육을 위한 한국어 교재 분석: 기초 단계 중국인 학습자를 중심으로, 언어와 문화 3-2, 한국언어문화교육학회. pp.1~12.

오세곤(2000), 한국어 대사 구사시 빈번한 휴지와 억양의 오류, 연극교육연구 5, 한국연극교육학회. pp.159~181.

오순희(2012), 중국인 학습자를 위한 한국어 단모음 발음 교육 방안 연구: 한중 동형한자어에서의 간섭현상을 중심으로, 세종대학교 대학원 석사학위논문.

오은경(2011), 한국어 초분절음 교육을 위한 자기 수정 활동의 개발과 효과, 이화여자대학교 국제대학원 석사학위논문.

오재혁(2013), 중국인 한국어 학습자의 발성 유형에 따른 한국어 폐쇄음의 변별 지각 양상, 한국언어문화학 10-1, 국제한국언어문화학회. pp.57~73.

오정은(2003), 외국어로서의 한국어 교육 연구: 발음 오류를 중심으로, 인천대학교 교육대학원 석사학위논문.

오초롱(2013), 중국인 한국어 학습자와 한국인의 단모음 및 모음공간면적 비교 연구, 부산대학교 대학원 석사학위논문.

왕단(Wang Dan)(2004), 중국인 학습자를 위한 한국어 발음 교재 개발 방안: 한국어 발음 교재의 비교 분석을 중심으로, 이중언어학 25, 이중언어학회. pp.183~210.

왕단(Wang Dan)(2011), 중국의 한국어 교재 발음 기술의 문제점과 개선 방안 연구, 순천향 인문과학논총 30, 순천향대학교 인문과학연구소. pp.257~296.

왕방(2012), 중국인 학습자를 위한 한국어 모음 교육 연구, 숭실대학교 대학원 석사학위논문.

왕정정(2012), 중국인 학습자를 위한 한국어 이중모음 교육 방안 연구, 부산대학교 대학원 석사학위논문.

요시나가 이쿠코(2002), 한국어와 일본어의 자음 앞 비음에 관한 음성학적 비교연구: 일본인의 한국어 자음 앞 비음 습득의 관점에서, 서울대학교 대학원 석사학위논문.

요외(2007), 중국인 학습자의 한국어 발음 교육 방안, 신라대학교 대학원 석사학위논문.

용효엽(2011), 중국인 오 · 월방언 학습자를 위한 한국어 발음 교육 연구, 경희대학교 대학원 석사학위논문.

우금훼(2010), 한국어 경음화 교육 방안 연구: 중국인 초급 학습자를 대상으로, 부산대학교 대학원 석사학위논문.

우인혜(1998), 한일 언어 비교를 통한 발음 교수법, 이중언어학 15-1, 이중언어학회. pp.319~347.

원영호(1992), 韓日摩擦音及び破擦音の對照硏究: 發音教育を中心に, 동대논총 22, 동덕여자대학교. pp.517~540.

원영호(1996), 韓日破裂音の對照硏究, 동대논총 26, 동덕여자대학교. pp.93~114.

원홍(2013), 중국 서주방언 화자의 한국어 발음 교육: 한국어와 서주방언의 음운 체계 및 음절 구조 대조를 중심으로, 연세대학교 대학원 석사학위논문.

위윤(2013), 중국인 중급 학습자를 위한 한국어 경음화 교육 방안 연구, 동국대학교 대학원 석사학위논문.

유붕(2012), 한국인과 중국인 한국어 학습자의 한국어 접속구 경계 운율에 관한 실험음성학적 연구, 한양대학교 대학원 석사학위논문.

유연숙(1995), CV 음운론 고찰, 외국어로서의 한국어교육 20, 연세대학교 언어연구교육원 한국어학당. pp.161~188.

유정(2011), 중국인 화자의 한국어 발음 오류 양상과 교육 방안 연구, 한국외국어대학교 대학원 석사학위논문.

유창(2006), 한국어 발음 7일 완성, 북경대학출판사.

유창(2012), 한국어 발음교육을 위한 한 · 중 음운 비교, 창원대학교 대학원 석사학위논문.

유하나(2013), 지각훈련을 활용한 한국어 발음 교육 연구: 입문 단계 일본인 학습자의 평음 · 유기음 · 경음 습득을 중심으로, 서울대학교 대학원 석사학위논문.

육효창(2003), 한국어 음운 · 음성 교육, 동국어문학 15, 동국대학교 국어교육과. pp.97~136.

육효창(2006), 한국어 음운 교육 연구: 구개음화를 중심으로, 한국언어문화학 3-2, 국제한국언어문화학회. pp.203~217.

윤영해(2008), 중간언어 음운연구를 바탕으로 한 발음교육의 효과 연구: 중국인 화자들의 받침 발음을 중심으로, 한국어교육 19-2, 국제한국어교육학회. pp.241~279.

윤은경(2011), 음성학 기반의 한국어 모음 교육: 막대 사탕을 이용한 교육 방안 제시, 한국어교육 22-2, 국제한국어교육학회. pp.281~302.

윤은경(2011), 한국어와 영어 이중모음의 대조분석: 활음의 음의 길이를 중심으로, 한국어교육 22-4, 국제한국어교육학회. pp.299~319.

윤정기(2009), 한국어 장애음 발음 교육에 관한 연구, 충남대학교 대학원 석사학위논문.

윤정기(2011), 효율적인 발음 교육을 위한 한국어 교재 분석, 어문연구 69, 어문연구학회. pp.37~59.

윤정기(2012), 한국어 발음 교육 연구, 충남대학교 대학원 박사학위논문.

윤정숙 외(1993), 한국어의 통사적으로 애매한 문장의 의미를 결정하는 운율적 특징, 교육논총 13, 전북대학교 교육대학원. pp.23~27.

이건희(2012), 한국어와 중국어의 파찰음 대조 연구: 변이음을 중심으로, 경희대학교 대학원 석사학위논문.

이경 외(2011), 중국인 학습자의 한국어 단모음 발음에 대한 실험음성학적 연구: "/ㅗ/"와 "/ㅓ/" 중심으로, 한말연구 28, 한말연구학회. pp.177~199.

이경(2012), 중국인 학습자의 한국어 단모음 ㅓ와 ㅗ 발음 양상과 교육 방법 연구, 경희대학교 대학원 석사학위논문.

이경희 외(1999), 일본인을 위한 한국어 파열음의 발음 및 인지 교육, 한국어교육 10-2, 국제한국어교육학회. pp.233~255.

이나라(2011), 일본어 모어 화자의 한국어 자음 클러스터 산출 및 지각, 고려대학교 대학원 석사학위논문.

이남희(1999), 외국어로서의 한국어 발음교육: 인도네시아어 화자를 대상으로, 동아대학교 교육대학원 석사학위논문.

이립(2012), 중국인 학습자들의 한국어 모음 발음 교육 방안 연구, 한남대학교 대학원 석사학위논문.

이명자(2006), 러시아어 발음 교육에 대한 연구, 청대학술논집 7, 청주대학교학술연구소. pp.49~63.

이명주(2011), 중국인 학습자를 위한 한국어 발음교육에 대한 고찰, 원광대학교 대학원 석사학위논문.

이명주(2012), 중국인·한국인 일본어 학습자의 악센트 실태 비교: 초급학습자를 중심으로, 원광대학교 교육대학원 석사학위논문.
이미향(2006), 한국어 발음 교수를 위한 한자어 음운현상 고찰, 국어학 92, 한국어문학회. pp.91~115.
이병운(2001), 한국어 음운과 표기법 교육, 국어교과교육연구 2, 국어교과교육학회. pp.135~154.
이석재 외(2007), 영어, 중국어, 일본어권 화자의 한국어 음운 규칙 적용과정에서의 음소 산출 오류에 관한 연구, 한국어교육 18-1, 국제한국어교육학회. pp.365~399.
이설동(2011), 중국어권 한국어 학습자를 위한 음운 교육 내용 분석: 한국어 교재를 중심으로, 상명대학교 대학원 석사학위논문.
이설동(2011), 중국인 초급 한국어 학습자를 위한 된소리 발음 교육 연구, 전남대학교 대학원 석사학위논문.
이영숙(2008), 한국어와 러시아어의 자음 음소 및 변이음의 대조 분석, 연세대학교 대학원 석사학위논문.
이영주(2009), 일본인 학습자 대상 한국어 발음 제시 방법 연구, 계명대학교 대학원 석사학위논문.
이용권(2006), 러시아어 모국어 학습자의 한국어 발음교육, 언어과학 13, 한국언어과학회. pp.90~115.
이윤희(2002), 일본어 모어 화자를 위한 한국어 발음 지도 방안: 자모의 형태와 발음의 접목을 통하여, 이화여자대학교 교육대학원 석사학위논문.
이은미(2010), 중국인 학습자를 위한 한국어 초분절음 교육 연구, 문창어문논집 47, 문창어문학회. pp.267~300.
이은미(2011), 중국인 학습자를 위한 한국어 초분절음 교육 연구, 부산대학교 대학원 석사학위논문.
이은선(2012), 실험음성학적 분석을 통한 베트남어권 학습자의 한국어 억양 교육 방안 연구: 여성 결혼이민자를 대상으로, 고려대학교 교육대학원 석사학위논문.
이재원(2010), 한국어 발음 교육을 위한 변동규칙의 배열, 대진대학교 대학원 석사학위논문.
이정덕(2007), 일본인 중급 학습자의 한국어 경계 인식 및 경계 발화 양상 연구, 이화여자대학교 대학원 석사학위논문.
이정철 외(2004), 교육용 한국어 TTS 플랫폼 개발, 말소리 50, 대한음성학회. pp.41~50.
이정한(2012), 한국어 모어 화자와 중국인 한국어 학습자의 장단음 인식 및 실현에 관한 연구, 연세대학교 교육대학원 석사학위논문.
이조아(2010), 중국인 학습자의 한국어 억양 지도 방안, 한남대학교 교육대학원 석사학

위논문.
이종은(1997), 한국어 발음 교수 방법과 모형, 교육한글 10, 한글학회. pp.327~348.
이주행(2002), 한국어의 발음 교육 방법: 중국인 학습자를 대상으로, 이중언어학 20, 이중언어학회. pp.259~280.
이주희(2009), 요구 분석을 통한 한국어 초급 발음 교재 연구, 경희대학교 교육대학원 석사학위논문.
이중진(2010), 청취와 음성 산출 실험을 통한 몽골인 학습자의 한국어 단모음 오류 연구, 한국어교육 21-3, 국제한국어교육학회. pp.189~207.
이중진(2012), 몽골인 학습자의 한국어 발음 교육 연구: 단순모음과 폐쇄음에 관한 실험음성학적 방법을 기반으로, 전북대학교 대학원 박사학위논문.
이진선(2009), 한국어 의문문 억양 오류 분석 및 교육 방안 연구: 태국어권 한국어 학습자를 대상으로, 한국외국어대학교 교육대학원 석사학위논문.
이찬종(2008), 한국어와 포르투갈어의 음소결합확률 대조연구, 외국어교육연구 22, 한국외국어대학교 외국어교육연구소. pp.111~131.
이철재(2008), 한국어와 태국어의 음운 현상 대조 연구, 한국외국어대학교 대학원 석사학위논문.
이향(2002), 중국어권 학습자를 위한 발음 교재 개발 방안, 이화여자대학교 교육대학원 석사학위논문.
이향(2012), 말하기 수행 평가에서 발음 범주 채점의 최적화 방안 연구: 일반화가능도 이론을 활용하여, 한국어교육 23-2, 국제한국어교육학회. pp.301~329.
이향(2012), 한국어 말하기 수행평가의 발음 범주 채점 방식에 따른 채점 신뢰도 분석: 다국면 라쉬 모형을 활용하여, 외국어로서의 한국어교육 37, 연세대학교 언어연구교육원 한국어학당. pp.325~356.
이향(2013), 한국어 말하기 수행 평가의 발음 범주 채점에 대한 타당성 검증, 이화여자대학교 대학원 석사학위논문.
이현복(1997), 한국어 교육을 위한 음성·언어 십계명, 교육한글 10, 한글학회. pp.7~12
이현의(2005), 한국어 의문문의 초점 발화와 지각 양상 연구: 일본인 한국어 고급 학습자를 대상으로, 이화여자대학교 대학원 석사학위논문.
이형재(2006), 일본인 한국어 학습자의 한국어 발음에 나타난 피치 패턴 분석, 일본어문학 30, 한국일본어문학회. pp131~147.
이혜강(2011), 베트남 한국어 학습자를 위한 발음 지도 방안, 전남대학교 대학원 석사학위논문.
이혜영(2009), 발음전략을 이용한 한국어 발음교육의 효용성 연구, 계명대학교 대학원 석

사학위논문.

이혜영(2011), 고급 학습자를 대상으로 한 "-을걸" 억양의 변별 교육 및 효과에 관한 연구, 한국어교육 22-3, 국제한국어교육학회. pp.257~283.

이화진 외(2012), 음절 구조 기반의 한국어 자음 발음 교육 연구: 음절 말음을 중심으로, 한국문법교육학회 학술발표논문집, 한국문법교육학회. pp.24~34.

이화진(2011), 대조분석과 언어 보편성을 통한 한국어 단모음 교육: 중국인 학습자를 대상으로, 한국문법교육학회 학술발표논문집, 한국문법교육학회. pp.111~119.

이화진(2013), 중국인 학습자의 한국어 음운목록 수립에 관한 연구: 어두 자음목록 유형을 중심으로, 홍익대학교 대학원 박사학위논문.

이효숙(2008), 일본인의 한국어 초급 학습자를 위한 발음교육, 교육문화연구 14, 인하대학교 교육연구소. pp.179~213.

이효숙(2012), 한국어교육에서의 효율적인 발음교육 방안 연구: 일본인 초급학습자를 대상으로, 인하대학교 대학원 박사학위논문.

이효신(2013), 중국인 학습자를 위한 한국어 의문문 억양 교육 연구, 중앙대학교 대학원 석사학위논문.

임미화(2002), 영어권 화자의 한국어 발음 교수법 연구: 발음 간섭 현상 개선을 중심으로, 건국대학교 교육대학원 석사학위논문.

임미화(2002), 영어권 화자의 한국어 발음 교수법 연구: 발음 간섭 현상 개선을 중심으로, 교육논총 37, 건국대학교 교육대학원. pp.153~171.

임수희(2004), 한국어의 음절구조에 의한 철자와 발음 교육, 한양대학교 교육대학원 석사학위논문.

임용기(2006), 서평: 『한국어 발음 교육』(2003), 외국어로서의 한국어교육 31, 연세대학교 언어연구교육원 한국어학당. pp.91~98.

임천우(2013), 중국인 한국어 학습자의 경음 및 경음화 오류 연구, 경희대학교 대학원 석사학위논문.

임현열 외(2008), 한국 한자음과 중국 한자음의 대응에 관한 연구, 어문연구 139, 한국어문교육연구회. pp.393~418.

임현열(2008), 물리적 도구를 활용한 한국어 자음 발음 교수 방안, 어문논집 39, 중앙어문학회. pp.123~143.

장가문(2013), 중국어 성조를 활용한 한국어 발음 교육 방안 연구, 한남대학교 대학원 석사학위논문.

장로(2013), 한국어와 중국어의 한자음 초성체계 대조 연구, 부산대학교 대학원 석사학위논문.

장리(2011), 한국어와 중국어의 음절 구조와 음운 체계 대조, 연세대학교 대학원 석사학위논문.

장부연(2002), 일본어권 학습자의 한국어교육 개선 방안: 발음편, 일본어교육연구 3, 한국일어교육학회. pp.209~222.

장설교(2013), 중국인 학습자의 한국어 음운 규칙 습득 양상 연구, 서울시립대학교 대학원 석사학위논문.

장아룽(2012), 한 · 영 음소대조분석을 통한 한국어 발음지도 연구, 충남대학교 대학원 석사학위논문.

장우군(2009), 중국인 초급 학습자를 위한 한국어 종성 발음 교육 방안 연구, 한국외국어대학교 대학원 석사학위논문.

장쟁언(2011), 한국어 학습자의 발음 연구: 중국어 권역을 중심으로, 우석대학교 대학원 석사학위논문.

장주연(2012), 한국어 동형다의 종결어미의 억양 패턴에 대한 실험음성학적 연구, 한국외국어대학교 대학원 석사학위논문.

장준익(2013), 중국인 학습자를 위한 한국어 외래어 음운 분석, 건국대학교 대학원 석사학위논문.

장천매(2008), 대만인 초급 학습자를 위한 한국어 모음 발음 교육 연구: 대만어와 한국어 모음 체계의 대조를 중심으로, 한국외국어대학교 교육대학원 석사학위논문.

장해구(2012), 중국인 학습자를 위한 한국어 음절 말 비음의 발음 교육 방안, 부산외국어대학교 대학원 석사학위논문.

장향실(2002), 중국어 모국어 화자의 한국어 학습시 나타나는 발음상의 오류와 그 교육 방안, 한국어학 15, 한국어학회. pp.211~227.

장향실(2008), 외국인 학습자를 위한 한국어 음운 규칙의 제시 순서 연구, 한국어교육 19-3, 국제한국어교육학회. pp.427~446.

장향실(2008), 외국인 한국어 학습자를 위한 음운 규칙 항목 선정 연구, 한국언어문학 65, 한국언어문학회. pp.137~158.

장향실(2009), 중국인 학습자의 한국어 음절 오류와 교육 방안, 우리어문연구 34, 우리어문학회. pp.349~371.

장향실(2011), 중국인 학습자의 한국어 음운규칙 습득 연구, 이중언어학 46, pp.367~390.

전금혜(2013), 중국인 한국어 학습자의 발화 특성 연구: 언어학적 특성을 중심으로, 계명대학교 대학원 석사학위논문.

전나영(1993), 외국인을 위한 한국어 발음지도, 외국어로서의 한국어교육 18, 연세대학교 언어연구교육원 한국어학당. pp.151~169.

전나영(2008), 한국어 학습자의 발음 문제와 교수 방법, 문법 교육 8, 한국문법교육학회. pp.249~278.

전미순(2001), 일본어 모어 학습자를 위한 한국어 발음 교육 방안 연구, 경희대학교 교육대학원 석사학위논문.

전원해(2005), 중국 학생들의 한국어 발음 오류 연구: 자음을 중심으로, 성균관대학교 대학원 석사학위논문.

전은(2007), (외국어 교육을 위한) 의학적 발성 · 발음 · 청취법, 어문학사.

전하나(2012), 중국인 학습자를 위한 한국어 비음화 교육 방안, 부산외국어대학교 대학원 석사학위논문.

정다솜(2013), 영어권 학습자를 위한 한국어 비음동화 교육방안 연구, 부산대학교 대학원 석사학위논문.

정명숙 외(2000), 학습자 모국어의 변이음 정보를 이용한 한국어 발음 교육의 효과: 일본인 학습자를 대상으로, 한국어교육 11-2, 국제한국어교육학회. pp.151~167.

정명숙 외(2010), 학습 지역이 한국어 억양 습득에 미치는 영향, 우리어문연구 36, 우리어문학회. pp.327~355.

정명숙(2002), 한국어 억양의 기본 유형과 교육 방안, 한국어교육 13-1, 국제한국어교육학회. pp.225~241.

정명숙(2003), 일본인과 중국인의 한국어 억양, 한국어교육 14-1, 국제한국어교육학회. pp.233~247.

정명숙(2003), 한국어 발음 교육을 위한 음성 DB 구축 방안, 말소리 47, 대한음성학회. pp.51~72.

정명숙(2008), 한국어 학습자를 위한 전략적 발음 교육, 한국어학 38, 한국어학회. pp.345~369.

정명숙(2011), 한국어 발음 교육 연구의 성과와 과제, 이중언어학 47, 이중언어학회. pp.423~451.

정미라(2012), 네팔인 한국어 학습자의 발음 오류의 원인과 교정, 연세대학교 교육대학원 석사학위논문.

정미지(1999), 일본인 한국어 학습자의 평음 · 격음 · 경음 발음에 관한 연구, 이화여자대학교 대학원 석사학위논문.

정미지(2011), 한국어 음절 종성 지각에 모국어가 미치는 영향에 대한 연구: 일본어, 중국어권 학습자를 중심으로, 한국어교육 22-4, 국제한국어교육학회. pp.247~271.

정병선(2006), 중국인을 위한 한국어교육에서의 음운 연구와 지도, 중국조선어문 146, 길림성민족사무위원회. pp.25~30.

정수정(2007), 슬로바키아어권 학습자를 위한 한국어 발음 교육 연구: 중간언어 음운론 연구를 중심으로, 한국외국어대학교 교육대학원 석사학위논문.

정쌍(2013), 한국어 음운 발음에 대한 지도 방안 연구: 중국인 초급 학습자를 대상으로, 안동대학교 대학원 석사학위논문.

정아영(1985), 한국어와 영어의 음운론적 대조 연구, 이중언어학 2, 이중언어학회. pp.67~87.

정연숙(2012), 한국어와 광동어의 음운대조, 부산대학교 대학원 석사학위논문.

정은모(2003), 한국어 학습자의 발음과 철자의 상관성 연구: 자음을 중심으로 그리고 중국어권과 일본어권 화자를 대상으로, 고려대학교 교육대학원 석사학위논문.

정원주(2012), 중국인 한국어 학습자의 'ㄴ'과 'ㄹ' 연쇄 발화에 대한 오류 분석, 한양대학교 대학원 석사학위논문.

정지연 외(1993), 한국어의 유제문과 무제문에 관한 음향음성학적 연구: 일본어와의 대조연구를 위한 기초연구로서, 교육논총 13, 전북대학교 교육대학원. pp.29~34.

정진숙(2011), 다문화가정 이주여성의 한국어 운율 발화의 음향적 특징, 원광대학교 동서보완의학대학원 석사학위논문.

정해연(2011), 한·중 음절 대조 분석을 통한 중국인 한국어 학습자의 발음 오류 연구, 한양대학교 대학원 석사학위논문.

정효정(2012), 중국인 학습자의 한국어 장애음 청취와 조음 특성 연구: Kalvin과 Praat를 활용한 음성 실험을 바탕으로, 계명대학교 대학원 석사학위논문.

정효주 외(2011), 중국인 학습자의 한국어 비음화 발음 오류 양상, 이중언어학 47, 이중언어학회. pp.165~187.

정효주(2013), 중국인 학습자의 비음화 및 유음화 발음 오류 연구, 경희대학교 대학원 석사학위논문.

제갈명(Chegal Myung) 외(2010), 화용론적 기능 중심의 억양 교육을 위한 기초연구: 중국인 학습자의 한국어 억양 분석, 교육문화연구 16, 인하대학교 교육연구소. pp.191~215.

조가(2008), 한국어 경구개 자음의 발음교육 연구, 고황논집 43, 경희대학교 대학원. pp.61~77.

조가유(2012), 한국어와 대만 민남어의 음운적 대조 연구: 음절구조, 음운체계, 음절구조 제약, 음소결합 제약, 음운변동을 중심으로, 연세대학교 대학원 석사학위논문.

조경훈(2000), 영어 화자의 한국어 발음에 관한 연구, 안동대학교 교육대학원 석사학위논문.

조남민 외(2011), 듣기를 통한 한국어 발음 평가 효용성에 관한 연구, 한국언어문화교육학회 학술대회, 한국언어문화교육학회. pp.187~203.

조남민(2007), 한국어 학습자의 중간언어 연구: 어중 자음군 폐쇄지속시간에 관한 조사와 분석, 한국어교육 18-2, 국제한국어교육학회. pp.357~400.

조동현(2011), 캄보디아인 학습자의 한국어 발음 오류의 원인과 교정, 연세대학교 교육대학원 석사학위논문.

조성문(2000), 한국어 음절구조에 대한 고찰, 한국어교육 11-1, 국제한국어교육학회. pp.131~151.

조성문(2000), 효율적인 한국어 발음 교육을 위한 연구, 한민족문화연구 6, 한민족문화학회. pp.229~249.

조성문(2004), 일본인 학습자의 한국어 모음 발음에 대한 연구, 음성과학 11-3, 한국음성과학회. pp.69~81.

조아라(2011), 중국인 학습자의 한국어 발음교육 방안 연구, 군산대학교 대학원 석사학위논문.

조애란(2011), Flash를 활용한 한국어 발음교육 교재 개발 연구, 대불대학교 대학원 석사학위논문.

조진영(2012), 아랍어권 한국어 학습자의 중간언어 음운 연구, 한국외국어대학교 교육대학원 석사학위논문.

조혜란(2011), 베트남인 학습자를 위한 한국어 자음발음 교육방안: 장애음을 중심으로, 서울여자대학교 대학원 석사학위논문.

조혜리(2012), 한국어 학습자를 위한 자음의 발음과 쓰기 연계 교육: 훈민정음의 제자원리를 중심으로, 동국대학교 대학원 석사학위논문.

주림(2011), 중국인 한국어 학습자의 이중모음에 관한 실험음성학적 연구: 발음 오류 중심으로, 건국대학교 대학원 석사학위논문.

주서연(2011), 중국 학습자를 위한 한국어 발음법 연구, 경남대학교 대학원 석사학위논문.

酒井眞弓(2002), 日韓兩國語の母音に關する對照分析, 인문과학연구 7, 덕성여자대학교 인문과학연구소. pp.305~324.

櫛部榮次(1998), 일본인의 한국어 자음동화 발음현상에 관한 연구, 부경대학교 교육대학원 석사학위논문.

지화숙(2005), 한국어 운율 교육에 관한 연구: 실험 음성학적 기법을 이용하여, 외국어로서의 한국어교육 30, 연세대학교 언어연구교육원 한국어학당. pp.141~177.

진청(2013), 중국인 한국어 학습자의 홀소리 발음 오류에 관한 연구, 연세대학교 대학원 석사학위논문.

쩌우티투뒤(2011), 한국어와 베트남어의 음운론적 대소 연구, 영남대학교 대학원 석사학

위논문.
창성난(2012), 한국어와 중국어의 음소배열제약 대조 연구, 부산대학교 대학원 석사학위논문.
채영희 외(2005), 다중매체를 이용한 한국어 표준발음 교육용 콘텐츠 모형, 우리말연구 16, 우리말학회. pp.163~189.
최금단(2002), 중국어권 학습자에 대한 한국어 발음 교육, 이중언어학 20, 이중언어학회. pp.309~343.
최금단(2010), 중국어의 자음을 역으로 활용한 중국어권 학습자의 한국어 자음의 발음 교정 방법에 대하여, 언어와 문화 6-3, 한국언어문화교육학회. pp.259~287.
최소현(2012), 일본어권 학습자를 위한 한국어 발음 교수 방안: 어두 초성 파열음과 파찰음을 중심으로, 서울여자대학교 대학원 석사학위논문.
최은영(2013), 발표 담화를 중심으로 한 외국인 학습자의 한국어 운율 연구: 중국인과 일본인을 대상으로, 한국외국어대학교 대학원 석사학위논문.
최은정 외(2008), 이중언어환경 아동과 단일언어환경 아동의 연음규칙 인식능력 비교, 특수교육저널: 이론과 실천 9, 한국특수교육문제연구소. pp.1~16.
최은정(2002), 일본어 모국어 학습자를 위한 한국어 종성 발음 교육 방안, 고려대학교 대학원 석사학위논문.
최은하 외(2010), 중국인 학습자의 한국어와 중국어 유사발음 비교 분석 및 발음지도 연구: 폐쇄음을 중심으로, 국어문학 48, 국어문학회. pp.355~383.
최정순(2012), 한국어 발음 교육의 현황과 과제, 언어와 문화 8-3, 한국언어문화교육학회. pp.295~324.
최주희(2010), 한국어 교육을 위한 화용적 기능의 종결어미 억양 분석 연구: 중국인 고급 학습자를 대상으로, 경희대학교 교육대학원 석사학위논문.
최지은(2010), 중국인 학습자를 위한 한국어 발음 교육 방안 연구, 군산대학교 교육대학원 석사학위논문.
최향란(2011), 중국어권 학습자의 한국어 발음오류 교정방안 연구, 조선대학교 대학원 석사학위논문.
최현지(2009), 중국인 한국어 학습자의 음독 오류 분석, 이화여자대학교 국제대학원 석사학위논문.
최호량(2011), 제2 언어습득 과정에서 북경어권과 광동어권 중국인 학습자의 한국어 /ㄹ/ 발음 대조연구, 서울시립대학교 대학원 석사학위논문.
피트리 메우티아(Meutia Fitri)(2013), 한국어교육을 위한 인도네시아어와 한국어 단모음의 대조와 /ㅓ/, /ㅗ/ 습득 연구, 경희대학교 대학원 석사학위논문.

하세가와 유키코(Hasegawa Yukiko)(1997), 일본 학습자에 대한 한국어 발음지도법: 입문 단계를 중심으로, 한국어교육 8, 국제한국어교육학회. pp.161~178.

하세가와 유키코(Hasegawa Yukiko)(2005), 일본어를 모어로 하는 학습자에 대한 음조 교육의 효과: 어두 파열음 및 파찰음의 발음을 중심으로, 한국어교육 16-3, 국제한국어교육학회. pp.379~404.

하영우(2010), 한국어의 /w/ 탈락 현상에 대한 연구, 고려대학교 대학원 석사학위논문.

하지영(2012), 드라마를 활용한 일본인 성인 학습자의 한국어 발음 교육 연구, 부경대학교 교육대학원 석사학위논문.

하타나 카츠유미(畠中つゆみ)(2010), 일본인이 한국어를 학습할 때의 음성적인 문제에 대한 고찰, 군산대학교 대학원 석사학위논문.

학미(2005), 한국어와 중국어의 단모음 비교연구: 실험음성학적으로, 이화여자대학교 대학원 석사학위논문.

한서인(2011), 중국인 한국어 학습자를 위한 음운 규칙 교육 방안: 연음 규칙과 겹받침 규칙 중심으로, 서울시립대학교 대학원 석사학위논문.

한성우(2008), 중국어권 학습자를 위한 맞춤형 한국어 발음 교육 방안, 우리말글 44, 우리말글학회. pp.165~194.

한재영 외(2001), 한국어 교육총서 1,『한국어 발음 교육』개발 최종보고서, 문화관광부 한국어세계화재단.

한재영 외(2003), 한국어 발음 교육, 한림.

함은주(2011), 침묵식 교수법을 활용한 한국어 음운 지도 방안, 인하대학교 교육대학원 석사학위논문.

허용 외(2006), 외국어로서의 한국어 발음 교육론, 박이정.

허용(2003), 한국어교육을 위한 중간 언어 음운론 기초연구, 언어과학연구 25, 언어과학회. pp.277~298.

허용(2004), 중간언어 음운론에서의 간섭현상에 대한 대조언어학적 고찰, 한국어교육 15-1, 국제한국어교육학회. pp.257~259.

허용(2006), 모음교체 현상의 보편성 연구: 영어, 아랍어, 한국어를 중심으로, 이중언어학 32, 이중언어학회. pp.413~435.

허용(2007), 영어 단어 구조를 이용한 한국어 음운변동의 발음교육 원리: 자음동화와 경음화를 중심으로, 외국어 교육 14-1, 한국외국어교육학회. pp.293~310.

허용(2008), 중간언어 음운론을 위한 자음 연구, 한국어교육 19-1, 국제한국어교육학회. pp.361~378.

허용(2011), 한국어 자음 체계의 유형적 보편성 연구, 이중언어학 45, 이중언어학회.

pp.331~351.
허용(2012), 외국인 학습자의 한국어 발음 오류에 대한 음운론적 분석, 한국학논집 46, 계명대학교한국학연구원. pp.201~232.
허유라 외(2012), 한국어 초급 교재에서의 발음교육 방안 연구: 음운 변동 규칙을 중심으로, 새국어교육 90, 한국국어교육학회. pp.363~388.
허유라(2011), 한국어 초급 교재에서의 발음 교육 방안 연구: 음운 변동 규칙을 중심으로, 한국중원언어학회 학술발표회 자료집, 한국중원언어학회. pp.85~97.
현효정(2013), 중국인 학습자의 한국어 종결기능 연결어미 억양에 대한 실험음성학적 연구, 한양대학교 대학원 석사학위논문.
호양(2011), 한국어 의문문 억양에 관한 음성학적 연구: 한국어권·중국어권 화자 위주로, 한양대학교 대학원 석사학위논문.
홍도일(2008), 외국인 학습자를 위한 한국어 억양 교육 연구, 한국외국어대학교 교육대학원 석사학위논문.
홍은영(2012), 한국어 전설고모음화 현상 연구, 서울대학교 대학원 석사학위논문.
황미연(2012), 중국어권 한국어 학습자의 자음 발음 오류와 교육 방안 연구, 충남대학교 교육대학원 석사학위논문.
황산산(2011), 중국인 학습자를 위한 한국어 자음 발음 교육 연구, 동국대학교 대학원 석사학위논문.
황은지(2011), 통합교재에서의 한국어 발음 교육 방안 연구, 부산대학교 대학원 석사학위논문.
황지유(2010), TV 광고를 활용한 한국어 발음교육 연구: 소리의 반복기법을 중심으로, 한국외국어대학교 교육대학원 석사학위논문.
황현숙(2004), 중국인 학습자의 한국어 억양실태연구, 인문학연구 31-2, 충남대 인문과학연구소.
후인 투이 미 웬(2012), 노래를 활용한 한국어 발음 교육 방안 연구: 초급 학습자를 대상으로, 부산외국어대학교 대학원 석사학위논문.
후칭(2012), 중국인 초급 학습자의 한국어 터짐소리 발음 오류, 연세대학교 대학원 석사학위논문.
히라타 에미(2012), 일본인 한국어 학습자를 위한 한국어 발음 지도 방안: 어두 초성 파열음과 파찰음 대상으로, 동국대학교 대학원 석사학위논문.
Adinda, Rura Ni(2001), 인도네시아인을 위한 한국어 교육연구: 한국어 발음 듣기 지도를 중심으로, 서울대학교 대학원 석사학위논문.
Banzragch, Oyungerel(2012), 몽골인 한국어 초급 학습자를 위한 한국어 발음 교육 방안

연구: 초성, 종성을 중심으로, 이화여자대학교 대학원 석사학위논문.

Chin W. Kim(1993), Phonology of loanwords in Korean, 한국어교육 4, 국제한국어교육학회. pp.3~20.

Du, Fan(2010), 자기 피드백과 교사 피드백이 중국인 한국어 학습자의 발음 오류 인식 및 수정에 미치는 영향, 이화여자대학교 국제대학원 석사학위논문.

Elias, Miryanthi Savitri(1996), Study on the Phonological interference in the pronunciation of Korean by indonesians, 서울여자대학교 대학원 박사학위논문.

Eung Do Cook(1995), Are the Reinforced Obstruents Glottalized?, 한국어교육 6, 국제한국어교육학회. pp.33~58.

Ik Sang Eom(1989), Acquisition Order of Korean Particles and Influence of Tension on Second Language Acquisition, 한국어교육 1, 국제한국어교육학회. pp.169~203.

Intaek Kim 외(2006), The Teaching Contents in Korean Pronunciation and Orthography for Foreigners, 언어과학 13, 한국언어과학회. pp.188~210.

Ji Meng(2011), 훈민정음의 제자 원리를 활용하는 한국어 자음 지도 방안, 이화여자대학교 대학원 석사학위논문.

Kim Eun-Joo(2003), The Effects of Word Clustering on L2 Korean Vocabulary Learning, 한국어교육 14-1, 국제한국어교육학회. pp.367~388.

Kondo Mikako(2013), 일본인 학습자를 위한 한국어 발음 표기에 관한 연구: 가타카나에 의한 한국어 발음 표기를 중심으로, 연세대학교 대학원 석사학위논문.

Lee, Shin Sook 외(2001), 한국어 EFL 학습자들의 중간언어에서 나타나는 음대치 현상에 대한 연구, 언어연구 17, 한국현대언어학회. pp.337~357.

LEI LEI(2011), 중국인이 발화한 한국어 파열음과 파찰음에 대한 실험음향음성학적 연구, 경희대학교 대학원 석사학위논문.

Luedee, Natthawut(2012), 태국인 초급 학습자의 한국어 장애음 발음의 실험음성학적 연구, 한양대학교 대학원 석사학위논문.

Meutia Fitri(피트리 메우티아) 외(2012), 인도네시아인 한국어 학습자의 /ㅓ/와 /ㅗ/ 발음에 대한 실험음성학적 연구, 음성·음운·형태론 연구 18, 한국음운론학회. pp.245~262.

Paradowska, Anna Izabella(2002), 폴란드인의 한국어 모음의 발음과 청취에 대한 실험음성학적 연구, 서울대학교 대학원 박사학위논문.

Sila-ek Supsin(2012), 태국인 한국어 학습자를 위한 한국어 발음 교육 방안 연구, 연세대학교 대학원 석사학위논문.

Weon-Don Jeong(2009), Segmental and Suprasegmental Sounds in Korean Language

Education, 언어학연구 14, 한국중원언어학회. pp.143~154.
Yu, Wenjing(2011), 중국인 학습자의 한국어 울림소리 받침 발음오류 분석과 지도방안 연구, 경북대학교 대학원 석사학위논문.
ZHANG LIN(2008), 중국어권 한국어 학습자의 발음교육에 관한 연구, 전남대학교 대학원 석사학위논문.

Ⅲ-03.

구어

강민이(2011), 한일 TV 드라마에서 나타난 인사표현 연구: 만남과 헤어짐의 장면을 중심으로, 고려대학교 교육대학원 석사학위논문.

강혜림(2011), 한국어 학습자의 구어 능력 향상을 위한 준말 연구, 동아대학교 대학원 석사학위논문.

구자혜(2011), 대화 상대자 간 숙달도 차이에 따른 한국어 학습자의 의미협상 양상 연구, 이화여자대학교 국제대학원 석사학위논문.

권민정(2011), 한국어 학습자를 위한 거절 인접쌍 연구, 상명대학교 대학원 석사학위논문.

권성미 외(2008), 한국어 초·중급 교재에 제시된 간접화행의 실현 양상 연구, 한국어교육 19-2, 국제한국어교육학회. pp.43~73.

길지혜(2010), 한국어 구어 교육을 위한 연결어미 연구, 동국대학교 대학원 석사학위논문.

김다원(2011), 한국어 초급 교재의 대화문에 나타난 사회언어학적 요소와 대화 구조 분석 연구, 한양대학교 교육대학원 석사학위논문.

김미경(2011), 한국어 구어 능력 향상을 위한 종결기능 연결어미 교육 방안 연구, 동아대학교 대학원 석사학위논문.

김미선(2012), 역할극을 활용한 한국어 경어법 교수 방안: 중국인 중·고급 학습자를 대상으로, 공주대학교 대학원 석사학위논문.

김미옥(1999), 제2언어와 입력, 발화 그리고 상호작용, 한국어교육 10-1, 국제한국어교육학회. pp.29~47.

김상희(2000), 한국어 교실의 의사소통의 양상, 화법연구 2, 한국화법학회. pp.9~34.

김선숙(2008), 학문목적 한국어 교육을 위한 학술도구어 연구, 경희대학교 교육대학원 석사학위논문.

김세화(2008), 한국어 초급 교재에 나타난 학습자 간 상호 활동 분석연구, 경희대학교 교육대학원 석사학위논문.

김수경(2007), 한국인과 일본인의 말 끼어들기 현상 연구: 한국인 모어 화자와 일본인 한국어 학습자를 중심으로, 연세대학교 교육대학원 석사학위논문.

김수정(2011), 한국어 교재의 공손성 분석: 요청 발화를 중심으로, 이화여자대학교 국제대학원 석사학위논문.

김신희(2013), 여성 결혼이민자의 자유 구어 담화 분석, 계명대학교 대학원 석사학위논문.

김영(2011), 중국 조선족의 코드변환 연구: 3·4세대의 구어 담화 중심으로, 숭실대학교 대학원 석사학위논문.

김영아 외(2012), 영어권 학습자를 위한 한국어 구어 문법 교육: 보고 표지 "-대"를 중심으로, 한국어교육 23-1, 국제한국어교육학회. pp.1~23.

김영은(2010), 한국어 비원어민 화자 간에 나타난 말 끼어들기 양상 연구, 경희대학교 교육대학원 석사학위논문.

김영주(2010), 한국어 학습자와 교사의 구어오류수정에 대한 인식 연구, 한국어교육 21-3, 국제한국어교육학회. pp.23~44.

김옥선(2000), 제2어 습득 연구의 관점에서 분석한 한국어 모어 화자 대 독일인 학습자의 대화, 외국어 교육 7-2, 한국외국어교육학회. pp.435~454.

김유진(2011), 대화에 나타나는 도치 구문에 관한 연구, 한양대학교 대학원 박사학위논문.

김은숙(1992), 외국인을 위한 한국어 교육에 있어서의 입말과 글말, 외국어로서의 한국어교육 16, 연세대학교 언어연구교육원 한국어학당. pp.5~19.

김은영(2010), 한국어 교재 대화문에 나타난 명령·요청·제안의 적절성 연구, 경희대학교 교육대학원 석사학위논문.

김은영(2012), 한·일 양국어의 화제회피전략에 관한 대조연구, 고려대학교 대학원 석사학위논문.

김의수 외(2010), 중국어권 학문 목적 학습자 구어 문장의 통사적 특징과 한계, 우리어문연구 36, 우리어문학회. pp.243~291.

김의수 외(2011), 이주노동자의 한국어 구어 문장이 지닌 통사적 복잡성과 그 한계, 한국어학 50, 한국어학회. pp.111~140.

김의수 외(2012), 다문화가정 아동과 일반가정 아동의 구어 문장 비교 연구, 우리어문연구 42, 우리어문학회. pp.31~62.

김정관(2009), 한국어 교육을 위한 '가다'와 '오다'의 화용론적 연구, 계명대학교 대학원 석사학위논문.

김정선 외(2005), 일상 대화에 나타난 질문 확장 양상, 국어교육 118, 한국어교육학회. pp.221~248.

김지영(2007), 보고서 쓰기와 발표하기를 통합한 한국어 고급 단계의 프로젝트 수업 연

구: 학문 목적의 학습자를 대상으로, 한국어교육 18-2, 국제한국어교육학회. pp.49~79.

김지혜(2011), 한국어 학습자의 이야기 구성 능력에 대한 연구, 한국어교육 22-3, 국제한국어교육학회. pp.77~97.

김춘영(2008), 한·일 양국의 발화발상에 관한 고찰: 수동문을 중심으로, 경희대학교 대학원 석사학위논문.

김태나(2011), 한국어 발화에서의 무례(無禮) 연구: 무례 유형과 서양의 무례(Impoliteness) 유형 비교, 한국어교육 22-3, 국제한국어교육학회. pp.99~131.

김태나(2012), 한국어 발화에서의 무례(無禮) 연구, 한국외국어대학교 대학원 박사학위논문.

김태자(2002), 관례적 사용과 대화적 함축, 국어교육 107, 한국어교육학회. pp.231~260.

김혜림(2012), 초등학교 다문화가정 아동의 구어 문장 발달 양상 연구: 일반가정 아동의 구어 문장과 비교하여, 한국외국어대학교 교육대학원 석사학위논문.

김효선(2012), 취학 전 다문화가정 아동과 일반가정 아동의 구어문장 대조 연구, 한국외국어대학교 대학원 석사학위논문.

노미연(2012), 한국어 학습자의 구어 오류와 후속 상호작용 분석 연구: 인터뷰 평가 담화를 중심으로, 동국대학교 대학원 박사학위논문.

니보리 유카(2013), 일본 내 한국어 교실에서의 구어오류수정 연구, 경희대학교 대학원 석사학위논문.

당영(2011), 외국어로서의 한국어교육을 위한 한국어 담화표지 연구: TV 토크쇼에 나타난 '이제', '막'의 사례를 중심으로, 중앙대학교 대학원 석사학위논문.

목정수(2011), 한국어 구어 문법의 정립: 구어와 문어의 통합 문법을 지향하며, 우리말연구 28, 우리말학회. pp.57~98.

문금현(2000), 구어 텍스트를 활용한 한국어 어휘 교육, 한국어교육 11-2, 국제한국어교육학회. pp.21~61.

문금현(2001), 구어 중심의 한국어 교재 편찬 방안에 대하여, 국어교육 105, 한국국어교육연구회. pp.233~262.

문영은(2013), 영상매체를 활용한 한국어 담화 유형 교육 방안 연구, 부경대학교 교육대학원 석사학위논문.

박경애(2010), 한국어-영어 이중언어 교육 아동의 대면이름대기능력 및 관련 요인: K-BNT-C와 BNT를 활용하여, 연세대학교 대학원 석사학위논문.

박금룡(2006), 조선어회화에서 쓰이는 특수한 입말식구조의 의미와 용법을 잘 알게 하는데서 나서는 문제, Korean 연구와 교육 2, Korean 교육 연구 국제협의회: 이화여자대학교 한국어문학연구소. pp.21~26.
박나현(2011), 다문화가정 아동의 교실에서의 언어적 상호작용과 정체성 형성: 필리핀 어머니를 둔 아동의 사례를 중심으로, 경인교육대학교 교육대학원 석사학위논문.
박상은(2011), 대화분석을 활용한 한국어 교재 전화 대화문 분석 연구: 전화 대화 수행 양상을 중심으로, 경희대학교 교육대학원 석사학위논문.
박아현(2009), 한국어교육의 담화 교육 방안 연구: 매체를 활용한 구어 담화 교수 · 학습을 중심으로, 동국대학교 대학원 석사학위논문.
박재현(2004), 한국인과 중국인의 승낙 획득 전략 비교 연구, 한국어교육 15-2, 국제한국어교육학회. pp.115~144.
박재희(1998), 한국어 문법 교수에 관한 연구: 회화 교재의 문법항목을 중심으로, 이화여자대학교 대학원 석사학위논문.
박희영(1999), "구어와 문어를 상호 보완하는 한국어" 문법 수업 모형, 한국어교육 10-1, 국제한국어교육학회. pp.173~194.
백승주(2011), 화제, 매개화제, 교수주제 분석을 통한 수업대화연구, 국제한국어교육학회 추계학술발표논문집, 국제한국어교육학회. pp. 257~27.
성광희(2012), 소그룹 토의 담화를 통한 학습자 간 상호작용 양상 연구: 한국어 학습자와 모어 화자의 비교, 영남대학교 대학원 석사학위논문.
손동희(2010), 한 · 일 양 언어의 사죄 전략에 관한 대조연구, 고려대학교 대학원 석사학위논문.
신상현(2013), 여성 결혼이민자와 유학생의 한국어 구어 발화에 나타난 의사소통 문제 연구, 경희대학교 교육대학원 석사학위논문.
신은경(2012), 한국어 구어체 '이래, 그래, 저래' 의 기능 분석, 건국대학교 대학원 석사학위논문.
안경화(2001), 구어체 텍스트의 응결 장치 연구: 토론 텍스트를 중심으로, 한국어교육 12-2, 국제한국어교육학회. pp.137~157.
안의정(2008), 말뭉치를 이용한 어휘의 구어성 측정과 활용, 어문논집 57, 민족어문학회. pp.3~119.
안주호(2007), 한국어 교육에서의 표준어와 지역방언: 경북지역을 중심으로, 한말연구 21, 도서출판 박이정. pp.143~165.
엄나영(2011), 구어 향상을 위한 한국어 교재의 대화문 분석 연구, 영남대학교 대학원 석사학위논문.
오대환(2001), 입말 내러티브 안에서의 입말 글말 연속체에 대한 연구, 외국어로서의 한국어교육 25, 연세대학교 언어연구교육원 한국어학당. pp.271~302.

오미경(2011), 일본인 한국어학습자의 자발적 제스처와 필러 산출의 구조적 특성: 제2언어 환경과 외국어환경(나고야)의 일본어화자를 중심으로, 일본어교육연구 56, 한국일본어교육학회. pp.25~48.

왕단단(2009), 중국인 학습자의 한국어 구어 의사소통 전략 교육 연구, 배재대학교 대학원 석사학위논문.

왕옥각(2012), 한·중 드라마의 고부간 갈등대화 구조에 대한 대조 연구, 국민대학교 대학원 석사학위논문.

우창현(2012), 방언 한국어 교육을 위한 존대법 비교, 언어와 문화 8-1, 한국언어문화교육학회. pp.99~121.

원진영(2012), 중국인 학습자를 대상으로 한 한국어 중의성에 따른 경계 인식 및 발화 연구, 한양대학교 교육대학원 석사학위논문.

원해영(2011), 한국어교육을 위한 구어체 종결어미 '-잖아(요)' 연구, 한국언어문학 79, 한국언어문학회. pp.307~327.

유은우(2011), 여성 결혼이민자 대상 한국어 교재의 대화문 분석 및 구성 방안 연구: 사회언어학적 요소를 중심으로, 배재대학교 대학원 석사학위논문.

유춘희(2001), 한국어 교육 연구: 어음, 회화를 중심으로, 중문출판사.

윤상석 외(2012), 다문화가정의 대화분석 연구: 부모 정체성의 회귀적 구성을 중심으로, 한국어학 56, 한국어학회. pp.149~181.

윤현애(2011), 구어 장르 구분을 기반한 한국어 피동 표현의 담화 기능 연구, 한국문법교육학회 학술발표논문집, 한국문법교육학회. pp.106~115.

이동은(2005), 한국어 학습자의 담화 능력 향상 방안 연구: 컴퓨터 프로그램을 활용한 담화 분석을 중심으로, 한글 268, 한글학회. pp.165~187.

이동은(2008), 한국어 고급 학습자의 화용 능력 고찰: 영어권 교포학습자와 비교포학습자의 담화분석을 중심으로, 한국어교육 19-3, 국제한국어교육학회. pp.295~320.

이명오(2009), 구어 교육을 위한 한국어 어미 연구: 비격식체를 중심으로, 계명대학교 대학원 석사학위논문.

이서현(2009), 한국어 학습자의 조사·어미 사용에 나타난 오류 유형 분석: 구어체를 중심으로, 단국대학교 대학원 석사학위논문.

이선우(2004), 한국어 학습자 간 의미협상 양상 연구: 중급 학습자를 중심으로, 이화여자대학교 대학원 석사학위논문.

이소연(2011), 한국어 토의 담화 구성 능력 신장을 위한 교육 내용 연구, 서울대학교 대학원 석사학위논문.

이소현(2011), 구어에 나타나는 한국어 연결어미 "-는데"의 의미 연구: 수사구조 이론을 바탕으로, 한국어교육 22-4, 국제한국어교육학회. pp.273~297.
이수미(2012), 한국어 글말 텍스트에 나타난 입말의 양상 연구, 어학연구 48, 서울대학교 언어교육원. pp.97~114.
이은자(2012), 외국인 유학생을 위한 한국어 토론 수업 설계와 지도 방법, 배달말 50, 배달말학회. pp.256~286.
이은희(2011), 중국인 한국어 학습자의 담화에 나타난 반복 양상 연구: 사적 담화와 공적 담화 비교를 중심으로, 계명대학교 대학원 석사학위논문.
이정란(2011), 한국어 학습자의 양태 표현 습득에 나타난 문법 능력과 화용 능력의 발달 관계 연구, 이화여자대학교 국제대학원 박사학위논문.
이정민(2011), 다문화가정 어머니의 언어능력, 자발발화 특성과 자녀의 자발발화 특성 분석, 울산대학교 대학원 석사학위논문.
이정은(2005), 재외동포의 이중언어상용 상황과 한국어 학습 양상의 특이성: 질적 연구 방법을 통한 교육 현장 사례 분석을 중심으로, 사회언어학 13, 한국사회언어학회. pp.193~217.
이정이(2010), 한국어 학습자와 원어민 화자와의 성공적인 담화 수행을 위한 화자들의 제2 언어 능력의 역할, 한국어교육 21-2, 국제한국어교육학회. pp.247~268.
이정자(2001), 그룹활동을 통한 의사소통능력 신장 연구: 과제수행 중 상호작용을 중심으로, 한국어교육 12-2, 국제한국어교육학회. pp.29~52.
이정희(2010), 인식 조사를 통한 한국어 구어 유창성의 개념 및 요인 연구, 한국어교육 21-4, 국제한국어교육학회. pp.183~204.
이지영(2002), 한국어 학습자의 의사소통 특징 연구: 의사소통이 잘 이루어지지 않은 경우를 중심으로, 한국어교육 13-2, 국제한국어교육학회. pp.227~246.
이지영(2006), 한국어 학습자의 구어 담화 능력 배양을 위한 담화 정보 활용, 한국어교육 17-1, 국제한국어교육학회. pp.307~331.
임현정(2012), 한국어 구어 교육 방안 연구: 종결 기능 연결어미를 중심으로, 계명대학교 대학원 석사학위논문.
장미정(2010), 수준별 짝 구성에 따른 의미협상 양상 연구, 고려대학교 대학원 석사학위논문.
장은혜(2011), 담화 유형에 따른 한국어 학습자의 의사소통 전략 사용 양상 연구, 계명대학교 대학원 석사학위논문.
전소현(2012), 스토리텔링을 활용한 한국어 교육 방안 연구: 〈흥부와 놀부〉를 중심으로, 부산대학교 대학원 석사학위논문.
전은주(2009), 국제결혼 가정 자녀의 의사소통능력과 국어과 교수-학습에 영향을 미치는 변인, 청람어문교육 39, 청람어문교육학회. pp.73~108.
전은주(2009), 한국어 교육 내용으로서의 국어 화법 특성의 의미, 이중언어학 39, 이중언어학회. pp.317~344.
전지숙(2011), 교수언어에 따른 교사와 학생간 상호작용 연구, 건국대학교 교육대학원 석사학위논문.
정다운(2011), 한국어 교재 대화문의 실제성 연구: '의사-환자'의 의료면담을 중심으로, 한국외국어대학교 대학원 석사학위논문.
정명숙(2011), 한국어 구어 문법 평가의 방향, 문법 교육 15, 한국문법교육학회. pp.73~95.
정보영(2005), 구어 이야기 담화에서 한국어 중급 학습자의 조사 '은/는', '이/가' 사용: 일본어권, 영어권, 중국어권 학습자를 대상으로, 이화여자대학교 교육대학원 석사학위논문.
정선화(2009), 구어적 특성을 반영한 듣기 교재 구성에 관한 연구, 어문논집 40, 중앙어문학회. pp.67~99.
정선화(2011), 학습자의 구어 인식 및 인지도 조사를 바탕으로 한 구어 듣기 교육에 관한 연구, 세계한국어문학회 학술대회2011, 세계한국어문학회. pp.55~72.
정세란(2012), 시청각 매체를 활용한 한국어 듣기·말하기 교수 방안: 시트콤 '거침없이 하이킥'을 중심으로, 청주대학교 대학원 석사학위논문.
정수영(2008), Cultural Diversity in Linguistic Politeness Strategies between American English and Korean, 교과교육연구 29, 조선대학교 사범대학 부설 교과교육연구소. pp.169~188.
정혜진(2001), 한국어 비모어 화자 간 대화 연구: 바로잡기 구조를 중심으로, 연세대학교 대학원 석사학위논문.
제혜숙(2001), 한국어 대화에 나타난 설득행위에 대한 연구, 연세대학교 대학원 석사학위논문.
조경순(2009), 한국어 구어 표현 교육 연구: 감정 표현 "너무"와 "-(으)ㄴ 것 같다"를 중심으로, 한국어교육 20-1, 국제한국어교육학회. pp.183~206.
조렬녕(2011), 중국 내 사설학원용 초급 한국어 회화 교재 개발 방안 연구: 강소성 남부지역을 중심으로, 부산외국어대학교 대학원 석사학위논문.
조성문(2005), 구어 말뭉치에 의한 한국어 초급교재의 어휘 분석, 한민족문화연구 17, 한민족문화학회. pp.259~286.
조수진(2010), 사회적 변인에 따른 피치차이: 독일어·한국어·영어에 나타난 공손한 언어행위를 중심으로, 고려대학교 대학원 석사학위논문.
조현주(2012), 여성결혼이민자 구어 문장의 어휘·통사 비교 연구: 베트남어권·중국어권을 중심으로, 한국외국어대학교 대학원 석사학위논문.

조혜경(2011), 한국인 모어 화자와 비모어 화자 간의 공손 인식 연구, 경희대학교 교육대학원 석사학위논문.

조효정(2010), 한국어 비모어 학습자 간 교실 상호작용 연구: 동일 모어 학습자 간 구두 상호작용을 중심으로, 경희대학교 교육대학원 석사학위논문.

지현숙 외(2008), 한국어 구어 교육에서의 토론 수업 연구, 외국어로서의 한국어교육 33, 연세대학교 언어연구교육원 한국어학당. pp.201~225.

지현숙(2005), 인터뷰 시험 담화 분석을 통한 한국어 구어 능력 평가의 구인 연구, 국어교육연구 16, 서울대학교 국어교육연구소. pp.79~104.

지현숙(2006), 한국어 인터뷰 시험 담화에서 나타난 구어 문법적 오류 분석, 한국어교육 17-3, 국제한국어교육학회. pp.301~323.

지현숙(2007), 한국어 구어 문법 교육을 위한 과제 기반 교수법, 국어교육연구 20, 서울대학교 국어교육연구소. pp.247~270.

지현숙(2009), 교육 문법에 있어서 한국어 구어 문법을 어떻게 기술할 것인가에 대하여, 한국어학 45, 한국어학회. pp.113~139.

지현숙(2010), 한국어 구어 문법을 어떻게 기술할 것인가?: 기준점의 선정과 그 논의, 한국어교육 21-4, 국제한국어교육학회. pp.307~331.

진제희(2004), 한국어 교실 교사-학습자 간 대화에 나타난 의사소통 문제 유형, 한국어교육 15-3, 국제한국어교육학회. pp.254~275.

채숙희(2011), 현대 한국어 인용구문 연구: 구어 자료를 중심으로, 서울대학교 대학원 박사학위논문.

천민지(2009), 한국어 비원어민 화자 간 대화 수정 양상 연구, 경희대학교 교육대학원 석사학위논문.

최정순(2006), 의사소통적 한국어 구어 능력 개발을 위한 제언, 국어교육연구 18, 서울대학교 국어교육연구소. pp.91~121.

타카스카 요코(2006), 한국어 학습자의 전화 대화 종결부 연구: 일본어 모어 화자를 대상으로, 이화여자대학교 대학원 석사학위논문.

한상미(2011), 담화 및 화용과 한국어 교육 연구, 이중언어학 47, 이중언어학회. pp.507~551.

한승규(2010), 한국어 구어 융합 표현 연구: '-지 않-'의 융합 '-잖-'을 중심으로, 연세대학교 대학원 석사학위논문.

홍경화(2011), 한국어 학습자 상호작용에서의 모국어 사용에 관한 연구: 문법 의식 고양 과제를 중심으로, 영남대학교 대학원 석사학위논문.

홍종명(2008), 의미협상 과정에서 학습자들의 문제발생과 표지 유형에 관한 연구, 한국어교육 19-2, 국제한국어교육학회. pp.355~378.

황선영(2009), 일본인 한국어 학습자를 위한 칭찬 반응 교육방안, 경희대학교 교육대학원 석사학위논문.

Choi, Hye-Kyung(2002), A Study of Politeness in Korean Requests, 외국어로서의 한국어교육 27, 연세대학교 언어연구교육원 한국어학당. pp.271~299.

Cui, Yinglan(2012), 담화 문법 관점의 구어 종결 표현 교육 연구, 서울대학교 대학원 박사학위논문.

Jin Young Choi 외(2012), Characteristics and Patterns of Family Discourse at Multicultural Homes in Korea: With an emphasis on mother-child interactions in homework caring situations, 이중언어학 48, 이중언어학회. pp.309~343.

Jiyoung Daniel(2010), A Study of Net-Lingo in Korean and English, 한어문교육 22, 한국언어문학교육학회. pp.321~391.

Kang, Insun(2005), Foreign students' views of academic listening and speaking skills in Korean universities, 이중언어학 27, 이중언어학회. pp.21~40.

Kurashima, Reiko(2011), 일본어 'の'와의 대조를 통한 한국어 '의'의 생략 양상 연구: 준구어 자료를 중심으로, 연세대학교 대학원 석사학위논문.

Lee, Da Mi(2001), L2 Development Through Collaborative Interaction, 한국어교육 12-1, 국제한국어교육학회. pp.181~198.

Ⅲ-04.

표현(말하기, 쓰기, 어휘, 문법)

강남욱(2013), 한국어 학습자를 위한 접속문 시간 표현의 교육 내용 조직화 원리 연구, 서울대학교 대학원 박사학위논문.
강현주(2010), 추측과 의지의 양태 표현 "-겠-"과 "-(으)ㄹ 것이다"의 교육 방안 연구, 이중언어학 43, 이중언어학회. pp.29~53.
강현화 외(2009), 한국어교육을 위한 불평표현 문형 연구: 불평화행과 인용표현의 관계를 중심으로, 한말연구 24, 한말연구학회. pp.5~31.
강현화 외(2010), 한국어 종결표현의 화행 기능과 한국어 모어 화자의 인식에 관한 연구, 외국어 교육 17-2, 한국외국어교육학회. pp.405~431.
강현화(2004), 한국어학습을 위한 프레지올러지 유형에 대한 연구(1): 강조표현을 중심으로, 이중언어학 24, 이중언어학회. pp.49~66.
고리(2010), 직유표현의 효과적 교육방안 연구, 중앙대학교 대학원 석사학위논문.
교위운(2012), 중국어권 초급 학습자를 위한 한국어 시간 표현 교육 연구, 충남대학교 대학원 석사학위논문.
국제한국어교육학회(2010), 한국어 표현교육론, 형설출판사.
권미진(2013), 외국인 유학생과 여성 결혼이민자의 한국어 담화에 나타난 종결표현 변이 연구, 경희대학교 교육대학원 석사학위논문.
권영은(2008), 한국어교육에서의 후회 표현 연구, 한국외국어대학교 대학원 석사학위논문.
권영은(2008), 후회 표현의 한국어교육학적 연구: 후회 표현간의 의미 차이를 중심으로, 학술대회, 한국언어문화교육학회. pp.94~104.
김경지(2011), 한국어 학습자를 위한 비언어적 표현 연구, 경희대학교 대학원 박사학위논문.
김경혜(2002), 한국어와 일본어의 인사표현에 관하여: 대학생의 만남과 헤어짐의 인사말을 중심으로, 일본어교육연구 3, 한국일어교육학회. pp.83~108.

김계연(2012), 일한 양국어의 飮·食관련 관용표현 대조연구, 한국외국어대학교 대학원 박사학위논문.
김금(2012), 한국어 추측·의지의 양태 표현 교육 방안 연구: 중국인 고급 학습자를 중심으로, 중앙대학교 대학원 석사학위논문.
김남경(2011), 여성 결혼이민자를 위한 한국어 관용표현 교육 방안, 배재대학교 대학원 석사학위논문.
김병욱(2013), 중국인 초급 학습자를 위한 한국어 연어 교육 방안 연구: '체언+용언'형을 중심으로, 계명대학교 대학원 석사학위논문.
김상아(2010), 한국어 업무용 이메일 구조와 표현에 관한 연구: 업무 수행 관련 이메일을 중심으로, 한양대학교 대학원 석사학위논문.
김서윤(2010), 한국어 학습자의 감정 및 태도 표현 기능으로서의 억양 실현 연구, 상명대학교 교육대학원 석사학위논문.
김서형(2007), 한국어 약속 표현 교육의 연구, 한국어학 36, 한국어학회. pp.99~122.
김선미(2010), 기초 생활 한국어 교재 개발 방안 연구: 표현 항목을 중심으로, 계명대학교 대학원 석사학위논문.
김선미(2012), 한국어교육에서의 콩글리시 교육 방안 연구, 한국외국어대학교 대학원 석사학위논문.
김선영(2012), 한국어 '마음' 표현의 인지의미론적 연구: 영상도식 이론을 중심으로, 이화여자대학교 대학원 석사학위논문.
김선정(2010), 한국어 표현교육론, 형설.
김세령(2010), 한국어 학습자를 위한 추측 표현 교육 방안 연구, 국어교과교육연구 17, 국어교과교육학회. pp.93~118.
김세령(2011), 한국어 학습자를 위한 추측 표현 교육 방안 연구, 전남대학교 대학원 석사학위논문.
김수경(2012), 한영 번역에 나타난 지시표현의 차이, 부경대학교 대학원 석사학위논문.
김수정(1999), 외국인을 위한 한국어 교재에 나타난 청자 대우 표현, 선청어문 27, 서울대학교 국어교육과. pp.393~410.
김양숙(2012), 여성 결혼 이민자의 부정적 표현 사용 양상, 영남대학교 대학원 석사학위논문.
김영란(1999), 한국어 금지 표현의 교수 방법, 한국어교육 10-2, 국제한국어교육학회. pp.171~193.
김영만(2005), 블로그를 활용한 한국어 표현 교육 방안 연구, 한말연구 16, 한말연구학회. pp.25~42.

김영순 외(2011), 결혼이주여성의 자기문화 스토리텔링 활용 표현교육 사례 연구, 비교문화연구 25, 경희대학교 비교문화연구소. pp.695~721.
김영인(2011), 관용적 표현을 통한 언어문화 통합 교육: 스페인어 학습자를 중심으로, 고려대학교 대학원 석사학위논문.
김옥(2012), 한국어 환유 표현 교육 연구, 경희대학교 교육대학원 석사학위논문.
김유진(2012), 동료 피드백을 활용한 한국어 발표 교육 방안 연구, 동국대학교 대학원 석사학위논문.
김윤희(2005), 학문적 구두발표에서의 메타언어표현에 관한 연구: 한국어 모어화자와 외국인 유학생의 비교를 중심으로, 이화여자대학교 대학원 석사학위논문.
김윤희(2010), 한일 거절 표현에 대한 사회언어학적 연구, 중앙대학교 대학원 석사학위논문.
김율희(2011), 한국어 교재 대화문에 나타난 공손표현 연구, 경희대학교 교육대학원 석사학위논문.
김은애(2008), 표현 양상 연구와 연구 방법론: 한국어와 일본어의 대조 연구, 외국어로서의 한국어교육 33, 연세대학교 언어연구교육원 한국어학당. pp.95~116.
김은정(2010), 한국어 피동표현의 교수 방법 연구, 부산대학교 대학원 석사학위논문.
김정남(2008), 한국어 담화 교육을 위한 논의: 한국어 경어법 관련 표현을 중심으로, 한국어교육 19-2, 국제한국어교육학회. pp.125~154.
김정은(2006), 한국어교육에서의 비언어적 표현 교육, 외국어 교육 13-2, 한국외국어교육학회. pp.509~525.
김정은(2006), 한국어와 중국어의 요청표현 대조 분석, 중국어문학논 41, 중국어문학연구회. pp.173~192.
김준기(2003), 착용어장의 의미고찰, 국어교육 112, 한국어교육학회. pp.193~223.
김지혜(2009), 한국어 이유 표현 교육 연구, 고려대학교 대학원 박사학위논문.
김지혜(2010), 한국어 이유 표현 교육 연구, 한국문화사.
김지혜(2010), 한국어 학습자의 간접 인용 표현 교육 연구, 한국문법교육학회 학술발표논문집, 한국문법교육학회. pp.154~162.
김진영(2011), 일본인 학습자를 위한 한국어 피동 표현 교수 방안, 부산외국어대학교 대학원 석사학위논문.
김현아(2007), 일본어와 한국어의 표현구조 대조연구: 명사·동사표현구조를 중심으로, 고려대학교 교육대학원 석사학위논문.
김현정(2011), 외국인 학습자를 위한 한국어 은유표현 교육 방안 연구, 계명대학교 대학원 석사학위논문.

김형남(2012), 맞장구표현에 관한 한일 비교 연구: 드라마 분석을 중심으로, 중앙대학교 교육대학원 석사학위논문.

김혜진(2012), 한국어 수준과 모국어에 따른 한국어 학습자의 덩어리 표현 습득 양상 연구, 이화여자대학교 교육대학원 석사학위논문.

김화경(2012), 관용표현을 활용한 한국어 교육 방안 연구, 부산대학교 대학원 석사학위논문.

김효주(2009), 한국어 평가 양태 표현 교육 연구, 경희대학교 교육대학원 석사학위논문.

김효진(2012), 한국어 희망 구문 표현 연구, 동국대학교 대학원 석사학위논문.

나수경(2011), 매스미디어를 활용한 한국어 은유표현 연구, 배재대학교 교육대학원 석사학위논문.

낙사(2012), 한국어 이유·원인 연결 표현 교육 연구, 중앙대학교 대학원 석사학위논문.

난매매(2011), 중국어권 학습자를 위한 한국어 피동 표현 교수 모형, 상명대학교 대학원 석사학위논문.

노미연(2011), 한국어교육을 위한 연발 표현 연구: "-자마자, -는 대로"를 중심으로, 한국어교육 22-4, 국제한국어교육학회. pp.63~82.

노재은(2001), 중국어 모어 학습자를 위한 한국어 시간 표현 교육 연구, 경희대학교 교육대학원 석사학위논문.

뇌뢰(2012), 한국어 피동 표현의 교육 방안에 관한 연구, 중앙대학교 대학원 석사학위논문.

데듀와나(2011), 루마니아어의 공손표현에 대한 한국어로의 분석 연구, 청주대학교 대학원 석사학위논문.

뢰홍주(2013), 한국어 '되다'에 대응하는 중국어 표현 연구, 동국대학교 대학원 석사학위논문.

루징(2012), 한중 복수표지 대조 연구: '들'과 '們' 중심으로, 연세대학교 대학원 석사학위논문.

림이진(2013), 중국인 학습자를 위한 한국어 교육용 관용표현 연구, 연세대학교 대학원 석사학위논문.

마원(2013), 중국인 한국어 학습자 추측 표현에 대한 연구, 한양대학교 대학원 석사학위논문.

메무나(2013), 한국어교육을 위한 한국어와 우르두어 관용표현 대조연구, 경희대학교 대학원 석사학위논문.

문수지(2013), 한국어 학습자의 말하기 능력 향상을 위한 담화표지 교육 방안 연구, 한국외국어대학교 대학원 석사학위논문.

박내별(2010), 한국어 학습자를 위한 강조 표현 교육 방안 연구, 한양대학교 교육대학원

석사학위논문.
박대범(2008), 한국어 학습자를 위한 이유·원인의 연결 표현 교육 연구, 상명대학교 대학원 석사학위논문.
박문자(Wen Zi Piao)(2006), 한국어 원어민 화자의 표현 형태 양상 조사 연구, 한국어교육 17-3, 국제한국어교육학회. pp.55~72.
박미경(2005), 맞장구표현에 관한 한·일 비교연구: 드라마 『겨울연가』를 중심으로, 중앙대학교 교육대학원 석사학위논문.
박수란(2005), 한국어 교육을 위한 한국어 인사 표현 연구, 이화여자대학교 대학원 석사학위논문.
박연옥 외(2010), 한국어 "우리"와 중국어 대응표현의 대조분석, 한국어교육 21-4, 국제한국어교육학회. pp.99~118.
박영훈(2012), 담화 유형에 따른 한국어 사과 표현 분석, 부산외국어대학교 대학원 석사학위논문.
박주영(2011), 일·한 경어 사용실태 연구: 오용표현 분석을 통하여, 명지대학교 교육대학원 석사학위논문.
박진욱 외(2011), 다문화가정 자녀의 학업 수행 능력 향상을 위한 표현 교육 방안: 초등학교 국어과를 중심으로, 이중언어학 47, 이중언어학회. pp.49~76.
박향미(2012), 한·일 양언어의 상적표현의 대조연구, 조선대학교 교육대학원 석사학위논문.
박효은(2008), 자기수정을 통한 차이 주목하기가 한국어 말하기 정확성에 미치는 영향: 원인 연결어미와 연결표현을 중심으로, 이화여자대학교 국제대학원 석사학위논문.
방혜숙(2007), 한국어 교재에 나타난 인사표현 양상과 그 효과적 교수 방안 연구, 한국어교육 18-1, 국제한국어교육학회. pp.155~185.
배성영(2012), 고급 한국어 학습자를 위한 완곡 표현의 교육 방안 연구, 영남대학교 대학원 석사학위논문.
배수찬(2007), '표현' 중심 쓰기관에 대한 반성적 연구, 한국어교육학회지 124, 한국어교육학회. pp.217~243.
배재현(2012), '비즈니스 한국어' 학습자를 위한 인사 표현 연구, 고려대학교 대학원 석사학위논문.
백승주(2011), 한국어 접속표현과 영어 접속표현의 변환(shift)현상 연구: 접속부사 "그러나"의 대응 양상을 중심으로, 한국어교육 22-4, 국제한국어교육학회. pp.131~162.
변수지(2012), 한국어 추측 표현의 일본어 대응 양상 연구, 계명대학교 대학원 석사학위논문.

봉미경(2009), 한국어 청유문과 제안 표현, 어문연구 141, 한국어문교육연구회. pp.417~440.
사와다 히로유키(Hiroyuki Sawada)(2011), 학습 단계별 한국어 관용표현 선정 기준에 관한 연구: 일본어 모어 학습자를 대상으로, 국어교육학연구 42, 국어교육학회. pp.405~431.
서희정(2002), 일본어 모어 학습자를 위한 한국어 거절 표현 교육 연구: 요청에 대한 거절을 중심으로, 이중언어학 20, 이중언어학회. pp.131~157.
서희정(2008), 표현항목의 선정 기준과 정도성, 고황논집 42, 경희대학교 대학원 원우회. pp.33~51.
석예(2013), 한국어와 중국어 부정 표현 대비 연구, 건국대학교 대학원 석사학위논문.
석주연 외(2003), 한국어 학습자 표현 오류분석의 몇 가지 문제, 한국어교육 14-3, 국제한국어교육학회. pp.189~215.
석진주(2011), 한국어 교육용 완곡 표현 연구, 경희대학교 교육대학원 석사학위논문.
성미선(2009), 한국어 추측표현의 완곡어법 양상과 교육방안, 한양대학교 교육대학원 석사학위논문.
蘇雨(2012), 한·중 완곡에 의한 공손표현 대조 연구, 고려대학교 대학원 석사학위논문.
손국령(2013), 오관으로 표현되는 한국어와 중국어의 미움 표시 관용어 대비 연구, 건국대학교 대학원 석사학위논문.
손옥정(2012), 한국어와 중국어의 '가능성' 표현 대비 연구: '-(으)ㄹ 수 있-'과 '能'을 중심으로, 건국대학교 대학원 석사학위논문.
손유미(2012), 여성결혼이민자 대상 현대시 활용 정서표현 교육 연구: 부정표현을 중심으로, 한국외국어대학교 대학원 석사학위논문.
송아명(2012), 중국어권 학습자를 위한 한국어 추측표현 대조 연구: '-겠-, -(으)ㄹ 것이다, -ㄴ가/나 보다, -ㄴ/는/ㄹ 것 같다'를 중심으로, 동국대학교 대학원 석사학위논문.
송현정(1996), 국어 호응성의 개념과 관계 유형 연구, 국어교육 91, 한국어교육학회. pp.61~83.
승종경(2011), 한국어 교육을 위한 반복 구성 연구: 표현항목으로서의 반복 구성을 중심으로, 경희대학교 교육대학원 석사학위논문.
신정애(2008), 한국어 교육을 위한 '허락 요청': '허락 요청' 표현의 공손성을 중심으로, 학술대회, 한국언어문화교육학회. pp.165~176.
신혜숙(2011), 일본 요괴 「오니」(鬼)에 관련된 언어표현: 한국의 「귀신」(鬼神)표현과의 대조를 중심으로, 일본어교육연구 21, 한국일어교육학회. pp.117~136.
신혜인(2010), 중국인 학습자를 위한 한국어 관용표현 및 교육 방안 연구, 한양대학교 교육대학원 석사학위논문.
신호철(2012), 한국어 색채 표현의 이원 체계, 한국문법교육학회 학술발표논문집, 한국문법교육학회. pp.71~87.
안병일(2009), 한국어 의도표현 항목 교육방법 연구: '하다' 와 '되다' 로 구성된 의도표현 항목을 중심으로, 경희대학교 교육대학원 석사학위논문.
안주호(2004), 한국어 추측 표현의 통사, 의미 연구, 새국어교육 68, 한국국어교육학회. pp.97~121.
안주호(2008), 한국어능력시험 중 표현 영역 평가에 대한 연구, 새국어교육 79, 한국국어교육학회. pp.229~253.
안주호(2009), 행동지시 표현의 유형과 교육방안, 언어와 문화 5-1, 한국언어문화교육학회. pp.171~195.
안지영(2010), 동물 관련 비유 표현의 교육 방안 연구, 계명대학교 대학원 석사학위논문.
양희(2011), 중국인 학습자를 위한 의지 표현 교육 연구, 동국대학교 대학원 석사학위논문.
연지은(2010), 한국어 교육을 위한 직유 표현 연구, 서울여자대학교 대학원 석사학위논문.
오노 하루나(2012), 한일 양언어의 감사 표현에 관한 대조연구, 부산대학교 대학원 석사학위논문.
오누리(2011), 구성주의적 모형을 활용한 한국어 시간표현 교육방안, 계명대학교 대학원 석사학위논문.
오지연(2013), 한국어 학위 논문의 논증 표현 연구: 국어학, 경영학, 전기전자공학 학위논문 분석을 중심으로, 연세대학교 대학원 석사학위논문.
오지혜 외(2008), 학문 목적 한국어 학습자를 위한 표현 교육 연구, 한국언어문화학 5-2, 국제한국언어문화학회. pp.151~176.
오현정(2010), 한국어 교재와 드라마에 나타난 거절표현 특징 연구: 추론단계 중심으로, 한국어교육 21-3, 국제한국어교육학회. pp.129~158.
오현주(2004), 한국어 학습자의 동조(맞장구) 표현 연구, 경희대학교 교육대학원 석사학위논문.
와와메인(2011), 한국어와 미얀마어 공손표현 대조 연구, 원광대학교 대학원 석사학위논문.
왕문군(2012), 중국인 한국어 학습자를 위한 한국어 의도 표현 연구, 대진대학교 대학원 석사학위논문.
왕소단(2011), 한국어와 중국어 완곡 표현의 대비 연구, 충남대학교 대학원 석사학위논문.
왕영영(2010), 한국어와 중국어의 조건표현 대비 연구, 충남대학교 대학원 석사학위논문.
왕월(2011), 중국인 학습자를 위한 한국어 감정관련 관용표현 교육방법 연구: '사랑' 과 '미움' 중심으로, 한양대학교 대학원 석사학위논문.

왕이(2012), 중국인 학습자를 위한 한국어 제3자 지칭 표현 교육 방안 연구: 구어를 중심으로, 세종대학교 대학원 석사학위논문.
왕효효(2011), 한국어 완곡 표현 교육 연구: 교재에 나타난 완곡 표현을 중심으로, 동국대학교 대학원 석사학위논문.
우화정(2012), 한국어 신체 관용표현 사용양상 연구, 한국외국어대학교 교육대학원 석사학위논문.
유나(2013), 한국어와 중국어의 의무양태·증거양태에 대한 비교 연구, 단국대학교 대학원 석사학위논문.
유덕자(1998), 외국어로서의 한국어 관용어 교육, 이화여자대학교 대학원 석사학위논문.
유민애(2012), 한국어 추측 표현의 교육 내용 연구, 서울대학교 대학원 석사학위논문.
유창(2011), 중국인 학습자를 위한 한국어 「추측」과 「의지」표현의 교수 방안 연구, 부산외국어대학교 대학원 석사학위논문.
유현정(2011), 스토리텔링을 활용한 한국어 표현교육 방안 연구: 다큐멘터리 텍스트를 중심으로, 한성대학교 대학원 석사학위논문.
유형선(2001), '거절'과 관련된 표현에 대한 연구, 어문연구 110, 한국어문교육연구회. pp.5~20.
윤상호(2012), 한국어 교육을 위한 의례적 인사표현 용법 연구, 세종대학교 대학원 석사학위논문.
윤소정(2013), 만화를 활용한 한국어 반언어적 의사소통 교육, 충북대학교 교육대학원 석사학위논문.
이경주(2008), 한국어 학습자를 위한 우호적 청자반응표현 연구, 한국외국어대학교 교육대학원 석사학위논문.
이광호(2000), 실용 한국어 표현론, 영한.
이문화(2013), 중국어 '被' 구문과 대응되는 한국어 표현 연구: 병렬말뭉치를 중심으로, 연세대학교 대학원 석사학위논문.
이미지(2012), 한국어 교육을 위한 감정표현 어휘 연구, 부경대학교 대학원 박사학위논문.
이민경(2011), 한국어 감정 관련 표현의 교육 방안, 동덕여자대학교 대학원 석사학위논문.
이사묘(2013), 한·중 요청발화의 공손표현 연구, 경희대학교 대학원 석사학위논문.
이상미(2013), 한국어 감정표현 교육 방안 연구: 초급단계 학습자를 대상으로, 부산대학교 대학원 석사학위논문.
이승혜(2012), 한국어교육 전공 학위논문의 담화표지 분석, 부산외국어대학교 대학원 석사학위논문.
이연정(2011), 광고에 나타난 은유표현의 한국어 교육에서의 활용방안 연구, 어문연구

151, 한국어문교육연구회. pp.467~489.
이은주(2010), 한국어 학습자를 위한 위로표현 교육방안 연구, 동국대학교 대학원 석사학위논문.
이정희(2010), 일본어 「てしまう」와 「てしまった」에 대한 한국어 대응표현 고찰, 경희대학교 대학원 석사학위논문.
이준호(2012), 학술 텍스트에 나타난 한국어 헤지 표현 선정 연구, 이중언어학 49, 이중언어학회. pp.269~297.
이지영(2009), 한국어 교육을 위한 감정 표현 연구, 한국어 의미학 29, 한국어의미학회. pp.201~227.
이홍염(2011), 한 · 중 맞장구 표현 대조 연구, 한양대학교 대학원 석사학위논문.
이환환(2013), 중국인 한국어 학습자의 발표문에 나타난 화제 층위 담화표지 연구, 경희대학교 대학원 석사학위논문.
임금선(2008), 공감적 화법 능력 신장을 위한 비언어적 표현 교육 방안 연구, 한국어와 문화 4, 숙명여자대학교 한국어문화연구소. pp.235~285.
장단화(2011), 중국인 학습자를 위한 한국어 추측 표현 교육 방안 연구, 경희대학교 대학원 석사학위논문.
장영(2012), 중국 학습자를 위한 한국어 신체 관용 표현의 교수 방안, 공주대학교 대학원 석사학위논문.
적령(2013), 중국인 학습자를 위한 한국어 미각표현 교육 방안 연구, 부산대학교 대학원 석사학위논문.
전나영(2003), 일본어권 학습자를 위한 한국어 교육: 한국어 피동성 표현의 교수 모형, 경진문화사.
전혜영(2005), 한국어 공손표현의 교육 방안, 이중언어학 29, 이중언어학회. pp.347~368.
정선민(2012), 한국어 교육에서의 인사 표현 연구, 대진대학교 대학원 석사학위논문.
정선주(2006), 한국어 교육에서의 감탄 표현 연구, 학술대회 발표집, 한국언어문화교육학회. pp.123~133.
정수민(2011), 중국인 한국어 학습자의 과제 유형에 따른 피동 표현 습득 연구, 이화여자대학교 국제대학원 석사학위논문.
정순영(2012), 여성 결혼이민자를 위한 한국어 교재에 나타난 요청 표현 연구: 드라마에 나타난 요청 표현과 비교하여, 영남대학교 대학원 석사학위논문.
정인경(2013), 초급 학습자를 위한 연어 교육 방안 연구: '체언+용언' 형을 중심으로, 선문대학교 대학원 석사학위논문.
정진철(2013), 한국어의 추측 표현 연구: 제시 순서에 따른 교수–학습 모형의 설계를 중심으로, 서울시립대학교 대학원 석사학위논문.
조민정 외(2009), 상용표현의 담화 기능 분석, 외국어로서의 한국어교육 34, 연세대학교 언어연구교육원 한국어학당. pp.465~492.
조영주(2011), 발화개시표현에 대한 한·일 대조연구, 중앙대학교 대학원 석사학위논문.
조옥이(2008), 외국인 학습자를 위한 한국어 줄임 표현 연구: 유형 분류와 교육 목록 선정을 중심으로, 배재대학교 대학원 석사학위논문.
조윤형(2012), 한국어 부정적 감정 표현 상황에서 핵억양 실현 양상 연구: 중국어권 학습자를 대상으로, 한국외국어대학교 대학원 석사학위논문.
조인정(2011), 표현 문형 '-은/는 것이다'의 담화 기능, 한국어교육 22-2, 국제한국어교육학회. pp.329~349.
조준학(1994), 중복 표현과 한자 교육, 한국어교육 5, 국제한국어교육학회. pp.97~108.
조하(2013), 중국어권 학습자를 위한 한·중 한국어 교재에 나타난 인과관계 표현 분석 연구, 상명대학교 교육대학원 석사학위논문.
조현용(2003), 비언어적 행위 관련 한국어 관용표현 교육 연구, 한국어교육 14-1, 국제한국어교육학회. pp.279~297.
조혜인(2011), 한국어 교육용 관용표현 목록 선정 연구, 경희대학교 교육대학원 석사학위논문.
종선(2009), 한·중 관용표현의 의미에 대한 서사적 접근: 한국어교육과 관련하여, 건국대학교 대학원 석사학위논문.
周元媛(2013), 한국어 인사 표현 연구: 중국어와의 대비를 중심으로, 충북대학교 대학원 석사학위논문.
주유나(2012), 한·중·일의 관용적 비유 표현 대조 연구: '-듯이', '-처럼', '-만큼'을 중심으로, 경희대학교 교육대학원 석사학위논문.
주재우(2007), 유추(類推)를 통한 설득 표현 교육 연구, 국어교육 122, 한국어교육학회. pp.177~199.
채영주(2010), 요청 대화에 나타난 공손 표현 사용 연구: 한국어 모어 화자와 중국인 학습자의 비교를 중심으로, 이화여자대학교 교육대학원 석사학위논문.
천재윤(2012), 영·한 감사표현에 관한 연구: 감사상황을 중심으로, 전북대학교 대학원 박사학위논문.
최경자(2011), 동화를 활용한 한국어 표현 능력 향상 방안 연구: 초등학교 다문화 가정 고학년 학생을 대상으로, 충북대학교 대학원 석사학위논문.
최금자(2011), 한·중 양보 표현에 대한 대비 연구, 충남대학교 대학원 석사학위논문.
최승원(2012), 드라마를 활용한 초급 한국어 인사표현 교수 방안 연구: 여성결혼이민자를 대상으로, 동국대학교 대학원 석사학위논문.
최애녕(2012), 한국어 학습자를 위한 희망 표현 교육 내용 연구, 서울대학교 대학원 석사학위논문.
최영롱(2013), 한국어 학술적 텍스트의 원인·이유 표현 연구: 한국어 모어 화자와 한국어 학습자의 보고서 비교를 통해, 연세대학교 대학원 석사학위논문.
최윤곤(2005), 한국어 구문표현 설정에 대한 연구, 한국사상과 문화 29, 한국사상문화학회. pp.317~340.
최윤곤(2009), 한국어 표현 범주의 개념과 유형, 새국어교육 83, 한국국어교육학회. pp.583~608.
최은미(2013), 그릇도식을 응용한 한국어 감정표현 교수-학습 방안 연구: 구표현을 중심으로, 한성대학교 대학원 석사학위논문.
최인자(2004), 서사표현 능력 발달의 성별 패턴 비교 연구, 국어교육 115, 한국어교육학회. pp.323~353.
최정순(2011), 한국어 표현 교육 연구, 이중언어학 47, 이중언어학회. pp.383~402.
콩판레이(2013), 한·중 부정적 감정표현의 대조 연구: '분노, 슬픔, 두려움' 을 중심으로, 부산대학교 대학원 석사학위논문.
함욱(Uk Ham) 외(2011), 이야기 표현을 통한 결혼이주여성의 한국어 교육 방안, 한국어교육 22-2, 국제한국어교육학회. pp.351~373.
허세립 외(2011), 한·중 언어표현의 차이에 대한 고찰, 한중인문학연구 33, 한중인문학회. pp.325~345.
허재영(2007), 한국어 교육에서의 준말과 생략 표현의 교재화 방안, 중등교육연구 55-1, 경북대학교 사범대학 부속 중등교육연구소. pp.251~273.
호심(2012), 중국인 고급 학습자를 위한 한국어 동물 비유 표현 교육 연구, 경희대학교 대학원 석사학위논문.
홍승연(2011), 모국어와 숙달도에 따른 한국어 추측 표현 습득 양상 연구: 중국인 한국어 학습자와 일본인 한국어 학습자를 중심으로, 이화여자대학교 국제대학원 석사학위논문.
홍승희(2012), 비언어적 표현 교육의 방안 연구, 충남대학교 대학원 석사학위논문.
Andrew Inseok Kim(1989), The Korean Language as Pragmatic-Based Discourse, 한국어교육 1, 국제한국어교육학회. pp.17~34.
Angela Lee Smith(2004), 한국어 능력 향상을 위한 은유 교수, 한국어교육 15-3, 국제한국어교육학회. pp.320~340.
Angkul Titiwat(2012), 한국어와 태국어의 공감각 표현에 대한 인지언어학적 대조 연구,

경북대학교 대학원 석사학위논문.
Fred Lukoff(1989), Clauses in 'hadoni' and 'hayottoni' and Narrative Point of View, 한국어교육 1, 국제한국어교육학회. pp.3~16.
Morya Misako(2001), 일·한「사죄」의 정형표현전략, 일본어교육연구 18, 한국일본어교육학회. pp.13~26.
Morya Misako(2002), 謝罪와 感謝의 對象과 表現: 韓日語對照硏究, 일본어교육연구 22, 한국일본어교육학회. pp.25~43.
Morya Misako(2004), 韓國語と日本語の謝罪表現と感謝表現, 일본어교육연구 28, 한국일본어교육학회. pp.43~60.
Morya Misako(2005), 日本語と韓國語の感謝の表現ストラテジ-, 일본어교육연구 34, 한국일본어교육학회. pp.125~142.
Sun, He(2012), 중국인 한국어 학습자의 의지표현 사용 양상 연구: '-(으)ㄹ게'와 '-(으)ㄹ래'를 중심으로, 이화여자대학교 국제대학원 석사학위논문.

Ⅲ-05.
듣기

강명순 외(1999), 한국어 듣기 능력 평가 방안: 숙달도 평가를 중심으로, 한국어교육 10-2, 국제한국어교육학회. pp.47~94.

곽상흔(1994), TASK 개념을 기초로 한 듣기 말하기 수업 연계 방안: INTERMEDIATE LEVEL을 대상으로, 한국어교육 5, 국제한국어교육학회. pp.199~214.

권미정(1994), 언어 숙달도(Language Proficiency) 를 위한 듣기 교육: 기초 단계를 중심으로, 한국어교육 5, 국제한국어교육학회. pp.175~197.

김미숙(2009), 영화를 활용한 한국어 듣기 수업 연구, 이화여자대학교 대학원 석사학위논문.

김민경(2013), '딕토콤프(Dicto-comp)'가 한국어 학습자의 듣기 능력과 쓰기 능력에 미치는 효과 연구, 고려대학교 대학원 석사학위논문.

김수미 외(2008), 중급 듣기 교재의 구성 원리와 실제: 연세대 중급 1 듣기 교재의 개발에 관하여, 외국어로서의 한국어교육 33, 연세대학교 언어연구교육원 한국어학당. pp.329~357.

김영규(2005), 외국어 텍스트 수정 연구가 한국어 읽기 및 듣기 교재개발에 시사하는 점, 이중언어학 29, 이중언어학회. pp.63~82.

김영아(1995), 한국어 듣기 교육: 문제점과 개발 방향, 교육한글 8, 한글학회. pp.159~176.

김윤선(2011), 드라마를 활용한 한국어 듣기 · 말하기 교육 방안 연구: 중급학습자를 대상으로, 선문대학교 교육대학원 석사학위논문.

김은정(2002), 한국어 학습자의 듣기 전략 훈련 효과에 관한 연구, 이화여자대학교 교육대학원 석사학위논문.

김의수 외(2009), 한국어 교재를 구성하는 텍스트의 통사론적 난이도와 균질성 연구: 한국어(서울대)의 본문, 듣기, 읽기를 중심으로, 어문론총 51, 한국문학언어학회. pp.1~33.

김정화 외(2002), 초급 단계에서의 듣기 자료의 실제성, 이중언어학 20, 이중언어학회. pp.69~91.

김태연 외(2007), 담화 능력 배양을 위한 한국어 듣기 텍스트 구성 방안 연구, 외국어교육연구 21, 한국외국어대학교 외국어교육연구소. pp.29~53.

김태연(2007), 담화 능력 배양을 위한 한국어 듣기 텍스트 구성 방안 연구: 한국어 교재 듣기 지문 재구성을 중심으로, 한국외국어대학교 대학원 석사학위논문.

나은진(2004), 외국인을 위한 한국어 교육 고급과정에서의 듣기: 다매체 활용을 중심으로, 이화어문논집 22, 이화어문학회. pp.139~163.

나카가와 마사오미(Nakagawa Masaomi)(2008), 학문 목적 한국어 듣기 교육의 현황과 과제: 일본어교육에서의 선행연구와 비교하여, 한국어교육 19-1, 국제한국어교육학회. pp.25~54.

노선미(2007), 학문 목적 한국어 학습자의 강의 듣기 전략 교육 연구, 배재대학교 대학원 석사학위논문.

노성화(2012), 중국 국내 한국어 듣기 교재 연구: 제시대화문의 실질형태소 범주별 쓰임을 중심으로, 외국어로서의 한국어교육 37, 연세대학교 언어연구교육원 한국어학당. pp.125~138.

노은희(2008), 말하기, 듣기 교육과정의 비언어적 표현 내용에 관한 비판적 고찰, 한국어학 39, 한국어학회. pp.159~189.

두도장(Tao Zhang Du) 외(2010), 영화를 활용한 한국어 듣기 말하기 통합 교육 방안: 중국 현지 대학생을 대상으로, 언어정보와 사전편찬 26, 연세대학교 언어정보연구원. pp.227~265.

마쯔자키 마히루(Mahiru Matsuzaki)(2006), 실제적인 대화 자료 작성에 관한 연구: 대화분석으로 본 청취교재, 한국어교육 17-1, 국제한국어교육학회. pp.133~161.

문화관광부(2001), "한국어" 초급(말하기·듣기) 교사용 지침서 개발, 문화관광부.

박명실(2011), 드라마를 활용한 한국어 교육방법 연구: 듣기-말하기 교육을 중심으로, 건양대학교 보건복지대학원 석사학위논문.

박미경(1994), 한국어 듣기 수업에 있어서 과제 해결적(Task-based) 접근, 한국어교육 5, 국제한국어교육학회. pp.215~231.

박민신(2008), 한국어 듣기 평가 텍스트의 진정성 연구: 대화형 텍스트의 상호작용적 측면을 중심으로, 한국어교육 19-1, 국제한국어교육학회. pp.1~20.

박인애(2011), 한국어 듣기 교육 연구 동향 분석, 언어학연구 19, 한국중원언어학회. pp.97~118.

박진희(2012), 딕토글로스를 활용한 초급 한국어 듣기 교육 방안, 국어교과교육연구 20,

국어교과교육학회. pp.87~101.
박진희(2013), 상호작용과 영역 통합 활동 중심의 듣기 교육 방안, 전남대학교 대학원 석사학위논문.
박헤레나(2011), 외국어로서의 한국어 듣기 교육을 위한 현실 발음 유형 연구, 연세대학교 교육대학원 석사학위논문.
반소연(2010), 일반 한국어능력시험 고급 시험의 듣기 텍스트 연구: 상황 맥락을 중심으로, 고려대학교 교육대학원 석사학위논문.
배윤경(2011), 한국인·외국인 간 강의 듣기 전략의 사용 양상 비교, 한국어교육 22-2, 국제한국어교육학회. pp.213~232.
변경희(2009), 영화를 활용한 한국어 듣기 능력 향상 방안 연구: 포컬 스킬즈 무비 테크닉을 적용한, 계명대학교 대학원 석사학위논문.
손정란(2009), 노트 필기 전략 훈련이 학문 목적 한국어 학습자의 강의 듣기에 미치는 효과, 이화여자대학교 국제대학원 석사학위논문.
손해숙(2011), 딕토글로스(Dictogloss)를 활용한 한국어 듣기 학습 방안 연구, 대구가톨릭대학교 대학원 석사학위논문.
송영승(2013), 한국어능력시험의 초급 듣기영역 문항 분석 연구, 영남대학교 대학원 석사학위논문.
송종윤(2011), 외국인을 위한 한글 듣기 교육용 콘텐츠의 설계 및 구현, 부산외국어대학교 대학원 석사학위논문.
심마니(2011), 자기주도적 한국어 듣기 학습 지도 방안 연구, 부산외국어대학교 대학원 석사학위논문.
안미란(2007), 학문 목적의 한국어 듣기 평가: 대학 지원자의 학업능력평가를 중심으로, 이중언어학 34, 이중언어학회. pp.247~270.
양명희 외(2011), 한국어 듣기교육론, 신구문화사.
염수진(2004), 웹 기반 한국어 듣기 교육에 대한 연구, 고려대학교 교육대학원 석사학위논문.
오상미(2011), 한국어능력시험 듣기 텍스트의 실제성 연구: 중·고급을 중심으로, 동국대학교 대학원 석사학위논문.
오선경(2006), 대학 수학 목적의 한국어 듣기 교육 방안 연구: 강의 담화의 특질과 듣기 전략 적용을 중심으로, 고려대학교 교육대학원 석사학위논문.
오선경(2007), 학문 목적의 한국어 듣기 교육을 위한 강의 담화 분석, 한국어교육 18-2, 국제한국어교육학회. pp.199~220.
오은영(2010), 시트콤을 활용한 한국어 듣기 교육 방법: '거침없이 하이킥'을 중심으로,

선문대학교 교육대학원 석사학위논문.
왕나(2011), 영화를 활용한 한국어 듣기 · 말하기 지도 방안: 중국어권 학습자를 대상으로, 상명대학교 대학원 석사학위논문.
왕혜(2012), 한국어 호칭어와 지칭어 교육 방안 연구: 듣기 교육을 중심으로, 호서대학교 대학원 석사학위논문.
왕효성(2010), 대본 미리 읽기가 듣기에 미치는 효과: 중국인 대학생의 한국 시트콤 시청을 중심으로, 고려대학교 대학원 석사학위논문.
우인혜(2010), 한국어 교육 전공자를 위한 듣기교육법 강의모델 개발, 비교한국학 18, 국제비교한국학회. pp.91~116.
우파(2012), 중국 학습자의 한국어 듣기 교육 방법에 대한 연구, 건양대학교 대학원 석사학위논문
유소정(2012), 외국어능력시험과의 비교를 통한 한국어능력시험 듣기 문항 분석 연구, 경희대학교 교육대학원 석사학위논문.
유우(2013), 한국어 고급 학습자를 위한 TV 뉴스 듣기 교육 방안 연구: 중국인 학습자를 대상으로, 세종대학교 대학원 석사학위논문.
윤민애(2011), 여성 결혼이민자의 한국어 듣기, 읽기 상관관계와 전이 연구, 영남대학교 대학원 석사학위논문.
윤신애 외(2010), 학문 목적 한국어 듣기 · 말하기 과제 중심 요구 분석: 중국인 이공계열 유학생을 중심으로, 한국어교육 21-3, 국제한국어교육학회. pp.159~188.
윤신애(2008), 학문 목적 한국어 듣기 · 말하기 필요 분석 연구: 외국인 유학생과 한국어 교사를 대상으로, 이화여자대학교 교육대학원 석사학위논문.
이미향(2011), 한국어 듣기 교수, 학습의 상호교섭성 재고, 국제한국어교육학회 추계학술발표논문집, 국제한국어교육학회. pp.125~142.
이미혜(2011), 드라마를 활용한 듣기 중심의 한국어 수업 구성: 수업 모형과 비디오 클립 제작을 중심으로, 외국어로서의 한국어교육 36, 연세대학교 언어연구교육원 한국어학당. pp.189~216.
이빈(2011), 학문목적 중국인 학습자를 위한 한국어 듣기 교재의 내용 선정 연구, 영남대학교 대학원 석사학위논문.
이유미(2011), 학문 목적 한국어 학습자를 위한 강의 듣기 수업 구성 방안: 메모하기 전략을 중심으로, 국제한국어교육학회 추계학술발표논문집, 국제한국어교육학회. pp.107~121.
이은진(2012), 한국어능력시험(TOPIK) 듣기 영역 지문의 유형과 높임법 사용 양상 연구, 한국외국어대학교 교육대학원 석사학위논문.

이인순 외(Ren Shun Li)(2012), 공익광고를 활용한 중국어권 학습자 듣기 교수 방안 연구, 새국어교육 91, 한국국어교육학회. pp.193~223.

이중진(2010), 청취와 음성 산출 실험을 통한 몽골인 학습자의 한국어 단모음 오류 연구, 한국어교육 21-3, 국제한국어교육학회. pp.189~207.

이진주(1997), 과제해결 중심의 듣기 수업 구성 방안: 외국어로서의 한국어 교육 측면에서, 이화여자대학교 대학원 석사학위논문.

이해영 외(1997), TASK를 기초로 한 한국어 듣기 교육, 교육한글 10, 한글학회. pp.381~394.

이해영(1999), 한국어 듣기 교육의 원리와 수업 구성, 한국어교육 10-1, 국제한국어교육학회. pp. 241~26.

이해인(2013), 한국어 교재와 한국어능력시험의 상관관계 연구: 듣기 이해 과정을 중심으로, 한국외국어대학교 대학원 석사학위논문.

임형통(2012), 방언 노출 전략을 통한 한국어 듣기 교육 방안, 부산외국어대학교 교육대학원 석사학위논문.

장광군(2001), 중국 학생의 한국어 청취난에 대한 분석, 국어교육연구 8, 서울대학교 국어교육연구소. pp.25~43.

장회병(2012), 대중가요를 활용한 한국어 듣기 교육 방법 연구, 건양대학교 대학원 석사학위논문.

장효우(2012), 시청각 자료를 활용한 중급 한국어 듣기 교재 개발 방안 연구, 부산외국어대학교 대학원 석사학위논문.

전은주(2008), 한국어 능력 시험 평가 문항의 내용타당도 분석: 제12회 일반 한국어(S-TOPIK)의 쓰기, 듣기, 읽기 영역을 중심으로, 국어교육학연구 31, 국어교육학회. pp.129~165.

전은주(2011), 한국어 말하기 듣기교육에서 실제성 원리의 적용 층위와 내용, 새국어교육 89, 한국국어교육학회. pp.553~575.

정선화(2009), 구어적 특성을 반영한 듣기교재 구성에 관한 연구, 어문논집 40, 중앙어문학회. pp.67~99.

정선화(2011), 구어의 특성을 반영한 한국어 듣기 교육 연구, 중앙대학교 대학원 박사학위논문.

정선화(2011), 학습자의 구어 인식 및 인지도 조사를 바탕으로 한 구어 듣기 교육에 관한 연구, 세계한국어문학회 학술대회2011, 세계한국어문학회. pp.55~72.

정연심(2013), 한국어 듣기 텍스트 구성의 실제성 연구: 텍스트 개작의 방법으로, 영남대학교 대학원 석사학위논문.

제효봉(Xiao Feng Qi)(2010), 한국어 호칭어 교육 방안 연구: 듣기 교육을 중심으로, 국어교육연구 25, 서울대학교 국어교육연구소. pp.271~310.
조남민 외(2011), 듣기를 통한 한국어 발음 평가 효용성에 관한 연구, 한국언어문화교육학회 학술대회, 한국언어문화교육학회. pp.187~203.
조위수(2008), 과제 중심의 한국어 말하기, 듣기 연계 교육 방안, 외국어로서의 한국어교육 33, 연세대학교 언어연구교육원 한국어학당. pp.169~199.
조윤정(2010), 한국어 듣기 텍스트의 실제성 연구, 부산대학교 대학원 석사학위논문.
조항록(1993), 외국어로서의 한국어 듣기 교육에 관한 일 고찰, 외국어로서의 한국어교육 18, 연세대학교 언어연구교육원 한국어학당. pp.171~187.
조항록(2006), 효율적인 한국어 듣기 교육을 위한 기본 원리와 실제, 한국언어문화학 3-1, 국제한국언어문화학회. pp.153~176.
조혜진(2012), 듣기 교육의 실제성 요소가 교육 효과에 미치는 영향, 고려대학교 대학원 석사학위논문.
지현숙(2009), 실세계 접근을 통한 학문 목적 한국어 듣기 교재의 설계 방안, 우리어문연구 33, 우리어문학회. pp.583~614.
진교어(2009), 영화 · 드라마를 활용한 과정 중심 한국어 듣기 수업모형 연구: 중국 대학에서의 한국어 전공자를 대상으로, 배재대학교 대학원 석사학위논문.
진연주(2013), 듣기 텍스트 유형에 따른 듣기 전략 연구: 한국어능력시험 듣기 문항 대상으로, 고려대학교 교육대학원 석사학위논문.
최문석(2011), 입출력 강화를 통한 한국어 듣기 교육 방안 연구: 듣고 재구성하기 과제의 활용을 중심으로, 이중언어학 47, 이중언어학회. pp.217~241.
최문석(2012), 입출력 강화를 통한 한국어 듣기 교육 연구, 경희대학교 대학원 박사학위논문.
최수정(2012), 상위인지전략 훈련이 한국어 듣기 학습에 미치는 영향 연구, 고려대학교 교육대학원 석사학위논문.
최숙희(2013), 한국어능력시험 듣기 지문의 성역할 이데올로기에 관한 연구: 남녀 대화를 중심으로, 건국대학교 대학원 석사학위논문.
최은영(2012), 한국어 학습자를 위한 TV 뉴스 듣기 교육 방안 연구, 상명대학교 교육대학원 석사학위논문.
최은지(2005), 광초점 듣기 전략 교수–학습과 협초점 듣기 전략 교수-학습의 효과 비교: 중급 한국어 학습자를 중심으로, 고려대학교 대학원 석사학위논문.
최은지(2007), 한국어 듣기 교재 내 음성 자료 속도의 실제성, 한국어교육 18-1, 국제한국어교육학회. pp.401~427.
최진희(2011), 경북지역 여성결혼이민자를 위한 방언 교육 연구: 듣기와 말하기를 중심으로, 대구가톨릭대학교 대학원 석사학위논문.
팽언(2011), 한국어 듣기 능력 신장을 위한 교수·학습 방안에 관한 연구, 중앙대학교 대학원 석사학위논문.
한경화(2011), 영상매체를 활용한 한국어 듣기 교육 연구, 우석대학교 대학원 석사학위논문.
한수민(2012), 한국어 학습자의 듣기전략 사용 연구: 중국인 중급 학습자를 중심으로, 계명대학교 대학원 석사학위논문.
허지은(2007), 상세화가 초급 한국어 학습자의 듣기 이해에 미치는 영향, 이화여자대학교 대학원 석사학위논문.
황정현(2009), 고비중 한국어 시험 설계의 타당도 연구: 듣기 영역을 중심으로, 배재대학교 대학원 석사학위논문.

Ⅲ-06.
이해

구은미(2011), 다문화 가정의 문해교육 활성화 방안 연구, 강남대학교 교육대학원 석사학위논문.

국제한국어교육학회(2009), 한국어 이해교육론, 형설출판사.

김애원(2004), 재외동포를 위한 한국이해교육: 문화교육을 중심으로, 이화여자대학교 교육대학원 석사학위논문.

김영규(2011), 한국어 이해 교육의 연구 경향 분석, 이중언어학 47, 이중언어학회. pp.403~422.

김지혜(2011), 한국어 고급 학습자를 위한 소설 텍스트의 정서 이해 교육 연구, 서울대학교 대학원 석사학위논문.

김치리(2012), 담화 표지어 활용 전략이 한국어 읽기 이해에 미치는 영향, 이화여자대학교 교육대학원 석사학위논문.

김하령(2008), 읽기과정 중 과제 유형과 텍스트 유형이 한국어 읽기 이해에 미치는 영향, 이화여자대학교 대학원 석사학위논문.

김호정(2011), 텍스트 상세화가 청각장애아동의 내용교과 텍스트 읽기 이해에 미치는 효과, 단국대학교 대학원 박사학위논문.

노미경(2011), 읽기 전 활동 유형이 한국어 읽기 이해에 미치는 영향: 설명적 텍스트를 중심으로, 경희대학교 대학원 석사학위논문.

니시자와 토시유키(西澤俊幸)(1999), 타문화 이해를 위한 방법, 한일교육연구 5, 한일합동교육연구회. pp.33~47.

민유미(2011), 모국어와 숙달도에 따른 담화표지 '뭐'의 의미 기능 이해: 중국인 학습자와 일본인 학습자를 대상으로, 이화여자대학교 국제대학원 석사학위논문.

선주원(2012), 다문화 소설에 형상화된 이주 여성에 대한 공감적 이해와 소설교육, 국어교육 138, 한국어교육학회. pp.299~329.

소지영(2009), 유학 준비생을 위한 한국어 이해교육 방안 연구, 학술대회2009, 한국언어문화교육학회. pp.229~245.

송영복(2012), 음독 중심 한국어 수업이 다문화 학습자의 읽기 유창성과 이해도에 미치는 효과, 고려대학교 대학원 박사학위논문.

신수영 외(2010), 결혼이주여성을 위한 한국어 교실 체험에 담긴 문해교육의 의미 탐색, 교육인류학연구 13, 한국교육인류학회. pp.83~113.

오다케 키요미(Otake Kiyomi)(2004), 한국어교육과 한국 문화의 이해: 일본에서 번역, 출판된 한국 그림책을 중심으로, 국어교육연구 14, 서울대학교 국어교육연구소. pp.255~277.

오지혜(2012), 시적 텍스트 변형을 통한 한국어 어감 이해 교육 연구, 서울대학교 대학원 박사학위논문.

왕단(Wang Dan)(2005), 중국인 학습자의 한국어 형용사 이해 · 사용에 나타난 오류에 관한 연구, Korean 연구와 교육 1, 이화여자대학교 한국어문학연구소. pp.69~91.

우윤미(2010), 소리 내어 읽기가 한국어 이해력 및 정의적 요인에 미치는 영향 연구: 국외 중급 중국인 학습자를 대상으로, 경희대학교 교육대학원 석사학위논문.

윤새롬(2009), 알고 있는 단어의 텍스트 점유율이 한국어 읽기 이해 및 우연적 어휘 학습에 미치는 영향, 이화여자대학교 국제대학원 석사학위논문.

이승은(2007), 텍스트 상세화가 한국어 학습자의 읽기 이해에 미치는 영향, 한국어교육 18-2, 국제한국어교육학회. pp.311~331.

이은화(2011), 중국, 베트남 여성결혼이민자의 한국전래동화 이해도 연구, 한국외국어대학교 교육대학원 석사학위논문.

이준호(2010), 한국어능력시험에서의 추론 기술 평가 연구: 이해 영역을 중심으로, 한국어학 46, 한국어학회. pp.317~351.

이해영(2005), 한국어 이해능력 평가의 원리 및 실제, 한국어교육 16-3, 국제한국어교육학회. pp.275~304.

이홍매(2009), 이해 변인에 의한 학습자 중심 한국어 읽기 수업의 구성 방안, 한국언어문화학 6-2, 국제한국언어문화학회. pp.133~162.

장지영(2009), 문맥을 통한 어휘추론 전략의 교수가 우연적 한국어 어휘학습과 읽기 이해에 미치는 영향, 이화여자대학교 교육대학원 석사학위논문.

전태현(2007), 인도네시아 하사누딘대학교의 한국이해 교육, 한국언어문화학 4-2, 국제한국언어문화학회. pp.215~235.

전홍(2012), 한국어 학습자의 상호작용적 시 읽기 양상 연구: 문화 이해를 중심으로, 국어교육연구 29, 서울대학교 국어교육연구소. pp.185~217.

정대용(2011), 결혼 이민 여성의 문해 교육 경험이 생활 적응 과정에 미치는 의미, 숭실대학교 대학원 박사학위논문.

정선화(2010), 질문 유형이 읽기 이해에 미치는 영향, 어문연구 145, 한국어문교육연구회. pp.489~513.

조아라(2011), 한국어 어휘 능력에 따른 다문화 가정 아동과 일반 가정 아동의 이야기 산출 및 이해 능력 비교, 이화여자대학교 대학원 석사학위논문.

최승식(2011), 한국어교육 학습자의 학업 문식성 신장 요건, 국내학술제 2, 고려대학교 한국어문교육연구소. pp.125~133.

판띠홍하(2011), 베트남 학습자를 위한 텔레비전 뉴스 이해 교육 연구, 서울대학교 대학원 석사학위논문.

허지은(2007), 상세화가 초급 한국어 학습자의 듣기 이해에 미치는 영향, 이화여자대학교 대학원 석사학위논문.

홍종명(2010), 한국어 교육에서 문어 입력 수정이 읽기 이해에 미치는 영향, 외국어교육연구 24-2, 한국외국어대학교 외국어교육연구소. pp.1~18.

Ⅲ-07.
읽기

강명순(1999), 독해력 향상을 위한 한국어 읽기 교육 방안, 외국어로서의 한국어교육 23, 연세대학교 언어연구교육원 한국어학당. pp.1~15.

고명균(2004), 한국어 읽기교육에 대한 연구, 언어와 문화 1-1, 한국언어문화교육학회. pp.45~62.

구민지(2011), 읽기 텍스트 난이도 측정법 연구: 학문목적 한국어 고급 읽기 교재 수록 텍스트를 대상으로, 한국어교육 22-2, 국제한국어교육학회. pp.27~48.

구민지(2012), 한국어 읽기 교육 이해질문 분석 연구: 학문 목적 한국어 교재의 읽기 텍스트 이해질문을 대상으로, 새국어교육 92, 한국국어교육학회. pp.495~522.

구민지(2013), 한국어 읽기 교육을 위한 텍스트 난이도 측정법 연구, 가톨릭대학교 대학원 박사학위논문.

권미정(1999), 외국어로서의 한국어 읽기 교육: 독해 전략을 통한 효율적인 읽기 방안, 한국어교육 10-1, 국제한국어교육학회. pp.1~28.

권승임(2011), 여성결혼이민자를 위한 읽기 자료 개발과 활용 방안 연구, 한양대학교 교육대학원 석사학위논문.

권혜경(2010), 한국어 읽기교육 연구의 흐름과 동향, 언어학연구 16, 한국중원언어학회. pp.1~26.

기준성(2009), 중국어권 한국어 학습자의 읽기 전략 연구, 상명대학교 대학원 박사학위논문.

기준성(2010), 중국어권 한국어 학습자의 숙달도별 읽기 전략 연구, 한국어교육 21-2, 국제한국어교육학회. pp.29~58.

기준성(2011), 한국어 읽기 전략, 한국문화사.

김경령(2009), Lectio지수를 활용한 외국인 유학생의 한국어 읽기 능력 연구, 이중언어학 41, 이중언어학회. pp.27~55.

김경령(2010), 학문목적 유학생들의 독해력 지수와 읽기 전략, 동기 변인들과의 상관관계 연구, 한국어교육 21-4, 국제한국어교육학회. pp.25~50.
김경숙(2012), 외국어로서의 한국어 읽기교육에 대한 한 견해, 외국어로서의 한국어교육 8-1, 연세대학교.
김경표(2009), 확장형 읽기를 활용한 한국어 읽기 교육 방안: 개인적 읽기 텍스트를 중심으로, 경희대학교 교육대학원 석사학위논문.
김계현(2009), 학문 목적 학습자를 위한 읽기 전략 사용 연구: 그래픽 조직자를 활용한 읽기 전략을 중심으로, 경희대학교 교육대학원 석사학위논문.
김다혜(2007), 학문 목적 한국어 학습자의 읽기 능력 향상을 위한 마인드맵 활용 연구, 이화여자대학교 교육대학원 석사학위논문.
김도남(2006), 정서 함양 읽기 교육 방향, 국어교육 120, 한국어교육학회. pp.287~324.
김동환(2010), 한국어교육의 효율성 제고를 위한 읽기텍스트 선정 전략 연구: 문화교육을 위한 현대소설 제재를 중심으로, 국어교육학연구 39, 국어교육학회. pp.133~167.
김미옥(1992), 읽기 교육에 관한 연구, 외국어로서의 한국어교육 17, 연세대학교 언어연구교육원 한국어학당. pp.5~14.
김미옥(2008), 읽기 교육의 효과적 방법, 외국어로서의 한국어교육 33, 연세대학교 언어연구교육원 한국어학당. pp.43~77.
김미희(2012), 한국어 독해력 향상을 위한 한·중 대학생 읽기 전략 비교 연구, 한양대학교 교육대학원 석사학위논문.
김서형(2008), 의미 단위 지도를 통한 한국어 읽기 능력 신장 방안, 이중언어학 38, 이중언어학회. pp.69~93.
김선용(2011), 결혼이민자 자녀를 위한 읽기 능력 향상 방안 연구: 저소득층 중심으로, 배재대학교 대학원 석사학위논문.
김선희(2008), 교회의 외국인 근로자 문해교육 활동, 한국HRD연구 3, 중앙대학교 한국인적자원개발전략연구소. pp.63~86.
김성은(2005), 담화 구조 학습이 읽기에 미치는 영향: 설명적 텍스트를 중심으로, 외국어로서의 한국어교육 30, 연세대학교 언어연구교육원 한국어학당. pp.45~76.
김성은(2005), 담화 구조 학습이 읽기에 미치는 영향: 설명적 텍스트를 중심으로, 이화여자대학교 대학원 석사학위논문.
김성희(2012), 다문화가정 육아를 위한 읽기 교육용 기본어휘 선정 연구, 경희대학교 교육대학원 석사학위논문.
김소현(2011), 육하원칙을 활용한 외국인의 전래 동화 읽기 교육 방안, 대불대학교 대학원 석사학위논문.

김솔(2012), 초·중급 중국어 학습자를 위한 전래동화 읽기 교육방안: '牛郎織女' 중심으로, 순천대학교 교육대학원 석사학위논문.

김수정(2009), 한국어 교육에서 확장형 읽기(extensive reading) 활동을 통한 독해력과 어휘력 증진 효과: 신문기사문을 중심으로, 외국어로서의 한국어교육 34, 연세대학교 언어연구교육원 한국어학당. pp.129~156.

김수정(2013), 공동체 활동 중심의 한국어 확장형 읽기 교수·학습 설계 및 적용 연구, 부산외국어대학교 대학원 박사학위논문.

김수진(2012), 드라마 영상만화 활용 한국어 교육 방안: 읽기와 말하기를 중심으로, 충북대학교 대학원 석사학위논문.

김수홍(2011), 읽기폭 검사를 통한 한국어 읽기 능력 측정 연구: 여성결혼이민자를 대상으로, 한국외국어대학교 대학원 석사학위논문.

김수희(2013), 여성 결혼이민자를 위한 한국어 교재의 읽기 텍스트 연구: 중급 학습자를 대상으로, 대구가톨릭대학교 대학원 석사학위논문.

김슬기(2011), 읽기 전 활동 유형에 따른 배경 지식과 영어 읽기 수행 능력 향상의 차이, 세종대학교 대학원 석사학위논문.

김영규 외(2009), 상세화를 통한 한국어 텍스트의 이독성 향상 방안 연구, 이중언어학 41, 이중언어학회. pp.57~81.

김영규(2005), 외국어 텍스트 수정 연구가 한국어 읽기 및 듣기 교재개발에 시사하는 점, 이중언어학 29, 이중언어학회. pp.63~82.

김영란(2012), 한국인과 중국인의 한국어 문장 끊어 읽기에 대한 실험음성학적 고찰, 한양대학교 대학원 석사학위논문.

김영주(2006), 고급 한국어 읽기 수업에서 정보 처리 접근법을 이용한 문화 교육, 한국어교육 17-3, 국제한국어교육학회. pp.27~54.

김용현 외(2012), 문화 체험을 통한 읽기, 쓰기 통합 교육: 고급 학습자를 대상으로, 국제한국어교육학회 춘계학술발표논문집, 국제한국어교육학회. pp.323~331.

김율희(2010), 여성결혼이민자를 위한 생활 중심 읽기 교재 개발 방안, 국어교과교육연구 17, 국어교과교육학회. pp.119~138.

김율희(2011), 여성결혼이민자를 위한 생활 중심 읽기 교재 개발 방안, 전남대학교 대학원 석사학위논문.

김은정(2012), 전래동화를 활용한 읽기 교육 방안 연구: 성인 초급 학습자를 중심으로, 세종대학교 대학원 석사학위논문.

김의수 외(2009), 한국어 교재를 구성하는 텍스트의 통사론적 난이도와 균질성 연구: 한국어(서울대)의 본문, 듣기, 읽기를 중심으로, 어문론총 51, 한국문학언어학회.

pp.1~33.
김인애(2012), 한국어 읽기와 쓰기의 통합 교육 방안 연구, 충남대학교 대학원 석사학위논문.
김장식(2011), 한국어능력시험 읽기 영역 텍스트의 이독성 분석 연구, 부산외국어대학교 대학원 석사학위논문.
김재욱(2010), 한국어 읽기에서의 문법 교육, 문법 교육 12, 한국문법교육학회. pp.117~138.
김정숙(1996), 담화 능력 배양을 위한 읽기 교육 방안, 한국어교육 7, 국제한국어교육학회. pp.295~309.
김정숙(2004), 한국어 읽기, 쓰기 교재 개발 방안 연구: 교수요목의 유형과 과제 구성을 중심으로, 한국어교육 15-3, 국제한국어교육학회. pp.1~22.
김정숙(2006), 고급 단계 한국어 읽기 자료 개발 방안, 이중언어학 32, 이중언어학회. pp.139~158.
김정은 외(2013), 한국어능력시험 읽기 영역의 언어권에 따른 차별 기능 문항 분석, 외국어로서의 한국어교육 38, 연세대학교 언어연구교육원 한국어학당. pp.67~105.
김정은(2011), 한국어능력시험(TOPIK) 읽기 영역의 차별기능문항 분석, 연세대학교 교육대학원 석사학위논문.
김정화(2009), 한국어 읽기 학습과 자기주도 학습능력과의 상관관계 연구, 한국외국어대학교 교육대학원 석사학위논문.
김중섭(2002), 동남아시아 지역 학습자를 위한 한국어 읽기 교육의 실제, 언어연구 19, 경희대학교 언어연구소. pp.91~110.
김중섭(2002), 중국인 학습자를 위한 한국어 읽기 교육 방법 연구, 한국어교육 13-1, 국제한국어교육학회. pp.47~67.
김진숙(2012), 한국, 한국인, 한국 문화 읽기: 외국인을 위한 한국 문화 교재 개발 포트폴리오, 이화여자대학교 외국어교육특수대학원 석사학위논문.
김진아(2011), 한국어 읽기 교재 지문의 맥락 분석, 한국문법교육학회 학술발표논문집, 한국문법교육학회. pp.146~157.
김진아(2013), 학문 목적 학습자를 위한 맥락 접근 한국어 읽기 교육 연구, 서울여자대학교 대학원 박사학위논문.
김창아(2011), 한국어 문학읽기 교재구성 방안 연구: 초급 학습자를 대상으로, 인하대학교 교육대학원 석사학위논문.
김충실(Zhong Shi Jin)(2011), 텍스트문법에 기초한 한국어 읽기 교육 방안: 초급과 중급 학습자를 대상으로, 텍스트언어학 30, 한국텍스트언어학회. pp.1~15.
김치리(2012), 담화 표지어 활용 전략이 한국어 읽기 이해에 미치는 영향, 이화여자대학

교 교육대학원 석사학위논문.
김태자 외(2006), 외국인을 위한 한국어 읽기 교육의 화용론적 인식지도, 인문과학연구 11, 전주대학교 인문과학종합연구소. pp.249~280.
김하령(2008), 읽기과정 중 과제 유형과 텍스트 유형이 한국어 읽기 이해에 미치는 영향, 이화여자대학교 대학원 석사학위논문.
김한샘(2012), 언어경험접근법을 적용한 한국어 읽기 교육 연구: 사회통합프로그램 학습자를 중심으로, 인하대학교 교육대학원 석사학위논문.
김해영(2008), 한국어 교재의 읽기 텍스트 분석을 통한 문화 교육 내용 연구, 학술대회, 한국언어문화교육학회. pp.105~114.
김현정(2012), 제2언어로서의 한국어 교육을 위한 읽기 교재 개발 방안: 초등학교 저학년 교재를 중심으로, 이화여자대학교 교육대학원 석사학위논문.
김혜경(2012), 그래픽 조직자를 활용한 한국어 읽기-쓰기 활동이 학습자의 요약능력 향상에 미치는 영향 연구: 설명적 텍스트 구조를 중심으로, 선문대학교 교육대학원 석사학위논문.
김혜련(2004), 학습자 중심의 한국어 읽기 교재 개발 연구, 한국외국어대학교 교육대학원 석사학위논문.
김혜영(2012), 한국어 교육에서 수준별 소설 텍스트 선정을 위한 연구, 독서연구 27, 한국독서학회. pp.179~221.
김혜정(2004), 한국어 읽기 교육 전개 양상에 관한 일고, 한말연구 14, 한말연구학회.
나재진(2009), 한국어 학습자의 소집단 읽기 활동 관찰 연구: 학습자간 상호작용 양상을 중심으로, 이화여자대학교 국제대학원 석사학위논문.
노금숙(2011), 중국인 고급 학습자를 대상으로 한 한국문학 읽기 교육 연구, 서울대학교 대학원 박사학위논문.
노미경(2011), 생각말하기 활동을 통한 한국어 학습자의 읽기 전략 지도방안 연구, 배재대학교 대학원 석사학위논문.
노미경(2011), 읽기 전 활동 유형이 한국어 읽기 이해에 미치는 영향: 설명적 텍스트를 중심으로, 경희대학교 대학원 석사학위논문.
등하(2012), NIE를 활용한 한국어교육 방안 연구: 읽기 · 쓰기 통합교육을 중심으로, 대불대학교 대학원 석사학위논문.
런쭝린(2011), 중국인 한국어 학습자를 위한 전래동화 읽기 교육 방안 연구: '홍부와 놀부' 를 중심으로, 전남대학교 대학원 석사학위논문.
류혜림(2011), '단어 활성화 도구' 에 의한 한국어 어휘 교육 방안: 「연세한국어 읽기 1」을 중심으로, 한국외국어대학교 교육대학원 석사학위논문.

리준(2011), 중급 한국어 교재의 읽기 과제 분석, 한국외국어대학교 국제지역대학원 석사학위논문.
마쯔자키 마히루(2009), 한국어 읽기 질문 유형 분석 연구: 고급 과정 교재를 중심으로, 이중언어학 41, 이중언어학회. pp.111~137.
모리(2012), 학문 목적 중국인 학습자를 위한 읽기 전략 연구, 경희대학교 대학원 석사학위논문.
문보라(2009), 전래동화를 활용한 한국어 교육 방안 연구: 문화 중심 읽기 수업을 중심으로, 배재대학교 대학원 석사학위논문.
문화관광부(2001), "한국어" 초급(읽기·쓰기) 실물 교재 개발, 문화관광부.
문화관광부(2000), 한국어 초급(쓰기·읽기) 교사용 지침서 및 학습자용 워크북 개발 사업보고서: 2000년도 한국어 세계화 추진을 위한 기반 구축 사업, 문화관광부.
문희영(2000), 스키마 활성화를 통한 한국어 읽기 교육 방안, 이화여자대학교 대학원 석사학위논문.
박광근(2012), 읽기 후 쓰기 활동 교육 방안 연구: 현대소설을 중심으로, 부경대학교 교육대학원 석사학위논문.
박미희 외(2006), 유학생을 위한 읽기 교재 개발 연구: SQ3R을 통한 읽기 능력 향상을 중심으로, 한국외국어교육학회 학술대회 자료집, 한국외국어교육학회. pp.273~280.
박윤신(2005), 한국어 읽기 지문 속에 나타난 학습 어휘·문법 요소 연구: 중급 교재를 중심으로, 경희대학교 대학원 석사학위논문.
박지연(2013), 한국어 능력 시험 읽기 영역 분석과 효율적인 읽기 교육 방안: 중급 한국어 학습자를 대상으로, 청주대학교 대학원 석사학위논문.
박지윤 외(2009), 다문화 가정 학생의 읽기 능력에 관한 사례 연구, 우리말교육현장연구 3-2, 우리말교육현장학회. pp.247~283.
박효훈(Hyo Hoon Park)(2011), 학문 목적 한국어 읽기 교재의 읽기 후 활동 분석 연구, 새국어교육 88, 한국국어교육학회. pp.171~192.
백미경(2010), 여성 결혼이민자 대상 창작동화를 활용한 한국어 읽기 교육 방안, 고려대학교 교육대학원 석사학위논문.
백재파(2011), 한국어교육을 위한 읽기 텍스트의 이독성 공식 연구, 동아대학교 대학원 석사학위논문.
변혜경(2013), 읽기 문항 독해 상황에서의 읽기 전략 사용 양상 연구, 부산대학교 대학원 석사학위논문.
부해비(2012),《외국인을 위한 한국 문화 읽기》 중역, 영남대학교 대학원 석사학위논문.
뷰티반앵(2009), 한국과 베트남 초등학교 교과서 비교 연구: 읽기, 쓰기 중심으로, 광주여자대학교 대학원 석사학위논문.

사와다 히로유키(2006), 일본어 모어 한국어 학습자의 읽기 전략 사용에 관한 연구, 국어교과교육연구 11, 국어교과교육학회. pp.225~254.

서영미(2004), 읽기 전략을 이용한 집중형 읽기에 관한 연구, 언어학 12-1, 대한언어학회.

서혁 외(2007), 읽기 능력 검사 개발 연구 (1): 읽기 능력 검사의 하위 영역 설정 연구, 국어교육 123, 한국어교육학회. pp.213~242.

서혁 외(2009), 다문화가정 학생의 사회문화적 배경과 읽기 능력에 대한 사례 연구, 국어교육학연구 36, 국어교육학회. pp.393~423.

성영주(2010), 한국어 읽기 교재 분석과 구성 방안 연구, 한국외국어대학교 교육대학원 석사학위논문.

손시진(2012), 설명적 텍스트 구조가 한국어 학습자의 읽기에 미치는 효과에 관한 연구: 중국인 중급 학습자를 대상으로, 영남대학교 대학원 석사학위논문.

송영복(2009), 초등 다문화 학습자의 읽기 유창성 신장 탐구, 한국초등국어교육 41, 한국초등국어교육학회. pp.36~57.

송영복(2012), 음독 중심 한국어 수업이 다문화 학습자의 읽기 유창성과 이해도에 미치는 효과, 고려대학교 대학원 박사학위논문.

송이슬(2011), 한국어 읽기 수업에서의 읽기 후 활동 설계 및 제시 방안 연구, 배재대학교 대학원 석사학위논문.

송지연(2010), 비즈니스 한국어 텍스트 유형에 따른 읽기 전략 활용 방안 연구: 구조화 중심으로, 한국외국어대학교 교육대학원 석사학위논문.

신미진(2011), 학부모로서 필요한 한국어 능력 향상을 위한 여성 결혼 이민자의 한국어 교재 연구: 학습자 요구를 반영한 읽기 텍스트 개발 방안을 중심으로, 부경대학교 대학원 석사학위논문.

신윤경(2008), 한국어 문학 수업을 위한 읽기 · 쓰기 통합 방안, 작문연구 7, 한국작문학회. pp.107~129.

신윤경(2011), 한국어 읽기를 위한 어휘의 문화 배경지식 활용, 한국어교육 22-1, 국제한국어교육학회. pp.179~201.

신필여(2010), 이야기 구조를 활용한 한국어 읽기 교육 연구, 시학과 언어학 18, 시학과 언어학회. pp.181~205.

신희랑(2009), 요약하기 활동이 한국어 학습자의 독해 능력과 읽기 처리 능력에 미치는 영향: 학문 목적 중국인 학습자를 대상으로, 이화여자대학교 교육대학원 석사학위논문.

심상민(2001), 외국어로서의 한국어 읽기 교수, 학습 방안 연구, 우리어문연구 17, 우리어문학회. pp.93~120.

심상민(2007), 일본인 한국어 학습자와 중국인 한국어 학습자의 읽기 전략 비교 연구, 어문연구 133, 한국어문교육연구회. pp.441~465.

심상민(2009), 연구 방법과 연구 주제에 따른 한국어 읽기 연구 분석, 새국어교육 82, 한국국어교육학회. pp.257~277.

안미란(2008), 능력 기술을 바탕으로 하는 학문 목적 한국어 읽기 · 쓰기 평가 문항 유형 개발, 외국어 교육 15-1, 한국외국어교육학회. pp.521~544.

안유진(2010), 한국어능력시험 읽기 영역 학습자 반응 분석 연구: 중국어권 중급 학습자를 중심으로, 연세대학교 교육대학원 석사학위논문.

앤드류 변(Andrew Sangpil Byon)(2004), Understanding the reading process of beginning American KFL learners: using think-aloud protocols, 한국어교육 15-1, 국제한국어교육학회. pp.280~290.

양명희(2009), 한국어 교재의 읽기 텍스트 종류, 우리말글 46, 우리말글학회. pp.67~92.

양전(2011), 시를 매개로 한 한국어 읽기교육의 활성화 방안, 건국대학교 대학원 석사학위논문.

엄훈(2006), 고전 논변 텍스트를 통한 문화 읽기, 국어교육 119, 한국어교육학회. pp.95~126.

엔드류 변(2003), 한국어 학습자의 말하기 수행에 관한 연구: 숙련도가 다른 화자들과의 상호작용에서, 한국어교육 14-1, 국제한국어교육학회. pp.343~367.

여지민(2012), '그림자처럼 따라 읽기' 활동이 한국어 학습자의 읽기 유창성에 미치는 영향 연구, 고려대학교 대학원 석사학위논문.

염혜경(2008), 그래픽 조직자를 활용한 한국어 읽기 수업 모형 설계 연구: 학문 목적 학습자를 대상으로, 배재대학교 대학원 석사학위논문.

염혜경(2012), KWL 차트를 활용한 학문 목적 한국어 읽기 교수 방안, 국제한국어교육학회 춘계학술발표논문집, 국제한국어교육학회. pp.80~98.

오경숙(2007), 통합 교수 및 학습자간 상호작용 활성화를 위한 소집단 읽기 수업 방안, 한국어교육 18-1, 국제한국어교육학회. pp.295~314.

오세진(2013), 어휘 학습이 다문화 가정 아동의 한국어 읽기 유창성에 미치는 영향, 한양대학교 교육대학원 석사학위논문.

오지혜(2009), 한국어 학습자의 시 읽기 전략 양상 연구, 국어교육연구 24, 서울대학교 국어교육연구소. pp.343~375.

오혜진(2012), 열린 읽기 활동을 위한 한국어 읽기 자료의 이독성 연구, 부산외국어대학교 대학원 석사학위논문.

왕단(Wang Dan)(2012), 중국의 한국어 고급 읽기 교재 분석 연구, 국어교육 137, 한국어

교육학회. pp.417~449.

왕비(2012), 중국인 한국어 학습자의 한자어 이해 능력이 한국어 읽기에 미치는 영향, 영남대학교 대학원 석사학위논문.

왕정(2011), 한국인 중국어 학습자의 음소 및 형태소 인식이 읽기능력에 미치는 영향, 국민대학교 대학원 석사학위논문.

왕효성(2010), 대본 미리 읽기가 듣기에 미치는 효과, 교과교육연구 3, 고려대학교 교과교육연구소. pp.125~150.

왕효성(2010), 대본 미리 읽기가 듣기에 미치는 효과: 중국인 대학생의 한국 시트콤 시청을 중심으로, 고려대학교 대학원 석사학위논문.

용재은(2004), 대학 수학 목적의 한국어 읽기·쓰기 교육 방안 연구: 학문적 텍스트의 분석과 적용을 중심으로, 고려대학교 교육대학원 석사학위논문.

우윤미(2010), 소리 내어 읽기가 한국어 이해력 및 정의적 요인에 미치는 영향 연구: 국외 중급 중국인 학습자를 대상으로, 경희대학교 교육대학원 석사학위논문.

우형식 외(2011), 한국어 열린 읽기 프로그램의 적용과 평가, 한어문교육 25, 한국언어문화교육학회. pp.425~450.

우형식 외(2011), 확장형 읽기 활동을 위한 한국어 읽기 자료의 선정과 등급 구분, 이중언어학 45, 이중언어학회. pp.133~165.

우형식 외(2011), 확장형 읽기 활동을 적용한 한국어 읽기 교육의 효과 연구, 외국어로서의 한국어교육 36, 연세대학교 언어연구교육원 한국어학당. pp.159~187.

우형식(2008), 한국어 교육에서 열린 읽기 활동의 도입을 위한 기초 연구, 우리말연구 22, 우리말학회. pp.185~209.

우형식(2011), 한국어 읽기 텍스트의 실제성과 단순화에 대한 반성적 접근, 우리말연구 28, 우리말학회. pp.285~314.

우형식(2012), 한국어 열린 읽기 프로그램의 개발과 적용, 한국문화사.

우혜령(1999), 한국어능력시험의 문항에 대한 연구: 제2회 한국어능력시험 1급 읽기 영역 문항 분석을 중심으로, 이화여자대학교 대학원 석사학위논문.

원원(2010), 중국인 한국어학습자의 하이퍼텍스트 읽기 전략에 관한 연구, 영남대학교 대학원 석사학위논문.

유미정(2011), 읽기 텍스트를 활용한 장르 중심 한국어 쓰기 교육 방안 연구, 배재대학교 교육대학원 석사학위논문.

유해준(2008), 학문 목적 한국어교재의 읽기 텍스트 분석: 내용 중심 언어 교육(CBLT)을 중심으로, 어문논집 39, 중앙어문학회. pp.71~90.

윤민애(2011), 여성 결혼이민자의 한국어 듣기, 읽기 상관관계와 전이 연구, 영남대학교

대학원 석사학위논문.

윤새롬(2009), 알고 있는 단어의 텍스트 점유율이 한국어 읽기 이해 및 우연적 어휘 학습에 미치는 영향, 이화여자대학교 국제대학원 석사학위논문.

윤정아(2012), 학문목적 학습자들을 위한 한국어 읽기 교수요목 구성에 관한 연구, 새국어교육 93, 한국국어교육학회. pp.537~564.

윤준채 외(2010), 다문화 가정 아동의 읽기 유창성 평가 및 지도, 독서연구 23, 한국독서학회. pp.207~228.

이강록 외(2009), 한국어 읽기 능력 향상을 위한 문학작품 읽기: 중국인 학습자의 스키마 활용을 통한 문학작품 읽기, 비교한국학 17, 국제비교한국학회. pp.463~496.

이경(2010), 재외동포 아동 학습자를 위한 한국어 읽기 교육 방안: 읽기 텍스트 및 과제 구성 방안을 중심으로, 고려대학교 대학원 석사학위논문.

이경임(2012), 한국어 고급 교재 읽기 텍스트의 어휘 분석 연구, 계명대학교 대학원 석사학위논문.

이경하 외(2009), 다문화 가정 이주여성의 이야기 구조 개념과 언어능력의 변화를 위한 반성적 그림책 읽기활동의 효과, 열린유아교육연구 14, 한국열린유아교육학회. pp.25~40.

이경화(2011), 한국어능력시험 읽기 영역의 텍스트 분석 연구, 동국대학교 대학원 석사학위논문.

이귀염(2011), 중상급 수준 여성 결혼이민자 대상 읽기·쓰기 교재 개발을 위한 문식성 과제 단위 요구분석, 이화여자대학교 교육대학원 석사학위논문.

이명우(2010), 학습자 질문생성 전략이 한국어 읽기 능력에 미치는 효과 연구, 연세대학교 교육대학원 석사학위논문.

이미경(2008), 읽기 텍스트 상의 한자 병기가 중국인 한국어 학습자의 우연적 한자어 학습에 미치는 영향, 이화여자대학교 교육대학원 석사학위논문.

이병희(2011), 요약하기를 중심으로 하는 한국어 읽기 교육 방안: 교사와 학습자 대상 설문조사를 중심으로, 이화여자대학교 교육대학원 석사학위논문.

이상린(2011), 한국어능력시험 읽기 영역에 대한 연구, 교육종합연구 9, 교육종합연구소. pp.218~240.

이상린(2012), 한국어능력시험 읽기 영역 평가 틀에 대한 비판적 검토, 우리어문연구 43, 우리어문학회. pp.255~279.

이성희(2008), 한국어 교육에서의 읽기, 쓰기 통합교육 연구, 이중언어학 37, 이중언어학회. pp.113~131.

이소연 외(2010), 초등학교 1, 2학년 다문화가정 학생의 읽기 기초학력 검사 결과 및 문항 분석, 독서연구 23, 한국독서학회. pp.257~286.
이소연(2009), 형식 스키마를 활용한 읽기 교육 방안 연구: 학문목적 중국 학습자를 중심으로, 선문대학교 교육대학원 석사학위논문.
이수미(2009), 한국어 읽기 텍스트 구성 원리 연구: 베트남 고급 학습자를 대상으로, 어문연구 142, 한국어문교육연구회. pp.423~446.
이수진(2010), 다문화 가정 자녀를 위한 읽기 · 쓰기 통합교육 방안: 초등학교 저학년 이주여성 자녀를 대상으로, 건국대학교 대학원 석사학위논문.
이승아(2012), 다문화 가정 초등학생을 위한 읽기 자료 개발 연구, 이화여자대학교 교육대학원 석사학위논문.
이승연 외(2011), 고급 한국어 교재 내 읽기 자료의 텍스트 전형성 연구: 사설, 칼럼 텍스트 분석을 바탕으로, 어문논집 63, 민족어문학회. pp.113~140.
이승연(2012), 한국어 교재 읽기 텍스트의 전형성 연구: 고급 교재의 기사문 분석을 바탕으로, 언어정보 15, 고려대학교 언어정보연구소. pp.133~151.
이승은(2007), 텍스트 상세화가 한국어 학습자의 읽기 이해에 미치는 영향, 한국어교육 18-2, 국제한국어교육학회. pp.311~331.
이승희(2005), 한국어 교육에서의 이야기 읽기 교수 방안 연구, 이화여자대학교 교육대학원 석사학위논문.
이애리(2011), 결혼이민자의 학부모 역할 수행을 위한 읽기 자료 개발 방안, 충남대학교 교육대학원 석사학위논문.
이연정(2009), 담화 표지어를 활용한 한국어 읽기 교수 방안 연구: 中級 읽기를 위한 담화 표지어 목록 선정과 활용을 중심으로, 어문연구 144, 한국어문교육연구회. pp.487~506.
이연정(2009), 한국어 교사의 읽기 교육 시 담화 표지어 교수 현황 연구, 이화여자대학교 교육대학원 석사학위논문.
이유림(2011), 한국어교육에서의 맥락 중심 영상 텍스트 읽기 방안 연구: TV 광고를 중심으로, 한성대학교 대학원 석사학위논문.
이은숙(2011), 한국어 능력시험 중급(3, 4급) 어휘 · 문법영역과 읽기영역의 어휘 내용 분석, 충남대학교 교육대학원 석사학위논문.
이은영(2009), 한국어 중급 학습자들을 위한 읽기 활동, 언어학연구 15, 한국중원언어학회. pp.169~184.
이인화(2010), 신문을 활용한 한국어 읽기 · 쓰기 교육 방안, 계명대학교 대학원 석사학위논문.
이재윤(2004), 하이퍼텍스트를 기반으로 한 한국어 읽기 교재 개발에 관한 연구, 연세대

학교 대학원 석사학위논문.
이정엽(2009), 학습 상황 분석에 따른 한국어 읽기 교수 방안 연구: 여성 결혼이민자를 중심으로, 한국외국어대학교 교육대학원 석사학위논문.
이정희 외(2003), 최고급 단계 내용중심 한국어 읽기 수업의 실제, 외국어로서의 한국어교육 28, 연세대학교 언어연구교육원 한국어학당. pp.201~222.
이정희(2007), 한국어 모어 화자와 외국인 유학생의 읽기 초인지 전략 사용에 대한 연구, 어문연구 136, 한국어문교육연구회. pp.431~454.
이중진(2009), 한국어 읽기교재의 텍스트 구성방안, 이중언어학 40, 이중언어학회. pp.127~151.
이지영(2011), 한국문화교육을 위한 수필 텍스트 선정과 교육의 실제: 여성 결혼이민자를 대상으로, 부산외국어대학교 대학원 석사학위논문.
이지은(2008), 이독성을 높이기 위한 텍스트 수정 방안 연구, 이화여자대학교 국제대학원 석사학위논문.
이지혜(2009), Dale-Chall의 이독성 공식을 이용한 한국어 읽기 텍스트 분석 연구, 경희대학교 교육대학원 석사학위논문.
이하늘(2013), 도식화 활동을 활용한 읽기 교수 방안 연구: 학문 목적 한국어 교육의 경우, 가톨릭대학교 대학원 석사학위논문.
이향숙(2009), 사고구술을 통한 한국어 학습자의 읽기과정 연구, 고려대학교 교육대학원 석사학위논문.
이현주(2013), 고급 한국어 학습자를 위한 관용표현 교육방안 연구: 신문 읽기를 중심으로, 부산대학교 대학원 석사학위논문.
이혜진(2010), 중국어와 한국어의 어순 비교와 그에 따른 중국어 독해 지도 방안, 한국외국어대학교 교육대학원 석사학위논문.
이홍매(2009), 이해 변인에 의한 학습자 중심 한국어 읽기 수업의 구성 방안, 한국언어문화학 6-2, 국제한국언어문화학회. pp.133~162.
이효신(2012), 일지 연구 방법을 사용한 한국어 학습자의 읽기 불안에 관한 연구, 한국언어문화학 9-1, 국제한국언어문화학회. pp.221~245.
이효신(2012), 읽기 동기 및 불안과 한국어 읽기의 관계에 관한 연구, 영남대학교 대학원 박사학위논문.
임영(2012), 신문기사를 활용한 한국어 읽기 교육 방안 연구: 중국인 고급 학습자를 대상으로, 경희대학교 대학원 석사학위논문.
임예영(2012), 외국인 학습자들의 한국어 끊어 읽기에 관한 연구, 한남대학교 교육대학원 석사학위논문.

임은정(2004), 유학생을 위한 한국어 읽기 교재의 단원 구성, 부산외국어대학교 교육대학원 석사학위논문.
장명원(2011), 한국어 초급 교재의 읽기 담화 유형 분석, 상명대학교 대학원 석사학위논문.
장문정(2007), 한국어 교육의 읽기 텍스트 분석 연구, 고황논집 41, 경희대학교 대학원 원우회. pp.73~98.
장미경(2012), 담화 구조를 활용한 한국어 읽기 텍스트의 난이도 평가 방안 연구, 국제한국어교육학회 춘계학술발표논문집, 국제한국어교육학회. pp.224~269.
장미경(2012), 한국어 읽기 교육을 위한 텍스트 난이도 평가 방안 연구, 고려대학교 대학원 박사학위논문.
장미라(2010), 한국어 교재에 나타난 읽기 교육의 내용과 방법의 변천 연구, 한국중원언어학회 학술발표회 자료집, 한국중원언어학회. pp.31~41.
장범(2012), 학문 목적 한국어 학습자를 위한 담화표지 활용 읽기 · 쓰기 교육방안 연구, 한국외국어대학교 대학원 석사학위논문.
장소원(2006), 프랑스 선교사에 의한 한국어교육 강독자료에 대하여, 제2차 한 · 중 · 조 Korean 교육 국제 학술 토론회: 논문집, 이화여자대학교 한국어문학연구소. pp.1~17.
장소원(2013), 한국어 연어 유형 분포 분석: 한국어능력시험 고급 읽기 영역을 대상으로, 동국대학교 대학원 석사학위논문.
장지영(2009), 문맥을 통한 어휘추론 전략의 교수가 우연적 한국어 어휘학습과 읽기 이해에 미치는 영향, 이화여자대학교 교육대학원 석사학위논문.
장현묵(2012), 외국어로서의 한국어 읽기 유창성 향상 방안 연구: 확장형 읽기를 중심으로, 세종대학교 대학원 석사학위논문.
전병옥(2011), 학문 목적 한국어 학습자의 다독 능력 향상에 관한 연구, 배재대학교 대학원 석사학위논문.
전수정(2004), 학문 목적 읽기 교육을 위한 한국어 학습자의 요구 분석 연구, 외국어로서의 한국어교육 29, 연세대학교 언어연구교육원 한국어학당. pp.203~230.
전아원(2012), 한국어 교사를 위한 읽기 텍스트 수정 안내서 개발: 어휘 상세화를 중심으로, 이화여자대학교 교육대학원 석사학위논문.
전영분(2011), 중국인 한국어 학습자의 읽기 초인지 전략과 읽기 효능감과의 관계 연구, 연세대학교 교육대학원 석사학위논문.
전유나(2013), 사고구술 전략이 학습자의 읽기 향상에 미치는 영향, 경희대학교 대학원 석사학위논문.
전은주(2008), 한국어 능력 시험 평가 문항의 내용타당도 분석: 제12회 일반 한국어(S-TOPIK)의 쓰기, 듣기, 읽기 영역을 중심으로, 국어교육학연구 31, 국어교육학회.

pp.129~165.
전지현(2013), 귀국 중학생을 위한 읽기능력 증진 방안, 공주대학교 교육대학원 석사학위논문.
전홍(2012), 한국어 학습자의 상호작용적 시 읽기 양상 연구: 문화 이해를 중심으로, 국어교육연구 29, 서울대학교 국어교육연구소. pp.185~217.
정경화(2012), 소리 내어 읽기가 한국어 읽기 유창성에 미치는 효과: 여성 결혼이민자를 대상으로, 영남대학교 대학원 석사학위논문.
정광숙(2004), 한·미·호 초등학교 국어과 교육과정 읽기 영역 비교 연구, 어문학교육 28, 한국어문교육학회.
정선화(2010), 질문 유형이 읽기 이해에 미치는 영향, 어문연구 145, 한국어문교육연구회. pp.489~513.
정수아(2011), 담화 표지어를 활용한 읽기 전략이 한국어 읽기 능력에 미치는 영향, 영남대학교 대학원 석사학위논문.
정영주(2011), 국제결혼 이주여성의 다면적 특성을 고려한 문화 기반 읽기 자료 개발 방안 연구, 배재대학교 교육대학원 석사학위논문.
정은주(2010), 한국어능력시험(TOPIK) 읽기 영역 지문의 통사론적 난이도 연구, 한국외국어대학교 대학원 석사학위논문.
정종수(2013), 한국어 고급 학습자들의 목적별 읽기 전략 사용 양상 연구: 학습 읽기와 즐거움을 위한 읽기를 중심으로, 고려대학교 교육대학원 석사학위논문.
정진옥(2012), 한국어능력시험(TOPIK) 읽기 영역 평가 문항의 내용 타당도 분석: 21회~25회 중급을 중심으로, 상명대학교 교육대학원 석사학위논문.
조경애(2011), 읽기·쓰기 능력 향상을 위한 한국어교육 방안: 결혼이민가정의 자녀를 대상으로, 충북대학교 대학원 석사학위논문.
조영철(2011), CIRC 프로그램을 활용한 한국어 읽기·쓰기 통합 교육 방안 연구, 한국외국어대학교 교육대학원 석사학위논문.
조인정 외(2012), 한국어 교재의 행 바꾸기: 띄어쓰기와 읽기 능력의 계발, 한국어교육 23-1, 국제한국어교육학회. pp.77~100.
조효경(2011), 초등 귀국학생의 교과학습 적응을 위한 한국어 읽기 교재 개발 방안, 연세대학교 교육대학원 석사학위논문.
주옥파(Yu Bo Zhou)(2004), 고급 한국어 학습자를 위한 읽기 교육에 관한 연구: 논설문 텍스트를 중심으로, 한국어교육 15-1, 국제한국어교육학회. pp.164~165.
진강려(2012), 한국어 강독 수업에서의 문화 교육 연구, 한국언어문화학 9-1, 국제한국언어문화학회. pp.247~270.

최미진(2011), 전래동화를 활용한 수업이 한국어 읽기 능력 향상에 미치는 영향 연구: 여성 결혼이민자를 대상으로, 영남대학교 대학원 석사학위논문.

최영미(2009), 읽기 텍스트를 활용한 한국어 쓰기 교육 방안 연구, 한국외국어대학교 대학원 석사학위논문.

최윤혜(2010), 웹기반 한국어 독서 교육 프로그램 모형 개발 및 효과에 관한 연구: 중급 학습자를 대상으로, 연세대학교 교육대학원 석사학위논문.

최정순(1999), 학습이론과 이독성(易讀性)에 바탕한 읽기수업 연구, 외국어로서의 한국어교육 23, 연세대학교 언어연구교육원 한국어학당. pp.49~70.

최희명(2011), 수필 문학 텍스트를 활용한 한국어교육 방안 연구: 읽기·쓰기 통합 교육을 중심으로, 한성대학교 대학원 석사학위논문.

한영(Rong Han)(2012), 소리 내어 읽기 오류의 양상 연구: 중급 한국어 학습자를 중심으로, 한국어문교육 11, 고려대학교 한국어문교육연구소. pp.303~329.

함정현(2010), 전래동화 다독(多讀) 훈련이 한국어 읽기능력에 미치는 영향, 동방학 18, 한서대학교 동양고전연구소. pp.157~178.

현은애(2011), 여성결혼이민자와 유아를 위한 어머니대상 '그림책 읽기 프로그램' 개발 및 효과, 한남대학교 대학원 박사학위논문.

홍은선(2008), 한국어 읽기 능력 향상을 위한 자기 질문 전략 활용: 중급 한국어 학습자를 대상으로, 고려대학교 교육대학원 석사학위논문.

홍종명(2010), 한국어 교육에서 문어 입력 수정이 읽기 이해에 미치는 영향, 외국어교육연구 24-2, 한국외국어대학교 외국어교육연구소. pp.1~18.

황민형(2011), 텍스트 상의 한자 병기가 중국인 한국어 학습자의 읽기 능력에 미치는 영향 연구, 영남대학교 대학원 석사학위논문.

황성현(2013), 텍스트 유형에 따른 한국어 읽기 지도 방안 연구, 대구가톨릭대학교 대학원 석사학위논문.

황인교(1997), 외국어로서의 한국어교육 연구: 읽기, 쓰기 지도법을 중심으로, 이화어문논집 15, 이화어문학회. pp.145~164.

황재원(2009), 여성 결혼 이민자를 위한 동화를 활용한 읽기 교육 방안, 경희대학교 교육대학원 석사학위논문.

황정인(2011), 스키마 활성화 전략이 한국어 읽기에 미치는 영향: 중급 한국어 학습자를 대상으로, 고려대학교 대학원 석사학위논문.

황진재(2011), 중국 내 한국어 교재 분석: 대학용 초급 정독교재를 대상으로, 고려대학교 대학원 석사학위논문.

Fraschini, Nicola(2008), 한국어 학습자를 위한 문학 읽기 교재 개발 방안 연구: 중·고급 학습자를 대상으로 한 현대 시와 현대 소설을 중심으로, 고려대학교 대학원 석사 학위논문.
Zhu Ming(2011), 중국인 학습자를 대상으로 한 신문 기사문 읽기 교육 연구, 서울대학교 대학원 석사학위논문.

Ⅲ-08.
문어

김명순(2003), 문식력 개념의 변화 양상과 재개념화 방향, 국어교육 110, 한국어교육학회. pp.15~43.

김선미(2011), 한국어 모어화자와 몽골인 한국어 학습자의 논설 텍스트 분석, 이화여자대학교 교육대학원 석사학위논문.

김성은(2005), 담화 구조 학습이 읽기에 미치는 영향: 설명적 텍스트를 중심으로, 외국어로서의 한국어교육 30, 연세대학교 언어연구교육원 한국어학당. pp.45~76.

김성은(2005), 담화 구조 학습이 읽기에 미치는 영향: 설명적 텍스트를 중심으로, 이화여자대학교 대학원 석사학위논문.

김순자(2010), 한국어교육에서 소설 텍스트 교육 연구, 부산외국어대학교 대학원 박사학위논문.

김아름(2012), 한국어 교육을 위한 비즈니스 이메일 담화 분석: 무역업을 중심으로, 고려대학교 교육대학원 석사학위논문.

김영주(2009), 다문화 가정 아동의 한국어 문어 교재 개발: 균형적 접근법을 활용하여, 새국어교육 83, 한국국어교육학회. pp.99~132.

김유미(2011), 균형적 접근법을 이용한 다문화 가정 아동의 한국어 문어 교육 방안, 한국어정보학 13-2, 한국어정보학회. pp.40~55.

김은숙(1992), 외국인을 위한 한국어 교육에 있어서의 입말과 글말, 외국어로서의 한국어교육 16, 연세대학교 언어연구교육원 한국어학당. pp.5~19.

박은선(2005), 한국어 학위논문 서론의 장르 분석적 연구: 한국어 모어화자와 한국어 학습자를 대상으로, 이화여자대학교 교육대학원 석사학위논문.

박은선(2006), 한국어 학위논문 서론의 장르 분석적 연구: 한국어 모어화자와 한국어 학습자를 대상으로, 한국어교육 17-1, 국제한국어교육학회. pp.191~210.

박희영(1999), "구어와 문어를 상호 보완하는 한국어" 문법 수업 모형, 한국어교육 10-1,

국제한국어교육학회. pp.173~194.
서덕민(2012), 외국인을 위한 한국어 교육에 있어서의 문예 텍스트 활용 방안, 영주어문학회지 23, 영주어문학회. pp.241~261.
서지혜(2012), 한국어 학위논문 결론의 장르 분석: 한국어 학술논문 결론과의 비교를 중심으로, 연세대학교 대학원 석사학위논문.
손시진(2012), 설명적 텍스트 구조가 한국어 학습자의 읽기에 미치는 효과에 관한 연구: 중국인 중급 학습자를 대상으로, 영남대학교 대학원 석사학위논문.
양건승(2007), 자기소개서 텍스트의 수사학적 분석과 한국어교육 적용 연구, 경희대학교 대학원 석사학위논문.
유호엽(2012), 이미지 자료를 활용한 텍스트 상세화 효과 연구: 다문화 가정 자녀 대상 초등 사회과 내용을 중심으로, 고려대학교 교육대학원 석사학위논문.
이수미(2012), 한국어 글말 텍스트에 나타난 입말의 양상 연구, 어학연구 48, 서울대학교 언어교육원. pp.97~114.
이윤주(2013), 여성결혼이민자의 한국어 읽기·쓰기 교육 연구, 대구가톨릭대학교 대학원 석사학위논문.
이은혜(2011), 한국어 학습자의 작문에 나타난 장르 인식 양상 연구: 설명문과 논설문을 중심으로, 이화여자대학교 교육대학원 석사학위논문.
장명원(2011), 한국어 초급 교재의 읽기 담화 유형 분석, 상명대학교 대학원 석사학위논문.
정다운(2011), 외국인 대학원생의 한국어 요약문 분석을 통한 요약하기 교육 방법 연구, 어문연구 150, 한국어문교육연구회. pp.421~448.
정은미(2011), 결혼이주여성을 대상으로 한 알기 쉬운 통신문 작성을 위한 텍스트 수정 연구, 이화여자대학교 교육대학원 석사학위논문.
진대연 외(2006), 한국어 학습자의 쓰기 텍스트에 대한 대조 수사학적 연구, 한국어교육 17-3, 국제한국어교육학회. pp.325~356.
최정순(2010), 한국어 학습자의 문어 능력 배양을 위한 제언, 한어문교육 23, 한국언어문학교육학회. pp.169~199.
최지현(2012), 귀화 외국인을 위한 기초 문식성 교육 방안 연구: 법무부 사회통합프로그램을 중심으로, 한국외국어대학교 교육대학원 석사학위논문.
홍종명(2010), 한국어 교육에서 문어 입력 수정이 읽기 이해에 미치는 영향, 외국어교육연구 24-2, 한국외국어대학교 외국어교육연구소. pp.1~18.
Zhu Ming(2011), 중국인 학습자를 대상으로 한 신문 기사문 읽기 교육 연구, 서울대학교 대학원 석사학위논문.

Ⅲ-09.
쓰기

강수진 외(2010), 장르별 글쓰기 수업의 Dicto-Comp적용 연구: 외국어로서 한국어 중급 학습자를 대상으로, 한국어교육 21-2, 국제한국어교육학회. pp.1~28.

강애리(2012), 한국어 학습자의 LRE 분석을 통한 형태집중과 정확성 연구: 〈Dictogloss〉와 〈글 재구성하기〉 과제를 중심으로, 숭실대학교 교육대학원 석사학위논문.

강혜원(2012), 과제 변인에 따른 한국어 학습자 간 상호작용 양상에 대한 연구: 문법 받아쓰기와 텍스트 수정 과제를 중심으로, 이화여자대학교 교육대학원 석사학위논문.

강희정(2013), 초등학교 다문화가정 자녀의 쓰기 능력 분석: 초등학교 전 학년을 대상으로, 고려대학교 교육대학원 석사학위논문.

공영숙(2011), 협력쓰기가 한국어 쓰기 능력 향상에 미치는 영향 연구: 문제 해결 쓰기 전략을 중심으로, 공주대학교 대학원 석사학위논문.

곽미라 외(2012), 인터뷰를 활용한 통합적 쓰기 교수 모형: 초·중급 학습자를 대상으로, 국제한국어교육학회 춘계학술발표논문집, 국제한국어교육학회. pp.335~348.

곽진주 외(2007), 워크북의 쓰기 활동에 관한 한국계(heritage) 한국어 학습자의 자기 평가, 한국어교육 18-2, 국제한국어교육학회. pp.1~19.

관건(2012), 읽기·쓰기 통합 활동을 통한 작문 수업의 교수·학습 방안 연구, 인하대학교 대학원 석사학위논문.

괵셀 튀르쾨쥐(2004), 한국어 쓰기 교육 내용 구성 연구: 터키인 학습자를 대상으로, 서울대학교 대학원 박사학위논문.

굴영(2011), 중국어권 학습자를 위한 한국어 쓰기 교재 개발 방안, 건양대학교 대학원 석사학위논문.

권유진(2012), 모둠별 피드백 제공 훈련이 한국어 쓰기 능력 향상에 미치는 영향, 이화여자대학교 국제대학원 석사학위논문.

김가람(2011), 한국어 요청 전자우편 쓰기 교수 학습 연구: 고급 학습자의 요청 화행을 중심으로, 서울대학교 대학원 석사학위논문.
김경애(2010), 중국대학에서의 학문목적 한국어 쓰기 교육과정 설계방안 연구, 한국외국어대학교 교육대학원 석사학위논문.
김경천(2008), 중국어화자의 한국어 쓰기 오류실태: 모국어 간섭현상을 중심으로, 중국문화연구 13, 중국문화연구학회. pp.53~66.
김경현(2011), 대화주의에 입각한 다문화 아동 쓰기 지도 방안 연구: 매체언어를 활용하여, 한국외국어대학교 교육대학원 석사학위논문.
김기창(2009), 재중 동포 대학생의 작문에 나타난 중국 조선어와 한국어의 언어 차이 현상, 새국어교육 83, 한국국어교육학회. pp.431~457.
김남미(2009), 대학 글쓰기 교육의 실제: 재외국민반의 대학 국어 글쓰기에 나타난 오류분석, 시학과 언어학 16, 시학과 언어학회. pp.159~182.
김도영(2012), 재미동포를 위한 웹기반 한글 맞춤법 교육 프로그램 연구, 고려대학교 교육대학원 석사학위논문.
김목아(2011), 중국인 한국어 학습자의 작문에 나타난 중간언어 양상 연구, 계명대학교 대학원 석사학위논문.
김미경(2007), 텍스트 구조 학습이 한국어 쓰기에 미치는 영향 연구: 원인-결과, 문제-해결 및 비교-대조 구조를 중심으로, 이화여자대학교 교육대학원 석사학위논문.
김미경(2007), 텍스트 구조 학습이 한국어 쓰기에 미치는 영향 연구: 원인-결과, 문제-해결 및 비교-대조 구조를 중심으로, 한국어교육 18-3, 국제한국어교육학회. pp.27~51.
김미정(2009), 한국어 초급 교재에 나타난 쓰기 활동 유형과 개선 방안 연구, 한양대학교 교육대학원 석사학위논문.
김민경(2013), '딕토콤프(Dicto-comp)' 가 한국어 학습자의 듣기 능력과 쓰기 능력에 미치는 효과 연구, 고려대학교 대학원 석사학위논문.
김민경(2013), 학문 목적 한국어의 쓰기 평가 도구 제안, 전남대학교 대학원 석사학위논문.
김민성(2001), 과정 중심적 웹기반 한국어 쓰기 교육, 한국어교육 12-1, 국제한국어교육학회. pp.19~47.
김민성(2001), 과정 중심적 웹기반 한국어 쓰기 교육: 'hanclass' 의 운영 사례를 중심으로, 연세대학교 교육대학원 석사학위논문.
김민정(2008), 교사 피드백과 동료 피드백이 한국어 다시 쓰기에 미치는 영향 비교, 이화여자대학교 교육대학원 석사학위논문.
김서형(2010), 한국어 학습자의 쓰기에 나타난 대체 표현 양상: 중·고급 학습자의 연결어미 사용 양상을 중심으로, 한국문법교육학회 학술발표논문집, 한국문법교육학회. pp.187~198.

김선영(2008), 대학 수학 목적 한국어 학습자를 위한 설명적 텍스트 쓰기 교수·학습 방안, 한양대학교 교육대학원 석사학위논문.
김선효(2012), 학문목적 한국어의 글쓰기 현황과 방향성, 어문연구 155, 한국어문교육연구회. pp.431~455.
김성숙 외(2008), 실제적 텍스트 중심의 쓰기 교재 개발에 관한 연구: 중급 1 쓰기 선택반 교재의 개발과 운용에 관하여, 외국어로서의 한국어교육 33, 연세대학교 언어연구교육원 한국어학당. pp.299~328.
김성숙(2007), 한국어 작문과정 모형과 단계별 전략 탐구, 한국어교육 18-2, 국제한국어교육학회. pp.21~47.
김성숙(2011), 학문 목적 기초 한국어 쓰기 능력 평가 척도 개발과 타당성 검증, 연세대학교 대학원 박사학위논문.
김성숙(2011), 학문 목적 한국어 쓰기 능력에 대한 분석적 평가의 일반화가능도 검증, 한국어교육 22-3, 국제한국어교육학회. pp.29~48.
김세영(2009), 교사 피드백 후 학습자의 다시쓰기가 한국어 쓰기 능력의 정확성 향상에 미치는 영향, 이화여자대학교 국제대학원 석사학위논문.
김수연(2012), 협동적 출력과제 활동이 한국어 학습자의 문법 능력에 미치는 영향 비교: 문법받아쓰기와 텍스트 수정 과제를 중심으로, 이화여자대학교 교육대학원 석사학위논문.
김애순(2011), 한국어 초급 교재의 쓰기 활동 연구: 영어 교재와의 비교를 중심으로, 전남대학교 대학원 석사학위논문.
김영란(2010), 한국어 학습자의 쓰기 능력 향상에 관한 질적 연구, 작문연구 11, 한국작문학회. pp.353~398.
김영만(1994), 오류분석을 통한 효율적인 한국어 작문 지도 방안 연구, 한국외국어대학교 대학원 석사학위논문.
김영만(2003), 하이퍼텍스트 작문의 특성과 한국어 작문 교육 방향, 한국어교육 14-3, 국제한국어교육학회. pp.53~78.
김영만(2003), 홈페이지 기행문 중심의 한국어 쓰기 교육 방안, 국어교육연구 12, 서울대학교 국어교육연구소. pp.131~153.
김영미(2010), 학문 목적 한국어 쓰기 교육: 장르 기반 접근법으로, 한국어교육 21-1, 국제한국어교육학회. pp.87~123.
김영미(2010), 학문목적 한국어 쓰기교육을 위한 장르 분류와 분석의 틀: 장르기반 접근법 적용을 위하여, 텍스트언어학 29, 한국텍스트언어학회. pp.113~141.
김영주(2007), 고급한국어 작문수업을 이용한 담화중심 문법교육: 동사어미오류를 중심

으로, 이중언어학 33, 이중언어학회. pp.1~34.

김영주(2010), 한국어 학습자의 작문 분석을 통한 보조용언 사용 양상 연구, 새국어교육 84, 한국국어교육학회. pp.275~296.

김용현 외(2012), 문화 체험을 통한 읽기, 쓰기 통합 교육: 고급 학습자를 대상으로, 국제한국어교육학회 춘계학술발표논문집, 국제한국어교육학회. pp.323~331.

김용현(2007), 여성 결혼이민자 자녀를 위한 한국어 쓰기 교육 연구, 배재대학교 대학원 석사학위논문.

김용현(2012), 지역 문화 체험을 통한 기행문 쓰기 교육 방안: 학문 목적 한국어 학습자를 대상으로, 언어와 문화 8-2, 한국언어문화교육학회. pp.47~76.

김원경(2013), 한국어능력시험의 쓰기 평가 과제 구성 요소 분석, 새국어교육 94, 한국국어교육학회. pp.389~412.

김윤정(2013), 광고기획 전략을 활용한 자기소개서 쓰기모형 개발 연구: 쓰기 전 단계를 중심으로, 이화여자대학교 대학원 석사학위논문.

김은정(2013), 학문 목적 한국어 학습자를 위한 글쓰기 교육, 교양교육연구 7-1, 한국교양교육학회. pp.365~398.

김은혜(2010), 받아쓰기 평가의 활용 방안: 한국어 학습자의 의미 재구성 능력을 중심으로, 국어교육학연구 37, 국어교육학회. pp.249~281.

김은희(2013), 한국어능력시험 고급 단계 학습자를 위한 쓰기 지도 방안, 전남대학교 대학원 석사학위논문.

김의수 외(2009), 여성결혼이민자들의 작문과 학습교재에 나타난 어휘 수준 비교 연구, 언어와 문화 5-3, 한국언어문화교육학회. pp.217~240.

김의수 외(2010), SVO 언어권 한국어 학습자들의 작문에 나타난 문장의 통사적 복잡성과 다양성 연구, 한국언어문학 75, 한국언어문학회. pp.85~112.

김이진(2004), 외국어로서의 한국어 학습자의 조사 사용 오류 연구: 중급 단계 일본어 모어 학습자의 작문을 바탕으로, 한국외국어대학교 대학원 석사학위논문.

김인애(2012), 한국어 읽기와 쓰기의 통합 교육 방안 연구, 충남대학교 대학원 석사학위논문.

김정숙(1999), 담화 능력 배양을 위한 외국어로서의 한국어 쓰기 교육 방안, 한국어교육 10-2, 국제한국어교육학회. pp.195~213.

김정숙(2004), 한국어 읽기, 쓰기 교재 개발 방안 연구: 교수요목의 유형과 과제 구성을 중심으로, 한국어교육 15-3, 국제한국어교육학회. pp.1~22.

김정숙(2009), 내용 지식 구성을 위한 학문 목적 한국어 쓰기 교육 방안, 한국어교육 20-1, 국제한국어교육학회. pp.23~44.

김정숙(2010), 한국어 쓰기 능력 평가 방안: 종합적 채점과 분석적 채점 결과를 중심으로, 이중언어학 43, 이중언어학회. pp.81~99.

김정애(2000), 과정 중심의 한국어 쓰기 교육 방안: 피드백을 이용한 다시 쓰기 전략을 중심으로, 이화여자대학교 대학원 석사학위논문.

김중섭 외(2008), 일본인 한국어 학습자의 작문에 나타난 주격조사 오류 연구, 이중언어학 36, 이중언어학회. pp.69~91.

김지(2011), 한국어교재의 '쓰기' 내용 분석: 〈배재 한국어1〉를 중심으로, 어문논총 26, 동서어문학회. pp.241~261.

김지영(2002), 한국어 작문의 상호협력적 교수-학습 방안 연구, 고려대학교 교육대학원 석사학위논문.

김지영(2007), 보고서 쓰기와 발표하기를 통합한 한국어 고급 단계의 프로젝트 수업 연구: 학문 목적의 학습자를 대상으로, 한국어교육 18-2, 국제한국어교육학회. pp.49~79.

김지인(2012), 받아쓰기와 Dictogloss를 이용한 수업이 한국어 듣기 능력에 미치는 영향 연구: 여성 결혼이민자를 대상으로, 영남대학교 대학원 석사학위논문.

김지학(2010), 고급 단계 학습자의 학술적 쓰기 능력 향상을 위한 교수-학습 방안: 설명적 텍스트 구조를 중심으로, 상명대학교 교육대학원 석사학위논문.

김지혜(2009), '바꿔 쓰기(Paraphrase)' 를 통한 학문 목적 한국어 학습자의 쓰기 능력 향상 방안 연구, 경희대학교 교육대학원 석사학위논문.

김춘미(2012), 텍스트 분석을 통한 한국어 쓰기 지도 방안: 중국인 학습자의 한 · 중 텍스트 비교 분석을 중심으로, 경희대학교 교육대학원 석사학위논문.

김태자 외(2008), 외국인을 위한 쓰기지도의 화용론적 인식 지도, 인문과학연구 13, 전주대학교 인문과학종합연구소. pp.207~240.

김하나(2013), 고급 한국어 학습자를 위한 요약하기 교수 방안 연구, 한양대학교 교육대학원 석사학위논문.

김현미(2011), NIE를 활용한 한국어 쓰기 교육 방안 연구, 부산대학교 대학원 석사학위논문.

김현정(2003), 한국어 중급 학습자용 작문 교재 개발 방안, 고려대학교 교육대학원 석사학위논문.

김혜경(2012), 그래픽 조직자를 활용한 한국어 읽기-쓰기 활동이 학습자의 요약능력 향상에 미치는 영향 연구: 설명적 텍스트 구조를 중심으로, 선문대학교 교육대학원 석사학위논문.

김혜미(2013), 논증 표지를 활용한 한국어 논설문 쓰기 교육 방안 연구, 가톨릭대학교 대

학원 석사학위논문.
김호정(2007), 한국어 쓰기 교육의 원리와 교육 방안 탐색, 국어교육학연구 30, 국어교육학회. pp.233~260.
김희진(2012), 학문 목적 학습자를 위한 쓰기 전략 교수 방안 연구, 계명대학교 대학원 석사학위논문.
나동숙(2012), 학령기 아동을 둔 여성결혼이민자의 자녀 학습 지도 역량 향상을 위한 교육 방안 연구: 1학년 국어교과의 받아쓰기를 중심으로, 한성대학교 대학원 석사학위논문.
나원주(2008), 자기 점검식 피드백이 한국어 학습자의 쓰기능력 향상에 미치는 영향, 이화여자대학교 교육대학원 석사학위논문.
나은미(2009), 대학에서 학문 활동을 위한 글쓰기 교육의 한 방안, 한국어학 44, 한국어학회. pp.147~175.
남 빅토르(2011), 우즈베키스탄의 한국어 학습자를 위한 한국어 쓰기 수업 방안, 언어와 문화 7-2, 한국언어문화교육학회. pp.173~189.
남미정(2013), 사고 지도(Thinking Maps)를 활용한 한국어 요약문 쓰기 수업 효과 연구: 설명적 텍스트를 중심으로, 이화여자대학교 교육대학원 석사학위논문.
남수정(2010), 몽골인 한국어 학습자의 쓰기 자료에 나타난 중간언어 연구: 격조사를 중심으로, 계명대학교 대학원 석사학위논문.
남주혜(2011), 학문 목적 한국어 논설문 쓰기 교재 개발 방안 연구, 가톨릭대학교 대학원 석사학위논문.
도지희(2013), 한국어 학습자의 쓰기 오류에 관한 연구: 중국인 중·고급 학습자를 대상으로, 원광대학교 교육대학원 석사학위논문.
동황염(2012), 유학생의 학업 능력 향상을 위한 한국어 쓰기 교육 연구: 시험 답안 텍스트 유형을 중심으로, 세종대학교 대학원 석사학위논문.
등하(2012), NIE를 활용한 한국어교육 방안 연구: 읽기·쓰기 통합교육을 중심으로, 대불대학교 대학원 석사학위논문.
류은주(2011), 받아쓰기 작문(Dictogloss) 활동이 한국어 쓰기 능력에 미치는 영향, 공주대학교 대학원 석사학위논문.
마정(2012), 중국인 학습자들의 한국어 작문에 나타나는 문법 오류 분석 연구, 인하대학교 대학원 석사학위논문.
문교영(2012), 다문화가정 자녀를 위한 한국어 글쓰기 교육 방안: 독후감과 일기 텍스트 구조 분석을 바탕으로, 계명대학교 대학원 석사학위논문.
문민정(2013), 한국어능력시험(TOPIK)의 쓰기 평가 문항 개발 연구, 선문대학교 교육대

학원 석사학위논문.
문화관광부(2001), "한국어" 초급(읽기·쓰기) 실물 교재 개발, 문화관광부.
문화관광부(2000), 한국어 초급(쓰기·읽기) 교사용 지침서 및 학습자용 워크북 개발 사업보고서: 2000년도 한국어 세계화 추진을 위한 기반 구축 사업, 문화관광부.
민유경(2011), 수필을 활용한 대화일지 쓰기가 한국어 쓰기 능력에 미치는 영향: 중급 학습자를 중심으로, 연세대학교 교육대학원 석사학위논문.
민주희(2011), 한국어 학습자 쓰기 텍스트에 나타난 결속기제 사용 연구: 중국인 학습자를 중심으로, 연세대학교 교육대학원 석사학위논문.
박기영(2008), 외국인 유학생의 학문 목적 글쓰기에 대한 일고찰: 단락 쓰기를 중심으로, 언어와 문화 4-2, 한국언어문화교육학회. pp.103~126.
박꽃새미(2008), 중국인 한국어 학습자의 사전사용이 쓰기에 미치는 효과: 이중어사전과 단일어사전 사용 비교 연구, 이화여자대학교 국제대학원 석사학위논문.
박나리(2012), 장르 기반 교수법(Genre-based teaching approach)에 근거한 학술논문 쓰기교육 방안: 학술논문 서론의 텍스트생산 목적진술담화를 중심으로, 한국어교육 23-3, 국제한국어교육학회. pp.55~94.
박서영(2011), 여성결혼이민자를 위한 전략 중심 한국어 쓰기 교육 방안 연구, 한국외국어대학교 교육대학원 석사학위논문.
박선미(2007), 외국어로서의 한국어 쓰기 교육 향상에 대한 연구: 교환 일기를 통한 쓰기 교육, 우석대학교 대학원 석사학위논문.
박선옥(2011), 여성결혼이민자를 위한 한국어 교재의 쓰기 활동 분석과 구성 방안 제언, 언어학연구 19, 한국중원언어학회. pp.71~96.
박선희(2006), 영화를 활용한 한국어 고급반 프로젝트 수업: 공동 영화평 쓰기, 영화 가이드북 제작, 영화 제작 프로젝트의 상호작용을 중심으로, 이중언어학 30, 이중언어학회. pp.179~207.
박성옥(2010), 연결어미 '-고, -어서, -는데, -니까, -면'의 성취도 양상 연구: 사우디 유학생의 말하기·쓰기 자료를 대상으로 한 종적 연구, 경희대학교 교육대학원 석사학위논문.
박수영(2010), 학문 목적 한국어 학습자를 위한 쓰기 교육 방안 연구: 요약하기를 중심으로, 상명대학교 교육대학원 석사학위논문.
박수자(2002), 쓰기 과정에서 내용 생성에 초점을 둔 쓰기 지도, 국어교육 109, 한국어교육학회. pp.33~68.
박종호(2012), 한국어 학습자의 조사와 어미 오류 양상: 중국인 유학생의 작문을 중심으로, 새국어교육 90, 한국국어교육학회. pp.315~337.

박주영(2010), 한국어 교육에서의 협력쓰기 연구, 가톨릭대학교 대학원 석사학위논문.
박주영(2012), 장르 중심 한국어 설명문 쓰기 교육 연구, 서울대학교 대학원 석사학위논문.
박주현(2007), 교사 피드백 방법이 학습자 작문의 형태 오류 감소에 미치는 영향, 이화여자대학교 대학원 석사학위논문.
박주현(2007), 교사 피드백 방법이 한국어 학습자 작문의 형태 오류 감소에 미치는 영향, 한국어교육 18-1, 국제한국어교육학회. pp.131~154.
박지애(2010), 여성결혼이민자를 위한 쓰기 교육 방안, 부산외국어대학교 대학원 석사학위논문.
박지원(2012), 외국인을 위한 한글 자모 교육 연구, 동국대학교 대학원 석사학위논문.
박찬숙(2011), 아랍어권 한국어 학습자의 자모 쓰기 교육 방안, 언어와 문화 7-1, 한국언어문화교육학회. pp.101~118.
박현선(2012), 제2외국어 수업에서 다양한 텍스트 산출을 위한 쓰기 연습 유형 분석, 외국어 교육 13, 한국외국어교육학회. pp.97~116.
배도용(2011), 한국어 학습자 쓰기에 나타난 어휘 사용빈도 예비 조사, 동남어문논집 31, 동남어문학회. pp.175~197.
배윤경 외(2011), 학문 목적 한국어 학습자를 위한 쓰기 교육 프로그램 개발: 중국인 학습자를 대상으로, 한국어교육 22-4, 국제한국어교육학회. pp.163~191.
배재훈(2012), 북한이탈학생의 국어 사용능력 신장에 대한 연구: 말하기와 쓰기를 중심으로, 부산교육대학교 대학원 석사학위논문.
백봉자(1987), 교포 2세의 한국어와 쓰기 교육, 이중언어학 3, 이중언어학회. pp.63~83.
번위협(2011), 중국어권 학습자를 위한 한국어능력시험 고급 쓰기 문제 유형 분석, 상명대학교 대학원 석사학위논문.
부수현(2012), 오류일지와 다시 쓰기가 쓰기 능력 향상에 미치는 영향 연구: 초급 학습자를 대상으로, 고려대학교 교육대학원 석사학위논문.
付子健(2012), 비즈니스 한국어 쓰기 교육과정 연구: 중국 대학 한국어 학습자를 대상으로, 고려대학교 대학원 석사학위논문.
뷰티반앵(2009), 한국과 베트남 초등학교 교과서 비교 연구: 읽기, 쓰기 중심으로, 광주여자대학교 대학원 석사학위논문.
사와다 히로유키(Hiroyuki Sawada)(2004), 일본어권 한국어 학습자 작문에 나타난 접속부사의 사용과 오류 양상, 국어교육연구 14, 서울대학교 국어교육연구소. pp.147~182.
서효원(2010), 질문 생성 전략을 활용한 장르 중심 한국어 쓰기 교육 방안 연구, 한국외국어대학교 교육대학원 석사학위논문.

성은주 외(2012), 뮤직비디오를 활용한 창의적 글쓰기 학습이 한국어 쓰기 능력 향상에 미치는 효과, 한국언어문학 82, 한국언어문학회. pp.501~539.
성은주(2011), 중국인 한국어 학습자의 [이유, 원인] 표현 습득 양상 연구: KFL 작문 자료를 중심으로, 영남대학교 대학원 석사학위논문.
손연자(1996), 한국어 글쓰기 교육의 실태와 방안, 새국어생활 6-2, 국립국어연구원. pp.101~119.
손정애(2007), 한국어 쓰기 교재 구성 방안 연구, 부경대학교 대학원 석사학위논문.
손혜진(2012), 중·고급 한국어 학습자의 쓰기 과정 연구: 사고구술법을 사용한 사례연구를 통하여, 고려대학교 대학원 석사학위논문.
송효진(2013), 시청각 자료를 활용한 유도된 한국어 쓰기 수업 효과 연구, 이화여자대학교 교육대학원 석사학위논문.
신경선(2012), 한국어 학습자의 작문에 나타난 정형화된 언어 사용이 작문 평가 결과에 미치는 영향, 어학연구 48, 서울대학교 언어교육원. pp.77~96.
신보미(2012), 상위인지 전략을 활용한 한국어 쓰기 교육 방안 연구: 중급 학습자를 대상으로, 고려대학교 교육대학원 석사학위논문.
신윤경(2008), 한국어 문학 수업을 위한 읽기·쓰기 통합 방안, 작문연구 7, 한국작문학회. pp.107~129.
신은경 외(2009), 한국어 쓰기 연습, 교육진흥연구회.
신주연(2012), 한국어 학습자의 글쓰기 오류 분석 연구: 고급 중국어권 학습자를 대상으로, 한양대학교 교육대학원 석사학위논문.
신혜순(2010), 인터넷 커뮤니티를 활용한 한국어 쓰기 교육 연구: 온라인 피드백의 분석을 중심으로, 연세대학교 교육대학원 석사학위논문.
심상민(2008), 연구방법에 따른 한국어 쓰기 연구의 경향 분석, 작문연구 7, 한국작문학회. pp.131~149.
심은지(2011), 한국어 학습자 쓰기 담화에 나타난 텍스트 장르별 시제상 습득 양상, 담화와 인지 18-3, 담화·인지언어학회. pp.169~193.
심은지(2011), 한국어 학습자 작문에 나타난 시제상 습득 연구: 담화구조가설을 중심으로, 이화여자대학교 국제대학원 석사학위논문.
싯티니 탐마차이(2001), 한국어 쓰기 지도에 관한 연구: 태국인 학습자의 오류를 중심으로, 서울대학교 대학원 석사학위논문.
안경화(2006), 한국어 쓰기 교수학습법의 현황과 과제, 국어교육연구 18, 서울대학교 국어교육연구소. pp.61~90.
안미란(2008), 능력 기술을 바탕으로 하는 학문 목적 한국어 읽기·쓰기 평가 문항 유형 개발, 외국어 교육 15-1, 한국외국어교육학회. pp.521~544.
안지혜(2011), 학문적 텍스트 서론의 장르분석 연구: 한국어 모어 화자와 한국어 학습자의 쓰기 자료를 기반으로, 연세대학교 대학원 석사학위논문.
앤드류 변(Andrew Sangpil Byon)(2005), 고급 KFL 학습자 작문 교육에 관한 연구: 학습자간의 피드백을 이용하여, 한국어교육 16-1, 국제한국어교육학회. pp.299~325.
양소영(2013), 터키인 한국어 학습자의 작문 오류 분석: 한·터키어 대조 분석을 통하여, 충북대학교 교육대학원 석사학위논문.
양순녀(2012), 여성 결혼이민자를 위한 한국어 쓰기 교육 방안, 상명대학교 대학원 석사학위논문.
여순민(2002), 고급 한국어 학습자의 글쓰기 전략 연구: '문제-해결' 글쓰기 중심으로, 연세대학교 교육대학원 석사학위논문.
오경숙 외(2012), 학문 목적 과정에서의 쓰기 수업 모형 연구: 중급 단계를 대상으로, 국제한국어교육학회 춘계학술발표논문집, 국제한국어교육학회. pp.143~159.
오경숙(2011), 한국어 이메일 쓰기 수업에서의 언어 문화 교육, 우리말연구 29, 우리말학회. pp.293~316.
오경화(2011), 중국인 학습자의 한국어 쓰기 오류 분석 연구, 호남대학교 대학원 석사학위논문.
오기원(2007), 쓰기 협력학습이 한국어 쓰기 능력 향상에 미치는 영향 연구, 외국어로서의 한국어교육 32, 연세대학교 언어연구교육원 한국어학당. pp.171~198.
오빛나래(2013), 한국어능력시험의 쓰기 문항 분석 및 개선방안, 전남대학교 대학원 석사학위논문.
오유진(2009), 중국인 대학 예비교육과정 학습자 대상 장르 중심 교수법이 학문 목적 한국어 쓰기에 미치는 영향, 이화여자대학교 국제대학원 석사학위논문.
오지혜(2008), 이야기 문법을 활용한 한국어 고급 학습자의 이야기 쓰기 교육 연구, 작문연구 7, 한국작문학회. pp.275~305.
오지혜(2012), 한국어 학습자를 위한 문채 중심의 자기 표현적 글쓰기 교육 연구, 언어학연구 25, 한국중원언어학회. pp.133~158.
온다르마(2011), 몽골인 학습자들의 한국어 작문에 나타나는 오류 분석 연구: 초급 단계 학습자를 대상으로, 인하대학교 대학원 석사학위논문.
왕가영(2011), 한국어능력시험 쓰기 문항 개발에 관한 연구: iBT TOEFL, iBT TOEIC과 신HSK의 비교를 통해서, 중앙대학교 대학원 석사학위논문.
왕효성(Xiao Cheng Wang)(2012), 한국어 글쓰기 과정에서의 언어 전환(Language-switching) 양상: 중국인 대학생들의 생각 말하기(think-aloud) 자료를 바탕으로, 새국어

교육 91, 한국국어교육학회. pp.105~134.

용재은(2004), 대학 수학 목적의 한국어 읽기 · 쓰기 교육 방안 연구: 학문적 텍스트의 분석과 적용을 중심으로, 고려대학교 교육대학원 석사학위논문.

우민정(2010), 외국인을 위한 한국어 쓰기 평가 방안 연구, 우석대학교 대학원 석사학위논문.

우인혜(1996), 한국어 쓰기 교육에 대한 일고찰, 한국언어문화 14, 국제한국언어문화학회. pp.163~185.

우해영(2012), 학문 목적 한국어 학습자의 쓰기 양상 연구: 설득적 텍스트를 중심으로, 영남대학교 대학원 석사학위논문.

원사가(2013), 과정 · 장르 통합 교육에 기반한 고급 쓰기 교재 개발 방안 연구: 중국 대학 내 한국어 전공자를 대상으로, 고려대학교 대학원 석사학위논문.

원순련(2011), 외국인여성결혼이민자들의 글쓰기를 통한 능동적 한국생활적응에 관한 반성적 실천연구, 경남대학교 대학원 박사학위논문.

원진숙(1999), 쓰기 영역 평가의 생태학적 접근, 한국어학 10, 한국어학회. pp.191~232.

원진숙(2010), 삶을 주제로 한 자기 표현적 쓰기 경험이 이주 여성의 자아 정체성 형성에 미치는 영향에 관한 한국어 쓰기 교육 사례 연구, 작문연구 11, 한국작문학회. pp.137~164.

원진숙(2010), 이주 여성의 자아 정체성 형성을 위한 한국어 쓰기 교육 사례 연구, 한국작문학회 연구발표회 자료집 18, 한국작문학회. pp.68~83.

유미정(2011), 읽기 텍스트를 활용한 장르 중심 한국어 쓰기 교육 방안 연구, 배재대학교 교육대학원 석사학위논문.

유한아(2010), 한국어 학문 목적 쓰기 교육 방안 연구: 통합적 독서 토의 전략을 활용한 논술 형식 글쓰기를 중심으로, 고려대학교 교육대학원 석사학위논문.

유효진(2004), 한국어 학습자 작문의 텍스트 의미 구조 표지 연구, 연세대학교 교육대학원 석사학위논문.

윤경미(2012), 한국어 학습자의 쓰기 오류 양상 비교 연구, 강남대학교 대학원 석사학위논문.

윤경숙(2007), 학문 목적 한국어 학습자를 위한 쓰기 교재 개발 연구, 배재대학교 대학원 석사학위논문.

윤여옥(2012), 유학생의 한국어 학위논문 쓰기 교육을 위한 학위논문 연구방법 부분의 장르 분석 연구, 이화여자대학교 국제대학원 석사학위논문.

윤지원(2013), 한국어 쓰기 수업에 대한 교사의 어려움과 개선 방안 연구, 한국언어문화학 10-1, 국제한국언어문화학회. pp.99~129.

이경화(2008), 만화를 활용한 한국어 쓰기 교육 방안, 언어와 문화 4-3, 한국언어문화교육학회. pp.197~220.

이귀염(2011), 중상급 수준 여성 결혼이민자 대상 읽기·쓰기 교재 개발을 위한 문식성 과제 단위 요구분석, 이화여자대학교 교육대학원 석사학위논문.

이금희(2009), 한국어 교육에서의 간접인용문 변형, 반교어문연구 26, 반교어문학회. pp.81~102.

이금희(2012), 학문목적 한국어 글쓰기 교육에 필요한 교수요목과 교재 개발 방향, 반교어문연구 33, 반교어문학회. pp.191~224.

이동연(2010), 한국어 성취도 평가의 실제: 말하기·쓰기 편, 한국문화사.

이동은(2008), 범문화적 접근의 한국어 쓰기 교육, 언어학 52, 한국언어학회(언어학). pp.3~25.

이미숙(2013), 스마트폰을 활용한 한국어 쓰기 능력 향상 방안: 카카오 톡을 중심으로, 충북대학교 교육대학원 석사학위논문.

이미혜(2000), 과정 중심의 한국어 쓰기 교육: 작문 수업을 중심으로, 한국어교육 11-2, 국제한국어교육학회. pp.133~150.

이미혜(2010), 장르 중심 한국어 쓰기 교육의 내용 체계, 외국어 교육 17-3, 한국외국어교육학회. pp.463~485.

이미혜(2011), 한국어 쓰기 교육을 위한 장르 분류 연구, 외국어 교육 18, 한국외국어교육학회. pp.391~412.

이미혜(2012), 한국어 쓰기 교육을 위한 텍스트 분석 연구의 방향과 과제, 외국어로서의 한국어교육 37, 연세대학교 언어연구교육원 한국어학당. pp.275~302.

이민민(2012), 중국인 학습자들을 위한 비즈니스 한국어 말하기 · 쓰기 통합 교육 방안 연구: 과업 중심 교수법(TBLT) 활용을 중심으로, 중앙대학교 대학원 석사학위논문.

이선영(2011), 한국어 교재에서의 쓰기 과제 분석, 인문논총 22, 서울여자대학교 인문과학연구소. pp.175~211.

이성희(2008), 한국어 교육에서의 읽기, 쓰기 통합교육 연구, 이중언어학 37, 이중언어학회. pp.113~131.

이소영(2011), 한국어 교육에서 쓰기와 문법의 통합 교육 방안, 한국문법교육학회 학술발표논문집, 한국문법교육학회. pp.52~62.

이수민(2002), 한국어 쓰기 교육에서 교사 피드백이 학생 수정에 미치는 영향 연구, 연세대학교 교육대학원 석사학위논문.

이수연(2012), 유학생의 한국어 학위논문 쓰기 교육을 위한 학위논문 결과 부분의 장르 분석 연구, 이화여자대학교 국제대학원 석사학위논문.

이수정(2011), 중국인 유학생의 학술적 글쓰기 경험에 대한 FGI연구, 인문연구 63, 영남대학교 인문과학연구소. pp.91~120.
이수진(2010), 다문화 가정 자녀를 위한 읽기·쓰기 통합교육 방안: 초등학교 저학년 이주여성 자녀를 대상으로, 건국대학교 대학원 석사학위논문.
이승연(2012), 고급 한국어 학습자를 위한 수사의문문 교육 연구: 논증적 글쓰기의 문어체 수사의문문을 중심으로, 한국어교육 23-3, 국제한국어교육학회. pp.259~287.
이시훈(2013), SNS를 활용한 한국어 쓰기 교육 방안: 페이스북을 중심으로, 부산외국어대학교 대학원 석사학위논문.
이아름(2013), 한국어 담화통합 쓰기 전략 교육의 효과 연구: 학문 목적 한국어 학습자를 대상으로, 고려대학교 대학원 석사학위논문.
이영지(2011), 중국인 한국어 학습자의 작문에 나타난 수준별 어휘적 특성 연구, 계명대학교 대학원 석사학위논문.
이예승(2012), 협력학습이 한국어 학습자의 쓰기 능력에 미치는 효과 연구: 한국어 중급(4급) 학습자를 대상으로, 고려대학교 교육대학원 석사학위논문.
이윤진(2010), 학문 목적 한국어 쓰기 교육에서 '윤리'의 문제, 학술대회, 한국언어문화교육학회. pp.215~227.
이윤진(2011), 외국인 유학생 대상의 윤리적 글쓰기 지침서 개발 방안 연구, 작문연구 12, 한국작문학회. pp.301~331.
이윤진(2011), 학문 목적 한국어 학습자를 위한 윤리적 글쓰기 교육의 방향, 이중언어학 45, 이중언어학회. pp.167~188.
이은경(2000), 한국어 학습자의 조사 사용에 나타난 오류 분석: 한국어 학습자의 작문을 중심으로, 연세대학교 대학원 석사학위논문.
이은경(2012), 사고발화법을 이용한 한국어 요약문 쓰기 전략 분석: 한국인과 중국인 대학생의 비교를 중심으로, 한국어교육 23-3, 국제한국어교육학회. pp.315~342.
이은경(2013), 학문 목적 한국어 학습자의 요약문 쓰기 과정에 대한 연구: 사고발화법을 통한 전략 사용 양상을 중심으로, 연세대학교 대학원 박사학위논문.
이은영(2005), 유학생을 위한 한국어 연구(1): 쓰기 교육을 중심으로, 언어학 13, 대한언어학회. pp.1~16.
이은혜(2011), 한국어 학습자의 작문에 나타난 장르 인식 양상 연구: 설명문과 논설문을 중심으로, 이화여자대학교 교육대학원 석사학위논문.
이인영(2011), 외국인 대학생의 학술적 글쓰기에 나타난 오류 양상 연구, 현대문학의 연구 44, 한국문학연구학회. pp.493~526.
이인혜(2012), 한국어 쓰기 평가의 채점 방식에 따른 채점자 신뢰도 연구: 종합적 채점 및 분석적 채점을 중심으로, 고려대학교 대학원 석사학위논문.
이인화(2010), 신문을 활용한 한국어 읽기·쓰기 교육 방안, 계명대학교 대학원 석사학위논문.
이인희(2009), 한국어능력시험 쓰기 평가에 대한 연구, 동덕여자대학교 대학원 석사학위논문.
이정아(2012), 일기를 통한 한국어 쓰기 양상 연구, 영남대학교 대학원 석사학위논문.
이정화(2010), 쓰기 채점의 신뢰도 확보 방안: 고급 한국어 학습자 주관식 쓰기 문항 채점 실험을 바탕으로, 어문연구 146, 한국어문교육연구회. pp.497~522.
이정희 외(2007), (유학생을 위한) 한국어 글쓰기의 기초, 하우.
이주미(2009), 중국인 학습자을 위한 한국어 쓰기 교육 방안 연구, 동덕여자대학교 대학원 석사학위논문.
이주민(2012), 장르 중심 교수법을 활용한 설득 텍스트 쓰기 방안, 상명대학교 교육대학원 석사학위논문.
이주희(2012), 유학생의 한국어 학위논문 쓰기 교육을 위한 학위논문 결론 부분의 장르 분석 연구, 이화여자대학교 국제대학원 석사학위논문.
이준호(2010), 자기주도적 쓰기 기술 및 전략 연구: 한국어 학문 목적 학습자를 대상으로, 한국어학 48, 한국어학회. pp.269~297.
이준호(2011), 학문 목적 한국어 학습자를 대상으로 한 읽은 후 쓰기 과제 연구, 한국어교육 22-4, 국제한국어교육학회. pp.83~108.
이준호(2012), 일반 목적 한국어 교육과정의 쓰기 수업의 양상과 제언: 분리 수업의 경우를 중심으로, 국제한국어교육학회 춘계학술발표논문집, 국제한국어교육학회. pp.53~59.
이진영(2008), 한국어 쓰기 교육과정 개발 연구, 경희대학교 대학원 석사학위논문.
이진옥(2011), 학문 목적 한국어 학습자의 쓰기 능력 향상을 위한 연구, 충남대학교 교육대학원 석사학위논문.
이현(2009), 유학생의 대학입학을 위한 한국어 쓰기 평가 연구, 한국외국어대학교 교육대학원 석사학위논문.
이현희(2011), 딕토글로스를 활용한 쓰기 수업이 형태 오류 감소에 미치는 효과 연구: 홍콩의 한국어 학습자를 대상으로, 이화여자대학교 국제대학원 석사학위논문.
이희영(2013), 공학적 글쓰기를 위한 표현 전략 교수 방안 연구, 한성대학교 대학원 박사학위논문.
임백성(2001), 외국학생 한국어 작문 소개: 인생, 한글한자문화 18, 전국한자교육추진총연합회. pp.97~97.

임수경(2011), 창작활동을 활용한 한국어교육 방안 연구, 한국문예창작 10, 한국문예창작학회. pp.219~251.

임은주(2011), 결혼이민자 가정 어머니의 양육스트레스: 양육일기 쓰기를 중심으로, 동국대학교 대학원 석사학위논문.

임은하(2009), 한국어 학습자의 속담 오류유형 분석: 한국어학습자의 쓰기 평가지에 나타난 속담오류를 중심으로, 외국어로서의 한국어교육 34, 연세대학교 언어연구교육원 한국어학당. pp.375~407.

임지현(2011), 한국어 학습자의 독자를 고려한 쓰기 교육 방안 연구, 경희대학교 교육대학원 석사학위논문.

임형옥(2013), 한국어 쓰기에서 학습자 간 상호평가적 협의와 수정 양상 연구, 고려대학교 대학원 석사학위논문.

장경희(2012), 중국인 한국어 학습자의 작문 자료에 나타난 모국어 전이 오류 분석: 직접 쓰기와 번역 쓰기를 비교하여, 연세대학교 대학원 석사학위논문.

장범(2012), 학문 목적 한국어 학습자를 위한 담화표지 활용 읽기·쓰기 교육방안 연구, 한국외국어대학교 대학원 석사학위논문.

장복(2013), 과정 중심 한국어 쓰기 교육 연구, 전남대학교 대학원 석사학위논문.

장설교(2013), 중국 경미소설의 한역본을 활용한 한국어 교육 방안 연구: 중국인 학습자를 위한 쓰기 교육을 중심으로, 중앙대학교 대학원 석사학위논문.

장영미(2008), 한국어학습자들의 "띄여쓰기" 오류에 대한 고찰, 중국조선어문 157, 길림성민족사무위원회. pp.34~35.

장윤희(2013), 재외동포를 대상으로 한 언어권별 쓰기 교육 방안 연구, 공주대학교 대학원 석사학위논문.

장향실 외(2009), 외국인 대학생을 위한 교양 한국어 쓰기 수업 모형 개발 연구, 한국어교육 20-2, 국제한국어교육학회. pp.255~279.

장향실(2006), 중국 대학의 한국어 전공 학습자를 위한 쓰기 교육 연구: 교수 요목 설계를 위한 교육 내용 선정에 대하여, 이중언어학 32, 이중언어학회. pp.325~347.

장향실(2010), 외국인 대학생의 문단쓰기 실태 및 문단쓰기 능력 신장 방안, 우리어문연구 38, 우리어문학회. pp.361~381.

장화숙(2011), 한국어 중급 학습자의 작문 오류 분석을 통한 조사·어미 교육방안, 충남대학교 대학원 석사학위논문.

전경선(2012), 장르 중심 교수가 석사학위 논문 서론 쓰기에 미치는 효과 연구, 이화여자대학교 국제대학원 석사학위논문.

전나영 외(2009), 실제적 텍스트 중심의 쓰기 능력 평가 도구 개발 연구, 외국어로서의 한국어교육 34, 연세대학교 언어연구교육원 한국어학당. pp.409~442.
전미화(2012), 한국어 학습자의 보고서 쓰기를 위한 내용 지식 구성 방안 연구, 배재대학교 대학원 석사학위논문.
전우리(2013), 다문화가정 자녀의 한국어 쓰기 능력 향상을 위한 과정 장르 통합 접근 방안 연구, 한국외국어대학교 대학원 석사학위논문.
전윤희(2006), 제2언어 학습자의 글쓰기에 나타난 오류분석: 모국어 전이를 중심으로, 고려대학교 교육대학원 석사학위논문.
전은주(2008), 한국어 능력 시험 평가 문항의 내용타당도 분석: 제12회 일반 한국어(S-TOPIK)의 쓰기, 듣기, 읽기 영역을 중심으로, 국어교육학연구 31, 국어교육학회. pp.129~165.
정기영(2010), 외국인을 위한 한국어 단어 받아쓰기 프로그램 개발에 관한 연구, 국민대학교 교육대학원 석사학위논문.
정다운(2007), 중국인과 일본인의 한국어 작문 텍스트 대조 분석: 텍스트 구조를 중심으로, 이중언어학 33, 이중언어학회. pp.215~243.
정다운(2008), 한국어 학습자의 작문에서 '내용 조직하기' 분석: 응집성을 중심으로, 어문연구 139, 한국어문교육연구회. pp.419~442.
정다운(2011), 내용 중심 교육과 장르 중심 교육을 통합한 한국어 쓰기 수업 구성 방안 연구, 한국언어문화학 8-1, 국제한국언어문화학회. pp.131~158.
정성미(2010), 한국어교육에서 여성결혼이민자를 위한 글쓰기 치료적 접근, 어문논집 45, 중앙어문학회. pp.193~212.
정성미(2011), 여성결혼이민자의 치유의 글쓰기, 다문화콘텐츠연구10, 중앙대학교 문화콘텐츠기술연구원. pp.75~116.
정여훈(2009), 한국어 학습자 작문에 나타난 문체(Style) 오류에 대하여: 중급 수준의 영어 모어 한국어 학습자를 대상으로, 외국어로서의 한국어교육 34, 연세대학교 언어연구교육원 한국어학당. pp.443~463.
정영애(2013), 공학계열 외국인 유학생을 위한 한국어 학술보고서 쓰기 교재 개발 방안, 전남대학교 대학원 석사학위논문.
정예랜(2005), 일본인 한국어 학습자의 부사 사용 연구: 학습자 작문의 오류분석을 중심으로, 연세대학교 대학원 석사학위논문.
정정승 외(1994), 제1언어와 제2언어의 독해력과 작문력의 상관관계 연구: 한국어와 영어를 중심으로, 어문연구 19, 경북대학교어문연구소. pp.55~71.
정진경(2012), 외국인 유학생을 위한 장르 중심 쓰기 교육 연구: 시험 답안 담화 표지 분석을 중심으로, 경희대학교 대학원 석사학위논문.

정효민(2012), 한국어 교육에서 띄어쓰기의 오류 원인과 오류 분석: 중국인 학습자를 대상으로, 새국어교육 90, 한국국어교육학회. pp.389~407.
조경애(2011), 읽기·쓰기 능력 향상을 위한 한국어교육 방안: 결혼이민가정의 자녀를 대상으로, 충북대학교 대학원 석사학위논문.
조영철(2011), CIRC 프로그램을 활용한 한국어 읽기·쓰기 통합 교육 방안 연구, 한국외국어대학교 교육대학원 석사학위논문.
조유경(2009), 여성 결혼이민자를 위한 실용적 한국어 쓰기 교육 방안, 한양대학교 교육대학원 석사학위논문.
조윤경 외(2007), 한국어 쓰기 오류교정에서 오류일지의 효과에 관한 연구, 한국어교육 18-3, 국제한국어교육학회. pp.221~248.
조은영(2012), 유학생의 한국어 학위논문 쓰기 교육을 위한 학위논문 국문 초록 부분의 장르 분석 연구, 이화여자대학교 국제대학원 석사학위논문.
조인순(2005), 문제 해결 쓰기 교육이 한국어 학습자의 쓰기 능력에 미치는 영향 연구, 이화여자대학교 교육대학원 석사학위논문.
조해순(2010), 한국어 학습자의 쓰기 텍스트에 나타난 텍스트 결속적 접속기제 연구: 영어권 학습자와 중국어권 학습자를 중심으로, 한국외국어대학교 대학원 석사학위논문.
조형일(2013), 교육용 외래어·외국어 표현 선정과 표기 방안 연구, 한국언어문화학 10-1, 국제한국언어문화학회. pp.183~206.
조혜리(2012), 한국어 학습자를 위한 자음의 발음과 쓰기 연계 교육: 훈민정음의 제자원리를 중심으로, 동국대학교 대학원 석사학위논문.
주지현(2010), 과정 중심 한국어 쓰기 교육 방안 연구: 피드백 활동을 중심으로, 부산대학교 대학원 석사학위논문.
진대연 외(2006), 한국어 학습자의 쓰기 텍스트에 대한 대조 수사학적 연구, 한국어교육 17-3, 국제한국어교육학회. pp.325~356.
진대연(2004), 한국어 쓰기 능력 평가에 대한 연구, 국어교육학연구 19, 국어교육학회. pp.483~512.
진대연(2006), 한국어 쓰기능력 구성요소로서의 어휘에 대한 연구, 이중언어학 30, 이중언어학회. pp.379~411.
차숙정 외(2006), 중국인 한국어 학습자의 쓰기에서 나타나는 어휘 오류, 한국어교육 17-1, 국제한국어교육학회. pp.415~436.
차현진(2012), 학문 목적 한국어 능력 시험 쓰기 연구, 동국대학교 대학원 석사학위논문.
채상이(2011), 대화식 저널 쓰기와 교사의 피드백에 따른 한국어 쓰기 능력 향상 연구, 공주대학교 대학원 석사학위논문.

천은정(2004), 대화 일기를 통한 한국어 쓰기 교육 연구: 초급 학습자를 중심으로, 경희대학교 교육대학원 석사학위논문.

최보미(2011), 자기 조정 전략이 한국어 고급 학습자의 자기 주도적 쓰기에 미치는 효과 연구: 과정-장르 통합 교육을 중심으로, 고려대학교 대학원 석사학위논문.

최선미(2008), 외국인 유학생을 위한 한국어 학술 보고서 쓰기 교재의 개발 연구, 한국외국어대학교 교육대학원 석사학위논문.

최영미(2009), 읽기 텍스트를 활용한 한국어 쓰기 교육 방안 연구, 한국외국어대학교 대학원 석사학위논문.

최우영(1997), 외국어로서의 한국어 학습자의 오류에 대한 연구: 작문에 나타난 오류를 중심으로, 이화여자대학교 대학원 석사학위논문.

최은지(2009), 외국인 유학생의 보고서 작문에서의 태도 표현 양상, 이중언어학 40, 이중언어학회. pp.213~236.

최은지(2009), 학문 목적 한국어 학습자를 위한 경영학 전공의 작문 과제 유형 조사 연구, 한국어교육 20-2, 국제한국어교육학회. pp.281~302.

최은지(2012), 고급 학습자들의 담화통합 쓰기 양상, 국제한국어교육학회 춘계학술발표논문집, 국제한국어교육학회. pp.63~77.

최정인(2008), 초·중·종성 구성원리를 이용한 한글교육 WBI 시스템의 설계 및 구현: 국제결혼 이주여성을 대상으로, 계명대학교 교육대학원 석사학위논문.

최정희(2012), 한국어 쓰기 교재 결속기제 사용 양상 분석: 텍스트 유형별 사용 양상을 중심으로, 연세대학교 교육대학원 석사학위논문.

최주리(2008), 인지 구성주의 쓰기 전략 교수가 한국어 쓰기에 미치는 영향 연구, 외국어로서의 한국어교육 33, 연세대학교 언어연구교육원 한국어학당. pp.227~260.

최지연(2013), 중국인 학습자를 위한 과정 중심 쓰기 교육 방안, 청주대학교 대학원 석사학위논문.

최향옥(2011), 한국어 고급 교재의 쓰기 영역 학습 활동 분석, 고려대학교 대학원 석사학위논문.

최혜민(2011), 텍스트 종류에 따른 한국어 쓰기의 내용 평가 기준 연구: 설명문, 논설문, 감상문을 중심으로, 한성어문학 30, 한성대학교 한성어문학회. pp.218~252.

최효정(2011), 여성결혼이민자를 위한 웹기반 한국어 쓰기 교육 연구, 선문대학교 교육대학원 석사학위논문.

최희명(2011), 수필 문학 텍스트를 활용한 한국어교육 방안 연구: 읽기·쓰기 통합 교육을 중심으로, 한성대학교 대학원 석사학위논문.

타마라 카플란(Tamara Kaplan)(2006), 러시아 학습자를 위한 한국어 쓰기 교육 방법론, 국어교육연구 18, 서울대학교 국어교육연구소. pp.167~185.

하승현(2013), 한국어 자기소개서의 장르 분석 및 장르 중심 접근법을 활용한 쓰기 교육 방안, 이화여자대학교 교육대학원 석사학위논문.

하평평(2011), 즉시 쓰기와 말하기 후 쓰기 비교 연구: 고급수준의 한국어 학습자 대상으로, 고려대학교 대학원 석사학위논문.

함계임(2009), 직업 목적 한국어의 문체 연구와 한국어 교육에의 적용: 업무문서 쓰기를 중심으로, 언어와 문화 5-2, 한국언어문화교육학회. pp.249~266.

허명란(2012), 여성 결혼이민자의 쓰기 자료에 나타난 연결어미 사용 양상 연구, 계명대학교 대학원 석사학위논문.

허미정(2013), 한국어 학습자용 워크북 쓰기 활동 유형 분석 연구: 중급 교재를 중심으로, 한국외국어대학교 교육대학원 석사학위논문.

허은혜(2010), 여성 결혼 이민자들의 작문에 나타난 어휘 사용 빈도 연구: 학습교재와의 비교를 중심으로, 한국외국어대학교 교육대학원 석사학위논문.

허재영(2010), 초급 한국어 학습자를 위한 한글 교육의 의미, 교양교육연구 4-1, 한국교양교육학회. pp.219~236.

혼다 토모쿠니(Honda Tomokuni) 외(2011), 한국어교육과 일본어 교육에서의 학문 목적 쓰기 교재 분석, 인문연구 61, 영남대학교 인문과학연구소. pp.31~72.

홍승희(2011), 다문화가정 자녀를 위한 한국어 쓰기 교육 연구, 상명대학교 교육대학원 석사학위논문.

홍윤기(2012), 학문목적 글쓰기를 위한 문장 구성 틀 연구: 종결표현에 따른 연결표현의 공기 양상의 차이를 중심으로, 어문연구 155, 한국어문교육연구회. pp.375~403.

홍은실 외(2010), 초등학교 1, 2학년 다문화가정 학생의 쓰기 기초학력 검사 결과 및 문항 분석, 작문연구 10, 한국작문학회. pp.273~302.

홍정현(2005), 학문 목적 한국어 쓰기 요구 분석, 이화여자대학교 대학원 석사학위논문.

홍종호(2012), 중국인 한국어 학습자의 쓰기 자료에 나타난 서술어 사용 양상 연구, 계명대학교 대학원 석사학위논문.

홍혜란(2007), 한국어 고급학습자의 문법적 연어 오류 분석: 학습자 말뭉치와 작문 자료를 중심으로, 비교문화연구 11, 경희대학교 비교문화연구소. pp.23~52.

황미향(2007), 과정 중심 쓰기 교육에 대한 비판적 고찰, 국어교육 123, 한국어교육학회. pp.243~278.

황인교(1997), 외국어로서의 한국어교육 연구: 읽기, 쓰기 지도법을 중심으로, 이화어문논집 15, 이화어문학회. pp.145~164.

황재웅(2008), 쓰기 워크숍에 의한 작문 교육 방안, 국어교육 127, 한국어교육학회. pp.163~193.

황희선(2010), 한국인과 외국인의 한국어 작문에 대한 텍스트성 비교 분석: 논증문을 대상으로, 중앙대학교 대학원 석사학위논문.

Albrecht Huwe(2000), 본래의 한글 자모 체계, 한국어교육 11-2, 국제한국어교육학회. pp.239~258.

ANJALI, SINGH(2012), 인도인 한국어 학습자의 작문에 나타난 어휘 오류 분석 연구, 이화여자대학교 국제대학원 석사학위논문.

Bae Jungok(2006), Two-way immersion student's writing skills in Korean as a first and foreign language in the United States, 이중언어학 31, 이중언어학회. pp.55~96.

Heba Mohammed(2013), 아랍권 한국어 학습자 글쓰기 오류 분석: 이집트 아인샴스대학교 중급 학습자를 대상으로, 연세대학교 대학원 석사학위논문.

Jeong-Yi Lee(2010), A Diary Study of Korean Heritage Learners' Motivation, 외국어 교육 17-1, 한국외국어교육학회. pp.181~207.

Kim Eun-Joo(2002), 오류 교정을 통한 작문의 정확도 발달: 한국어 작문의 종적 연구, 한국어교육 13-1, 국제한국어교육학회. pp.279~306.

Suketsak Wanvaja(2013), 태국인 한국어 학습자를 위한 쓰기 교육 방안 연구: 응결 장치를 중심으로, 서울대학교 대학원 석사학위논문.

Sung-Yeon Kim 외(2007), Errors and Strategies Observed in Korean Heritage Learners L2 Writing, 외국어 교육 14-4, 한국외국어교육학회. pp.93~112.

Victor Nam(2012), 우즈베키스탄의 한국어 쓰기 교육과정 연구, 서울대학교 대학원 박사학위논문.

Ⅲ-10.
한글/한글맞춤법

권성미(2004), 일어권 초급 한국어 학습자의 철자 오류 분석, 이화여자대학교 대학원 석사학위논문.

김미옥(2001), 맞춤법 오류에 관한 연구, 외국어로서의 한국어교육 25, 연세대학교 언어연구교육원 한국어학당. pp.331~359.

김영수(2009), 남북 언어 규범의 차이와 중국 조선어 규범 문제, 한국어교육학회 학술발표회2009, 한국어교육학회. pp.73~79.

김영희(2008), 한글지도의 이론과 실제, 아침나라.

김지영(2012), 중국어권 한국어 초급 학습자의 표기 교육 방안 연구, 태릉어문연구 18, 서울여자대학교 인문과학대학 국어국문학과. pp.193~213.

묘로(2010), 외국인 학습자 맞춤법 사용 실태 연구, 충남대학교 대학원 석사학위논문.

문은희(2013), 중국 조선어 규범과 한국 어문 규범 비교 연구, 연세대학교 대학원 석사학위논문.

민현식(2000), 한국어 교육에서의 정서법 교육에 대하여, 한국어교육 11-1, 국제한국어교육학회. pp.1~23.

박갑수(2005), 중국의 "조선말맞춤법"과 한국어교육, 국어교육연구 16, 서울대학교 국어교육연구소. pp.7~46.

부이 티 응옥 빚(Bui Thi Ngoc Bich)(2011), 한국어와 베트남어의 어문 규정 대조 연구, 영남대학교 대학원 석사학위논문.

손연화(2011), 한글을 통한 한중 한자어의 병행표기에 관한 연구, 충남대학교 대학원 석사학위논문.

손초(2013), 한·중 영어 외래어 표기법 실태 연구, 한양대학교 대학원 석사학위논문.

송경옥(2012), 여성결혼이민자를 위한 띄어쓰기 지도 방안 연구, 인하대학교 교육대학원 석사학위논문.

신성철(2001), 호주 한국어 학습자의 철자오류 분석연구, 외국어로서의 한국어교육 25, 연세대학교 언어연구교육원 한국어학당. pp.361~387.

신성철(2007), 영어권 한국어 학습자의 철자 오류 유형과 패턴, 한국어교육 18-3, 국제한국어교육학회. pp.99~122.

양군(2011), 중국인 학습자를 대상으로 한 한국어 철자법 교육에 관한 연구: 자음과 모음의 문자습득 중심으로, 중앙대학교 대학원 석사학위논문.

양민화 외(2008), 중국인 한국어 학습자의 철자능력 분석연구, 한국교육 35-3, 한국교육개발원. pp.107~123.

완자미(2012), 중국인 한국어 학습자의 띄어쓰기 실태와 지도 방안, 전남대학교 대학원 석사학위논문.

윤미영 외(2011), 태국 교포 아동의 맞춤법 오류 분석과 교육 방안: 푸껫 거주 교포 아동의 맞춤법 오류를 중심으로, 새국어교육 88, 한국국어교육학회. pp.193~220.

이동은(2007), 한국어 학습자의 철자 오류와 개선 방안: 북미지역 청소년 교포 학습자를 대상으로, 한국어학 35, 한국어학회. pp.335~362.

이병운(2001), 한국어 음운과 표기법 교육, 국어교과교육연구 2, 국어교과교육학회. pp.135~154.

이상숙(2005), 한국어 학습자의 외래어 표기 오류 분석 및 교수 방안 연구, 한양대학교 대학원 석사학위논문.

이소영(2003), 한국어 학습자의 표기 오류 실태 연구: 영어권 · 중국어권 학습자를 대상으로, 이중언어학 23, 이중언어학회. pp.255~282.

이유진(2008), 이주민 자녀들의 국어 정서법 오류 분석 및 교수 방안, 이화여자대학교 교육대학원 석사학위논문.

전경숙(2011), 한국어 중급 학습자의 한글 맞춤법 교육 방안 연구: 여성결혼이민자를 중심으로, 인하대학교 교육대학원 석사학위논문.

정로(2012), 중국인 초·중급 학습자의 한국어 띄어쓰기 오류 양상 연구, 계명대학교 대학원 석사학위논문.

정지예(2011), 한·중 외래어 표기 대조 연구: 영어, 불어, 독어 인명을 중심으로, 부산외국어대학교 대학원 석사학위논문.

정효민(2012), 한국어 교육에서 띄어쓰기의 오류 원인과 오류 분석: 중국인 학습자를 대상으로, 새국어교육 90, 한국국어교육학회. pp.389~407.

조성민(2010), 외국어로서의 한국어 맞춤법 오류 분석 및 교수 방안: 중국유학생을 대상으로, 군산대학교 교육대학원 석사학위논문.

조인정 외(2012), 한국어 교재의 행 바꾸기: 띄어쓰기와 읽기 능력의 계발, 한국어교육

23-1, 국제한국어교육학회. pp.77~100.

泉文明(2003), 日本語と韓國語の表記システムの對照, 일본어교육연구 23, 한국일본어교육학회. pp.115~129.

최인실(2007), 영어권 동포아동의 효율적 한글 맞춤법 학습을 위한 기초 연구: 뉴질랜드에서의 조사를 중심으로, 한국어교육 18-2, 국제한국어교육학회. pp.459~486.

폴리 룽(2013), 홍콩 한국어 학습자를 위한 입문기 표기 교육 연구, 서울대학교 대학원 석사학위논문.

홍종선 외(2008), 세계 속의 한글, 박이정출판사.

황은미(2013), 일본인 초급 학습자를 위한 한글 자모 연상교육 방안 연구, 경희대학교 교육대학원 석사학위논문.

S. Robert Ramsey(1996), Korean Alphabet, World Alphabet, 한국어교육 7, 국제한국어교육학회. pp.19~32.

Ⅳ-01.
문법

가결(2010), 한국어 연결어미 '-고'에 대한 연구, 인천대학교 대학원 석사학위논문.
가리야 미쯔노부(2011), 한국어와 일본어 인과접속의 통사 및 의미 대조 고찰: '-아서, -니까'와 'て, ので, から'를 중심으로, 전남대학교 대학원 석사학위논문.
가마카리 스즈(2004), 일본어권 한국어 학습자의 발달 양상 연구: 이유 표현 연결구를 중심으로, 고려대학교 교육대학원 석사학위논문.
가취명(2010), 한 중 정도부사 공기양상 대조 연구, 연세대학교 대학원 석사학위논문.
강계천(1992), 한·일 양국어의 지시어 대조비교, 일본어교육연구 8, 한국일본어교육학회. pp.45~74.
강국량(2012), 한국어 '-적(的)'의 교육내용 구축과 교육방안 연구: 중국인 학습자를 중심으로, 경희대학교 대학원 석사학위논문.
강군(2013), 중국인 한국어 학습자의 조사 사용 오류 분석: 주격조사 '이/가'와 보조사 '은/는'을 중심으로, 전주대학교 대학원 석사학위논문.
강남욱 외(2011), 한국어 학습자의 문법 습득 양상 연구(3): 복문에서의 시제 사용 양상을 중심으로, 한국어교육 22-3, 국제한국어교육학회. pp.1~28.
강남욱(2010), 몽골인 한국어 학습자의 처, 여격 조사 사용에 대한 대조언어학적 분석 및 교육 방안 연구, 한국어교육 21-3, 국제한국어교육학회. pp.1~21.
강남욱(2011), 한국어 학습자의 시제 개념 습득 연구, 국어교육연구 49, 국어교육학회. pp.239~268.
강단정(2013), 한국어 '-었-'과 중국어 '了'의 비교 연구: 과거시제와 완료상을 중심으로, 동국대학교 대학원 석사학위논문.
강명희(2013), 한국어 학습자의 '-어 있-', '-고 있-' 사용 양상 연구, 영남대학교 대학원 석사학위논문.
강바타르 어요(2012), 몽골 내 대학교들의 한국어 교육의 현황과 방안: 한국어 문법을 중심으로, 창원대학교 대학원 석사학위논문.
강소영(2012), 오류분석을 통한 연결어미 지도 방안: 초급 중국인 학습자를 중심으로, 충북대학교 대학원 석사학위논문.
강승혜(2009), 한국어 문법서와 교재에 나타난 '-더-' 관련 문법항목 의미 기술의 검토와 '-더-' 관련 문법항목의 제시순서, 어문연구 142, 한국어문교육연구회. pp.397~422.
강악(2011), 접속어미 '-고'에 대응하는 중국어 접속표현 연구, 건국대학교 대학원 석사학위논문.
강여림(2007), 한국어 학습자의 대우 표현 사용 양상 연구: 일본어권 한국어 고급 학습자를 대상으로, 이화여자대학교 교육대학원 석사학위논문.
강운(2013), 한국어 복수 표지 '들'과 중국어 복수 표지 '們'의 대조 연구, 동국대학교 대학원 석사학위논문.
강원경(2007), 한국어 교육용 문법항목의 제시 방법에 관한 연구: '-더-' 관련 문법항목을 중심으로, 외국어로서의 한국어교육 32, 연세대학교 언어연구교육원 한국어학당. pp.61~80.
강은숙(2005), 한국어 모어화자의 화계 변동에 관한 연구: 사회적 관계와 친밀도를 중심으로, 연세대학교 대학원 석사학위논문.
강현화 외(2003), 스페인어권 한국어 학습자의 어미, 조사 및 시상, 사동 범주의 오류 분석, 한국어교육 14-2, 국제한국어교육학회. pp.1~23.
강현화 외(2009), 한국어교육을 위한 불평표현 문형 연구: 불평화행과 인용표현의 관계를 중심으로, 한말연구 24, 한말연구학회. pp.5~31.
강현화 외(2010), 한국어 종결표현의 화행 기능과 한국어 모어 화자의 인식에 관한 연구, 외국어 교육 17-2, 한국외국어교육학회. pp.405~431.
강현화(2001), 빈도를 나타내는 시간부사의 어휘 교육 방안 연구, 한국어교육 12-1, 국제한국어교육학회. pp.1~17.
강현화(2002), 서-한 기본동사의 의미, 통사 유형 대조연구, 배달말 30, 배달말학회. pp.91~108.
강현화(2006), 한국어 문법 교수학습 방법의 새로운 방향, 국어교육연구 18, 서울대학교 국어교육연구소. pp.31~60.
강현화(2007), 한국어 교재의 문형유형 분석: 문형 등급화를 위해, 한국어교육 18-1, 국제한국어교육학회. pp.1~21.
강현화(2008), '-을걸'의 특성과 후회표현의 양상, 이중언어학 38, 이중언어학회. pp.43~68.
강현화(2008), 한국어교육을 위한 연어의 유형에 대한 고찰, 응용 언어학 24, 한국응용언어학회. pp.197~217.
강현화(2009), 최신 문법교수 이론의 경향과 한국어교육에의 적용, 문법 교육 11, 한국문법교육학회. pp.1~27.
강현화(2011), 한국어 문법 교육 연구의 현황과 전망, 언어정보와 사전편찬 27, 연세대학교 언어정보연구원. pp.5~42.
강현화(2012), 표준교육과정의 어휘, 문법 위계화에 대한 제언, 국제한국어교육학회 춘계 학술발표논문집, 국제한국어교육학회. pp.293~320.
강현화(2012), 한국어교육에서의 담화 기반 문법 연구: 부정 표현의 맥락 문법을 활용하여, 한국문법교육학회 학술발표논문집, 한국문법교육학회. pp.201~212.
강혜원(2012), 과제 변인에 따른 한국어 학습자 간 상호작용 양상에 대한 연구: 문법 받아쓰기와 텍스트 수정 과제를 중심으로, 이화여자대학교 교육대학원 석사학위논문.
경연(2011), 한국어 접미사 '-적'과 중국어 구조조사 '的'의 대조 연구, 창원대학교 대학원 석사학위논문.
고경민(2011), 근대계몽기 한국어 학습서의 문법기술에 대한 고찰, 한국문법교육학회 학술발표논문집, 한국문법교육학회. pp.25~35.
고경태(2007), 한국어 교육에서 패턴(pattern)으로서의 격조사+동사 교육의 필요성, 문법 교육 6, 한국문법교육학회. pp.21~41.
고경태(2008), 다의성 동사 교육의 목표와 내용에 대하여: "보다"를 중심으로, 한국어교육 19-2, 국제한국어교육학회. pp.1~21.
고경태(2008), 한국어 교육을 위한 명사화소 "-음","-기" 연구: 용언과의 패턴을 중심으로, 문법 교육 8, 한국문법교육학회. pp.1~29.
고경태(2008), 한국어 교육을 위한 문법 체계에 대하여, 한국어학 41, 한국어학회. pp.183~206.
고경태(2009), 반복 합성 의성, 의태 부사의 말뭉치 빈도 연구: 한국어 학습용 4음절의 반복 합성 부사 선정을 위한 시론, 우리어문연구 35, 우리어문학회. pp.137~160.
고경태(2009), 연어 관계를 통한 한국어 성분 부사 선정에 대한 시론, 한국어 의미학 28, 한국어의미학회. pp.29~48.
고려연(2013), 중국인 학습자를 위한 한국어 경어법 교수 방안 연구, 순천향대학교 교육대학원 석사학위논문.
高利金(1990), 한국어 부사유의어의 의미 차이, 백록어문 7, 제주대학교 사범대학 국어교육과 국어교육연구회. pp.57~89.
고민지(2012), 한국어 부정문의 화용적 기능 교육 방안 연구, 경희대학교 교육대학원 석사학위논문.

고석주(2002), 학습자 말뭉치에서 조사 오류의 특징, 외국어로서의 한국어교육 27, 연세대학교 언어연구교육원 한국어학당. pp.543~570.
고성환(2006), 한국어 교재의 호격 구성, 제2차 한·중·조 Korean 교육 국제 학술 토론회 논문집, 이화여자대학교 한국어문학연구소, pp.1~3.
고승희(2009), 한국어와 폴란드어의 수량사구에 대한 연구, 이중언어학 41, 이중언어학회. pp.1~26.
고은영(2012), 연역적 문법 교수와 귀납적 문법 교수의 효과 비교 연구: 일본인 한국어 학습자를 대상으로, 이화여자대학교 교육대학원 석사학위논문.
고은정(2011), 한국어 교육용 형용사 유의어 선정 연구, 경희대학교 교육대학원 석사학위논문.
고인경(2008), 학교문법과 한국어교육문법의 표준화 방안 연구: 고등학교 문법과 외국인을 위한 한국어 문법1의 비교를 중심으로, 인하대학교 교육대학원 석사학위논문.
고주환(2008), 한국어 학습자를 위한 파생어 교수-학습 방안 연구, 관동대학교 대학원 석사학위논문.
곡천(2012), 한국어 보조용언 '싶다'와 중국어 능원동사 대조 연구: '소원'의 뜻을 나타내는 표현을 중심으로, 경희대학교 대학원 석사학위논문.
공혜남(2012), 중국어권 학습자를 위한 한국어 양보 관계 연결어미 교육 연구, 인하대학교 대학원 석사학위논문.
곽뢰단(2012), 한·중 부정 접두사 대조 연구: '無, 未, 不, 非'를 중심으로, 경희대학교 대학원 석사학위논문.
곽수진(2011), 한국어 학습자의 문장 생성을 위한 언어적 지식 교육 연구, 한국문법교육학회 학술발표논문집, 한국문법교육학회. pp.1~14.
곽수진(2011), 형태 집중을 활용한 한국어 문장 구조 교육 연구, 경희대학교 대학원 박사학위논문.
곽연(2013), 한·중 사동문 대조 연구: 어휘사동을 중심으로, 부산대학교 대학원 석사학위논문.
곽옥(2012), 중국인 학습자를 위한 한국어 피동 표현 교육 방안 고찰, 전남대학교 대학원 석사학위논문.
곽정(2011), 연결어미 '-어서'와 중국어 대응표현 연구, 건국대학교 대학원 석사학위논문.
곽현진(2011), 한국어 1인칭 대명사 대용 표현 연구, 경희대학교 대학원 석사학위논문.
곽휘(2011), 현대 한국어 차등비교구문 연구, 서울대학교 대학원 석사학위논문.
관학걸(2012), 입력강화와 출력강화가 한국어 간접인용문 학습에 미치는 영향, 경희대학교 대학원 석사학위논문.

구민영(2012), 중국어권 한국어 학습자를 위한 연결어미 '-는데' 교육 방안 연구, 한국외국어대학교 교육대학원 석사학위논문.

구본관(2004), 한국어 교육과 품사 분류, 제1차 KOREAN 교육 국제 학술토론회 발표논문집: 외국어로서의 KOREAN 교육의 과제와 발전 방향2004, 이화여자대학교 한국어문학연구소. pp.92~101.

구본관(2005), 남북의 품사 분류와 한국어 교육, Korean 연구와 교육 1, 이화여자대학교 한국어문학연구소. pp.149~169.

구본관(2006), 남북의 조사(토)의 분류와 한국어 교육, Korean 연구와 교육 2, Korean 교육 연구 국제협의회: 이화여자대학교 한국어문학연구소. pp.5~20.

구본관(2009), 패러다임의 변화와 문법 교육의 방향, 어문학 103, 한국어문학회. pp.1~40.

구지민(2005), 학문 목적 한국어를 위한 강의 담화표지 학습 연구, 한국어교육 16-1, 국제한국어교육학회. pp.23~43.

국립국어원(2005), 외국인을 위한 한국어 문법 1: 체계 편, 커뮤니케이션북스.

국립국어원(2005), 외국인을 위한 한국어 문법 2: 용법 편, 커뮤니케이션북스.

국제한국어교육학회(2006), 한국어교육론 2: 발음교육 · 어휘교육 · 문법교육 · 문학교육 · 문화교육, 한국문화사.

菊地香里(2011), 일본어「のだ」와 한국어「것이다」,「거든」의 한일대조연구: 문법화의 관점에서, 고려대학교 대학원 석사학위논문.

궁뢰(2013), 중국인 학습자를 위한 관형사형 어미 교육 연구, 부산대학교 대학원 석사학위논문.

권경희(1999), 한국어의 마디(Clause) 연구, 언어와 언어교육 14, 동아대학교 어학연구소. pp.119~147.

권미경(2012), 태국인 학습자의 한국어 생략 유형과 성분에 따른 이해 연구, 이화여자대학교 국제대학원 석사학위논문.

권미림(2013), 중국인 한국어 학습자의 조사 사용에 대한 오류 분석과 교육 방안, 한양대학교 대학원 석사학위논문.

권미미(2008), 한국어교육문법의 인과 관계 연결어미 연구: 초급교재에 나타난 '-니까', '-아서', '-기 때문에'를 중심으로, 인하대학교 대학원 석사학위논문.

권미미(2008), 한국어교육문법의 인과 관계 연결어미 연구: 초급교재에 나타난 '-니까'를 중심으로, 교육문화연구 14-2, 인하대학교 교육연구소. pp.147~174.

권성미(2010), 연결어미의 종결어미적 쓰임에 나타나는 억양의 중간언어 연구, 한국어교육 21-4, 국제한국어교육학회. pp.1~23.

권수정(2010), 한국어 교육을 위한 양보관계 연결어미 교수 · 학습방안 연구, 서울여자대

학교 대학원 석사학위논문.
권수정(2010), 한국어 교육을 위한 양보관계 연결어미 연구, 인문논총 20, 서울여자대학교. pp.198~231.
권수정(2011), 외국어로서의 한국어 문법 기술을 위한 연구, 태릉어문연구 17, 서울여자대학교. pp.119~156.
권순영(2012), 한국어와 영어의 품사 체계 비교 연구: 외국인 학습자 관점에서, 충북대학교 대학원 석사학위논문.
권승림(2003), 일본어와 한국어 사역문의 피사역자에 관한 고찰, 외국어 교육 10-4, 한국외국어교육학회. pp.247~268.
권재일(2000), 한국어 교육을 위한 표준 문법의 개발 방향, 새국어생활 10-2, 국립국어연구원. pp.103~116.
근보강(2010), 한·중 분류사 대조와 한국어 분류사 교육, 한국언어문화학 7-2, 국제한국언어문화학회. pp.1~21.
근향동(2012), 중국인 학습자의 한국어 사동 표현 오류 연구, 경희대학교 대학원 석사학위논문.
기단봉(2010), 중국어권 학습자를 위한 한국어 연어 대조 연구: 목술관계 연어를 중심으로, 고려대학교 대학원 석사학위논문.
기영흠(2011), TOPIK 응시자를 위한 한국어 교재 개발 연구: 중급 어휘·문법 영역을 중심으로, 부산외국어대학교 대학원 석사학위논문.
길지혜(2010), 한국어 구어 교육을 위한 연결어미 연구, 동국대학교 대학원 석사학위논문.
김건영(2012), 한국어의 형태소 인식과 범주 설정, 고려대학교 대학원 석사학위논문.
金京善(2002), 韓國語詞尾的對比教學法硏究, 한중인문학연구 9, 중한인문과학연구회. pp.323~337.
김경선(2006), 중한 언어차이와 문법 교육, 제2차 한·중·조 Korean 교육 국제 학술 토론회 논문집, 이화여자대학교 한국어문학연구소. pp.1~8.
김경안(1997), '원인'과 '결과' 구문의 통사론 및 의미론적 고찰, 외국어교육연구논집 11, 한국외국어대학교 외국어교육연구소. pp.1~22.
김경화(2007), 중국에서의 초급한국어교재 문법항목의 문제점 및 개선방안, 문법 교육 6, 한국문법교육학회. pp.23~51.
김경화(2009), 중국에서의 초급한국어교재 문법항목의 선정과 배렬 연구, 중국조선어문 150, 길림성민족사무위원회. pp.23~26.
김경화(2011), 한국어 시간관계 연결어미의 교수방안 연구: 중국인 학습자를 대상으로, 서울여자대학교 대학원 박사학위논문.

김금(2012), 한국어 추측·의지의 양태 표현 교육 방안 연구: 중국인 고급 학습자를 중심으로, 중앙대학교 대학원 석사학위논문.

김금희(2011), 한국어의 정보 구조와 어순 교육 연구, 충남대학교 대학원 석사학위논문.

김기성(2006), 현대 몽골어와 한국어의 연결어미 대조 연구: 현대 몽골어의 접속연결어미를 중심으로, 몽골학 20, 한국몽골학회. pp.111~145.

김기성(2009), 현대 몽골어와 한국어의 접속문 비교연구, 몽골학 27, 한국몽골학회. pp.151~186.

김기혁(1989), 국어문법에서 격의해석, 외국어로서의 한국어교육 14, 연세대학교 언어연구교육원 한국어학당. pp.5~53.

김나라(2010), 한국어 학습자 텍스트의 접속부사 오류 연구: 일본인 고급 학습자의 중간언어를 중심으로, 전북대학교 대학원 석사학위논문.

김나리(2011), 한·중 과거시제 비교 연구: '了' 와 '-었-', '過' 와 '-었었-' 을 중심으로, 인하대학교 교육대학원 석사학위논문.

김나연(2012), 한국어의 시제 관련항과 시제성 문법소 '-더-' 의 연구, 동국대학교 대학원 석사학위논문.

김나연(2012), 한국인 일본어 학습자의 학습전략 연구: 격조사 오용을 중심으로, 단국대학교 교육대학원 석사학위논문.

김나영(2009), 초등학교 저학년 다문화가정 아동의 문법형태소 사용 특성, 한림대학교 대학원 석사학위논문.

김남길(1991), The Past Tense in Korean, 외국어로서의 한국어교육 15, 연세대학교 언어연구교육원 한국어학당. pp.49~67.

김남길(2005), 세계화를 위한 한국어 교육: 문법 교수와 통합 기능 교수에 대한 일례, 한말연구 17, 한말연구학회. pp.391~419.

김남길(2012), 담화 중심 한국어 문법 교육이란?, 한국문법교육학회 학술발표논문집, 한국문법교육학회. pp.161~180.

김다혜(2009), '국어 문법' 과 '한국어 문법' 의 교육 내용 체계 비교, 명지대학교 교육대학원 석사학위논문.

김덕숙(2012), 한국어 능격동사의 대조언어학적 연구: 영어, 일본어, 중국어와의 대조, 한국외국어대학교 교육대학원 석사학위논문.

김동수(2011), 순서 표현 연결어미 '-고' 와 '-어서' 연구, 경희대학교 대학원 석사학위논문.

김려(2011), 중국어와 한국어의 인칭대명사 번역 연구, 부산외국어대학교 대학원 석사학위논문.

김려연(2011), 한국어 선어말어미의 교육 방안에 관한 연구, 중앙대학교 대학원 석사학위논문.

김령(2012), 중국인 학습자를 위한 한국어 조사 {이/가}와 {은/는} 교육 내용 연구, 서울대학교 대학원 석사학위논문.

김룡범(2009), 한국어보조용언의 교수, 중국조선어문 159, 길림성민족사무위원회. pp.31~35.

김명광(2009), 문법 형식 "-찌, -방"에 대한 단어 형성 과정 진단: 중국 유학생들의 자료를 중심으로, 국어교육 129, 한국어교육학회. pp.143~175.

김명희(2006), 자습용 한국어 기본 문법 학습 교재 모형 개발 연구, 문법 교육 5, 한국문법교육학회. pp.195~239.

김문기(2010), 한국어 교재에서의 문법 항목 제시 방안 연구: 보조 용언을 중심으로, 우리말연구 27, 우리말학회. pp.245~267.

김미경(2011), 한국어 구어 능력 향상을 위한 종결기능 연결어미 교육 방안 연구, 동아대학교 대학원 석사학위논문.

김미선(2012), 역할극을 활용한 한국어 경어법 교수 방안: 중국인 중·고급 학습자를 대상으로, 공주대학교 대학원 석사학위논문.

김미연(2012), 한국어 학습자의 '-시-' 사용 양상 연구, 영남대학교 대학원 석사학위논문.

김미옥(2011), 한국어 기본문형 교육 방안 연구, 숙명여자대학교 대학원 석사학위논문.

김미형(1997), 한국어 대명사의 특성, 외국어로서의 한국어교육 22, 연세대학교 언어연구교육원 한국어학당. pp.25~52.

김미혜(2010), 일본인 한국어 학습자의 사동문 습득 연구: 장·단형 사동문에 대한 생산과 이해를 중심으로, 이화여자대학교 국제대학원 석사학위논문.

김미희(2010), 부정 의문문의 확인 용법에 대한 연구, 한양대학교 대학원 석사학위논문.

김민경(2005), 한국어 문법 교과서 비교 연구: 한국 중학교와 조선민족학교 중급 문법 교과서 비교, 연세대학교 교육대학원 석사학위논문.

김민성(2010), 영어권 학습자를 위한 한국어 피동 구문의 지도 방안, 공주대학교 대학원 석사학위논문.

김민애(2006), 한국어 고급 과정 교재의 문법 교육 내용 개발 연구, 문법 교육 5, 한국문법교육학회. pp.171~193.

김민영(2012), 텍스트 유형에 따른 한국어 시제 기능 연구, 한국외국어대학교 대학원 박사학위논문.

김민지(2012), 한국어 보조사 '는'의 교육 방안 연구: 중국어권 중급 학습자를 대상으로, 고려대학교 교육대학원 석사학위논문.

김범주(2005), 조선어 도움토를 올바로 쓰도록 교육하는데서 나서는 몇가지 문제, Korean 연구와 교육 1, 이화여자대학교 한국어문학연구소. pp.47~56.

김병원(1985), 한국어와 영어의 주제표시, 이중언어학 2, 이중언어학회. pp.43~66.

김보경(2012), 구문 점화 효과를 통해 살펴본 한국어-영어 이중언어 아동의 복문 산출 능력, 이화여자대학교 대학원 석사학위논문.

김보경(2012), 재미동포 한국어 학습자의 서술어 오류 연구, 상명대학교 대학원 박사학위논문.

김봉민(2012), 한국어와 중국어의 사동사 대조 연구, 경희대학교 대학원 박사학위논문.

김부용(2012), 한국어 의문 종결 어미 교육 방안 연구, 동덕여자대학교 대학원 석사학위논문.

김상수(2003), 외국어로서의 한국어 교육을 위한 조사 '이/가'와 '은/는'에 관한 연구, 부산외국어대학교 대학원 석사학위논문.

김상희(1997), 판정의문문의 대답에 관한 연구: 외국어로서의 한국어 교육의 측면에서, 이화여자대학교 대학원 석사학위논문.

김서형 외(2010), 한국어 학습자를 위한 확대문 교육 방안 관형사절을 중심으로, 문법 교육 13, 한국문법교육학회. pp.115~136.

김서형(2005), 한국어 문법 교육 연구의 검토, 문법 교육 3, 한국문법교육학회. pp.129~148.

김서형(2007), 한국어 교육을 위한 희망 표현 연구, 한국어교육 18-1, 국제한국어교육학회. pp.23~48.

김서형(2009), 대학 수학 한국어 학습자의 조사 오류 분석과 교육 방안, 한국어학 42, 한국어학회. pp.95~121.

김서형(2010), 한국어 학습자의 쓰기에 나타난 대체 표현 양상: 중·고급 학습자의 연결어미 사용 양상을 중심으로, 한국문법교육학회 학술발표논문집, 한국문법교육학회. pp.187~198.

김선정(2009), 설문조사를 통해 본 여성결혼이민자 대상 한국어교재 개발의 방향, 언어과학연구 49, 언어과학회. pp.1~22.

김선효(2007), 한국어 학습자의 관형격조사 '의'의 사용 실태에 관한 소고: 일본어를 모어로 하는 중급 한국어 학습자의 경우, 한국어교육 18-3, 국제한국어교육학회. pp.53~74.

김선효(2009), 일본어 모어 화자의 정도부사의 사용과 오류 양상: "아주, 너무"를 중심으로, 한국어교육 20-1, 국제한국어교육학회. pp.1~22.

김선희(2003), 후치사 용법에 대한 한·일 대조연구, 일본어교육연구 25, 한국일본어교육학회. pp.109~128.

김선희(2011), 시제 체계 대조를 통한 '-었-'의 교수 방안 연구: 한국어와 영어의 시제 불일치 사례 분석을 중심으로, 선문대학교 대학원 석사학위논문.

김설경(2012), 입력·출력 기반 교수가 한국어 학습자의 문법적 정확성에 미치는 영향, 이화여자대학교 교육대학원 석사학위논문.

김성란(Cheng Lan Jin)(2010), 중국어권 학습자의 과거 시제 사용 오류 분석: '-았-'을 중심으로, 문법 교육 13, 한국문법교육학회. pp.137~156.

김성수(2010), 유형적 보편성을 통해 본 한국어 학습자의 관계절 사용 양상 연구, 계명대학교 대학원 박사학위논문.

김성이(2012), 학령전 다문화가정 아동과 일반가정 아동의 시제표지의 이해와 산출, 단국대학교 대학원 석사학위논문.

김성일(2011), 한국어 학습자를 위한 연결어미 '-아서'와 '-니까'의 교육 방안 연구, 충남대학교 대학원 석사학위논문.

김성일(2012), 보조사 '-은/는'의 교육을 위한 초급 한국어 교재 분석 연구, 안동대학교 대학원 석사학위논문.

김성주(2000), 관계문법의 한국어 통사적 사동에 대한 논의, 동국어문학 12, 동국대학교 국어교육과. pp.85~114.

김세중(2005), 국립국어원의 외국인을 위한 한국어 문법 개발 현황, 국어교육연구 16, 서울대학교 국어교육연구소. pp.193~204.

김소연 외(2011), 어휘문법 기반 한국어 동사 구문 연구, 프랑스어문교육 36, 한국 프랑스어문교육학회. pp.151~183.

김소희(2012), 정도부사 어순 교육 방안 연구: 일본인 한국어 학습자를 대상으로, 부산대학교 대학원 석사학위논문.

김수미(2004), 한국어 학습자를 위한 연결어미 교육 연구, 충남대학교 교육대학원 석사학위논문.

김수미(2010), 여성결혼이민자 담화에 나타난 연결어미 오류 분석 연구, 경희대학교 교육대학원 석사학위논문.

김수연(2011), 재외동포 초급 한국어 교육에서의 높임법 교수 · 학습의 내용과 지도 방안 연구, 단국대학교 교육대학원 석사학위논문.

김수연(2012), 협동적 출력과제 활동이 한국어 학습자의 문법 능력에 미치는 영향 비교: 문법받아쓰기와 텍스트 수정 과제를 중심으로, 이화여자대학교 교육대학원 석사학위논문.

김수정(1999), 외국인을 위한 한국어 교재에 나타난 청자 대우 표현, 선청어문 27, 서울대학교 국어교육과. pp.393~410.

김수정(1999), 한국어 교육을 위한 대화형 시스템의 한국어 대우표현 연구, 국어교육학연구 9, 국어교육학회. pp.435~454.

김수정(2004), 한국어 문법 교육을 위한 연결 어미 연구, 한국문화사.

김수진(2011), 한국어 교육에서의 시간관계 연결 어미의 교육 연구, 충남대학교 대학원 석사학위논문.

김수현(2011), 한국어 학습자의 '-겠-'과 '-(으)ㄹ 것이-' 사용 양상 연구: 추측 의미를 중심으로, 영남대학교 대학원 석사학위논문.

김숙자(2013), 인과관계 연결어미 '-어서'와 '-니까'의 교수·학습 방안 연구, 한성대학교 대학원 석사학위논문.

김순희(2006), 한국어 조사 교수법 연구: 중국 학생들을 대상으로 하여, 숭실대학교 대학원 석사학위논문.

김승주(2010), 구성주의를 기반으로 한 한국어 대우표현 교육 연구: 문제중심학습(PBL) 모형을 중심으로, 상명대학교 대학원 석사학위논문.

김승희(2012), 몽골인 한국어 학습자의 격조사 오류 분석 연구, 동국대학교 대학원 석사학위논문.

김연주(2012), 독일어 사용자를 위한 한국어 과거시제 교수학습방안, 서강대학교 대학원 석사학위논문.

김연지(2008), 한국어 교육에서의 부사격 조사 제시 방안 연구, 연세대학교 대학원 석사학위논문.

김연희(2011), 중국인 학습자를 위한 "-에 대해"의 교육 내용 연구: 한국어 사전과 교재를 중심으로, 새국어교육 87, 한국국어교육학회. pp.301~325.

김염(2013), 중국인 학습자를 위한 청자높임법 연구, 한양대학교 대학원 석사학위논문.

김영선(2009), 한국어 불규칙 용언의 교수 방법 연구, 우리말연구 25, 우리말학회. pp.163~186.

김영아 외(2012), 영어권 학습자를 위한 한국어 구어 문법 교육: 보고 표지 "-대"를 중심으로, 한국어교육 23-1, 국제한국어교육학회. pp.1~23.

김영일(2012), 한국어 교육을 위한 '은/는'과 '이/가'의 의미기능 및 상황모형 연구, 숭실대학교 교육대학원 석사학위논문.

김영주 외(2012), 한국어 숙달도와 문법성 판단 능력의 상관관계 연구, 한국어교육 23-1, 국제한국어교육학회. pp.123~159.

김영주(2006), 영어권 고급학습자들의 조사 및 동사 어미 사용: 오류 분석, 외국어로서의 한국어교육 31, 연세대학교 언어연구교육원 한국어학당. pp.129~152.

김영주(2007), 고급한국어 작문수업을 이용한 담화중심 문법교육: 동사어미오류를 중심

으로, 이중언어학 33, 이중언어학회. pp.1~34.
김영주(2010), 한국어 학습자의 작문 분석을 통한 보조용언 사용 양상 연구, 새국어교육 84, 한국국어교육학회. pp.275~296.
김영황(2004), 조선어토의 문법적 처리와 문법교육 효율성 문제, 이중언어학 24, 이중언어학회. pp.9~19.
김용(2011), 논항구조 인식을 통한 한국어 동사 교육 방안, 한국언어문화학 8-2, 국제한국언어문화학회. pp.1~26.
김용(2012), 틀의미론 기반의 한국어 동사 교육 연구, 국제한국어교육학회 춘계학술발표논문집2012, 국제한국어교육학회. pp.207~220.
김용(2012), 한국어 피동사 교육 방안 연구: 한·중 대조 분석을 중심으로, 국어교육연구 29, 서울대학교 국어교육연구소. pp.83~109.
김용경(2011), 문법범주를 활용한 한국어 문법 교육 방안 연구, 사회언어학 19, 한국사회언어학회. pp.131~150.
김원경(1993), 외국어로서의 한국어 교육을 위한 조사 '은/는'과 '이/가'에 대한 실험적 연구, 이화여자대학교 대학원 석사학위논문.
김원식(2013), 한국어의 시제와 상: 일대일 대응의 원리를 중심으로, 서울시립대학교 대학원 석사학위논문.
김유미(2005), 문형 사전을 위한 문형 빈도 조사, 인지과학 16, 한국인지과학회. pp.123~140.
김유선(2006), 일본인 학습자의 한국어 대우법 교육방안, 부산외국어대학교 대학원 석사학위논문.
김유정(1992), 외국어로서의 한국어 문법 교육: 문법 항목 선정과 단계화를 중심으로, 한국어교육 9-1, 국제한국어교육학회. pp.19~36.
김유정(1997), 외국어로서의 한국어 문법 교육: 문법 교육의 위치 교육 원리에 관하여, 한국어학 6, 한국어학회. pp.135~152.
김유정(2011), 장르-텍스트-문법 모델을 활용한 한국어 문법 교수: 문장 종결 기능의 "-(으)ㅁ", "-기", "-(으)ㄹ 것"을 중심으로, 국제한국어교육학회 추계학술발표논문집2, 국제한국어교육학회. pp.197~213.
김유진(2008), 한국어 문법 항목 배열 연구: 종결기능 연결어미를 중심으로, 경희대학교 대학원 석사학위논문.
김유진(2012), 한국어와 태국어의 분류사 대조 연구, 부산외국어대학교 대학원 석사학위논문.
김율희(2011), 한국어 교재 대화문에 나타난 공손표현 연구, 경희대학교 교육대학원 석사학위논문.

김은경(2006), 시간의 연결어미 "-아/어서"의 통사론적 특성을 이용한 지도 방안, 한국어교육 17-1, 국제한국어교육학회. pp.47~69.

김은실(2013), 이주노동자를 위한 한국어 교재의 통사적 난이도 비교 연구, 한국외국어대학교 대학원 석사학위논문.

김은영(2012), 한국어 연결어미 '-고'와 '-어서'의 연구: 한국과 중국 초급 한국어 교재를 중심으로, 중부대학교 대학원 석사학위논문.

김은정(2010), 한국어 피동표현의 교수 방법 연구, 부산대학교 대학원 석사학위논문.

김은주(2012), 다문화가정 자녀를 위한 한국어 교재의 텍스트 유형별 문장 분석 연구: 초등학교 1, 2학년 국어과 교과서와 비교하여, 한국외국어대학교 대학원 석사학위논문.

김은혜(2010), 한국어 교육을 위한 '-더-' 결합형 어미 연구: 한국어 문법서와 중급 교재를 중심으로, 건국대학교 대학원 석사학위논문.

김의수 외(2009), 중국어권 학습자 조사 습득에서의 오류와 원인 분석: 구조격 조사 "가"와 "를"의 대치 오류에 관한 생성문법적 접근, 한국어교육 20-2, 국제한국어교육학회. pp.29~52.

김의수 외(2010), 국어교육 교재와 한국어교육 교재 간의 접점 연구: 문장의 통사론적 난이도를 중심으로, 문법 교육 12, 한국문법교육학회. pp.139~171.

김의수 외(2010), 중국어권 학문 목적 학습자 구어 문장의 통사적 특징과 한계, 우리어문연구 36, 우리어문학회. pp.243~291.

김의수 외(2010), SVO 언어권 한국어 학습자들의 작문에 나타난 문장의 통사적 복잡성과 다양성 연구, 한국언어문학 75, 한국언어문학회. pp.85~112.

김의수 외(2011), 이주노동자의 한국어 구어 문장이 지닌 통사적 복잡성과 그 한계, 한국어학 50, 한국어학회. pp.111~140.

김이진(2004), 외국어로서의 한국어 학습자의 조사 사용 오류 연구: 중급 단계 일본어 모어 학습자의 작문을 바탕으로, 한국외국어대학교 대학원 석사학위논문.

김인규(2009), 학문 목적을 위한 한국어교육에서 듣고 받아 적어 재구성하기(dictogloss) 적용 방안 연구, 새국어교육 82, 한국국어교육학회. pp.51~72.

김인균(2005), 한국어와 중국어의 수량 표현, 시학과 언어학 9, 시학과 언어학회. pp.151~176.

김인선(1992), 시간의 연결 어미와 시제어미, 외국어로서의 한국어교육 17, 연세대학교 언어연구교육원 한국어학당. pp.15~20.

김인현(1993), 韓日 兩語における 助詞の 對照硏究: 「の」と「의」の 用法と 機能を 中心に, 일본어교육연구 9, 한국일본어교육학회. pp.137~153.

김인현(2000), 日本語動詞の格支配と格交替の現狀, 일본어문학 9, 한국일본어문학회.

pp.171~195.
김일병(2005), 한자 합성어의 구조와 형성에 대한 연구, 국어교육 118, 한국어교육학회. pp.319~362.
김일웅(1993), 한국어의 서법: 서법의 개념과 하위 범주, 우리말연구 3, 우리말학회. pp.41~75.
김일환 외(2011), 공기어 네트워크를 활용한 유의어 교육 연구, 국제한국어교육학회 추계학술발표논문집, 국제한국어교육학회. pp.181~196.
김재봉(2000), 어휘분절구조와 어휘교육, 한국어내용론 7, 한국어내용학회. pp.521~542.
김재욱(2001), 범주 확장망 모형을 통한 한국어 문법 교육: 인칭접미사 '-이'를 중심으로, 한국어교육 12-1, 국제한국어교육학회. pp.73~91.
김재욱(2001), 한국어교육에서의 조사의 상호결합규칙, 우리어문연구 17, 우리어문학회. pp.77~92.
김재욱(2003), 외국어로서의 한국어 문법 교육: 한국어 교육 문법의 제시 원리와 체계를 중심으로, 이중언어학 22, 이중언어학회. pp.163~179.
김재욱(2003), 한국어 문법형태 연구, 한국문화사.
김재욱(2006), 수업 구성 원리에 따른 한국어 문법 교수 방법, 언어와 문화 2-1, 한국언어문화교육학회. pp.19~36.
김재욱(2007), 국어 문법과 한국어 문법의 체계 분석, 한민족어문학 51, 한민족어문학회. pp.43~70.
김재욱(2009), 외국인을 위한 한국어 문법 내용 설정 연구: 교육 문법 내용의 영역, 등급과 순서 제시, 문법 교육 10, 한국문법교육학회. pp.65~91.
김재욱(2010), 한국어 읽기에서의 문법 교육, 문법 교육 12, 한국문법교육학회. pp.117~138.
김정(1998), 보조사 「까지」, 「조차」, 「마저」 한·일 대조연구: 효율적인 한국어 교육을 위하여, 고려대학교 대학원 석사학위논문.
김정남(2003), 한국어 대명사 '우리'의 의미와 용법, 한국어 의미학 13, 한국어의미학회. pp.257~274.
김정남(2006), 한국어 학습자의 오류 유형에 대한 연구: 시제 및 연결어미 표현을 중심으로, 이중언어학 32, 이중언어학회. pp.115~138.
김정남(2007), 동일 어미 반복 구문의 통사와 의미: 한국어 문법, 어휘 연계 교육에 대한 제안, 이중언어학 34, 이중언어학회. pp.49~75.
김정남(2008), 텍스트 유형과 담화 표지의 상관관계, 텍스트언어학 24, 한국텍스트언어학회. pp.1~26.
김정남(2008), 한국어 담화 교육을 위한 논의: 한국어 경어법 관련 표현을 중심으로, 한국어교육 19-2, 국제한국어교육학회. pp.125~154.
김정남(2009), '-게 되다' 의 의미와 분포: 한국어 교육 자료 개발을 위한 기초 연구의 일환으로, 한국어 의미학 30, 한국어의미학회. pp.59~88.
김정남(2009), 한국어 교육을 위한 한국어 용언 활용의 유형, 언어와 언어학 45, 한국외국어대학교 외국어 종합연구센터 언어연구소. pp.27~58.
김정민(2007), 일본 대학 한국어 초급 교재의 문법 항목 분석과 교재 개발 방안: 조사와 어미 분석을 중심으로, 한양대학교 교육대학원 석사학위논문.
김정수(1996), 높임법의 등분, 외국어로서의 한국어교육 21, 연세대학교 언어연구교육원 한국어학당. pp.1~13.
김정숙 외(2002), 영어권 한국어 학습자의 조사 사용 오류 분석과 교육 방법: '-이/가' 와 '-은/는' 을 중심으로, 한국어교육 13-1, 국제한국어교육학회. pp.27~45.
김정숙(2006), 러시아어권 학습자를 위한 한국어 격조사 교육 방안 연구: 초급 단계 학습자를 중심으로, 경희대학교 대학원 석사학위논문.
김정애(2013), 한국어 결과상 '-고 있다, -아/어 있다' 구문과 중국어 '着' 구문 대조 연구, 경희대학교 대학원 석사학위논문.
김정은 외(2004), 중간언어 관점에서 한국어 학습자의 조사 오류 연구: '을/를, 이/가, 에, 에서' 를 중심으로, 이중언어학 25, 이중언어학회. pp.87~108.
김정은(2002), 외국어로서의 한국어 문법 교육, 한말연구 22, 한말연구학회. pp.73~97.
김정은(2004), 일본어권 학습자의 조사 오용 양상, 한국어교육 15-1, 국제한국어교육학회. pp.1~31.
김정은(2004), 한국어 학습자의 조사 교육 실태 연구: 한국어교재를 중심으로, 외국어 교육 11-2, 한국외국어교육학회. pp.467~489.
김정해(2012), 중국인 학습자들을 위한 한국어 피동 표현 교육 방안, 고려대학교 대학원 석사학위논문.
김정혜(2012), 한국어 수사와 수량사구 교육 방안 연구: 중국인 학습자를 중심으로, 인하대학교 교육대학원 석사학위논문.
김정화(2008), 관형격 조사 '의' 의 교육 방안 연구: 중국인 학습자를 중심으로, 경희대학교 대학원 석사학위논문.
김정희(1999), 외국인을 대상으로 한 한국어 대우법 이해능력 조사 연구, 이화여자대학교 대학원 석사학위논문.
김제열(1995), '-게 하다' 사동문의 성격과 구조, 외국어로서의 한국어교육 20, 연세대학교 언어연구교육원 한국어학당. pp.129~160.
김제열(1999), '하다' 불구 동사구 보문의 형성과 특징, 외국어로서의 한국어교육 23·

24, 연세대학교 언어연구교육원 한국어학당. pp.117~145.
김제열(2001), 한국어 교육에서 기초 문법 항목의 선정과 배열 연구, 한국어교육 12-1, 국제한국어교육학회. pp.93~121.
김제열(2001), 한국어 교재의 문법 기술 방법 연구, 외국어로서의 한국어교육 25, 연세대학교 언어연구교육원 한국어학당. pp.203~229.
김제열(2003), 한국어교육에서 시간 표현 요소의 문법적 기술 방법 연구, 한국어교육 14-1, 국제한국어교육학회. pp.51~75.
김제열(2004), 한국어 교육 문법의 문제점과 개선 방안: 중급1 단계를 중심으로, 문법 교육 1, 한국문법교육학회. pp.285~309.
김종완(2007), 일본어 「普通體」와 한국어 「반말」의 언어형식 대조연구: 친구들끼리의 잡담 담화분석을 중심으로, 중앙대학교 교육대학원 석사학위논문.
김중섭 외(2008), 일본인 한국어 학습자의 작문에 나타난 주격조사 오류 연구, 이중언어학 36, 이중언어학회. pp.69~91.
김중섭(2002), 한국어 학습자의 연결 어미 오류 양상에 관한 연구: 언어권별 오류 양상을 중심으로, 한국어교육 13-2, 국제한국어교육학회. pp.87~109.
김지숙(2008), 암시적 피드백과 명시적 피드백이 조사 오류에 미치는 영향: 베트남 학습자를 대상으로, 이중언어학 36, 이중언어학회. pp.93~114.
김지숙(2011), 다문화가정 아동의 한국어 연결어미 사용 양상 연구, 영남대학교 대학원 박사학위논문.
김지숙(2011), 연결어미 '-고' 습득 양상에 관한 연구: 다문화가정 아동 4~8세를 대상으로, 이중언어학 45, 이중언어학회. pp.77~108.
김지숙(2012), 다문화가정 아동의 원인관계 연결어미 습득 양상 연구, 한국어교육 23-2, 국제한국어교육학회. pp.61~90.
김지영(2011), 한국어 교육을 위한 {-었었-} 연구, 인문논총 22, 서울여자대학교 인문과학연구소. pp.147~174.
김지혜(2008), 한국어 학습자의 이유 표현 오류 양상에 대한 연구, 한국어교육 19-2, 국제한국어교육학회. pp.193~214.
김지혜(2009), 외국어로서의 한국어 내포문 교육 연구, 한국어교육 20-1, 국제한국어교육학회. pp.45~67.
김지혜(2009), 한국어 이유 표현 교육 연구, 고려대학교 대학원 박사학위논문.
김지혜(2010), 한국어 학습자를 위한 양태부사 아마와 혹시의 어휘 정보 연구, 한국어학 47, 한국어학회. pp.163~190.
김지혜(2010), 한국어 학습자의 간접 인용 표현 교육 연구, 한국문법교육학회 학술발표논문집, 한국문법교육학회. pp.154~162.
김지혜(2011), 담화 분석을 통한 한국어 간접 인용 표현 교육 방안 연구, 이중언어학 46, 이중언어학회. pp.45~65.
김지혜(2011), 한국어 학습자의 자기 사용 양상에 따른 교수 방안 연구, 한국어학 53, 한국어학회. pp.195~215.
김진규 외(2009), 한국어 교육에서의 어미(語尾)에 대한 영어설명 고찰, 한국언어문학 68, 한국언어문학회. pp.137~164.
김진아(2005), 외국인 학습자의 경어법 이해 및 사용 양상 연구: 고급 학습자를 중심으로, 고려대학교 대학원 석사학위논문.
김진영(2011), 일본인 학습자를 위한 한국어 피동 표현 교수 방안, 부산외국어대학교 대학원 석사학위논문.
김진원(1994), 한국어와 노어의 동작상 및 시제범주 체계 대조분석, 이중언어학 11, 이중언어학회. pp.1~21.
김진홍(1994), '-고' 이음월의 구조에 대하여, 외국어로서의 한국어교육 19, 연세대학교 언어연구교육원 한국어학당. pp.105~132.
김진홍(1994), 씨끝을 어떻게 가르칠까?: 활용어미 교육 방안, 한국어교육 5, 국제한국어교육학회. pp.127~143.
김진희 외(2012), 의존명사 {줄} 구성의 의미기능 연구: 한국어교육에서 문형 선정 및 기술을 위한 시론, 외국어로서의 한국어교육 37, 연세대학교 언어연구교육원 한국어학당. pp.97~123.
김진희(2011), 학습스타일에 따른 연역적 문법지도의 효과에 대한 개인차 연구, 한국외국어대학교 교육대학원 석사학위논문.
김진희(2011), 한국어 교재의 문법적 연어 구성 연구: 의존명사 구성을 중심으로, 연세대학교 대학원 석사학위논문.
김창구(2010), 외국어로서의 한국어 관계절 습득 연구, 부경대학교 대학원 박사학위논문.
김창구(2011), 한국어 관계절 구조의 교수와 일반화 가능성에 관한 연구, 한국어교육 22-2, 국제한국어교육학회. pp.75~111.
김천학(2006), 국어의 동작상과 동작류, 국어교육 120, 한국어교육학회. pp.357~378.
김청룡(2012), 한국어와 중국어의 대우어 대조연구, 경희대학교 대학원 박사학위논문.
김춘영(2008), 한·일 양국의 발화발상에 관한 고찰: 수동문을 중심으로, 경희대학교 대학원 석사학위논문.
김충실(2009), 중국인 학습자를 위한 한국어 '를' 구문 교수방법 연구, 부산외국어대학교 대학원 박사학위논문.

김충실(Zhong Shi Jin)(2011), 텍스트문법에 기초한 한국어 읽기 교육 방안: 초급과 중급 학습자를 대상으로, 텍스트언어학 30, 한국텍스트언어학회. pp.1~15.
김태엽(2009), 내포문의 부사절과 접속문의 종속절, 학교교육연구 5, 대구대학교 사범대학 부설 교육연구소. pp.1~18.
김택민(2012), 초등영어 읽기, 쓰기를 위한 한국어 활용과 실용문법 교육방안제시, 경희대학교 교육대학원 석사학위논문.
김하영(2011), 언어 학습 환경이 화용 인식에 미치는 영향: 문법 인식과의 비교를 통해, 이화여자대학교 국제대학원 석사학위논문.
김학선(2005), 현대 몽골어와 한국어의 대격표지에 관하여: "주제화" 기능을 중심으로, 몽골학 19, 한국몽골학회. pp.75~90.
김학선(2006), 현대 몽골어와 한국어의 명령, 원망법 어미 대조 연구, 몽골학 20, 한국몽골학회. pp.163~185.
김현숙(2011), 간접인용문에서 의문문의 실현 양상과 한국어 교육에의 적용 문제, 어문연구 70, 어문연구학회. pp.29~52.
김현식(2004), 한국어와 스페인어의 시제의미구조, 이중언어학 25, 이중언어학회. pp.63~92.
김현식(2005), 한국어의 '-았었-' 과 스페인어의 'hube + 과거분사' : 공통의 시제의미구조, 해석상의 매개변인 그리고 상이한 시제의미, 이중언어학 27, 이중언어학회. pp.87~118.
김현지(2008), 외국어로서의 한국어 문법 교육에 대한 접근 방향, 외국어교육연구 22, 한국외국어대학교 외국어교육연구소. pp.1~22.
김현지(2008), 중간언어를 기반으로 한국어 학습자의 조사 선택에 대한 단서 연구: 문법관계 교체 구문을 중심으로, 한국어교육 19-2, 국제한국어교육학회. pp.215~239.
김형복 외(2011), 한국어 문법 "-게 하다" 와 "-도록 하다" 의 교수, 학습 방안 연구, 우리말연구 29, 우리말학회. pp.345~366.
김형복(1998), 외국인을 위한 한국어 어미의 수업과 학습 순서 연구, 부산대학교 대학원 석사학위논문.
김형복(2003), 외국인 학습자를 위한 종결어미 학습 순서, 문창어문논집 40, 문창어문학회. pp.177~189.
김혜경(2005), 한국어 뒤섞기와 대용어 해석, 이중언어학 27, 이중언어학회. pp.119~135.
김혜경(2011), 한국어 부정극어의 의미·화용적 특성에 대한 연구, 한림대학교 대학원 석사학위논문.
김혜성(1993), '-도록' 의 의미에 관한 연구, 외국어로서의 한국어교육 18, 연세대학교 언어연구교육원 한국어학당. pp.63~79.

김혜숙(1998), 한국어 기본 문형 설정에 대하여, 국어국문학 122, 국어국문학회. pp.13~47.

김혜진(2012), 한국어 학습자를 위한 이동동사 기본문형 교육 내용 연구, 서울대학교 대학원 석사학위논문.

김호정 외(2010), 한국어 학습자의 문법 습득 양상 연구 (II): 조사 {이/가}와 {은/는}의 사용 양상을 중심으로, 국어국문학 156, 국어국문학회. pp.5~41.

김호정(2006), 한국어 교사에게 필요한 교육 문법 지식 내용 연구: 관형 표현을 중심으로, 이중언어학 32, 이중언어학회. pp.159~190.

김호정(2006), 한국어 교육 문법의 시간 표현 연구, 서울대학교 대학원 박사학위논문.

김호정(2007), 언어 인식 고양을 위한 문법 교육 요소 및 내용에 관한 고찰, 국어교육 122, 한국어교육학회. pp.317~352.

김호정(2010), 한국어 학습자의 문법 습득 양상 연구(1): "-고" 와 "-어서" 를 중심으로, 국어교육 132, 한국어교육학회. pp.295~323.

김홍범 외(2010), 다문화 가정 한국어학습자를 위한 문법 교육, 나라사랑 119, 외솔회. pp.194~217.

김홍범(2006), 외국인을 위한 '한국어문법 1' 에 대한 몇 가지 문제: 학교문법과의 비교를 중심으로, 한말연구 19, 한말연구학회. pp.71~94.

김홍상(2012), 한국어 교재의 부사 출현 양상과 교수방안 연구, 한남대학교 대학원 석사학위논문.

김효선(2003), 일본어 「一字漢語+する」와 한국어 「一字漢語+하다」의 양국어로의 대응관계에 관한 고찰, 일본어교육연구 25, 한국일본어교육학회. pp.129~147.

김희정(2011), 한국어 학습자를 위한 '-아서, -니까' 의 교육 방안, 동덕여자대학교 대학원 석사학위논문.

나디아(2011), 말레이어 · 한국어 대조 분석을 통한 한국어 호칭어 교육 연구, 경희대학교 대학원 석사학위논문.

나은영(2006), 중국인 한국어 학습자의 오류 분석: 중급 학습자에서 나타나는 문법 오류를 중심으로, 새국어교육 72, 한국국어교육학회. pp.27~45.

나은영(2008), 한국어 학습 시 나타나는 말레이시아인 학습자의 특성: 문법 오류를 중심으로, 새국어교육 80, 한국국어교육학회. pp.179~198.

나카가와 마사오미(Nakagawa Masaomi)(2006), 일본어 화자를 위한 한국어 경어법 교육 연구, 서울대학교 대학원 석사학위논문.

나카가와 마사오미(Nakagawa Masaomi)(2007), 일본어권 학습자를 위한 한국어 경어법 교육 연구: 중급단계의 말하기 영역을 중심으로, 한국어교육 18-1, 국제한국어교육학회. pp.101~130.

나카가와 아키오(Akio Nakagawa)(2010), 한국어 연어 교육 연구: {체언+용언}형 연어를 중심으로, 선청어문 37·38, 서울대학교 국어교육과. pp.253~288.
나혜숙(2012), 중국인 한국어 학습자의 조건 관계 연결어미 습득 양상 연구: '-(으)면, -거든, -어야'를 중심으로, 이화여자대학교 국제대학원 석사학위논문.
낙사(2012), 한국어 이유·원인 연결 표현 교육 연구, 중앙대학교 대학원 석사학위논문.
난매매(2011), 중국어권 학습자를 위한 한국어 피동 표현 교수 모형, 상명대학교 대학원 석사학위논문.
남수경 외(2004), 한국어 학습자의 연결어미 사용 연구, 한국어교육 15-1, 국제한국어교육학회. pp.33~50.
남수정(2010), 몽골인 한국어 학습자의 쓰기 자료에 나타난 중간언어 연구: 격조사를 중심으로, 계명대학교 대학원 석사학위논문.
남효정(2012), 딕토글로스(dictogloss) 활동이 문법적 정확성에 미치는 영향: 중·고급 수준의 여성결혼이민자를 대상으로, 고려대학교 교육대학원 석사학위논문.
노마 히데키(Hideki Noma)(1996), 현대 한국어의 대우법 체계, 외국어로서의 한국어교육 21, 연세대학교 언어연구교육원 한국어학당. pp.15~54.
노마 히데키(Hideki Noma)(2002), 한국어 문법교육의 새로운 전개를 위하여, 외국어로서의 한국어교육 27, 연세대학교 언어연구교육원 한국어학당. pp.83~101.
노미연(2011), 한국어 중급 학습자의 응결 장치 사용 연구: 발표 담화 분석을 중심으로, 문법 교육 14, 한국문법교육학회. pp.181~208.
노미연(2011), 한국어교육을 위한 연발 표현 연구: "-자마자, -는 대로"를 중심으로, 한국어교육 22-4, 국제한국어교육학회. pp.63~82.
노민경(2008), 중국인 학습자를 위한 연결어미 '-고'의 교수 방안, 경희대학교 대학원 석사학위논문.
노은화(2011), 한국어 '-었-'과 중국어 '了'의 대조 연구, 한양대학교 대학원 석사학위논문.
노은희(1999), 한국어 교재 개발을 위한 한국어의 문형 빈도 조사, 국어교육연구 6, 서울대학교 국어교육연구소. pp.283~298.
노정은(2011), 여성결혼이민자를 위한 한국어 문법 평가: 학령기 자녀 교육을 중심으로, 한국문법교육학회 학술발표논문집, 한국문법교육학회. pp.74~83.
노지니(2004), 한국어 교육을 위한 추측어 통어적 문법소 연구, 서울대학교 대학원 석사학위논문.
뇌리(2012), 한국어 피동 표현의 교육 방안에 관한 연구, 중앙대학교 대학원 석사학위논문.
단현주(2012), 한국어 교재의 상대높임법 연구: 사회언어학적 요인과 화계 변동 현상을 중심으로, 연세대학교 대학원 석사학위논문.

당영(2011), 외국어로서의 한국어교육을 위한 한국어 담화표지 연구: TV 토크쇼에 나타난 '이제', '막'의 사례를 중심으로, 중앙대학교 대학원 석사학위논문.
대만빈(2011), 현대 한국어 '하다'에 대한 대조적 연구: 특히 '하다'와 중국어 동사를 중심으로, 경원대학교 대학원 석사학위논문.
대문(2011), 한국어 부사격 조사 '-에', '-로'에 대응하는 중국어 표현 연구, 한양대학교 대학원 석사학위논문.
도옥순(2006), 태국에서의 한국어 문법교육의 실태 및 개선방향 연구, 이화여자대학교 대학원 석사학위논문.
도옥순(2007), 태국에서의 한국어 문법교육의 실태 및 개선방향, 이화교육논총 17, 이화여자대학교 교육대학원. pp.61~74.
동가곤(2011), 한국어 학습자를 위한 담화표지 연구: '뭐', '글쎄', '있잖아'를 중심으로, 우석대학교 대학원 석사학위논문.
동소령(2013), 중국어권 한국어 문법 교재의 격조사 용어 표준화 방안 연구, 동국대학교 대학원 석사학위논문.
동양효(2012), 중국인 고급 학습자를 위한 한국어 조사결합 사용 교육 방안 연구, 서울대학교 대학원 석사학위논문.
두연(2012), 중국학습자 대상의 인과연결어미 '-아서/어서' 교수 방안: 시청각교수법과 의사소통교수법 중심으로, 공주대학교 대학원 석사학위논문.
등염추(2012), 한·중 인칭대명사의 대비 연구, 충남대학교 대학원 석사학위논문.
딩리민(2011), 한국어와 중국어 부정 표현의 대조 연구, 청주대학교 대학원 석사학위논문.
라혜민 외(2011), 한국어 선생님을 위한 문법 교수법, 소통.
랍 카루바(2007), 한국어 초급 교재의 문법 설명 분석: 종결어미를 대상으로, 서강대학교 대학원 석사학위논문.
레이 레이 몬(2012), 한국어 부사격 조사 '에, 에서'와 미얀마어 대응 표현 연구, 연세대학교 대학원 석사학위논문.
로크(2011), 한국어와 네팔어의 '-에, -에서'에 대한 대조 연구, 인제대학교 대학원 석사학위논문.
뢰유(2011), 한국어 전성어미의 기능과 교육 방법 연구, 건양대학교 대학원 석사학위논문.
루시언 브라운(Lucien Brown) 외(2010), 한국어 학습자들의 동사 시제상 습득 양상에 대한 실험적 연구: 진행형 "-고 있다"를 중심으로, 한국어교육 21-1, 국제한국어교육학회. pp.151~173.
루찐(2012), 한·중 문장성분 생략의 비교 연구, 선문대학교 대학원 석사학위논문.
루탄투이(2011), 한국어와 베트남어의 인칭대명사 대비 연구, 건국대학교 대학원 석사학

위논문.
류남(2011), 한국어 부정표현 지도 방안 연구: 중국인 학습자를 중심으로, 건국대학교 대학원 석사학위논문.
류선영(2007), 외국어로서의 한국어 연결어미 교육 방안, 계명대학교 대학원 석사학위논문.
류환(2012), 한중 의문문의 반문용법 대조 연구, 인제대학교 대학원 석사학위논문.
류희주(2012), 분리적 형태 초점 접근법과 통합적 형태 초점 접근법을 접목한 'ㅂ' 불규칙과 '으' 불규칙의 단계적 교육 방법 연구, 부경대학교 대학원 석사학위논문.
리 스미스 안젤라(Angela Lee Smithdanielle) 외(2011), 한국어능력시험 초급 어휘, 문법 영역의 문항 목록 분석, 한국어교육 22-4, 국제한국어교육학회. pp.1~26.
리득춘(1997), 외국인을 위한 조선어/한국어 교재의 토 사용 비교, 한국어교육 8, 국제한국어교육학회. pp.1~16.
리민덕(2010), 한국어교육과 문법용례, 중국조선어문 169, 길림성민족사무위원회. pp.21~24.
리해영(2011), 양태부사 혹시 사용에 관한 오류분석 및 중국어 대응관계, 중국조선어문 2011, 길림성민족사무위원회. pp.28~33.
마에무라 카즈아키(2012), 일본인학습자를 위한 한일어비교를 통한 접속어미 교육연구: 시간관계를 나타내는 접속어미를 중심으로, 고려대학교 교육대학원 석사학위논문.
마에무라 카즈아키(2012), 한국어 문법 교육과정 설계, 국어교과교육연구 20, 국어교과교육학회. pp.59~86.
마에하 타유키(2013), 일본인을 위한 한국어 경어법 교육 연구: 직장 내 제3자 경어법을 중심으로, 서울대학교 대학원 석사학위논문.
마정(2012), 중국인 학습자들의 한국어 작문에 나타나는 문법 오류 분석 연구, 인하대학교 대학원 석사학위논문.
마쯔자키 마히루(Mahiru Matsuzaki)(2009), 문법 항목 "-(으)ㅂ시다"의 교재 기술과 사용 양상 연구, 한국어교육 20-2, 국제한국어교육학회. pp.53~84.
마쯔자키 마히루(Mahiru Matsuzaki)(2011), 한국어 문장 연결 연구: 지시, 접속, 생략을 중심으로, 경희대학교 대학원 박사학위논문.
막비아(2010), 중국어권 한국어 학습자의 조사 '에' 사용 오류 분석과 교육 방안: 중급 학습자를 중심으로, 고려대학교 대학원 석사학위논문.
만세창(2012), 중국인 학습자 한국어 어미 사용의 실태와 지도 방안, 청주대학교 대학원 석사학위논문.
말하리 궈꿀러(2011), 한국어와 스리랑카어의 사동법 대조분석 연구, 경희대학교 대학원 석사학위논문.

망점란(2012), 한국어와 캄보디아어 어순 대조 연구, 경희대학교 대학원 석사학위논문.
맹자(2013), 중국인을 위한 한국어 시제 표현 교육방안, 공주대학교 대학원 석사학위논문.
모리모토 가츠히코(森本勝彦)(1999), 한국어 양태소 "-지" 와 일본어 양태소 "-ね, -よ" 에 대한 고찰, 한국어 의미학 5, 한국어의미학회.
모선근(2008), 인과관계 연결어미의 교육에 대한 연구, 인천대학교 대학원 석사학위논문.
문금현(2008), 한국어 명사 동음어의 교육 방안, 문법 교육 9, 한국문법교육학회. pp.35~74.
문영은(2012), 텍스트 중심 문법교육 내용 연구: 연설 텍스트의 이중 부정 표현을 중심으로, 이화여자대학교 대학원 석사학위논문.
문정현(2012), 한국어 학습자를 위한 '상징부사+용언' 형 연어 연구, 배재대학교 대학원 석사학위논문.
문진희(2013), 오류일지 작성이 한국어 쓰기의 문법 오류 감소에 미치는 영향: 중급 학습자의 조사·어미 오류를 중심으로, 이화여자대학교 교육대학원 석사학위논문.
문혜심(2008), 한국어 어미 교육 연구의 변천, 문법 교육 9, 한국문법교육학회. pp.75~104.
문화관광부 한국어 세계화 추진위원회(1997), 한국어 교육을 위한 기본문형 선정, 문화관광부.
문화관광부(1998), 외국어로서의 한국어 교육을 위한 기본 문형 선정 1: 기본문형선정을 위한 격틀 유형화에 대한 연구, 문화관광부 한국어 세계화 추진 위원회.
민성홍(1989), 한일 비유표현의 비교연구, 어문연구 64, 한국어문교육연구회. pp.478~488.
민여은(2009), 접미사 '-답-', '-롭-', '-스럽-' 에 대한 한국어 교육학적 연구, 한국외국어대학교 교육대학원 석사학위논문.
민주희(2011), 한국어 학습자 쓰기 텍스트에 나타난 결속기제 사용 연구: 중국인 학습자를 중심으로, 연세대학교 교육대학원 석사학위논문.
민지연(2013), 한국어능력시험(TOPIK)과 한국어 교재에 나타난 어휘 요소 및 문법 유형 비교 연구, 대진대학교 대학원 석사학위논문.
민지혜(2012), 한국어 교재에서의 조사의 내용 제시 방안 연구: '에' 와 '로' 를 중심으로, 공주대학교 대학원 석사학위논문.
민진영(2002), 한국어 고급 학습자의 조사 오류 분석, 연세대학교 대학원 석사학위논문.
민진영(2011), 한국어 연결어미 "-길래" 의 특성과 교수 방안 연구, 한국어교육 22-2, 국제한국어교육학회. pp.113~137.
민현식(2000), 제2 언어로서의 한국어 문법 교육의 현황과 과제, 새국어생활 10-2, 국립국어연구원. pp.81~101.
민현식(2003), 국어 문법과 한국어 문법의 상관성, 한국어교육 14-2, 국제한국어교육학회. pp.107~141.

민현식(2005), 문법 교육의 표준화와 다양화의 과제, 국어교육연구 16, 서울대학교 국어교육연구소. pp.125~191.

민현식(2008), 한국어 교재의 문법 항목 위계화 양상에 대하여, 문법 교육 9, 한국문법교육학회. pp.105~157.

민현식(2008), 한국어교육을 위한 문법 기반 언어 기능의 통합 교육과정 구조화 방법론 연구, 국어교육연구 22, 서울대학교 국어교육연구소. pp.261~334.

민현식(2009), 한국어교육용 문법 요소의 위계화에 대하여, 국어교육연구 23, 서울대학교 국어교육연구소. pp.61~130.

바트어치르 오란자르갈(2013), 한국어 원인 · 이유 접속문 교육 방안 연구: 몽골인 학습자를 중심으로, 부산대학교 대학원 석사학위논문.

바트촐롱 체첵바야르(2013), 한국어와 몽골어의 명사형 어미의 비교 연구, 창원대학교 대학원 석사학위논문.

박갑수(2007), 한국어 문법교육의 바람직한 방향, 언어와 문화 3-3, 한국언어문화교육학회. pp.26~55.

박건숙(2006), 한국어 교재의 문법 교육 연구: 19세기 말의 교재를 중심으로, 한국어교육 17-1, 국제한국어교육학회. pp.163~190.

박경남(2012), 한국어 학습자의 양보 연결어미 습득 연구, 이화여자대학교 교육대학원 석사학위논문.

박금연(2012), 한국어 문법 교육에서 '주어' 와 '주체' , 한어문교육 26, 한국언어문학교육학회. pp.181~205.

박기덕 외(1997), 한국어 교육을 위한 한국어 문법론, 한국문화사.

박기성(2004), 영어와 한국어의 술어적 소유 구문 비교 연구: 영 · 한 번역 교육에서의 활용 방안, 새한영어영문학 46, 새한영어영문학회. pp.215~236.

박기영(2009), 한국어 학습자를 위한 한국어 종결어미의 억양 교육 방안: 특히 양태 의미에 따른 억양 차이를 중심으로, 우리어문연구 34, 우리어문학회. pp.373~397.

박나리(2004), 한국어 교육문법에서의 종결어미 기술에 대한 한 제안: "-어" , "-네" , "-지" , "-다" , "-구나" , "-단다" 의 담화 화용적 의미를 중심으로, 이중언어학 26, 이중언어학회. pp.91~116.

박대범(2008), 한국어 학습자를 위한 이유 · 원인의 연결 표현 교육 연구, 상명대학교 대학원 석사학위논문.

박덕유 외(2012), 한국어학습자를 위한 문법교육 연구, 박문사.

박덕유(2006), 한국어와 몽골어의 동사상에 대한 비교 연구: 相 대립의 통사론적 표현을 중심으로, 이중언어학 32, 이중언어학회. pp.191~225.

박동근(2012), 한국어 교육에서 흉내말 교육에 대한 연구사적 분석, 문법 교육 17, 한국문법교육학회. pp.65~97.

박동근(2012), 한국어 기본 색깔말의 원형과 뜻풀이, 문법 교육 16, 한국문법교육학회. pp.111~139.

박동열(2001), 불어와 한국어의 명사 한정, 프랑스어문교육 11, 한국프랑스어문교육학회. pp.121~142.

박동열(2003), 한국어 시제와 법체계에 대한 연구, 프랑스어문교육 16, 한국프랑스어문교육학회. pp.197~222.

박동열(2003), 한국어의 인칭범주: 프랑스어 인칭체계와 비교연구, 프랑스어문교육 15, 한국프랑스어문교육학회. pp.163~185.

박동열(2004), 한국어 격 실현에 관한 연구: 프랑스어 격 실현과 비교 연구, 프랑스어문교육 17, 한국프랑스어문교육학회. pp.167~189.

박동열(2004), 한국어 형용사 범주에 관한 연구: 프랑스어 형용사 범주와 비교 연구, 프랑스어문교육 18, 한국프랑스어문교육학회. pp.221~250.

박동호(2004), 외국인을 위한 한국어 문법 교육과정, 문법 교육 1, 한국문법교육학회. pp.213~229.

박동호(2006), 한국어 연결어미의 분석과 그 교육 방안, 학술대회 발표집, 한국언어문화교육학회. pp.18~23.

박동호(2006), 한국어 특수조사 교육 방안, 한국외국어교육학회 학술대회 자료집, 한국외국어교육학회. pp.261~266.

박동호(2007), 한국어 문법의 체계와 교육내용 구축 방안, 이중언어학 34, 이중언어학회. pp.159~184.

박래국(2012), 한국어 용언의 불규칙 활용 지도 방안 연구, 인하대학교 교육대학원 석사학위논문.

박문자(2007), 한국어 교육문법과 의존 구성 연구, 박이정

박미경(2010), 한국어 교육에서 연결어미 '-으니'와 '-으니까'의 관계에 대한 연구, 동국대학교 대학원 석사학위논문.

박미영 외(1999), 학습자 오류를 기반으로 한 문법 평가 문항 개발 연구, 한국어교육 10-1, 국제한국어교육학회. pp.141~171.

박미화(2012), 중국어권 학습자를 위한 한국어 의존명사 교육 연구, 충남대학교 대학원 석사학위논문.

박민신(2010), 교재 평가를 통한 고급 한국어 문법 교재의 개발 방향 연구, 선청어문 37 · 38, 서울대학교 국어교육과. pp.333~368.

박민진(2004), 피동 · 사동 표현 지도 방법에 관한 연구, 인제대학교 교육대학원 석사학위논문.
박봉상(1998), 格助詞「に」,「で」の韓國語との構照研究, 일본어교육연구 15, 한국일본어교육학회. pp.389~411.
박봉상(2000), 한국어의 격조사「ey」의 의미 영역에 대하여, 일본어교육연구 17, 한국일본어교육학회. pp.177~200.
박상택(2013), 몽골어 토박이 화자를 위한 한·몽 특수조사 비교 연구: 한국어 '도'와 몽골어 대응표현 'u (C)'를 중심으로, 선문대학교 교육대학원 석사학위논문.
박석준(2004), 선어말어미 '-시-'의 문법외적 용법에 관하여, 한말연구 14, 한말연구학회.
박석준(2005), 초급 한국어 교재의 청자 높임법, 한말연구 17, 도서출판 박이정.
박석준(2005), 한국어 교재의 대화문에 대하여, 문법 교육 3, 한국문법교육학회. pp.233~251.
박석준(2006), 한국어 학습자의 어문 규범 오류에 대하여, 문법 교육 5, 한국문법교육학회. pp.241~260.
박석준(2009), 한국어 교육에서 규범과 표준의 문제, 문법 교육 11, 한국문법교육학회. pp.29~49.
박석준(2011), 한국어능력시험(TOPIK) 어휘문법 영역에 대한 논의, 문법 교육 15, 한국문법교육학회. pp.51~71.
박선아(1994), 외국어 화자를 위한 한국어 시간표현의 학습 모형, 상명여자대학교 대학원 석사학위논문.
박선옥(2004), 외국어로서 한국어 보조동사 "가다"와 "오다"의 교육, 한성어문학 23, 한성대학교 한성어문학회. pp.161~186.
박선용(2006), 한국어교육을 위한 한국어 맞장구 어사 기능 분석, 경희대학교 대학원 석사학위논문.
박선희(2009), 중국인 한국어 학습자의 과거시제 습득 연구, 한국어교육 20-3, 국제한국어교육학회. pp.79~110.
박선희(2011), 어휘상과 담화구조에 따른 중국인 한국어 학습자의 시제상 습득 연구, 외국어 교육 18-3, 한국외국어교육학회. pp.361~389.
박성미(2011), 시각적 입력 강화가 한국어 학습자의 명사형 어미 학습에 미치는 영향, 이화여자대학교 국제대학원 석사학위논문.
박성민(1993), 외국어로서의 한국어 교육을 위한 접속어미 "-아서"와 "-니까"의 실험적 연구, 이화여자대학교 대학원 석사학위논문.
박성숙(2010), 외국인을 위한 한국어 어순교육 방안, 경희대학교 교육대학원 석사학위논문.

박성옥(2010), 연결어미 '-고, -어서, -는데, -니까, -면'의 성취도 양상 연구: 사우디 유학생의 말하기 · 쓰기 자료를 대상으로 한 종적 연구, 경희대학교 교육대학원 석사학위논문.

박성일(2011), 한국어교재에서 경어법 제시 방식에 대한 비교 분석: 중국어판 교재를 중심으로, 한중인문학연구 32, 한중인문학회. pp.261~288.

박소라(2010), 한국어 학습자를 위한 시간관계 연결 표현 교육 연구, 한양대학교 교육대학원 석사학위논문.

박소영(2008), 중국인 학습자의 한국어 조사 사용 오류 분석과 교수 방안: 조사 '이/가', '을/를' 그리고 '은/는'을 중심으로, 성신여자대학교 대학원 석사학위논문.

박수영(1992), 헝가리어의 명사문과 한국어의 대응구조, 이중언어학 9, 이중언어학회. pp.131~160.

박수진(2012), 한국어 학습자의 서사 담화 연구: 담화 구조와 시제 사용을 중심으로, 영남대학교 대학원 박사학위논문.

박시은(2012), 한국어 문법 교수법으로서 상호 보완식 접근법의 재해석, 문법 교육 16, 한국문법교육학회. pp.141~171.

박아현(2011), 처리 교수가 한국어 피동 학습에 미치는 영향 연구, 경희대학교 대학원 석사학위논문.

박연(2012), 한국어 문법 교육을 위한 보조사의 교수-학습 방안 연구, 동남어문논집 33, 동남어문학회. pp.253~285.

박연옥 외(2008), 한국어 교육을 위한 한중 사동문 대조 연구, 언어와 문화 4-2, 한국언어문화교육학회. pp.127~149.

박연옥(2012), 중 · 한 사동문 대조 연구, 경희대학교 대학원 박사학위논문.

박영숙(2012), 한국어 교육을 위한 '-다고 하-' 융합어미의 담화기능 연구: 종결적 용법을 중심으로, 연세대학교 교육대학원 석사학위논문.

박영순(1998), 한국어 문법 교육론, 박이정.

박영순(2005), 한국어 문법 교육의 이론과 실제: 한국어 문법 교육의 방향, 국어교육연구 16, 서울대학교 국어교육연구소. pp.107~123.

박영애(2010), 한국어 의존명사의 문법화 현상에 대하여, 연변대학교 대학원 석사학위논문.

박옥화(2011), 일본어 한국어 중국어의 한자접미사에 관한 고찰: 인간지칭한자접미사를 중심으로, 숭실대학교 대학원 석사학위논문.

박우신(2010), 외국어로서의 한국어교육에서 부정표현 교육 방안 연구, 공주대학교 대학원 석사학위논문.

박위선(2011), 한 · 일 보조동사의 상적 의미 비교, 숭실대학교 대학원 석사학위논문.

박유나(2010), 한국어 학습자의 형태 집중 양상 연구: 딕토글로스와 직소 과제를 중심으로, 경희대학교 대학원 석사학위논문.

박윤신(2005), 한국어 읽기 지문 속에 나타난 학습 어휘·문법 요소 연구: 중급 교재를 중심으로, 경희대학교 대학원 석사학위논문.

박은하(2011), 결혼 이주여성을 대상으로 한 한국어교재와 설문조사에 나타난 호칭어 비교 연구, 사회언어학 19-1, 한국사회언어학회. pp.83~102.

박은희(2013), 언어노출환경에 따른 한국어 학습자의 조사 결합 습득 연구, 한국외국어대학교 교육대학원 석사학위논문.

박재연(2003), 한국어와 영어의 양태 표현에 대한 대조적 고찰: 부정과 관련한 문법 현상을 중심으로, 이중언어학 22, 이중언어학회. pp.201~224.

박재호(2005), 조선어교육에서 제기되는 문법규범의 통일성문제, Korean 연구와 교육 1, 이화여자대학교 한국어문학연구소. pp.15~25.

박재희(1998), 한국어 문법 교수에 관한 연구: 회화 교재의 문법항목을 중심으로, 이화여자대학교 대학원 석사학위논문.

박종한(1998), 중국어와 한국어의 문법적 특성 대조 연구, 외국어 교육 4-1, 한국외국어교육학회. pp.137~161.

박종호(2008), 한국어 학습자의 문법적 오류 분석, 한국중원언어학회 학술발표회 자료집, 한국중원언어학회. pp.115~124.

박종호(2009), 한국어 학습자의 조사 오류 연구, 새국어교육 82, 한국국어교육학회. pp.127~143.

박종호(2012), 한국어 학습자의 조사와 어미 오류 양상: 중국인 유학생의 작문을 중심으로, 새국어교육 90, 한국국어교육학회. pp.315~337.

박주현(2011), 한국어 교육을 위한 보조사의 양태성 연구: 교육적 분류와 활용을 중심으로, 경희대학교 교육대학원 석사학위논문.

박준석 외(2012), 한국어 교육을 위한 한국어 조사와 말레이시아어 전치사의 의미와 기능의 대조 연구, 한국어교육 23-2, 국제한국어교육학회. pp.143~170.

박지연(2011), 한일어 부사의 조어법 대조 연구, 가톨릭대학교 대학원 박사학위논문.

박지윤(2011), 한국어 교육을 위한 양보의 연결어미 연구: 기대 부정의 의미 기능을 바탕으로, 경희대학교 교육대학원 석사학위논문.

박현정 외(2010), 한국어 어휘 교육을 위한 용언의 제약 활용형과 특수 활용형 연구, 진단학보 109, 진단학회. pp.345~368.

박효영(2000), 외국인을 위한 한국어 교재의 높임법 연구, 신라대학교 대학원 석사학위논문.

박효은(2008), 자기수정을 통한 차이 주목하기가 한국어 말하기 정확성에 미치는 영향: 원인 연결어미와 연결표현을 중심으로, 이화여자대학교 국제대학원 석사학위논문.
박휴용(2008), 한국어의 주격표지에 관한 소고: 외국어로서의 한국어 학습자를 위한 제언, 한국어교육 19-1, 국제한국어교육학회. pp.113~140.
박희영(1999), "구어와 문어를 상호 보완하는 한국어" 문법 수업 모형, 한국어교육 10-1, 국제한국어교육학회. pp.173~194.
반려(2011), 한국어 초급 학습자를 위한 연결어미 교수-학습 모형: {-고}와 {-면서}를 중심으로, 상명대학교 대학원 석사학위논문.
방민화(2009), 시각적 요소를 활용한 한국어 문법 교육 방안 연구, 동국대학교 대학원 석사학위논문.
방서우(2012), 한국어와 중국어 부정문의 대조연구, 경희대학교 대학원 석사학위논문.
방성원(2002), 한국어 교육용 문법 용어의 표준화 방안, 한국어교육 13-1, 국제한국어교육학회. pp.107~125.
방성원(2003), 고급 교재의 문법 내용 구성 방안, 한국어교육 14-2, 국제한국어교육학회. pp.143~168.
방성원(2003), 한국어 학습자를 대상으로 한 교육 문법의 개발 방향: 학교 문법과 외국어로서의 한국어 문법의 비교를 바탕으로, 어문연구 117, 한국어문교육연구회. pp.269~295.
방성원(2004), 한국어 문법화 형태의 교육 방안, 한국어교육 15-1, 국제한국어교육학회. pp.92~93.
방성원(2009), 한국어 문법 평가 연구: 숙달도 평가와 성취도 평가를 중심으로, 문법 교육 10, 한국문법교육학회. pp.175~203.
방성원(2010), 한국어 문법론과 한국어 문법 교육론, 언어와 문화 6-1, 한국언어문화교육학회. pp.157~181.
방성원(2011), 문법 교육에 대한 한국어 교사의 인식 연구, 한국어교육 22-2, 국제한국어교육학회. pp.187~211.
방성원(2011), 형식과 기능의 상관성에 기초한 한국어 교육 문법 연구, 어문연구 150, 한국어문교육연구회. pp.343~367.
방향옥(Xiang Yu Fang)(2009), 한국 한자어와 중국어의 접두파생어 대조 연구, 새국어교육 83, 한국국어교육학회. pp.485~513.
배규범 외(2009), 중국인 학습자를 위한 대우법 교육 현황과 과제, 언어학연구 15, 한국중원언어학회. pp.85~99.
배덕희(2002), 한국어 '-요', 일본어 '-ね'·'-よ'와 그 교육, 일본어문학 12, 한국일본어문학회. pp.21~47.
배도용(2011), 한국어 학습자 쓰기에 나타난 어휘 사용빈도 예비 조사, 동남어문논집 31, 동남어문학회. pp.175~197.
배희임 외(2001), 외국인의 학습과정을 고려한 '한국어문법 학습사전' 집필에 대한 연구, 이중언어학 18, 이중언어학회. pp.165~189.
백낙천(2003), '-자'를 포함한 접속어미의 형태론적 해석, 국어교육 112, 한국어교육학회. pp.247~271.
백방(2012), 외국인 학습자를 위한 이형태 교육 방안: 용언 어간을 중심으로, 원광대학교 대학원 석사학위논문.
백봉자(1999), 외국어로서의 한국어 문법 사전, 연세대학교 출판부.
백봉자(2001), 외국어로서의 한국어 교육문법: 피동/사동을 중심으로, 한국어교육 12-2, 국제한국어교육학회. pp.415~445.
백설(2012), 한국어 조사 {에/에서/(으)로}와 중국어 개사의 대조 연구, 상명대학교 교육대학원 석사학위논문.
백소영(2001), 러시아 한국어 학습자의 격조사 사용의 오류분석과 연구지도, 이화여자대학교 대학원 석사학위논문.
백수진(2011), 비교문화언어학의 관점에서 본 한국어 · 중국어 문법 교육, 한중인문학연구 32, 한중인문학회. pp.289~306.
백수진(2011), 중국인 학습자를 위한 한국어 조사 '이/가', '은/는'의 교육: 중국어와의 대응을 중심으로, 언어와 문화 7-1, 한국언어문화교육학회. pp.149~168.
백승주(2011), 한국어 접속표현과 영어 접속표현의 변환(shift)현상 연구: 접속부사 "그러나"의 대응 양상을 중심으로, 한국어교육 22-4, 국제한국어교육학회. pp.131~162.
백은정(2011), 한국어 모어 화자와 한국어 학습자의 담화표지 사용 양상 대조 연구, 영남대학교 대학원 석사학위논문.
백준오(2010), 개념문법을 적용한 보조용언 교육: '-아/어 놓다'와 '-아/어 두다'를 중심으로, 경희대학교 대학원 석사학위논문.
벌로마(2012), 한국어와 몽골어의 도움토씨 대비 연구: 현대어를 중심으로, 건국대학교 대학원 박사학위논문.
범려나(2012), 한중 부사어 어순 대비 연구, 숭실대학교 대학원 석사학위논문.
범엽(2011), 한국어 연결어미 '-고'와 '-어서' 구문 습득에서 나타난 중국인 학습자 중간언어 연구, 한국외국어대학교 대학원 석사학위논문.
변흔(2010), 한국어 조사 체계의 교육 방안 연구, 명지대학교 대학원 석사학위논문.
보로비악 안나(2012), 한국어와 폴란드어 형용사의 파생법 대조 연구, 경희대학교 대학원 박사학위논문.
봉미경(2009), 한국어 청유문과 제안 표현, 어문연구 141, 한국어문교육연구회. pp.417~440.
봉미경(2011), 말뭉치에 나타난 부사 '더'와 '덜'의 의미 연구, 한국어 의미학 34, 한국어 의미학회. pp.159~183.
부소려(2010), 중국어권 학습자의 한국어 초급 교재에 쓰인 어미에 관한 연구, 중앙대학교 대학원 석사학위논문.
사공진(2011), 한국 다문화 가정 아동의 조사 어미 사용 연구, 영남대학교 대학원 석사학위논문.
사금(2013), 중국어권 학습자를 위한 한국어 보조용언 연구, 상명대학교 교육대학원 석사학위논문.
사마와디 캉하에(Kanghae Samawadee)(2011), 태국어권 학습자를 위한 한국어 피동 표현 교육 연구, 서울대학교 대학원 석사학위논문.
사와다 히로유키(Hiroyuki Sawada)(2004), 일본어권 한국어 학습자 작문에 나타난 접속부사의 사용과 오류 양상, 국어교육연구 14, 서울대학교 국어교육연구소. pp.147~182.
사원원(2009), 한국어능력시험 초급 문법 문항 분석 및 학습지도 방안 연구: 중국인 학습자를 중심으로, 원광대학교 대학원 석사학위논문.
산선(2012), 한국어 촉각형용사 교육 방안 연구: 중국어권 학습자를 중심으로, 부산대학교 대학원 석사학위논문.
서단(2011), 한국어 정도부사 "더"의 중국어에서의 대응, 서울여자대학교 대학원 석사학위논문.
서려(2013), 한국어능력시험 고급 문법 항목 분석 연구, 동국대학교 대학원 석사학위논문.
서만(2012), 한국어 과거 회상 관형사형 어미 '-던'과 '-았던'의 교육 연구, 서울대학교 대학원 석사학위논문.
서명숙(2013), 중급 한국어 학습자의 [양보] 문법항목 이해 양상과 효과적인 수업모형 개발: 복합형 '-는데도', '-고도', '-으면서도'를 중심으로, 연세대학교 교육대학원 석사학위논문.
서민정(2004), 한국어 정보 처리를 위한 토 연구, 부산대학교 대학원 박사학위논문.
서빈(2011), 한국어 조동사와 중국어 대응표현 대조 연구, 영남대학교 대학원 석사학위논문.
서상규(1996), 일본어의 높임법과 한국어 교육, 외국어로서의 한국어교육 21, 연세대학교 언어연구교육원 한국어학당. pp.55~85.
서석미(2012), 한국어 '-었-'과 중국어 '了'의 의미 기능에 대한 대조 연구, 아주대학교

대학원 석사학위논문.

서성(2011), 한국어 '-적'과 중국어 '的(de)'에 관한 비교 연구, 전북대학교 대학원 석사학위논문.

서성(2012), 한국어 접속어미와 중국어 접속사에 대한 비교연구: 의미론적 기능을 중심으로, 명지대학교 교육대학원 석사학위논문.

서세정 외(2011), 한국어 학습자의 숙달도별 연결어미 정확도 변이 양상 연구, 한국어교육 22-1, 국제한국어교육학회. pp.123~143.

서소소(2012), 한국어 연결어미와 중국어 연사의 대조 연구: 인과관계를 중심으로, 동국대학교 대학원 석사학위논문.

서아경(2012), 중국어와 한국어의 인용표현 대조연구, 경희대학교 대학원 석사학위논문.

서월아(2011), 영어, 중국어, 그리고 한국어 부사어 비교연구, 조선대학교 대학원 석사학위논문.

서은나(2013), 중국인 한국어 학습자의 연결어미 습득 양상 연구, 영남대학교 대학원 석사학위논문.

서은진(2011), 한국어 피동 표현 교육 연구, 동국대학교 대학원 석사학위논문.

서정수(1989), 외국어로서의 한국어 교육을 위한 한국말 문법 연구 및 교육자료 목록, 한국어교육 1, 국제한국어교육학회. pp.229~356.

서정수(1991), 기능동사 '하-'에 대한 재론, 외국어로서의 한국어교육 15, 연세대학교 언어연구교육원 한국어학당. pp.5~34.

서정수(1993), 한일 양국어의 일부 후치사(조사) 대비 연구: 에, 에서, 로, 로써, (に, へ, で), 이중언어학 10, 이중언어학회. pp.80~117.

서정수(1994), 국어의 종속 접속문에 대하여, 한국어교육 5, 국제한국어교육학회. pp.3~30.

서정수(2002), 외국어로서의 한국어 교육을 위한 새 문법 체계, 외국어로서의 한국어교육 27, 연세대학교 언어연구교육원 한국어학당. pp.1~47.

서정애(2011), 초급 한국어 수업에서의 교사말 실태 연구: 문법 설명을 중심으로, 배재대학교 대학원 석사학위논문.

서정연(2010), 인지연산문법의 틀 안에서 살펴본 한국어 형태소 '-더-'의 의미 연구, 프랑스어문교육 34, 한국프랑스어문교육학회. pp.165~184.

서중운(2011), 연결어미 '-ㄴ/은/는데', '-지만'의 교육 방안 연구: 중국인 학습자를 대상으로, 대불대학교 대학원 석사학위논문.

서지혜(2009), 한국어 음절구조에 대한 연구, 원광대학교 교육대학원 석사학위논문.

서풍(2010), 한·중 정도부사의 비교 연구: '너무', '아주', '매우', '몹시'를 중심으로, 경희대학교 대학원 석사학위논문.

서혜민(2012), 한국어와 중국어 격의 대조 분석, 상명대학교 교육대학원 석사학위논문.
서희정 외(2010), 한국어 교육에서 양보 연결어미에 대한 비판적 고찰, 새국어교육 86, 한국국어교육학회. pp.185~208.
서희정 외(2011), 한국어 교육에서 수사의문문의 교육 내용: '무슨' –수사의문문을 중심으로, 새국어교육 88, 한국국어교육학회. pp.221~244.
서희정(2006), 한국어 교육에서 부사 '좀' 의 담화 기능, 고황논집 39, 경희대학교 대학원 원우회. pp.51~66.
서희정(2008), "–기" 결합형 표현항목 설정, 이중언어학 36, 이중언어학회. pp.209~233.
서희정(2008), 어미 반복형태의 문법구성화 연구: 한국어교육의 관점에서, 새국어교육 79, 한국국어교육학회. pp.129~152.
서희정(2008), 연결어미–용언 인접구성의 선정, 인문학연구 14, 경희대학교 인문학연구소. pp.31~71.
서희정(2009), 한국어교육을 위한 복합형식 연구, 경희대학교 대학원 박사학위논문.
서희정(2010), 한국어 교육 항목으로서 담화표지 '말이다' 에 대한 고찰, 이중언어학 43, 이중언어학회. pp.217~246.
서희정(2010), 한국어교육에서 감정형용사의 제시 방안, 한국언어문학 74, 한국언어문학회. pp.31~59.
서희정(2011), 한국어교육에서 보조사 '나' 의 교육 방안, 한국언어문학 76, 한국언어문학회. pp.447~477.
서희정(2012), 한국어교육을 위한 보조사 결합형 문법항목의 선정 방안: "는", "도", "만", "야" 결합형을 중심으로, 새국어교육 93, 한국국어교육학회. pp.437~467.
석주연(2005), 한국어 교육에서의 문형 교육의 방향에 대한 일고찰, 한국어교육 16-1, 국제한국어교육학회. pp.169~194.
석주연(2007), 학습자 중심의 한국어 문법 제시 방안 연구: 두 모델 적용의 개선안을 중심으로, 국어국문학 145, 국어국문학회. pp.374~409.
석지영(2011), 한국어 학습자를 위한 의존명사 교육 방안, 계명대학교 대학원 석사학위논문.
선광용(2011), 중국어권 학습자를 위한 한국어 선어말어미 교육 연구, 충남대학교 대학원 박사학위논문.
선신휘(2012), 중국인 학습자를 위한 한국어 담화표지 교육 방안 연구: '그래', '글쎄', '아니' 의 중국어 대응을 중심으로, 경희대학교 대학원 석사학위논문.
선은희(2000), 한국어 문법 교수 방안 연구: 추측 범주 '–는 것 같다', '–나 보다', '–는 모양이다' 를 중심으로, 연세대학교 교육대학원 석사학위논문.

설수연(2011), 서면으로 제공되는 수정적 피드백, 제2언어적성 및 학습자 태도가 한국어 조사 습득에 미치는 영향, 이화여자대학교 국제대학원 석사학위논문.
설위(2011), 중국인 한국어 학습자의 한국어 문법 습득에 관한 연구: '-에, -에서, -로'를 중심으로, 영남대학교 대학원 석사학위논문.
설은혜(2012), 한국어 교육에서 어미 '-으러, -으려, -으려고'의 교육 방안, 동국대학교 대학원 석사학위논문.
성광수(1988), 한국어 문법의 내용과 설명, 외국어로서의 한국어교육 13-1, 연세대학교 언어연구교육원 한국어학당. pp.53~78.
성광수(2005), 한국어 표현문법, 한국문화사.
성기철(1994), 격조사 '-를'의 의미, 한국어교육 5, 국제한국어교육학회. pp.31~50.
성기철(1996), 현대 한국어 대우법의 특성, 외국어로서의 한국어교육 21, 연세대학교 언어연구교육원 한국어학당. pp.87~106.
성기철(1997), 보조조사 '-까지, -조차, -마저'의 의미 특성, 한국어교육 8, 국제한국어교육학회. pp.49~72.
성기철(2002), 외국어로서의 한국어 문법 교육, 국어교육 107, 한국어교육학회. pp.135~161.
성기철(2007), 한국어 대우법과 한국어 교육, 글누림.
성보금(2010), 초급 한국어 교재에 나타난 어휘 분석: 한국어능력시험 1 · 2급 어휘 · 문법 영역의 어휘를 중심으로, 대진대학교 대학원 석사학위논문.
성상환(2005), 독일어권 한국어 문법 교육의 모습, 국어교육연구 16, 서울대학교 국어교육연구소. pp.389~417.
성상환(2005), 독일어와 한국어에 나타난 어순의 규칙성, 독어교육 33, 한국독어독문학교육학회. pp.61~85.
성선월(2001), 한국어의 조건 표현 어미의 교육에 대한 연구: 중국인을 위한 한국어 교육을 위하여, 서울대학교 대학원 석사학위논문.
성은주(2011), 중국인 한국어 학습자의 [이유, 원인] 표현 습득 양상 연구: KFL 작문 자료를 중심으로, 영남대학교 대학원 석사학위논문.
성지연(2002), 오류 분석을 통한 한국어 관형사형 어미 사용 연구: 일본인 중급 학습자를 중심으로, 고려대학교 대학원 석사학위논문.
성지연(2006), 초급 한국어 학습자의 어미 사용 양상: 어말어미의 사용을 중심으로, 어문연구 132, 한국어문교육연구회. pp.497~516.
성지연(2007), 초급, 중급, 고급 과정에 나타나는 한국어 학습자의 어말 어미 사용 실태 연구, 이중언어학 34, 이중언어학회. pp.221~245.
성지연(2012), 형태 초점 교수를 통한 한국어 내포문 교육 연구: 관형사절과 명사절을 대상으로, 고려대학교 대학원 박사학위논문.
성진선(2002), 외국인을 위한 한국어 교육의 연구: 연결어미를 중심으로, 창원대학교 대학원 석사학위논문.
소령령(2012), 중국인 학습자를 위한 조사교육 연구: '~에, ~에게, ~에서, ~로'를 중심으로, 부산대학교 대학원 석사학위논문.
소림(2012), 한국어 '가다/오다'의 중국어 대응 형식에 대한 연구, 명지대학교 대학원 석사학위논문.
소상(2012), 중국어권 한국어 학습자의 조사 사용 실태 연구, 충남대학교 대학원 석사학위논문.
소소우(2013), 한국 한자어와 중국어의 파생어 대조 연구: 접미사를 중심으로, 동국대학교 대학원 석사학위논문.
孫潔妮(2013), 한·중 신어 중 파생어의 비교 연구, 중앙대학교 대학원 석사학위논문.
손금추(2011), 한·중 어순에 대한 유형론적 연구: 명사구, 합성명사, 부치사구를 중심으로, 경희대학교 대학원 박사학위논문.
손다정(2008), 한국어 교육을 위한 종결어미 연구: 초급을 중심으로, 고려대학교 대학원 석사학위논문.
손다정(2010), 절충식 탐구 학습 모형을 활용한 한국어 문법 교육 방안: 중·고급을 중심으로, 한국문법교육학회 학술발표논문집, 한국문법교육학회. pp.145~152.
孫麗萍(2013), 중국인을 위한 명사형 어미 '-음'과 '-기'의 교육 방안 연구, 중앙대학교 대학원 석사학위논문.
손림여(2012), 형태집중을 활용한 경어법 교육 연구: 중국인 한국어 학습자 대상으로, 경희대학교 대학원 석사학위논문.
손영(2012), 한중(韓中) 사동표현의 대조 연구, 명지대학교 대학원 석사학위논문.
손옥현(2009), 한국어교육을 위한 종결기능 연결어미 양상 연구, 경희대학교 대학원 석사학위논문.
손월명(2012), 접속어미 '-나'와 중국어 대응 표현 대비 연구, 건국대학교 대학원 석사학위논문.
손재은(2007), 연결어미 "-ㄴ데"의 수업 지도 방안 연구, 한국어교육 18-1, 국제한국어교육학회. pp.187~205.
손주한(2011), 한국어 '를'과 일본어 'を'의 대조 연구, 한국외국어대학교 교육대학원 석사학위논문.
손중권(2007), 아시아권 한국어 교육 수요 조사 분석 연구, 국립국어원.
손진아(2012), 일본어권 한국어 품사 용어 표준화 방안 연구, 동국대학교 대학원 석사학

위논문.
손춘섭(2009), 한국어 정도부사 교육 방안에 대한 연구, 광신논단 18, 광신대학교. pp.267~289.
손춘섭(2011), 한국어 의존명사에 대한 교육 방안 연구, 광신논단 20, 광신대학교. pp.279~310.
손한(1994), 한국어와 영어의 단위명사, 한국어교육 5, 국제한국어교육학회. pp.51~60.
손호섭(2011), 터키어권 한국어 학습자들의 주격조사 오류 분석 연구, 한국외국어대학교 교육대학원 석사학위논문.
손희연(2007), 외국어 수업의 사회언어학적 특성과 문법 교육: 프랑스에서 이루어지는 한국어 교육의 예를 중심으로, 문법 교육 6, 한국문법교육학회. pp.115~139.
송거(2012), 한·중 간접인용문의 대조연구, 부산대학교 대학원 석사학위논문.
송기악(2011), 한국어 조사 '-에'와 중국어 개사의 대응관계 연구: 황석영의 〈삼포 가는 길〉·〈이웃 사람〉 원본과 중역본을 활용하여, 중앙대학교 대학원 석사학위논문.
송대헌(2008), 한국어 초급 교재 학습자를 위한 연결어미 교육 방안 연구, 청주대학교 대학원 석사학위논문.
송소교(2012), 중국인 학습자를 위한 한국어 추측표현 교육 방안 연구, 인천대학교 대학원 석사학위논문.
송종경(2011), 한국어 교육을 위한 반복 구성 연구: 표현항목으로서의 반복 구성을 중심으로, 경희대학교 교육대학원 석사학위논문.
송주영(2002), 한국어 학습에 나타나는 오류 연구: 어미를 중심으로, 한국외국어대학교 대학원 석사학위논문.
송학성(2000), 중국인을 위한 한국어 경어법 교육방법 연구, 경희대학교 교육대학원 석사학위논문.
송향근(1994), 핀란드어의 격체계 고찰: 한국어 격체계와의 대조 분석적 관점에서, 이중언어학 11, 이중언어학회. pp.23~40.
송현숙(2009), 초급 한국어 학습자를 위한 보조용언 교육 방안 연구: '-어 주다', '-어 보다', '-고 있다'를 중심으로, 한양대학교 교육대학원 석사학위논문.
수혜총(2011), 한·중 시간부사의 대조 연구, 부산대학교 대학원 석사학위논문.
스테판 크놉(2008), 한국어 '피동성 표현'의 지위: 유형론적 문법화의 관점에서, 한글 282, 한글학회. pp.155~194.
승종경(2011), 한국어 교육을 위한 반복 구성 연구: 표현항목으로서의 반복 구성을 중심으로, 경희대학교 교육대학원 석사학위논문.
시려나(2012), 한·중 부정 표현 '안'·'못'과 '不'·'沒(有)'의 대비 연구, 충남대학교 대

학원 석사학위논문.
신군(2012), 한·중어의 높임법 비교 연구, 배재대학교 대학원 석사학위논문.
신나탈리아(2003), 한국어 조사 사용의 오류 분석 및 지도 내용 연구: 러시아어를 모어로 하는 한국어 학습자들을 대상으로, 서울대학교 대학원 석사학위논문.
신명선(2010), 인지 의미론의 연구 성과를 활용한 문법 교육 내용 개선 방안 연구, 한국어 의미학 31, 한국어의미학회. pp.77~107.
신보라(2012), 한국어 학습자를 위한 특수조사 교육 방안: '도, 까지, 조차, 마저'를 중심으로, 동덕여자대학교 대학원 석사학위논문.
신성옥(1991), 한국어 복합문의 시제: 제2언어로서의 한국어 교육과 관련하여, 우리말연구 1, 우리말학회. pp.125~134.
신아영(2011), 감탄사를 활용한 한국어 말하기 전략 교육 연구: '네', '그래', '아니'류의 담화 기능을 중심으로, 세종대학교 대학원 석사학위논문.
신영주(2011), 한국어 학위 논문 서론의 완화 표지 사용 양상: 중국인 학습자를 대상으로, 이화여자대학교 교육대학원 석사학위논문.
신은정(2012), 학령전 다문화 아동의 구문표현능력 연구, 남부대학교 보건경영대학원 석사학위논문.
신정애(2008), 한국어 교육을 위한 '허락 요청': '허락 요청' 표현의 공손성을 중심으로, 학술대회, 한국언어문화교육학회. pp.165~176.
신현정(2005), 한국어 학습자들의 '-겠-'과 '-(으)ㄹ 것이' 사용에 나타난 중간언어 변이 연구, 이화여자대학교 대학원 석사학위논문.
신혜원(2013), 제2언어로서의 한국어 수 분류사 습득 연구, 한국외국어대학교 대학원 석사학위논문.
신호철 외(2009), 한국어 수량 구성의 유형과 특성, 문법 교육 11, 한국문법교육학회. pp.201~227.
신효경(2008), 중국인 초급 학습자의 '에/에서' 오류 개선 방안, 국어교과교육연구 15, 국어교과교육학회. pp.217~238.
심도(2011), 한·중 비교성 정도부사의 대비 연구, 부산대학교 대학원 석사학위논문.
심란희(2011), 의사소통 중심의 한국어교육을 위한 담화표지 '그냥'의 기능 연구, 연세대학교 대학원 석사학위논문.
심반(2011), 한국어 시제 체계의 교육 방안 연구, 명지대학교 대학원 석사학위논문.
심방(2011), 중국인 학습자를 위한 한국어 어순 교육 방안에 대한 고찰: 중급 학습자를 대상으로, 경희대학교 대학원 석사학위논문.
심봉섭(1996), 불어와 한국어에서 '지시한정사+명사' 용법의 비교연구, 프랑스어문교육

4, 한국프랑스어문교육학회. pp.1~29.

심은경(2012), 일본인 한국어 학습자의 체언+용언 형태의 연어 사용 양상 연구, 이화여자대학교 국제대학원 석사학위논문.

심은지(2011), 한국어 학습자 작문에 나타난 시제상 습득 연구: 담화구조가설을 중심으로, 이화여자대학교 국제대학원 석사학위논문.

심혜령 외(2012), 일본인 한국어 학습자를 위한 "-던"과 "-었던"의 의미, 기능 연구, 외국어로서의 한국어교육 37, 연세대학교 언어연구교육원 한국어학당. pp.243~274.

싸키네 버게리(2013), 한국어와 페르시아어 격조사 대조 연구, 경희대학교 대학원 석사학위논문.

쑤원쥬엔(2010), 한국어와 중국어의 문장연결 비교 연구: '-고, -면서'를 중심으로, 청주대학교 대학원 석사학위논문.

씨나롯 낫타완(2011), 한국어 부사격 조사와 태국어 전치사 대비 연구, 충남대학교 대학원 석사학위논문.

아리프 이스람(Khandaker Ariful Islam)(2004), 방글라데시 학습자를 위한 한국어 문법 교육 연구: 조사와 어미 사용 중심으로, 경희대학교 대학원 석사학위논문.

아마르자르갈(2011), 현대 한국어와 몽골어의 격조사 비교 및 교육 방안 연구: 몽골인 한국어 학습자 오류 분석을 통하여, 인하대학교 대학원 석사학위논문.

안경화 외(2005), 일본어권 한국어 학습자를 대상으로 한 조사 '의'의 교수 방안, 이중언어학 27, 이중언어학회. pp.195~223.

안나영(2011), 의식 상승 과제 활동을 통한 한국어 연결 어미 교육 연구: '-(으)ㄴ는데'를 중심으로, 경희대학교 교육대학원 석사학위논문.

안다(2011), 한국어와 몽골어 격조사 비교 연구, 동국대학교 대학원 석사학위논문.

안령군(2005), 한국어 조사 '에'의 의미와 용법 연구: 중국인을 위한 한국어 교육적 관점에서, 연세대학교 대학원 석사학위논문.

안병곤 외(1991), 일문법교육자료로서의 한일양국어의 부사대조연구, 일본어교육연구 7, 한국일본어교육학회. pp.5~31.

안연진(2011), 한·중 접속문 대조분석과 교육적 활용에 대한 연구: 원인·이유 연결표현을 중심으로, 동국대학교 대학원 석사학위논문.

안영희(2010), 한국어 교육의 '-겠-' 수업 모형 연구, 동국대학교 대학원 석사학위논문.

안주호(1992), 한국어 담화표지 분석, 외국어로서의 한국어교육 17, 연세대학교 언어연구교육원 한국어학당. pp.21~38.

안주호(1994), 동사에서 파생된 이른바 "후치사류"의 문법화 연구, 외국어로서의 한국어교육 19, 연세대학교 언어연구교육원 한국어학당. pp.133~154.

안주호(2002), 한국어 교육에서의 [원인] 연결어미에 대하여, 한국어교육 13-2, 국제한국어교육학회. pp.159~180.

안주호(2003), 국어교육을 위한 문법탐구, 한국문화사.

안주호(2004), 한국어교육에서의 어미 제시순서에 대한 연구, 배달말 34, 배달말학회. pp.271~296.

안주호(2005), "-어야 하-"류 구성의 문법적 특성과 의미, 국어교육 118, 한국어교육학회. pp.363~393.

안주호(2008), 한국어 교육에서 연결어미의 교수방안에 대한 연구: {-길래}를 중심으로, 한말연구 22, 한말연구학회. pp.193~220.

안주호(2008), 한국어 교육에서의 문법화 과정 중에 있는 형태에 대한 연구: {-ㄹ테-}를 중심으로, 어문연구 56, 어문연구학회. pp.5~32.

안주호(2009), 한국어교육에서 복합구성의 영어설명 검토, 언어과학연구 48, 언어과학회. pp.63~84.

안주호(2009), 한국어교육에서의 담화표지 위계화 방안, 한국어교육 20-3, 국제한국어교육학회. pp.135~159.

안주호(2009), 한국어교재에서 나타난 명사 관련 문법 형태의 영어설명에 대한 고찰, 어문연구 59, 어문연구학회. pp.49~74.

안주호(2011), 한국어 교수자의 문법용어에 대한 인식 연구, 한국언어문학 80, 한국언어문학회. pp.305~334.

안주호(2011), 한국어 교육문법에서의 용언 설명에 대한 양상 연구, 한글 292, 한글학회. pp.131~159.

안주호(2011), 한국어 문법용어의 영어 대역어에 대한 계량적 연구, 새국어교육 89, 한국국어교육학회. pp.509~528.

안주호(2012), 한국어교육과 양태표현, 한국문화사.

안지은(2012), 오류 고쳐 되말하기와 개인차 요인이 중국인 한국어 학습자의 단형 사동 습득에 미치는 영향, 이화여자대학교 국제대학원 석사학위논문.

안첨(2011), 중국인 학습자를 위한 한국어 가정표현 {-면}구문 연구, 연세대학교 대학원 석사학위논문.

알레파이 멘나탈라(2013), 아랍권 학습자를 위한 한국어 격조사 교육 연구, 서울대학교 대학원 석사학위논문.

야다나 산다 윈(2007), 한국어와 미얀마어 격조사 비교 연구, 경희대학교 대학원 석사학위논문.

야하타 사나에(2012), 한·일 부정 양태부사 대조 연구: 한국어 교육적 관점에서, 계명대

학교 대학원 석사학위논문.
양경미(2004), 중국어 술어동사에 대응되는 한국어의 어미활용, 외국어 교육 11-1, 한국외국어교육학회. pp.253~264.
양금평(2013), 한·중 피동 표현 대조 연구, 경희대학교 대학원 박사학위논문.
양기(2013), 한국어 연결어미 '-느라고, -노라니까, -노라면'의 교수 방안: 중국인 학습자를 대상으로, 공주대학교 대학원 석사학위논문.
양기기(2011), 한국어 '-겠-'과 중국어 '要'의 대비 연구, 건국대학교 대학원 석사학위논문.
양단(2011), 한·중 시간부사의 상적 특성에 대한 대조 연구, 한양대학교 대학원 석사학위논문.
양명희(2010), 한국어 교육에서의 어휘 범주와 문법 범주의 경계, 한국어 의미학 32, 한국어의미학회. pp.123~140.
양산(2012), 한국어 고급 문법 항목 연구: 한국어능력시험 고급 문항과 한국어 교재 고급 문법을 중심으로, 경희대학교 대학원 석사학위논문.
양설(2009), 한중 피동문 대조 연구: 중국어 被자문과의 대조를 중심으로, 경희대학교 대학원 석사학위논문.
양연(2012), '말다' 구성에 대응하는 중국어 대조 연구, 동국대학교 대학원 석사학위논문.
양옥주(2005), 조선어습득의 효과성을 높이기 위한 기초토 교육의 몇가지 문제, Korean 연구와 교육 1, 이화여자대학교 한국어문학연구소. pp.57~67.
양재승(2012), 딕토글로스를 활용한 문법 교육 효과 연구, 고려대학교 대학원 석사학위논문.
양정숙(2013), 한국어 단형피동문 교육 방안 연구, 부산대학교 대학원 석사학위논문.
양지연(2010), 한국어교육 교재와 국어교육 교재의 문장 난이도 비교 연구, 한국외국어대학교 교육대학원 석사학위논문.
양지영(2013), 외국인 학습자를 위한 한국어 부정 표현 교육 방안 연구: '못'을 중심으로, 동국대학교 대학원 석사학위논문.
楊和(2012), 중국인 학습자를 위한 '-어서'와 '-니까'의 교수 학습 방안, 창원대학교 대학원 석사학위논문.
엄기철(2002), 한국어 조사 '이/가', '을/를'의 기능과 의미 연구, 동국어문학 14, 동국대학교 국어교육과. pp.157~197.
엄녀(2010), 한국어 양태 표현 교육 연구, 한국문화사.
엄종란(2012), 한국어의 격조사에 관한 최소이론적 접근: 주격과 대격을 중심으로, 충북대학교 교육대학원 석사학위논문.

엄진숙(2011), 한국어 학습자의 해라체 평서문 습득 양상, 한국어교육 22-4, 국제한국어교육학회. pp.193~214.
엥흐졸(Sakhiya Enkhzul)(2006), 몽골인 한국어 학습자를 위한 부사격조사 교수-학습 방안 연구: 한·몽 비교를 중심으로, 어문연구 130, 한국어문교육연구회. pp.445~468.
여덕휘(1996), 한국어 학습자를 위한 '-아서' 와 '-니까' 의 교육 방법에 대한 조사 연구, 서울대학교 대학원 석사학위논문.
여위령(2012), 초급 중국인 학습자를 위한 한국어 시간부사 유의어 교육 방안 연구, 부산대학교 대학원 석사학위논문.
여춘연(2010), 한국어 문법 연어 연구. 집문당.
여홍초(2011), 한·중 경어법의 비교연구, 호서대학교 대학원 석사학위논문.
연구원자료(2011), 중국어와 한국어의 동사 동형동소대등어의 머리자음의 대응관계에 대하여, 외국어교육연구 25, 한국외국어대학교 외국어교육연구소. pp.1~18.
연구원자료(2011), 한국어 학습자를 위한 의존명사 문형 교육 방안, 외국어교육연구 25, 한국외국어대학교 외국어교육연구소. pp.1~22.
연봉월(2009), 한국어 학습자의 연결어미 오류 분석을 통한 교육 방안 연구, 충남대학교 대학원 석사학위논문.
연지은(2010), 한국어 교육을 위한 직유 표현 연구, 서울여자대학교 대학원 석사학위논문.
염염(2011), 중국인 학습자의 한국어 조사 사용 오류 분석: '에, 에게, 에서, 로' 를 중심으로, 상명대학교 대학원 석사학위논문.
염주희(2012), {-더니}와 {-었더니}에 대한 한국인과 한국어 학습자의 인지도 및 이해도 비교, 상명대학교 교육대학원 석사학위논문.
염준(2007), 전치사 '在' 와 조사 '에서, 에' 의 대응 연구: 처소 의미를 중심으로, 연세대학교 대학원 석사학위논문.
오경숙(2007), 한국어 교육을 위한 문법 항목 기술에 대하여, 시학과 언어학 13, 시학과 언어학회. pp.143~165.
오경숙(2009), 한국어 이동 동사 "오다" 와 "가다" 교육을 위한 문법 기술, 시학과 언어학 17, 시학과 언어학회. pp.121~138.
오경숙(2011), 한국어 교육을 위한 '-었다가' 의 문법 기술, 국어연구 150, 한국어문교육연구회. pp.393~419.
오경진(2002), 연결어미 '-어다가' , 외국어로서의 한국어교육 27, 연세대학교 언어연구교육원 한국어학당. pp.205~218.
오광근(2013), 한국어 교재의 경어법 대화문 제시의 문제와 그 해결 방안, 새국어교육 94, 한국국어교육학회. pp.341~360,

오대환(2007), 일본에서의 한국어 문법 교육, 문법 교육 6, 한국문법교육학회. pp.141~164.
오대환(2010), 식민지 시기의 조선어와 일본어의 문법 대조를 통한 조선어교육에 관한 연구: 조선문조선어강의록(경성 조선어연구회 간행)의 국선문대역법을 중심으로, 한국어교육 21-3, 국제한국어교육학회. pp.105~128.
오려려(2011), 한국어와 중국어의 과거 상황 표현 대조 연구, 영남대학교 대학원 석사학위논문.
오로지(2011), 한국어 교육을 위한 '-더-' 결합형과 '-던'의 교육 방안, 서울여자대학교 대학원 석사학위논문.
오로지(2011), 한국어 교육을 위한 '-더-' 결합형과 '-던'의 교육 방안, 태릉어문연구 17, 서울여자대학교. pp.157~188.
오봉염(2012), 한·중 1인칭 대명사의 대조 연구, 전북대학교 대학원 석사학위논문.
오상언(2010), 한국어 교재 분석을 통한 한국어 교육용 분류사 선정 연구, 부산외국어대학교 논집 47, 부산외국어대학교 비교문화연구소. pp.33~63.
오상은(2004), 러시아어권 한국어 학습자의 격조사 오류분석 및 지도방안 연구: 초급 단계를 중심으로, 한양대학교 대학원 석사학위논문.
오선영(2006), 일본인 학습자를 위한 한국어 문법 사전에서의 기술 방법론 연구: 한국어 연결어미 "-아서"의 의미 기술을 중심으로, 문법 교육 4, 한국문법교육학회. pp.185~220.
오수진(1998), 외국어로서의 한국어 조사 교육, 부산대학교 교육대학원 석사학위논문.
오영혜(1977), 한일 양국어의 대우표현 비교연구, 연세대학교 대학원 석사학위논문.
오윤정(2011), 한국어교육 전공 유학생을 위한 문법 전문용어 선정 연구, 이화여자대학교 국제대학원 석사학위논문.
오일륵(2011), 중국어권 한국어 학습자를 위한 보조동사의 교육 방안에 관한 연구, 중앙대학교 대학원 석사학위논문.
오자키 다쓰지(2006), 접속조사 て와 한국어 연결어미 대조 연구, 연세대학교 대학원 석사학위논문.
오정(2011), 중국인을 위한 접속부사에 대한 교육방안, 전남대학교 대학원 석사학위논문.
오종렬(2010), 중·일·한 3개국 아스펙트 체계의 대조연구, 일본어교육연구 19, 한국일어교육학회. pp.151~171.
오지혜(2008), 이야기 문법을 활용한 한국어 고급 학습자의 이야기 쓰기 교육 연구, 작문연구 7, 한국작문학회. pp.275~305.
오춘광(2010), 한중 정도부사와 동사 공기양상의 대비분석, 숭실대학교 대학원 석사학위논문.

오현정(2011), 보조사 {은/는}과 주격조사 {이/가}의 교수·학습 방법 연구: 한국어 고급 단계 외국인 학습자를 대상으로, 한국어 의미학 35, 한국어의미학회. pp.189~213.

왕기(2013), 중국인 학습자를 대상으로 한 목적 표현 연결어미 교육 연구, 인천대학교 대학원 석사학위논문.

왕남(2012), 중국인 초급 학습자를 위한 한국어 어순 교육 연구, 부산대학교 대학원 석사학위논문.

왕단(Wang Dan)(2005), 중국어권 학습자를 위한 한국어 문법 교육의 현황과 개선 방안, 국어교육연구 16, 서울대학교 국어교육연구소. pp.289~320.

왕단(Wang Dan)(2005), 중국인 학습자의 한국어 형용사 이해·사용에 나타난 오류에 관한 연구, Korean 연구와 교육 1, 이화여자대학교 한국어문학연구소. pp.69~91.

왕단(Wang Dan)(2008), 한국어 교육용 문법 용어의 중국어 표준화 연구, 한글 282, 한글학회. pp.277~316.

왕례량(Li Liang Wang)(2006), 한국어 보조용언과 중국어와의 대조 연구, 문법 교육 5, 한국문법교육학회. pp.261~297.

왕례량(2012), 한국어와 중국어의 상 범주 대조 연구, 연세대학교 대학원 박사학위논문.

왕리(2013), 한·중 상 형식 대조 연구, 부산대학교 대학원 석사학위논문.

왕리후에이(2012), 한국어 학습자를 위한 부사 유의어 교육 방안 연구: 정도부사를 중심으로, 청주대학교 대학원 석사학위논문.

왕문비(2011), 중국어권 한국어 중급 학습자의 격조사 오류 분석 연구, 충남대학교 대학원 석사학위논문.

왕미(2010), 중국대학교의 초급 한국어 교재 문법 항목의 분석: 조사 분석을 중심으로, 중앙대학교 대학원 석사학위논문.

왕설(2013), 한국어 추측표현 교육방안 연구: '-겠-' 과 '-(으)ㄹ 것이-' 를 중심으로, 부산대학교 대학원 석사학위논문.

왕슈에(2013), 한국어 분류사 교육 방법 연구, 부산대학교 대학원 박사학위논문.

왕시훼(2011), 중국 대학생을 위한 한국어 청자경어법 교재 개선 방안 연구: 광동성 지역 대학교 교재를 중심으로, 동국대학교 대학원 석사학위논문.

왕신(2012), 한국어와 중국어의 수사 대비 고찰: 중국인 학습자를 위하여, 청주대학교 대학원 석사학위논문.

왕엽(2011), 중국어권 한국어 학습자의 조사 '로' 사용 오류 분석과 교육 방안: 중급 학습자를 대상으로, 고려대학교 대학원 석사학위논문.

왕영(2010), 한중 피동 표현 대조 연구, 한국외국어대학교 교육대학원 석사학위논문.

왕옥주(2011), 중국어 '的' 에 대응하는 한국어 표현 연구, 인제대학교 대학원 석사학위논문.
왕외(2010), 한국어와 중국어의 '不, 無, 未, 非, 沒' 대비 연구, 충남대학교 대학원 석사학위논문.
왕위(2012), 한국어 '있다' 와 중국어에서의 대응 연구, 숭실대학교 대학원 석사학위논문.
왕위령(Wang Wei Ling)(2010), 한·중 의문문에 대한 비교 연구, 문법 교육 12, 한국문법교육학회. pp.299~319.
왕윤정(2012), 한국어와 중국어 어휘적 경어법 대조 연구, 경희대학교 대학원 석사학위논문.
왕육(2012), 중국인 학습자를 대상으로 한 한국어 상대높임법 교육 방안 연구, 중앙대학교 대학원 석사학위논문.
왕정(Jing Wang) 외(2012), 한국어와 중국어의 조어법 대조 연구, 새국어교육 91, 한국국어교육학회. pp.289~317.
왕정정(2012), 중국어권 학습자의 한국어 종결어미의 교육 방안에 관한 연구: 한국어 평서법 종결어미를 중심으로, 중앙대학교 대학원 석사학위논문.
왕정춘(2003), 중국인 위한 韓·中 대조분석: '-因爲… 所以…', '旣然… 就…' 와 '-어서', '-니까' 중심으로, 연세대학교 대학원 석사학위논문.
왕종연(2010), 조사 용법에 대한 한국어와 중국어 비교 연구: 부사격 조사 '-에', '-에서', '-에게', '-로' 의 용법을 중심으로, 단국대학교 대학원 석사학위논문.
왕진곤(2013), 한·중 피동 표현 대조 연구: 피동문 유형 대조를 중심으로, 동국대학교 대학원 석사학위논문.
왕페이(2011), 의문문에 대한 한·중 대조 연구, 한양대학교 대학원 석사학위논문.
왕한림(2011), 한중 경어법의 비교연구, 선문대학교 대학원 석사학위논문.
왕호(2011), 한국어 단위명사와 중국어 양사(量詞)의 비교 연구, 대구대학교 대학원 석사학위논문.
왕효도(2011), 한국과 중국의 지시사 비교연구: '這/那' 와 '이/그/저' 를 중심으로, 전남대학교 대학원 석사학위논문.
요시모토 하지메(Yoshimoto Hajime) 외(2007), 한국어교육 개론서의 문법 기술 고찰, 한국어교육 18-2, 국제한국어교육학회. pp.221~242.
요시모토 하지메(Yoshimoto Hajime) 외(2012), 불규칙활용에 대한 한국어 교육적 재고찰, 한국어교육 23-1, 국제한국어교육학회. pp.101~122.
요흔동(2013), 한국어와 중국어 경어법 대조 연구, 울산대학교 대학원 석사학위논문.
우메다 히로유키(梅田博之) 외(1988), 한국어와 일본어의 대우법 비교대조, 이중언어학 4, 이중언어학회. pp.159~202.

우미노 하루미(2011), 한국인학습자의 일본어낭독음성에 나타나는 운율적 특징: 통사구조와 그 음향적 실현, 건국대학교 대학원 석사학위논문.

우보의(2011), 한국어 높임법 교육 방안, 숙명여자대학교 대학원 석사학위논문.

우삼삼(2012), 한국어 피동 표현의 교수 방안: 중국인 학습자를 중심으로, 인천대학교 대학원 석사학위논문.

우상(2010), 한국어 조사의 교육에 관한 연구: 초급 단계의 중국인 학습자를 대상으로, 인제대학교 대학원 석사학위논문.

우순조(2006), 한국어 조사 기술과 관련된 쟁점과 대안: 표지 이론적 관점에서, 우리말연구 18, 우리말학회. pp.177~213.

우인혜 외(2004), 외국인도 쉬운 한국어 문법, 한국문화사.

우인혜(1992), 용언 '지다' 의 의미와 기본 기능, 외국어로서의 한국어교육 17, 연세대학교 언어연구교육원 한국어학당. pp.39~67.

우인혜(1994), 접미 피동법의 피동법상 위치, 한국어교육 5, 국제한국어교육학회. pp.61~95.

우인혜(2003), 영-일 학습자의 조사 교육을 위한 연구, 이중언어학 22, 이중언어학회. pp.239~267.

우인혜(2008), 국어문법과 한국어문법의 차이에 대한 연구: 높임 표현 교수법을 중심으로, 문법 교육 9, 한국문법교육학회. pp.235~261.

우인혜(2010), 한국어 교육 전공 학생을 위한 문법 교육, 한국문법교육학회 학술발표논문집, 한국문법교육학회. pp.248~254.

우재영(2004), 한국어 소통능력 향상을 위한 비유 교육 연구, 서울대학교 대학원 석사학위논문.

우지수(2003), 한국어와 스페인어의 주어, 목적어 생략에 관한 교육적 접근, 단국대학교 대학원 석사학위논문.

우창현(2011), 방언 한국어 교육을 위한 문법 표현 비교: 시제 선어말어미를 중심으로, 인문연구 63, 영남대학교 인문과학연구소. pp.29~52.

우창현(2012), 결혼여성이민자 대상 불규칙 활용 교육 방법: 제주 방언을 중심으로, 어문논총 56, 한국문학언어학회. pp.95~113.

우창현(2012), 방언 한국어 교육을 위한 존대법 비교, 언어와 문화 8-1, 한국언어문화교육학회. pp.99~121.

우형석(2003), 학습 활동을 겸한 한국어 문법론, 부산외국어대학교 출판부.

우형식(2003), 한국어 교육과 덩이 형태의 문법 기술, 교육논총 5, 부산외국어대학교 교육대학원. pp.207~228.

우형식(2005), 한국어 문법 교육의 전망, 교육논총 6, 부산외국어대학교 교육대학원.

pp.5~27.
우형식(2009), 규칙으로서의 문법과 사용으로서의 문법, 외국어로서의 한국어교육 34, 연세대학교 언어연구교육원 한국어학당. pp.227~256.
우형식(2010), 한국어 교육 문법의 체계와 내용 범주, 우리말연구 26, 우리말학회. pp.235~266.
우형식(2012), 한국어 문법 교육에서 형태 초점 접근법을 적용하는 문제, 한어문교육 26, 한국언어문학교육학회. pp.99~128.
웅문도(2011), '벌써'와 '이미'의 교육내용 구축과 사용 양상 연구: 중국인 학습자를 중심으로, 경희대학교 대학원 석사학위논문.
원샤오옌(2012), 중국어권 학습자의 한국어 연결어미 사용에 나타난 시제 오류 분석, 부산대학교 대학원 석사학위논문.
원씨향(2012), 베트남인 한국어 중급 학습자의 조사 사용 오류 분석, 영남대학교 대학원 석사학위논문.
袁征(2013), 중국인 학습자를 위한 한국어 높임 표현 교육 연구, 전남대학교 대학원 석사학위논문.
원천(2013), 중국어권 학습자를 위한 보조사 '은/는'의 교육 방안 연구, 부산대학교 대학원 석사학위논문.
원춘매(2012), 선택과 양보의 '-나', '-거나', '-든지'의 관계 연구, 동국대학교 대학원 석사학위논문.
원해영(2011), 한국어교육을 위한 구어체 종결어미 '-잖아(요)' 연구, 한국언어문학 79, 한국언어문학회. pp.307~327.
위교(2013), 한국어와 중국어 상의 문법화 대조연구: '-(고) 있-'과 '着'을 중심으로, 서울시립대학교 대학원 석사학위논문.
위수광(2010), 한국인 중국어 학습자 교육문법요목 설계에 관한 연구, 부산외국어대학교 대학원 박사학위논문.
위연리(2011), 한국어 교육에서 어미 '-아'와 '-라' 그리고 '-아서'와 '-라서'의 관계 연구, 동국대학교 대학원 석사학위논문.
위영(2012), 한국어 한자어 접미사와 중국어 접미사 대조 연구: 인칭접미사 중심으로, 연세대학교 대학원 석사학위논문.
위위(2013), 한국어 상 표현 '-고 있-/-어 있-'에 대한 연구: 한국어 교재의 내용 분석과 개선 방향을 중심으로, 동국대학교 대학원 석사학위논문.
위추사(2012), 중국인 학습자를 위한 한국어 부정법 교육 연구, 인천대학교 대학원 석사학위논문.

위평(2012), 중국인 학습자를 위한 한국어 격조사 '로'의 연구, 동국대학교 대학원 석사학위논문.
유 엔 마주르(1997), 한국어 움직씨의 문법적 범주들, 교육한글 10, 한글학회. pp.27~38.
유단칭(2011), 한국어와 중국어의 재귀 대명사 대조 연구: 한국어 '자기', '자신'과 중국어 '自己'를 중심으로, 부산외국어대학교 대학원 석사학위논문.
劉蓓(2012), 중국인 학습자를 위한 한국어 피동 표현의 교육 방안 연구, 한남대학교 대학원 석사학위논문.
유사사(2012), 중국어권 학습자를 위한 한국어 어미 '-거든'의 대조 분석, 동국대학교 대학원 석사학위논문.
유산산(2011), 한국어 감정형용사 구문 연구, 한림대학교 대학원 석사학위논문.
유상(2012), 한국어 '-적'과 중국어 '的'의 대비연구, 충남대학교 대학원 석사학위논문.
유소영(2012), 일본어「する」동사와 한국어「하다/되다」동사의 대응관계: 2자 한자어를 선행요소로 취하는 경우를 중심으로, 한양대학교 대학원 석사학위논문.
유승섭(2010), 한국어 관형사형 어미의 형태적 오류와 교육 방안: '-(으)ㄹ 때/-었을 때'를 중심으로, 한글 287, 한글학회. pp.73~108.
유승섭(2010), 한국어 시제 어미의 형태적 오류와 교육 방안: 관형사형 어미의 "-(으)ㄹ 때"를 중심으로, 국어문학 48, 국어문학회. pp.301~330.
유양(2012), 한국어 사동문의 교육 방안에 관한 연구, 중앙대학교 대학원 석사학위논문.
유연연(2011), 한·중 인칭 대명사 대비 연구, 충남대학교 대학원 석사학위논문.
유완이(2012), 외국인 학습자를 위한 높임법 지도방안 연구, 충북대학교 대학원 석사학위논문.
유욱봉(2012), 중국인 학습자를 위한 한국어 '-겠-'의 교육 방안 연구: 조창인 소설『첫사랑』을 중심으로, 중앙대학교 대학원 석사학위논문.
유은숙(2012), 한국어 시제의 효과적인 교육방안 연구: 초급 교재를 중심으로, 충북대학교 대학원 석사학위논문.
유지연(2007), 한국어 교재에 나타난 문법 기술 양상 분석: '-다니'를 중심으로, 한국중원언어학회 학술발표회 자료집 4, 한국중원언어학회. pp.59~69.
유지연(2010), 외국인 한국어 학습자를 위한 형용사 '아름답다, 예쁘다, 곱다' 의미 교육 방안, 새국어교육 84, 한국국어교육학회. pp.153~181.
유지연(2010), 한국어 초급 교재에 사용된 감탄사 '아'의 의미와 교육 방안, 한국중원언어학회 학술발표회 자료집2010, 한국중원언어학회. pp.81~98.
유지인(2011), 한국어 '한정성 조사' 범주 연구: '가, 를, 는, 도'를 대상으로, 경희대학교 대학원 석사학위논문.

유춘희(2012), 중국인을 위한 한국어교육용문법술어에 대하여, 중국조선어문 1, 길림성 민족사무위원회. pp.50~54.

유타니 유키토시(Yutani Yukitoshi)(2005), 일본어권 문법 교육의 현황과 방향, 국어교육연구 16, 서울대학교 국어교육연구소. pp.271~288.

유탕탕(2012), 중국인 학습자를 위한 한국어 피동표현 교육 방안 연구, 세종대학교 대학원 석사학위논문.

유해준(2011), 한국어 교육 문법적 연어 항목 선정 연구, 중앙대학교 대학원 박사학위논문.

유현경 외(2002), 한국어 학습자 말뭉치에 나타난 부사 사용에 대한 연구, 이중언어학 20, 이중언어학회. pp.213~234.

유현경(1997), 심리형용사 구문에 대한 연구, 외국어로서의 한국어교육 22, 연세대학교 언어연구교육원 한국어학당. pp.87~119.

유현경(2007), 영어권 중·고급 학습자를 위한 조사 '가'와 '는'의 교수 방안 연구: 한영 병렬 말뭉치를 이용하여, 이중언어학 34, 이중언어학회. pp.271~298.

유효동(2012), 한·중 기본 미각형용사의 의미 확장 대조 연구, 서울시립대학교 대학원 석사학위논문.

유효영(2012), 중국인 학습자를 위한 한국어 상대경어법 교육 방안 연구, 한성대학교 대학원 석사학위논문.

유흔동(2012), 중국인 학습자를 위한 '-겠-'의 교육 방안 연구, 전남대학교 대학원 석사학위논문.

윤경애(2008), 중국대학생들을 위한 한국어 연결어미 교육 연구: 조건 표현 연결어미를 중심으로, 고려대학교 대학원 박사학위논문.

윤경원(2009), 태국인 학습자를 위한 효과적인 한국어 문법교육의 방향, 한국태국학회논총 15-2, 한국태국학회. pp.125~154.

윤미영(2005), 태국인 한국어 학습자의 조사 사용 오류 양상, 이화여자대학교 교육대학원 석사학위논문.

윤신애(2009), 제2언어가 모국어에 미치는 영향: 한국어와 영어의 재귀사 결속을 중심으로, 건국대학교 대학원 석사학위논문.

윤영숙(2007), 보조사 "-도"의 기능과 해당 중국어 형태소와의 비교, 한국어교육 18-3, 국제한국어교육학회. pp.145~165.

윤정화(2006), "-더-" 의미의 문화적 접근, 외국어로서의 한국어교육 31, 연세대학교 언어연구교육원 한국어학당. pp.173~190.

윤지영(2005), 한국어 초급 교재의 비교 연구: 문법 항목을 중심으로, 배재대학교 대학원 석사학위논문.

윤현애 외(2010), 한국어교육을 위한 피동사가 이루는 통사적 구성에 대한 일고찰, 언어와 문화 6-1, 한국언어문화교육학회. pp.183~203.

윤현애 외(2012), 한국어 인용 표현의 담화 기능에 관한 연구: 토론 담화의 분석을 중심으로, 한국문법교육학회 학술발표논문집, 한국문법교육학회. pp.1~13.

윤현애(2011), 구어 장르 구분을 기반한 한국어 피동 표현의 담화 기능 연구, 한국문법교육학회 학술발표논문집, 한국문법교육학회. pp.106~115.

윤현애(2011), 한국어 피동 표현의 담화 기능 연구, 연세대학교 대학원 석사학위논문.

윤혜선(2013), 한국어 순차 연결어미 교육방안 연구: '-고', '-아서', '-다가', '-았다가'를 중심으로, 한국외국어대학교 교육대학원 석사학위논문.

윤혜진(2011), 한국어 교육용 추측 표현 항목 선정과 등급화에 관한 연구, 배재대학교 대학원 석사학위논문.

음승민(2012), 중국인 한국어 학습자의 구문 발달에 대한 양적 연구: 학습 단계 향상에 따른 문장의 구조 및 길이 변화를 중심으로, 고려대학교 교육대학원 석사학위논문.

응오티번안(2013), 경제 기사문에 나타난 한국어-베트남어 은유표현 비교, 충남대학교 대학원 석사학위논문.

이가(2012), 중국어권 학습자를 위한 한국어 인과관계 연결어미 연구: '-어서'와 '-니까'를 중심으로, 동국대학교 대학원 석사학위논문.

이가람(2012), 한국어 학습자를 위한 한국어 초급 문법 항목 연구: 문법 항목의 범주와 배열 기준 제시를 위한 시고, 건양대학교 대학원 석사학위논문.

이강호(2000), 한국어와 독일어의 문법 구절 분석, 독어교육 19, 한국독어독문학교육학회. pp.239~264.

이강호(2001), 한국어와 독일어의 상적 구절의 유형, 독어교육 21, 한국독어독문학교육학회. pp.231~254.

이경 외(2011), 한국어 교재 분석을 통한 문법 과제의 화용적 측면 제고, 한국문법교육학회 학술발표논문집, 한국문법교육학회. pp.38~50.

이경선(2010), 한국어 교육에서 의존명사에 의한 문법적 연어 연구, 언어과학 17, 한국언어과학회. pp.45~65.

이경선(2011), 한국어 교육을 위한 의존명사의 문법적 연어 연구, 동아대학교 대학원 박사학위논문.

이경선(2011), 한국어 초급 학습자의 조사 사용 실태에 관한 연구, 충남대학교 대학원 석사학위논문.

이경은(1998), 한국어 문말시상형태소의 오류분석: 외국어로서의 한국어 교육에서 '-고 있다'와 '-ている'의 대조분석을 중심으로, 이화여자대학교 대학원 석사학위논문.

이관규 외(2003), 한국어 문법론의 연구 현황과 과제, 박이정.
이관규(2001), 외국인을 위한 한국어 표준 문법의 내용 체계: 1차년도(2000년) 연구 결과를 중심으로, 우리어문연구17, 우리어문학회. pp.121~144.
이관규(2010), 『외국인을 위한 한국어 문법 1』에 대한 문법 내용적 검토, 겨레어문학 45, 겨레어문학회. pp.183~206.
이관규(2010), 학교 문법과 한국어 문법의 성격과 내용 체계, 문법 교육 13, 한국문법교육학회. pp.29~56.
이광연(2013), 한국어 조사 '의'의 통사와 의미: 중국어 조사 '的'과의 대조를 중심으로, 서울시립대학교 대학원 석사학위논문.
이규희(1992), 가정적 연결 어미 분류, 외국어로서의 한국어교육 17, 연세대학교 언어연구교육원 한국어학당. pp.69~76.
이금희(2007), 연결 표현 "-는 바람에, -는 바람에, -는 통에, -는 김에, -는 탓에"에 대한 연구, 한국어교육 18-2, 국제한국어교육학회. pp.243~266.
이기(2012), 한·중 촉각 형용사에 대한 대조적 연구, 서강대학교 대학원 석사학위논문.
이기동(1991), A Grammar of KES in Korean, 외국어로서의 한국어교육 15, 연세대학교 언어연구교육원 한국어학당. pp.79~99.
이길섭(2012), 한영 대조분석을 통한 한국어 관형사절 교수방안 연구, 한국외국어대학교 교육대학원 석사학위논문.
이길원(2002), 일본인 한국어학습자의 한국어문법교육(1), 언어와 언어교육 17, 동아대학교 어학연구소. pp.5~17.
이대규(2000), 외국인을 위한 한국어 불규칙 동사의 교육 방법, 이중언어학 17, 이중언어학회. pp.207~281.
이덕향(2011), 중국인 한국어 학습자의 '-하다', '-되다'형 용언의 사용 양상 연구, 배재대학교 대학원 석사학위논문.
이동규(2007), '아무+(N)(이)나'와 'N+든지'의 효과적인 제시 방안 연구, 이중언어학 35, 이중언어학회. pp.227~249.
이동은 외(2010), 한국어 학습자의 사동사 습득 연구, 한글 290, 한글학회. pp.295~331.
이동재 외(2000), 한인학교의 한국어 교육 연구: 한국어 문법과 습득 및 지도방법에 대한 연구, Second Language Teaching & Curriculum Center, University of Hawai'i at Manoa.
이명오(2009), 구어 교육을 위한 한국어 어미 연구: 비격식체를 중심으로, 계명대학교 대학원 석사학위논문.
이문균(2011), 중국인 학습자를 위한 한국어 연결어미 교육 방안연구, 한성대학교 대학

원 석사학위논문.
이미영(2012), 한국어능력시험 중급 문법 영역 연구, 동국대학교 대학원 석사학위논문.
이미정(2012), 한국어 목적 연결어미의 나선형 교육방안 연구, 부산외국어대학교 대학원 석사학위논문.
이미진(2010), 한국어 교육을 위한 정도부사의 연구: 공기 관계를 중심으로, 계명대학교 대학원 석사학위논문.
이미혜(2002), 한국어 문법 교육에서 '표현항목' 설정에 대한 연구, 한국어교육 13-2, 국제한국어교육학회. pp.205~225.
이미혜(2005), 한국어 문법 교육 연구: 추측 표현을 중심으로, 이화여자대학교 대학원 박사학위논문.
이미혜(2005), 한국어 문법 항목 교육 연구, 박이정.
이미혜(2007), 한국어 문법 교수 방법론의 재고찰: 제2 언어 교수 이론에 바탕을 둔 교수 모형의 보완, 한국어교육 18-2, 국제한국어교육학회. pp.285~310.
이미혜(2009), 한국어 문법 교육의 목표: 국어 문법 교육과의 차별성, 문법 교육 10, 한국문법교육학회. pp.241~261.
이미혜(2010), 한국어 교육에서 말하기와 문법의 통합 교육, 문법 교육 13, 한국문법교육학회. pp.93~114.
이민선(2004), 기능에 기반을 둔 문법 항목 교수 방안 연구: 초급 단계의 종결표현을 중심으로, 외국어로서의 한국어교육 29, 연세대학교 언어연구교육원 한국어학당. pp.147~180.
이민선(2004), 기능에 기초한 한국어 문법 교수 방안 연구, 연세대학교 교육대학원 석사학위논문.
이민아(2004), 문법 지식을 활용한 한국어의 인과 관계 연결 표현에 대한 지도 방안 연구, 한양대학교 대학원 석사학위논문.
이민아(2011), 일본인 한국어 학습자의 동작류에 따른 과거시제 습득 연구, 이화여자대학교 국제대학원 석사학위논문.
이민아(2012), 의식상승 활동이 조건 연결어미 습득에 미치는 효과 연구: '-면, -어야, -거든'을 중심으로, 숭실대학교 교육대학원 석사학위논문.
이민행(1995), 보편문법과 언어학적 상상력: 독일어와 국어, 영어의 문장구조 대조분석, 외국어로서의 한국어교육 20, 연세대학교 언어연구교육원 한국어학당. pp.33~55.
이보라(2008), 한국어 교재의 상대 경어법 제시 양상 분석 및 교재 개선 방안 연구, 한양대학교 교육대학원 석사학위논문.
이보혜(2011), 폴란드어권 학습자들의 '이/가', '은/는' 사용 양상 연구, 한국외국어대학

교 교육대학원 석사학위논문.

이삼형(1996), 생략 현상에 대하여, 한국어교육 7, 국제한국어교육학회. pp.121~136.

이상숙(2010), 한국어 학습자를 위한 관형사형 어미 교육 방안, 한국언어문학 72, 한국언어문학회. pp.43~66.

이상억(1998), 외국인용 한국어교재에 포함된 문법사항 비교 평가, 한국어교육 9-2, 국제한국어교육학회. pp.105~119.

이서현(2009), 한국어 학습자의 조사 · 어미 사용에 나타난 오류 유형 분석: 구어체를 중심으로, 단국대학교 대학원 석사학위논문.

이석란 외(2012), 베트남 이주노동자 가정 자녀와 한국 가정 아동의 이야기 만들기에 나타난 통사적 숙달도 비교 연구: 9세 아동을 중심으로, 한국어교육 23-2, 국제한국어교육학회. pp.215~245.

이선영(2006), 한국어 교육을 위한 [추측] 표현 연구, 서울여자대학교 대학원 석사학위논문.

이선영(2011), 제2언어에서의 품사습득: 한국어의 굴절형태소의 증거, 외국어교육연구 25, 한국외국어대학교 외국어교육연구소. pp.147~170.

이선영(2011), 한국어의 [대립]을 나타내는 표현들에 대한 논의, 태릉어문연구 17, 서울여자대학교. pp.79~93.

이선영(2012), L2 한국어에서의 상용어구 습득: [명사+동사] 구문중심으로, 외국어교육연구 26, 한국외국어대학교 외국어교육연구소. pp.71~91.

이선웅(2010), 국어 교육의 학교문법과 한국어 교육의 표준문법, 어문논집 43, 중앙어문학회. pp.75~96.

이선웅(2012), 한국어 문법론의 개념어 연구, 월인.

이선중(2013), 일본인 한국어 학습자를 위한 '-던', '-었던' 교육 연구, 배재대학교 대학원 석사학위논문.

이선희 외(2012), 한국어 학습자의 언어항목별 세부사항 발달 양상 연구, 한국어교육 23-2, 국제한국어교육학회. pp.247~279.

이선희(1993), 한국어 복합술어 구문에 대하여, 외국어로서의 한국어교육 18, 연세대학교 언어연구교육원 한국어학당. pp.119~149.

이설(2006), 한국어와 중국어 접속문의 표현 방식에 대한 대조 연구, 연세대학교 대학원 석사학위논문.

이설(2013), 중국인 학습자를 위한 한국어 피동문 교육 연구, 부산대학교 대학원 석사학위논문.

이설(2013), 중국인 한국어학습자 위한 한 · 중 상대시제 표현 대조연구, 한양대학교 대학원 석사학위논문.

이소연(2004), 한국어 교육에서의 추측 표현 연구, 한국외국어대학교 대학원 석사학위논문.
이소연(2012), 중국인 한국어 학습자의 진행상 습득 연구: 보조용언 '-고 있다', '-어 가다', '-어 오다'를 중심으로, 이화여자대학교 국제대학원 석사학위논문.
이소영(2011), 한국어 교육에서 쓰기와 문법의 통합 교육 방안, 한국문법교육학회 학술발표논문집, 한국문법교육학회. pp.52~62.
이소현(2006), '-이/히' 형 부사어와 '-게' 형 부사어의 한국어 교육학적 연구, 언어와 문화 2-2, 한국언어문화교육학회. pp.135~160.
이소현(2011), 구어에 나타나는 한국어 연결어미 "-는데"의 의미 연구: 수사구조 이론을 바탕으로, 한국어교육 22-4, 국제한국어교육학회. pp.273~297.
이소현(2012), 한국어 연결어미 '-는데'의 의미 연구, 한국외국어대학교 대학원 박사학위논문.
이수경(1996), 일본어를 모어로 하는 한국어 학습자의 오용의 경향에 관하여: 특히 '조사, 접속어미, 보조용언, 시제와 상'을 중심으로, 한국어교육 7, 국제한국어교육학회. pp.87~108.
이수경(1997), 일본어를 모어로 하는 한국어 학습자의 '하고 있다'와 '해 있다'의 오류분석, 한국어교육 8, 국제한국어교육학회. pp.73~90.
이수미(2009), 한국어 피동 개념의 재해석과 적용 가능성에 대한 연구, 국어교육 128, 한국어교육학회. pp.457~479.
이수연(2011), 한국어 문법교육에서의 연결어미 연구: 시간표현 연결어미를 중심으로, 연세대학교 교육대학원 석사학위논문.
이숙(2008), 담화분석에 의한 문법교육: 회상법을 중심으로, 한국어교육 19-2, 국제한국어교육학회. pp.259~279.
이숙(2008), 미국 대학에서의 한국어 문법교육, 한중인문학연구 24, 중한인문과학연구회. pp.363~378.
이순룡(2011), 한국어 추측 양태 표현에 대한 교육 방안 연구, 충남대학교 대학원 석사학위논문.
이순미(2012), 한·일 양어의 경어체계에 대한 비교 고찰, 울산대학교 교육대학원 석사학위논문.
이순복(2011), 중국인 학습자 대상 한국어 관용표현의 단계별 목록 선정 방안 연구: 신체어 '손'과 '발'을 중심으로, 배재대학교 대학원 석사학위논문.
이순정(2009), 한국어 조건 표현 연결 어미 교육 방안 연구, 경희대학교 교육대학원 석사학위논문.
이승희(2012), 시각적 입력과 청각적 입력이 한국어 문법 습득에 미치는 효과 비교연구:

형태 습득과 산출 능력을 중심으로, 고려대학교 교육대학원 석사학위논문.
이약진(2013), 한·중 양보관계 연결어미 대조연구: '-아도', '-더라도', '-ㄹ지라도'를 중심으로, 동국대학교 대학원 석사학위논문.
이양혜 외(2010), (쉽고 재미있는) 한국어 문법 1, Languageplus.
이양혜(2005), 외국어로서의 한국어 조사 '로' 교육, 이중언어학 29, 이중언어학회. pp.269~295.
이언경(2005), 한국어 교육에서 청자 대우법 연구: 사회적 관계를 중심으로, 연세대학교 대학원 석사학위논문.
이연정(2009), 담화 표지어를 활용한 한국어 읽기 교수 방안 연구: 中級 읽기를 위한 담화 표지어 목록 선정과 활용을 중심으로, 어문연구 144, 한국어문교육연구회. pp.487~506.
이연정(2009), 한국어 교사의 읽기 교육 시 담화 표지어 교수 현황 연구, 이화여자대학교 교육대학원 석사학위논문.
이연정(2013), 한·중 정도부사 대응관계 비교연구, 경희대학교 대학원 석사학위논문.
이영(2006), 중국인 학습자를 위한 한국어 보조용언 교육에 관한 연구, 서울대학교 대학원 석사학위논문.
이영(2011), 한국어 교육을 위한 한·중 양태 표현의 대조 연구, 고려대학교 대학원 박사학위논문.
이영(2013), 한국어 부사성 부정 극어의 통사·의미적 특성, 충북대학교 대학원 석사학위논문.
이영남(2011), 한국어 분류사와 중국어 양사의 대조 연구, 부산외국어대학교 대학원 석사학위논문.
이영민(2004), 한국어 교재의 문법 설명에 대한 재고, 시학과 언어학 8, 시학과 언어학회. pp.143~156.
이영숙(2004), 한국어 문법 교육의 실태와 효율적인 교육 방안 연구, 교육한글 16·17, 한글학회. pp.35~57.
이영진 외(2012), 중국인 학습자의 언어 간 영향과 교수방안: 타언어권과 대비되는 형용사 과거시제를 중심으로, 한국어교육 23-2, 국제한국어교육학회. pp.281~300.
이영희(2007), 한국어 한자어 어휘 교육을 위한 조어력 조사, 한국어와 문화 2, 숙명여자대학교 한국어문화연구소. pp.43~64.
이영희(2012), 영어권 학습자를 위한 한국어 문법교재 개발 연구: 교재 분석 및 요구도 조사를 중심으로, 한국어교육 23-3, 국제한국어교육학회. pp.289~314.
이예령(2010), 한국어 학습자를 위한 '-더니'와 '-었더니' 교육 방안 연구, 고려대학교

교육대학원 석사학위논문.
이옥환(2010), 한국어와 중국어의 양태 표현 대조 연구, 한양대학교 대학원 석사학위논문.
이용(2013), 유추를 이용한 불규칙용언 교육 방안의 모색, 외국어로서의 한국어교육 38, 연세대학교 언어연구교육원 한국어학당. pp.163~196.
이운(2012), 인과관계 표현에 대한 한·중 대조분석, 한양대학교 대학원 석사학위논문.
이운정(2011), 중국인 학습자를 위한 한국어 간접인용표현 교육 방안 연구, 중앙대학교 대학원 석사학위논문.
이운혜(2011), 외국인을 위한 한국어 연결어미 '-아서'와 '-니까'의 나선형 교육방안 연구, 세종대학교 대학원 석사학위논문.
이원(2012), 한국어 관형사형 전성어미의 교육 방안에 관한 연구, 중앙대학교 대학원 석사학위논문.
이원아(2012), 부정성 부사에 대한 한국어 교육학적 연구, 한국외국어대학교 대학원 석사학위논문.
李元元(2012), 한국어와 중국어 결과구문 대조 연구, 중앙대학교 대학원 석사학위논문.
이유경(2006), 한국어 높임법 교육의 기초 연구: 델파이 연구방법을 바탕으로, 이중언어학 31, 이중언어학회. pp.197~225.
이윤아(2012), 한국어 교육을 위한 종결어미 '-군요'의 담화 맥락 연구, 경희대학교 교육대학원 석사학위논문.
이윤영(2006), 한국어 문법 교육 방안 연구: 문법 형태 초점을 기반으로 하여, 고려대학교 교육대학원 석사학위논문.
이윤정(2003), 한국어 교재에 나타난 조사 교육 내용 비교 연구, 울산대학교 교육대학원 석사학위논문.
이윤진 외(2003), 한국어교육에서의 양태 표현 연구: '추측'과 '의지'를 중심으로, 한국어교육 14-1, 국제한국어교육학회. pp.173~209.
이윤진(2003), 한국어 학습자의 연결어미 사용 연구, 이화여자대학교 교육대학원 석사학위논문.
이윤진(2004), 한국어 문형 표현 100: 한국어 학습자와 한국어 교사를 위한, 건국대학교 출판부.
이윤진(2007), 한국어 교육 자료에서의 문법 항목 표시 방법 연구, 한국어교육 18-3, 국제한국어교육학회. pp.167~193.
이윤진(2007), 한국어 교육에서 "-것 같다" 제시 방안 연구, 이중언어학 34, 이중언어학회. pp.323~347.
이윤진(2009), 유사 담화 기능의 문형 제시 연구: 한국어 교재의 용례를 중심으로, 한국어교육 20-2, 국제한국어교육학회. pp.151~173.
이윤필(2013), 기초 전공 한국어 교육과정 개발을 위한 요구조사, 이화여자대학교 교육대학원 석사학위논문.
이은경 외(2004), 한국어 활용어미 교육을 위한 말뭉치 구축, 텍스트언어학 17, 한국텍스트언어학회. pp.201~234.
이은경(2000), 한국어 학습자의 조사 사용에 나타난 오류 분석: 한국어 학습자의 작문을 중심으로, 연세대학교 대학원 석사학위논문.
이은경(2002), 한국어 교재의 경어법 사용 분석: 1단계 교재를 중심으로, 관악어문연구 27, 서울대학교 인문대학 국어국문학과, pp.410~438.
이은경(2005), 한국어능력시험에서의 문법 평가 연구, 문법 교육 3, 한국문법교육학회. pp.199~231.
이은경(2007), "-고" 접속문과 "-어서" 접속문의 비교: 동사 유형 및 문형을 중심으로, 한국어교육 18-2, 국제한국어교육학회. pp.333~356.
이은기(2005), 오류분석을 통한 한국어 관형절 시제 교수 방안 연구: 일본인 학습자를 대상으로, 이화여자대학교 교육대학원 석사학위논문.
이은미(2013), 체험담 내러티브에서의 문말표현 '-것이다' 에 대하여, 한국언어문화학 10-1, 국제한국언어문화학회. pp.131~151.
이은숙(2011), 한국어 능력시험 중급(3, 4급) 어휘 · 문법영역과 읽기영역의 어휘 내용 분석, 충남대학교 교육대학원 석사학위논문.
이은정(2011), 한국어 '하다' 표현의 일본어 대응 양상 연구: 한국어 교육적 관점에서, 계명대학교 대학원 석사학위논문.
이은진(2012), 한국어능력시험(TOPIK) 듣기 영역 지문의 유형과 높임법 사용 양상 연구, 한국외국어대학교 교육대학원 석사학위논문.
이은희(2004), 한국어 교재의 문법 기술 방식: 높임법을 중심으로, 이중언어학 25, 이중언어학회. pp.207~231.
이은희(2009), 한국어 교육을 위한 명령형 어미 연구: 사용 실태 분석을 통한 교육 내용 구성 관점에서, 청람어문교육 40, 청람어문교육학회. pp.71~95.
이은희(2009), 한국어 교육의 문법 기술 방식 고찰: 불규칙 활용을 중심으로, 이중언어학 41, 이중언어학회. pp.303~334.
이은희(2010), 한국어 높임법 교육 내용 연구, 문법 교육 13, 한국문법교육학회. pp.281~315.
이은희(2011), 한국어 조사 교육에 관한 연구: '이/가' , '은/는' , '을/를' 을 중심으로, 충북대학교 대학원 석사학위논문.
이은희(2012), 한국어 행위 지시 표현 교육 연구: 의문형 표현을 중심으로, 문법 교육 16,

한국문법교육학회. pp.241~272.
이은희(2013), 한국어 금지 표현 교육 연구, 고려대학교 대학원 박사학위논문.
이임경(2010), 한국어 조사 '와'에 대한 연구의미 기능을 중심으로, 연세대학교 대학원 석사학위논문.
이자영(2012), 한국어 학습자를 위한 연결어미 '-고'와 '-아서'의 교육 방법 연구, 부경대학교 대학원 석사학위논문.
이재경(2003), 한국어 학습자의 연결 어미 오류 분석과 지도 방안, 고려대학교 대학원 석사학위논문.
이재선(2010), 한국어교육을 위한 '-은데'의 담화기능 연구, 동국대학교 대학원 석사학위논문.
이재성(2011), 중국인 대학생 학습자들의 한국어 종속접속문 구성 오류에 대한 연구, 인문논총 21, 서울여자대학교. pp.118~140.
이전(2012), 중국인 학습자의 한국어 연결어미 '-아(어서)' 오류 연구, 경희대학교 대학원 석사학위논문.
이점출(Jum Chool Rhie)(2001), 한국어와 독일어의 형용사 보충어 및 문형 대조분석, 독어교육 22, 한국독어독문학교육학회. pp.219~243.
이정(2011), 중국어권 학습자를 위한 피동표현 교육 연구, 충남대학교 대학원 석사학위논문.
이정(2012), 중국인 고급 TOPIK 응시자를 위한 문법 교육 방안 연구, 부산외국어대학교 대학원 석사학위논문.
이정란(2011), 한국어 학습자의 양태 표현 습득에 나타난 문법 능력과 화용 능력의 발달 관계 연구, 이화여자대학교 국제대학원 박사학위논문.
이정민 외(2009), 학문 목적 한국어(KAP) 학습자를 위한 보고서 담화표지 교육 연구: 작품 분석, 비평하기 과제를 중심으로, 외국어로서의 한국어교육 34, 연세대학교 언어연구교육원 한국어학당. pp.347~373.
이정민(2008), 한국어 초급 학습자를 위한 불규칙 용언 활용의 교재 구성 방안, 상명대학교 대학원 석사학위논문.
이정택 외(2005), 한·일어 피동 범주 대조 및 일본어 사용자를 위한 한국어 피동 범주 교수, 학습 방법 연구, 국어교육 116, 한국어교육학회. pp.197~220.
이정택(2003), 한국어교육을 위한 조사 "-가"의 문법, 인문논총 11, 서울여자대학교 인문과학연구소. pp.37~48.
이정택(2008), 능동과 피동의 의미 차에 관한 한·영 대조 연구, 청람어문교육 38, 청람어문교육학회. pp.467~482.

이정택(2008), 한국어문법의 본질과 기술의 원칙, 겨레어문학 41, 겨레어문학회. pp.145~162.
이정현(2011), 한국어 교육에서의 문법적 연어 연구: 한국어 교재 말뭉치를 중심으로, 한국중원언어학회 학술발표회 자료집 5, 한국중원언어학회. pp.203~216.
이정희(2004), 한국어 부교재 개발에 관한 학습자 요구 조사 및 구성 방안, 이중언어학 25, 이중언어학회. pp.233~254.
이정희(2011), 외국인의 한국어 구어 발화에 나타난 연결어미 사용 양상 연구: 결혼이민자와 외국인 유학생의 비교를 중심으로, 이중언어학 45, 이중언어학회. pp.189~207.
이제희(2011), 한국어 교재에 나타난 형용사·동사의 유의어 분석, 한남대학교 교육대학원 석사학위논문.
이종수(2006), 문장단위에서 본 한국어와 일본어, 일본어교육연구 36, 한국일본어교육학회. pp.47~68.
이종은(1998), 의사소통과 인지 중심의 한국어 문법 교수, 한국어교육 9-2, 국제한국어교육학회. pp.143~159.
이종은(2005), 한국어 교육을 위한 의존용언 표현의 어휘항목 선정, 이중언어학 28, 이중언어학회. pp.281~308.
이주미(2011), 한국어 문법 능력에 대한 재고, 한국문법교육학회 학술발표논문집, 한국문법교육학회. pp.16~23.
이주행(2002), 한국어와 만주-퉁구스 제어의 격 표지어에 대한 비교 연구, 국어교육 109, 한국어교육학회. pp.277~298.
이주행(2003), 외국어로서의 한국어 교재의 개선 방안에 대한 고찰: 대우법의 교육 내용을 중심으로, 이중언어학회 2003 북경 국제학술대회 자료집, 이중언어학회, pp.207~231.
이주행(2003), 한국어 문법 교수-학습 방법에 대한 고찰, 어문연구 118, 한국어문교육연구회. pp.327~351.
이주행(2004), 남한과 북한의 외국인을 위한 문법 교과서 비교 분석, 국어교육 115, 한국어교육학회. pp.377~407.
이주행(2006), 한국어 청자 경어법의 교육 방안에 관한 고찰, 국어교육 119, 한국어교육학회. pp.371~396.
이주행(2008), 한국어와 중국 조선어의 규범문법 비교 연구, 국어교육 125, 한국어교육학회. pp.371~416.
이주화 외(2011), 중국인을 위한 한국어 문법 교재 분석: 교재의 구성과 기술을 중심으로, 문법 교육 14, 한국문법교육학회. pp.281~308.

이준규 외(2011), 한국어교육을 위한 정형표현 찾기: 잦은 명사 결합을 중심으로, 응용언어학 27-2, 한국응용언어학회. pp.53~71.

이준호(2008), 화용론적 관점에서 본 의문문 교육 연구: 한국어 교재에 나타난 의문문을 중심으로, 한국어교육 19-2, 국제한국어교육학회. pp.281~306.

이준호(2010), 한국어 유의 문법 교육을 위한 TTT 모형의 활용 방안: 추측 표현 "-는 것 같다" "-나 보다" "-는 모양이다"를 중심으로, 한국문법교육학회 학술발표논문집, 한국문법교육학회. pp.174~186.

이준호(2010), TTT 모형을 활용한 추측 표현 교육 연구: "-는 것 같다", "-나 보다", "-는 모양이다"를 중심으로, 이중언어학 44, 이중언어학회. pp.247~273.

이지영(1991), 한국어 대우 표현의 오류분석: 한국어 학습자의 오류현상을 바탕으로, 상명대학교 대학원 석사학위논문.

이지영(1996), 한국어 조사의 교수 모형, 상명대학교 대학원 박사학위논문.

이지영(1997), 한국어 조사 '가/를'의 교수 모형, 교육한글 10, 한글학회. pp.349~380.

이지영(1998), 한국어 연결 어미의 교수 모형: '-는데', 한국어교육 9-2, 국제한국어교육학회. pp.161~177.

이지영(2005), 1930년대 구소련 원동지역 한인 초등학교 문법 교재 내용 분석, 한국어교육 16-1, 국제한국어교육학회. pp.219~247.

이지영(2007), 한국어 교육을 위한 문법 연구의 방향, 한국어문학연구 49, 한국어문학연구학회. pp.115~134.

이지훈(2011), 러시아어권 학습자의 한국어 격조사 오류 분석 연구: 러시아어, 카자흐어, 우즈벡어, 학습자를 중심으로, 한국외국어대학교 교육대학원 석사학위논문.

이진경(2006), 한국어 학습자의 관형사형 어미 사용 연구, 연세대학교 교육대학원 석사학위논문.

이진은(2011), 한국어 학습자를 위한 조사 결합 교육 방안 연구, 배달말 49, 배달말학회. pp.401~425.

이진주(2011), 특정 항목을 대상으로 한 집중 피드백이 한국어 학습자의 문법적 정확성에 미치는 영향, 이화여자대학교 국제대학원 석사학위논문.

이찬규 외(2009), 한국어 교육 문법 위계화 방안 연구: '-겠-'을 중심으로, 어문논집 40, 중앙어문학회. pp.39~65.

이채원(2011), 스토리텔링을 활용한 한국어 문법 교재 개발 방안, 충남대학교 교육대학원 석사학위논문.

이춘염(2013), 중국인 학습자를 위한 한국어 부정 의문문의 교육 연구: 중·고급 학습자를 대상으로, 서울대학교 대학원 석사학위논문.

이탁군(2012), 중국인 학습자를 위한 한국어 사동 교육 연구, 연세대학교 대학원 석사학위논문.
이택명(2010), 한국어와 중국어의 어순 비교 고찰: 한국어와 중국어의 번역을 중심으로, 대불대학교 대학원 석사학위논문.
이해영(1998), 문법 교수의 원리와 실제, 이중언어학 15, 이중언어학회. pp.411~438.
이해영(2003), 한국어 교육에서의 문법 교육, 국어교육 112, 한국어교육학회. pp.73~94.
이해영(2003), 한국어 학습자의 시제표현 문법항목 발달패턴 연구: 구어 발화 자료 분석을 토대로, 이중언어학 22, 이중언어학회. pp.269~298.
이해영(2004), 과제 유형에 따른 한국어 학습자의 중간언어 변이: 영어권 학습자의 한국어 시제표현 문법항목 습득을 대상으로, 이중언어학 25, 이중언어학회. pp.255~283.
이해영(2004), 한국어 교재의 문법 영역 분석: '이/가' 와 '은/는' 을 대상으로, 문법 교육 1, 한국문법교육학회. pp.231~256.
이해영(2006), 한국어 교육에서의 대우 표현 연구, 국어학 47, 국어학회. pp.509~527.
이해영(2006), 한국어 교재를 위한 어휘 및 문법 학습 활동 유형, 외국어로서의 한국어교육 31, 연세대학교 언어연구교육원 한국어학당. pp.25~56.
이현순(1995), 한국어 학습자를 위한 교수-학습 모형: 빈도수가 높은 종결어미를 중심으로, 상명대학교 대학원 석사학위논문.
이현주(2005), 외국어로서의 한국어 연결 어미 교육 연구, 강원대학교 대학원 석사학위논문.
이현진(2002), 한국어 피동표현의 교수 내용 및 방안 연구, 이화여자대학교 교육대학원 석사학위논문.
이혜경(2013), 담화 · 화용을 고려한 한국어 '문화문법' 내용 연구, 고려대학교 교육대학원 석사학위논문.
이혜영(2013), 시간 관계 연결어미적 연어 연구: 연결어미와 비교하여, 한국외국어대학교 교육대학원 석사학위논문.
이혜진(2010), 중국어와 한국어의 어순 비교와 그에 따른 중국어 독해 지도 방안, 한국외국어대학교 교육대학원 석사학위논문.
이화진 외(2012), 음절 구조와 음소 배열 제약을 고려한 한국어 자음 교육: 음절 말음을 중심으로, 문법 교육 16, 한국문법교육학회. pp.273~295.
이화진(2011), 대조언어학적 접근과 언어 보편성을 통한 한국어 단모음 교육 순서: 중국인 학습자를 대상으로, 문법 교육 15, 한국문법교육학회. pp.285~305.
이환우(2011), 중국인 학습자를 위한 한국어 양태부사 교육 연구, 연세대학교 대학원 석사학위논문.

이효상(2005), 외국어로서의 한국어 교재와 문법 교육의 문제점, 국어교육연구 16, 서울대학교 국어교육연구소. pp.241~270.

이효숙(2004), 한국어교육에서의 효율적인 피동 교수 방안: 한 · 일 대조 분석을 중심으로, 선문대학교 대학원 석사학위논문.

이효숙(2008), 한국어 교육에서의 효율적인 피동 교수 방안: 일본인 학습자를 대상으로, 언어와 문화 4-2, 한국언어문화교육학회. pp.221~243.

이효영(2008), 한국인 학습자의 중국어 동사성 동목구조 사용상의 오류분석, 중국학 31, 대한중국학회. pp.191~214.

이효인(2005), 텍스트구조 표지를 이용한 한국어 교육 연구, 전남대학교 대학원 박사학위논문.

이효정(2001), 한국어 학습자 담화에 나타난 연결어미 연구, 한국어교육 12-1, 국제한국어교육학회. pp.233~252.

이효정(2004), 한국어 교육을 위한 양태 표현 연구, 상명대학교 대학원 박사학위논문.

이효정(2011), 한국어 인과 표현 교육 내용 연구, 가톨릭대학교 대학원 석사학위논문.

이훈(2006), '-은/는'의 순차적 교수에 대하여: 중국어권 학습자들의 오류 통계 해석과 문법지식을 중심으로, 어문논집 35, 중앙어문학회. pp.47~68.

이휘(2009), 프랑스어권 학습자를 위한 한국어 부정 표현 교육 연구, 상명대학교 교육대학원 석사학위논문.

이희경(2008), 일본어 모어 화자를 대상으로 한 보조 동사의 교수·학습 방법론 연구: '-아/어 버리다'를 중심으로, 이중언어학 37, 이중언어학회. pp.175~198.

이희성(2009), 한국어 높임법에 대한 외국인들의 인식 조사 및 역할극을 활용한 교수-학습 전략 연구, 계명대학교 대학원 석사학위논문.

이희자 외(2007), 선생님을 위한 문법책 1, 문장, 커뮤니케이션북스.

이희자(2001), 길잡이말(Guide Words)을 이용한 어미, 조사의 한국어 교육 방법론 연구, 외국어로서의 한국어교육 25, 연세대학교 언어연구교육원 한국어학당. pp.247~269.

인윤희(2013), 한국어 조사 교육에서 의식 상향 과제와 딕토글로스 과제의 교육적 효과 비교 연구, 고려대학교 교육대학원 석사학위논문.

임경희(2005), 중국인의 한국어 학습에 나타난 조사 오류 분석, 충북대학교 대학원 석사학위논문.

임근석(2009), 문법적 연어와 한국어 교육: 조사적 연어를 중심으로, 한국어교육 20-3, 국제한국어교육학회. pp.161~184.

임동윤(2002), 한국어 조사 교수법에 대한 연구: {-이/가}와 {은/는}을 중심으로, 부산외국어대학교 대학원 석사학위논문.

임룡(2013), 한국어와 중국어의 지시어 대조 연구: '이, 그, 저' 와 '這, 那' 를 중심으로, 영남대학교 대학원 석사학위논문.

임문연(2010), 한국어 조사 '-에', '-에서', '-로' 와 중국어 전치사의 대응 연구: 자동사 문장을 중심으로, 연세대학교 대학원 석사학위논문.

임삼미(2010), 한국어 교육을 위한 '보조사' 연구: {도}, {까지}, {조차}, {마저}를 중심으로, 태릉어문연구 16, 박이정. pp. 143~171.

임선영(2013), 한국어 관형절 상대시제 교육 방안 연구: 중국인 한국어 학습자를 대상으로, 부산대학교 대학원 석사학위논문.

임시현(2011), 한국어 교육을 위한 관형사형 어미 교수, 학습 원리, 서울여자대학교 대학원 석사학위논문.

임유종 외(2004), 어미 활용 오류를 통해 본 유아의 언어 습득, 국어교육 115, 한국어교육학회. pp.65~85.

임유종 외(2005), 연결어미 호응 부사의 사용 양상과 한국어 교육, 국제어문 33, 국제어문학회. pp.79~101.

임유종(2007), 관형사의 사용 양상과 한국어 교육, 한국언어문화 34, 국제한국언어문화학회. pp.381~407.

임유종(2007), 부정 표현과 호응하는 부사의 사용 양상과 한국어 교육, 한민족문화연구 20, 한민족문화학회. pp.187~214.

임유종(2010), 정도 부사의 결합 관계와 한국어 교육, 한국언어문화 42, 국제한국언어문화학회. pp.371~393.

임지룡 외(2000), 한국어 교육을 위한 의존문법과 격문법의 적용 가능성, 어문학 69, 한국어문학회. pp.115~138.

임지아(2010), 한국어 교육을 위한 연결어미 연구, 동아대학교 대학원 박사학위논문.

임지현(2012), 한국어의 특이파생법 연구, 인하대학교 대학원 석사학위논문.

임채훈(2008), "감각적 증거" 양태성과 한국어 어미교육: "-네", "-더라", "-더니", "-길래" 등을 중심으로, 이중언어학 37, 이중언어학회. pp.199~234.

임채훈(2011), 한국어 문화문법(ethno-grammar)의 설정 가능성에 대하여, 한국어교육 22-4, 국제한국어교육학회. pp.109~129.

임초희(2013), 한국어 의존 구성 교육 방안 연구: 담화 기능을 중심으로, 숙명여자대학교 대학원 석사학위논문.

임칠성(2010), 자국어 문법 교육과 외국어로서의 한국어 문법 교육의 성격 비교 연구, 문법 교육 13, 국문법교육학회. pp.1~28.

임태운(2009), 한국어 학습자의 인과관계 연결 표현 교육 방안, 전남대학교 대학원 석사

학위논문.
임현정(2012), 한국어 구어 교육 방안 연구: 종결 기능 연결어미를 중심으로, 계명대학교 대학원 석사학위논문.
임흔의(2012), 중국인 학습자를 위한 한국어 '-었-'의 중국어 대응 양상 연구, 연세대학교 대학원 석사학위논문.
장걸(2010), 중국인 학습자의 한국어능력시험 문법 영역 문제 해결 장애 연구, 전남대학교 대학원 석사학위논문.
장광군(2000), 문법요소의 구문환경과 한국어교육, 한중인문학연구 4, 중한인문과학연구회. pp.267~290.
장광군(2001), 중국 학생을 위한 한국어 문법교육방안의 초보적 구상, 외국어로서의 한국어교육 25, 연세대학교 언어연구교육원 한국어학당. pp.231~246.
장광군(2004), 중국인을 위한 한국어 교육 연구: 문법교육을 중심으로, 한국의 철학 35-1, 경북대학교 퇴계연구소. pp.303~323.
장려려(2011), 중국내 한국어 교재의 문법 항목 분석 연구: 문법 항목 선정과 배열의 적절성을 중심으로, 배재대학교 대학원 석사학위논문.
蔣麗容(2013), 한국어 접속어미 '-고'와 중국어, 일본어 대응표현 대조 연구, 전남대학교 대학원 석사학위논문.
장뢰(2011), 한국어 '-더-' 결합 문법 항목의 대조 분석, 동국대학교 대학원 석사학위논문.
장목비(2012), 한국어와 중국어의 지시표현 대조 연구: 사물, 처소, 시간, 상태 지시를 중심으로, 경희대학교 대학원 석사학위논문.
장미라(2006), 한국어 문장 사용 능력 향상을 위한 교육 방안 연구, 국어국문학 142, 국어국문학회. pp.361~397.
장미라(2008), 문장 구조 중심의 한국어 교육 연구, 경희대학교 대학원 박사학위논문.
장미라(2008), 한국어 인용문의 교육 내용 선정과 배열에 관한 연구, 이중언어학 38, 이중언어학회. pp.419~438.
장미라(2009), "-은/는 것이다" 구성의 표현 문형 설정과 교육 방안에 대한 연구, 한국어교육 20-2, 국제한국어교육학회. pp.229~253.
장미라(2010), '-(으)니까'의 의미기능과 형태·통사적 특징에 대한 교육 방안 연구, 어문학 107, 한국어문학회. pp.139~162.
장미라(2012), 한국어 복문 사용 능력 향상을 위한 문법 교육에 대한 연구: 명사절의 교육 내용 선정과 배열을 중심으로, 한국어교육 23-2, 국제한국어교육학회. pp.331~359.
장미선(1994), 외국인을 위한 한국어교육의 측면에서 양상조동사 '보다'의 담화기능, 논문집 18, 제주한라대학. pp.385~416.

장미선(2005), 한국어의 시제, 상 형식의 교수 개선 방안: 「한다」형과 「하고 있다」형을 중심으로, 한국어교육 16-3, 국제한국어교육학회. pp.305~330.

장미영(2012), 한국어 초급교재의 조사 설명 방식에 대하여, 순천대학교 교육대학원 석사학위논문.

장미화(2012), 한일 수동표현의 대조분석, 조선대학교 교육대학원 석사학위논문.

장미희(2011), 한·일 양 언어의 이동 동사에 관한 고찰: 'に', 'へ' 격과 '에', '(으)로' 격을 중심으로, 인천대학교 대학원 석사학위논문.

장민지(2012), 태국인 학습자의 L2, L3 언어 유형이 한국어 어순 배열에 미치는 영향, 연세대학교 교육대학원 석사학위논문.

장방(2011), 한·중 부정의문문의 대비 연구, 충남대학교 대학원 석사학위논문.

장소원(2005), 외국인 대상 한국어문형교육의 실태와 문제점, Korean 연구와 교육 1, 이화여자대학교 한국어문학연구소. pp.93~120.

장수(2011), 중국인 학습자를 위한 한국어 인과관계 연결어미 '-어서', '-니까'의 효과적 교수 방안, 부산외국어대학교 대학원 석사학위논문.

장수진(2008), 한국어 학습 단계에 따른 보조동사 학습 방안 연구, 문법 교육 8, 한국문법교육학회. pp.219~247.

장예(2011), 한국어 보조사 '도'와 중국어 대응 표현 연구, 동국대학교 대학원 석사학위논문.

장요한(2009), 한국어 교육을 위한 양보 연결어미의 연구: "-아도", "-더라도", "-고도", "-은들"을 중심으로, 새국어교육 81, 한국국어교육학회. pp.483~503.

장위(2011), 중국인 한국어 학습자의 중간언어 연구: 과거시제를 중심으로, 조선대학교 대학원 석사학위논문.

장유린(2011), 한국어 조사 '으로, 으로서, 으로써'의 대조 분석: 중국인 학습자의 교육을 위하여, 동국대학교 대학원 석사학위논문.

장은화(2011), 오류문 분석을 통한 시제 교육 방안: 중국어권 학습자를 대상으로, 문법 교육 14, 한국문법교육학회. pp.337~363.

장전자(2011), 중국인 초급 학습자를 위한 한국어 부정표현 교육 방안 연구, 부산대학교 대학원 석사학위논문.

장정렬(2006), 중국인을 위한 한국어 교육 방법: 한국어와 중국어의 문법 차이를 중심으로, 한남어문학 30, 한남대학교 한남어문학회. pp.257~280.

장지현(2013), 한국어 목적 연결어미를 위한 교육 방안 연구, 충남대학교 대학원 석사학위논문.

장춘뢰(2012), 중국인 학습자를 위한 관형사형 어미의 교육방안 연구, 전남대학교 대학

원 석사학위논문.
장판(2012), 한국어 인칭대명사의 교육방안 연구: 초 · 중급 중국인 학습자를 대상으로, 청주대학교 대학원 석사학위논문.
장화(2013), 한국어 격조사에 대응하는 중국어 격 실현 대비 연구, 충남대학교 대학원 석사학위논문.
장화숙(2011), 한국어 중급 학습자의 작문 오류 분석을 통한 조사 · 어미 교육방안, 충남대학교 대학원 석사학위논문.
장효화(2012), 한국어 분류사와 중국어 양사 대비 연구, 울산대학교 대학원 석사학위논문.
張欣(2012), 접미사 '-롭다'와 '-스럽다'의 교수모형 개발 연구: 중국인 학습자를 위하여, 청주대학교 대학원 석사학위논문.
저복진(褚福振)(2012), 한국어 부정문 현상의 교육 방안에 대한 연구, 명지대학교 대학원 석사학위논문.
전가영(2011), 외국인을 위한 한국어 교재의 반복구문 분석과 교육 방안 연구, 한양대학교 교육대학원 석사학위논문.
전경재(1997), 한국어와 독일어의 수식어의 품사 및 형태, 한국어교육 8, 국제한국어교육학회. pp.91~105.
전경재(1998), 한국어와 독일어의 형용사: 기능, 발렌츠, 비교, 한국어교육 9-2, 국제한국어교육학회. pp.199~221.
전경준(2012), 대명사 유형 연구: 프랑스어와 한국어를 중심으로, 외국어 교육 13, 한국외국어교육학회. pp.133~151.
전나영 외(2011), 중국인 학습자를 위한 한국어 문법 교재 분석: 중국 내 출판 교재를 중심으로, 한국문법교육학회 학술발표논문집, 한국문법교육학회. pp.128~144.
전나영(1999), {-나 보다/-ㄹ 모양이다/-ㄹ 것 같다/-ㄹ 것이다/-겠다}의 의미기능, 외국어로서의 한국어교육 23, 연세대학교 언어연구교육원 한국어학당. pp.169~198.
전민지(2012), 이야기 다시 말하기에 나타난 다문화가정 아동의 문법형태소 발달, 대구대학교 대학원 석사학위논문.
전영미(2012), 중국어권 학습자의 한국어 관계절 습득 연구, 부산외국어대학교 대학원 석사학위논문.
전영아(2004), 영어권 학습자의 한국어 관형사형 어미 오류 분석, 한국외국어대학교 대학원 석사학위논문.
전영옥(2011), 여성결혼이민자의 한국어 조사 오류 분석, 한국어교육 22-4, 국제한국어교육학회. pp.27~62.
전우화(2011), 「-ている」와 「-었-」에 관한 고찰: 한 · 일 양국의 시간 개념의 차이를 중심

으로, 중앙대학교 교육대학원 석사학위논문.
전은주(1994), 한국어(L2) 학습시 나타나는 학습자의 모국어(L1) 영향: 조사 교육을 중심으로, 한국어교육 5, 국제한국어교육학회. pp.245~259.
전재연(2001), 한국어와 불어 총칭 명사구의 수, 프랑스어문교육 11, 한국프랑스어문교육학회. pp.143~158.
전전령(2011), 한국어 파생적 사동문의 교육에 관한 연구: 중급 단계의 중국인 학습자를 대상으로, 인제대학교 대학원 석사학위논문.
전진애(2010), 제2언어로서의 한국어 교육에서 문법 의식 고양의 효과에 관한 연구: 피동표현을 중심으로, 영남대학교 대학원 석사학위논문.
정건진(2011), '-적(的)'의 용법에 대한 한·중 대조, 한양대학교 대학원 석사학위논문.
정경자(2012), 일본인 학습자를 위한 한국어 조사 기술 분석 연구: 한·일 양국에서 출간된 교재 비교를 중심으로, 경희대학교 대학원 석사학위논문.
정녕유(2012), 중국어권 학습자를 위한 한국어 촉각형용사 교육 방안 연구, 경희대학교 대학원 석사학위논문.
정달영(2008), 외국어로서의 한국어 문법 교육 연구, 한민족문화연구 26, 한민족문화학회. pp.5~40.
정대현(2012), 텍스트 재구조화 과제를 활용한 한국어 문법 교육 연구, 언어와 문화 8-1, 한국언어문화교육학회. pp.145~165.
정명숙(2011), 한국어 구어 문법 평가의 방향, 문법 교육 15, 한국문법교육학회. pp.73~95.
정문함(2012), 중국 학생을 위한 한국어 연결어미 연구: 초급 한국어 능력시험 출제 문제를 중심으로, 경남대학교 대학원 석사학위논문.
정미진(2012), 외국인 학습자용 한국어 문법 교재의 문법 제시 방안 연구: 담화·맥락 정보를 중심으로, 한국어교육 23-1, 국제한국어교육학회. pp.307~329.
정병철(2011), 인지언어학의 관점에서 본 문법 교육 과정의 개선 방향, 한국어 의미학 34, 한국어의미학회. pp.375~408.
정보경(2011), 한국어 한자어 접미사와 중국어 접미사의 대조 연구: 사람과 관련된 명사를 중심으로, 목포대학교 대학원 석사학위논문.
정보영(2005), 구어 이야기 담화에서 한국어 중급 학습자의 조사 '은/는', '이/가' 사용: 일본어권, 영어권, 중국어권 학습자를 대상으로, 이화여자대학교 교육대학원 석사학위논문.
정상근(2001), 한국어 학습사전에서 용언활용형의 표제어 선정 방안 연구, 한국어교육 12-2, 국제한국어교육학회. pp.201~221.
정상근(2003), 평서형 어미의 교육단계 설정방안 연구, 어문논집 31, 중앙어문학회.

pp.25~48.
정상근(2004), 한국어 교육을 위한 종결어미의 선정과 평정 방안 소고, 어문논집 32, 중앙어문학회. pp.47~62.
정성(2012), 중국인 학습자를 위한 한국어 조건 연결어미의 교육방안 연구: 황석영의 『오래된 정원』 원문 및 중역본을 활용하여, 중앙대학교 대학원 석사학위논문.
정수민(2011), 중국인 한국어 학습자의 과제 유형에 따른 피동 표현 습득 연구, 이화여자대학교 국제대학원 석사학위논문.
정수진(2011), 인지언어학에 기초한 한국어 공간 개념 부사격 조사의 교육 내용 기술 방안 연구, 어문학 112, 한국어문학회. pp.79~110.
정영교(2012), 한국어 교육을 위한 양태부사 유의어 의미분석과 제시방안 연구, 세종대학교 대학원 석사학위논문.
정예랜(2005), 일본인 한국어 학습자의 부사 사용 연구: 학습자 작문의 오류분석을 중심으로, 연세대학교 대학원 석사학위논문.
정우희(2010), 초중고급 한국어 학습자의 조사 '에'의 오류 분석: 중간언어 관점으로, 연세대학교 교육대학원 석사학위논문.
정우희(2010), 한국어 학습자의 중간언어에 나타난 조사 "에"의 분석, 한국문법교육학회 학술발표논문집, 한국문법교육학회. pp.165~183.
정은경(2009), '-어서'와 '-니까'의 효과적인 지도 방안, 창원대학교 대학원 석사학위논문.
정은주(2010), 한국어능력시험(TOPIK) 읽기 영역 지문의 통사론적 난이도 연구, 한국외국어대학교 대학원 석사학위논문.
정정덕(2003), 외국인을 위한 한국어 문법 교육 Ⅰ, 인문논총 10, 창원대학교 인문과학연구소. pp.37~62.
정정덕(2010), 중국인 학습자의 한국어 조사 교수, 학습 방법: 중국어 표현과의 대응을 중심으로, 문법 교육 12, 한국문법교육학회. pp.343~397.
정정덕(2011), 언어권별 한국어 문법교육, 지식과교양.
정지은(2004), 한국어 초급 학습자를 위한 조사 학습 순서에 관한 연구: 기본 문형과 조사 사용 빈도를 중심으로, 홍익대학교 교육대학원 석사학위논문.
정진현(2013), 중국어권 학습자를 위한 한국어 연결어미 '-고' 교육 연구, 부산대학교 대학원 석사학위논문.
정하라(2005), 한국어 감각 표현의 교육 내용 연구, 서울대학교 대학원 석사학위논문.
정하영(2007), 한·일 양국어의 수동표현 비교연구, 제주대학교 교육대학원 석사학위논문.
정한네(2010), 한국어 교재의 통사론적 난이도 연구: 서울대 『한국어』와 『연세한국어』를 대상으로, 한국외국어대학교 대학원 석사학위논문.

정해권(2010), 한국어 의문문 습득의 중간언어 연구, 한국외국어대학교 대학원 석사학위논문.

정해권(2011), 한국어 문장의 주제와 초점 구조 습득: '은/는'과 '이/가'를 중심으로, 한국어교육 22-3, 국제한국어교육학회. pp.285~304.

정향란(Xiang Lan Zheng)(2007), 한국어 조사 '의'의 실현 양상과 해당 중국어 표현의 대조, 이중언어학 33, 이중언어학회. pp.245~268.

정혜(2012), 중국어권 학습자를 위한 한국어 보조사의 교육 내용 연구, 고려대학교 대학원 석사학위논문.

정희정(2004), 한국어 문법 교육의 목표 설정을 위한 제안, 문법 교육 1, 한국문법교육학회. pp.185~212.

정희정(2011), 한국어문법교육방법론의 연구 동향 및 과제, 이중언어학 47, 이중언어학회. pp.481~506.

齊夢瑤(2013), 중국인 학습자를 위한 한국어 과거시제 표현 교육 방안 연구, 한남대학교 대학원 석사학위논문.

제효봉(Qi Xiao-feng)(2011), 중국인 학습자의 한국어 재귀표현 사용 양상 연구, 국어교육연구 48, 국어교육학회. pp.257~286.

조경순(2007), 논항 구조를 활용한 한국어 기본 문형 구조 연구, 한국언어문학 61, 한국언어문학회. pp.83~108.

조경순(2007), 한국어 비문법적 표현 교육 연구, 국어교육 122, 한국어교육학회. pp.407~438.

조경순(2009), 한국어 구어 표현 교육 연구: 감정 표현 "너무"와 "-(으)ㄴ 것 같다"를 중심으로, 한국어교육 20-1, 국제한국어교육학회. pp.183~206.

조남민(2002), 한국어 교육용 교재에 나타난 불규칙 용언에 관한 분석, 이중언어학 20, 이중언어학회. pp.281~308.

조련희(2006), 한국어 교육에 있어서의 조사 학습 순서에 대한 연구: 중국어권 초급 학습자를 대상으로, 광운대학교 대학원 석사학위논문.

조명숙(2005), 한국어·베트남어 대비를 통한 문법 교육, 국어교육연구 16, 서울대학교 국어교육연구소. pp.321~350.

조무숙(2009), 한국어 문법교육에서의 어미활용 교육, 학술대회2009, 한국언어문화교육학회. pp.127~140.

조무숙(2010), 한국어 학습자를 위한 통합적 연결어미 교육, 건양대학교 대학원 석사학위논문.

조민정(2007), 한국어교육에서 이유 구문의 실현 양상에 대한 논의, 어문논총 47, 한국문학언어학회. pp.309~342.
조민하(2011), 연결어미의 종결기능과 억양의 역할, 고려대학교 대학원 박사학위논문.
조산산(ZHAO SHAN SHAN)(2012), 중국어 介詞 '給' 와 한국어 조사 '-에게' 의 대조 연구, 경희대학교 대학원 석사학위논문.
조석호(1998), 한 · 일 양국어 보조용언의 비교 연구, 언어와 언어교육 13, 동아대학교 어학연구소. pp.225~240.
조선경(1997), 한국어 조사 {의}와 일본어 조사 {の}의 대조연구: 외국어로서의 한국어교육의 측면에서 {의}의 생략과 실현을 중심으로, 이화여자대학교 대학원 석사학위논문.
조성문(2000), 한국어 교육을 위한 문법적 특성에 대한 연구, 한민족문화연구 7, 한민족문화학회. pp.5~16.
조성문(2000), 한국어 음절구조에 대한 고찰, 한국어교육 11-1, 국제한국어교육학회. pp.131~151.
조수현(2010), 한국어 학습자들의 관계절 사용 양상 연구, 비교문화연구 19, 경희대학교 비교문화연구소. pp.359~388.
조승은(2012), 한국어 학습자를 위한 양태부사의 교육 방안 연구: '아마, 어쩌면, 혹시, 아무래도, 설마' 를 중심으로, 동덕여자대학교 대학원 석사학위논문.
조승희(2013), 한국어 교육을 위한 문법 항목 변이 형식 설정 연구, 연세대학교 대학원 석사학위논문.
조양(2012), 한국어 보조사에 대한 교수 방안: '도' , '까지' , '마저' , '조차' 를 중심으로, 중앙대학교 대학원 석사학위논문.
조영미(2009), 한국어 문법 교육 연구의 현황 검토, 한성어문학 28, 한성대학교 한성어문학회. pp.135~159.
조윤지(2012), 학습자 유형에 따른 말하기 학습전략 연구: 문법 학습전략과의 상관성을 중심으로, 경희대학교 교육대학원 석사학위논문.
조인정(2004), 피동문 동작주 표시 제약, 한국어교육 15-3, 국제한국어교육학회. pp.231~253.
조인정(2005), 영어권 한국어 학습자의 오류: 무정성 주어와 타동사 구문, 한국어교육 16-3, 국제한국어교육학회. pp.331~352.
조인정(2006), 영어권 한국어 학습자의 주격과 목적격 조사 대치 오류에 대한 비교언어학적 분석, 한국어교육 17-3, 국제한국어교육학회. pp.281~299.
조정(2010), 한국어 관형사형 구문 수업 방안 연구, 동국대학교 대학원 석사학위논문.
조정여(2011), 한 · 중 형용사 대비 연구, 충남대학교 대학원 석사학위논문.
조해순(2010), 한국어 학습자의 쓰기 텍스트에 나타난 텍스트 결속적 접속기제 연구: 영어권 학습자와 중국어권 학습자를 중심으로, 한국외국어대학교 대학원 석사학위 논문.
조현용(2005), 문법화와 한국어 문형 교육 연구, 경희대학교 교육문제연구소 논문집 21, 경희대학교 교육발전연구원. pp.195~211.
조혜(2012), 중국어권 한국어 교재의 높임법 연구, 동국대학교 대학원 석사학위논문.
조효설(2012), 한국어 학습자를 위한 한국어 양태부사에 대한 연구: 호응관계를 중심으로, 숙명여자대학교 대학원 석사학위논문.
종결(2012), 한국어와 중국어의 합성어 구조 연구, 전북대학교 대학원 박사학위논문.
주경희(2009), 한국어 문법 교육론: 조사를 대상으로, 박이정.
주교령(2011), 한국어 한자어 접두사와 중국어 접두사의 비교 연구, 순천향대학교 대학원 석사학위논문.
주서(2012), 한국어 조건 연결어미와 중국어 대응표현의 대비 연구: '-면'과 '如果' 중심으로, 건국대학교 대학원 석사학위논문.
주세형(2005), 문법 교육내용의 설계를 위한 기능 중심성 원리에 대한 연구, 한국어학 26, 한국어학회. pp.327~362.
주세형(2011), 국어과 문법 평가 이론의 발전 방향, 국어교육 135, 한국어교육학회. pp.39~66.
주소사(2010), 중국인 학습자를 위한 한국어 연결 어미 연구, 동국대학교 대학원 석사학위논문.
周順(2013), 한국어와 중국어 피동문의 대조 연구: 한국현대소설《엄마를 부탁해》와 중국어 번역본의 피동문 대조를 중심으로, 영남대학교 대학원 석사학위논문.
주신자(1998), 영어와 한국어의 담화문법 대조 분석, 한국어교육 9-1, 국제한국어교육학회. pp.183~200.
주요(2011), 한국어 담화표지에 관한 중국어 대응 표현 연구, 한양대학교 대학원 석사학위논문.
주운(2012), 중국인 학습자를 위한 한 중 감탄사 대조 연구, 경희대학교 대학원 석사학위논문.
주월랑(2013), 필리핀 여성결혼이민자들의 연결어미 사용 양상: 구어 자료를 중심으로, 시학과 언어학 24, 시학과 언어학회. pp.241~262.
朱偉(2012), 중국어 '要'와 한국어 '-겠-'의 양태적 용법에 대한 비교 연구, 한중인문학연구 36, 한중인문학회. pp.253~272.
주은경(2004), 한국어 학습자의 조사 '에'의 용법별 습득 양상 연구, 이화여자대학교 대학원 석사학위논문.

酒井眞弓(1998), 韓日兩國語における表現構造の對照硏究, 인문과학연구 4, 덕성여자대학교 인문과학연구소. pp.197~222.

주중천(2010), 한국어 고빈도 정도부사의 교육 방안 연구: 중국인 고급 학습자를 중심으로, 중앙대학교 대학원 석사학위논문.

朱茜(2012), 한국어 격조사 '의'와 중국어 '的'의 대조 연구, 창원대학교 대학원 석사학위논문.

주혼(2012), 중국인 중급 학습자를 위한 한국어 높임법 교육 연구, 부산대학교 대학원 석사학위논문.

증천부(2001), 교수와 학습상에서 제기되는 한국어 특수조사의 몇 가지 문제: '은/는'을 중심으로, 국어교과교육연구 2, 국어교과교육학회. pp.155~172.

증천부(2004), 한국어 부사격 조사의 교수에 관한 연구: '에'와 '로'의 비교를 중심으로, 국어교과교육연구 7, 국어교과교육학회. pp.73~100.

지아씨아오(2012), 중국인 한국어 학습자를 통한 인과관계 연결어미 연구, 청주대학교 대학원 석사학위논문.

지현숙(2006), 한국어 구어 문법과 평가, 하우.

지현숙(2006), 한국어 인터뷰 시험 담화에서 나타난 구어 문법적 오류 분석, 한국어교육 17-3, 국제한국어교육학회. pp.301~323.

지현숙(2007), 한국어 구어 문법 교육을 위한 과제 기반 교수법, 국어교육연구 20, 서울대학교 국어교육연구소. pp.247~270.

지현숙(2009), 교육 문법에 있어서 한국어 구어 문법을 어떻게 기술할 것인가에 대하여, 한국어학 45, 한국어학회. pp.113~139.

지현숙(2010), 한국어 구어 문법을 어떻게 기술할 것인가?: 기준점의 선정과 그 논의, 한국어교육 21-4, 국제한국어교육학회. pp.307~331.

지혜성 외(2010), 한국어 문장 표절 유형을 고려한 유사 문장 판별, 컴퓨터교육학회 논문지 13, 한국컴퓨터교육학회. pp.79~89.

진가리(2012), 중급 단계 중국인 한국어 학습자의 조사 대치 오류 양상 및 방지 방안 연구, 울산대학교 대학원 석사학위논문.

진강려(Jiang Li Chen)(2011), 중국인 학습자를 위한 한국어 부정 의문문 교육 연구: 모어 화자와의 비교를 통하여, 국어교육연구 28, 서울대학교 국어교육연구소. pp.31~60.

진기호(2006), 어휘 의미를 활용한 유의적 문형 교수 방안: "-는 것 같다, -나 보다, -는 모양이다"를 중심으로, 한국어교육 17-1, 국제한국어교육학회. pp.395~413.

진다위(2011), 한·중 부사어 비교연구, 경희대학교 대학원 석사학위논문.

진동희(2010), 처리교수가 한국어 과거시제 습득에 미치는 효과, 이화여자대학교 국제대

학원 석사학위논문.

진림(2012), 한국어 연결어미의 교육 방안에 관한 연구: 한국어 조건 표현 연결어미를 중심으로, 중앙대학교 대학원 석사학위논문.

진설매(2011), 한국어 조건 접속문과 중국어의 대응 구문에 대한 연구, 연세대학교 대학원 석사학위논문.

진신(2012), 한국어 학습자의 연결어미에 대한 오류 연구: 중국인 학습자를 중심으로, 명지대학교 대학원 석사학위논문.

진아정(2011), 중국인 학습자를 위한 한국어 조사 '에'의 효과적 교수 방안, 부산외국어대학교 대학원 석사학위논문.

진열(2012), '이다' 구문에 대한 연구: 중국어에서의 대응형식을 중심으로, 동국대학교 대학원 석사학위논문.

진염평(2011), 한국어 연결어미 교육에 대한 시론: "으면"과 "거든"을 중심으로, 중국조선어문 4, 길림성민족사무위원회. pp.33~35.

진정은(2005), 외국어로서의 한국어 문법 기술을 위한 연구: "그러나, 그렇지만, 하지만, 그래도, 그럼에도 불구하고, 그런데"의 용법을 중심으로, 외국어로서의 한국어교육 30, 연세대학교 언어연구교육원 한국어학당. pp.179~209.

진환(2010), 중국인을 위한 한국어 시간부사 '벌써'와 '이미'의 교육 방안, 동국대학교 대학원 석사학위논문.

짜오원쥔(2012), 한국어 조어법 연구, 호남대학교 대학원 석사학위논문.

쩐 티 타인 프엉(2010), 한국어-베트남어 부정표현 대조 연구, 전남대학교 대학원 석사학위논문.

채문숙(2011), SVO 언어권 학습자의 한국어 문장 연구: 중국어권, 영어권, 스페인어권 학습자를 중심으로, 한국외국어대학교 교육대학원 석사학위논문.

채미나(2011), 중국어 '自己'의 한국어 대응 양상 연구, 연세대학교 교육대학원 석사학위논문.

채부규(2008), 외국인을 위한 한국어 직유 표현 교육 연구, 경희대학교 교육대학원 석사학위논문.

채숙희(2011), 한국어 교재의 인용구문 분석, 언어학연구 19, 한국중원언어학회. pp.303~322.

채숙희(2011), 현대 한국어 인용구문 연구: 구어 자료를 중심으로, 서울대학교 대학원 박사학위논문.

채윤희(2001), 영어권 화자의 한국어 대우 표현의 지도방안에 관한 연구, 중앙대학교 대학원 석사학위논문.

채의나(2011), 한국어 시상형태소 '-고/어 있-'의 의미 분석 연구: 중국어 대응 표현 중심으로, 연세대학교 대학원 석사학위논문.

천자우투이(2010), 베트남인 한국어 초급 학습자를 위한 연결어미 교수법 연구, 영남대학교 대학원 석사학위논문.

체나랑게렐(2003), 현대 한국어와 몽골어의 높임표현 대조 연구, 상명대학교 대학원 석사학위논문.

초아매(2011), 한·중 조건 연결 표현 대비 연구, 충남대학교 대학원 석사학위논문.

최경도(2012), 한국어 재귀 표현의 교육 방안 연구, 충남대학교 대학원 석사학위논문.

최경화(2012), 종결어미와 된 연결어미에 대한 연구: 중국인을 대상으로 한 한국어 교육을 중심으로, 숭실대학교 대학원 석사학위논문.

최경훈(2013), 문맥을 고려한 한국어 극성 기반 감정 분류 방법, 가톨릭대학교 대학원 석사학위논문.

최권진(2005), 동유럽 지역의 한국어 교육과 문법 교육, 국어교육연구 16, 서울대학교 국어교육연구소. pp.351~388.

최규련(2007), 독일어권 학습자를 위한 한국어 문법 교육: 대조 현상을 중심으로, 문법 교육 6, 한국문법교육학회. pp.165~186.

최규수(2012), 한국어 용언 종결형의 문법 정보 표시 방법, 한글 295, 한글학회. pp.5~34.

최규일(1993), 한국어 {것}의 사용과 의미 기능, 새국어교육 50, 한국국어교육학회. pp.63~127.

최기영(2012), 의문사와 부정사(不定詞)에 관한 한국어 교육학적 연구, 한국외국어대학교 교육대학원 석사학위논문.

최리나(2011), 한국 색채어 파생접사와 중국어의 대응관계 연구: 한국인과 중국인 색채 인식의 비교를 통하여, 숭실대학교 대학원 석사학위논문.

최문석(2004), 의미 중심의 연결어미 교육 방안 연구: '-기에(는)'을 중심으로, 한국어교육 15-1, 국제한국어교육학회. pp.188~189.

최문석(2010), 해석 중심의 한국어 문법 교육 연구: '-(으)ㄴ는 법이다'를 중심으로, 인문학연구 18, 경희대학교 인문학연구원. pp.173~199.

최보라(2007), 한국어 교재의 높임법 오류 분석을 통한 교재 개발 방안 연구, 한양대학교 교육대학원 석사학위논문.

최보선(2010), 제2언어로서의 한국어 교육에서의 입력 강화 효과에 관한 연구: 관형사형 어미 '-(으)ㄴ, -는, -던'을 중심으로, 영남대학교 대학원 석사학위논문.

최봉랑(崔鳳娘)(2006), 중국어 주술술어문과 한국어 '이/가', '은/는' 교육, 중국어교육과연구 4, 한국중국어교육학회. pp.35~49.

최상식(1991), 韓·日 兩國語助辭「は」,「が」と「는」,「가」の 比較硏究, 일본어교육연구 7, 한국일본어교육학회. pp.33~55.

최연(Cui Yan)(2010), 한국어 교육 현장에서의 의문문 형태의 접근과 현황: 중한 의문문 대조를 중심으로, 문법 교육 12, 한국문법교육학회. pp.399~424.

최영(2011), 중국 학생을 위한 한국어 문법교육 연구, 동아대학교 대학원 석사학위논문.

최영빈(2012), 한국어 학습자를 위한 동시·연발 연결어미 교육 방안 연구, 부산대학교 대학원 석사학위논문.

최예리(2012), 한국어의 조건 연결어미 교육 방안 연구: '-면, -거든, -어야' 를 중심으로, 동덕여자대학교 대학원 석사학위논문.

최웅환 외(2003), 외국어로서의 한국어 문법, 문학과 언어 25, 문학과언어연구회. pp.203~226.

최웅환(2003), 외국어로서의 한국어 문법: 학교 문법과의 비교를 중심으로, 문학과언어 25, 문학과언어학회. pp.203~226.

최원평(2010), 한·중 의성어의 문법적 의미적 특징, 현상해석학적 교육연구 7, 한국교육현상해석학회. pp.123~146.

최유리(2011), 한국어 담화 화제의 구조 유형과 의미 정보, 상명대학교 대학원 박사학위논문.

최윤곤(2005), 한국어 교육을 위한 구문표현 연구, 동국대학교 대학원 박사학위논문.

최윤곤(2007), 외국어로서의 한국어 구문표현 연구, 한국문화사.

최윤곤(2010), 한국어 문법 교육과 한국어 표현 범주, 한국문화사.

최윤곤(2011), 중국어권 한국어 문법의 교재 용어 분석(1): 품사를 중심으로, 새국어교육 89, 한국국어교육학회. pp.577~600.

최은경(2011), 한국어 교육을 위한 준말 종결어미에 대하여, 한국언어문화학 8-1, 국제한국언어문화학회. pp.205~230.

최은경(2011), 한국어 교육을 위한 준말 종결형식 연구, 동국대학교 대학원 박사학위논문.

최은경(2013), 한국어 교육을 위한 '듯' 연구, 한국언어문화학 10-1, 국제한국언어문화학회. pp.207~228.

최은규(2005), 외국어로서의 한국어 문법 연구: 〈외국인을 위한 한국어 문법 1, 2〉의 검토를 중심으로, 국어교육연구 16, 서울대학교 국어교육연구소. pp.205~239.

최은규(2010), 한국어 학습서의 경어법 연구: 1880년대~1930년대 간행본을 중심으로, 서울대학교 대학원 박사학위논문.

최은정(2011), 일본인 한국어 학습자의 서사 담화에 나타난 시제와 상 습득 연구, 이화여자대학교 국제대학원 석사학위논문.

최은정(2012), 일본인 한국어 학습자의 서사 담화에 나타난 시제와 상 습득 연구, 외국어교육 19-1, 한국외국어교육학회. pp.285~324.
최재혁(1996), 키워드 추출을 위한 한국어 보조 용언의 처리 방안, 교육과학연구 1, 부산여자대학교 교육과학연구소. pp.195~207.
최재희(2006), 한국어 교육 문법론, 태학사.
최주희(2010), 한국어 교육을 위한 화용적 기능의 종결어미 억양 분석 연구: 중국인 고급 학습자를 대상으로, 경희대학교 교육대학원 석사학위논문.
최주희(2013), 한국어 고급 학습자의 상대 높임의 등급 전환 양상 연구, 한국언어문화학 10-1, 국제한국언어문화학회. pp.229~251.
최지영(2005), 언어노출환경에 따른 중국인의 한국어 시제 습득 양상 연구: 이주노동자와 기관학습자의 비교를 중심으로, 이화여자대학교 대학원 석사학위논문.
최지훈(2004), 한국어 문법 교육의 실제, 문법 교육 1, 한국문법교육학회. pp.257~283.
최지희(2010), 한국어 교육을 위한 목적 표현 연결어미 연구, 동덕여자대학교 대학원 석사학위논문.
최탁래(2012), 한중 대립 접속 형태 '그러나'와 '但但是' 대비 연구, 건국대학교 대학원 석사학위논문.
최해주(2003), 한국어 보조 용언 교육 방안 연구: 의미 교육을 중심으로, 경희대학교 대학원 석사학위논문.
최해주(2006), 한국어 교육을 위한 보조용언의 의미 범주 설정 및 그 활용 방안, 새국어교육 74, 한국국어교육학회. pp.125~159.
최해주(2007), 한국어 피동, 사동 표현의 효율적인 교육방안 연구: 한국어 문법서 및 교재 분석과 학습자 오류 유형을 중심으로, 새국어교육 78, 한국국어교육학회. pp.295~317.
최해주(2009), 한국어 교육문법의 결합형어미 제시방식 재고: '-더-' 결합형어미를 중심으로, 언어와 문화 5-1, 한국언어문화교육학회. pp.245~261.
최해주(2011), 한국어 선어말어미 교육 연구: '-었-, -겠-, -더-'를 중심으로, 인하대학교 대학원 박사학위논문.
최효연(2011), 한국어 높임법에서의 청자의 역할, 경남대학교 대학원 석사학위논문.
추민(2012), 중국어권 한국어 학습자를 위한 한국어 조사의 교육 방안에 관한 연구: '에, 에게, 에서'를 중심으로, 중앙대학교 대학원 석사학위논문.
추엔웨이(2013), 반의관계의 문장 실현 양상 대조 연구: 한국어, 중국어의 반의관계 구문을 중심으로, 경희대학교 대학원 석사학위논문.
추영재(1998), 한국어 시-상-태(TAM) 접사의 문법화(grammaticalization)에 관한 고찰, 언어와 언어교육 13, 동아대학교 어학연구소. pp.145~162.
추준수(2007), 중국인의 한국어 학습에 나타난 오류 분석: 조사와 어미를 중심으로, 신라대학교 대학원 석사학위논문.
카와노유카(2013), 일본인 한국어 학습자를 위한 양보 연결어미 교육 연구: '-아/어도', '-더라도'를 중심으로, 서울대학교 대학원 석사학위논문.
코올뤼 라지예(2013), 한국어와 터키어의 격과 격조사 비교 연구, 영남대학교 대학원 석사학위논문.
콩웨이나(2012), 한·중 否定詞의 비교 연구, 선문대학교 대학원 석사학위논문.
키타무라 타다시(1998), 보조용언의 판별 기준에 대한 고찰, 한국어교육 9-1, 국제한국어교육학회. pp.201~218.
탁진영(2011), 베트남인 한국어 학습자의 조사 오류 연구, 경희대학교 교육대학원 석사학위논문.
탄나나 외(2013), 한국어와 중국어 계사구문의 대조 연구: 통사적 분포와 의미 기능 확장을 중심으로, 외국어로서의 한국어교육 38, 연세대학교 언어연구교육원 한국어학당. pp.253~278.
탄나나(2012), 한 중 부정문 대조 연구, 경북대학교 대학원 석사학위논문.
텟텟윙아웅(2012), 한국어와 미얀마어의 조사 대조 연구, 인하대학교 대학원 석사학위논문.
팜티탄냔(2012), 한국어의 '의'와 베트남어 'cua' 대조 연구, 인하대학교 대학원 석사학위논문.
팜티튀린(2012), '바꿔 쓰기' 활동을 통한 한국어 문법 교수 학습 방안 연구, 서울대학교 대학원 석사학위논문.
평쉬통(2011), 중국인을 위한 한국어 과거시제 표현 교육 방안, 청주대학교 대학원 석사학위논문.
페이페이(2011), 한국어 연결어미 연구, 호남대학교 대학원 석사학위논문.
포문수(2012), 중국인을 위한 한국어 시간 표현 문법 교육 연구, 한성대학교 대학원 석사학위논문.
포윤(2012), 중국인 학습자를 위한 종결어미 '-거든'의 화용 교육 연구, 연세대학교 대학원 석사학위논문.
풀쌉쌔뚜(2011), 태국인 학습자를 위한 한국어 연결어미 교육 방안 연구, 충남대학교 대학원 석사학위논문.
풍월흠(2010), 한·중 피동문 대조 연구: 被자문을 중심으로, 서울시립대학교 대학원 석사학위논문.
풍정(2011), 한국어 연속동사 구문과 중국어 연동문의 대비 연구, 충남대학교 대학원 석

사학위논문.

풍진동(2011), 한·중 경어표현 비교연구, 전북대학교 대학원 석사학위논문.

풍혜월(2011), 한국어 '이, 그, 저' 와 중국어 '這, 那' 의 대조 연구, 충남대학교 대학원 석사학위논문.

플로리안(2008), 한국어와 인도네시아어 피동법 비교 연구, 경희대학교 대학원 석사학위논문.

필숙나(2012), 한·중 서법표현에 대한 대조연구, 명지대학교 대학원 석사학위논문.

하과(1997), 현대 몽골어와 한국어의 격조사 생략에 관한 대조 분석, 이중언어학 14, 이중언어학회. pp.347~364.

하미령(2013), 명시적 FonF와 암시적 FonF가 중급 한국어 학습자의 조사 학습과 사용 오류에 미치는 영향 비교, 이화여자대학교 교육대학원 석사학위논문.

하세가와 유키코(Hasegawa Yukiko) 외(2002), 한일 한국어 교재의 문법 실러버스 비교분석: 일본 학습자를 지도하는 관점에서, 한국어교육 13-2, 국제한국어교육학회. pp.247~278.

하수진(1999), 외국인을 위한 한국어 문법 교육: 어간·어미 변동을 중심으로, 부산대학교 교육대학원 석사학위논문.

하은진(2012), 한국어 '-었-' 에 대한 한영 번역 연구, 부산대학교 대학원 석사학위논문.

하지걸(2011), 중국인 학습자를 위한 한국어 접속부사 교육 방안 연구: 초·중급 학습자를 대상으로, 중앙대학교 대학원 석사학위논문.

하지경(2009), 한국어 부정 극어와 부정소의 호응 양상 연구, 한국외국어대학교 교육대학원 석사학위논문.

하지선(2006), 한국어 교육을 위한 종결기능 연결어미 연구, 한양대학교 대학원 석사학위논문.

한가누 비앙카 알리나(2013), 루마니아인 학습자를 위한 한국어 높임법 교육 연구, 배재대학교 대학원 석사학위논문.

한길(1999), 한국어 주체높임법의 등분에 관한 연구, 어학연구 6, 강원대학교 어학교육원. pp.3~22.

한미경(1997), 겸양어의 한일양국어 대조연구, 일본연구 11, 한국외국어대학교 일본연구소. pp.445~465.

한병수(2010), 한국어 학습자의 관계절 습득 양상에 관한 연구, 영남대학교 대학원 석사학위논문.

한상(2011), 중국어 보어구문을 활용한 한국어 동사구 교수·학습 방법연구, 한성대학교 대학원 석사학위논문.

한세환(2012), 일본인 한국어 학습자를 대상으로 한 사동 교수 방안: 한·일 대조 분석을 중심으로, 인하대학교 교육대학원 석사학위논문.

한송윤(2013), 한국어 보조사 교수 학습 방안 연구: '만큼, 처럼, 같이'를 중심으로, 한성대학교 대학원 석사학위논문.

한송화(2000), 한국어 보조용언의 상적 기능과 양태기능, 화행적 기능에 대한 연구, 한국어교육 11-2, 국제한국어교육학회. pp.189~209.

한송화(2004), 기능과 문법 요소의 연결을 통한 한국어 교육: 명령 기능을 중심으로, 한국어교육 14-3, 국제한국어교육학회. pp.289~313.

한송화(2005), 중급 교재의 문법 교수 요목 선정을 위한 연구: 연세대학교 언어연구교육원 한국어학당 4급 교재를 중심으로, 외국어로서의 한국어교육 30, 연세대학교 언어연구교육원 한국어학당. pp.227~264.

한송화(2006), 외국어로서 한국어 문법에서의 새로운 문법 체계를 위하여: 형식 문법에서 기능 문법으로, 한국어교육 17-3, 국제한국어교육학회. pp.357~379.

한송화(2009), 외국어로서의 한국어 교육에서의 문법 교육 방법론, 문법 교육 10, 한국문법교육학회. pp.369~395.

한송화(2010), 외국인 학습자의 한국어 직유 표현에 대한 인식 고찰, 언어와 문화 6, 한국언어문화교육학회. pp.259~284.

한송화(2010), 한국어 문법용어에 사용에 관한 교사, 학습자의 인식 연구, 한국어교육 21-4, 국제한국어교육학회. pp.361~391.

한송화(2013), 재귀대명사 "자기"의 의미와 기능 연구: "자기"와 "자신"의 말뭉치 용례를 중심으로, 외국어로서의 한국어교육 38, 연세대학교 언어연구교육원 한국어학당. pp.279~308.

한승규(2010), 한국어 구어 융합 표현 연구: '-지 않-'의 융합 '-잖-'을 중심으로, 연세대학교 대학원 석사학위논문.

한염아(2011), '조사' 구현 양상에 대한 한·중 한국어 교재 대비분석, 부산대학교 대학원 석사학위논문.

한예진(2010), 한국어 학습자를 위한 목적 연결어미 교육 방안 연구, 한양대학교 교육대학원 석사학위논문.

한옥희(1999), 한국어 대우 표현의 교수-학습 모형, 상명대학교 대학원 석사학위논문.

한욱(2010), 한국어 조사 '-로', '-에'와 중국어 전치사 '到'의 대조 연구: 방향의미를 중심으로, 동국대학교 대학원 석사학위논문.

韓媛媛(2013), 중국어권 학습자의 형용사 어미 활용 사용 실태 및 오류에 대한 연구, 한남대학교 대학원 석사학위논문.

한윤정(2010), 중국인 학습자의 한국어 조사 결합 변이 연구, 경희대학교 교육대학원 석사학위논문.

한인희 외(1992), 국어어휘목록에 관한 변형문법적 고찰, 홍문각.

한재영 외(2008), 한국어 문법교육, 태학사.

한재영(2013), 교사의 문법과 학습자의 문법, 문법교육 18, 한국문법교육학회. pp.241~265.

한졔(2013), 중국인 학습자를 위한 '형용성 동사' 시제 표현 교육 방안 연구, 부산대학교 대학원 석사학위논문.

한중덕(2010), 일본어의 형식명사 「はず」와 그에 대응하는 한국어의 형식명사에 대한 고찰, 일본어교육연구 52, 한국일본어교육학회. pp.95~109.

한지은(2011), 중국인 한국어 학습자의 한·중 텍스트 대조분석: 텍스트 결속 기제 사용 양상을 중심으로, 연세대학교 교육대학원 석사학위논문.

한지현(2012), 한국어 조사 「의」와 일본어 조사 「の」의 의미 및 기능에 관한 대조 연구, 인하대학교 교육대학원 석사학위논문.

한진건(2005), 품사로서의 동사 분류 기준에 대하여, Korean 연구와 교육 1, 이화여자대학교 한국어문학연구소. pp.171~176.

한청(2009), 중국인 한국어 학습자의 내포문 오류 양상 연구: 한 · 중 내포문 대조 연구를 중심으로, 경희대학교 대학원 석사학위논문.

한하림(2011), 한국어 문법 교육을 위한 교수 모형의 개발 및 적용과 평가, 고려대학교 대학원 석사학위논문.

한희숙(2011), 모국어 영향이 영어 비대격 동사 습득에 미치는 영향, 고려대학교 교육대학원 석사학위논문.

함계임(2006), 접속부사의 한국어 교육학적 접근: '그러-' 형의 접속 부사 중 양보의 접속부사를 중심으로, 언어와 문화 2-2, 한국언어문화교육학회. pp.89~113.

함계임(2007), 대립의 '그러-' 형 접속부사의 한국어 교육적 접근: 문법적 제약, 의미 분석, 대치사용 여부를 중심으로, 외국어 교육 14-3, 한국외국어교육학회. pp.407~428.

함미령(2012), 중국어권 학습자의 관형사형 어미 사용 실태 및 오류 원인, 창원대학교 대학원 석사학위논문.

함병호(2011), 한국어 양태 보조사 연구, 동국대학교 대학원 석사학위논문.

해가림(2012), 한·중 지속상의 대조 연구: '-고 있다', '-어 있다', '在', '着' 을 중심으로, 숭실대학교 대학원 석사학위논문.

향우우(2011), 한·중 부정극어에 대한 대비 연구, 부산대학교 대학원 석사학위논문.

허기(2012), 한·중 반복어 대조분석 및 교육 방안 연구, 인하대학교 대학원 석사학위논문.

허남영(2010), 독일어권 한국어 학습자를 위한 문법교육: 한국어의 주격조사 '-이/가' 와 보조사 '-은/는'의 독일어 대응을 중심으로, 독일어문학 49, 한국독일어문학회. pp.283~304.
허명란(2012), 여성 결혼이민자의 쓰기 자료에 나타난 연결어미 사용 양상 연구, 계명대학교 대학원 석사학위논문.
허봉자(2007), 중국어권 학습자의 경어법 사용 오류 분석, 이중언어학 35, 이중언어학회. pp.361~383.
허봉자(2008), 중국어권 학습자를 위한 한국어 경어법 교육 연구, 박이정.
허봉자(2008), 중국어권 학습자를 위한 한국어 경어법 교육방안 연구, 고려대학교 대학원 박사학위논문.
허연경(2009), 한국어 의향의문형 종결어미의 연구: '-(으)ㄹ까'와 '-(으)ㄹ래'를 중심으로, 한국외국어대학교 교육대학원 석사학위논문.
허용(2001), 부사격 조사에 대한 한국어 교육학적 접근, 이중언어학 19, 이중언어학회. pp.365~390.
허용(2008), 한국어교육에서의 대조언어학과 보편문법의 필요성 연구, 이중언어학 36, 이중언어학회. pp.1~24.
허재석(2010), 일본어와 한국어의 과거형에 대하여: 상태성 유무의 관점에서, 일본어교육연구 18, 한국일어교육학회. pp.191~203.
허재영(2007), 한국어 교육에서의 문장 구조와 문형 학습, 어문연구 53, 어문연구학회. pp.455~479.
허훼정(2010), 한국어와 말레이어 접두사 대조 연구, 경희대학교 대학원 석사학위논문.
혜정(2012), 한국어와 중국어 어순 대조연구: 문장성분과 관련하여, 세명대학교 대학원 석사학위논문.
호선희(2012), 중국인 학습자를 위한 한국어 시제표현 교육 연구: 과거시제를 중심으로, 부산대학교 대학원 박사학위논문.
호전마수자(2006), 일본어권 학습자를 위한 한국어 대우법 교재 개발 연구, 상명대학교 대학원 석사학위논문.
호접(2011), 한·중 부정(否定)의 대조적 연구: 한·중 부정소의 언어적 특징을 중심으로, 전북대학교 대학원 석사학위논문.
호총총(2012), 한국어 인과관계 연결어미교육 방안 연구, 중앙대학교 대학원 석사학위논문.
홍경화(2011), 한국어 학습자 상호작용에서의 모국어 사용에 관한 연구: 문법 의식 고양 과제를 중심으로, 영남대학교 대학원 석사학위논문.
홍미현(2011), 인칭접미사 '-家'와 '-師'의 한·중·일 비교 연구: 인지적 대조언어학 관점에서, 충북대학교 대학원 석사학위논문.

홍민경(2011), 연역적, 귀납적 문법 교수의 상대적 효과 비교: 중급 한국어 성인 학습자를 대상으로, 고려대학교 교육대학원 석사학위논문.

홍연정(2012), 한국어 학습자들의 지시어 사용 및 오류에 관한 연구: 숙달도 및 모어 변인을 중심으로, 연세대학교 대학원 석사학위논문.

홍용철(1994), 불어와 한국어에서의 동사이동과 문장구조, 프랑스어문교육 2, 한국프랑스어문교육학회. pp.263~272.

홍용철(2004), 한국어의 격조사 탈락과 격조사 부재, 프랑스어문교육 18, 한국프랑스어문교육학회. pp.295~314.

홍용철(2009), 프랑스어와 한국어의 명사구, 프랑스어문교육 31, 한국프랑스어문교육학회. pp.243~280.

홍윤기 외(2009), 종결어미-용언 긴밀구성의 정도성 연구, 국어교육 128, 한국어교육학회. pp.525~554.

홍윤기 외(2010), 한국어 학습자의 조사 선택 연구, 한국어교육 21-4, 국제한국어교육학회. pp.393~424.

홍윤기(2005), 연결어미의 상적 의미 표시 기능: '-느라고, -(으)면서, -자마자, -다 보니, -고 보니'를 중심으로, 어문연구 125, 한국어문교육연구회. pp.109~129.

홍윤기(2006), 메타언어(Meta-Language)를 활용한 한국어 문법 교육 방법론 연구, 이중언어학 32, 이중언어학회. pp.381~408.

홍윤기(2007), 한국어 첨사의 양태 기능 교육 방안 연구: 기능, 의미의 메타언어를 활용하여, 이중언어학 34, 이중언어학회. pp.399~425.

홍윤기(2007), 한국어교육에서의 문법 연구와 문법 교육, 경희대학교 인문학연구 12, 경희대학교 인문학연구원. pp.5~27.

홍윤기(2009), 문장에서의 반의관계 실현 방식 연구: 반의관계와 문법 구성 및 표현의 상관성을 바탕으로, 한국어교육 20-3, 국제한국어교육학회. pp.185~204.

홍윤기(2009), 상적 의미에 따른 연결어미의 결합 제약 연구: 메타언어를 활용한 연결어미 교육을 위하여, 이중언어학 40, 이중언어학회. pp.237~266.

홍윤기(2009), 한국어 상 부사의 기능적 특성과 교육 방안 연구, 한국어교육 20-1, 국제한국어교육학회. pp.239~260.

홍윤기(2010), 문법 교육 항목으로서의 새로운 관형사절 도입에 대하여, 이중언어학 42, 이중언어학회. pp.331~361.

홍윤기(2010), 일음절 부사의 의미 특성 및 교육 방안 연구, 한국어교육 21-2, 국제한국어교육학회. pp.219~245.

홍윤혜(2007), 보조사 "-(이)라도"의 의미와 분포적 특성: "-(이)나"와 "-(이)나마"와의 비교를 중심으로, 한국어교육 18-2, 국제한국어교육학회. pp.487~506.

홍재성 외(1995), 현대 한국어 동사구문사전 편찬을 위하여, 외국어로서의 한국어교육 20, 연세대학교 언어연구교육원 한국어학당. pp.81~127.

홍재성(1997), 이동동사와 기능동사, 외국어로서의 한국어교육 22, 연세대학교 언어연구교육원 한국어학당. pp.121~140.

홍종선 외(2004), 한국어 문법론의 연구 현황과 과제, 박이정.

홍종호(2012), 중국인 한국어 학습자의 쓰기 자료에 나타난 서술어 사용 양상 연구, 계명대학교 대학원 석사학위논문.

홍종화(1994), 부사어의 기능: 담화연계 및 논증축약에 대하여, 외국어로서의 한국어교육 19, 연세대학교 언어연구교육원 한국어학당. pp.83~104.

홍혜란(2007), 한국어 고급학습자의 문법적 연어 오류 분석: 학습자 말뭉치와 작문 자료를 중심으로, 비교문화연구 11, 경희대학교 비교문화연구소. pp.23~52.

황경수(2010), 이주민 여성들이 잘못 쓰는 조사와 어미, 새국어교육 84, 한국국어교육학회. pp.341~354.

황나영(2013), 한국어 합성명사 교육방법 연구, 부산대학교 대학원 석사학위논문.

황도생(1997), 한국어와 도이치어 동사 조어모형의 비교 분석, 독어교육 15, 한국독어독문학교육학회. pp.323~350.

황신(2012), 한·중 정도부사의 비교 연구, 중앙대학교 대학원 석사학위논문.

황아영(2010), 한국어 복수 표지 '들' 연구, 조선대학교 교육대학원 석사학위논문.

황영미(2012), 중국인 학습자를 위한 연결어미 교육 방안 연구: 초급 단계 학습자를 중심으로, 군산대학교 교육대학원 석사학위논문.

황정숙(1992), 외국인을 위한 한국어 조사의 수업모형, 상명여자대학교 대학원 석사학위논문.

황종배 외(2007), 외국인 학습자의 한국어 조사중첩 습득 연구, 외국어 교육 14-4, 한국외국어교육학회. pp.391~416.

황주하(2011), 한국어 교육에서의 피동 표현 교육 방안: 파생 피동사에 의한 피동법을 중심으로, 한국문법교육학회 학술발표논문집, 한국문법교육학회. pp.143~155.

황지원(2011), 한국어 교육 초급 문법 항목 선정과 범주화를 위한 연구, 동덕여자대학교 대학원 석사학위논문.

황철(2010), 요리영역 동사와 공기관계에 있는 부사 연구, 충남대학교 대학원 석사학위논문.

황현옥 외(2001), 한국어문법교육에서의 화용론의 접근방법 모색(1), 중국조선어문 115, 길림성민족사무위원회. pp.8~11.

황현옥 외(2001), 한국어문법교육에서의 화용론의 접근방법 모색(2), 중국조선어문 116, 길림성민족사무위원회. pp.14~18.

황혜진(2011), 한국어 교육을 위한 '-을래요'의 문법정보 기술, 인문논총 22, 서울여자대학교 인문과학연구소. pp.213~235.

황효우(2012), 중국어권 초급 학습자를 위한 한국어 부정표현 {아니다}, {안}, {못} 지도 방안, 상명대학교 대학원 석사학위논문.

히가시노 사토미(2012), 일본인 학습자를 위한 시간관계 '-고', '-아/어서'에 대한 연구, 경희대학교 대학원 석사학위논문.

Aizawa Yuka(2012), '결속성'의 관점에서 본 작문지도: '결속장치'에 의한 문장의 연결을 중심으로, 일본어교육연구 23, 한국일어교육학회. pp.83~100.

André Fabre(1996), Pronom et Personne en Coreen et en Franqais, 한국어교육 7, 국제한국어교육학회. pp.53~63.

Aung, Phyu Phyu(2012), 미얀마 학습자를 위한 한국어 선어말 어미 '-었-'의 미얀마어 대응 양상 연구, 연세대학교 대학원 석사학위논문.

Batsaikhan Munkhtsetseg(2013), 한국어 격조사와 몽골어 격어미의 비교, 충북대학교 대학원 석사학위논문.

Camino, Tabitha Naomi(2010), 한국어와 프랑스어 형용사 언어 유형적 연구, 경희대학교 대학원 석사학위논문.

Chen, Liuyan(2011), 중국인을 위한 독학용 문법 교재 개발 연구: 중·고급 단계를 중심으로, 고려대학교 대학원 석사학위논문.

Cong, Ni(2012), 중국인 한국어 학습자의 양보관계 연결어미 습득 양상 연구: '-아어도'와 '-ㄴ들'을 중심으로, 이화여자대학교 국제대학원 석사학위논문.

Cui, Yinglan(2012), 담화 문법 관점의 구어 종결 표현 교육 연구, 서울대학교 대학원 박사학위논문.

Fan, Kexin(2012), 한·중 부정법 대조 연구, 이화여자대학교 대학원 석사학위논문.

Fred Lukoff(1989), Clauses in 'hadoni' and 'hayottoni' and Narrative Point of View, 한국어교육 1, 국제한국어교육학회. pp.3~16.

Ik Sang Eom(1989), Acquisition Order of Korean Particles and Influence of Tension on Second Language Acquisition, 한국어교육 1, 국제한국어교육학회. pp.169~203.

Il Kon Kim(1990), The Unaccusative Hypothesis and Korean, 한국어교육 2, 국제한국어교육학회. pp.127~145.

In Seok Yang(1993), Korean Tag Questions, 한국어교육 4, 국제한국어교육학회. pp.37~59.

Jae Hoon Yeon(1996), Some problems in teaching Korean speech levels, 한국어교육 7,

국제한국어교육학회. pp.281~295.

Jae Oh Choi(1993), ANAPHOR CAKI AND ITS ANTECEDENTS, 한국어교육 4, 국제한국어교육학회. pp.79~109.

Jaiswal, Mukesh Kumar(2011), 인도인 학습자를 위한 한국어 인칭대명사 교육 연구, 서울대학교 대학원 석사학위논문.

Jiang, Linghui(2012), 중국인 학습자를 위한 한국어 의문대명사와 중국어 의문대사의 대조 연구: '누구' – '誰', '무엇' – '什麽', '어디' – '哪裡'를 중심으로, 연세대학교 대학원 석사학위논문.

JIN XIAN SHUN(2012), 한·중 동형 한자 파생접사 대조 연구, 성균관대학교 대학원 석사학위논문.

Joe Jungno Ree(1995), The Epistemic Markers '-keyss-' and '-(u)lkes-' Revisited, 한국어교육6, 국제한국어교육학회. pp.159~182.

John H. Koo(1993), SEX DISCRIMINATION AND VERB ENDINGS IN KOREAN: The Case amongst Korean Speakers in People' s Republic of China, 한국어교육 4, 국제한국어교육학회. pp.111~127.

John Y. Sohn(1990), Grammar, Grammaticality, And Language Teaching, 한국어교육 2, 국제한국어교육학회. pp.3~35.

Jong Myung Hong(2006), Syntactic Properties of Korean and the Syntax-level Profile of Korean Heritage Learners, 언어와 문화 2-3, 한국언어문화교육학회. pp.1~13.

Jung, Yeon-Chang(1993), Recursive Categorical Grammar, 교사교육연구 26, 부산대학교 과학교육연구소. pp.39~58.

Kawaji, Mai(2012), 일본인 국제결혼 여성을 위한 한국어 경어법 교육 연구, 서울대학교 대학원 석사학위논문.

Kesmanee, Chutimon(2013), 숙달도에 따른 태국인 학습자의 한국어 과거 관형사형 어미 사용 양상, 이화여자대학교 국제대학원 석사학위논문.

Khandaker Ariful Islam(2004), 방글라데시 학습자를 위한 한국어 문법 교육 연구: 조사와 어미 사용 중심으로, 경희대학교 교육대학원 석사학위논문.

Kidera Emi(2013), 일본인 한국어 학습자의 이유·원인 표현 교육에 대한 연구: '–어서'와 '–니까'를 중심으로, 연세대학교 대학원 석사학위논문.

Kim, Kyung Ryung(2001), A Study of the Syntactic Development of Korean-English Bilingual Children, 한국어교육 12-2, 국제한국어교육학회. pp.71~88.

Kim, Kyung-ryung(2006), A study of syntactic processing in Korean language learners, 이중언어학 30, 이중언어학회. pp.61~76.

Kim, Namkil(2002), The Importance of Grammar in Korean Language Teaching, 외국어로서의 한국어교육 27, 연세대학교 언어연구교육원 한국어학당. pp.119~139.

Kim, Young Soon(1997), Checking System vs. Non-Checking System in Syntax, 한국어교육 8, 국제한국어교육학회. pp.261~278.

Kim, Young Soon(1998), Argument Structure in the Korean hi-Passive, 한국어교육 9-2, 국제한국어교육학회. pp.1~19.

Krawmoh, Wanida(2012), 현대 한국어와 태국어의 인칭 대명사 대조 연구: 언어 유형론적 측면을 중심으로, 이화여자대학교 대학원 석사학위논문.

Kurashima, Reiko(2011), 일본어 'の' 와의 대조를 통한 한국어 '의' 의 생략 양상 연구: 준 구어 자료를 중심으로, 연세대학교 대학원 석사학위논문.

Lay Lay Mon(2012), 한국어 부사격 조사 '에, 에서' 와 미얀마어 대응 표현 연구, 연세대학교 대학원 석사학위논문.

Lim, Ji Ryong 외(1999), The Grammar Discourse Relationship of Korean, German, and English, 한국어교육 10-2, 국제한국어교육학회. pp.295~311.

Lim, Jong Seong(1992), Grammatical Descriptions of morphological process, 외국어로서의 한국어교육 16, 연세대학교 언어연구교육원 한국어학당. pp.91~106.

Liu Lu(2013), 한국어와 중국어 인과관계 구문의 대조 연구: '-아/어서' 와 '因爲…所以…', '-(으)니까' 와 '旣然…就…' 를 중심으로, 경희대학교 대학원 석사학위논문.

Liu, Fangtong(2011), 중국인 학습자를 위한 한국어 주체 높임법의 교수-학습 방안 연구, 서울대학교 대학원 석사학위논문.

LU WEN JING(2010), 한어계 접미사 「-的」에 관한 고찰: 중국인 일본어 학습자 교육을 중심으로, 명지대학교 대학원 석사학위논문.

Moon, Kyung Hwan(1992), Rethinking Causatives from a Cross Linguistic Perspective, 외국어로서의 한국어교육 16, 연세대학교 언어연구교육원 한국어학당. pp.73~89.

Mukabenova, Zhanna(2010), 러시아어 모국어 사용자의 한국어 격조사 사용 오류 연구, 경북대학교 대학원 석사학위논문.

Myung Yoon Kang(1990), Complementizers, Nominalizers and "NP-shell" in Korean, 한국어교육 2, 국제한국어교육학회. pp.147~166.

Nam Kil Kim(1990), Types of Resultative in Korean, 한국어교육 2, 국제한국어교육학회. pp.53~72.

Nam Kil Kim(1993), After-clauses in Korean, 한국어교육 4, 국제한국어교육학회. pp.61~78.

Nam Kil Kim(1995), Aspectual Verbs As Auxiliaries, 한국어교육 6, 국제한국어교육학회. pp.99~119.

Nam Kil Kim(1996), The categorical status of ess-ess, 한국어교육 7, 국제한국어교육학회. pp.197~210.

O' Grady, William 외(2001), The Acquisition of Relative Clauses by Heritage and Non-Heritage Learners of Korean as a Second Language, 한국어교육 12-2, 국제한국어교육학회. pp.283~294.

Piao, Chengri(2012), 인칭 범주에 기반한 한국어 경어법 교육 연구: 중국어권 한국어 학습자를 대상으로, 서울대학교 대학원 박사학위논문.

Shi, Jian(2010), 한국어 부사격 조사와 중국어 개사의 대조 연구, 경북대학교 대학원 박사학위논문.

SHILEI(2012), 한국어 부사어와 그에 상응하는 중국어 성분의 대조 연구, 경희대학교 대학원 석사학위논문.

Sohn, Joong-dong(2000), An Empirical Study of Paragraphing Schemata of Korean-English Users, 인문과학논집 20, 청주대학교 인문과학연구소. pp.265~282.

Soo Ok Kweon(2012), Processing Null and Overt Pronoun Subject at Different Proficiency Levels in Korean as a Second Language, 외국어 교육 19, 한국외국어교육학회. pp.1~20.

Srijan Kumar(2012), 한국어와 힌디어 격조사 대조 연구, 경희대학교 대학원 석사학위논문.

Sun Linru 외(2012), 형태집중을 활용한 경어법 교육 연구: 중국인 한국어 학습자를 대상으로, 국어교육연구 29, 서울대학교 국어교육연구소. pp.57~82.

Sung Ock S. Sohn(1989), Tense in Korean Conjunctive Sentences: Applied to Teaching of Korean as a Second Language, 한국어교육 1, 국제한국어교육학회. pp.35~47.

Sung Yun Bak(1990), Relative Clauses and Discourse, 한국어교육 2, 국제한국어교육학회. pp.73~106.

WANG Ye(2011), 중국어권 한국어 학습자의 조사 '로' 사용 오류 분석과 교육 방안: 중급 학습자를 대상으로, 고려대학교 대학원 석사학위논문.

Wang, Duan(2012), 한국어와 중국어의 피동문 대조 연구, 이화여자대학교 대학원 석사학위논문.

Won Pyo Lee(1989), The Roles of Cognition and Baby Talk: In the Acquisition of WH-Questions in Korean, 한국어교육 1, 국제한국어교육학회. pp.205~228.

WU JINGJING(2012), 한국어 '있다' 에 대응하는 중국어 표현 연구, 경희대학교 대학원 석사학위논문.

Wu Yi(2012), 중한 합성동사의 대조 연구, 경희대학교 대학원 석사학위논문.

XU XUEFEL(2011), 한국어 체언+조사 결합형의 형태적 · 의미적 제약 연구, 경희대학교

대학원 석사학위논문.

Yang Yang(2011), 한국어 감탄사의 문법적 특성, 강원대학교 대학원 석사학위논문.

Yin, Lan(2012), 중국인 한국어 학습자의 한국어 높임법 습득 양상에 관한 연구, 이화여자대학교 국제대학원 석사학위논문.

Yu, Hongrui(2009), 한국어와 중국어 경어법의 대비 연구, 충남대학교 대학원 석사학위논문.

Zhang Li Li(2010), 한국어 분류사와 중국어 量詞의 비교 고찰, 충북대학교 대학원 석사학위논문.

Zhang Lu(2012), 한국 드라마에서의 상대높임법 사용양상 연구, 아주대학교 대학원 석사학위논문.

Zhang Xiaowen(2013), 중국인 학습자의 한국어 '-아/어 가다', '-아/어 오다' 습득 양상 연구, 경희대학교 대학원 석사학위논문.

Zhang, Xiaoman(2011), 한국어와 중국어의 부사절 대조 연구, 이화여자대학교 대학원 석사학위논문.

Zheng Hui(2011), 언어 기능과 통합한 한국어 문법 능력 평가, 한국학연구 37, 고려대학교 한국학연구소. pp.229~258.

Zheng, Chunlan(2009), 한국어와 중국어 인과관계 접속문 대비 연구, 충남대학교 대학원 석사학위논문.

V-01. 어휘

가재은(2009), 한국어 어휘 학습 지도 방안 연구: 초급 중국인 학습자를 대상으로 한 유의어 지도를 중심으로, 공주대학교 대학원 석사학위논문.

감영필(2013), 영어권학습자를 위한 한국어 의태어 교육연구, 부경대학교 교육대학원 석사학위논문.

강금염 외(2013), 중국인 결혼이민자를 위한 특수 분야의 기본어휘 선정 방안 연구: 중국어 강사로서의 직업문식성 신장을 중심으로, 새국어교육 94, 한국국어교육학회. pp.413~448.

강남욱(2009), 영어권 교포 화자의 한국어 어휘 인식 유형화 연구: 한국방송(KBS) 〈눈높이를 맞춰요 2〉 자료를 중심으로, 국어교육연구 24, 서울대학교 국어교육연구소. pp.269~308.

강림(2013), 중국인 학습자를 위한 한국어 부정극어 교육 방안 연구, 부산대학교 대학원 석사학위논문.

강미함(2011), 중국인 한국어 학습자를 위한 유의어 교육방안 연구: 고유어와 한자어 간의 유의어를 중심으로, 인하대학교 대학원 석사학위논문.

강범(2011), 한·중 '하다' 결합 한자어 의미 비교 연구, 경희대학교 대학원 석사학위논문.

강병창(2011), 독일어와 한국어 손 관용구의 비유적 의미구성 비교: 은유, 환유, 은환유를 중심으로, 독어교육 50, 한국독어독문학교육학회. pp.81~104.

강소영(2011), 여성결혼이민자를 위한 속담 교육 방안 연구, 한국외국어대학교 교육대학원 석사학위논문.

강수진(2011), 외국어로서의 한국어 반의어 교육 연구, 부산대학교 대학원 박사학위논문.

강영(2006), 외국인을 위한 한국어 호칭어 교육, 비교한국학 14, 국제비교한국학회. pp.31~58.

강은정 외(2012), 한국어 "완전"과 "완전히"의 의미·통사적 고찰: 일본어와의 대조를 중심으로, 한국어교육 23-1, 국제한국어교육학회. pp.331~353.
강진숙(2009), 다문화가정 자녀의 어휘력 연구, 계명대학교 대학원 석사학위논문.
강현화 외(2009), 한국어 학습자를 위한 어휘 학습용 워크북 개발 모형 연구: 그림 어휘 사전 워크북 개발 사례를 중심으로, 한국어교육 20-3, 국제한국어교육학회. pp.1~30.
강현화(2001), 빈도를 나타내는 시간부사의 어휘 교육 방안 연구, 한국어교육 12-1, 국제한국어교육학회. pp.1~17.
강현화(2001), 한국어교육용 기초 한자어에 대한 기초 연구: 한국어 교재에 나타난 어휘를 바탕으로, 한국어교육 12-2, 국제한국어교육학회. pp.53~70.
강현화(2002), 서-한 기본동사의 의미, 통사 유형 대조연구, 배달말 30, 배달말학회. pp.91~108.
강현화(2004), 한국어 회화 교재에 나타난 어휘 분석: 어휘와 주제와의 상관성을 중심으로, 비교문화연구 8, 경희대학교 비교문화연구소. pp.131~156.
강현화(2008), 한국어교육을 위한 연어의 유형에 대한 고찰, 응용 언어학 24, 한국응용언어학회. pp.197~217.
강현화(2010), 한국어 어휘학습 교재 개발을 위한 기초 연구: 학습자 요구분석을 중심으로, 언어와 문화 6-1, 한국언어문화교육학회. pp.45~67.
강현화(2011), 한국어 어휘 교육 연구방법론 동향 분석, 이중언어학 47, 이중언어학회. pp.453~479.
강현화(2012), 표준교육과정의 어휘, 문법 위계화에 대한 제언, 국제한국어교육학회 춘계 학술발표논문집, 국제한국어교육학회. pp.293~320.
고경태(2010), 한국어교육에서 일반 말뭉치 활용의 확대를 위한 제언, 국어문학 49, 국어문학회. pp.65~88.
고려혜(2012), 한·중 친척 관계 호칭어·지칭어의 동형이의어 비교 연구, 중앙대학교 대학원 석사학위논문.
고뢰(2011), 한국어와 중국어의 경어 어휘에 대한 대조적 연구: 접두사 중심으로, 대전대학교 대학원 석사학위논문.
고석주 외(1998), 한국어 교육을 위한 기초 어휘 의미 빈도 사전의 개발, 언어정보개발연구1, 연세대학교 언어정보연구원. pp.328~355.
고선(2013), 한·중 매개호칭·지칭에 대한 대조 연구, 국민대학교 대학원 석사학위논문.
고암(2011), 중국인 학습자를 위한 한국어 한자어 교육 방안 연구, 건양대학교 대학원 석사학위논문.
고영원(2007), 한국어 학습자를 위한 속담 교육연구: 교사와 학습자의 속담 교육 인식을 중심으로, 연세대학교 교육대학원 석사학위논문.

고우경(2011), Korean EFL learners' referential choices and anaphora resolution, 이화여자대학교 대학원 박사학위논문.
고유평(2012), 한 · 중 유행어의 양상, 전남대학교 대학원 석사학위논문.
고은정(2011), 한국어 교육용 형용사 유의어 선정 연구, 경희대학교 교육대학원 석사학위논문.
고음람(2010), 한국어 의성어 · 의태어 교육방안 연구: 외국인 학습자 중심으로, 대불대학교 대학원 석사학위논문.
曲超(2013), 속담 관련 한국어 교재 분석: 한·중 속담 비교를 중심으로, 한남대학교 대학원 석사학위논문.
공영(2011), 한국어 관용표현을 통한 개념 은유 교육 방안에 관한 연구: 감각기관 관용표현 중심으로, 중앙대학교 대학원 석사학위논문.
공지연 외(2009), 여성결혼이민자의 원활한 학부모 역할을 위한 어휘 선정 연구, 청람어문교육 40, 청람어문교육학회. pp.45~69.
곽박림(2013), 중국인 학습자를 위한 한·중 한자어의 의미 대조 연구, 울산대학교 대학원 석사학위논문.
郭爽(2006), 중국인 학습자를 위한 한·중 동형 한자어의 의미 기술과 지도 방안 연구, 서울대학교 대학원 석사학위논문.
곽설교(2012), 중국인 학습자를 위한 한국어 다의어 교육 방안 연구: '보다' 의 의미빈도를 중심으로, 경희대학교 대학원 석사학위논문.
곽소원(2013), 중국인 학습자를 위한 한국어 동형이의 한자어 교육 방안 연구: Ausubel의 선행조직자 학습전략을 활용하여, 중앙대학교 대학원 석사학위논문.
곽자건(2011), 현대 한국어 파생어 연구, 호남대학교 대학원 석사학위논문.
곽재용(2012), "한국어 교육과정" 부록에 제시된 어휘 목록 분석, 배달말 51, 배달말학회. pp.305~329.
곽정(2013), 다의성을 활용한 한국어 동사 어휘 교육 방안: '먹다' 를 중심으로, 서울시립대학교 대학원 석사학위논문.
곽지영(1997), 외국인을 위한 한국어 어휘 교육, 외국어로서의 한국어교육 22, 연세대학교 언어연구교육원 한국어학당. pp.141~159.
郭楓(2012), 한국어와 중국어 시간부사 대비 연구: 은희경의 『새의 선물』과 신경숙의 『외딴방』 원본 및 중역본을 대상으로, 중앙대학교 대학원 석사학위논문.
교육인적자원부(2002), 한국어 속담 100 관용어 100, 국제교육진흥원.
구당평(2012), 한국어와 중국어의 인터넷 새말 연구, 대구대학교 대학원 석사학위논문.
구정모(2012), 한국어 학습자를 위한 교육용 속담 유형 연구, 경희대학교 대학원 석사학

위논문.
구효진(2011), 한국어 관용표현 지도 방안 연구, 건국대학교 대학원 석사학위논문.
국남(2012), 한국어와 중국어의 감정 표현 의태어 비교 연구, 중앙대학교 대학원 석사학위논문.
국제한국어교육학회(2006), 한국어교육론 2, 발음교육 · 어휘교육 · 문법교육 · 문학교육 · 문화교육, 한국문화사.
宮下桂(2013), 동화책의 일본어 · 한국어 오노마토페 대조 연구: 번역본을 중심으로, 부산외국어대학교 대학원 석사학위논문.
권경일(2008), 한국어 관용구의 개념과 범위, 교육연구 16, 한남대학교 교육연구소. pp.47~68.
권선옥(2002), 한 · 중 · 일 상용한자 비교 연구: 字數 · 字意를 중심으로, 경희대학교 대학원 석사학위논문.
권세라(2011), 한중 색채어 비교 연구: 오색 계열 색채어를 중심으로, 부산대학교 대학원 석사학위논문.
권순호(2011), 한국어 어휘의미망을 이용한 비감독 어의 중의성 해소 방법의 성능 향상, 부산대학교 대학원 석사학위논문.
권순희(1999), 외국어로서의 한국어 어휘지도 방안 연구, 국어교육학연구 9, 국어교육학회. pp.361~382.
권영은(2009), 코퍼스를 활용한 정도부사 '덜'의 한국어교육 방안 연구, 언어와 문화 5-2, 한국언어문화교육학회. pp.17~47.
권해주(1992), 한 · 일 한자어의 의미대조(1), 일본어교육연구 8, 한국일본어교육학회. pp.97~119.
근보강(Jin Bao-qiang)(2012), 중국인 학습자 한국어 한자어 습득 연구, 어문연구 154, 한국어문교육연구회. pp.445~470.
금현수(2012), 마인드맵을 활용한 한국어 어휘 지도 방안: 초급 여성결혼이민자를 중심으로, 충북대학교 교육대학원 석사학위논문.
기단봉(2010), 중국어권 학습자를 위한 한국어 연어 대조 연구: 목술관계 연어를 중심으로, 고려대학교 대학원 석사학위논문.
기영흠(2011), TOPIK 응시자를 위한 한국어 교재 개발 연구: 중급 어휘 · 문법 영역을 중심으로, 부산외국어대학교 대학원 석사학위논문.
김가연(2013), 어린이신문을 활용한 결혼이주여성의 어휘교육 실행연구, 이화여자대학교 교육대학원 석사학위논문.
김경령(2003), 이중 언어 어휘 발달을 중심으로, 한국어교육 14-3, 국제한국어교육학회.

pp.315~330.
김경민(2013), 한국어 통합교재에서의 어휘 학습 전략 적용 방안 연구, 경희대학교 교육대학원 석사학위논문.
김계연(2012), 일한 양국어의 飮·食관련 관용표현 대조연구, 한국외국어대학교 대학원 박사학위논문.
김광미(2009), 한자어 조어법을 활용한 한국어 어휘 교육 방안 연구, 동국대학교 대학원 석사학위논문.
김광해(1997), 국어어휘론의 지평, 외국어로서의 한국어교육 22, 연세대학교 언어연구교육원 한국어학당. pp.1~24.
김광해(2003), 국어교육용 어휘와 한국어교육용 어휘, 국어교육 111, 한국어교육학회. pp.255~291.
김기선(2009), 몽골어와 한국어의 의성어, 의태어 대조 연구, 몽골학 26, 한국몽골학회. pp.37~63.
김나영(2008), 영어권 학습자를 위한 한국어 속담 교육 연구, 한국어와 문화 4, 숙명여자대학교 한국어문화연구소. pp.209~233.
김나영(2008), 영어권 학습자를 위한 한국어 속담 교육 연구: 교훈적 속담 교육을 중심으로, 숙명여자대학교 대학원 석사학위논문.
김남경(2011), 여성 결혼이민자를 위한 한국어 관용표현 교육 방안, 배재대학교 대학원 석사학위논문.
김낭예(2010), 학문 목적 외래어 목록 선정 연구, 한국어교육 21-2, 국제한국어교육학회. pp.59~86.
김련옥(2013), 한·중 양태부사 대조 연구, 부산대학교 대학원 박사학위논문.
김명민(2011), 탈북 청소년을 위한 한국어 어휘 교육 방안 연구, 한양대학교 교육대학원 석사학위논문.
김명순(1986), 한국어 어휘와 품사의 빈도에 대한 연구: 외국어로서의 한국어 교재를 중심으로, 연세대학교 대학원 석사학위논문.
김명자(2011), 한국어 학습자의 색채어 의미 이해를 위한 기초 연구: '붉다' 계열 형용사를 중심으로, 배재대학교 대학원 석사학위논문.
김몽(2011), 중국인 학습자를 위한 한국어교육용 사자성어의 선정과 활용, 관동대학교 대학원 석사학위논문.
김묘영(1994), 다의어(polysemie)의 논리의미적 관계, 외국어로서의 한국어교육 19, 연세대학교 언어연구교육원 한국어학당. pp.59~81.
김미나(2011), 한국어 학습용 외래어 연구: 학습용 기본 어휘 선정 및 외래어와 순화어의 유의 관계 연구, 연세대학교 대학원 석사학위논문.
김미선(2012), 유의어 의미 변별 교수·학습 방안 연구: 화용 정보를 활용한 유의미 수용 학습을 중심으로, 충북대학교 교육대학원 석사학위논문.
김미소(2010), 한국어 학습자를 위한 사고도구어 등급 표준화 연구, 한국외국어대학교 교육대학원 석사학위논문.
김미양(2010), 일본어 의성어 · 의태어의 한국어 대역 표현 연구, 경희대학교 대학원 석사학위논문.
김미옥(2003), 한국어 학습자의 단계별 언어권별 어휘 오류의 통계적 분석, 한국어교육 14-3, 국제한국어교육학회. pp.31~52.
김미정(2004), 중국인을 위한 한국 한자어 학습 사전 개발의 기초 연구, 경기대학교 대학원 석사학위논문.
김미향(2011), 인도네시아인 학습자를 위한 한국어 호칭어 지칭어 교육 연구: 이주노동자 초급 학습자를 중심으로, 부산대학교 대학원 석사학위논문.
김미혜(2009), 공기(共起) 관계를 활용한 한국어 어휘 교육 방안: 음식 · 조리 · 식사 어휘장을 중심으로, 경희대학교 교육대학원 석사학위논문.
김민경(2007), 한국어 한자 어휘 학습 자료 개발을 위한 기초 연구: 중국어권 중급 학습자를 대상으로, 한양대학교 대학원 석사학위논문.
김민국(2009), 학문 목적 한국어 교육용 어휘와 연어 추출: 키워드 개념의 활용을 중심으로, 문법교육 11, 한국문법교육학회. pp.141~171.
김민승(2010), 비즈니스 한국어 교육을 위한 기본 어휘 선정 연구, 이화여자대학교 교육대학원 석사학위논문.
김민정(2011), 관용표현을 활용한 한국어 문화교육 방안 연구: 여성 결혼 이민자를 대상으로, 한국외국어대학교 교육대학원 석사학위논문.
김병운(2009), 한국어교육에서 어휘 의미 교육의 개선방향, 한국어문학국제학술포럼 학술대회, 한국어문학국제학술포럼. pp.27~44.
김보미(2007), 한 · 중(韓中) 인체어휘의 의미 확장 비교 연구, 제주대학교 교육대학원 석사학위논문.
김봉국(2013), 한국어의 동음이의어에 대하여, 우리어문연구 45, 우리어문학회. pp.181~200.
김부옥(2010), 특수목적 한국어 현지화 교재의 구성: 어휘를 중심으로, 선청어문 37 · 38, 서울대학교 국어교육과. pp.289~332.
김선정 외(2006), 한국어 관용어 교재 개발을 위한 기초 연구 및 단원 제시, 이중언어학 32, 이중언어학회. pp.35~56.
김선정 외(2006), 한국어 속담 교재 개발을 위한 기초연구 및 모형 제시, 외국어 교육 13-

2, 한국외국어교육학회. pp.489~507.
김선정 외(2007), 살아있는 한국어: 관용어, 랭기지플러스.
김선정 외(2007), 한자성어 교재 개발의 구성 방향 및 단원 제시, 외국어 교육 14-2, 한국외국어교육학회. pp.339~359.
김선정 외(2009), 다문화가정 자녀의 어휘력 고찰, 이중언어학 40, 이중언어학회. pp.31~55.
김선정 외(2011), 중국인 한국어 학습자의 중간언어 연구: 평균발화길이(MLU)와 어휘적 특성을 중심으로, 비교문화연구 22, 경희대학교 비교문화연구소. pp.303~327.
김선효(2010), 일본어권 한국어 학습자를 위한 어휘적 연어 학습 방안, 이중언어학 44, 이중언어학회. pp.25~47.
김성수 외(2011), 자발화표본 분석을 통한 필리핀 결혼여성이민자의 한국어 어휘, 구문 특성, 특수교육저널: 이론과 실천 12, 한국특수교육문제연구소. pp.69~88.
김성애(2008), 시청각 도구와 게임을 이용한 한국어 어휘 교육 연구, 사림어문연구 18, 사림어문학회. pp.181~203.
김성희(2008), 제2언어로서의 한국어교수에서의 어휘교육에 대하여, 중국조선어문 157, 길림성민족사무위원회. pp.41~45.
김성희(2012), 다문화가정 육아를 위한 읽기 교육용 기본어휘 선정 연구, 경희대학교 교육대학원 석사학위논문.
김세용(2013), 대중매체를 이용한 한국어 교육이 학습자의 어휘 습득에 미치는 영향, 한국외국어대학교 대학원 석사학위논문.
김소연 외(2011), 어휘문법 기반 한국어 동사 구문 연구, 프랑스어문교육 36, 한국 프랑스어문교육학회. pp.151~183.
김소영(2011), 학문 목적 한국어 학습자를 위한 학술 전문 어휘 선정 연구: 언론정보학 전공 과목을 대상으로, 한국외국어대학교 교육대학원 석사학위논문.
김수남(2001), 독일어와 한국어의 신체부위『손』관련 관용구 비교 연구, 독어교육 22, 한국독어독문학교육학회. pp.143~174.
김수연(2013), 결혼이주여성 대상 친족 호칭어 교육 방안 연구, 부산대학교 대학원 석사학위논문.
김수정(1998), 문맥을 통한 한국어 어휘 교육, 이화여자대학교 대학원 석사학위논문.
김수정(2009), 한국어 교육에서 확장형 읽기(extensive reading) 활동을 통한 독해력과 어휘력 증진 효과: 신문기사문을 중심으로, 외국어로서의 한국어교육 34, 연세대학교 언어연구교육원 한국어학당. pp.129~156.
김수정(2011), 영어권 학습자의 '눈' 관용표현 습득 연구, 고려대학교 대학원 석사학위논문.

김수정(2011), 한국어 교재와 TOPIK에서의 기본어휘의 상관성 연구, 충남대학교 교육대학원 석사학위논문.

김수희(2004), 중국인 초급학습자를 위한 어휘 교육: 기본어휘에 나타난 한자어휘를 중심으로, 외국어로서의 한국어교육 29, 연세대학교 언어연구교육원 한국어학당. pp.65~86.

김수희(2005), 중국인 초급 한국어 학습자를 위한 어휘교육연구: 한자 어휘를 중심으로, 경희대학교 대학원 석사학위논문.

김숙연(1993), 지시어 '이, 그, 저'의 효율적 학습에 대한 고찰, 이화여자대학교 대학원 석사학위논문.

김숙자(2000), 한·일 교과서의 외래어의 대조, 일본학보 44, 한국일본학회. pp.211~223.

김승연(2011), 의성어, 의태어를 활용한 여성결혼이민자의 자녀 교육 방안 연구: 학령기전 아동을 대상으로, 국제한국어교육학회 추계학술발표논문집, 국제한국어교육학회. pp.163~178.

김승연(2013), 한국어 교재에 나타난 의성어·의태어의 시각화 연구: 타이포그래피(Typography)를 중심으로, 한국언어문화학 10-1, 국제한국언어문화학회. pp.25~55.

김승화(2010), 한국어 친족 호칭 '언니/누나', '오빠/형'의 의미 연구, 한국외국어대학교 대학원 석사학위논문.

김신정(2012), 광고를 활용한 한국 문화어휘 교육방안 연구, 경희대학교 교육대학원 석사학위논문.

김영금(2012), 여성결혼이민자 한국어 교재에 나타난 어휘 분석 연구: 한국어능력시험 어휘와의 상관성을 중심으로, 영남대학교 대학원 석사학위논문.

김영란(2002), 한국어 학습자를 위한 어휘 정보: {언제}, 한국어교육 13-2, 국제한국어교육학회. pp.39~66.

김영란(2004), 한국어 교육을 위한 의문사 어휘 정보와 교수 방법 연구, 상명대학교 대학원 박사학위논문.

김영란(2012), 중한 어휘 대조 연구: '看'과 '보다'의 비교를 중심으로, 한양대학교 대학원 석사학위논문.

김영만(2010), 속담을 활용한 한국어 고급반 수업 구성 방안, 한말연구 27, 한말연구학회. pp.41~61.

김영인(2011), 관용적 표현을 통한 언어문화 통합 교육: 스페인어 학습자를 중심으로, 고려대학교 대학원 석사학위논문.

김영일(2007), 한국어 어휘 비교의 재인식, 한글 279, 한글학회. pp.153~176.

김영자(2002), 중국인 한국어 학습자를 위한 속담 교육 연구, 경희대학교 교육대학원 석

사학위논문.
김영호(2011), 초등학교 다문화 학습자를 위한 친족어 지도 방안 연구, 부산교육대학교 교육대학원 석사학위논문.
김옥결(2010), 현대시를 통한 한국어 의성어·의태어 교육 연구: 중국인 고급 학습자를 대상으로, 중앙대학교 대학원 석사학위논문.
김옥사나(2011), 러시아어권 학습자를 위한 한국어 의성어, 의태어 교육 방안, 경희대학교 대학원 석사학위논문.
김옥영(2005), 「走る」「驅ける」と「달리다」「뛰다」の意味對照, 일본문화연구 14, 동아시아일본학회. pp.489~507.
김용(2012), 틀의미론 기반의 한국어 동사 교육 연구, 국제한국어교육학회 춘계학술발표논문집2012, 국제한국어교육학회. pp.207~220.
金庸珏(2003), 韓國語と日本語における漢字音の對照硏究: 音節構造の對比を中心に, 일어일문학 20, 대한일어일문학회. pp.19~36.
김욱(2011), 한·중 완곡어 대조연구, 경희대학교 대학원 석사학위논문.
김원경(2010), 한국어 학습자를 위한 연어 교육 방안, 한성어문학 29, 한성대학교 한성어문학회. pp.211~231.
김유미 외(2008), 학문목적 학습자를 위한 학술 전문어휘 선정 연구: 한국어·문학, 경영학, 컴퓨터공학 전공을 대상으로, 한국어교육 19-3, 국제한국어교육학회. pp.89~112.
김유정(2011), 언어사용역을 활용한 '죽다' 류 유의어 의미 연구, 인문연구 62, 영남대학교 인문과학연구소. pp.85~122.
김유정(2011), 장르–텍스트–문법 모델을 활용한 한국어 문법 교수: 문장 종결 기능의 "–(으)ㅁ", "–기", "–(으)ㄹ 것"을 중심으로, 국제한국어교육학회 추계학술발표논문집2, 국제한국어교육학회. pp.197~213.
김유진(2007), 한국어 직업 어휘장의 교육 방안 연구, 상명대학교 대학원 석사학위논문.
김윤옥(2013), 한·중 공간지시어의 의미론적 대조 연구: '앞, 뒤, 위, 아래' 를 중심으로, 부산대학교 대학원 석사학위논문.
김은경(2010), 외국어로서 한국어 관용어 교육 연구, 대불대학교 대학원 석사학위논문.
김은서(2010), 이주노동자를 위한 한국어 유의어 교육방안 연구, 한양대학교 교육대학원 석사학위논문.
김은영(2008), 한국어 교육용 학술어 선정과 공기관계 연구: 명사 분포를 중심으로, 연세대학교 대학원 석사학위논문.
김은혜(2011), 동사 '먹다' 를 통해 살펴본 한국어 고급 학습자의 다의 관계 인식 양상 연구, 국어교육학연구 41, 국어교육학회. pp.311~338.

김은혜(2011), 의미 중심 어휘지도를 위한 고급 한국어 학습자의 단어 연상 조사, 새국어교육 88, 한국국어교육학회. pp.135~169.
김은혜(2012), 연상을 활용한 한국어 어휘 의미 교육 연구: 고급 한국어 학습자를 대상으로, 인하대학교 대학원 박사학위논문.
김은화(2008), 중국인에 대한 한국어 속담과 관용어 교육에 대하여, 중국조선어문 155, 길림성민족사무위원회. pp.35~35.
김의수 외(2009), 여성결혼이민자들의 작문과 학습교재에 나타난 어휘 수준 비교 연구, 언어와 문화 5-3, 한국언어문화교육학회. pp.217~240.
김의정(2002), 외국어로서의 한국어 교육을 위한 학습 목표 어휘 선정과 과 구성의 실제, 경기대학교 대학원 석사학위논문.
김인균(2004), 한국어 교육에서의 파생어휘 교육, 국제어문 31, 국제어문학회. pp.5~30.
김인호(2011), 한국어 교육을 위한 요리동사 연구, 경희대학교 대학원 석사학위논문.
김일병(2005), 한자 합성어의 구조와 형성에 대한 연구, 국어교육 118, 한국어교육학회. pp.319~362.
김일환 외(2011), 공기어 네트워크를 활용한 유의어 교육 연구, 국제한국어교육학회 추계학술발표논문집, 국제한국어교육학회. pp.181~196.
김정관(2009), 한국어 교육을 위한 '가다' 와 '오다' 의 화용론적 연구, 계명대학교 대학원 석사학위논문.
김정교(2013), 다문화가정 초등학생을 위한 기본어휘 선정 연구: 한국어 교육과정의 생활 한국어를 중심으로, 연세대학교 교육대학원 석사학위논문.
김정남(2004), 한국어 교육용 말뭉치와 용례 파일 생성 작업에 대하여, 비교문화연구 8, 경희대학교비교문화연구소. pp.179~204.
김정남(2005), 한국어교육에서 한자교육의 위상과 방향, 어문연구 127, 한국어문교육연구회. pp.399~424.
김정남(2007), 동일 어미 반복 구문의 통사와 의미: 한국어 문법, 어휘 연계 교육에 대한 제안, 이중언어학 34, 이중언어학회. pp.49~75.
김정아(2002), 한국어 교육에서의 속담 활용 방안 연구, 한국외국어대학교 대학원 석사학위논문.
김정은(2003), 한국어 파생어 교육 연구, 이중언어학 22, 이중언어학회. pp.91~139.
김정희(2010), 결혼이주여성을 위한 한국어 어휘 교육 연구: 자녀교육 관련 어휘를 중심으로, 동국대학교 대학원 석사학위논문.
김종태(2004), 한국어 어휘교육에 관한 몇 가지 문제: 한자어와 외래어를 중심으로, 국어교과교육연구 7, 국어교과교육학회. pp.1~15.

김종학(1999), 한국어의 기초어휘와 동근어군고, 어문연구 103, 한국어문교육연구회. pp.25~41.
김주희(2005), 몽골 전래 동화를 활용한 한국어 어휘 지도 방안: 재한 몽골인 학생들을 대상으로, 경기대학교 국제 · 문화대학원 석사학위논문.
김주희(2011), 한국어교육에서 외래어 교육의 위상, 우리말교육현장연구 5, 우리말교육현장학회. pp.244~246.
김중섭(1997), 외국인을 위한 한국어 한자교육 연구, 어문연구 95, 한국어문교육연구회. pp.95~113.
김중섭(2001), 한국어 학습자를 위한 의성어 · 의태어 교육 방법 연구, 한국의 민속과 문화 4, 경희대학교 민속학연구소. pp.177~193.
김중섭(2010), 한국어능력시험 중급 어휘 목록 개발 연구, 한국교육과정평가원.
김지애(2009), 일본인 한국어 학습자의 외래어 인지도 연구, 경희대학교 교육대학원 석사학위논문.
김지연(2011), 중급 학습자를 위한 반의어 어휘 교육 방안, 중앙대학교 대학원 석사학위논문.
김지영(2004), 한국어 어휘 교육 항목 선정을 위한 기초 연구, 한국어교육 15-2, 국제한국어교육학회. pp.93~114.
김지향(2000), 외국인을 위한 한국어 기초 어휘 선정 연구: 외국인을 위한 한국어 교재 명사 어휘 분석을 중심으로, 한성대학교 대학원 석사학위논문.
김지형(2003), 외국인 학습자를 위한 교육용 기본한자의 선정: 초 · 중급한자를 중심으로, 어문연구 118, 한국어문교육연구회. pp.377~402.
김지형(2003), 한국어 교육에서의 한자 교수법, 국제어문 27, 국제어문학회. pp.343~368.
김지형(2010), 외국인 유학생 대상 한자어 교육의 내용과 방법: 전공 및 전공 예비 과정 학습자를 중심으로, 한국어교육 21-1, 국제한국어교육학회. pp.125~149.
김지혜(2010), 한국어 학습자를 위한 양태부사 아마와 혹시의 어휘 정보 연구, 한국어학 47, 한국어학회. pp.163~190.
김진해(2005), 한국어 의성 · 의태어의 범주화와 능격성 연구, 어문연구 126, 한국어문교육연구회. pp.83~102.
김진희 외(2011), 한국어 다의어 의미 항목별 교육의 필요성: 명사 "말"을 중심으로, 시학과 언어학 21, 시학과 언어학회. pp.127~149.
김창구 외(2001), 어휘력 신장을 위한 기본 한자어의 조어력 조사, 외국어로서의 한국어교육 25, 연세대학교 언어연구교육원 한국어학당. pp.179~201.
김창구(2003), 한일 한자 어휘의 대조 분석과 교육적 접근: 한국어 교재에 나타난 한자 어휘를 대상으로, 경희대학교 대학원 석사학위논문.
김청룡(2011), 한국어 높임법 어휘에 관한 연구, 서울대학교 대학원 석사학위논문.
김춘연(2011), 한국어와 중국어의 호칭어: 친족 호칭어를 중심으로, 건국대학교 대학원 석사학위논문.
김충실(2001), 외국어로서의 한국어 어휘교육의 실제와 교수방법, 중국조선어문 116, 길림성민족사무위원회. pp.34~37.
김하나(2006), 초급 한국어 학습어휘 선정 연구: 초급 교재와 평가의 비교를 중심으로, 배재대학교 대학원 석사학위논문.
김해옥 외(2004), 한국어 어휘 교육을 위한 의미 기술 연구: 형용사 '좋다'를 중심으로, 응용언어학 20-1, 한국응용언어학회. pp.267~286.
김해옥(2005), 문학 작품의 어휘를 통한 한국 언어·문화 교육 방법 연구, 한국언어문화 27, 국제한국언어문화학회. pp.277~298.
김해옥(2005), 문학교육과 어휘교육, 국학자료원.
김현경(2003), 한자문화권 학습자를 위한 한자 어휘 지도 방안: 한·중·일 한자어 대조분석을 중심으로, 한국외국어대학교 대학원 석사학위논문.
김현권 외(2005), 한국어 어휘 의미 지식 데이터베이스 체계 구축 연구: 소유동사의 의미분류와 의미 기술, 한글 268, 한글학회. pp.123~163.
김현주(2013), 중국인 한국어 학습자의 담화에 나타난 텍스트적 담화표지 사용 양상 연구, 계명대학교 대학원 석사학위논문.
김현희(2002), 한국어 교재의 어휘 구성에 관한 비교 연구, 울산대학교 대학원 석사학위논문.
김혜은(2007), 외국인 한국어 학습자를 위한 반의어 교육 방안 연구, 경희대학교 대학원 석사학위논문.
김호정(2006), 한국어 교사에게 필요한 교육 문법 지식 내용 연구: 관형 표현을 중심으로, 이중언어학 32, 이중언어학회. pp.159~190.
김홍범 외(2010), 상징어 어근으로 형성된 한국어 성격 형용사 연구, 비교문화연구 19, 경희대학교 비교문화연구소. pp.233~250.
김홍범(1996), 한국어 상징어의 음운론적 특성, 한국어교육 7, 국제한국어교육학회. pp.31~51.
김홍범(1998), 한국어의 상징어 연구, 새국어교육 55, 한국국어교육학회. pp.103~129.
김화경(2012), 관용표현을 활용한 한국어 교육 방안 연구, 부산대학교 대학원 석사학위논문.
김훈태(2012), 해외 한국어 학습자를 위한 한자 및 한자어 교육방안: 베네치아대학을 중심으로, 한자 한문교육 28, 한국한자한문교육학회. pp.563~591.

나삼일(2008), 의미관계를 이용한 어휘 교육에 관한 연구, 선문대학교 대학원 석사학위 논문.

나윤희(2008), 한국어 '화'와 프랑스어 'colere' 연어 대조, 프랑스어문교육 28, 한국프랑스어문교육학회. pp.193~216.

나은미(2008), 유추를 통한 한국어 어휘 교육, 한국어학 40, 한국어학회. pp.177~202.

나은미(2010), 한국어 어휘교육을 위한 어휘군 구축: [사람]어휘를 대상으로, 우리어문연구 37, 우리어문학회. pp.191~216.

나지혜(2012), 한국어 고급 학습자를 위한 정치 분야 학습 어휘 선정 연구, 연세대학교 교육대학원 석사학위논문.

나카가와 아키오(2010), 한국어 연어 교육 연구: {체언+용언}형 연어를 중심으로, 선청어문 37·38, 서울대학교 국어교육과. pp.253~288.

나카가와 아키오(2012), {명사+동사 '부리다·떨다·피우다'} 연어에 대한 연구, 한국언어문화학 9-1, 국제한국언어문화학회. pp.39~78.

나카무라 마유(Nakamura Mayu)(2011), 시간부사 〈갓〉에 대하여, 외국어로서의 한국어교육 36, 연세대학교 언어연구교육원 한국어학당. pp.69~92.

남명애(Myung Ai Nam) 외(2008), 한·중 이형동의 한자 어휘 대조 연구, 국어교육 127, 한국어교육학회. pp.233~279.

남명애(Myung Ai Nam) 외(2010), 중국인 한국어 학습자의 어휘 오류 연구: 이형동의어를 중심으로, 국어교육 132, 한국어교육학회. pp.325~349.

남상은(2011), 어휘 학습 전략이 어휘 기억에 미치는 영향, 경희대학교 대학원 석사학위 논문.

남신혜 외(2011), 한국어 교육을 위한 외래어 조어소 선정에 관한 연구, 이중언어학 46, 이중언어학회. pp.67~102.

노경래(2008), 사전을 활용한 한국어 어휘 지도-학습 연구, 관동대학교 대학원 석사학위 논문.

노구치 타카히로(2004), 한국어교육 전공자용 한국어 전문어휘 교육 연구, 경희대학교 교육대학원 석사학위논문.

노원영(2008), 한·루마니아 속담의 내용상 비교 연구: 동물 소재를 중심으로, 강남대학교 대학원 석사학위논문.

노은희(1996), 속담에서의 '여성' 표현에 나타난 발상 연구: 한·영·일 비교 분석, 한국국어교육연구회 논문집 58, 한국어교육학회. pp.38~70.

노재은(2001), 중국어 모어 학습자를 위한 한국어 시간 표현 교육 연구, 경희대학교 교육

대학원 석사학위논문.
녹일분(2012), 한·중 사자성어의 통사·의미에 대한 대조 연구, 국민대학교 대학원 석사학위논문.
다나카 에리(2012), 일본인 여성 결혼이민자를 위한 한국어 요리 관련 동사 교육 방안 연구: 한·일 대조 분석을 중심으로, 경희대학교 대학원 석사학위논문.
다오티미칸(2004), 한국어와 베트남어 친족 호칭어 및 지칭어 비교 분석, 숙명여자대학교 대학원 석사학위논문.
다케치 유키에(2012), 일본어 2자 한자어 형용동사와 이에 대응하는 한국어 '2자 한자어+하다', '2자 한자어+이다'의 대조 연구, 경희대학교 대학원 석사학위논문.
다키구치 게이코 외(2011), '하다' 동사와 'する' 동사의 대응 양상: 동일 한자어 어근 구성을 중심으로, 이중언어학 46, 이중언어학회. pp.103~130.
담흔(2010), 한국어와 중국어의 한자음 대비 연구, 영남대학교 대학원 석사학위논문.
당홍(2012), 연어 분석을 통한 유의어 교수 방안 연구: 동사 '부리다'와 '피우다', '견디다'와 '참다' 중심으로, 연세대학교 대학원 석사학위논문.
도원숙(2007), 초기 한국어 학습자를 위한 어휘 교재 개발 연구, 경희대학교 대학원 석사학위논문.
도파(2012), 한국어 축약어의 교육 방안 연구, 건양대학교 대학원 석사학위논문.
동양(2011), 한국어와 중국어의 중의성 대비와 교육 방안 연구: 중국어권 한국어 학습자를 중심으로, 영남대학교 대학원 석사학위논문.
동치엔(2011), 중국인 학습자를 위한 한·중 의성어·의태어 대조 연구, 한양대학교 대학원 석사학위논문.
동흠(2010), 한·중 여성호칭어의 사회언어학적 대조 연구: 여성의 사회적 지위를 중심으로, 조선대학교 대학원 석사학위논문.
두위(2012), 한국어 한자어 합성어와 중국어의 대조 연구, 부산대학교 대학원 박사학위논문.
두전하(2011), 고유어계 관용구와 한자어계 관용구의 비교 연구, 인하대학교 대학원 석사학위논문.
등남(2010), 중국인 학습자를 위한 한자어 교육 방법 연구, 한양대학교 대학원 석사학위논문.
뚜이(2011), 베트남 한국어 학습자를 위한 관형어 교육 내용 연구, 서울대학교 대학원 석사학위논문.
띠미린(2012), 한국어와 베트남어의 위치어 대조 연구, 인하대학교 대학원 석사학위논문.
라민툰(2013), 미얀마인 한국어 학습자를 위한 한국어 속담 교육 연구, 부경대학교 대학

원 석사학위논문.
란천우(2011), 중국의 한국어 초급 교재 어휘 비교 연구, 국어교과교육연구 19, 국어교과교육학회. pp.203~266.
란하이팡(2013), 중국인 학습자를 위한 착탈동사 교육 방안 연구, 부산대학교 대학원 석사학위논문.
룽팅팅(2013), 한국 한자어 양태 부사의 통사 · 의미적 특성에 대한 한국어 · 중국어의 비교 연구, 단국대학교 대학원 석사학위논문.
류가(2011), 한국어와 중국어의 어휘높임법 비교 연구, 배재대학교 대학원 석사학위논문.
류상희(2005), 일본어에 혼용된 도래어(渡來語), 이중언어학 29, 이중언어학회. pp.35~61.
류징(2012), 한국어 초급 교재의 주제 유형과 어휘 분석: 한국 내 교재와 중국 현지화 교재의 비교를 바탕으로, 연세대학교 대학원 석사학위논문.
류투안(Tuan Anh Luu)(2011), 베트남 한국어 학습자를 위한 한국 한자어 어휘력 향상 방안 모색: 한자음을 중심으로 하여, 언어정보와 사전편찬 27, 연세대학교 언어정보연구원. pp.173~208.
류혜림(2011), '단어 활성화 도구' 에 의한 한국어 어휘 교육 방안: 「연세한국어 읽기 1」을 중심으로, 한국외국어대학교 교육대학원 석사학위논문.
리 스미스 안젤라(Angela Lee Smith)(2006), 어휘적 접근법을 통한 한국어 교육 방안, 한국어교육 17-1, 국제한국어교육학회. pp.459~497.
리 스미스 안젤라(Angela Lee Smith) 외(2011), 한국어능력시험 초급 어휘, 문법 영역의 문항 목록 분석, 한국어교육 22-4, 국제한국어교육학회. pp.1~26.
리샤오원(2012), 한국어 교육을 위한 한 · 중 신체언어 대조연구, 경희대학교 대학원 석사학위논문.
리송월(2008), 게임을 활용한 한국어어휘교육, 중국조선어문 158, 길림성민족사무위원회. pp.23~28.
리우위(2010), 한 · 중 동형이의어의비교연구: 이자형 한자어를 중심으로, 선문대학교 대학원 석사학위논문.
린즈위(2013), 한·중 음식 관련 관용어 대비 연구, 부산대학교 대학원 석사학위논문.
마금선(2012), 중국인 한국어 학습자를 위한 한자어 교육 연구, 서울대학교 대학원 박사학위논문.
마금선(Jin Shan Ma)(2010), 중국인 학생들을 대상으로 한 한자어 교육연구: 학습전략을 중심으로, 국어교육연구 26, 서울대학교 국어교육연구소. pp.179~205.
마나(2013), 한중 동형어 교육 방안 연구, 청주대학교 대학원 석사학위논문.
마난차야 넷폭까나(2011), 태국인 학습자를 위한 한국어 형용사 유의어 대조 분석 연구:

초급단계를 중심으로, 경희대학교 대학원 석사학위논문.

마영(2013), 한국어 양태부사 '과연' 에 대한 연구, 서울대학교 대학원 석사학위논문.

마주영(2010), 자기 주도적 학습을 위한 웹 기반 한국어 어휘 교육 연구, 경희대학교 교육대학원 석사학위논문.

마쯔모또 리에(2012), 한일 양국어 한자어동사에 대한 비교고찰과 교육방법 제안: 일본어「漢字語+する」동사와 한국어「漢字語+하다/되다」동사를 중심으로, 목포대학교 대학원 석사학위논문.

마키노 미키(2012), 일본인을 위한 효과적인 한자어휘 교육 연구: 한일 한자어 음성대응관계를 중심으로, 고려대학교 대학원 석사학위논문.

막효뢰(2010), 한·중 음식 관련 관용표현 연구, 배재대학교 대학원 석사학위논문.

만리(2010), 한국어 교재의 시간부사 분석: 유의어 시간부사를 중심으로, 상명대학교 대학원 석사학위논문.

만림(2010), 의미 대조를 통한 한국 미각어 교육연구: 중국어권 학습자를 대상으로, 고려대학교 대학원 석사학위논문.

맛띠다우(2012), 한국어와 미얀마어의 신체 관련 관용표현 대조 연구, 경희대학교 대학원 석사학위논문.

맹수미(2012), 한국어 어휘 교육을 위한 게임 활용 방안 연구: 중국인 고급 학습자를 대상으로, 청주대학교 대학원 석사학위논문.

맹주억(2004), 한국어와 중국어 사이의 어휘 간섭 요인 박쥐말 1, 외국어 교육 11-4, 한국외국어교육학회. pp.475~488.

맹주억(2005), 한국어와 중국어 사이의 어휘 간섭 요인 박쥐말 2, 외국어 교육 12-3, 한국외국어교육학회. pp.401~416.

맹지은(2011), 한국어 고급 학습자를 위한 유의어 사전 개발 연구, 한양대학교 교육대학원 석사학위논문.

모승환(2012), 한국어 시간부사 '아직'·'여태' 에 대한 연구, 연세대학교 대학원 석사학위논문.

목야미희 외(2012), 일본인 학습자를 위한 한국어 한자어휘 교육 연구: 한일 한자음 대응관계를 이용하여, 일본근대학연구 38, 한국일본근대학회. pp.79~96.

묘예나(2011), 이공계 학문 목적 학습자를 위한 한국어 어휘 선정 및 교육 방안, 중앙대학교 대학원 석사학위논문.

무서이(2011), 중국 학습자를 위한 한자어 학습방법 탐구, 공주대학교 대학원 석사학위논문.

문금현(1998), 외국어로서의 한국어 관용표현의 교육, 이중언어학 15, 이중언어학회.

pp.207~233.
문금현(2000), 구어 텍스트를 활용한 한국어 어휘 교육, 한국어교육 11-2, 국제한국어교육학회. pp.21~61.
문금현(2002), 한국어 어휘 교육을 위한 연어 학습 방안, 국어교육 109, 한국어교육학회. pp.217~250.
문금현(2003), 한국어 어휘 교육을 위한 한자어 학습 방안, 이중언어학 23, 이중언어학회. pp.13~35.
문금현(2004), 한국어 유의어의 의미 변별과 교육 방안, 한국어교육 15-3, 국제한국어교육학회. pp.65~94.
문금현(2006), 한국어 명사 '눈'의 교육 방안, 한국어 의미학 21, 한국어의미학회. pp.105~139.
문금현(2006), 한국어 어휘 교육을 위한 다의어 학습 방안: 동사 보다를 중심으로, 이중언어학 30, 이중언어학회. pp.143~177.
문금현(2009), 한국어 어휘론과 한국어 교육 2, 학술대회, 한국언어문화교육학회. pp.45~69.
문금현(2010), "인간" 어휘장의 하위 분류 기준에 대하여, 새국어교육 85, 한국국어교육학회. pp.403~431.
문금현(2010), 한국어 어휘 교육의 현황과 과제, 언어와 문화 6-1, 한국언어문화교육학회. pp.109~135.
문금현(2011), 어휘장을 활용한 한국어 어휘 교육, 우리말교육현장연구 5, 우리말교육현장학회. pp.7~47.
문금현(2011), 인간어휘장을 활용한 한국어 어휘 교육, 언어와 문화 7-2, 한국언어문화교육학회. pp.85~110.
문금현(2012), 음식어휘장의 분류 기준을 활용한 한국어 음식 어휘 교육, 새국어교육 91, 한국국어교육학회. pp.41~77.
문금현(2012), 한국어 감정표현 어휘에 대한 말하기 교육, 시학과 언어학 22, 시학과 언어학회. pp.175~200.
문혜경(2009), 한·중 동형어 의미대조를 통한 어휘지도 방안, 교육논총 20, 숙명여자대학교 교육대학원 원우회. pp.39~56.
문화관광부(1998), 한국어 교육을 위한 기초 어휘 선정, 문화관광부 한국어 세계화 추진 위원회.
뭉흐졸(2007), 몽골인 한국어 학습자를 위한 한국어 호칭어 연구, 경희대학교 대학원 석사학위논문.
미가(2011), 중국인 학습자를 위한 한국어 호칭어 교육방안 연구: 사회·친족 호칭어를 중심으로, 부산외국어대학교 대학원 석사학위논문.
민경모(2011), 해외 청소년 대상 교육용 어휘 선정을 위한 기초 연구, 언어와 문화 7-2, 한국언어문화교육학회. pp.191~214.
민영란(Ying Lan Min)(2007), 중국어권 학습자의 한자어 어휘 오류 분석과 교육 방안: 모국어 영향에 의한 오류를 중심으로, 외국어로서의 한국어교육 32, 연세대학교 언어연구교육원 한국어학당. pp.81~101.
민지연(2013), 한국어능력시험(TOPIK)과 한국어 교재에 나타난 어휘 요소 및 문법 유형 비교 연구, 대진대학교 대학원 석사학위논문.
바양(2012), 한·중 의성어 대조 연구: 사람과 관련된 의성어를 중심으로, 서울시립대학교 대학원 석사학위논문.
바양다이 벌드마(2012), 한·몽 몸짓 시늉말 대비 연구, 부산대학교 대학원 석사학위논문.
박기숙(2011), 한국어와 중국조선어 비교를 통한 어휘 교육: 조선족 학생을 대상으로, 경희대학교 대학원 석사학위논문.
박노순(2011), 한·중·영 모국어 화자의 발화에 나타난 한자 사용량에 관한 고찰: KY코퍼스를 활용하여, 계명대학교 교육대학원 석사학위논문.
박덕유(2009), 외국인 학습자를 위한 어휘력 신장 연구(I): 한국어 한자 및 한자어를 중심으로, 언어와 문화 5-1, 한국언어문화교육학회. pp.85~103.
박덕재(2009), 외국어로서 한국어 교육콘텐츠에서의 성별언어에 대한 인식, 한국콘텐츠학회논문지 9, 한국콘텐츠학회. pp.423~432.
박동호(1998), 대상부류에 의한 한국어 어휘기술과 한국어 교육, 한국어교육 9-2, 국제한국어교육학회. pp.67~84.
박동호(2001), 한국어 어휘기술 방법론과 어휘교육, 한국어교육 12-2, 국제한국어교육학회. pp.397~414.
박미선(2011), 일본인을 위한 한국어 관용표현의 교육 방안, 대구가톨릭대학교 대학원 석사학위논문.
박미엽(2004), 한국어 교육 방안 1: 어휘 교육 어떻게 할 것인가, 국어문학 39, 국어문학회. pp.96~116.
박미자(2009), 한국어 교육을 위한 수준별 의성어·의태어 목록 연구, 계명대학교 대학원 석사학위논문.
박미주(2010), 중국어 관용어 지도방안 연구: 초·중급 학습자를 대상으로, 경희대학교 대학원 석사학위논문.
박민진(2009), 주석이 한국어 관용어의 우연적 학습에 미치는 영향, 이화여자대학교 국제대학원 석사학위논문.

박부종(2011), 「기」의 관용구에 관한 한·일 대조 연구, 충남대학교 대학원 석사학위논문.
박상천(2004), 한국어 호칭 교육 방안 연구, 경희대학교 대학원 석사학위논문.
박새미(2012), 의미변별을 활용한 한국어 유의어 교육 방안 연구: 고급 학습자를 대상으로, 한양대학교 교육대학원 석사학위논문.
박서향(2006), 한국어 교재의 의미 분석을 토대로 한 다의어 교육 연구, 연세대학교 대학원 석사학위논문.
박석준(2011), 한국어능력시험(TOPIK) 어휘문법 영역에 대한 논의, 문법 교육 15, 한국문법교육학회. pp.51~71.
박선옥(2008), 한국인과 중국인의 단어 연상의미 조사 분석과 단어 연상을 활용한 한국어 어휘 교육 방법, 한국어 의미학 25, 한국어의미학회. pp.71~98.
박선희(2008), 학습자의 언어 인식 조성을 통한 한국어 지시어 교수 방안, 외국어 교육 15-3, 한국외국어교육학회. pp.359~386.
박선희(2011), 어휘상과 담화구조에 따른 중국인 한국어 학습자의 시제상 습득 연구, 외국어 교육 18-3, 한국외국어교육학회. pp.361~389.
박설교(2011), 중국인 학습자를 위한 한국어 착용동사 교육 방안 연구, 세종대학교 대학원 석사학위논문.
박성심(2009), 여성결혼이민자 한국어 교육을 위한 어휘 등급화 연구, 계명대학교 대학원 석사학위논문.
박성은(2008), 중급 단계 중국인 한국어 학습자의 한자 어휘 학습 전략 연구: 의미 발견 전략을 중심으로, 이화여자대학교 대학원 석사학위논문.
박성희(2012), 외국인 학습자용 흉내말 어휘교재 개발 방안 연구, 숙명여자대학교 대학원 석사학위논문.
박소연(2013), 여성결혼이민자를 위한 한자 및 한자어 연구: 공공 기관의 민원 서식 말뭉치 분석을 중심으로, 연세대학교 교육대학원 석사학위논문.
박수연(2003), 외국인을 위한 '한국어 학습사전'에서 동음이의어의 구별에 관한 연구, 외국어로서의 한국어교육 28, 연세대학교 언어연구교육원 한국어학당. pp.71~110.
박숙영(2005), 한국어 어휘교육을 위한 연어 활용 방안 연구, 한국외국어대학교 대학원 석사학위논문.
박숙자(2003), 한국어교육에서의 어휘교수, 중국조선어문 126, 길림성민족사무위원회. pp.26~31.
박아봉(2007), 韓·中 韓字詞匯 比較 硏究: 以韓國常用漢字1,800字爲中心, 순천향대학교 교육대학원 석사학위논문.
박연신(2011), 이주여성을 위한 한국어 속담 교육 방안 연구, 인하대학교 교육대학원 석

사학위논문.

박영미 외(2012), 외국인을 위한 퍼즐과 실전으로 배우는 한자성어, 교학연구사.

박영숙(2010), 관용어의 유래담을 활용한 한국어 문화교육 방안 연구, 한국외국어대학교 교육대학원 석사학위논문.

박영애(2010), 한국사회 속의 중국 한자 음역어 사용 고찰, 중앙대학교 대학원 석사학위논문.

박영준(2000), 한국어 숙달도 배양을 위한 문화적 어휘·표현의 교육, 한국어교육 11-2, 국제한국어교육학회. pp.89~110.

박영준(2004), 한국어의 금기어 연구: 유형과 실현 양상을 중심으로, 우리말연구 15, 우리말학회. pp.79~105.

박영환(2007), 한국어 지시어 교육 연구, 언어연구 23, 한국현대언어학회. pp.357~372.

박윤신(2005), 한국어 읽기 지문 속에 나타난 학습 어휘·문법 요소 연구: 중급 교재를 중심으로, 경희대학교 대학원 석사학위논문.

박은숙(2011), 한국-몽골 초등학생 및 중학생의 보통 명사 정의하기 능력 비교, 명지대학교 사회교육대학원 석사학위논문.

박은정(2012), 한국어 학습자의 친족 호칭어 사용 양상에 관한 연구, 경희대학교 교육대학원 석사학위논문.

박재남(2002), 외국어로서 한국어의 유의어 교육 방안 연구, 연세대학교 대학원 석사학위논문.

박정은(2007), 외국어로서의 한국어 접두 파생어 연구: 한자어 부정접두사 '無, 未, 不, 非'를 중심으로, 경희대학교 대학원 석사학위논문.

박정은(2012), 어휘 함수를 활용한 한국어 연어교육 연구, 충남대학교 대학원 석사학위논문.

박종원(2010), 한국언어문화 교육 방안 연구: 한, 러 동물 속담을 바탕으로, 상명대학교 교육대학원 석사학위논문.

박종호 외(2012), 한국어 동사 유의어 교육 방안에 관한 소고: 3쌍의 동사 유의어를 대상으로, 새국어교육 92, 한국국어교육학회. pp.419~443.

박지영(2010), 한국어 학습자를 위한 외래어 어휘 연구, 한국어와 문화 8, 숙명여자대학교 한국어문화연구소. pp.95~115.

박지영(2011), 한국어 학습자를 위한 외래어 교육 방안, 숙명여자대학교 대학원 석사학위논문.

박지은(2013), 한국어 학습용 기본명사의 연어 구성 분석: '명사+용언' 유형의 연어 구성을 중심으로, 연세대학교 대학원 석사학위논문.

박지현(2007), 어휘 주석이 한국어 우연적 어휘 학습에 미치는 영향, 한국어교육 18-2, 국제한국어교육학회. pp.115~134.

박진경(2004), 속담을 이용한 한국어 문화 교육에 대한 연구, 홍익대학교 교육대학원 석사학위논문.

박진영(2013), 모바일 기반 학습을 위한 한국어 의성어·의태어 콘텐츠 구성 방안, 배재대학교 교육대학원 석사학위논문.

박참희(2012), 한국어 학습자를 위한 음식 어휘장 학습 자료 연구, 숙명여자대학교 대학원 석사학위논문.

박철린(2011), 한국어 교육용 금융 기본어휘 선정 연구: 명사 어휘를 중심으로, 고려대학교 교육대학원 석사학위논문.

박춘설(2012), 중국 조선족 학습자를 위한 한국어 어휘 교육 연구: 한국어와 중국조선어 어휘 차이를 중심으로, 서울대학교 대학원 석사학위논문.

박해숙(2009), 속담의 문화적 배경을 활용한 한국어교육 방안, 인하대학교 교육대학원 석사학위논문.

박향단(2013), 재중동포를 위한 한국어 외래어 교육 방안 연구, 세종대학교 대학원 석사학위논문.

박현정 외(2010), 한국어 어휘 교육을 위한 용언의 제약 활용형과 특수 활용형 연구, 진단학보 109, 진단학회. pp.345~368.

박현정(2010), 한국어 어휘 교육을 위한 제약 활용형과 특수 활용형 연구, 경희대학교 대학원 석사학위논문.

박현주(2011), 한국어 교육을 위한 한·일 속담 비교 연구: 한국어 교재와 한국어능력시험을 중심으로, 충북대학교 대학원 석사학위논문.

박혜랑(2012), 다문화가정 자녀 대상 내용중심 한국어교육을 위한 초등 사회과 학습 어휘 선정, 연세대학교 교육대학원 석사학위논문.

박혜원 외(2004), 그림 stroop 과제에 나타난 조선족 고등학생의 한글 및 한자어 처리에 관한 연구: 한족 및 한국 학생과의 수행비교, 이중언어학 26, 이중언어학회. pp.145~161.

박혜진(2011), 한·중 동형 한자어의 의미 차이 연구: 부분 이의 한자어를 중심으로, 중앙대학교 대학원 석사학위논문.

박희선(2009), 한국어 교재의 유의어 등급의 표준화 방안 연구, 한국외국어대학교 교육대학원 석사학위논문.

방가미(2012), 한·중 유의어 대조 연구: 〈한국어 능력 시험〉 중급 어휘를 중심으로, 경희대학교 대학원 석사학위논문.

방성희(2007), 대학 수학 목적의 한국어 기본 어휘 선정 연구: 인문계열 명사어휘를 중심으로, 고려대학교 대학원 석사학위논문.

방향옥(Xiang Yu Fang)(2009), 한국 한자어와 중국어의 접두파생어 대조 연구, 새국어교육 83, 한국국어교육학회. pp.485~513.

배규범(2010), 중국 내 한국어 학습자를 대상으로 한 관용어 교육의 실상과 방향: 목록 선정과 단계별 배치를 중심으로, 한국어교육 21-3, 국제한국어교육학회. pp.77~104.

배도용(2011), 한국어 학습자 쓰기에 나타난 어휘 사용빈도 예비 조사, 동남어문논집 31, 동남어문학회. pp.175~197.

배성봉 외(2012), 한자어 인지와 학습에서 의미투명성의 효과, 교육심리연구 26, 한국교육심리학회. pp.607~620.

배은희(2013), 여성 결혼이민자의 호칭어 사용 양상 연구: 베트남, 중국, 일본, 필리핀 여성 결혼이민자를 중심으로, 계명대학교 대학원 석사학위논문.

배지영(2005), 한국어 모어 화자와 한국어 학습자의 호칭사용양상 비교, 이화여자대학교 교육대학원 석사학위논문.

배현대(2010), 여성 결혼 이민자를 위한 한국어 교육 현황과 문화 어휘를 활용한 한국어 교육 방법, 경기대학교 대학원 석사학위논문.

배현숙(2006), 외국인을 위한 한국어 의성어·의태어 교수법 연구, 이중언어학 31, 이중언어학회. pp.97~121.

백낙천 외(2009), 한국어 교재에 나타난 형용사의 연어 관계 연구: 서울대 언어교육원 〈한국어 1, 2〉 교재를 중심으로, 한말연구 25, 한말연구학회. pp.113~138.

백승주(2011), 멀티미디어 어휘 주석과 학습자 인지 양식이 우연적 한국어 어휘 학습에 미치는 영향, 이화여자대학교 국제대학원 석사학위논문.

백승주(2011), 멀티미디어 어휘 주석과 학습자 인지 양식이 우연적 한국어 어휘 학습에 미치는 영향, Multimedia Assisted Language Learning 14, 한국멀티미디어언어교육학회. pp.265~289.

백악천(Nak Cheon Baek) 외(2010), 한국의 문화: 한·중 음식 관련 관용표현의 특징 비교: 한국어교육적 접근을 위하여, 한국사상과 문화 53, 한국사상문화학회. pp.217~243.

밤바체렝 받돌가(2013), 한국과 몽골의 속담 비교 연구: '말(馬)' 관련 속담을 중심으로, 공주대학교 대학원 석사학위논문.

벌러르마(2011), 몽골인 학습자를 위한 한국어 유의어 교육 방안 연구: 중급 단계의 한국어 교재의 동사를 중심으로, 경희대학교 대학원 석사학위논문.

범신성(2011), 중국인 한국어 학습자의 어휘 사용 실태 및 어휘 교육 방안 연구: 한자어를 중심으로, 계명대학교 대학원 석사학위논문.
범혜매(2013), 한국 특유 사자성어의 구조에 대한 연구, 한양대학교 대학원 석사학위논문.
本田知邦(2004), 일본어권 학습자를 위한 한국어 관용표현 지도 연구, 서울대학교 대학원 석사학위논문.
봉미경(2005), 시간부사의 어휘 변별 정보 연구: 유의어 방금과 금방의 분석을 중심으로, 외국어로서의 한국어교육 30, 연세대학교 언어연구교육원 한국어학당. pp.113~139.
부상염(2012), 한국어와 중국어 지시어 대조연구: '이, 그, 저' 와 '這, 那' 를 중심으로, 한양대학교 대학원 석사학위논문.
부티응옥안(2011), 베트남 학습자를 위한 한국어 한자어 학습 전략, 부산대학교 대학원 석사학위논문.
北島佳代子(2012), 한·일 양어의 호칭에 관한 연구: 「호칭의 확대사용」을 중심으로, 고려대학교 대학원 석사학위논문.
사근(2013), 중국인 학습자를 위한 한국어 의성어·의태어 교육 방안의 연구: 반복형 의성어·의태어의 분석을 중심으로, 중앙대학교 대학원 석사학위논문.
사노 데루아키(2004), 일본인 학습자를 위한 한국어 한자 교육 방안 연구, 선문대학교 대학원 석사학위논문.
사모토 마리(2002), 일본어를 모어로 하는 학습자를 위한 한국어 관용어 교육 연구: 동사형 관용어를 중심으로, 경희대학교 교육대학원 석사학위논문.
사야크벡 누르잣(2007), 한국어 동사 '먹다' 의 용법: 키르키즈어 및 러시아어 화자의 한국어 학습을 위한 연구로서, 서울대학교 대학원 석사학위논문.
사와다 히로유키(2002), 외국어로서의 한국어 학습을 위한 한·일어 동사 대응 연구, 전남대학교 대학원 석사학위논문.
사윤(2012), 중국인 학습자를 위한 한중 동형 한자어의 의미대조 연구, 세종대학교 대학원 석사학위논문.
사토우 아이(2010), 일본어 모어화자를 위한 한국어 호칭어 교육, 경희대학교 대학원 석사학위논문.
사혜분(2010), 한국어와 중국어의 시각과 청각 관련 다의어 대조 연구, 영남대학교 대학원 석사학위논문.
서단(2004), 중국인 한국어 학습자를 위한 한국어 의성·의태어 교육 방안 연구, 경희대학교 대학원 석사학위논문.
서문화(2012), 한국어와 영어의 구조와 어휘표현의 차이, 충주대학교 인문대학원 석사학위논문.
서상규 외(2000), 한국어 교육 기초 어휘 의미 빈도 사전의 개발 사업 보고서, 문화관광부.

서상규 외(2002), 한국어 정보 처리와 연어 정보, 국어학 39, 국어학회. pp.321~360.
胥陽(2013), 한·중 양극적 맞섬말의 다의 구조 연구: 척도 형용사를 중심으로, 영남대학교 대학원 박사학위논문.
서은영(2011), 말뭉치 기반 한국어 상징어 연구: 통사적 특성을 중심으로, 경북대학교 대학원 석사학위논문.
서익환(1991), 한일양언어의 한자어대조연구, 일본어교육연구 7, 한국일본어교육학회. pp.57~95.
서정현(2008), 한국어 교육용 어휘 선정을 위한 신문 사설의 어휘 사용 분석 연구: 신문 사설 말뭉치 분석을 중심으로, 연세대학교 대학원 석사학위논문.
서종오(2002), 외국어로서 한국어 고유어 접두사 연구, 한국외국어대학교 대학원 석사학위논문.
서지현(2013), 한국어 기본어휘의 학문목적 교재 텍스트 커버율 연구, 경희대학교 교육대학원 석사학위논문.
서진숙(2009), 학부 유학생의 호칭어 사용 연구, 이중언어학 40, 이중언어학회. pp.109~125.
서총(2011), 한·중 신조어의 형태론적·어휘론적 대비연구, 충남대학교 대학원 석사학위논문.
서춘희(Seo Choonhee)(2011), 중국인을 위한 한국어교재의 관용어실태와 그 교수방안, 중국조선어문 172, 길림성민족사무위원회. p.35.
서하(2012), 한·중 한자어 비교 연구, 안동대학교 대학원 석사학위논문.
서희경(2013), 한국어 동사 다의어의 연어 중심 교육 연구, 가톨릭대학교 대학원 석사학위논문.
서희연(2009), 어휘 학습 전략 활동을 활용한 한국어 수업 방안 연구: 의미 풀어 표현하기 전략 활동을 중심으로, 경희대학교 교육대학원 석사학위논문.
서희정 외(2010), 한국어교육에서 고유어의 위상과 등급화: 고유어 용언을 중심으로, 한국어교육학회지 132, 한국어교육학회. pp.351~384.
서희정(2006), 한국어 학습자를 위한 접두파생어에 대한 연구: 고유어 접두사를 중심으로, 이중언어학 30, 이중언어학회. pp.209~243.
서희정(2009), 한국어교육에서 "무엇"의 기술 방안, 새국어교육 83, 한국국어교육학회. pp.261~283.
서희정(2010), 한국어교육에서 감정형용사의 제시 방안: '아쉽다', '안타깝다', '아깝다', '섭섭하다', '서운하다'를 중심으로, 한국언어문학 74, 한국언어문학회. pp.31~59.
선단단(2011), 한·중 신체 관련 관용구에 나타난 다의어 비교 연구: 한국어 '손', '발', '다리'와 중국어 '手', '脚', '腿'를 중심으로, 배재대학교 대학원 석사학위논문.

설혜경 외(2009), 비한자문화권 학습자를 위한 한자어 교육 연구, 외국어로서의 한국어 교육 34, 연세대학교 언어연구교육원 한국어학당. pp.157~174.

성미숙(2013), 여성결혼이민자를 위한 한국어 요리 동사 교육 방안 연구, 세종대학교 대학원 석사학위논문.

성보금(2010), 초급 한국어 교재에 나타난 어휘 분석: 한국어능력시험 1·2급 어휘·문법 영역의 어휘를 중심으로, 대진대학교 대학원 석사학위논문.

성아영(2010), 한국어와 스페인어의 연어 대조 분석: 신체어휘를 중심으로, 연세대학교 교육대학원 석사학위논문.

소소우(2013), 한국 한자어와 중국어의 파생어 대조 연구: 접미사를 중심으로, 동국대학교 대학원 석사학위논문.

손경미(2010), 다문화가정 초등학생의 한국어 능력 향상을 위한 사고도구어 조사, 다문화콘텐츠연구 8, 중앙대학교 문화콘텐츠기술연구원. pp.93~113.

손경미(2013), 다문화가정 초등학생의 교과 학습 지원을 위한 학습 어휘(Learning Lexical Item) 중재 전략 구안, 부산외국어대학교 대학원 박사학위논문.

손근정(2011), 심상을 활용한 어휘 교수·학습 방법이 한국어 학습자의 기억에 미치는 영향, 이화여자대학교 교육대학원 석사학위논문.

손사가(2011), 중국인 한국어 학습자를 위한 한·중 속담의 비교와 교수방법 연구, 부산외국어대학교 대학원 석사학위논문.

손세모돌(2005), 한국어 교육에서의 호칭지칭에 대하여, 한말연구 16, 한말연구학회. pp.99~158.

손연자(1984), 비한문 문화권의 외국인에 대한 한자교육 방법론 소고, 외국어로서의 한국어교육 9, 연세대학교 언어연구교육원 한국어학당. pp.81~101.

손연화(2011), 한글을 통한 한중 한자어의 병행표기에 관한 연구, 충남대학교 대학원 석사학위논문.

손예화(2011), 한·중 가열요리동사 대조 연구, 부산대학교 대학원 석사학위논문.

손운운(2011), 중국인 학습자를 위한 한국 한자어 교육 방안 연구, 영남대학교 대학원 석사학위논문.

손이(2011), 중국인 한국어 학습자를 위한 한자어 교육 방안 연구: 중급 한국어 교재를 중심으로, 인하대학교 대학원 석사학위논문.

孫梨梨(2007), 중국인을 위한 한국어 호칭과 지칭 지도 방안 연구, 서울대학교 대학원 석사학위논문.

손지영(2006), 장이론을 활용한 외국어로서의 한국어 어휘 교육, 상명대학교 대학원 석사학위논문.

손춘섭(2009), 한국어 호칭어의 교육 방안에 대한 연구, 광신논단 18, 광신대학교. pp.249~288.

송국명(2012), 한국어 '들다'와 중국어 대응 표현 대비 연구, 건국대학교 대학원 석사학위논문.

송병렬(2012), 외국인을 위한 한국어교육에서 한자어휘교육의 문제, 한문교육연구 38, 한국한문교육학회. pp.21~49.

송안나(2012), 러시아어권 학습자를 위한 한국어 연어(collocation) 교육 방안, 고려대학교 대학원 석사학위논문.

송연화(2011), 중국인 학습자를 위한 외래어 교육 연구, 중앙대학교 대학원 석사학위논문.

송향근 외(2009), 한국어 사자성어 어휘 교육 방안 연구, 한국사전학 13, 한국사전학회. pp.171~189.

송현아(2008), 몽골인을 위한 한국어 관용어 교육 연구, 한국외국어대학교 대학원 석사학위논문.

송효교(2011), 중국인 한국어 학습자를 위한 한중 속담 비교 연구, 공주대학교 대학원 석사학위논문.

수몬몬쩌(2012), 미얀마인 학습자를 위한 한국어 호칭어 연구: 친족 호칭어를 중심으로, 배재대학교 대학원 석사학위논문.

수혜교(2011), 한국어와 중국어의 비친족 관계 호칭어 비교 연구, 경희대학교 대학원 석사학위논문.

숙산산(2011), 한·중 양국의 외래어 비교 분석, 안동대학교 대학원 석사학위논문.

쉬원원(2013), 한·중 불교어의 대조 연구, 경희대학교 대학원 석사학위논문.

시정곤(2005), 한국어 어휘망을 바탕으로 한 개념 지도 구축 방안에 대하여, 이중언어학 28, 이중언어학회. pp.145~163.

신동광(2011), 어휘 교육의 발전 방향 탐색: 기본 어휘의 선정 기준: 영어 어휘를 중심으로, 국어교육학연구 40, 국어교육학회. pp.217~243.

신명선 외(2011), 새터민을 위한 한국어 어휘 교육 방안, 한국언어문화학 8-2, 국제한국언어문화학회. pp.57~89.

신명선 외(2012), 새터민을 위한 한국어 어휘 교육, 박이정.

신명선(2006), 학문 목적의 한국어 학습자를 위한 어휘 교육의 내용 연구, 한국어교육 17-1, 국제한국어교육학회. pp.237~264.

신선미(2012), 반복과 L1 어휘화가 우연적 한국어 어휘 습득에 미치는 영향, 이화여자대학교 교육대학원 석사학위논문.

신성철(2006), 한국어 제1화자와 제2화자가 판정한 한국어 어휘의 수용성, 외국어로서의 한국어교육 31, 연세대학교 언어연구교육원 한국어학당. pp.153~171.
신성철(2007), 의미상의 유사성으로 인한 한국어 어휘 오류, 외국어로서의 한국어교육 32, 연세대학교 언어연구교육원 한국어학당. pp.141~170.
신승은(2011), 한국어 학습자를 위한 단계별 의성어 · 의태어 목록 선정과 교육 방안 연구: 반복 형태를 중심으로, 한국외국어대학교 교육대학원 석사학위논문.
신유정(2011), 문맥 중심 어휘 지도 방법이 한국어 어휘 학습에 미치는 효과, 이화여자대학교 교육대학원 석사학위논문.
신윤경(2011), 한국어 읽기를 위한 어휘의 문화 배경지식 활용, 한국어교육 22-1, 국제한국어교육학회. pp.179~201.
신은경 외(2005), 유형별 어휘를 중심으로 한 어휘 교재 개발 방안 연구, 이중언어학 29, 이중언어학회. pp.165~194.
신은경 외(2006), 한국어 어휘 연습, 교육진흥연구회.
신자영(2005), 한국어 연어의 다국어 대조 연구, 이중언어학 28, 이중언어학회. pp.185~203.
신재윤(2012), 일본인 한국어 학습자의 단어 연상 의미 구조 연구, 이화여자대학교 교육대학원 석사학위논문.
신핑(2009), 한 · 중 한자어 파생어 비교 연구, 한양대학교 대학원 석사학위논문.
신현숙 외(2001), 한국어 학습자를 위한 어휘 정보: {맛}, 한국어교육 12-2, 국제한국어교육학회. pp.447~468.
신현숙 외(2001), 한국어 학습자를 위한 어휘 정보: {사람(들)}, 한국어교육 12-1, 국제한국어교육학회. pp.123~141.
신현숙 외(2004), 한국어 교육을 위한 색채어 어휘 정보, 이중언어학 24, 이중언어학회. pp.151~175.
신현숙 외(2004), 한국어 교재의 어휘 범주 분석: 1960년대, 국어교육 113, 한국어교육학회. pp.433~466.
신현숙 외(2008), 한국 문화에 나타난 색채어 의미 연구, 국어교육 125, 한국어교육학회. pp.341~370.
신현숙(1995), 명사 {집}의 형식과 의미 확장, 외국어로서의 한국어교육 20, 연세대학교 언어연구교육원 한국어학당. pp.1~32.
신현숙(1996), 명사 {옷}의 형식과 의미 확장, 한국어교육 7, 국제한국어교육학회. pp.367~391.
신현숙(1996), 언어 형식과 의미 확장: {밥}, 한국어교육 7, 국제한국어교육학회. pp.67~85.
신현숙(1998), 한국어 어휘 교육과 의미 사전, 한국어교육 9-2, 국제한국어교육학회. pp.85~103.

신현숙(1999), 한국어 기능어의 어휘 정보 구축: 지시어, 한국어교육 10-2, 국제한국어교육학회. pp.215~232.
신현숙(2005), {입다, 벗다}의 어휘 정보, 국어교육 116, 한국어교육학회. pp.175~196.
신현숙(2010), 한국어 학습자를 위한 어휘 정보: {소리}, 문법 교육 13, 한국문법교육학회. pp.247~279.
신현숙(2011), 의미망을 활용한 한국어 어휘 교육, 한국어문학연구 56, 한국어문학연구학회. pp.449~479.
신현숙(2011), 한국어 학습자를 위한 어휘 정보: 냄새, 한국어의미학 36, 한국어의미학회. pp.203~227.
신형욱(2010), 외국어로서의 한국어 교육을 위한 어휘 교수·학습 방안 제안: 외국어로서의 독일어 교육의 사례를 중심으로, 한국어교육 21-1, 국제한국어교육학회. pp.197~224.
신호철(2012), 한국어 색채 표현의 이원 체계, 문법 교육 16, 한국문법교육학회. pp.173~202.
신희삼(2004), 외국어로서 한국어 어휘교육 방안 연구, 국어문학 39, 국어문학회. pp.142~163.
신희삼(2010), 단어 형성의 원리를 이용한 한국어 어휘교육의 방안에 관하여, 한국언어문학 74, 한국언어문학회. pp.61~89.
심련화(2002), 중국조선어에서의 외래어와 한국어에서의 외래어 비교 연구, 경기대학교 국제대학원 석사학위논문.
심윤진(2013), 모바일 게임 앱의 활용이 한국어 어휘 학습에 미치는 영향, 이화여자대학교 국제대학원 석사학위논문.
심혜령 외(2009), 중국인 학습자를 위한 한국어 관용어 교육 방안 연구: 중국어와의 대조분석적 접근을 통하여, 중국문학 61, 한국중국어문학회. pp.267~294.
심혜령(2007), 한국어 교육용 기초 한자어 명사의 공기 관계 연구: 한중 대조 연구를 예시로 하여, 연세대학교 대학원 박사학위논문.
심혜령(2008), 중국인 한국어 초급 학습자에 대한 어휘 교육 연구, 겨레어문학 41, 겨레어문학회. pp.89~116.
심혜령(2009), 고유명사의 어휘 교육적 의의와 사전 처리, 한국사전학회 학술대회 발표논문집, 한국사전학회. pp.71~86.
심혜령(2009), 한국어 학습자를 위한 '문화기반어휘' 연구(1): 고유명사를 중심으로, 언어와 문화 5-2, 한국언어문화교육학회. pp.175~195.
심혜령(2012), 학문 목적 한국어 학습자를 위한 학술어휘 교육 연구, 국제한국어교육학회 춘계학술발표논문집, 국제한국어교육학회. pp.162~172.

심혜영(2007), 중국인 학습자를 위한 기초 한국어 한자어 명사의 '공기 관계' 교육 연구, 중국문학 52, 한국중국어문학회. pp.405~430.

안가희(2012), 딕토글로스(dictogloss)가 한국어 어휘 습득에 미치는 영향 연구: 중급 학습자를 중심으로, 고려대학교 교육대학원 석사학위논문.

안경화(2006), 신문 수업용 어휘 목록의 작성 방향, 한국어교육 17-3, 국제한국어교육학회. pp.143~161.

안리주(2012), 한국어 유의어 분석과 활용 방안: {깨다:부수다}, {가르다:나누다}, {찢다:째다}를 중심으로, 상명대학교 교육대학원 석사학위논문.

안미영(2012), 일본어권 한국어 학습자를 위한 다의어 교육 방안: 한국어 동사 '잡다'를 중심으로, 부산대학교 대학원 석사학위논문.

안병걸(2000), 한·일 양어의 동사 연구, 인문사회연구 2, 남서울대학교 인문사회과학연구센터. pp.45~67.

안병곤 외(2000), 동사에서 유래한 파생명사에 대한 일한 대조연구, 일본어교육연구 17, 한국일본어교육학회. pp.139~175.

안재경(2012), 한국어 어휘 능력 향상을 위한 연어 교육 연구: 영어권 학습자를 대상으로, 서울대학교 대학원 석사학위논문.

안주영(2012), 한국어 부사어의 중국어 대응표현에 관한 연구, 부산대학교 대학원 석사학위논문.

안향란(2011), 한국어 가치반영명사에 관한 연구, 강원대학교 대학원 석사학위논문.

야마기와 타카코(2012), 일본인 한국어 학습자를 위한 한국어 한자어 교육에 관한 연구: 동형동의한자어를 중심으로, 서울대학교 대학원 석사학위논문.

야마시타아이(2011), 일본인 고급 학습자를 위한 한국어 연어 교육 방안 연구, 경희대학교 대학원 석사학위논문.

양눈꽃송이(2013), 이주노동자 대상 한국어 어휘 교육 방안, 상명대학교 교육대학원 석사학위논문.

양명희(2010), 고급 한국어 어휘 교재 개발을 위한 기초 연구, 반교어문연구 29, 반교어문학회. pp.141~162.

양명희(2010), 한국어 교육에서의 어휘 범주와 문법 범주의 경계, 한국어 의미학 32, 한국어의미학회. pp.123~140.

양민정(2009), 속담을 활용한 다문화가정의 한국어문화교육 방안 연구, 세계문학비교연구 29, 세계문학비교학회. pp.59~82.

양상(2012), 한중 친족호칭어 대비 연구, 경남대학교 대학원 석사학위논문.

양선희(2013), 한국어 정도부사의 유의어 교육방안 연구, 부산대학교 대학원 석사학위논문.

양수향(2006), 한국어 학습자들의 연어 오류 연구: 러시아어 모어 학습자의 '체언+용언' 형태의 오류를 중심으로, 어문연구 130, 한국어문교육연구회. pp.421~443.
양순영(2010), 유의어 교육을 위한 의미 분석 연구: 중급 한국어 교재의 동사를 중심으로, 건국대학교 대학원 석사학위논문.
양승관(2010), 한국어와 스페인어 문화 어휘 대조 분석 및 활용 방안 연구, 스페인어문학 56, 한국스페인어문학회. pp.111~135.
양원석(2008), 한자와 한국어 교육, Journal of Korean Culture 11, 한국어문학국제학술포럼. pp.103~122.
양지선(2006), 동남아시아 한국어학습자를 위한 속담 교육 방안, 고황논집 38, 경희대학교 대학원 원우회. pp.55~81.
어덩치멕(2012), 몽골인 여성결혼이민자를 위한 친족 호칭어 · 지칭어 교육 방안, 세종대학교 대학원 석사학위논문.
엄수진(2011), 한국어능력시험 초급 어휘 평가 연구, 동국대학교 대학원 석사학위논문.
엄훈(2000), 한국어 색채어의 표색 체계에 대한 고찰, 국어교육학연구 10, 국어교육학회. pp.429~458.
연교월(2013), 한국 한자어 축약형과 중국어 축약형의 대조 연구, 경희대학교 대학원 석사학위논문.
염결여(2011), 한국어 한자어 교육 방안 연구: 한 · 중 한자 독음 유사성을 이용하여, 대불대학교 대학원 석사학위논문.
염창권(Chang Gwon Yeom)(2011), 중국 학생을 위한 한자어 음가 지도 방안, 새국어교육 88, 한국국어교육학회. pp.245~273.
葉涓(2013), 한국어와 중국어 경어 어휘의 대비 연구, 창원대학교 대학원 석사학위논문.
오기노 신사쿠(2012), 일본인 학습자를 위한 한국어 연어 교육 연구: 한 · 일 간의 동사 용법 차이를 중심으로, 서울대학교 대학원 석사학위논문.
오나영(2011), 한국어 학습자를 위한 문화 어휘 선정과 제시 방안 연구: 초등학교 교과서의 문화 어휘를 중심으로, 배재대학교 대학원 석사학위논문.
오명희(2012), 영어권 초급학습자를 위한 한국어 연어표현 지도 방안, 인하대학교 교육대학원 석사학위논문.
오미정 외(2007), 한국어 외래어 교육과 교재 개발, 한국어 의미학 23, 한국어의미학회. pp.75~97.
오미정(2004), 한국어 교육용 어휘 교재 개발 연구, 한국어교육 15-3, 국제한국어교육학회. pp.147~169.
오성애(Seong Aa O)(2008), 중국인 한국어 학습자를 위한 한국 한자와 한자어 교육의 기초 연구, 새국어교육 79, 한국국어교육학회. pp.255~279.
오세진(2013), 어휘 학습이 다문화 가정 아동의 한국어 읽기 유창성에 미치는 영향, 한양대학교 교육대학원 석사학위논문.
오솔샘(2012), 어휘 과제 유형이 한국어 관용어 습득에 미치는 영향, 이화여자대학교 국제대학원 석사학위논문.
오순희(2012), 중국인 학습자를 위한 한국어 단모음 발음 교육 방안 연구: 한중 동형한자어에서의 간섭현상을 중심으로, 세종대학교 대학원 석사학위논문.
오언여(2012), 한국어능력시험 목록 어휘의 의미 분류 및 어휘 지도 방안, 충남대학교 대학원 석사학위논문.
오유영(2009), 연어 주석이 우연적 연어 학습에 미치는 영향, 이화여자대학교 교육대학원 석사학위논문.
오유진(2013), 외국인 노동자를 위한 한국어 교재의 어휘 분석 연구, 영남대학교 대학원 석사학위논문.
오지혜(2006), 언어 관련 속담을 통한 한국어 교육 연구, 서울대학교 대학원 석사학위논문.
오현주(2012), 한국어와 러시아어 이동 동사의 쓰임과 의미: {오다/가다: прий ти/идти}를 중심으로, 상명대학교 대학원 석사학위논문.
옥혜정(2009), 어휘 주석과 전자 사전이 초급 한국어 학습자의 어휘 학습에 미치는 영향, 이화여자대학교 국제대학원 석사학위논문.
왕교하(2011), 중국인 한국어 학습자의 지시어 기능 발달 양상 연구, 경희대학교 대학원 석사학위논문.
왕교하(Qiao Xia Wang) 외(2011), 중국인 한국어 학습자의 현장 지시어 기능 습득 양상 연구, 한국어교육 22-3, 국제한국어교육학회. pp.195~233.
왕국영(2010), 한·중 여성 관련 속담에 나타난 은유 양상 비교 연구, 경희대학교 대학원 석사학위논문.
왕군(2013), 중국식 한자어 발음을 이용한 2음절 동형동의어 교육 방안 연구: 중국인 고급 학습자를 대상으로, 경희대학교 대학원 석사학위논문.
왕려혜(2012), 중국인 한국어 학습자의 한자어 사용 오류 연구, 대진대학교 대학원 석사학위논문.
왕로(2011), 한·중 한자어 시간부사의 대조적 연구, 중앙대학교 대학원 석사학위논문.
왕뢰(2012), 중국인 고급 한국어 학습자를 위한 의성어·의태어 교육 방안 연구, 인하대학교 대학원 석사학위논문.
왕리후에이(2012), 한국어 학습자를 위한 부사 유의어 교육 방안 연구: 정도부사를 중심으로, 청주대학교 대학원 석사학위논문.

왕립위(2013), 한·중 문장부호의 대비 연구, 충남대학교 대학원 석사학위논문.
왕맹(2011), 중국 국내 학습자를 위한 관용어, 속담 교육 현황 분석 및 교육 방안 연구, 경희대학교 대학원 석사학위논문.
왕문도(2011), 한국어 학습자를 위한 한국문화교육 방안 연구: 속담을 중심으로, 건양대학교 대학원 석사학위논문.
왕방(2010), 신체 관련 관용 표현의 교육 방안 연구, 계명대학교 대학원 석사학위논문.
왕방(2012), 중·한 속담 비교연구, 한서대학교 대학원 석사학위논문.
왕배배(2011), 한·중 동형이의 한자어 대조 연구: 한국 각 한국어교육기관 교재를 중심으로, 한양대학교 대학원 석사학위논문.
왕설명(2011), 한국어와 중국어의 위치표현 대조 연구: '상·하·위·아래'를 중심으로, 세종대학교 대학원 석사학위논문.
왕소훼(2012), 한·중 육아 관련 텍스트의 어휘 대비연구: 명사, 동사 중심으로, 충남대학교 대학원 석사학위논문.
왕슈에(2011), 중국인 학습자를 위한 한국어 의성어·의태어 교육 내용과 방법 연구, 부산대학교 대학원 석사학위논문.
왕신천(2011), 한·중 사자성어 비교연구, 호서대학교 대학원 석사학위논문.
왕아전(2011), 중국인 학습자를 위한 한국어 음성상징어의 분류, 안동대학교 대학원 석사학위논문.
왕애려(2012), 중국인 고급 학습자를 위한 한국어 유의어 교육 방안에 대한 연구, 경희대학교 대학원 석사학위논문.
왕옌닝(2012), 한국어 신조어 교육 방안 연구: 중국인 고급 학습자를 대상으로, 중앙대학교 대학원 석사학위논문.
왕우남(2012), 한·중 초등학교 국어 교과서에 수록된 상징어의 대비 연구, 충남대학교 대학원 석사학위논문.
왕원원(2011), 한·중 이형동의 한자어에 대한 연구, 중앙대학교 대학원 석사학위논문.
왕위(2012), 한국어 '있다'와 중국어에서의 대응 연구, 숭실대학교 대학원 석사학위논문.
왕위(2013), 한중 행정용어에 나타난 행정기관명과 직위 대조 연구, 연세대학교 대학원 석사학위논문.
왕윤정(2012), 한국어와 중국어 어휘적 경어법 대조 연구, 경희대학교 대학원 석사학위논문.
왕정(2011), 한국어 '오다/가다'와 중국어 '來/去'의 대조 분석, 연세대학교 대학원 석사학위논문.
왕정(2012), 한·중 친족 호칭어의 비교 연구, 부산외국어대학교 대학원 석사학위논문.

왕천(2013), 한·중 미각 형용사의 대조 연구: 의미 전이 양상을 중심으로, 경희대학교 대학원 석사학위논문.

왕청청(2011), 중국어권 학습자를 위한 속담 교육 연구: 목록 선정과 등급 설정을 중심으로, 상명대학교 대학원 박사학위논문.

왕춘예(2011), 한국어 연어의 중국어 대응양상 연구: 신체어 관련 연어를 중심으로, 중앙대학교 대학원 석사학위논문.

왕혜숙(1995), 영어화자의 한국어 작문에 나타난 어휘상 오류분석, 이중언어학 12, 이중언어학회. pp.383~399.

왕효림(2012), 패션관련 텍스트의 어휘연구, 충남대학교 대학원 석사학위논문.

왕효휘(2012), 한국어 연어의 중국어 대응 양상 연구, 숭실대학교 대학원 박사학위논문.

요금휘(2011), 중국인 학습자를 위한 한국어 관용 표현 교육 방안 연구, 경희대학교 대학원 석사학위논문.

요네자와 아유미(2012), 일본인 학습자를 위한 한국어 외래어 교육 내용 연구, 서울대학교 대학원 석사학위논문.

우레(2011), 유머 텍스트를 활용한 한국어문화교육 방안: 어휘·말하기·문화교육을 중심으로, 부산외국어대학교 대학원 석사학위논문.

우명천(2013), 중국인 학습자를 위한 한국어 4음절 반복형 의태어 연구, 울산대학교 대학원 석사학위논문.

우박(2012), 한·중 빛깔말의 인지의미론적 대비 연구, 부산대학교 대학원 석사학위논문.

우선미(2008), 외국인을 대상으로 한 관용표현 교육방안 연구, 국민대학교 대학원 석사학위논문.

우연(2011), 한국과 연변지역의 날씨 어휘 {바람, 눈, 비} 대비 연구, 충남대학교 대학원 석사학위논문.

우영지(2012), 한국어와 중국어 높임어휘에 대한 대조적 고찰, 전남대학교 대학원 석사학위논문.

우정(2011), 한국어 중첩형의 구조와 단어 형성 연구, 서울대학교 대학원 석사학위논문.

우형식 외(2009), 한국어 교육을 위한 한국어 어휘의 이해, 부산외국어대학교출판부.

웅빈(2012), 중국인 학습자를 위한 한자 어휘의 교육 방안에 관한 연구, 중앙대학교 대학원 석사학위논문.

원미진(2011), 한국어 어휘 교육 연구의 방향 모색, 한국어교육 22-2, 국제한국어교육학회. pp.255~279.

원자혜(2013), 두자어 연구: 디지털 매체의 활용 양상을 중심으로, 계명대학교 교육대학원 석사학위논문.

웨 노에 흐닌 쏘(2012), 한국어와 미얀마어 '크다/작다, 많다/적다'의 연어 관계 대조 연구: (체언+용언)형을 중심으로, 연세대학교 대학원 석사학위논문.

웬빈뜨엉(2012), 한국어와 베트남어의 의성어와 의태어 대조 연구: 반복형을 중심으로, 영남대학교 대학원 석사학위논문.

위영(2012), 한국어 한자어 접미사와 중국어 접미사 대조 연구: 인칭접미사 중심으로, 연세대학교 대학원 석사학위논문.

위징징(2009), 중국인의 한국어 학습에서 나타나는 어휘 오류 연구, 청주대학교 대학원 석사학위논문.

유경민(2008), 개념 은유를 활용한 한국의 어휘, 문화 교육: 인간관계에 대한 개념 은유를 중심으로, 한국어 의미학 26, 한국어의미학회. pp.153~182.

유경숙(2012), 일본어권 한국어 학습자를 위한 색채어 관용 표현의 교수 · 학습 방안 연구, 한양대학교 교육대학원 석사학위논문.

유경화(2011), 한국어 관용표현 분석과 목록 선정 연구, 배재대학교 교육대학원 석사학위논문.

유단단(2012), 중국인 한국어 학습자들이 혼동하기 쉬운 한국 한자어의 유형에 대한 고찰, 전남대학교 대학원 석사학위논문.

유동청(2009), 韓 · 中 동물명 명명(命名) 기제 비교 연구, 이중언어학 41, 이중언어학회. pp.271~302.

유동청(2010), 한 · 중 동물명 비교연구, 경희대학교 대학원 박사학위논문.

유람(2012), 중국인 학습자를 위한 지칭어 교육 연구, 경희대학교 대학원 석사학위논문.

유력몽(2012), 중국인 학습자의 한국어 어휘 사용 오류 연구: 초 · 중급 학습자를 대상으로, 부산대학교 대학원 석사학위논문.

유림(2010), 학문 목적의 중국인 학습자를 위한 한자어 선정 연구, 고황논집 46, 경희대학교 대학원. pp.31~52.

유미상(2008), 중 · 고급 한국어 학습자의 어휘 학습을 위한 한자어 접사 및 파생어 선정에 관한 연구: 말뭉치를 기반으로, 연세대학교 대학원 석사학위논문.

유미현(2011), 일본어권 학습자를 위한 한자어 어휘집 개발 방안 연구, 한국외국어대학교 교육대학원 석사학위논문.

유서천(2011), 중국인 학습자를 위한 한국 한자어 어휘 학습 전략의 연구: 한 · 중 한자어 의미 대조를 중심으로, 서울시립대학교 대학원 석사학위논문.

유순희(1999), 한국어의 '-적(的)'에 대한 연구: 중국인을 대상으로 한 한국어 교육을 위하여, 서울대학교 대학원 석사학위논문.

유쌍옥(2013), 한 · 중 속담의 대조 연구: 말(話)에 관한 속담 중심으로, 한양대학교 대학

원 석사학위논문.
유약남(2012), 한·중 외래어에 대한 비교 연구: 표기와 의미변화를 중심으로, 한국교원대학교 대학원 석사학위논문.
유영(2011), 한국어 교육을 위한 한·중 고사성어의 대조 연구, 상명대학교 대학원 석사학위논문.
劉立麗(2013), 중국인 학습자를 위한 한국어 사자성어 교육 연구, 전남대학교 대학원 석사학위논문.
유정정(2011), 한·중 외래어 차용 방식 양상의 대조 연구: 한국어 교육용 외래어를 중심으로, 연세대학교 대학원 석사학위논문.
유지연(2010), 외국인 한국어 학습자를 위한 형용사 '아름답다, 예쁘다, 곱다' 의미 교육 방안, 새국어교육 84, 한국국어교육학회. pp.153~181.
유진(2004), 한국어 학습자를 위한 {가볍다/ 무겁다}의 의미 교수모형, 상명대학교 대학원 석사학위논문.
劉晉(2012), 한·중 신체 관련 관용 표현 대조 연구, 영남대학교 대학원 박사학위논문.
유창균(1994), 한자와 한국어, 어문연구 22, 한국어문교육연구회. pp.374~397.
유초군(2012), 한·중 어휘 대조를 통한 한국문화교육 방안: 색채어를 중심으로, 상명대학교 교육대학원 석사학위논문.
유추문(2011), 한국어 학습자를 위한 유의어 교육 연구: 고유어와 한자어 간의 유의어를 중심으로, 숙명여자대학교 대학원 석사학위논문.
유춘정(2013), 한·중 색채어 관용 표현의 대조 연구: 기본 오색을 중심으로, 동국대학교 대학원 석사학위논문.
유해준(2007), 학문 목적 한국어 교육을 위한 기본 어휘 선정에 관한 연구: 인문·사회 영역을 중심으로, 고려대학교 대학원 석사학위논문.
유해준(2010), 연어적 구성을 통한 한국어 교육용 어휘 구성 방안, 어문논집 43, 중앙어문학회. pp.31~48.
유현경 외(2002), 유사관계 어휘정보를 활용한 어휘교육 방안, 외국어로서의 한국어교육 27, 연세대학교 언어연구교육원 한국어학당. pp.243~269.
유현경(2007), '사이', '동안'의 어휘 정보 연구, 한국어교육 18-1, 국제한국어교육학회. pp.309~329.
유효단(2011), 속담을 통한 언어문화 교육 방안 연구: 한국과 중국의 衣, 食, 住 속담을 중심으로, 중앙대학교 대학원 석사학위논문.
유흔(2011), 중국인 여성 결혼 이민자를 위한 의성어 의태어 교육 방안 연구, 경희대학교 대학원 석사학위논문.

육성영(2010), 한·중 호칭어 대조연구, 서울시립대학교 대학원 석사학위논문.
육주(2011), 한·중 신체어의 의미 확대 연구: 눈, 코, 입, 귀를 중심으로, 중앙대학교 대학원 석사학위논문.
윤새롬(2009), 알고 있는 단어의 텍스트 점유율이 한국어 읽기 이해 및 우연적 어휘 학습에 미치는 영향, 이화여자대학교 국제대학원 석사학위논문.
윤소영(2011), 한국어 형용사 유의어 교육 연구: 연어 구성을 중심으로, 동국대학교 대학원 석사학위논문.
윤시내(2011), 한·일 조리동사의 의미 대조 연구, 동의대학교 대학원 석사학위논문.
윤유선(2007), 어휘 학습 전략 훈련을 통한 한국어 학습자의 한자어 학습 효과, 이화여자대학교 대학원 석사학위논문.
윤윤진(2008), 중국인 학생들에게 한국어 한자어 어휘교육을 강화할 필요성과 그 대안, 한국언어문화학 5-2, 국제한국언어문화학회. pp.177~193.
윤이나(2012), 외국인 학습자를 위한 한국어 신어 교육의 실태와 교육 방안 연구, 인하대학교 교육대학원 석사학위논문.
윤재민(2012), 외국인을 위한 한국어교육에 있어서의 한자교육, 한문교육연구 38, 한국한문교육학회. pp.5~19.
윤지현(2013), 여성결혼이민자를 위한 식생활 기본 어휘 선정과 분류 방안 연구, 배재대학교 대학원 석사학위논문.
윤혜(2012), 한국어 '돌다'와 중국어 '轉'의 대비 연구, 동국대학교 대학원 석사학위논문.
윤혜경(2011), 한국어 어휘교육을 위한 등급별 다의어 교육 연구: 신체 관련 다의 명사 '눈'을 중심으로, 관동대학교 대학원 석사학위논문.
윤혜숙(2003), 베트남 학습자를 위한 어휘 교육 방안, 외국어로서의 한국어교육 28, 연세대학교 언어연구교육원 한국어학당. pp.145~168.
윤혜숙(2004), 베트남인 한국어 학습자의 어휘 오류 분석 및 교육 방안 연구, 연세대학교 교육대학원 석사학위논문.
응엔응옥융(2012), 한국어와 베트남어의 의성어·의태어 대조연구, 경희대학교 대학원 석사학위논문.
이 나제즈다(2012), 러시아어권 학습자를 위한 한국어 연어 교육: 'работать' 동사와 한국어 대응 표현을 중심으로, 연세대학교 대학원 석사학위논문.
이 예까쩨리나(2004), 러시아인 한국어 학습자를 위한 속담 교육 연구, 경희대학교 교육대학원 석사학위논문.
이가화(2011), 외국인 한글학습을 위한 의성어·의태어의 시각화에 관한 연구: 한글타이포그래피의 적용을 중심으로, 성균관대학교 대학원 석사학위논문.

이경숙(2007), 관용표현을 활용한 한국어 교육 방안 연구: 반의현상을 중심으로, 서울시립대학교 대학원 석사학위논문.
이경임(2012), 한국어 고급 교재 읽기 텍스트의 어휘 분석 연구, 계명대학교 대학원 석사학위논문.
이관식(1994), 한·일 인칭어 비교연구: 인칭어의 어원을 중심으로, 어문연구 81·82, 한국어문교육연구회. pp.90~110.
이광숙(1992), 독일어의 보충어와 한국어의 대응구조, 이중언어학 9, 이중언어학회. pp.72~84.
이광호(2010), 한국어 교육과 국어 정보학: 반의어의 공기(共起) 특성을 활용한 반의어 교육 방안 연구, 어문논집 43, 중앙어문학회. pp.49~73.
이기연(2011), 어휘력 평가의 평가 요소와 평가 유형에 대한 고찰, 국어교육학연구 42, 국어교육학회. pp.461~497.
이기웅(2008), 한국어 교육을 위한 한 · 일 의성어 · 의태어 대조 분석, 상명대학교 교육대학원 석사학위논문.
이남(2010), 한·중 신체 관련 관용어 비교 연구: '손'과 '발'을 중심으로, 경희대학교 대학원 석사학위논문.
이남(2012), 한중 방향성 이동동사 구성의 대조 연구, 부산대학교 대학원 박사학위논문.
이동규(2005), 중·고급학습자를 위한 한국어 문화어휘 교육: 속담관용어 교육을 중심으로, 고려대학교 교육대학원 석사학위논문.
이두행(2011), 통계에 기반한 한국어 연어 결합 측정의 평가, 연세대학교 대학원 석사학위논문.
이득춘(1994), 한국 한자어와 중국어의 대조에서 나타나는 구조적 및 의미적 차이, 외국어로서의 한국어교육 19, 연세대학교 언어연구교육원 한국어학당. pp.27~39.
이라용(2011), 한국어 교육을 위한 기본 색채어의 문화상징 어휘 분석 및 교육 방안, 인하대학교 교육대학원 석사학위논문.
이란희(2012), 외국인을 위한 한국어 의태어 교육 방법, 울산대학교 대학원 석사학위논문.
이래호(2011), 한국어 교육에서의 신어 교육 방안에 대한 연구, 언어학연구 20, 한국중원언어학회. pp.155~178.
이명강(2010), 한국어와 중국어의 의태어 대조 연구, 대구대학교 대학원 석사학위논문.
이명주(2010), 현대 한·일어 어휘 대조연구: 의미분야별 대응관계를 중심으로, 고려대학교 대학원 박사학위논문.
이명화(2010), 외국인을 위한 한국어 호칭어와 지칭어 교육 방안 연구: 여성 결혼 이민자를 중심으로, 동국대학교 대학원 석사학위논문.

이명희(2011), 결혼여성이민자의 한국어 호칭어 · 지칭어 사용양상연구, 영남대학교 대학원 석사학위논문.

이목자(2013), 오류 분석을 통한 한국어 연어 교육 연구: 중국인 학습자를 중심으로, 한양대학교 대학원 석사학위논문.

이미경(2008), 읽기 텍스트 상의 한자 병기가 중국인 한국어 학습자의 우연적 한자어 학습에 미치는 영향, 이화여자대학교 교육대학원 석사학위논문.

이미숙(2012), 한 · 베 · 몽골 속담을 활용한 문화의 상호이해 교육방안 연구: 다문화 가정을 대상으로, 한국외국어대학교 대학원 석사학위논문.

이미연(2009), 한 · 일 食에 관한 의성어 · 의태어 고찰: 『ラーメン發見傳』과 그 번역본을 중심으로, 계명대학교 교육대학원 석사학위논문.

이미지(2012), 한국어 교육을 위한 감정표현 어휘 연구, 부경대학교 대학원 박사학위논문.

이미향(2006), 한국어 발음 교수를 위한 한자어 음운현상 고찰, 국어학 92, 한국어문학회. pp.91~115.

이민(2011), 음식 {맛}과 관련된 한국어와 중국어 어휘 대조 연구: {달다}와 {쓰다}를 중심으로, 상명대학교 대학원 석사학위논문.

이민우(2012), 반의관계를 이용한 한국어 교육 방안, 이중언어학 49, 이중언어학회. pp.219~242.

이민우(2012), 의미 확립 단계를 이용한 한국어 다의어 교육 방안, 언어학연구 22, 한국중원언어학회. pp.163~177.

이병운(2012), 베트남 학습자의 한국어 어휘사용 오류경향 분석, 교사교육연구 51, 부산대학교 사범대학 과학교육연구소. pp.313~322.

이보배(2011), 여성결혼이민자를 위한 관용표현 교육 방안, 상명대학교 교육대학원 석사학위논문.

이상섭(1989), 낱말 빈도를 추정하기 위한 말뭉치 자료 수집의 실제, 인문과학 61, 연세대학교 인문과학연구소. pp.61~67.

이상애(2007), 재일 조선학교 초급부 국어 교과서의 어휘 분석, 이화여자대학교 대학원 석사학위논문.

이상정(2012), 한 · 중 한자어의 의미 및 번역에 대한 연구, 선문대학교 대학원 박사학위논문.

이상희(2013), 초급 한국어 의성어 · 의태어 교육방안, 부산대학교 대학원 석사학위논문.

이선미(2008), 한국어의 난도별 어휘 학습 방안 연구, 관동대학교 대학원 석사학위논문.

이선화(2002), 공공 상황에서의 한국어 호칭 연구, 연세대학교 대학원 석사학위논문.

이성규(2006), 몽골어와 한국어의 수사체계 비교연구, 몽골학 21, 한국몽골학회. pp.1~17.

이소영(2011), 한국어교육에서 외래어 교육의 위상, 우리말교육현장연구 5, 우리말교육현장학회. pp.224~243.
이소영(2012), 한국어 교육에서의 외래어 수용 양상과 변천과정, 건국대학교 대학원 박사학위논문.
이소현(2007), 외국인 학습자를 위한 형용사 '부끄럽다' 의 유의어 의미 변별의 기초 연구 및 지도방안: '부끄럽다, 창피하다, 쑥스럽다, 수줍다, 수치스럽다' 를 중심으로, 언어와 문화 3-1, 한국언어문화교육학회. pp.121~142.
李秀楠(2012), 중국인을 위한 부사 '다만, 단지, 단, 오직' 의 교육 방안 연구, 동국대학교 대학원 석사학위논문.
이수정(2012), 직업 목적 한국어 교육을 위한 IT 분야 기본 어휘 선정 및 분석, 연세대학교 교육대학원 석사학위논문.
이수진(2012), 핵심어 분석을 통한 학술 핵심어의 어휘 특성 연구, 경북대학교 대학원 석사학위논문.
이수현(2005), 한국어 교육을 위한 기본어휘 선정에 관한 연구, 이화여자대학교 대학원 석사학위논문.
이수현(2011), 여성결혼이민자와 관련된 서식의 어휘에 관한 연구, 충남대학교 교육대학원 석사학위논문.
이수희(2012), 다문화 시대 한국어 교육에서의 한자 교육: 교육용 한자 선정과 교재 개발을 중심으로, 단국대학교 대학원 석사학위논문.
이숙의(2010), 어휘 교육 자료로서의 어휘의미망 활용에 관하여, 한국어교육 21-2, 국제한국어교육학회. pp.141~165.
이순애(2005), 한국어 교재의 식생활 어휘 연구, 가톨릭대학교 대학원 석사학위논문.
이승연 외(2007), 한국어 학습자의 어휘적 연어 사용 연구, 이중언어학 34, 이중언어학회. pp.299~321.
이승연(2010), 웹기반 학문 목적 한국어 어휘 학습 프로그램 개발 방안 연구, 한국외국어대학교 대학원 석사학위논문.
이승은(2011), 한국어 어휘교육 실험연구에 대한 연구방법론적 고찰, 한국어교육 22-4, 국제한국어교육학회. pp.321~346.
이승자(2006), 한자문화권과 한국어 한자어휘, 문법 교육 5, 한국문법교육학회. pp.299~320.
이쌍건(2012), 중국인 학습자를 대상으로 한 한국어 한자어 교육 방안, 전주대학교 대학원 석사학위논문.
이아람(2008), 어휘 주석의 유형과 학습자의 숙달도가 한국어의 우연적 어휘학습에 미치는 영향, 이화여자대학교 교육대학원 석사학위논문.

이양금(2010), 대조를 통한 한국어 관용어 교육 연구: 영어권 학습자를 대상으로, 부산외국어대학교 대학원 석사학위논문.

이양금(2011), 한·영 대조를 통한 한국어 관용어 교육의 효과, 응용 언어학 27, 한국응용언어학회. pp.77~105.

이양혜(2011), 한국어 학습자를 위한 특이파생어 교수, 학습 방안 연구, 우리말연구 28, 우리말학회. pp.315~342.

이연경(2009), 시트콤을 활용한 한국어 유의어 교육 방안 연구, 한국외국어대학교 교육대학원 석사학위논문.

이연니(2011), 한·일 신체어휘 관용어의 비교 연구, 선문대학교 대학원 석사학위논문.

이연옥(2011), 이동동사 '가다, 오다'의 기준점 설정에 대한 가설과 사용양상 연구: 중국어권 한국어 학습자를 대상으로, 배재대학교 대학원 석사학위논문.

이연정(2011), 광고에 나타난 은유표현의 한국어 교육에서의 활용방안 연구, 어문연구 151, 한국어문교육연구회. pp.467~489.

이연주(2004), 외국어로서의 한국어 교수-학습에 있어서 신체언어 활용방안: 초급 단계를 중심으로, 세종대학교 교육대학원 석사학위논문.

이연주(2010), 새터민 청소년을 위한 한국어 속담교육 방안, 이화여자대학교 교육대학원 석사학위논문.

이연희(2012), 환유에 의한 한국어 관용어 교육 연구: '손' 관련 관용어를 중심으로, 부산외국어대학교 대학원 석사학위논문.

이영(2013), 한국어 부사성 부정 극어의 통사·의미적 특성, 충북대학교 대학원 석사학위논문.

이영(2013), 한국어와 중국어의 '암컷'과 '수컷' 관련 속담 대조 연구, 영남대학교 대학원 석사학위논문.

이영숙(1992), 신체 관용어와 외국어로서의 한국어 교육에의 활용, 외국어로서의 한국어 교육 17, 연세대학교 언어연구교육원 한국어학당. pp.95~117.

이영숙(1999), 한국어 교육에서 색채어 교수, 학습 방안, 국어교육학연구 9, 국어교육학회. pp.383~406.

이영은(2010), 여성결혼이민자 대상 의성어·의태어 교육 방안 연구, 계명대학교 대학원 석사학위논문.

이영주(2010), 한일 대학생의 2인칭 호칭 사용 실태, 전남대학교 대학원 석사학위논문.

이영준(2012), 한국어 교육에서 재귀성을 갖는 동사의 의미 제시 방안, 한국언어문학 80, 한국언어문학회. pp.335~358.

이영지(2011), 중국인 한국어 학습자의 작문에 나타난 수준별 어휘적 특성 연구, 계명대

학교 대학원 석사학위논문.
이영희(2007), 한국어 한자어 어휘 교육을 위한 조어력 조사, 한국어와 문화 2, 숙명여자대학교 한국어문화연구소. pp.43~64.
이영희(2008), 한국어 학습자를 위한 한자어 파생어 교육 연구, 한국어와 문화 4, 숙명여자대학교 한국어문화연구소. pp.187~207.
이영희(2011), 상적 특성에 따른 한국어와 일본어 동사의 동작류 분류, 충남대학교 대학원 박사학위논문.
이예화(2013), 한·중 분류사 의미 대조 연구, 경희대학교 대학원 석사학위논문.
이용운(2009), 이주노동자를 위한 한국어 어휘 목록 선정 및 교육방안 연구, 한국외국어대학교 대학원 석사학위논문.
이유경(2005), 외국인의 대학 수학을 위한 어휘 목록 선정의 필요성 연구: 한국어 교육 전공 논문의 명사 어휘 중심으로, 이중언어학 29, 이중언어학회. pp.297~320.
이유경(2009), 한국어 어휘 교육 연구를 위한 이론의 고찰, 한국어교육 20-1, 국제한국어교육학회. pp.135~160.
이유경(2011), 외국인 학습자를 위한 한국어 어휘의 의미 교육 방안: 동사를 중심으로, 고려대학교 대학원 박사학위논문.
이유경(2011), 외국인 학습자의 한국어 어휘 지식 평가를 통한 어휘 교육 방안 연구, 국제한국어교육학회 추계학술발표논문집, 국제한국어교육학회. pp.145~160.
이유경(2011), 한국어 어휘 의미 교육 등급 선정을 위한 기초 연구: 동사를 중심으로, 이중언어학 47, 이중언어학회. pp.111~138.
이유경(2012), 외국인 학습자의 한국어 어휘 지식 평가를 통한 어휘 교육 방안 연구: 질적 지식의 평가를 중심으로, 한국어교육 23-1, 국제한국어교육학회. pp.161~182.
이윤진(2006), 한국어 호칭어 교육 방안 연구, 한국어교육 17-1, 국제한국어교육학회. pp.287~306.
이은경(2010), 한국인 일본어 학습자의 일본어 신어 교육에 대한 연구, 중앙대학교 교육대학원 석사학위논문.
이은경(2012), 의미장을 중심으로 한 중국어권 및 영어권 학습자와 한국인의 어휘 연상반응 연구, 이화여자대학교 교육대학원 석사학위논문.
이은미(2009), 'déjà'에 상응하는 한국어 '벌써'와 '이미'에 대한 고찰, 프랑스어문교육 30, 한국프랑스어문교육학회. pp.263~284.
이은섭(2008), 한국어와 일본어의 색채어 형성 대비 연구, 이중언어학 36, 이중언어학회. pp.321~343.
이은성(2009), 독일어와 한국어의 친족호칭어에 대한 고찰, 전북대학교 교육대학원 석사

학위논문.
이은숙(2011), 한국어 능력시험 중급(3, 4급) 어휘 · 문법영역과 읽기영역의 어휘 내용 분석, 충남대학교 교육대학원 석사학위논문.
이은영(2005), 외국인을 위한 외래어 교육: 중국인 학습자를 중심으로, 한국어학 28, 한국어학회. pp.167~183.
이은정(2011), 다문화가정 유아를 위한 한국어 교재 개발 방안: 어휘폭발기 아동을 중심으로, 부산외국어대학교 대학원 석사학위논문.
이은정(2011), 한국어 '하다' 표현의 일본어 대응 양상 연구: 한국어 교육적 관점에서, 계명대학교 대학원 석사학위논문.
이자연(2012), 한 · 일 양언어의 지시사 이동에 관하여, 인하대학교 교육대학원 석사학위논문.
이재욱 외(2001), 한국어 학습자의 어휘학습 전략 연구, 우리어문연구 17, 우리어문학회. pp.25~53.
이재은(2010), 코퍼스를 활용한 확대어의 분석과 학습자 인식에 관한 연구, 한국외국어대학교 교육대학원 석사학위논문.
이정민 외(2008), 한국어 독학용 어휘학습 교재 개발 방안: 좁은 독서를 통한 점증적 어휘학습 전략 활용, 한국어교육 19-1, 국제한국어교육학회. pp.231~252.
이정민 외(2010), 한국어 학습자의 어휘력과 언어 능력의 상관관계 연구, 응용언어학 26-2, 한국응용언어학회. pp.27~49.
이정민(2003), Negative polarity items and free choice in Korean and Japanese: a contrastive study, 이중언어학 22, 이중언어학회. pp.1~48.
이정민(2010), 한국어 어휘 학습 전략 연구, 경희대학교 대학원 박사학위논문.
이정숙(2012), 외국인 학습자를 위한 어휘적 대우의 명시화 방안 연구, 중앙대학교 대학원 석사학위논문.
이정은(2013), 다문화 가정 자녀를 위한 한국어 교육용 사회 교과 기본 어휘 선정 방안 연구: 중학교 1학년 지리 영역 명사 어휘를 중심으로, 고려대학교 교육대학원 석사학위논문.
이정택(2010), 의식주 범주 어휘의 한 · 중 대조 분석: 한 · 중의 공통요소인 한자어를 중심으로, 겨레어문학 45, 겨레어문학회. pp.207~233.
이정하(2011), 일 · 한 양국어의 미각형용사의 의미대조연구, 부산대학교 대학원 석사학위논문.
이정현(2010), 한국어 교육에서의 연어 교육 양상 연구, 언어학연구 10, 한국중원언어학회. pp.205~224.

이정현(2010), 한국어 교육에서의 연어 분포 연구, 한국외국어대학교 대학원 석사학위논문.
이정희 외(2005), 한국어 학습자의 어휘 오류 분류에 관한 연구, 이중언어학 29, 이중언어학회. pp.321~346.
이정희 외(2010), 효과적인 한국어 어휘 교육을 위한 자료 개발의 실제, 이중언어학 42, 이중언어학회. pp.195~218.
이정희(1997), 외국인을 위한 한국어 어휘 교육에 관한 연구. 경희대학교 대학원 석사학위논문.
이정희(2003), 초급 단계 한국어 학습자의 어휘 오류, 이중언어학 22, 이중언어학회. pp.301~320.
이정희(2007), 한국어 외래어 교육 목록 선정에 관한 연구, 한국어교육 18-3, 국제한국어교육학회. pp.195~220.
이정희(2008), 중국어권 한국어 학습자의 어휘 오류 연구: 원인 분석을 중심으로, 한국어교육 19-3, 국제한국어교육학회. pp.403~425.
이종은(2005), 한국어 교육을 위한 의존용언 표현의 어휘항목 선정, 이중언어학 28, 이중언어학회. pp.281~308.
이주용(2012), 한국어 학습자를 위한 고유명사 선정 및 제시방안 연구, 배재대학교 대학원 석사학위논문.
이준형(2011), 인지적 관점에서 본 한국어와 세르비아크로아티아어의 색채 표현 비교연구, 한국외국어대학교 대학원 석사학위논문.
이준호(2008), 한국어 어휘 교육 연구사, 문법 교육 9, 한국문법교육학회. pp.305~336.
이지아(2011), 어휘 학습 전략을 활용한 학문 목적 한국어 교육 방안 연구, 한국외국어대학교 교육대학원 석사학위논문.
이지영(2013), 중급 학습자의 문화 교육을 위한 문화 어휘 선정 및 분석, 연세대학교 교육대학원 석사학위논문.
이지욱(2009), 외국인을 위한 한국어 파생어 교육, 이화어문논집 27, 이화여자대학교 한국어문학연구소. pp.159~172.
이진실(2012), 한국어 연어구성과 그에 대응되는 러시아어 대응 표현의 대조 연구: 한국어 동사 '보다' 중심으로, 연세대학교 대학원 석사학위논문.
이진주(2012), 귀국중학생의 한국어 어휘 지도 방안, 한남대학교 교육대학원 석사학위논문.
이창덕 외(2010), 다문화 사회를 위한 한국어 어휘 교육, 나라사랑 119, 외솔회. pp.161~193.
이천(2010), 한·중 속담의 비교 연구: 빈도수가 높은 108개의 속담을 중심으로, 동국대학교 대학원 석사학위논문.
이천(2011), 속담을 활용한 한국어 교육 방안 연구: 신체 관련 속담을 중심으로, 부산외국어대학교 대학원 석사학위논문.
이청(2013), 한·중 '희다' 계열 색채어 대조 연구, 울산대학교 대학원 석사학위논문.
이춘매(2011), 한국어 능력시험과 신 한어 수평모의고시의 어휘 문항 비교 연구, 연세대학교 대학원 석사학위논문.
이춘희(2013), 일본인 한국어 학습자를 위한 한자어 교육방안 연구: 독음과 의미 대조 분석을 통하여, 한양대학교 교육대학원 석사학위논문.
이충우(1994), 한국어 교육용어휘 연구, 국학자료원.
이충우(1994), 한국어 어휘 교육을 위한 대표 어휘 선정, 국어교육 85, 한국국어교육연구회. pp.19~39.
이패연(2010), 한국어 교육을 위한 '적(的)' 파생어의 한·중 대조 연구, 고려대학교 대학원 석사학위논문.
이학경(2012), 여성결혼이민자를 위한 한국어 학습용 외래어 목록 선정 연구, 한양대학교 교육대학원 석사학위논문.
이한비(2012), 중국인을 위한 한국어 색채어 교육 방안 연구, 경희대학교 대학원 석사학위논문.
이해영(2001), 학습자 중심 수업을 위한 교재 분석, 한국어교육 12-1, 국제한국어교육학회. pp.199~232.
이해영(2006), 한국어 교재를 위한 어휘 및 문법 학습 활동 유형, 외국어로서의 한국어교육 31, 연세대학교 언어연구교육원 한국어학당. pp.25~56.
이향주(2012), 외국어로서의 한국어 문화 어휘 선정 및 교육 방법: 초급단계를 중심으로, 선문대학교 교육대학원 석사학위논문.
이현정(2012), 경영학 전공의 한국어 학습자를 위한 전공 기본어휘 선정 연구: 어휘의 공기 관계 분석 및 조어 단위 접근을 중심으로, 연세대학교 교육대학원 석사학위논문.
이현주(2010), 한국어 동사 '입다', '벗다' 의 인지언어학적 연구, 경희대학교 대학원 석사학위논문.
이현주(2013), 고급 한국어 학습자를 위한 관용표현 교육방안 연구: 신문 읽기를 중심으로, 부산대학교 대학원 석사학위논문.
이현희(2008), 한국어 동사의 어휘학습 자료 구성 방안 연구: Wordnet 구성을 이용한 한국어 이동 동사 어휘망을 기반으로, 문법 교육 8, 한국문법교육학회. pp.191~218.
이혜영(2012), 한국어 교재의 유의어 분석: 시간부사를 중심으로, 충북대학교 대학원 석사학위논문.
이호영(2010), 한국어 중의어 명사의 심성어휘 표상, 고려대학교 대학원 석사학위논문.
이홍매(2004), 중국인 한국어 학습자의 신문을 통한 한자어 교육, 한국언어문화학 1-1, 국제한국언어문화학회. pp.183~198.

이효상(2013), 중국인 한국어 학습자를 위한 신체동작 의태어 교육방안 연구, 숙명여자대학교 대학원 석사학위논문.

이효신(2009), 중국인 학습자의 한국어 어휘 학습 전략 연구, 영남대학교 대학원 석사학위논문.

일노궁내앙(2009), 한일 연어 대조연구: '명사+(조사)+동사' 형을 중심으로, 가톨릭대학교 대학원 석사학위논문.

임민(2012), 한·중 기상속담의 비교 연구, 부산외국어대학교 대학원 석사학위논문.

임배리(2013), 한·중 동형 한자어의 어감 대조 연구, 경희대학교 대학원 석사학위논문.

임병준(2003), 외국어로서의 한국어 학습자를 위한 연어교육, 한어문교육 11, 한국언어문학교육학회. pp.97~112.

임봉교(2010), 한·중 한자 어휘 대비 연구: 〈한국어 학습용 어휘 선정 결과 보고서〉의 2음절 명사 어휘를 중심으로, 건국대학교 대학원 석사학위논문.

임서연(2005), 한국어 문화적 어휘 교육 연구, 새국어교육 71, 한국국어교육학회. pp.263~284.

임성욱(2011), 한국어 교육용 속담 선정 및 등급화 연구: 스페인어권 학습자를 대상으로, 한국외국어대학교 교육대학원 석사학위논문.

임엘레나(2011), '발'과 관련된 한·러 표현 대조 연구, 경희대학교 대학원 석사학위논문.

임은하(2009), 한국어 학습자의 속담 오류유형 분석: 한국어학습자의 쓰기 평가지에 나타난 속담오류를 중심으로, 외국어로서의 한국어교육 34, 연세대학교 언어연구교육원 한국어학당. pp.375~407.

임은하(2011), 한국어 교재에 나타난 속담 교육 양상 분석, 인문논총 22, 서울여자대학교 인문과학연구소. pp.115~145.

임은하(2011), 한국어 사용 능력 신장을 위한 속담 지도 방안 연구: 표현용 속담 지도 방안을 중심으로, 한국문법교육학회 학술발표논문집, 한국문법교육학회. pp.117~126.

임은해(2011), 다문화가정 아동과 일반가정 아동의 고유어, 한자어, 외래어 어휘 표현 능력 비교, 나사렛대학교 재활복지대학원 석사학위논문.

임지선(2012), 한국어 상징어 교육을 위한 의미영역 분류 방안, 한남대학교 교육대학원 석사학위논문.

임지아(2005), 한국어 교육용 어휘에 관한 연구, 동아대학교 대학원 석사학위논문.

임지아(2005), 한국어 교재에 나타난 교육용 어휘 분석, 국어국문학 24, 동아대학교 국어국문학과. pp.121~146.

임지현(2012), 한국어의 특이파생법 연구, 인하대학교 대학원 석사학위논문.

임칠성(2002), 초급 한국어 교육용 어휘 선정 연구, 국어교육학연구 14, 국어교육학회. pp.355~385.

임현열 외(2008), 한국 한자음과 중국 한자음의 대응에 관한 연구, 어문연구 139, 한국어문교육연구회. pp.393~418.

임희경(2012), 조기 유학생 귀국 후 한국어 어휘력에 관한 연구, 군산대학교 교육대학원 석사학위논문.

자원(2012), 한·중 착탈어 연어표현 대조연구: 신체 착탈어를 중심으로, 경희대학교 대학원 석사학위논문.

장경희 외(2005), 일차원어의 의미습득과정에 관한 연구(1): '가깝다', '멀다', '길다', '짧다'를 중심으로, 어문연구 125, 한국어문교육연구회. pp.371~393.

장기(2011), 한·중 인터넷 신어의 형태·의미와 교육 방안 연구, 경기대학교 대학원 석사학위논문.

장나(2010), 현대 한국어의 어휘적 대우에 관한 연구, 인하대학교 대학원 석사학위논문.

장러(2012), 한·중 외래어 수용 방식에 따른 한국어 외래어 교육 방안 연구, 부산대학교 대학원 석사학위논문.

장령(2011), 한·일·중 신체어휘 비교연구: 두부(頭部) 관련 관용표현을 중심으로, 인천대학교 대학원 석사학위논문.

장망(2011), 한·중 신체 동작 의태어 비교 연구, 경희대학교 대학원 석사학위논문.

장미(2012), 중국인 학습자를 위한 신체 관용어 교육 방안 연구, 부산대학교 대학원 석사학위논문.

장미경(2009), 한국어 고급 학습자의 연어습득양상 연구, 이중언어학 39, 이중언어학회. pp.293~316.

장미령(2011), 한국어와 중국어의 신체 관련 관용표현 비교 연구: '손'과 '발' 관련표현을 중심으로, 울산대학교 대학원 석사학위논문.

장선영(2012), 중국인 한국어 학습자의 숙달도와 거주기간에 따른 호칭어 습득 양상, 이화여자대학교 교육대학원 석사학위논문.

장성희(2007), 중국인 학습자를 위한 한국어 외래어 교육 방안, 경희대학교 교육대학원 석사학위논문.

장세영(2009), 한국어 감각형용사의 인식 비교 연구, 경희대학교 교육대학원 석사학위논문.

장소원(2013), 한국어 연어 유형 분포 분석: 한국어능력시험 고급 읽기 영역을 대상으로, 동국대학교 대학원 석사학위논문.

장수군(2008), 한·중 감탄사의 대조 연구: 일 음절 한·중 유사감탄사를 중심으로, 배재대학교 대학원 석사학위논문.

장슈엔원(2010), 학문목적 학습자를 위한 전공별 한자어 교육 연구: 인문 · 상경 계열 중심으로, 경희대학교 대학원 석사학위논문.

장시우(2013), 한 · 중 · 일 상용한자의 字形 · 字義 비교 연구, 선문대학교 대학원 석사학위논문.

장염자(2013), 한 · 중국어 속담 비교연구: '개' 와 '닭' 의 속담표현을 중심으로, 강원대학교 대학원 석사학위논문.

장엽(2012), 한 · 중 속담 비교 연구, 전남대학교 대학원 석사학위논문.

장영미 외(2012), 초급단계 한국어교재의 어휘구성과 사용실태 분석: 《기초한국어(1, 2)》를 중심으로, 중국조선어문 180, 길림성민족사무위원회. pp.43~48.

장영산(2012), 한 · 중국어 감정표현 관용어 비교연구, 강원대학교 대학원 석사학위논문.

장용(2011), 한국어 '오다/가다' 와 중국어 '來/去(lái/qù)' 의 비교연구, 전북대학교 대학원 석사학위논문.

長原成攻(2004), 한 · 일 양 언어의 시간어에 대한 대조 고찰, 일본어교육연구 27, 한국일본어교육학회. pp.121~143.

장원원(2011), 한국어 동사 '놓다' 와 '두다' 의 비교 연구: 중국어 대응 양상을 중심으로, 연세대학교 대학원 석사학위논문.

장월(2013), 한 · 중 사자성어 비교를 통해 한국어 사자성어 교육 방안 연구: 중국인 학습자 중심으로, 부산대학교 대학원 석사학위논문.

장웨이쉔(2012), 한국어 다의어 '먹다' 와 중국어 '吃' 의 의미 대조 연구, 경희대학교 대학원 석사학위논문.

장은미(2010), 문맥을 활용한 한국어 어휘 교육의 효과 연구, 태릉어문연구 16, 서울여자대학교 인문과학대학 국어국문학과. pp.173~192.

장이원(2013), 한 · 중 감정 관련 색채표현 대조 연구, 경희대학교 대학원 석사학위논문.

장익(2007), 중국 학습자를 위한 한국 한자어 교육에 대한 연구, 신라대학교 대학원 석사학위논문.

장일결(2013), 비한자권 학습자를 위한 기초한자의 선정연구, 동국대학교 대학원 석사학위논문.

장쟁(2011), 한 · 중 합성명사의 구조 비교 연구, 선문대학교 대학원 석사학위논문.

장정(2012), 한국어와 중국어의 '손(手)' 및 '발(脚)' 관련 관용 표현 대조연구, 영남대학교 대학원 석사학위논문.

장정민(2009), 일본어 의태어에 관한 고찰: 일상생활 동작에 관한 의태어를 중심으로, 경희대학교 대학원 석사학위논문.

장정정(2010), 중국인 학습자를 위한 관용표현 교육의 수준별 목록 선정 방법, 대불대학

교 대학원 석사학위논문.
장지영(2009), 문맥을 통한 어휘추론 전략의 교수가 우연적 한국어 어휘학습과 읽기 이해에 미치는 영향, 이화여자대학교 교육대학원 석사학위논문.
장지정(2008), 한국어 학습자를 위한 속담 교육 방안: 중국인 학습자를 중심으로, 상명대학교 대학원 석사학위논문.
장진(2011), 중국인 학습자를 위한 한국어 속담 교육 방안 연구, 부산대학교 대학원 석사학위논문.
장채린(2012), 한국어교육에서의 시간 표현 연구: 용언과 결합하는 시간 표현의 오류분석을 중심으로, 연세대학교 대학원 석사학위논문.
장학련(2012), 중국인 학습자를 위한 한국어 · 의성어 · 의태어 교육 연구, 부산외국어대학교 대학원 박사학위논문.
장혜진(2011), 한 · 중 2음절 동형 한자어 품사 대조 연구: 한국어 학습용 어휘 목록을 중심으로, 경희대학교 대학원 석사학위논문.
장홍수(2010), 중국인 한국어 학습자를 위한 한국어 한자어계 분류사 교육 방안에 관한 연구: 중국어 양사와 대조연구를 바탕으로, 중앙대학교 대학원 석사학위논문.
장희(2013), '-然' 형용사 · 부사의 한국어, 중국어 대조 연구, 단국대학교 대학원 석사학위논문.
전락(2011), 한국어와 중국어의 반복어 대조 연구, 한양대학교 대학원 박사학위논문.
전미순 외(2009), 초급 단계 문화 어휘 선정과 문화 교육 방안, 한국언어문화학 6-1, 국제한국언어문화학회. pp.119~144.
전미순 외(2011), 한국어 문화어휘에 관한 일고찰: 문화어휘 분석을 중심으로, 언어와 문화 7-1, 한국언어문화교육학회. pp.191~210.
전미순(2011), 한국어 문화어휘 교육 연구, 부산대학교 대학원 박사학위논문.
전아원(2012), 한국어 교사를 위한 읽기 텍스트 수정 안내서 개발: 어휘 상세화를 중심으로, 이화여자대학교 교육대학원 석사학위논문.
전용(2012), 한 · 중 한자어 동형어 비교 연구, 건국대학교 대학원 석사학위논문.
전용(2013), 중국인 학습자를 위한 한 · 중 동형한자어 교육 방안, 부산외국어대학교 대학원 석사학위논문.
전우정(2009), 한국인 일본어 학습자의 외래어 학습에 관한 고찰, 단국대학교 교육대학원 석사학위논문.
전유현(2013), 한국어 학습자를 위한 한국어교육용 색채형용사의 공기 표현 연구, 연세대학교 대학원 석사학위논문.
전태현(1997), 한국어와 인도네시아어의 음성상징 표현이 지니는 도상성에 관한 연구, 외국어교육연구논집 11, 한국외국어대학교 외국어교육연구소. pp.312~353.
전형길 외(2012), 의성·의태어를 활용한 여성결혼이민자의 자녀 교육 방안 연구: 학령기 전 자녀와의 상호작용을 중심으로, 한국어교육 23-2, 국제한국어교육학회. pp.361~393.
전혜경(2012), 한국어 의성어 의태어 교육 방안 연구: 독일어권 한국어 학습자를 중심으로, 청주대학교 대학원 석사학위논문.
전혜영(2001), 한국어 관용표현의 교육 방안, 한국어교육 12-2, 국제한국어교육학회. pp.181~199.
전혜영(2004), 한국어 호칭어의 교육, 제1차 KOREAN 교육 국제 학술토론회 발표논문집: 외국어로서의 KOREAN 교육의 과제와 발전 방향 2004, 이화여자대학교 한국어문학연구소. pp.113~120.
전혜영(2005), 한국어 호칭어의 교육 내용과 과제, Korean 연구와 교육 1, 이화여자대학교 한국어문학연구소. pp.121~135.
전혜영(2006), 한국어 은유표현의 교육, Korean 연구와 교육 2, Korean 교육 연구 국제협의회: 이화여자대학교 한국어문학연구소. pp.93~107.
전홍화(2010), 중국인 한국어 학습자를 위한 한·중 속담 비교 연구: 한국어 속담 활용 교육을 중심으로, 경희대학교 대학원 석사학위논문.
정경옥(2005), 한국어에 있어서의 '우리'의 사용에 대하여, 한국어교육 16-3, 국제한국어교육학회. pp.405~422.
정남희(2010), 한·중·일 의성어·의태어 비교연구: 초등학교 국어 교과서를 중심으로, 경성대학교 교육대학원 석사학위논문.
정녕유(2012), 중국어권 학습자를 위한 한국어 촉각형용사 교육 방안 연구, 경희대학교 대학원 석사학위논문.
정림(2011), 한·중 색채어 대비 연구: 오색어의 형태특징과 문화 상징의미를 중심으로, 연변대학교 대학원 석사학위논문.
정보경(2011), 한국어 한자어 접미사와 중국어 접미사의 대조 연구: 사람과 관련된 명사를 중심으로, 목포대학교 대학원 석사학위논문.
정성아(2012), 한·중 어휘대조를 통한 한국 한자어 교육방안, 부산대학교 대학원 석사학위논문.
程篠(2012), 한국어 외래어 교육방안 연구, 충남대학교 대학원 박사학위논문.
정소민(2009), 도식조직자(Graphic Organizers)를 활용한 한국어 어휘 지도 모형 연구: 다문화가정 어머니를 대상으로, 인하대학교 교육대학원 석사학위논문.
정소아(2004), 과제 유형에 따른 학습자 언어의 변이 연구: 대용어의 기능을 중심으로, 이화여자대학교 대학원 석사학위논문.
정수진(2009), 한국어 다의어 교육 방안, 문학과 언어 31, 문학과언어학회. pp.29~54.
정수진(2011), 국어 공간어의 의미 확장 연구, 경북대학교 대학원 박사학위논문.
정승혜(1998), 외국인을 위한 국어 한자 교육 연구, 이화여자대학교 대학원 석사학위논문.
정영교(2012), 한국어 교육을 위한 양태부사 유의어 의미분석과 제시방안 연구, 세종대학교 대학원 석사학위논문.
정예희(2007), 외국어로서의 한국어 교육용 한국문화상징 어휘 연구, 연세대학교 대학원 석사학위논문.
정유진(2009), 개념적 은유를 통한 한국어 어휘 교육 방안 연구: '마음' 관련 어휘를 중심으로, 한국외국어대학교 교육대학원 석사학위논문.
정정정(2012), 한국어 외래어의 교육 방안에 관한 연구, 중앙대학교 대학원 석사학위논문.
정주희(2009), 드라마에 나타난 현대 호칭어 · 지칭어 연구, 국민대학교 교육대학원 석사학위논문.
정지예(2011), 한·중 외래어 표기 대조 연구: 영어, 불어, 독어 인명을 중심으로, 부산외국어대학교 대학원 석사학위논문.
정진(2011), 중국인 한국어 학습자의 다의어 '가다' 의미 습득 양상, 이화여자대학교 교육대학원 석사학위논문.
정진영(2010), 한국어 고유명사 연구, 부산대학교 대학원 박사학위논문.
정현미(2011), 한·일 속담 비교를 통한 한국어 교육 방안 연구: 일본인 학습자를 대상으로, 한국외국어대학교 교육대학원 석사학위논문.
정현아(2012), 공학전공 외국인 유학생을 위한 전공 어휘 교육 방안, 서울시립대학교 대학원 석사학위논문.
정혜경(2011), 효율적인 한국어 어휘 확장 교육 방안 연구: 희비표현 감정형용사의 의미관계를 중심으로, 중앙대학교 대학원 석사학위논문.
정혜령(2009), 한국어 학습자의 신체관용어 이해과정 연구: 중국어권 학습자를 중심으로, 상명대학교 교육대학원 석사학위논문.
정홍영(2012), 한·중 계절 관련 속담 비교연구, 충남대학교 대학원 석사학위논문.
정환승(2007), 한국어-태국어 어휘 학습 바이블, 삼지사.
정훈(2009), 외국인을 위한 한국한자 교육 연구, 국어문학 47, 국어문학회. pp.341~359.
齊振(2013), 중국어권 한국어 학습자를 위한 의성의태어 교육 방안, 전남대학교 대학원 석사학위논문.
조개나(2012), 한국어 합성명사의 형태·의미적 특성 연구, 강원대학교 대학원 석사학위논문.

조경윤(2005), 영어권 한국어 학습자의 이동동사 '가다', '오다'의 사용 양상 연구, 이화여자대학교 교육대학원 석사학위논문.
조경임(2008), 일본인 한국어 학습자를 위한 속담 교육 연구, 상명대학교 교육대학원 석사학위논문.
조경하(2012), 온라인 게임 금칙어의 조어 방식에 관한 연구, 우리어문연구 42, 우리어문학회. pp.149~190.
조뢰(2012), 중국인 학습자를 위한 한국어 관용어 교육 방안 연구, 부산대학교 대학원 석사학위논문.
조문비(2012), 중국인 한국어 학습자 단어 연상 의미의 양상 연구, 중앙대학교 대학원 석사학위논문.
조미선(2012), 비한자권 한국어 학습자를 위한 한자어 교육 방안 연구, 영남대학교 대학원 석사학위논문.
조미영(2010), 장면-상황 중심의 감정형용사 유의어 교육 방안 연구, 계명대학교 대학원 석사학위논문.
조민정 외(2003), 한국어 · 스페인어 관용 표현 대조 분석, 초등 국어교육 13, 서울교육대학교 국어교육과초등 국어 교육 연구소. pp.149~174.
조복자(2007), 외국인을 위한 한국어 교육용 기초어휘 선정에 관한 연구: 국립국어원에서 제시한 기초어휘를 중심으로, 군산대학교 대학원 석사학위논문.
조빈삼(2012), 한·중 공간형용사 '깊다/얕다'와 '深/淺'의 의미 대비, 숭실대학교 대학원 석사학위논문.
조선경(2006), 한국어 신체 관련 다의어 교육 방법 연구, 경희대학교 대학원 석사학위논문.
조성문(2005), 구어 말뭉치에 의한 한국어 초급교재의 어휘 분석, 한민족문화연구 17, 한민족문화학회. pp.259~286.
조수봉(2012), 한국어 교육에서의 관용 표현 지도 방안 연구, 한국외국어대학교 교육대학원 석사학위논문.
조신(2011), 중국인 학습자를 위한 한국어 지시어 교육 방안 연구, 세종대학교 대학원 석사학위논문.
조아라(2011), 한국어 어휘 능력에 따른 다문화 가정 아동과 일반 가정 아동의 이야기 산출 및 이해 능력 비교, 이화여자대학교 대학원 석사학위논문.
조영량(2010), 한·중 속담의 대비 및 교육방법 연구, 충남대학교 대학원 석사학위논문.
조영화(2011), 한국어 학습자를 위한 관용 표현 교육방안: 신체 내부 관련 관용 표현을 중심으로, 숙명여자대학교 대학원 석사학위논문.
조주동(2011), 한국어 학습자를 위한 속담 교육 방안: 중국인 학습자를 중심으로, 세종대

학교 대학원 석사학위논문.
조창규(2003), 상징어의 어울림 정보와 활용, 국어교육 110, 한국어교육학회. pp.149~179.
조창규(2007), 접두사를 이용한 한국어 어휘 교육 연구: 교육용 접두사 목록과 교수·학습 전략을 주로 하여, 어문연구 134, 한국어문교육연구회. pp.405~429.
조헌주(2012), 영어와 한국어의 신체은유에 대한 범주적 접근방법, 전남대학교 대학원 박사학위논문.
조현용(1999), 한국어 교육용 기본어휘 선정에 관한 연구, 고황논집 25, 경희대학교 대학원. pp.47~66.
조현용(1999), 한국어 어휘교육과 어원교육, 어원연구 2, 한국어원학회. pp.191~210.
조현용(1999), 한국어 어휘의 특징과 어휘교육, 한국어교육 10-1, 국제한국어교육학회. pp.265~281.
조현용(1999), 한국어 자모교육을 통한 어휘교육, 어문연구 103, 한국어문교육연구회. pp.111~129.
조현용(2000), 게임을 활용한 한국어 어휘 교육, 어원연구 3, 한국어원학회. pp.127~144.
조현용(2000), 어휘 중심 한국어 교육방안 연구, 경희대학교 대학원 박사학위논문.
조현용(2000), 한국어 능력 시험 어휘 평가에 관한 연구, 국어교육 101, 한국국어교육연구회. pp.1~20.
조현용(2007), 한국어 속담 교육 연구, 한국어교육 18-2, 국제한국어교육학회. pp.423~458.
조현용(2007), 한국어 어휘교육 연구, 박이정.
조현용(2008), 외국인을 위한 한국어 어휘 교재 연구, 외국어교육연구 22, 한국외국어대학교 외국어교육연구소. pp.181~202.
조현용(2010), 재미동포 학생을 위한 외래어 교육 연구, 한국어교육 21-4, 국제한국어교육학회. pp.283~306.
조현용(2011), 한국어 어휘 평가의 현황과 전망: 한국어능력시험(TOPIK)을 중심으로, 이중언어학 47, 이중언어학회. pp.189~215.
조현지(2011), 거주기간과 상호작용이 여성 결혼이민자의 연어 습득에 미치는 영향, 이화여자대학교 교육대학원 석사학위논문.
조형일(2006), 한국어 어휘의 교육용 시소러스 개발 방안 연구, 선청어문 34, 서울대학교 국어교육과. pp.161~177.
조혜진(2012), 일본인 한국어 학습자를 위한 한일 한자어 대조 연구: 의미 · 형태 · 화용 · 악센트를 중심으로, 연세대학교 교육대학원 석사학위논문.
曹曉玲(2012), 한·중 부부관계에 관한 속담 비교 연구, 중앙대학교 대학원 석사학위논문.
조효뢰(2013), 중국인 학습자를 위한 한자어 교육 방안: 동형이의어를 중심으로, 부산대

학교 대학원 석사학위논문.
종결(2012), 한국어와 중국어의 합성어 구조 연구, 전북대학교 대학원 박사학위논문.
종결(Jie Zhong)(2011), 한국어 먹다와 중국어 吃(chi)의 의미 확장 비교, 국어문학 51, 국어문학회. pp.29~61.
주경희(1998), 텍스트에서의 속담 사용 양상, 한국어교육 9-1, 국제한국어교육학회. pp.163~181.
주경희(2002), 속담의 교훈성에 대하여, 국어교육 108, 한국어교육학회. pp.291~320.
주교령(2011), 한국어 한자어 접두사와 중국어 접두사의 비교 연구, 순천향대학교 대학원 석사학위논문.
주려빈(2008), 한국어 '가다' 와 중국어 '去', '走' 의 의미 대조 연구, 경희대학교 대학원 석사학위논문.
주문효(2012), 한국어 '치다' 와 중국어 '打' 의 대비 연구, 건국대학교 대학원 석사학위논문.
주송희(2011), 한국어 학습자를 위한 공간형용사 어휘 정보 연구: {높다}를 중심으로, 새국어교육 88, 한국국어교육학회. pp.315~352.
주송희(2011), 한국어학습자를 위한 공간형용사 "깊다" 의 의미정보연구, 중국조선어문 2011, 길림성민족사무위원회. pp.42~48.
주송희(2012), 현대 한국어 공간형용사 연구, 인하대학교 대학원 박사학위논문.
주수정(2010), 속담을 활용한 한국어 교육 연구, 대구가톨릭대학교 대학원 석사학위논문.
주원경(2010), 중국 내 초급 한국어 교재 어휘 분석, 전남대학교 대학원 석사학위논문.
주일(2011), 중국인 학습자를 위한 한국어 어휘 교재 개발 방안, 부산외국어대학교 대학원 석사학위논문.
주자우(2011), 한·중 신체어의 다의성 대비 연구, 서강대학교 대학원 석사학위논문.
주재환(2010), 한국어 교육을 위한 소설 텍스트 개선 방안 연구: 〈소나기〉와 〈봄·봄〉의 어휘 분석을 중심으로, 국민대학교 교육대학원 석사학위논문.
주지연(2012), 중국인 학습자를 위한 한국어 속담 교육연구: 교재 분석을 통해, 명지대학교 대학원 석사학위논문.
주천문(2011), 중국 학습자를 위한 한국어 외래어 교육 방안 연구: 한·중 외래어 비교를 중심으로, 경희대학교 대학원 석사학위논문.
周青(2012), 한·중 '먹다' 류 동사의 개념적 은유 대조 연구, 고려대학교 대학원 석사학위논문.
주하(2010), 한국어 유의어 교육 방안에 관한 연구: 중국인 한국어 고급 학습자 중심으로, 중앙대학교 대학원 석사학위논문.
주효진(2009), 중국어 학습에서 나타나는 한국어의 간섭현상: 어휘와 통사를 중심으로, 원광대학교 교육대학원 석사학위논문.
지서원(2004), 한국어 학습자의 어휘 오류 분석 연구, 경희대학교 교육대학원 석사학위논문.
지아오천리(2012), 중국인 한국어 학습자를 위한 한중 사자성어 대조 연구: 한국어 교재와 한국어 능력시험(topik) 중심으로, 청주대학교 대학원 석사학위논문.
지창란(2012), 한국 한자어와 현대 중국어 어휘비교연구: 고등학교 중국어교재를 중심으로, 계명대학교 대학원 석사학위논문.
진경지(2012), 온라인 속담 강의 개발 연구: 대만의 대학 한국어문학과를 중심으로, 한국어교육 23-2, 국제한국어교육학회. pp.395~420.
진꾸이시엔(2013), 중국인 학습자를 위한 어휘 교육 방안 연구: 중국교재 〈표준한국어 3〉 중심으로, 대구가톨릭대학교 대학원 석사학위논문.
진대연(2006), 한국어 쓰기능력 구성요소로서의 어휘에 대한 연구, 이중언어학 30, 이중언어학회. pp.379~411.
진동하(2011), 한·중 의성어의 특징 대비 연구: 동물의 소리를 중심으로, 전북대학교 대학원 석사학위논문.
진려혜(2012), 한국어 부사 "아주"의 수식관계 및 중국어에서의 대응, 숭실대학교 대학원 석사학위논문.
진사위(2013), 중국어권 학습자를 위한 한국어 색채어 교육 연구, 서울대학교 대학원 석사학위논문.
진서기(2013), 한·중 외래어 차용의 비교: 2002년 이후 서구 차용어 중심으로, 한양대학교 대학원 석사학위논문.
진신(2012), 한·중 금기어의 변형 양상 대조 연구, 경희대학교 대학원 석사학위논문.
진아름(2011), 여성결혼이민자를 위한 의성어·의태어 선정과 교육 방안 연구: 보육자 역할을 중심으로, 배재대학교 대학원 석사학위논문.
진위명(2011), 한국 한자성어의 개념과 범위 연구, 성균관대학교 대학원 석사학위논문.
진은영(2012), 거주 기간 및 학습 기간에 따른 한국어 지시어 습득 양상 연구: 일본어권 아동 및 청소년 한국어 학습자를 중심으로, 이화여자대학교 국제대학원 석사학위논문.
진정정(2011), 한·중 신체관용어의 은유 비교 연구: 눈, 입, 귀, 코를 중심으로, 경상대학교 대학원 석사학위논문.
진태하(2009), 외국인의 효과적인 한국어 학습: 한자학습을 중심으로, 한글한자문화 121, 전국한자교육추진총연합회. pp.72~75.
차숙정 외(2006), 중국인 한국어 학습자의 쓰기에서 나타나는 어휘 오류, 한국어교육 17-

1, 국제한국어교육학회. pp.415~436.
채옥자(Cai Yuzi)(2004), 한국어와 중국어의 대비 연구: 적(的) 파생어를 중심으로, 한국어교육 15-2, 국제한국어교육학회. pp.253~266.
채옥자(Cai Yuzi)(2004), 한국한자어와 중국현대한어어휘의 비교 연구: 〈한국어 학습용 어휘 선정 결과 보고서〉의 어휘 목록을 중심으로, 이중언어학 25, 이중언어학회. pp.267~278.
채잉(2011), 한·중 신체어의 다의 대조 연구: '몸통 신체어와 사지(四肢) 신체어'를 중심으로, 국민대학교 대학원 석사학위논문.
천신신(2011), 중국인 학습자를 위한 한국어 외래어 교육과 교재 개발 연구, 세종대학교 대학원 석사학위논문.
肖晨樂(2013), 한중일 삼국의 경제용어 교류 양상과 생성 유형, 영남대학교 대학원 석사학위논문.
최경아(2007), 한국어 유의어 교육 방안 연구: 시간부사를 중심으로, 고려대학교 대학원 석사학위논문.
최경희 외(2011), 중국인을 위한 한국어 호칭어 교육 연구: 친족 호칭어 대용형을 중심으로, 한국언어문화교육학회 학술대회, 한국언어문화교육학회. pp.221~229.
최경희(2011), 중국인 학습자를 위한 한국어 호칭어 교육 연구: 사회 호칭어를 중심으로, 한국언어문화학 8-2, 국제한국언어문화학회. pp.225~252.
최경희(2012), 한국어의 호칭어. 지칭어 교수-학습 방안 연구: 중국어권 학습자를 대상으로, 동국대학교 대학원 박사학위논문.
최권진 외(2010), 매체자료를 활용한 한국어 신체 관용어 교육 방안 연구, 한국언어문화학 7-2, 국제한국언어문화학회. pp.221~246.
최기호(1999), 한국어와 몽골어, 만주어의 계통 연구: 의성어, 의태어를 중심으로, 몽골학 8, 한국몽골학회. pp.97~124.
최란희(2010), 중국어 '抓'와 한국어 '잡다'의 의미대조 연구, 한양대학교 대학원 석사학위논문.
최리나(2011), 한국 색채어 파생접사와 중국어의 대응관계 연구: 한국인과 중국인 색채 인식의 비교를 통하여, 숭실대학교 대학원 석사학위논문.
최명선(2009), 파생법을 활용한 어휘 교육 방안 연구, 동덕여자대학교 대학원 석사학위논문.
최미경(2012), 스페인어권 한국어 학습자를 위한 속담 선정 방안 연구, 한국외국어대학교 대학원 석사학위논문.
최선아(2010), 한·일어 비유표현의 비교연구: 동물 관용구를 중심으로, 단국대학교 대학

원 석사학위논문.
최선영(2009), 한국어 학습자를 위한 합성어 교육 방안 연구: 합성명사를 중심으로, 경희대학교 교육대학원 석사학위논문.
최성욱(2000), 외국어로서 한국어 어휘 능력 신장 방안, 국어교육학연구 11, 국어교육학회. pp.285~310.
최송아(2012), 학령기 다문화가정 아동과 일반가정 아동의 관용어 이해 능력 비교 분석, 나사렛대학교 재활복지대학원 석사학위논문.
최아람(2010), 형태 결합에서의 한국어교육용 기초어휘등급 분포 연구, 한국외국어대학교 교육대학원 석사학위논문.
최안나(2012), 한국어 학습자를 위한 한국어 합성어 교육 방안 연구, 한양대학교 교육대학원 석사학위논문.
최영자(2013), 한국어와 중국 조선어의 동질화 연구: 한·중 수교 이후 중국 조선어판 신문과 잡지에 나타난 어휘를 중심으로, 서울시립대학교 대학원 석사학위논문.
최옥춘(2013), 한·중 시간부사 유의어 대조 연구: 한국어 중급 학습자를 대상으로, 경희대학교 대학원 석사학위논문.
최운선(2012), 어휘력 평가 영역 설정 기준에 대한 연구, 한국어교육학회 학술발표회, 한국어교육학회. pp.1~27.
최원평(2004), 한·중 의성어 비교연구, 경상대학교 대학원 석사학위논문.
최원평(Choe Wonpyong)(2011), 한국어어휘교수에서의 어휘접근법사용과 그 방법, 중국조선어문 171, 길림성민족사무위원회. pp.39~43.
최은주(2003), 일본어 「氣」와 한국어 '기'의 의미 확장 대조, 일본어교육연구 25, 한국일본어교육학회. pp.43~66.
최은지 외(2012), 중국어권 학습자들의 '서술성 명사+접미사' 구성 어휘의 사용 양상, 어문연구 156, 한국어문교육연구회. pp.455~475.
최은지(2011), 한국어 학습자의 '서술성 명사+접미사' 구성 어휘의 오류 양상, 이중언어학 45, 이중언어학회. pp.285~307.
최인정(2013), 취학 전 다문화가정 아동의 어휘력 연구, 계명대학교 대학원 석사학위논문.
최종원(2012), 한국어 지시 관형사의 통합 관계 연구, 울산대학교 대학원 석사학위논문.
최주열(1994), 한자 교육 방법에 관한 고찰: 외국인에 대한 한자 교육을 중심으로, 한국어교육 5, 국제한국어교육학회. pp.145~174.
최지아(2013), 중국인 중급 한국어 학습자를 위한 한자어 교육 방안 연구, 전남대학교 대학원 석사학위논문.
최지영(2012), 외국어로서의 한국어 관용표현 지도 방안: 영화 '식객-김치전쟁'을 중심으로, 고신대학교 교육대학원 석사학위논문.
최진숙(2012), 상경계열 전공의 학문 목적 한국어 학습자를 위한 어휘 중심 교재 개발, 이화여자대학교 외국어교육특수대학원 석사학위논문.
최혜령(2007), 초급 학습자를 위한 한국어 관용표현 지도방안, 한양대학교 교육대학원 석사학위논문.
최호림(2004), 경어는 두렵지 않다, 계명대학교 국제학대학원 석사학위논문.
최호정(2013), 한국어 반의어 교육방법 연구, 부산대학교 대학원 석사학위논문.
최호철(1999), 현대국어 '덜다, 떨다, 털다'의 의미 분석, 외국어로서의 한국어교육 23, 연세대학교 언어연구교육원 한국어학당. pp.71~88.
최희정 외(2009), 한국어 교육에서의 의성어·의태어 목록 제시 및 교육 방안 연구, 학술대회, 한국언어문화교육학회. pp.117~126.
췌이가오양(2012), 한국어 외래어 교육방안 연구: 중국인 학습자를 중심으로, 청주대학교 대학원 석사학위논문.
췌이페이(2013), 한국어 '치다'와 중국어 '打'의 의미 확장 대조 연구, 경희대학교 대학원 석사학위논문.
츠루마루 타쿠야(2012), 한일 감정관련 용언형 관용어 대조 연구: 분노와 미움의 감정을 중심으로, 경희대학교 대학원 석사학위논문.
츠모리 사유리(2013), 한국어와 일본어의 '마음' 관련 연어표현 대조 연구, 경희대학교 대학원 석사학위논문.
침혜령(2009), 중국인 학습자를 위한 한중 관용어 대조 연구, 학술대회2009, 한국언어문화교육학회. pp.103~116.
카몰로브 만수르(2012), 영어, 한국어, 우즈벡어의 신체 관련 관용어 비교 연구: '머리', '눈', '손'을 중심으로, 계명대학교 대학원 석사학위논문.
카츠타 사토시(2001), 한국어 의성어 의태어 교육 연구: 일본어를 모어로 하는 한국어 학습자를 중심으로, 경희대학교 대학원 석사학위논문.
코미야 유미코(2013), 한국어 '나다'에 대응하는 일본어 동사의 연구, 울산대학교 대학원 석사학위논문.
타바타 미츠코(田畑光子)(2012), 한일 유사속담의 인지언어학적 연구, 한국외국어대학교 대학원 박사학위논문.
타티아 마나가제(2012), 한국어와 그루지아어의 의성어·의태어 대조 연구, 경희대학교 대학원 석사학위논문.
탄투이밀린(2012), 한국어와 베트남어의 안면부관련 속담 대조 연구, 영남대학교 대학원 석사학위논문.

탕톈쟈오(2013), 한국어 '보다'의 교육 방안 연구: 중국인 학습자를 중심으로, 부산대학교 대학원 석사학위논문.
테미르불라토바 인디라(2013), 한국어와 우즈베크어의 호칭어·지칭어 대비 연구, 충남대학교 대학원 석사학위논문.
테티아나보디아니츠카(2012), 한국어와 우크라이나어에서의 '가슴'의 은유, 목포대학교 대학원 석사학위논문.
토우조우 나오코(東條奈緒子)(2008), 한국어「하다」와 일본어「する」용언의 대응관계 연구: 이자(二字) 한자어를 중심으로, 경희대학교 대학원 석사학위논문.
파와나 펫프라이(2012), 태국인 학습자를 위한 한국어 호칭어 교육 연구: 한·태 호칭어 비교 분석과 말하기 교육 방안을 중심으로, 한성대학교 대학원 석사학위논문.
판디(2011), 중·한 인터넷 통신언어의 비교 연구, 전남대학교 대학원 석사학위논문.
판원차오(2012), 한중 한자어 대비 연구: 한국어 초급 교재 한자어를 중심으로, 청주대학교 대학원 석사학위논문.
표마마딴(2012), 한국어와 미얀마어 관용구 대조 분석 연구: 신체어휘를 중심으로, 연세대학교 대학원 석사학위논문.
퓨퓨민(2011), 한국어와 미얀마어 분류사의 대비 연구, 원광대학교 대학원 석사학위논문.
하경식(1999), 일 한 양언어에서의 현대형용어의 의미분포, 일본어교육연구 16, 한국일본어교육학회. pp.139~158.
하설월(2005), 중국인을 위한 한국어 어휘 교육 연구: 친족어와 대용 친족어의 교육을 중심으로, 연세대학교 대학원 석사학위논문.
하성희(2012), '나다'와 '내다' 류 동사의 한국어 어휘 교수 방안, 부경대학교 대학원 석사학위논문.
하수정(2006), 일본어권 한국어 학습자의 신체 관용어 이해 연구, 이화여자대학교 교육대학원 석사학위논문.
하원원(2010), 한·중 한자어의 대조 연구: 1음절어를 중심으로, 명지대학교 대학원 석사학위논문.
하윤정(2012), 영어동사 'open'과 한국어동사 '열다'의 목적어 연어 비교, 부경대학교 대학원 석사학위논문.
하화정(2001), 외국인을 위한 한국어 다의어 교육 연구: 동사 '오다, 가다, 보다'를 중심으로, 경희대학교 대학원 석사학위논문.
한교(2011), 한국어교육을 위한 한·중 감탄사 대조 분석: 한국어 학습용 어휘 목록 A등급 감탄사를 중심으로, 연세대학교 대학원 석사학위논문.
한국희(2013), 학문목적 한국어 학습자를 위한 영상매체활용 어휘교육 연구: EBS '지식

채널e'를 중심으로, 한성대학교 대학원 석사학위논문.
한금희(2012), 한국어 호칭어의 교육 방안 연구, 건양대학교 대학원 석사학위논문.
한나(2012), 난해한 어휘학습에 그림 사용이 미치는 효과성, 전남대학교 교육대학원 석사학위논문.
한미연(2011), 여성결혼이민자를 위한 한국어 관용어 목록 선정과 학습 지도 방안 연구: 여성결혼이민자와 함께하는 한국어를 중심으로, 인하대학교 교육대학원 석사학위논문.
한민지(2012), 구두 반복 학습 전략과 음운 단기 기억 능력이 한국어 어휘 학습에 미치는 영향, 이화여자대학교 국제대학원 석사학위논문.
한봉원(2012), 한국어 파생어 교육을 위한 학습자료 개발 방안 연구, 세명대학교 대학원 석사학위논문.
한상(2012), 중국 학습자를 위한 한국어 신어 교육 방안 연구: 2005년 신어를 중심으로, 경희대학교 대학원 석사학위논문.
한상미(2002), 학습자 자율성에 기초한 한국어 어휘 교육 사례 연구: 인터넷 사전과 인터넷 자료 검색 과정을 중심으로, 한국어교육 13-2, 국제한국어교육학회. pp.279~307.
한성희(2011), 외국인 학습자를 위한 유의어 교육방안 연구: 한국어 교재에 나타난 동사, 명사, 부사 유의어를 중심으로, 안동대학교 대학원 석사학위논문.
한송화(2004), 연어를 이용한 어휘 교육 방안 연구, 한국어교육 15-3, 국제한국어교육학회. pp.295~318.
한여빈(2009), 중국인 한국어 학습자를 위한 한자어 교육 방안 연구, 계명대학교 대학원 석사학위논문.
한영균(2007), 한국어 어휘 교육과 어휘 통계 정보, 한국어교육 18-3, 국제한국어교육학회. pp.249~272.
한유석(2000), 일본의『분류어휘표』형식에 의한 한국어 시간어의 분류, 일본학보 44, 한국일본학회. pp.195~210.
한은실(2011), 한국어 혼성어와 두자어의 비교 연구, 한림대학교 대학원 석사학위논문.
한인희 외(1992), 국어어휘목록에 관한 변형문법적 고찰, 홍문각.
한재영 외(2010), 한국어 어휘 교육, 태학사.
한재영(2003), 외국어로서의 한국어 한자교육을 위한 기초적 연구: 비한자문화권 학습자를 대상으로, 어문연구 120, 한국어문교육연구회. pp.557~586.
한재영(2003), 외국어로서의 한국어 한자어교육을 위한 기초적 연구: 한자문화권 학습자를 대상으로, 이중언어학 23, 이중언어학회. pp.327~367.
한재영(2006), 비한자문화권 한국어 학습자의 한자교육을 위한 기초적 연구: 특히 濠洲

의 경우를 중심으로, 어문연구 130, 한국어문교육연구회. pp.367~392.
한정연(2012), 동물 속담을 활용한 한국어문화 교육 방안 연구, 경희대학교 교육대학원 석사학위논문.
한정일(2000), 한국어 어휘 교육 방안: 의미 관계를 중심으로, 이화여자대학교 대학원 석사학위논문.
한진건(2006), 어휘비교교육의 이론과 실천, Korean 연구와 교육 2, Korean 교육 연구 국제협의회: 이화여자대학교 한국어문학연구소. pp.123~133.
한현진(2010), 한국어교육에서의 어휘의 규범성에 대한 연구: 일본식 어휘를 중심으로, 배재대학교 대학원 석사학위논문.
한현진(2010), 한국어교육에서의 어휘의 규범성에 대한 연구: 일본식 어휘를 중심으로, 한국언어문화교육학회 학술대회, 한국언어문화교육학회. pp.117~130.
함미자(2000), 외국인 해외동포가 본 한글, 한자 병용: 중국어 상용어휘와 그와 대응되는 한국어 한자어휘 대비, 한글한자문화 15, 전국한자교육추진총연합회. pp.46~49.
함윤희(2011), 한국어 어휘 교육을 위한 상징부사 중심 연어 연구, 연세대학교 교육대학원 석사학위논문.
허미진(2013), 초·중급 한국어능력시험의 다의어 연구, 충북대학교 교육대학원 석사학위논문.
허벽(1994), 한·중 양국어의 어휘비교연구 (특히 한자어휘를 중심으로), 외국어로서의 한국어교육 19, 연세대학교 언어연구교육원 한국어학당. pp.5~25.
허은혜(2010), 여성 결혼 이민자들의 작문에 나타난 어휘 사용 빈도 연구: 학습교재와의 비교를 중심으로, 한국외국어대학교 교육대학원 석사학위논문.
허은혜(2012), 여성결혼이민자를 위한 요리 어휘 연구, 언어와 문화 8-1, 한국언어문화교육학회. pp.207~229.
허정영(2011), 한·중 감각형용사의 공감각적 의미전이 대조연구, 경희대학교 대학원 석사학위논문.
허정정(2012), 한·중 색채어의 의미 대응 양상 연구: '검다, 희다, 누르다, 푸르다, 붉다'를 중심으로, 경희대학교 대학원 석사학위논문.
허흔(2012), 중한 사회호칭어 대비연구와 교육법의 검토, 숭실대학교 대학원 석사학위논문.
현성준(2012), 한·중 수사성어(數詞成語)의 외부형식 비교 연구, 비교문화연구 27, 경희대학교 비교문화연구소. pp.319~346.
현우주(2012), 문맥을 활용한 한국어 어휘 수업 방안 연구: Nation의 귀납적 어휘 추론의 절차를 중심으로, 한국외국어대학교 교육대학원 석사학위논문.
현해영(2012), 한·중 속담 비교 연구: "술" 관련 속담을 중심으로, 중앙대학교 대학원 석

사학위논문.
형육(2012), 한·중 외래어 대비 연구, 경남대학교 대학원 석사학위논문.
형재연(2011), 외국어로서의 한국어 관용 표현 교육 방안 연구: 주제 및 기능과의 연계성을 중심으로, 한성대학교 대학원 석사학위논문.
호결(2011), 한국어와 중국어 지시어에 관한 대조 연구: 한국어 '이, 그, 저'와 중국어 '這, 那' 중심으로, 한양대학교 대학원 석사학위논문.
호유선(2012), 한국어 호칭어의 교육 방안에 관한 연구, 중앙대학교 대학원 석사학위논문.
호취월(2011), 한국어 사자성어의 존재 양상 및 외국어로서의 그 교육 방안, 한중인문학연구 34, 한중인문학회. pp.285~310.
홍미경(1999), 독일어와 한국어의 소유관계동사의 비교연구, 외국어로서의 독일어 4, 한국독일어교육학회. pp.283~309.
홍성채(2010), '-적' 파생어의 효과적인 한국어 교육 방안, 계명대학교 대학원 석사학위논문.
홍윤기 외(2010), 한국어교육에서 고유어의 위상과 등급화: 고유어 용언을 중심으로, 국어교육 132, 한국어교육학회. pp.351~384.
홍윤기(2009), 문장에서의 반의관계 실현 방식 연구: 반의관계와 문법 구성 및 표현의 상관성을 바탕으로, 한국어교육 20-3, 국제한국어교육학회. pp.185~204.
홍은진(2004), 영어권 한국어 학습자의 어휘 오류 분석과 교육 방안, 이중언어학 25, 이중언어학회. pp.331~358.
홍은진(2006), 중국인 한국어 학습자의 어휘 오류 연구: 대치 오류를 중심으로, 이중언어학 31, 이중언어학회. pp.315~358.
홍혜란(2007), 한국어 고급학습자의 문법적 연어 오류 분석: 학습자 말뭉치와 작문 자료를 중심으로, 비교문화연구 11, 경희대학교 비교문화연구소. pp.23~52.
황단(2011), 한국어 '소원'의 뜻을 나타내는 관용 표현과 중국어에서의 대응 형식: '-싶다' 관용 표현을 중심으로, 숭실대학교 대학원 석사학위논문.
황미연(2006), 중국인 학습자의 한국어 학습을 위한 관용표현 대조 연구, 비교문화연구 10, 경희대학교비교문화연구소. pp.171~192.
황민형(2011), 텍스트 상의 한자 병기가 중국인 한국어 학습자의 읽기 능력에 미치는 영향 연구, 영남대학교 대학원 석사학위논문.
황성은(2011), 한국어 교육용 기본어휘에 대한 학술어 유의어 연구: 대학 수학 목적 한국어 학습자를 대상으로, 배재대학교 대학원 석사학위논문.
황소하(2012), 중국인 학습자를 위한 한국 특유의 사자성어 교육방안 연구, 중앙대학교 대학원 석사학위논문.

황예(2011), 한국어 학습자를 위한 한자성어 교육방안: 중국인 학습자를 중심으로, 계명대학교 대학원 석사학위논문.

황은정(2012), 관용어로 배우는 한국어 감정표현, 이화여자대학교 외국어교육특수대학원 석사학위논문.

황임화(2011), 한·중 동사의 의미 대조 연구: '보다'와 '보다' 복합어를 대상으로, 고려대학교 대학원 박사학위논문.

황정아(2008), 한중 관용어의 표현 양상과 내포 문화 비교, 상명대학교 대학원 박사학위논문.

황정혜(2010), 한·중 관용표현을 통한 한국 문화 교육 연구, 부산대학교 대학원 석사학위논문.

황종(2006), 중국인 학습자를 위한 한국어 반의어 교육 연구, 문창어문논집 43, 문창어문학회. pp.181~211.

황종(2007), 중국인 학습자를 위한 한국어 반의어 교육 연구: 부정접두 한자 반의어를 중심으로, 부산대학교 대학원 석사학위논문.

황지민(2011), 속담을 통한 한국어와 한국문화 교육 방법 연구: 여성 결혼이민자의 요구 분석을 중심으로, 청주대학교 대학원 석사학위논문.

후문옥(2003), 중국인을 대상으로 한 한국어 어휘 교육, 연세대학교 대학원 석사학위논문.

히로유키 사와다(2003), 한국어 말하기 평가에서 전략적 능력과 어휘 구사력의 평가, 국어교육연구 12, 서울대학교 국어교육연구소. pp.101~130.

Ahn, Sang Cheol(1997), On Partial Reduplication: A Prosodic Account, 한국어교육 8, 국제한국어교육학회. pp.179~203.

Angela Lee Smith(2005), Lexicography for Korean Language Education as a FL, 언어정보와 사전편찬 14, 연세대학교 언어정보연구원. pp.197~209.

ANJALI, SINGH(2012), 인도인 한국어 학습자의 작문에 나타난 어휘 오류 분석 연구, 이화여자대학교 국제대학원 석사학위논문.

Bae Sungbong(2011), The Role of Semantic Transparency in the Recognition and Learning of Sino-Korean Words: 한자어의 재인과 학습에서 의미 투명성의 역할, 영남대학교 대학원 박사학위논문.

Camino, Tabitha Naomi(2010), 한국어와 프랑스어 형용사 언어 유형적 연구, 경희대학교 대학원 석사학위논문.

Choi, Jong-Wook(2000), A Way of Teaching English through Loanwords in Korean, 인문사회연구 2, 남서울대학교 인문사회과학연구센터. pp.111~124.

D. OTGONTSETSEG(2005), 몽·한 말[馬] 관련 상징에 대한 비교 연구, 한국언어문화학

2-1, 국제한국언어문화학회. pp.149~170.

Dong, Liyang(2012), 한국어와 중국어의 파생어 대조 연구, 이화여자대학교 대학원 석사 학위논문.

Gotz Wienold(1993), Soda in Korean compound verbs An exercise in compositional semantics, 한국어교육 4, 국제한국어교육학회. pp.21~35.

Hu Meng(2012), 한국어 연어의 중국어 대응 양상 연구: 신체어휘를 중심으로, 연세대학교 대학원 석사학위논문.

I, Nadezda(2012), 러시아어권 학습자를 위한 한국어 연어 교육: 'работать' 동사와 한국어 대응 표현을 중심으로, 연세대학교 대학원 석사학위논문.

In Seok Yang(1993), Korean Tag Questions, 한국어교육 4, 국제한국어교육학회. pp.37~59.

Jason Bumyong Sung(2013), 초급 한국어 학습자를 위한 어휘 학습법, 외국어로서의 한국어교육 38, 연세대학교 언어연구교육원 한국어학당. pp.133~162.

JIN XIAN SHUN(2012), 한 · 중 동형 한자 파생접사 대조 연구, 성균관대학교 대학원 석사학위논문.

LI, QIAN(2012), 한국어 어휘 학습에 반이중어사전의 필요성: 중급 중국인 한국어 학습자를 중심으로, 이화여자대학교 국제대학원 석사학위논문.

Liu Shuang(2011), 한국 한자음과 중국 한자음의 비교 고찰: 〈천자문〉의 한자를 중심으로, 충북대학교 대학원 석사학위논문.

Ma Jun(2013), 한국어 교육을 위한 한·중 관용표현 대조 연구: 중국에서 발간된 한국어 교재를 중심으로, 이화여자대학교 대학원 석사학위논문.

Meng Lin(2013), 한국어 형용사 '크다/작다'와 중국어 형용사 '大/小'의 대조 연구, 경희대학교 대학원 석사학위논문.

Mizuma Ikumi(2013), 초급 한국어 교재의 어휘 항목 분석: 일본 현지화 교재와 한국 출간 교재의 비교를 바탕으로, 연세대학교 대학원 석사학위논문.

Myat Thida Oo(2012), 한국어와 미얀마어의 신체 관련 관용표현 대조 연구, 경희대학교 대학원 석사학위논문.

Odontuya, Enkhtaivan(2012), 현대 한국어와 몽골어 명사 파생 접미사 대조 연구, 이화여자대학교 대학원 석사학위논문.

Osaman, Rania(2011), 한국어와 이집트어 호칭어 대조 분석 연구, 한양대학교 대학원 석사학위논문.

Qi Feng(2011), 한국어와 중국어의 호칭어 비교 연구: 한국어와 중국어의 호칭어 비교 연구, 강원대학교 대학원 석사학위논문.

Qin, Lifeng(2012), 유형론적 관점에서 본 한국어 분류사 연구, 서울대학교 대학원 박사

학위논문.

Shao Juan(2010), 중국인 학습자를 위한 한국어 속담 교육 방안 연구, 경희대학교 대학원 석사학위논문.

Shin, Seong-Chul(2002), Australian Students' Lexical Errors in Korean: Type, Frequency and Cause, 한국어교육 13-1, 국제한국어교육학회. pp.307~338.

Stefan Kramer(2011), 독일어와 한국어 장소 규정어, 독어교육 50, 한국독어독문학교육학회. pp.53~77.

Sung-Yeon Kim 외(2007), Errors and Strategies Observed in Korean Heritage Learners L2 Writing, 외국어 교육 14-4, 한국외국어교육학회. pp.93~112.

Trang, Le Thanh(2012), 한국어와 베트남어의 신체어휘 관용구 대조 연구, 고려대학교 대학원 석사학위논문.

Vu, Thi Ngoc Anh(2011), 베트남인 학습자를 위한 한국어 한자어 학습 전략, 부산대학교 대학원 석사학위논문.

Wang Su Yao(2013), 한·중 분류사의 대조와 교육 방안 연구, 전남대학교 대학원 석사학위논문.

Yan, Wang(2011), 한·중 신어에 사용된 명사 파생 접미사의 비교 연구: 한자어·외래어 접미사를 중심으로, 아주대학교 대학원 석사학위논문.

Z. Gantsetseg(2012), 한국어와 몽골어의 의성어·의태어 연구, 창원대학교 대학원 석사학위논문.

Zhang Yue(2013), 한·중 한자어의 대조 연구: 「新標準韓國語」를 중심으로, 전남대학교 대학원 석사학위논문.

Zheng, Shunmei(2005), 한국어 교육을 위한 의성어·의태어의 한·중 대조 연구, 서울대학교 대학원 석사학위논문.

ZHOU, WENXIAN(2011), 초급 중국인 학습자의 한중 동형이의 한자어 학습전략 사용 연구, 이화여자대학교 국제대학원 석사학위논문.

V-02.
사전

강현화 외(2009), 언어교육용 어휘사전 분석 연구, 한국사전학 13, 한국사전학회. pp.48~83.
강현화(2000), 외국인을 위한 교육용 한국어사전의 표제어에 대한 고찰, 어문학 70, 한국어문학회. pp.1~20.
강현화(2006), Korean picture dictionary, Darakwon.
게를마(2012), 한·몽 형용사 대역사전 설계 연구: 편찬 원리와 표제어 제시를 중심으로, 배재대학교 대학원 석사학위논문.
고경태(2010), 「외국인을 위한 한국어 학습 사전」에 나타난 간접 인용 표지 '-고'의 검토, 한국어 의미학 33, 한국어의미학회. pp.1~17.
고석주 외(1998), 한국어 교육을 위한 기초 어휘 의미 빈도 사전의 개발, 언어정보개발연구1, 연세대학교 언어정보연구원. pp.328~355.
김경은(2011), 한국어 학습사전의 화용 정보 기술 연구, 연세대학교 교육대학원 석사학위논문.
김미정(2004), 중국인을 위한 한국 한자어 학습 사전 개발의 기초 연구, 경기대학교 대학원 석사학위논문.
김선혜 외(2011), 학습자 사전에서의 고유명사 표제어 선정의 문제, 한국사전학 17, 한국사전학회. pp.43~72.
김유미(2005), 문형 사전을 위한 문형 빈도 조사, 인지과학 16, 한국인지과학회. pp.123~140.
김은영(2012), 결혼 이민자를 위한 한국 문화 사전 편찬에 관한 요구 조사, 외국어로서의 한국어교육 37, 연세대학교 언어연구교육원 한국어학당. pp.65~97.
김종록(2005), 『외국인을 위한 한국어 동사 활용 사전』을 편찬하기 위한 기초적 연구, 한글 270, 한글학회. pp.149~195.
김종록(2009), 외국인을 위한 표준 한국어 동사 활용 사전, 박이정.
김종록(2012), 외국인을 위한 한국어 동사 활용 사전 돌아보기, 한글 295, 한글학회.

pp.73~134.
김주희(2011), 몽골인을 위한 한국어-몽골어 학습 사전 편찬에 관한 기초 연구, 경기대학교 대학원 박사학위논문.
김하수 외(2007), 한국어교육을 위한 한국어 연어사전, 커뮤니케이션북스.
노경래(2008), 사전을 활용한 한국어 어휘 지도-학습 연구, 관동대학교 대학원 석사학위논문.
문화관광부(2001), 외국인을 위한 "한국어 학습 사전" 개발, 문화관광부.
문화관광부(2001), 한국어 문형 사전의 개발, 문화관광부.
박꽃새미(2008), 중국인 한국어 학습자의 사전사용이 쓰기에 미치는 효과: 이중어사전과 단일어사전 사용 비교 연구, 이화여자대학교 국제대학원 석사학위논문.
박수연(2002), 한국어 학습사전에서 동음이의어 구별을 위한 '길잡이말(Guide Words)' 연구, 연세대학교 대학원 석사학위논문.
박수연(2006), 한국어 학습 사전의 연구 동향 분석, 이중언어학 31, 이중언어학회. pp.35~53.
박은하(2008), 한국어-베트남어 사전에 나타난 한국어 오류 조사, 한국어교육 19-3, 국제한국어교육학회. pp.237~263.
배주채(2009), 외국인을 위한 한국어사전 개관, 한국사전학 14, 한국사전학회. pp.7~51.
배희임 외(2001), 외국인의 학습과정을 고려한 '한국어문법 학습사전' 집필에 대한 연구, 이중언어학 18, 이중언어학회. pp.165~189.
백봉자(1999), 외국어로서의 한국어 문법 사전, 연세대학교 출판부.
백봉자(2006), 외국어로서의 한국어 문법 사전, 하우출판사.
서상규 외(2000), 한국어 교육 기초 어휘 의미 빈도 사전의 개발 사업 보고서, 문화관광부.
서상규(2003), 한국어 교육과 학습 사전, 한국문화사.
서승아(2011), 한국어교육학 사전 편찬을 위한 기초 연구 1: 미시구조를 중심으로, 한국언어문화학 8-2, 국제한국언어문화학회. pp.27~55.
송현주 외(2008), 한국어 교육용 유의어 사전 편찬을 위한 표제어 선정 및 기술 방안에 대한 연구, 어문논총 48, 한국문학언어학회. pp.1~26.
신현숙 외(2000), 의미로 분류한 현대 한국어 학습사전, 한국문화사.
신현숙(1998), 한국어 어휘 교육과 의미 사전, 한국어교육 9-2, 국제한국어교육학회. pp.85~103.
심혜령(2009), 고유명사의 어휘 교육적 의의와 사전 처리, 한국사전학회 학술대회 발표논문집, 한국사전학회. pp.71~86.
옥혜정(2009), 어휘 주석과 전자 사전이 초급 한국어 학습자의 어휘 학습에 미치는 영향, 이화여자대학교 국제대학원 석사학위논문.

왕단(Wang Dan)(2006), 한국어 학습 사전의 의미 정보 기술 방법 연구, 제3차 Korean 교육 학술토론회 논문집, 이화여자대학교 한국어문학연구소. pp.73~96.

윤경원(2010), 태한 사전과 한태 사전 편찬에 관한 소고, 한국사전학 15, 한국사전학회. pp.25~40.

윤창숙(2012), 영어권 초급 학습자를 위한 한국어 학습사전 모형 연구, 부산대학교 대학원 석사학위논문.

이병근(2005), 사전 편찬의 역사와 방향, Korean 연구와 교육 1, 이화여자대학교 한국어문학연구소. pp.27~36.

이수미(2011), 한국어교육학 사전 편찬을 위한 기초 연구 1: 거시구조를 중심으로, 한국언어문화학 8-2, 국제한국언어문화학회. pp.143~160.

이영희(2007), {외국인을 위한 한국어 학습 사전}의 한자 빈도 연구, 어문연구 136, 한국어문교육연구회. pp.455~478.

이현희 외(2009), 어휘 교육을 위한 전자사전의 활용 방안, 새국어교육 83, 한국국어교육학회. pp.375~406.

임형재(2012), 한국어 학습사전의 미시구조와 풀이말 구성의 실제: 중국어 화자를 위한 한국어 학습사전, 외국어교육연구 26, 한국외국어대학교 외국어교육연구소. pp.109~129.

정상근(2001), 일본어권 한국어 학습자를 위한 학습용 한일사전 연구, 경희대학교 대학원 석사학위논문.

정상근(2001), 한국어 학습사전에서 용언활용형의 표제어 선정 방안 연구, 한국어교육 12-2, 국제한국어교육학회. pp.201~221.

정희정 외(2007), 『한국어 교육을 위한 한국어 연어 사전』의 편찬, 한국사전학 10, 한국사전학회. pp.115~137.

조재수(1992), 한글 학회 지은 〈우리말 큰 사전〉, 외국어로서의 한국어교육 16, 연세대학교 언어연구교육원 한국어학당. pp.133~137.

주세형(2000), 사용자 중심의 국어 사전, 한국어 의미학 7, 한국어의미학회. pp.175~214.

한경진(2010), 한국어 교육을 위한 상징어 분석: 『표준국어대사전』에 등재된 상징어를 대상으로, 한남대학교 교육대학원 석사학위논문.

한국어세계화재단(2001), 한국어 문형 사전의 개발(2차년도) 최종 보고서, 한국어세계화재단 한국어세계화추진위원회.

한유석 외(2004), 한국어 시소러스 연구, 한국문화사.

홍재성 외(1995), 현대 한국어 동사구문사전 편찬을 위하여, 외국어로서의 한국어교육 20, 연세대학교 언어연구교육원 한국어학당. pp.81~127.

홍종선(2012), 외국인 학습자를 위한 한국어 사전 편찬의 성과와 과제: 올림말, 우리어문연구 42, 우리어문학회. pp.7~30.

홍주희(2011), 외국인 학습자를 위한 한국어 사전 정의문 연구, 한국외국어대학교 교육대학원 석사학위논문.

Angela Lee Smith(2005), Lexicography for Korean Language Education as a FL, 언어정보와 사전편찬 14, 연세대학교 언어정보연구원. pp.197~209.

LI, QIAN(2012), 한국어 어휘 학습에 반이중어사전의 필요성: 중급 중국인 한국어 학습자를 중심으로, 이화여자대학교 국제대학원 석사학위논문.

V-03.
말뭉치

강찬미(2011), 한국어 학습자 말뭉치의 활용 및 구축 방안 연구, 연세대학교 대학원 석사학위논문.

고석주(2002), 학습자 말뭉치에서 조사 오류의 특징, 외국어로서의 한국어교육 27, 연세대학교 언어연구교육원 한국어학당. pp.543~570.

고석주(2004), 한국어 학습자 말뭉치와 오류 분석, 한국문화사.

권영은(2009), 코퍼스를 활용한 정도부사 '덜'의 한국어교육 방안 연구, 언어와 문화 5-2, 한국언어문화교육학회. pp.17~47.

김민영(2011), 한국인 일본어 학습자의 격조사 습득에 관한 고찰: KY 코퍼스 분석 자료를 통해서, 건국대학교 교육대학원 석사학위논문.

김유미(2000), 학습자 말뭉치를 이용한 한국어 학습자 오류 분석 연구, 연세대학교 대학원 석사학위논문.

김유미(2002), 학습자 말뭉치를 이용한 한국어 학습자 오류 분석 연구, 외국어로서의 한국어교육 27, 연세대학교 언어연구교육원 한국어학당. pp.141~168.

김유정(2005), 한국어 학습자 말뭉치 오류분석의 기준 연구, 한국어교육 16-1, 국제한국어교육학회. pp.45~75.

김정숙 외(2002), 한국어 학습자 말뭉치 구축을 위한 기초 연구: 개인 정보 표지 체계와 오류 정보 표지 체계를 중심으로, 이중언어학 21, 이중언어학회. pp.97~119.

맹지은(2011), 한국어 고급 학습자를 위한 유의어 사전 개발 연구, 한양대학교 교육대학원 석사학위논문.

민경모(2010), 학문 목적 한국어 교육용 말뭉치 설계 방안 연구, 언어와 문화 6-1, 한국언어문화교육학회. pp.137~156.

박수연(2007), 한국어 학습자 오류 말뭉치 구축과 그 문제점에 관한 연구, 언어정보와 사전편찬 17, 연세대학교 언어정보개발원. pp.83~113.

박진양(2012), 한국어 학습자 말뭉치 관리시스템의 설계 및 구현, 연세대학교 대학원 석사학위논문.

변우영(Danielle Oo Young Pyun)(2007), 말뭉치의 교육적 활용에 관한 연구: 화행 분석을 중심으로, 한국어교육 18-2, 국제한국어교육학회. pp.135~154.

봉미경(2011), 말뭉치에 나타난 부사 '더'와 '덜'의 의미 연구, 한국어 의미학 34, 한국어의미학회. pp.159~183.

서상규 외(2002), 한국어 학습자 말뭉치와 한국어 교육, 한국어교육 13-1, 국제한국어교육학회. pp.127~156.

서정현(2008), 한국어 교육용 어휘 선정을 위한 신문 사설의 어휘 사용 분석 연구: 신문 사설 말뭉치 분석을 중심으로, 연세대학교 대학원 석사학위논문.

신자영 외(2011), 한국어교육을 위한 병렬말뭉치의 대조 주석 모형 개발 방안, 언어와 정보 사회 14, 서강대학교 언어정보연구소. pp.97~124.

유미상(2008), 중·고급 한국어 학습자의 어휘 학습을 위한 한자어 접사 및 파생어 선정에 관한 연구: 말뭉치를 기반으로, 연세대학교 대학원 석사학위논문.

유석훈(2001), 외국어로서 한국어 학습자 말뭉치 구축의 필요성과 자료 분석, 한국어교육 12-1, 국제한국어교육학회. pp.165~179.

유현경(2007), 영어권 중·고급 학습자를 위한 조사 '가'와 '는'의 교수 방안 연구: 한영 병렬 말뭉치를 이용하여, 이중언어학 34, 이중언어학회. pp.271~298.

이문화(2013), 중국어 '被' 구문과 대응되는 한국어 표현 연구: 병렬말뭉치를 중심으로, 연세대학교 대학원 석사학위논문.

이선희(2009), 학습자 오류 주석 말뭉치 구축과 지능형 학습 도구 개발: 언어적 지식에 기반한 새로운 한국어 교육, 언어정보와 사전편찬 24, 연세대학교 언어정보연구원. pp.187~220.

이승연(2006), 한국어 학습자 말뭉치 오류 표지 방안 재고, 이중언어학 31, 이중언어학회. pp.171~196.

이승연(2007), 한국어 교육을 위한 학습자 말뭉치의 구축과 활용 연구, 고려대학교 대학원 박사학위논문.

이재은(2010), 코퍼스를 활용한 확대어의 분석과 학습자 인식에 관한 연구, 한국외국어대학교 교육대학원 석사학위논문.

이정현(2010), 한국어 교육에서의 문법적 연어 연구: 한국어 교재 말뭉치를 중심으로, 한국중원언어학회 학술발표회 자료집 5, 한국중원언어학회. pp.203~216.

차재은(2003), 국어정보학의 응용 방안: 한국어 교육과 국어 교육을 중심으로, 한국어교육 14-1, 국제한국어교육학회. pp.423~443.

키무라 하루나(木村春栄)(2008), 한 · 일어 '당하다', '받다'의 대조분석 연구: 말뭉치에 의한 선행요소 분석을 중심으로, 경희대학교 대학원 석사학위논문.

Ⅵ-01.
평가

강남욱 외(2008), 한국어 교사의 학습자 오류 평가에 대한 연구: 원어민(NS) 교사와 비원어민(NNS) 교사의 오류 판정 양상을 중심으로, 국어교육연구 22, 서울대학교 국어교육연구소. pp.185~227.

강남욱 외(2012), 한국어 교재 평가론의 통시적 고찰, 국어교육연구 29, 서울대학교 국어교육연구소. pp.1~33.

강승혜 외(2006), 한국어 평가론, 태학사.

강승혜(2005), 한국어 고급 말하기 평가 도구 개발 기초 연구: 고급 말하기 토론 활동을 중심으로, 외국어로서의 한국어교육 30, 연세대학교 언어연구교육원 한국어학당. pp.1~21.

강승혜(2008), 한국어교육기관 인력평가 도구 개발 연구, 한국어교육 19-3, 국제한국어교육학회. pp.1~43.

강현화(1999), SAT II의 한국어시험에 대한 분석: 98년도 샘플테스트를 중심으로, 한국어교육 10-2, 국제한국어교육학회. pp.117~134.

고우리(2004), 한국어 어휘·문법 숙달도 평가 방안 연구, 경희대학교 교육대학원 석사학위논문.

공일주(1993), 한국어 숙달 지침과 말하기 능력 측정에 대하여, 교육한글 6, 한글학회. pp.91~118.

교육과정평가원(2000), 한국어능력시험 등급기준 조정 및 문제은행 구축 방안 연구, 한국교육과정평가원.

교육인적자원부(2001), 한국어능력시험의 평가기준 개발 연구, 교육인적자원부.

국립국어원(2009), 2008년도 한국어교육능력 검정시험 시행, 국립국어원.

국립국어원(2009), 한국어교육 자원봉사자 인증시험 모형개발 사업 최종 보고서, 국립국어원.

국립국어원(2009), 한국어교육능력검정시험 시행 지침서, 국립국어원.
국제한국어교육학회(2005), 한국어 능력 평가의 원리와 실제, 국제한국어교육학회.
김경선 외(2010), 일반화가능도 이론을 적용한 한국어 말하기 성취도 평가의 신뢰도와 오차요인 분석, 한국어교육 21-4, 국제한국어교육학회. pp.51~75.
김광일(2011), 한국어능력시험 결과 분석을 통한 언어권별 교수 방안 연구, 한양대학교 교육대학원 석사학위논문.
김광해(2002), 한국에서의 한국어 평가, 국어교육연구 10, 서울대학교 국어교육연구소. pp.403~448.
김미정 외(2011), 한국어교육능력검정시험: 최종모의고사, 시대고시기획.
김미정 외(2012), 한국어교육능력검정시험: 최종모의고사: 총4회, 시대고시기획.
김민경(2013), 학문 목적 한국어의 쓰기 평가 도구 제안, 전남대학교 대학원 석사학위논문.
김민창(2010), 집중 몰입식 한국어교육 프로그램 평가: 미국 미네소타 콘코디아 언어마을 '숲 속의 호수'를 중심으로, 연세대학교 교육대학원 석사학위논문.
김선정(2011), 한국어교육능력검정시험 문제 분석, 새국어생활 21-3, 국립국어원.
김성숙(2011), 학문 목적 기초 한국어 쓰기 능력 평가 척도 개발과 타당성 검증, 연세대학교 대학원 박사학위논문.
김성숙(2011), 학문 목적 한국어 쓰기 능력에 대한 분석적 평가의 일반화가능도 검증, 한국어교육 22-3, 국제한국어교육학회. pp.29~48.
김성희 외(2011), 유럽 한국어 학습자를 위한 「말하기 Can Do」 개발 연구: 「서강 한국어」 사용 독일, 체코 대학에서의 성취도 평가를 목적으로, 국제한국어교육학회 추계학술발표논문집, 국제한국어교육학회. pp.65~82.
김수정(2011), 한국어 교재와 TOPIK에서의 기본어휘의 상관성 연구, 충남대학교 교육대학원 석사학위논문.
김수홍(2011), 읽기폭 검사를 통한 한국어 읽기 능력 측정 연구: 여성결혼이민자를 대상으로, 한국외국어대학교 대학원 석사학위논문.
김양원(1993), 한국어 말하기 능력평가 방안 연구, 고려대학교 대학원 석사학위논문.
김영랑(2010), 한국어 교육 능력 검정 시험, 시대고시기획.
김영랑(2011), 한국어 교육 능력 검정 시험: 1~5회 기출문제해설, 시대고시기획.
김영랑(2012), 한국어 교육 능력 검정 시험: 1~6회 기출문제해설, 시대고시기획.
김영선(2006), 한국어 교육 교재의 평가 기준 연구, 한국어교육 17-1, 국제한국어교육학회. pp.1~20.
김영아(1995), 외국어로서의 한국어 능력 평가 연구, 고려대학교 대학원 박사학위논문.
김영아(2005), 한국어 수행평가와 공정성: 호주 모나시 대학의 사례 연구, 한국어교육 16-

3, 국제한국어교육학회. pp.91~108.
김원경(2013), 한국어능력시험의 쓰기 평가 과제 구성 요소 분석, 새국어교육 94, 한국국어교육학회. pp.389~412.
김유정 외(1998), 한국어 능력 평가 방안 연구: 성취도 평가를 중심으로, 한국어교육 9-1, 국제한국어교육학회. pp.37~94.
김유정(2006), 한국어능력시험의 난이도 분석 연구: 제6회-제8회 시험을 중심으로, 한국어교육 17-1, 국제한국어교육학회. pp.21~46.
김유정(2008), 고용허가제 한국어능력시험(EPS-KLT)의 현황과 과제: 필리핀, 태국, 스리랑카 3개국 시험을 중심으로, 이중언어학 38, 이중언어학회. pp.95~122.
김은애(2006), 한국어 학습자의 발음 오류 진단 및 평가에 관한 연구, 한국어교육 17-1, 국제한국어교육학회. pp.71~97.
김장식(2011), 한국어능력시험 읽기 영역 텍스트의 이독성 분석 연구, 부산외국어대학교 대학원 석사학위논문.
김정숙 외(1993), 한국어 말하기 능력 평가기준 설정을 위한 연구, 이중언어학 10, 이중언어학회. pp.24~33.
김정숙 외(2005), 한국어능력시험의 개선 방안 연구(1): 등급 부여 방식을 중심으로, 한국어교육 16-1, 국제한국어교육학회. pp.77~97.
김정숙 외(2007), 한국어 표준 말하기 시험 측정 도구를 위한 기초 연구, 한민족어문학 51, 한민족어문학회. pp.229~258.
김정숙(2005), 한국어능력시험의 등급별 합격 점수 및 채점 기준 설정 방안 연구, 한국교육과정평가원.
김정숙(2010), 한국어 쓰기 능력 평가 방안: 종합적 채점과 분석적 채점 결과를 중심으로, 이중언어학 43, 이중언어학회. pp.81~99.
김정은 외(2013), 한국어능력시험 읽기 영역의 언어권에 따른 차별 기능 문항 분석, 외국어로서의 한국어교육 38, 연세대학교 언어연구교육원 한국어학당. pp.67~105.
김정은(2011), 한국어능력시험(TOPIK) 읽기 영역의 차별기능문항 분석, 연세대학교 교육대학원 석사학위논문.
김정환 외(2006), 학습양식에 따라 평가유형이 수학적 성향과 문제해결력에 미치는 영향, 교육평가연구 19, 한국교육평가학회. pp.21~39.
김종국 외(2006), 인터뷰평가의 담화분석 연구: 상호작용 담화모형 관점에서, 한국어교육 17-2, 국제한국어교육학회. pp.45~68.
김중섭(1998), 한국어 능력평가검사의 개발 실태 및 분석, 이중언어학 15, 이중언어학회. pp.123~136.

김중섭(2010), 한국어능력시험 중급 어휘 목록 개발 연구, 한국교육과정평가원.
김진실(2011), 대입자격시험을 통해 바라본 한국어 교육: SAT 한국어 시험과 IB 한국어 B를 중심으로, 시학과 언어학 20, 시학과 언어학회. pp.81~102.
김창원(2007), 한국어 학습자를 위한 문화 능력의 평가 방안, 한국어교육 18-2, 국제한국어교육학회. pp.81~114.
김창원(2011), 국가수준학업성취도평가의 본질과 제 문제, 국어교육 134, 한국어교육학회. pp.1~33.
김충실 외(2007), TOPIK 한국어능력고시 초급 모의시제집, 북경대학출판사.
김충실 외(2008), TOPIK 한국어능력시험 중급 모의시험문제집, 북경대학출판사.
김하나(2006), 초급 한국어 학습어휘 선정 연구: 초급 교재와 평가의 비교를 중심으로, 배재대학교 대학원 석사학위논문.
김혜영(2010), 학문 목적 한국어 학습자를 위한 국어교육과 한국어능력시험 연구, 국어교과교육연구 17, 국어교과교육학회. pp.67~92.
김훈 외(2011), 한국어 교육능력 검정시험: 30일안에 다잡기, 시대고시기획.
김훈(2010), 한국어 교육능력 검정시험, 시대고시기획.
나카가와 마사오미(Nakagawa Masaomi) 외(2010), 한국어교육에서 ACTFL-OPI의 활용 방안, 국어교육학연구 37, 국어교육학회. pp.283~311.
나카가와 마사오미(Nakagawa Masaomi)(2011), 한국어 인터뷰 시험에서의 발화 추출 방법 분석, 시학과 언어학 20, 시학과 언어학회. pp.103~128.
남명호(1999), 한국어능력시험 개선 방안 연구, 한국교육과정평가원.
남명호(2000), 한국어능력시험 등급기준 조정 및 문제은행 구축 방안 연구, 교육부.
남민우 외(2011), 국가수준 국어과 학업성취도 평가의 시행 체제 개선 방안, 국어교육 134, 한국어교육학회. pp.113~130.
노대규(1983), 외국어로서의 한국어 시험과 평가, 이중언어학 1, 이중언어학회. pp.139~161.
노정은(2011), 여성결혼이민자를 위한 한국어 문법 평가: 학령기 자녀 교육을 중심으로, 한국문법교육학회 학술발표논문집, 한국문법교육학회. pp.74~83.
리 스미스 안젤라(Angela Lee Smithdanielle) 외(2011), 한국어능력시험 초급 어휘, 문법 영역의 문항 목록 분석, 한국어교육 22-4, 국제한국어교육학회. pp.1~26.
묘춘매(2002), 중국에서의 한국어 교육 평가, 국어교육연구 10, 서울대학교 국어교육연구소. pp.449~463.
문민정(2013), 한국어능력시험(TOPIK)의 쓰기 평가 문항 개발 연구, 선문대학교 교육대학원 석사학위논문.
민병곤(2005), 한국어능력시험의 운영 현황 및 과제, 한국어교육 16-3, 국제한국어교육학

회. pp.137~162.

민지연(2013), 한국어능력시험(TOPIK)과 한국어 교재에 나타난 어휘 요소 및 문법 유형 비교 연구, 대진대학교 대학원 석사학위논문.

박갑수(1998), 외국어로서의 한국어 교육 평가, 이중언어학 15, 이중언어학회. pp.7~40.

박미영 외(1999), 학습자 오류를 기반으로 한 문법 평가 문항 개발 연구, 한국어교육 10-1, 국제한국어교육학회. pp.141~171.

박석준(2011), 한국어능력시험(TOPIK) 어휘문법 영역에 대한 논의, 문법 교육 15, 한국문법교육학회. pp.51~71.

박선옥(2011), 한국어 교원에 대한 한국문화 능력 평가 현황과 개선 방안, 인문과학연구 30, 강원대학교 인문과학연구소. pp.61~85.

박성원(2002), 인터뷰 담화 분석을 이용한 한국어 말하기 숙달도 평가 연구, 이화여자대학교 교육대학원 석사학위논문.

박승재(2009), 웹 기반 한국어 말하기 능력 평가 방안 연구, 선문대학교 교육대학원 석사학위논문.

박재현(2005), 한국어교육능력검정시험 평가 점수의 환산 체계 연구, 국어교육연구 16, 서울대학교 국어교육연구소. pp.47~77.

박혜미(2011), 학문 목적 학습자를 위한 한국어 말하기 과제 유형 개발 방안: 말하기 숙달도 평가 과제 분석을 중심으로, 한양대학교 교육대학원 석사학위논문.

배성애(2012), 한국어 말하기 숙달도 평가 도구 개발, 부산외국어대학교 대학원 석사학위논문.

백봉자(1998), 한국어 교육 성취 수준에 대한 평가, 이중언어학 15, 이중언어학회. pp.141~167.

번위협(2011), 중국어권 학습자를 위한 한국어능력시험 고급 쓰기 문제 유형 분석, 상명대학교 대학원 석사학위논문.

사원원(2009), 한국어능력시험 초급 문법 문항 분석 및 학습지도 방안 연구: 중국인 학습자를 중심으로, 원광대학교 대학원 석사학위논문.

서려(2013), 한국어능력시험 고급 문법 항목 분석 연구, 동국대학교 대학원 석사학위논문.

서상규 외(1997), 한국어 능력 평가 시험의 기본 모형 수립을 위한 기초적 연구, 교육한글 10, 한글학회. pp.279~316.

서연주(2010), 한국판 긍정적 평가에 대한 두려움 척도(K-FPES)의 타당화 연구: 대학생을 대상으로, 숙명여자대학교 대학원 석사학위논문.

서종학(2002), 한국어 교재 평가의 실제, 국어교육 109, 한국어교육학회. pp.89~110.

서종학(2002), 한국어 교재의 학습내용에 대한 실제적 평가: Lukoff(1993)을 대상으로, 어문연구 116, 한국어문교육연구회. pp.299~324.
손성옥(2002), 미국에서의 한국어 교육 평가, 국어교육연구 10, 서울대학교 국어교육연구소. pp.383~402.
송영승(2013), 한국어능력시험의 초급 듣기영역 문항 분석 연구, 영남대학교 대학원 석사학위논문.
송향근(2009), 한국어 교육의 평가 연구 고찰, 이중언어학 41, 이중언어학회. pp.209~227.
스가이 요시노리(Yoshinori Sugai)(2006), 한국어능력시험과 일본 〈한글〉능력검정시험 초급 문제에 대한 비교 연구, 한국어교육 17-3, 국제한국어교육학회. pp.73~109.
신경선(2012), 한국어 학습자의 작문에 나타난 정형화된 언어 사용이 작문 평가 결과에 미치는 영향, 어학연구 48, 서울대학교 언어교육원. pp.77~96.
심승자(2002), 프랑스 바칼로레아(Baccalaureat)와 한국어, 국어교육연구 10, 서울대학교 국어교육연구소. pp.365~381.
심현숙(2010), 기초한국어 교육과정의 수행평가모형 개선에 대하여, 중국조선어문 167, 길림성민족사무위원회. pp.34~35.
안기화(2002), 호주의 한국어 평가방식 · 실태 및 평가 내용 및 개선 방법 모색, 국어교육연구 10, 서울대학교 국어교육연구소. pp.343~363.
안미란(2008), 능력 기술을 바탕으로 하는 학문 목적 한국어 읽기 · 쓰기 평가 문항 유형 개발, 외국어 교육 15-1, 한국외국어교육학회. pp.521~544.
안주호(2008), 한국어능력시험 중 표현 영역 평가에 대한 연구, 새국어교육 79, 한국국어교육학회. pp.229~253.
야마시타 미유키(1998), 한국 학습자의 일본어 논설체 문장에 대한 한국어 및 일본어 원어민 평가에 관한 연구, 외국어 교육 4-2, 한국외국어교육학회. pp.195~207.
엄수진(2011), 한국어능력시험 초급 어휘 평가 연구, 동국대학교 대학원 석사학위논문.
여하나(2011), 의사소통 능력 평가라는 관점에서 본 TOPIK의 타당성 연구, 한국외국어대학교 교육대학원 석사학위논문.
오빛나래(2013), 한국어능력시험의 쓰기 문항 분석 및 개선방안, 전남대학교 대학원 석사학위논문.
오언여(2012), 한국어능력시험 목록 어휘의 의미 분류 및 어휘 지도 방안, 충남대학교 대학원 석사학위논문.
오이선(2009), 실무 한국어 능력 시험 개선방안 연구, 한국외국어대학교 교육대학원 석사학위논문.
왕가영(2011), 한국어능력시험 쓰기 문항 개발에 관한 연구: iBT TOEFL, iBT TOEIC과 신 HSK의 비교를 통해서, 중앙대학교 대학원 석사학위논문.

우민정(2010), 외국인을 위한 한국어 쓰기 평가 방안 연구, 우석대학교 대학원 석사학위논문.
우형식 외(2011), 한국어 열린 읽기 프로그램의 적용과 평가, 한어문교육 25, 한국언어문화교육학회. pp.425~450.
원진숙(1992), 한국어 말하기 능력 평가 기준 설정을 위한 연구, 한국어문교육 6, 고려대학교 한국어문교육연구소. pp.101~133.
원초희(2013), 한국어 교사 교수 평가 방안 연구, 부산외국어대학교 대학원 석사학위논문.
유준영(2010), 취업 목적 한국어 능력 평가 개선 방안 연구: ESP-KLT와 B-TOPIK 분석을 중심으로, 한양대학교 교육대학원 석사학위논문.
윤상미(2012), 웹기반 한국어 말하기 평가 문항 유형 연구, 부산대학교 대학원 석사학위논문.
윤은경(2008), 말하기 숙달도 평가에 관한 논평: ACTFL OPI를 대상으로, 한국어교육 19-1, 국제한국어교육학회. pp.169~193.
윤준채 외(2010), 다문화 가정 아동의 읽기 유창성 평가 및 지도, 독서연구 23, 한국독서학회. pp.207~228.
윤희원(2010), 한국어능력시험(TOPIK) 개선방안 연구, 한국교육과정평가원.
이동연(2010), 한국어 성취도 평가의 실제: 말하기 · 쓰기 편, 한국문화사.
이동은(2002), 한국어 평가담화의 특징: 한국어교사들의 담화분석을 중심으로, 한국어교육 13-2, 국제한국어교육학회. pp.181~204.
이두행(2011), 통계에 기반한 한국어 연어 결합 측정의 평가, 연세대학교 대학원 석사학위논문.
이미영(2012), 한국어능력시험 중급 문법 영역 연구, 동국대학교 대학원 석사학위논문.
이민우 외(2008), 외국인 유학생의 교육 만족도 제고를 위한 한국어 강의평가 문항개발과 중요도 분석, 이중언어학 38, 이중언어학회. pp.369~388.
이상린(2011), 한국어능력시험 문항 분석 연구, 한어문교육 25, 한국언어문화교육학회. pp.495~522.
이상린(2012), 한국어능력시험 읽기 영역 평가 틀에 대한 비판적 검토, 우리어문연구 43, 우리어문학회. pp.255~279.
이상억(1998), 외국인용 한국어교재에 포함된 문법사항 비교 평가, 한국어교육 9-2, 국제한국어교육학회. pp.105~119.
이선영(2013), 한국어 말하기 성취도 평가에서의 평가범주의 세분화 문제 연구, 우리어문연구 45, 우리어문학회. pp.27~56.
이세훈(2011), 외국인을 위한 한국어 말하기 평가 문항 연구: 초급 학습자를 대상으로, 숙명여자대학교 대학원 석사학위논문.
이승연(2012), 유학생을 위한 시험 답안 작성법 교육 연구, 이중언어학 48, 이중언어학회. pp.343~376.
이영식(2004), 한국어 말하기 시험의 유형 및 채점 기준 설정을 위한 기초 연구, 한국어교육 15-3, 국제한국어교육학회. pp.209~230.
이은경(2005), 한국어능력시험에서의 문법 평가 연구, 문법 교육 3, 한국문법교육학회. pp.199~231.
이은숙(2011), 한국어 능력시험 중급(3, 4급) 어휘 · 문법영역과 읽기영역의 어휘 내용 분석, 충남대학교 교육대학원 석사학위논문.
이은하(2011), 한국어 학습자의 진급 여부 의사결정을 위한 준거점수 설정 방법 비교 연구, 한국어교육 22-2, 국제한국어교육학회. pp.303~327.
이인혜(2012), 한국어 쓰기 평가의 채점 방식에 따른 채점자 신뢰도 연구: 종합적 채점 및 분석적 채점을 중심으로, 고려대학교 대학원 석사학위논문.
이인희(2009), 한국어능력시험 쓰기 평가에 대한 연구, 동덕여자대학교 대학원 석사학위논문.
이정화(2010), 쓰기 채점의 신뢰도 확보 방안: 고급 한국어 학습자 주관식 쓰기 문항 채점 실험을 바탕으로, 어문연구 146, 한국어문교육연구회. pp.497~522.
이정희(2005), 일본센터시험의 한국어시험 문항 구성에 관한 연구, 한국어교육 16-3, 국제한국어교육학회. pp.253~274.
이준호(2009), KAP 학습자를 위한 사고 기술 평가 방안: 사고 기술과 평가 과제 선정을 중심으로, 한국어교육 20-2, 국제한국어교육학회. pp.175~201.
이준호(2010), 한국어능력시험에서의 추론 기술 평가 연구: 이해 영역을 중심으로, 한국어학 46, 한국어학회. pp.317~351.
이해영(2004), 한국어능력시험의 현황과 개선 방안, 국어교육학연구 20, 국어교육학회. pp.197~235.
이해영(2005), 한국어 이해능력 평가의 원리 및 실제, 한국어교육 16-3, 국제한국어교육학회. pp.275~304.
이해인(2013), 한국어 교재와 한국어능력시험의 상관관계 연구: 듣기 이해 과정을 중심으로, 한국외국어대학교 대학원 석사학위논문.
이향(2012), 한국어 말하기 수행평가의 발음 범주 채점 방식에 따른 채점 신뢰도 분석: 다국면 라쉬 모형을 활용하여, 외국어로서의 한국어교육 37, 연세대학교 언어연구교육원 한국어학당. pp.325~356.
이향(2013), 한국어 말하기 수행 평가의 발음 범주 채점에 대한 타당성 검증, 이화여자대

학교 대학원 석사학위논문.

이현(2009), 유학생의 대학입학을 위한 한국어 쓰기 평가 연구, 한국외국어대학교 교육대학원 석사학위논문.

이희경 외(2002), 한국어 성취도 평가 문항 개발 연구, 외국어로서의 한국어교육 27, 연세대학교 언어연구교육원 한국어학당. pp.341~416.

임연희(2011), 한국어 말하기 능력 평가의 문항 개발 및 적용, 동아대학교 대학원 석사학위논문.

임형옥(2013), 한국어 쓰기에서 학습자 간 상호평가적 협의와 수정 양상 연구, 고려대학교 대학원 석사학위논문.

장걸(2010), 중국인 학습자의 한국어능력시험 문법 영역 문제 해결 장애 연구, 전남대학교 대학원 석사학위논문.

장미경(2012), 담화 구조를 활용한 한국어 읽기 텍스트의 난이도 평가 방안 연구, 국제한국어교육학회 춘계학술발표논문집, 국제한국어교육학회. pp.224~269.

장미경(2012), 한국어 읽기 교육을 위한 텍스트 난이도 평가 방안 연구, 고려대학교 대학원 박사학위논문.

장소원(2013), 한국어 연어 유형 분포 분석: 한국어능력시험 고급 읽기 영역을 대상으로, 동국대학교 대학원 석사학위논문.

장은아 외(2006), 한국어능력시험의 성별에 따른 차별기능문항 분석: 한국어능력시험 제 7, 8, 9회 3급을 중심으로, 이중언어학 32, 이중언어학회. pp.291~324.

장은아(2011), 한국어교육 평가 연구, 이중언어학 47, 이중언어학회. pp.351~382.

전나영 외(2007), 한국어 말하기 능력 평가 도구 개발 연구, 외국어로서의 한국어교육 32, 연세대학교 언어연구교육원 한국어학당. pp.259~338.

전나영 외(2009), 실제적 텍스트 중심의 쓰기 능력 평가 도구 개발 연구, 외국어로서의 한국어교육 34, 연세대학교 언어연구교육원 한국어학당. pp.409~442.

전은주(2008), 한국어 능력 시험 평가 문항의 내용타당도 분석: 제12회 일반 한국어(S-TOPIK)의 쓰기, 듣기, 읽기 영역을 중심으로, 국어교육학연구 31, 국어교육학회. pp.129~165.

정광 외(1994), 한국어능력평가 방안 연구, 한국어학 1, 한국어학연구회. pp.481~538.

정문함(2012), 중국 학생을 위한 한국어 연결어미 연구: 초급 한국어 능력시험 출제 문제를 중심으로, 경남대학교 대학원 석사학위논문.

정은주(2010), 한국어능력시험(TOPIK) 읽기 영역 지문의 통사론적 난이도 연구, 한국외국어대학교 대학원 석사학위논문.

정지윤(2011), 한국어 숙달도 평가에 대한 연구, 태릉어문연구 17, 서울여자대학교.

pp.29~56.

정진봉 외(2009), 한국어교육기관의 조직효과성 평가모형 개발에 관한 연구, 한국사회와 행정연구 20-2, 서울행정학회. pp.321~346.

정진옥(2012), 한국어능력시험(TOPIK) 읽기 영역 평가 문항의 내용 타당도 분석: 21회~25회 중급을 중심으로, 상명대학교 교육대학원 석사학위논문.

조남민 외(2011), 듣기를 통한 한국어 발음 평가 효용성에 관한 연구, 한국언어문화교육학회 학술대회, 한국언어문화교육학회. pp.187~203.

조아라(2006), 한국어 말하기 수행 평가의 역류효과 비교 연구: 수정적 피드백을 중심으로, 이화여자대학교 교육대학원 석사학위논문.

조용기 외(2010), 한국어능력시험 15년사, 한국교육과정평가원.

조윤경(2005), 한국어 교육에서의 관용어 평가 방안 연구, 한국외국어대학교 대학원 석사학위논문.

조인옥(2007), 한국어능력 평가 답안 분석: 제12회 한국어능력시험 수험자 반응 연구, 외국어로서의 한국어교육 32, 연세대학교 언어연구교육원 한국어학당. pp.237~258.

조재윤(2009), 일반화가능도 이론을 이용한 쓰기 평가의 오차원 분석 및 신뢰도 추정 연구, 국어교육 128, 한국어교육학회. pp.325~357.

조항록 외(2002), 한국어 배치고사 개발 사례 연구, 외국어로서의 한국어교육 27, 연세대학교 언어연구교육원 한국어학당. pp.417~493.

조항록(2010), 한국어교육 현장의 주요 쟁점: 교재, 평가, 문화교육, 한국문화사.

조현용(2000), 한국어 능력 시험 어휘 평가에 관한 연구, 국어교육 101, 한국국어교육연구회. pp.1~20.

조현용(2011), 한국어 어휘 평가의 현황과 전망: 한국어능력시험(TOPIK)을 중심으로, 이중언어학 47, 이중언어학회. pp.189~215.

지현숙(2004), 학습자 중심 한국어 교육에서의 '대안적 평가', 한국어교육 15-2, 국제한국어교육학회. pp.233~252.

지현숙(2004), 한국어능력 평가에서의 의사소통 문화기술학의 적용, 이중언어학 26, 이중언어학회. pp.355~369.

지현숙(2005), 인터뷰 시험 담화 분석을 통한 한국어 구어 능력 평가의 구인 연구, 국어교육연구 16, 서울대학교 국어교육연구소. pp.79~104.

지현숙(2006), 한국어 구어 문법과 평가, 하우.

진대연(2004), 한국어 쓰기 능력 평가에 대한 연구, 국어교육학연구 19, 국어교육학회. pp.483~512.

진연주(2013), 듣기 텍스트 유형에 따른 듣기 전략 연구: 한국어능력시험 듣기 문항 대상으로, 고려대학교 교육대학원 석사학위논문.
차현진(2012), 학문 목적 한국어 능력 시험 쓰기 연구, 동국대학교 대학원 석사학위논문.
최길시(1991), 한국어 능력 검정방안에 대한 연구, 연세대학교 교육대학원 석사학위논문.
최선영(2005), 학습자 오류에 대한 한국어 모어 화자의 평가: 일본어권 중 · 고급 학습자의 오류를 대상으로, 이화여자대학교 대학원 석사학위논문.
최수정 외(2011), 한국어능력시험(TOPIK) 평가기준과 교재 분석, 언어학연구 20, 한국중원언어학회. pp.317~346.
최숙희(2013), 한국어능력시험 듣기 지문의 성역할 이데올로기에 관한 연구: 남녀 대화를 중심으로, 건국대학교 대학원 석사학위논문.
최은규(2006), 유형별로 본 한국어 능력 평가의 실제와 과제: 배치 시험과 성취도 시험을 중심으로, 한국어교육 17-2, 국제한국어교육학회. pp.289~319.
최정순(2006), 학문 목적 한국어 교육의 교육과정과 평가, 이중언어학 31, 이중언어학회. pp.277~313.
최혜민(2011), 텍스트 종류에 따른 한국어 쓰기의 내용 평가 기준 연구: 설명문, 논설문, 감상문을 중심으로, 한성어문학 30, 한성대학교 한성어문학회. pp.218~252.
한국교육과정평가원(1999), 제2회 한국어 능력 시험 문제, 한국교육과정평가원.
한국교육과정평가원(1999), 한국어능력시험문제, 한국교육과정평가원.
한국교육과정평가원(2001), 제4회 한국어능력시험 문제, 한국교육과정평가원.
한국교육과정평가원(2002), 제5회 한국어능력시험 문제, 한국교육과정평가원.
한국교육과정평가원(2004), 한국어능력시험 문제 1급, 한국교육과정평가원.
한국교육과정평가원(2004), 한국어능력시험 문제 2급, 한국교육과정평가원.
한국교육과정평가원(2004), 한국어능력시험 문제 3급, 한국교육과정평가원.
한국교육과정평가원(2004), 한국어능력시험 문제 4급, 교육진흥연구회.
한국교육과정평가원(2004), 한국어능력시험 문제 5급, 한국교육과정평가원.
한국교육과정평가원(2004), 한국어능력시험 문제 6급, 한국교육과정평가원.
한국교육과정평가원(2004), 한국어능력시험 문제, 한국교육과정평가원.
한국교육과정평가원(2006), 제9회 한국어능력시험문제, 한국교육과정평가원.
한국교육과정평가원(2007), 한국어능력시험문제, 한국교육과정평가원.
한국교육과정평가원(2007), 한국어능력시험문제: 1급, 한국교육과정평가원.
한국교육과정평가원(2007), 한국어능력시험문제: 2급, 한국교육과정평가원.
한국교육과정평가원(2007), 한국어능력시험문제: 3급, 한국교육과정평가원.
한국교육과정평가원(2007), 한국어능력시험문제: 4급, 한국교육과정평가원.
한국교육과정평가원(2007), 한국어능력시험문제: 5급, 한국교육과정평가원.

한국교육과정평가원(2007), 한국어능력시험문제: 6급, 한국교육과정평가원.
한국교육과정평가원(2008), 한국어능력시험문제, 한국교육과정평가원.
한국교육과정평가원(2009), 한국어능력시험 개선 방향 모색을 위한 세미나: 한국어능력시험의 역사와 발전 방향, 한국교육과정평가원.
한국교육과정평가원(2009), 한국어능력시험 문제 · 해설: 제14회, 교육진흥연구회.
한국교육과정평가원(2010), 한국어능력시험 문제: [제15회-제18회], 교육진흥연구회.
한국교육과정평가원(2010), TOPIK 2010 한국어능력시험 문제, 교육진흥연구회.
한국교육재단(2006), 한국어능력시험 1 2급 과거문제집(초급): 第7回+第8回, 삼수사.
한국교육재단(2007), 한국어능력시험: 고급 과거문제집, 삼수사.
한국어교재연구소(2010), 한국어교육능력검정 2차 면접시험: 하루만에 다잡기, 시대고시기획.
한국어교재연구소(2011), 한국어교육능력검정시험 2차 면접시험: 하루만에 다잡기, 시대고시기획.
한상미 외(2009), 컴퓨터 기반 한국어 말하기 숙달도 평가 도구 개발 연구, 외국어로서의 한국어교육 34, 연세대학교 언어연구교육원 한국어학당. pp.519~554.
한상미(2008), 한국어 교육에서의 문화적 능력의 평가: 말하기 평가를 중심으로, 한국언어문화학 5-1, 국제한국언어문화학회. pp.83~111.
한상미(2009), 학문 목적 한국어 말하기 평가 연구: 대학 입학 전 과정을 중심으로, 한국어교육 20-1, 국제한국어교육학회. pp.207~238.
허문영(2009), 한국어 말하기 인터뷰 시험의 상호작용 분석 연구, 한국외국어대학교 교육대학원 석사학위논문.
허미진(2013), 초·중급 한국어능력시험의 다의어 연구, 충북대학교 교육대학원 석사학위논문.
허용 외(2006), 바람직한 한국어교육능력검정 방안, 이중언어학 31, 이중언어학회. pp.359~380.
홍은실 외(2010), 초등학교 1, 2학년 다문화가정 학생의 쓰기 기초학력 검사 결과 및 문항 분석, 작문연구 10, 한국작문학회. pp.273~302.
홍종명(2011), 교재 선정을 위한 한국어교재 평가 모형 연구, 외국어 교육 18-3, 한국외국어교육학회. pp.413~438.
히로유키 사와다(2003), 한국어 말하기 평가에서 전략적 능력과 어휘 구사력의 평가, 국어교육연구 12, 서울대학교 국어교육연구소. pp.101~130.
Fouser, Robert J.(2010), 제2언어로서의 한국어 학습자의 사회언어적 능력 평가를 위한 웹상 멀티미디어 도구 개발: 이론과 방법, 국어교육연구 25, 서울대학교 국어교육

연구소. pp.3~29.

Lee, Jong Eun(1997), A Model of Video Activities on Korean Language Teaching for Elementary to Intermediate Level Learners, 한국어교육 8, 국제한국어교육학회, pp.279~296

Pippidhana, Boonma(2002), 태국 학생들을 위한 한국어 평가, 국어교육연구 10, 서울대학교 국어교육연구소. pp.321~341.

Vercholyak, Vladmir 외(2002), 러시아 대학의 한국어교육과정의 현 능력평가제도에 대하여: 러시아 국립 극동대학교 한국학 대학을 예로, 국어교육연구 10, 서울대학교 국어교육연구소. pp.275~289.

Yutani, Yukitoshi(2002), 일본에서의 한국어 교육 평가론, 국어교육연구 10, 서울대학교 국어교육연구소. pp.291~319.

Ⅶ-01.
지식/의식/인지양식
화행/담화

강란숙(2010), 한국어 칭찬표현과 반응의 화행 결속기능 연구, 한국외국어대학교 대학원 박사학위논문.

강문선(2012), 결혼이주여성의 요청 화행에 관한 연구: 베트남, 중국이주여성의 요청 전략을 중심으로, 연세대학교 교육대학원 석사학위논문.

강현주(2011), 인터뷰 면접자 담화에 나타난 '상호작용 활성화' 발화 연구, 이중언어학 47, 이중언어학회. pp.1~22.

강현화(2007), 한국어 표현문형 담화기능과의 상관성 분석 연구: 지시적 화행을 중심으로, 이중언어학 34, 이중언어학회. pp.1~26.

강현화(2012), 한국어교육학에서의 담화 연구 분석, 한국어교육 23-1, 국제한국어교육학회. pp.219~256.

곽수진(2011), 한국어 학습자의 문장 생성을 위한 언어적 지식 교육 연구, 한국문법교육학회 학술발표논문집, 한국문법교육학회. pp.1~14.

구기성(1991), 한국말에 있어서의 참말과 빈말: 비교언어학적인 고찰, 교육한글 4, 한글학회. pp.15~28.

구영신(2013), 한국어 사과 응답 화행의 실현 양상 연구: 중국인 학습자를 대상으로, 계명대학교 대학원 석사학위논문.

권성미 외(2008), 한국어 초·중급 교재에 제시된 간접화행의 실현 양상 연구, 한국어교육 19-2, 국제한국어교육학회. pp.43~73.

권지영(2011), 학습 환경과 숙달도가 요청 화행 생산 및 인식에 미치는 영향, 이화여자대학교 국제대학원 석사학위논문.

기시 카나코(2012), 한국어교육을 위한 한국어와 일본어의 거절화행 분석 연구, 고려대학교 대학원 석사학위논문.

길민균(2009), 중국어와 한국어 주제의 화용론적 특징 비교 연구, 인하대학교 교육대학

원 석사학위논문.
김미선(2011), 한국어 학습자를 위한 한국어의 지시화행 연구: 요구, 제안, 부탁을 중심으로, 숙명여자대학교 대학원 석사학위논문.
김선지(2007), 일본어권 한국어 고급학습자의 위로 화행 연구, 이화여자대학교 교육대학원 석사학위논문.
김수미(2013), 담화 능력 배양을 위한 비즈니스한국어의 화행 교육 방안 연구: 표현형 화행을 중심으로, 숙명여자대학교 대학원 석사학위논문.
김염(2009), TV뉴스 분석을 통한 한국어교육 내용 연구, 한국어교육 20-3, 국제한국어교육학회. pp.59~78.
김영란(2001), 한국어 학습자를 위한 화용 정보; {무엇}: 한 · 영/영 · 한 번역본을 대상으로, 한국어교육 12-1, 국제한국어교육학회. pp.49~72.
김영주 외(2012), 한국어 화용능력 수용성판단테스트 개발 연구, 외국어로서의 한국어교육 37, 연세대학교 언어연구교육원 한국어학당. pp.41~64.
김예지(2011), 한국어 교육을 위한 인사 화행 연구: 중국인 학습자를 대상으로, 계명대학교 대학원 석사학위논문.
김유정(1999), 설문 결과를 통해 본 한국어 학습자들의 인식, 한국어교육 10-1, 국제한국어교육학회. pp.49~60.
김유향(2008), 한국인과 중국인의 거절 화행 비교를 통한 한국어 교수 학습 방안 연구, 한양대학교 대학원 석사학위논문.
김윤수(2011), 한국어교육에서 청유문 화행 연구: 한국어 교재를 중심으로, 충북대학교 교육대학원 석사학위논문.
김은영(2003), 요청 화행의 상호 작용 구조 분석 연구: 일본어권 한국어 고급 학습자를 대상으로, 이화여자대학교 대학원 석사학위논문.
김인규(2002), 한국어 사과 화행의 중간언어론적 연구, 서울대학교 대학원 석사학위논문.
김정관(2009), 한국어 교육을 위한 '가다' 와 '오다' 의 화용론적 연구, 계명대학교 대학원 석사학위논문.
김정아(2007), 칭찬 응답 화행을 통한 한국어 교육 연구, 한국외국어대학교 대학원 석사학위논문.
김현주(2009), 결혼 이주여성 대상 거절 화행 교육 방안 연구, 한국외국어대학교 교육대학원 석사학위논문.
김혜련(2012), 한국어 교육을 위한 한국어 요청 화행 유형 연구: 초급 교재를 중심으로, 한국어교육학회 학술발표회2012, 한국어교육학회. pp.151~169.
나카무라 마유(2012), 일본에서의 한류와 한국인에 대한 인식 변화: 삿포로 한국어학습자를 중심으로, 한국외국어대학교 국제지역대학원 석사학위논문.
남궁혜남(2009), 드라마를 활용한 한국어 거절화행 교육 방안 연구, 한국외국어대학교 대학원 석사학위논문.
노경래(2012), 외국어로서의 한국어 언어문화교육에서의 화용 내용 연구, 관동대학교 대학원 박사학위논문.
동신상(2011), 중국인 한국어 학습자의 요청화행에 대한 연구: 고급 학습자의 화행 전략과 표현 양상을 중심으로, 연세대학교 대학원 석사학위논문.
디팡(2012), 중국인 학습자를 위한 한국어 거절 화행 정보 구축 및 활용, 상명대학교 대학원 석사학위논문.
리우씨아오쉬엔(2012), 한국어 완곡 표현 교육 방안 연구: 완곡 표현의 화행 유형을 중심으로, 청주대학교 대학원 석사학위논문.
모졸 따지아나(Tatiana Mozol)(2009), 한국어 원어민과 러시아인 한국어 학습자들 간의 일어나는 의사소통 실패를 예방하는 데 있어 화용 교육의 역할, 국어교육학연구 35, 국어교육학회. pp.213~240.
미즈시마 히로코(2003), 한국어 불평 화행의 중간언어적 연구, 이화여자대학교 교육대학원 석사학위논문.
민현식(1999), 사할린 동포의 한국어 의식 조사 연구: 98' 사할린 한국어 교원 연구 보고서(2), 한국어교육 10-1, 국제한국어교육학회. pp.109~140.
박석준(2009), 한국어 화용론과 한국어 교육, 한국언어문화교육학회 학술대회2009, 한국언어문화교육학회. pp.89~100.
박선우(2012), 한국어 교육에서 요구 화행과 공손성 전략 연구, 건국대학교 대학원 석사학위논문.
박성일(2007), 한・중 지시화행 수행 형식에 대한 대조분석, 선청어문 35, 서울대학교 국어교육과. pp.161~183.
박은영(2000), 영어권 한국어 학습자와 한국어 원어민의 화행 실현 비교 연구: '사과' 와 '감사응답' 을 중심으로, 이화여자대학교 대학원 석사학위논문.
박재현(2012), 서비스 상황에서의 불평 화행 교육 방안 연구: 한국어 모어 화자와 중국인 학습자의 발화 양상 비교를 중심으로, 고려대학교 교육대학원 석사학위논문.
박지영(2006), 한국어 학습자를 위한 요청화행 교육 방안 연구, 숙명여자대학교 대학원 석사학위논문.
박햇님(2012), 중국인 한국어 고급 학습자의 위로 화행 양상 연구, 경희대학교 대학원 석사학위논문.
邊境(2012), 한국어 요청화행의 실현 양상에 대한 연구, 고려대학교 대학원 석사학위논문.

변우영(Danielle Oo Young Pyun)(2007), 말뭉치의 교육적 활용에 관한 연구: 화행 분석을 중심으로, 한국어교육 18-2, 국제한국어교육학회. pp.135~154.

사와다 히로유키(Hiroyuki Sawada)(2011), 한국어 요청 화행 교육 방안 연구, 화법연구 18, 한국화법학회. pp.251~283.

서아름(2011), 한국어 학습자의 거절 화행 전략 연구, 연세대학교 교육대학원 석사학위논문.

서희정(2001), 한국어 거절 화행 교육 연구: 교재 분석을 중심으로, 경희대학교 교육대학원 석사학위논문.

성아영(2011), 한국어 학습자의 거절화행 학습을 위한 연역적 교수와 귀납적 교수 효과 비교, 경희대학교 대학원 석사학위논문.

송영미(2002), 한국어와 일본어의 칭찬 화행 연구, 이화여자대학교 교육대학원 석사학위논문.

송영미(2003), 한국어와 일본어의 칭찬 화행 연구, 이화교육논총 13, 이화여자대학교 교육대학원. pp.603~625.

수파편분룽(2007), 태국인 학습자의 한국어 요청 화행 연구, 이화여자대학교 대학원 석사학위논문.

신경선(2004), 한국어 교육을 위한 한국어 소개 화행 연구, 이화여자대학교 대학원 석사학위논문.

신범숙(2012), 한국어 거절 화행 표현 교육 연구, 서울대학교 대학원 석사학위논문.

신자영(2005), 한국어 교육과 스페인어 교육을 위한 화행 대조 연구: 요청 화행을 중심으로, 스페인어문학 35, 한국스페인어문학회. pp.31~48.

안선연(2011), 몽골인 한국어 학습자의 숙달도에 따른 거절 화행 발달 연구, 이화여자대학교 교육대학원 석사학위논문.

안주호(2009), 한국어교육에서의 담화표지 위계화 방안, 한국어교육 20-3, 국제한국어교육학회. pp.135~159.

앤드류 변(Andrew Sangpil Byon)(2003), The Korean Speech Act of Refusals: Sociopragmatic Analysis, 사회언어학 11, 한국사회언어학회. pp.241~270.

앤드류 변(Andrew Sangpil Byon)(2005), 미국 대학 KFL 학습자를 위한 한국어 화행 학습 활동 개발 방안 연구, 외국어로서의 한국어교육 30, 연세대학교 언어연구교육원 한국어학당. pp.77~112.

양명희(2011), 한국어교육에서의 화행 교육의 목표와 방향: 칭찬 반응 화행을 중심으로, 한말연구 29, 한말연구학회. pp.193~216.

양영희 외(2009), 한국어 교육에서의 국어학적 지식 역할, 우리말 글 46, 우리말글학회.

pp.93~116.
엄소연(2012), '네'의 의미 기능에 관한 고찰: 외국인을 위한 한국어 교육을 중심으로, 한국어와 문화 12, 숙명여자대학교 한국어문화연구소. pp.163~195.
에린 피츠제럴드(2013), 호주 영어와 한국어에서의 사과 화행 대조 분석, 청주대학교 대학원 석사학위논문.
여윤희(2013), 한국어 사실 인식 표현의 교수 학습 방안 연구: '-ㄴ 줄'과 '-ㄴ지' 구성을 중심으로, 서울대학교 대학원 석사학위논문.
염수(2013), 중국인 한국어 학습자의 화용적 실패 연구, 경희대학교 대학원 석사학위논문.
오경숙(2011), 한국어 거절 화행 교육의 방안, 서강인문논총 30, 서강대학교 인문과학연구소. pp.179~206.
오명진(2012), 드라마를 활용한 간접 화행 교수 방안: 지시 화행을 중심으로, 동덕여자대학교 대학원 석사학위논문.
오민수(2010), 한국어 교재와 화행 분석을 통한 지시적 화행 교육 방안 연구, 한양대학교 교육대학원 석사학위논문.
오지헌(2009), 한국어 교육을 위한 감사 화행 연구: 실제 담화와 교재 담화 비교, 계명대학교 대학원 석사학위논문.
오현정(2010), 한국어 교재와 드라마에 나타난 거절표현 특징 연구: 추론단계 중심으로, 한국어교육 21-3, 국제한국어교육학회. pp.129~158.
오혜인(2011), 인도네시아인 한국어 학습자의 인지양식과 성취도와의 관계, 연세대학교 교육대학원 석사학위논문.
왕예(2010), 한국어와 중국어의 의문문에 대한 화행이론적 대조 연구, 영남대학교 대학원 석사학위논문.
유혜령(2009), 한국어 교육에서 화행에 대한 비판적 검토, 한국어교육 20-2, 국제한국어교육학회. pp.107~127.
윤남주(2013), 아랍어권 한국어 학습자를 위한 명령화행 교육 방안 연구, 부산외국어대학교 대학원 석사학위논문.
윤연진(2001), 한국어 학습자의 장독립성-장의존성 인지양식 연구, 연세대학교 대학원 석사학위논문.
윤은미(2004), 한국인과 영어권 한국어 학습자의 거절화행 비교 연구: 체면과 공손성을 중심으로, 연세대학교 교육대학원 석사학위논문.
윤은미(2004), 한국인과 한국어 학습자의 거절화행에 나타난 공손전략 비교연구: 체면보호를 위한 언어적 장치를 중심으로, 외국어로서의 한국어교육 29, 연세대학교 언어연구교육원 한국어학당. pp.117~145.

윤정아(2009), 한국어 학습자의 요청 응답 화행 연구: '인사성(人事性) 요청'을 중심으로, 계명대학교 대학원 석사학위논문.
윤지혜(2013), 한국어 지시화행 연구: 중급 교재를 중심으로, 충북대학교 교육대학원 석사학위논문.
이강순(2007), 일본인 고급 한국어 학습자의 요청 화행 연구: 전략과 표현을 중심으로, 이화여자대학교 대학원 석사학위논문.
이견희(2012), 한국어 거절화행의 교수 · 학습방안 연구, 대진대학교 대학원 석사학위논문.
이경숙(2012), 중국인 한국어 학습자의 요청 화행에서 나타나는 화용적 실패 연구, 연세대학교 교육대학원 석사학위논문.
이명희(2009), 한·중 대학생의 거절 화행 대조 연구, 외국어로서의 한국어교육 34, 연세대학교 언어연구교육원 한국어학당. pp.313~345.
이명희(2010), 한국어 거절 화행에 대한 연구, 한국문법교육학회 학술발표논문집, 한국문법교육학회. pp.186~198.
이명희(2010), 한국어와 중국어의 요청 화행 대조 연구, 이중언어학 42, 이중언어학회. pp.103~133.
이민경(2004), 대화 상대자에 따른 의사소통전략 사용 양상 연구, 이화여자대학교 대학원 석사학위논문.
이민정(2010), 한국어 불평 화행 교육 방안 연구: 한국어 모어 화자의 담화와 교재 분석을 중심으로, 한양대학교 교육대학원 석사학위논문.
이복자(2013), 영어권 재외 동포 한국어 학습자의 거절 화행 연구: 숙달도별 거절 협상 양상을 중심으로, 연세대학교 교육대학원 석사학위논문.
이선희(2010), 한국어 화자와 일본어 화자의 서비스 장면에서의 불평 화행, 일본어교육연구 51, 한국일본어교육학회. pp.15~26.
이성순(2002), 외국인 학습자의 한국어 요청 화행에 관한 연구, 이화여자대학교 대학원 석사학위논문.
이수연(2012), 새터민과 남한인의 요청화행 연구, 연세대학교 대학원 석사학위논문.
이영준(2012), 한국어 교육을 위한 드라마의 간접화행 분석, 어문논집 49, 중앙어문학회. pp.31~49.
이원표(1991), The Representation of Stance in Referential Choice in Korean Discourse, 외국어로서의 한국어교육15, 연세대학교 언어연구교육원 한국어학당. pp.113~159.
이원표(1996), 한국 대학생의 칭찬 화행에 나타난 공손법 분석, 외국어로서의 한국어교육 21, 연세대학교 언어연구교육원 한국어학당. pp.107~144.
이유미(2010), 화용론과 한국어 교육: 한국어 교육에서의 화용 연구 동향 및 전망, 어문논집 43, 중앙어문학회. pp.97~115.
이정덕(2010), 한국어 학습자의 공손 표현 습득 연구: 말레이시아 학습자의 요청 화행을 중심으로, 이중언어학 44, 이중언어학회. pp.217~246.
이정란(2010), 고급 한국어 학습자의 발표 담화에 나타난 화용적 문제 연구, 이중언어학 42, 이중언어학회. pp.167~194.
이정란(2011), 한국어 학습자의 화용 능력에 영향을 미치는 요인 분석: 초급 양태 표현을 대상으로, 시학과 언어학 21, 시학과 언어학회. pp.199~220.
이정란(2011), 한국어 학습자의 화용 생산 능력과 이해 능력 비교: 추측, 희망 표현의 화행 실현을 중심으로, 이중언어학 46, 이중언어학회. pp.297~319.
이주영(2010), 국어와 영어에서의 칭찬 화행, 성균관대학교 대학원 석사학위논문.
이준호(2008), 화용론적 관점에서 본 의문문 교육 연구: 한국어 교재에 나타난 의문문을 중심으로, 한국어교육 19-2, 국제한국어교육학회. pp.281~306.
이지혜(2009), 영어권 한국어 학습자의 요청, 재요청 화행 연구, 고려대학교 교육대학원 석사학위논문.
이지혜(2010), 일본인 학습자의 한국어 반어적 의미에 대한 인식 연구, 이화여자대학교 국제대학원 석사학위논문.
이진주(2009), 한국어 학습자의 인지양식 분석을 통한 교수방안 연구: 모호함에 대한 관용(Ambiguity Tolerance)을 중심으로, 경희대학교 교육대학원 석사학위논문.
이하나(2005), 영어권 한국어 고급학습자의 칭찬 응답 화행 연구, 이화여자대학교 교육대학원 석사학위논문.
이하나(2006), 영어권 한국어 고급학습자의 칭찬 응답 화행 연구, 이화교육논총 16, 이화여자대학교 교육대학원. pp.323~334.
이해영(2003), 일본인 한국어 고급 학습자의 거절 화행 실현 양상 연구, 한국어교육 14-2, 국제한국어교육학회. pp.295~323.
이해영(2006), 현지에서의 한국어 교육 여부가 학습자의 화행 실현 양상에 미치는 영향, 제2차 한·중·조 Korean 교육 국제 학술 토론회 논문집, 이화여자대학교 한국어문학연구소. pp.1~12.
이해영(2006), 현지에서의 한국어 교육이 화행 실현에 미치는 영향: 중국인 한국어 학습자를 대상으로, 이중언어학 32, 이중언어학회. pp.261~290.
이해영(2009), 외국인의 한국어 거절 화행에 대한 한국인의 반응 연구, 한국어교육 20-2, 국제한국어교육학회. pp.203~228.
이해영(2010), 한국어 요청 화행의 적절성에 대한 태국인의 인식과 숙달도, 이중언어학 42, 이중언어학회. pp.219~241.

이혜승(2013), 한국어 학습자들의 담화 표지 '좀'의 인지와 발화 연구, 외국어로서의 한국어교육 38, 연세대학교 언어연구교육원 한국어학당. pp.197~226.

이혜용(2010), 한국어 정표화행 연구: 정표화행의 유형 분류와 수행 형식, 이화여자대학교 대학원 박사학위논문.

임마누엘(2005), 한국어 화행 교육의 필요성과 교수 방안 연구: '요청' 화행을 중심으로, 고려대학교 대학원 석사학위논문.

장미경 외(2008), 영어권 고급 학습자를 위한 한국어 화행 교육 모형 개발 연구, 한국어교육 19-2, 국제한국어교육학회. pp.307~330.

장미선(1994), 보조 동사 '보다'의 담화기능: 외국어로서의 한국어 교육의 측면에서, 이화여자대학교 대학원 석사학위논문.

장윤희(2007), 한국어 교육에서의 한국어사 지식의 유용성, 언어와 문화 3-2, 한국언어문화교육학회. pp.67~83.

전은영(2012), 중국인 한국어 학습자의 사과 화행 전략에 대한 한국인의 인식 조사, 고려대학교 교육대학원 석사학위논문.

전지원(2006), 한국어 교육을 위한 칭찬 화행 연구: 칭찬 반응을 중심으로, 연세대학교 교육대학원 석사학위논문.

정민주(2003), 한국어 요청 화행 표현 연구, 서울대학교 대학원 석사학위논문.

정혜경(2012), 태국인 한국어 학습자의 거절 화행 연구, 한국외국어대학교 대학원 석사학위논문.

조경아(2003), 일본인 한국어 학습자의 요청(request) 화행에 관한 연구: 한국인 화자와 일본인 한국어 학습자간의 대조를 통해, 연세대학교 대학원 석사학위논문.

조성문 외(2009), 기능과 화행 중심의 한국어 말하기 활동, 제이앤씨.

조위수 외(2013), 논쟁 담화에 나타난 질문의 기능 연구: 한국어 모어 화자와 한국어 교재의 논쟁 담화를 중심으로, 외국어로서의 한국어교육 38, 연세대학교 언어연구교육원 한국어학당. pp.227~252.

조정남(2010), 한국어 교육을 위한 칭찬-반응 화행 대응쌍 연구, 배재대학교 대학원 석사학위논문.

주설(2010), 한국어와 중국어의 지시 화행 응대에 대한 대조 연구, 한양대학교 대학원 석사학위논문.

진강려(2013), 중국인 학습자를 위한 의문문의 간접화행 교육 연구, 서울대학교 대학원 박사학위논문.

진양(2010), 한국어와 중국어의 불평 화행에 관한 대조 연구, 중앙대학교 대학원 석사학위논문.

최권진(2009), 한국어 교실에서 학습자 모국어 사용에 관한 의식 조사 연구, 언어와 문화 5, 한국언어문화교육학회. pp.219~244.
최명선(2007), 한국어 불평 · 응답 화행의 양상과 교육 방안 연구: 한국인 모어 화자와 일본인, 중국인 학습자의 담화 분석을 중심으로, 고려대학교 대학원 석사학위논문.
최수진(2004), 의견불일치 상황에서의 화행 실현 양상 연구: 일본인 한국어 고급 학습자를 대상으로, 이화여자대학교 교육대학원 석사학위논문.
최수진(2008), 한국어와 중국어 거절화행 분석 연구, 한중인문학연구 23, 중한인문과학연구회. pp.295~316.
최연숙(2013), 구두 DCT와 회고적 보고 방법을 활용한 불평 화행의 전략 사용 연구: 베트남 결혼이민자 한국어 학습자를 중심으로, 이화여자대학교 교육대학원 석사학위논문.
최유미(2011), 한국어 모어 화자 담화와 한국어 교재에 나타난 설득 화행 분석: 설득 전략 유형을 중심으로, 연세대학교 교육대학원 석사학위논문.
최죽산(2010), 한중 대학생의 거절화행 사용전략 고찰, 한국어와 문화 7, 숙명여자대학교 한국어문화연구소. pp.119~160.
최혜민(2011), 한국어 거절 화행 교육 방안 연구, 숙명여자대학교 대학원 석사학위논문.
夏琪(2013), 한국어 명령문 교육 방안 연구: 명령문의 화행을 중심으로, 청주대학교 대학원 석사학위논문.
학사경(2012), 중국인 학습자를 위한 한국어 완곡 표현 연구: 명령 요구 제안 거절화행을 중심으로, 연세대학교 대학원 석사학위논문.
한명숙(2011), 다문화국어교육을 지원하는 교수내용지식, 공주교대논총 46, 공주교육대학교. pp.187~217.
한상미(2011), 담화 및 화용과 한국어 교육 연구, 이중언어학 47, 이중언어학회. pp.507~551.
한송화(2000), 한국어 보조용언의 상적 기능과 양태기능, 화행적 기능에 대한 연구, 한국어교육 11-2, 국제한국어교육학회. pp.189~209.
한후영(2004), 일본인 한국어 학습자의 감사 화행, 이화여자대학교 대학원 석사학위논문.
혼다 토모쿠니(Honda Tomokuni) 외(2012), 한국어, 일본어 거절 화행의 비교 문화 화용론적 연구, 국어교육학연구 43, 국어교육학회. pp.563~595.
홍선수(2003), 한국어 사과 화행 교육 연구, 경희대학교 대학원 석사학위논문.
홍승아(2010), 한국어 학습자의 한국 거주기간에 따른 불평 화행의 인지 연구, 이화여자대학교 국제대학원 석사학위논문.
홍주희(2010), 드라마에서 나타난 한국어와 중국어의 사과 화행 연출, 연세대학교 교육대학원 석사학위논문.

홍진영(2013), 중국인의 한국어 업무 이메일 요청화행 연구: 한국인과의 요청 전략 비교를 중심으로, 연세대학교 교육대학원 석사학위논문.

황유진(2011), 한국어 학습자의 위로 화행 실현 양상 연구: 중국인 학습자를 대상으로, 계명대학교 대학원 석사학위논문.

황정민(2013), '거절하기'에 나타난 중국인 학습자의 비언어적 의사소통 전략 연구, 한국언어문화학 10-1, 국제한국언어문화학회. pp.275~293.

황주하(2009), 한국어 고급 학습자의 인지 과정 분석 연구: 학습 전략을 중심으로, 경희대학교 교육대학원 석사학위논문.

Chu Wen Bo(2011), 중국인 한국어 학습자의 요청화행에 관한 연구, 이화여자대학교 대학원 석사학위논문.

Piao Lian Yu(2012), '그러니까'의 담화화용적 기능 연구, 언어와 문화 8-1, 한국언어문화교육학회. pp.81~98.

Seung-Jung Kim 외(2009), A Discourse Analysis of a KFL Classroom using English in America, 언어와 문화 5, 한국언어문화교육학회. pp.151~191.

Wang, Hye Sook(1999), Speech Acts in Korean Language Textbooks: Representations and Authenticity, 한국어교육 10-1, 국제한국어교육학회. pp.195~220.

Wu Xiao(2011), 한국어와 중국어의 거절 화행 전략 비교 연구, 이화여자대학교 대학원 석사학위논문.

Ⅶ-02.
문화

강민규 외(2012), 한국어교육에서 대중문화의 위상, 국어교육연구 29, 서울대학교 국어교육연구소. pp.35~56.

강보유(2007), 세계 속의 한류: 중국에서의 한류와 한국어 교육 그리고 한국문화 전파, 한국언어문화학 4-1, 국제한국언어문화학회. pp.1~17.

강승혜 외(2010), 한국문화 교육론, 형설.

강승혜(2002), 재미교포 성인 학습자 문화프로그램 개발을 위한 요구조사 분석연구, 한국어교육 13-1, 국제한국어교육학회. pp.1~25.

강승혜(2003), 한국문화 프로그램 개발을 위한 한국어 학습자 요구분석, 한국어교육 14-3, 국제한국어교육학회. pp.1~29.

강승혜(2012), 한국문화교육 연구 동향 분석, 한국언어문화학 9-1, 국제한국언어문화학회. pp.1~38.

강아영(2010), 한국어 문화 교재 분석, 동덕여자대학교 대학원 석사학위논문.

강진(2012), 중국유학생의 한국문화수용성과 진로결정 자기효능감이 진로정체감에 미치는 영향, 명지대학교 대학원 석사학위논문.

강진숙(2010), 한국사를 활용한 한국어 문화 교육 방안 연구: 조선 시대를 중심으로, 한국외국어대학교 대학원 석사학위논문.

강현정(2003), 한국어 및 독일어 교재에 나타난 문화 내용 비교 연구: 초급 교재를 중심으로, 고려대학교 대학원 석사학위논문.

강현화 외(2011), 한국 문화 교육 항목 선정에 관한 기초 연구: 선행연구, 교재, 기관 현황 조사 자료의 비교를 통하여, 외국어로서의 한국어교육 36, 연세대학교 언어연구교육원 한국어학당. pp.1~35.

강현화(2006), 외국인 학습자의 문화 요구조사: 문화교재 개발을 위해, 외국어로서의 한국어교육 31, 연세대학교 언어연구교육원 한국어학당. pp.99~128.

강현화(2010), 문화교수의 쟁점을 통해서 본 문화교수의 방향성 모색, 한국언어문화학 7-1, 국제한국언어문화학회. pp.1~30.
강현화(2011), 다문화 관련 한국어교육학 연구의 쟁점, 배달말 49, 배달말학회. pp.375~399.
강현화(2011), 한국어 교육을 위한 문화 교수요목, 한국언어문화교육학회 학술대회, 한국언어문화교육학회. pp.17~28.
강혜민(2006), 고전소설을 통한 한국어교육: 문화교육을 중심으로, 전북대학교 교육대학원 석사학위논문.
고경민 외(2009), 다문화 가정 자녀들의 한국 문화 교육 방안, 우리말교육현장연구 3, 우리말교육현장학회. pp.217~242.
고혜화(2009), 신문을 이용한 한국어 문화교육 방안, 국민대학교 교육대학원 석사학위논문.
곽민경(2011), 한국어 교재에 나타난 생활 문화 교육 연구: 초급 학습자를 중심으로, 경희대학교 교육대학원 석사학위논문.
곽영(2013), 드라마를 활용한 한국어교육 문화통합 연구: 중국인 학습자를 대상으로, 중앙대학교 대학원 석사학위논문.
곽정선(2011), 다문화 가정 어머니의 양육 어려움에 관한 사례 연구, 국민대학교 교육대학원 석사학위논문.
괵셀 튀르쾨쥬(2003), 언어 · 문화적 측면에서 한국어 교육 연구, 국어교육학연구 16, 국어교육학회. pp.5~38.
구보미(2013), 번역 과정에 나타난 한국어 학습자의 언어문화 이해 양상 연구: 미국인 고급 학습자를 중심으로, 연세대학교 교육대학원 석사학위논문.
구선희 외(2008), 결혼이민자를 위한 한국어, 문화 교육방안 연구: 전래동화를 활용하여, 한국어교육 19-3, 국제한국어교육학회. pp.45~64.
권기환(2009), 한국어 교육 서비스와 한류 관광 동기의 관련성에 관한 탐색적 연구, 한중경상학회 학술대회2009, 한중경상학회. pp.239~267.
권성미(2010), 포트폴리오를 이용한 학습자 참여적 한국어 문화 교수 · 학습 모형 연구, 한국언어문화학 7-1, 국제한국언어문화학회. pp.31~58.
권성미(2013), 한국어 교재 대화 텍스트의 문화 항목 분석, 한국언어문화학 10-1, 국제한국언어문화학회. pp.1~24.
권순희(1996), 언어 문화적 특성을 고려한 한국어 교육의 교재 편성 방안, 국어교육연구 3, 서울대학교 국어교육연구소. pp.1~19.
권순희(2008), 다문화 시대를 대비한 다문화 교육의 방향, 국어교육 126, 한국어교육학회. pp.89~121.
권순희(2010), 다문화시대의 국어 문화 교육의 방향, 세계한국어문학회 학술대회2010,

세계한국어문학회. pp.79~91.
권오경(2006), 한국어교육에서의 한국문화교육의 방향, 어문논총 45, 한국언어학회. pp.389~431.
권오경(2009), 한국어교육에서 문화교육 내용 구축 방안, 언어와 문화 5-2, 한국언어문화교육학회. pp.49~72.
권지현(2012), 만화를 활용한 한국어 교육방안 연구: 문화교육 방안을 중심으로, 경희대학교 교육대학원 석사학위논문.
금지아(2010), 중국인 학습자를 위한 한국문화교육론, 국어교과교육연구 17, 국어교과교육학회. pp.7~36.
김경미(2007), 한류로 인한 문화적 친근감이 한국어 학습효과에 미친 영향 연구, 서강대학교 언론대학원 석사학위논문.
김경숙 외(2011), 뮤직비디오를 이용한 한국어, 문화 교육 방안, 한국사상과 문화 59, 한국사상문화학회. pp.473~496.
김경숙(2010), 설문조사 자료를 활용한 문화교육 방안, 한국어교육 21-4, 국제한국어교육학회. pp.77~98.
김경중 외(2008), 다문화가정 한국어 보조 예비교사의 이주민과 한국원어민 간의 다문화교육 신념에 관한 비교연구, 미래유아교육학회지 15, 미래유아교육학회. pp.21~53.
김경희(2010), 다문화 가정의 자녀 교육을 위한 한국어문화 교육의 문학 텍스트 활용 방안 연구, 인문연구 58, 영남대학교 인문과학연구소. pp.733~764.
김기국(2008), 재외 동포용 한국어 교재를 통한 문화교육 방법론: 이미지 텍스트의 기호학적 접근을 중심으로, 언어와 문화 4-1, 한국언어문화교육학회. pp.61~79.
김나리(2011), 세시 풍속의 텍스트를 활용한 한국문화교재의 개발, 경성대학교 교육대학원 석사학위논문.
김남헌(2001), 의사소통 향상을 위한 한국어 문화 교육방안 연구, 경희대학교 교육대학원 석사학위논문.
김낭예(2011), 상징을 통한 한국 문화 교육 연구: 문화 상징 항목을 중심으로, 한국어교육 22-2, 국제한국어교육학회. pp.49~73.
김대행(2003), 한국어교육과 언어문화, 국어교육연구 12, 서울대학교 국어교육연구소. pp.157~180.
김동국(2006), 한국어 교육에서의 한류의 영향에 대한 연구, 사회과학연구 10, 평택대학교 사회과학연구소. pp.259~267.
김동욱(2011), 외국어로서의 한국어 문화 교재의 구성과 수업 방안 연구: 문화 체험 학습 사례를 대상으로, 청주대학교 대학원 석사학위논문.

김동환(2009), 서사 모티프의 문화 간 이야기화 양상과 한국어교육, 국어교육학연구 35, 국어교육학회. pp.189~212.

김미애(2012), 음식 만들기 활동을 통한 한국어 지도법 연구: 결혼이주여성을 대상으로, 경성대학교 교육대학원 석사학위논문.

김미진(2011), 결혼이민자를 위한 한국어 문화 교육 연구, 한어문교육 24, 한국언어문학교육학회. pp.301~329.

김미진(2012), 한국어 초급 교재에서의 언어문화 통합 방안, 상명대학교 교육대학원 석사학위논문.

김민영 외(2006), 광고언어를 통한 한국언어문화교육 연구, 학술대회2006, 한국언어문화교육학회. pp.144~160.

김민정(2009), TV 광고를 활용한 한국 문화교육 방안 연구, 한국외국어대학교 대학원 석사학위논문.

김민정(2011), 관용표현을 활용한 한국어 문화교육 방안 연구: 여성 결혼 이민자를 대상으로, 한국외국어대학교 교육대학원 석사학위논문.

김민주(2007), 설화를 활용한 한국 언어 · 문화교육 방안 연구, 한국외국어대학교 교육대학원 석사학위논문.

김병석(2010), 대중가요를 활용한 한국문화교육 방안 연구, 한국외국어대학교 교육대학원 석사학위논문.

김봉국(2009), 부산교대 다문화교육과정의 내용과 앞으로의 과제, 어문학교육 39, 한국어문교육학회. pp.117~131.

김봉성(2011), 한국어 교재의 가치문화 고찰: 집단주의 문화를 중심으로, 영남대학교 대학원 석사학위논문.

김서형(2009), 한국어 수행 향상을 위한 문화 교육 연구, 한국어학 44, 한국어학회. pp.83~109.

김석기(2006), 『TV동화 행복한 세상』을 통한 한국어 및 문화교육, 한국언어문화학 3-1, 국제한국언어문화학회. pp.1~14.

김선미(2003), TV프로그램을 이용한 한국문화 교육 방안, 고려대학교 교육대학원 석사학위논문.

김선정 외(2009), 다문화가정 자녀의 어휘력 고찰, 이중언어학 40, 이중언어학회. pp.31~55.

김선정(2010), 다문화가정 자녀 실태 및 다문화교육의 추진 방향, 외국어교육연구 24, 한국외국어대학교 외국어교육연구소. pp.21~46.

김선정(2011), 다문화 사회와 한국어 교육, 이중언어학 47, 이중언어학회. pp.659~686.

김선희(2011), 한국 문화 교육을 위한 웹 자료 활용 방안, 상명대학교 교육대학원 석사학

위논문.
김성어(2011), 영화를 활용한 한국 문화 수업 방안 연구: 재미교포 청소년 학습자를 대상으로, 배재대학교 대학원 석사학위논문.
김성혜(2005), 전래동화를 활용한 한국어 교육 방안 연구: 재외동포 아동 학습자를 대상으로, 고려대학교 교육대학원 석사학위논문.
김성희(2007), 한국어 교수법과 국어 교수 · 학습 방법의 통섭적 관계: 의사소통식 접근법을 중심으로, 한국언어문화학 4-2, 국제한국언어문화학회. pp.1~20.
김소담(2012), 영상매체를 활용한 한국문화 특별수업 교육방안: 리얼 버라이어티 프로그램을 중심으로, 경희대학교 교육대학원 석사학위논문.
김소연(2012), 한국어 문화 교육을 위한 영상 매체 활용 방안: 텔레비전 프로그램을 중심으로, 상명대학교 교육대학원 석사학위논문.
김수연(2013), 한국문화교육에서의 TV드라마 활용 방안 연구: 여성결혼이민자를 대상으로, 충남대학교 대학원 석사학위논문.
김수은(2010), 문화 간 의사소통 능력(Intercultural Communicative Competence) 배양을 위한 한국어문화 수업 개발 연구, 학술대회2010, 한국언어문화교육학회. pp.81~90.
김수정(2012), 매체를 활용한 이주여성의 한국어 문화교육 연구, 동국대학교 대학원 석사학위논문.
김수진(2009), 문학작품을 활용한 한국언어문화교육 연구: 맥락 활성화에 기반한 수업사례를 중심으로, 한국어교육 20-3, 국제한국어교육학회. pp.31~58.
김수현(2004), 한국어 교재의 문화 교육 현황과 방안, 이화어문논집 22, 이화어문학회. pp.43~59.
김수현(2006), 외국어로서의 한국어의 문화 교육에 관한 일고찰: 교재 분석을 중심으로, 한국문화연구 11, 이화여자대학교 한국문화연구원. pp.319~341.
김신정(2012), 광고를 활용한 한국 문화어휘 교육방안 연구, 경희대학교 교육대학원 석사학위논문.
김양희(2007), 중국인 초급 단계 학습자의 의사소통 능력 향상을 위한 한국 문화 교수요목 설계 연구, 언어와 문화 3-3, 한국언어문화교육학회. pp.75~103.
김양희(2007), 한국어 의사소통 능력 향상을 위한 한국 문화 교수요목 설계 연구: 중국인 한국어 학습자 초급 단계를 대상으로, 배재대학교 대학원 석사학위논문.
김연권(2009), 다문화 사회와 한국어, 시학과 언어학 17, 시학과 언어학회. pp.7~33.
김연정(2012), 웹툰을 활용한 한국 문화 교육 방안 연구: 중 · 고급 학습자를 중심으로, 한국외국어대학교 대학원 석사학위논문.
김영곤(1996), 캐나다에서의 이중언어사용과 이중언어교육: 이론과 실제, 한국어교육 7,

국제한국어교육학회. pp.189~197.
김영국(2012), 한국어교사를 위한 한국문화의 이해, 바람나무.
김영기(1997), 한국어의 몇 가지 언어문화적 특성과 그 교육, 새국어생활 7, 국립국어연구원. pp.178~193.
김영란(2004), 한국어 멀티미디어 교육 자료에 나타난 한국 문화, 한국언어문화학 1-2, 국제한국언어문화학회. pp.57~74.
김영란(2005), 한국어 교육 자료에 나타난 한국 문화: 성인 대상 교육 자료를 중심으로, 국어교육연구 15, 서울대학교 국어교육연구소. pp.217~274.
김영만(2009), 하이브리드적 사고와 한국 문화 교육 방향, 겨레어문학 42, 겨레어문학회. pp.27~45.
김영아(2010), 문화 인식과 의사소통 증진을 위한 프로젝트 기반 한국어 학습, 한국어교육 21-2, 국제한국어교육학회. pp.87~108.
김영자(1995), 이중언어로서의 해외 한국어교육과 한국문화의 세계화, 이중언어학 12, 이중언어학회. pp.325~346.
김영주 외(2008), 다문화가정 자녀를 위한 한국 언어문화 교재 개발 방안, 언어와 문화 4-2, 한국언어문화교육학회. pp.21~46.
김영주 외(2010), 언어경험접근법에 기초한 요리 한국어 교재 개발 및 활용 방안 연구, 이중언어학 42, 이중언어학회. pp.1~23.
김영주(2007), 단편비디오를 이용한 문화교육의 유효성: 영어권 한국어 고급학습자들을 대상으로, 새국어교육 75, 한국국어교육학회. pp.121~143.
김영주(2008), 전래동화 스토리텔링을 활용한 한국어교육 방안: 다문화 및 재외동포 가정 아동을 대상으로, 새국어교육 80, 한국국어교육학회. pp.97~124.
김영호(2011), 초등학교 다문화 학습자를 위한 친족어 지도 방안 연구, 부산교육대학교 교육대학원 석사학위논문.
김옥선(2007), 한국어교육에서 상호문화학습의 실천, 언어와 문화 3-2, 한국언어문화교육학회. pp.181~202.
김용성 외(2001), 한국의 유교 문화와 한국어, 교육논총 21, 전북대학교 교육대학원. pp.87~101.
김우정(2006), 교육인적자원부의 다문화 가정 교육지원방안, 한국어의 미래를 위한 제1차 토론회: 국외 동포 및 이주민을 위한 한국어 교육을 중심으로, 이화여자대학교 한국어문학연구소. pp.51~53.
김유미(2010), 한국어 단기 과정을 위한 언어문화 교재 개발 방안, 가톨릭대학교 대학원 석사학위논문.

김은선(2009), 시트콤을 활용한 한국어 문화 교육 방안 연구: '거침없이 하이킥' 을 중심으로, 한국외국어대학교 교육대학원 석사학위논문.
김은선(2012), 한중일 공통 설화 텍스트를 통한 세시풍속 교육연구: '견우직녀' 를 중심으로, 한성대학교 대학원 석사학위논문.
김은정(2009), 다문화 사회에서의 한국어 교육 정책 연구: 일본, 프랑스, 독일의 자국어 교육 정책과의 비교를 중심으로, 상명대학교 교육대학원 석사학위논문.
김인경(2011), 한국어 문화 교육 내용 유형의 적절성 연구, 전남대학교 대학원 석사학위논문.
김장미(2010), 한국어 교재 내의 문화 교육 양상과 개선방안 연구: 문화와 언어의 통합을 중심으로, 한성대학교 대학원 석사학위논문.
김재국(2013), 소설을 활용한 한국문화 교육 방안, 충북대학교 교육대학원 석사학위논문.
김재영(2004), 의사소통 향상을 위한 한국어 교육 방안: 매체를 활용한 문화 통합 교육, 동국대학교 교육대학원 석사학위논문.
김정숙(1994), 언어숙달도(Proficiency) 배양을 위한 외국어로서의 한국어 교육 방향, 민족문화연구 27, 고려대학교 민족문화연구소. pp.257~270.
김정숙(1997), 한국어 숙달도 배양을 위한 한국 문화 교육 방안, 교육한글 10, 한글학회. pp.317~326.
김정은(2004), 한국어 교육에서의 언어 문화 교육, 이중언어학 26, 이중언어학회. pp.45~68.
김정은(2005), 한국어 교육에서 언어문화 교육을 위한 활용 자료와 방안, 겨레어문학 35, 겨레어문학회. pp.27~62.
김정은(2006), 한국어교재에 나타난 언어문화 교육 실태와 교육방안, 한국외국어교육학회 학술대회 자료집, 한국외국어교육학회. pp.253~260.
김정은(2008), 문화 간 의사소통의 갈등 양상 분석, 한국어교육 19-2, 국제한국어교육학회. pp.155~192.
김종철(2010), 한국어교육에서 한국문화교육의 쟁점과 전망, 국어교육 133, 한국어교육학회. pp.339~367.
김중섭(2005), 외국인을 위한 한국 문화 교육 연구의 현황 및 과제, 이중언어학 27, 이중언어학회. pp.59~85.
김지영(2011), 다문화 가정을 위한 한국 문화 연구, 태릉어문연구 17, 서울여자대학교. pp.57~77.
김지우(2012), 온달 설화를 활용한 한국어 문화교육 방안 연구, 한국외국어대학교 교육대학원 석사학위논문.
김지혜(2010), 결혼 이주민을 위한 문화 교육 방안: 양귀자의 《원미동 사람들》 읽기를 중심으로, 시학과 언어학 18, 시학과 언어학회. pp.67~89.
김진숙(2012), 한국, 한국인, 한국 문화 읽기: 외국인을 위한 한국 문화 교재 개발 포트폴리오, 이화여자대학교 외국어교육특수대학원 석사학위논문.
김진호(2010), 한국어교육을 위한 문화 항목 연구, 한말연구 27, 한말연구학회. pp.63~91.
김진호(2012), 외국어로서의 한국어교육에서 시문학을 활용한 한국 문화 교육 연구: 김소월의 작품을 중심으로, 단국대학교 대학원 박사학위논문.
김진호(2012), 한국어교육 정책에 대한 연구, 아시아문화연구 25, 경원대학교 아시아문화연구소. pp.259~281.
김창원(2007), 한국어 학습자를 위한 문화 능력의 평가 방안, 한국어교육 18-2, 국제한국어교육학회. pp.81~114.
김창원(2008), 한국어 문화교육과 차이의 문화학: 〈미녀들의 수다〉를 통해 본 언어문화 교육의 내용론, 한국언어문화학 5-1, 국제한국언어문화학회. pp.63~82.
김창희(2012), 태국 대학 교양한국어 학습자를 위한 문화교육 항목 선정 연구, 경희대학교 교육대학원 석사학위논문.
김충실(2005), 한국문화교수와 한국문화교재개발방안, 중국조선어문 135, 길림성민족사무위원회. pp.26~30.
김태은(2012), 여성결혼이민자를 위한 문화예술교육 프로그램의 활성화, 원광대학교 교육대학원 석사학위논문.
김하수(2008), 언어와 문화 교육에 대한 화용론적 해석: 학술적 발전에 대한 반성을 곁들여, 외국어로서의 한국어교육 33, 연세대학교 언어연구교육원 한국어학당. pp.1~17.
김해영(2008), 한국어 교재의 읽기 텍스트 분석을 통한 문화 교육 내용 연구, 학술대회, 한국언어문화교육학회. pp.105~114.
김해옥(2004), 문학 작품을 통한 한국 언어 · 문화 교육방법, 비교문화연구 8, 경희대학교 비교문화연구소. pp.205~226.
김해옥(2005), 문학 작품의 어휘를 통한 한국 언어 · 문화 교육 방법 연구, 한국언어문화 27, 국제한국언어문화학회. pp.277~298.
김해옥(2012), 문학 정전을 통한 한국 문화 및 한국학 교수 방안에 대한 연구: 『사랑손님과 어머니』와 『우리들의 일그러진 영웅』에 나타난 관점 문화를 중심으로, 한국어교육 23-2, 국제한국어교육학회. pp.91~114.
김현권 외(1999), 원격교육을 통한 한국어와 한국 문화 교육을 위한 소프트웨어 개발에 대한 연구: 교사 교육을 중심으로, 한국어교육 10-1, 국제한국어교육학회. pp.83~107.
김현정(2002), 속담을 통한 한국어 문화 교육 연구, 서울대학교 대학원 석사학위논문.
김현진(2009), 재미동포 청소년을 위한 한국어, 문화교육 병행 프로그램 설계 방안 연구,

이중언어학 39, 이중언어학회. pp.53~77.

김형주 외(1996), 국어학 연구의 오솔길, 세종문화사.

김혜민(2012), 여성결혼이민자를 위한 한국어 · 식생활문화 통합 교육 방안 연구, 한국외국어대학교 대학원 석사학위논문.

김혜숙(2010), 문화 장면 중심의 한국어 교육 내용 연구, 전주대학교 대학원 박사학위논문.

김혜영(2011), 한국어 교육에서 교육자의 문화의식 성찰의 필요성: 박완서의 소설 그래도 해피 엔드에 나타난 한국 문화 항목을 중심으로, 한국어교육 22-1, 국제한국어교육학회. pp.75~97.

김혜진(2010), 시집살이 노래 수용에서 공감의 양상 연구: 결혼 이주 여성을 대상으로, 국어교육연구 26, 서울대학교 국어교육연구소. pp.145~176.

김효일 외(2010), 한류 관광 유발 요인으로서 한국어 교육의 가능성에 관한 탐색적 연구, 한국무역학회 세미나 및 토론회2010, 한국무역학회. pp.123~130.

김훈(2008), 한국어문화교육을 위한 신문 활용 방안: 고급단계 학습자를 대상으로, 상명대학교 대학원 석사학위논문.

김희섭 외(2009), 중국인 대상 한국어 교육 연구 동향 분석, 동북아 문화연구 19, 동북아시아문화학회. pp.169~186.

까녹완 판짜륀(2013), 한·태 속담 비교를 통한 한국 문화 교육 방안: 중급 태국인 학습자를 중심으로, 선문대학교 대학원 석사학위논문.

나은영(2007), 말레이시아에서의 한국어 교육 현황과 말라야 대학교(UM)의 한국어와 한국문화의 통합교육 방안, 언어와 문화 3-3, 한국언어문화교육학회. pp.127~143.

나정선(2002), 영화를 활용한 한국어 문화 교육 방안, 단국대학교 교육대학원 석사학위논문.

나카가와 마사오미(Nakagawa Masaomi)(2008), 다문화교육으로서의 한국어 교육 연구: 일본 고등학생을 위한 문화 교육을 중심으로, 국어교육연구 22, 서울대학교 국어교육연구소. pp.57~88.

나카무라 마유(2012), 일본에서의 한류와 한국인에 대한 인식 변화: 삿포로 한국어학습자를 중심으로, 한국외국어대학교 국제지역대학원 석사학위논문.

남경희(2002), 문화 교육을 통한 효율적인 한국어 교육 방안, 배재대학교 대학원 석사학위논문.

남보현(2011), 문화 체험 학습이 한국어 능력 신장에 미치는 영향, 부산외국어대학교 대학원 석사학위논문.

노경래(2012), 외국어로서의 한국어 언어문화교육에서의 화용 내용 연구, 관동대학교 대학원 박사학위논문.

노유미(2011), 영상 매체를 활용한 한국어 문화 교육 방안 연구, 대불대학교 대학원 석사학위논문.

노지영(2012), 재외동포 청소년을 위한 한국 정신문화 교육 내용 및 방안 연구, 배재대학교 대학원 석사학위논문.

노지혜(2011), 지역문화축제를 활용한 한국언어문화교육 방안: 고령대가야체험축제를 중심으로, 계명대학교 대학원 석사학위논문.

노형남(2003), 한국어교육을 위한 스페인어권의 언어문화 개관, 국어교육연구 12, 서울대학교 국어교육연구소. pp.275~305.

뇌뇌(2011), 한국 추석문화 교육방법 연구: 한 · 중 문화대조를 중심으로, 부산외국어대학교 대학원 석사학위논문.

도풍뚜이(2009), 베트남 학습자들을 위한 한국문화교육의 일례: 탈춤과 째어를 중심으로, 계명대학교 대학원 석사학위논문.

동동(2010), 한류의 확대를 위한 중국의 한류드라마에 관한 연구, 동명대학교 대학원 석사학위논문.

등정(2011), 〈침중기〉와 〈구운몽〉의 비교를 통한 한국문화교육 연구, 건국대학교 대학원 석사학위논문.

라혜민(2007), 외국인 대상의 한국어 문화 교육 방안: 초급 학습자를 중심으로, 학술대회 2007, 한국언어문화교육학회. pp.85~96.

류방란 외(2012), 중도입국 청소년의 교육 기회와 적응 실태, 다문화교육연구 5, 한국다문화교육학회. pp.29~50.

류한나(2011), 선교사 자녀를 위한 한국 언어 · 문화 교육 방안 연구, 계명대학교 대학원 석사학위논문.

리승매 외(2000), 한국어교수에서의 문화적요소에 대하여, 중국조선어문 107, 길림성민족사무위원회. pp.34~36.

림금란(2011), 중국 유학생의 한국 대학생활 적응 예측모형, 공주대학교 대학원 박사학위논문.

마쓰이세이치로(2005), 일본내 한국어 교육에 필요한 문화적 요소 검토와 그 교육 실천 시도, 학술대회2005, 국제한국언어문화학회. pp.87~102.

마희정(2011), 한국어 문화 교육의 모색: 주요섭의 〈사랑손님과 어머니〉를 중심으로, 언어학연구 21, 한국중원언어학회. pp.95~119.

만건중(2004), 중국, 한국의 민간 전설 중 금기에 대한 문화적 해석, 어문학교육 29, 한국어문교육학회. pp.281~328.

명현숙(2011), 민족문화상징을 활용한 한국 문화교육 연구, 경희대학교 교육대학원 석사

학위논문.
모봉원(2013), 〈최척전〉에 형상화된 인간관계와 한국어교육: 한·중 학생의 관계 맺기를 중심으로, 건국대학교 대학원 석사학위논문.
모예문(2012), UCC를 활용한 한국 문화 교육 방안 연구: 중국인 중급 학습자를 중심으로, 중앙대학교 대학원 석사학위논문.
묘춘매(2007), 중국인 대상의 한국어 고급 학습자를 위한 교육자료 개발, 한국학·한국문화 교육의 국제화사업 제1차 워크숍: 한국어 고급 학습자를 위한 교육자료 개발 2007, 이화여자대학교 한국문화연구원. pp.23~34.
문보라(2009), 전래동화를 활용한 한국어 교육 방안 연구: 문화 중심 읽기 수업을 중심으로, 배재대학교 대학원 석사학위논문.
문석우(2010), 다문화가정의 한국어교육 및 한국문화적응 실태조사, 중소연구 34, 한양대학교 아태지역연구센터. pp.233~268.
문영자(2009), 문화적 차이에서 비롯되는 오류를 막기 위한 한국어 교육, 한국언어문화학 6-2, 국제한국언어문화학회. pp.115~132.
문영자(2012), 중국 한국어 교육에서의 한국문화교육 연구, 인문과학논집 23, 강남대학교 출판부. pp.5~25.
문영하(2012), 몽골 청소년의 몽골어·한국어 숙달도와 문화적응 유형의 상관관계, 이화여자대학교 국제대학원 석사학위논문.
문은주(2004), 한국어 교육에서의 문화 체험 수업 방안 연구, 한양대학교 교육대학원 석사학위논문.
미토마 모요(2011), 한일 다문화 가정의 언어 환경이 자녀의 이중언어능력에 미치는 영향, 동덕여자대학교 대학원 석사학위논문.
민원정(2008), 문학을 활용한 한국문화수업: 공지영의 『꿈』을 중심으로, 한국어교육 19-3, 국제한국어교육학회. pp.147~168.
민원정(2008), 스페인어권 화자를 위한 한국문화교육의 현황과 과제: 칠레가톨릭대학교의 한국문화수업 발표 사례를 중심으로, 한국어교육 19-1, 국제한국어교육학회. pp.77~91.
민현식(1996), 국제 한국어 교육을 위한 국어 문화론의 내용 구성 연구, 한국어교육 7, 국제한국어교육학회. pp.101~142.
민현식(2000), "한국어 교사 자격 인증 제도 시행을 위한 기초적 연구" 사업보고서, 문화관광부 한국어 세계화 추진 위원회.
민현식(2004), (한)국어 문화교육의 개념과 실천 방향, 한국언어문화학 1-1, 국제한국언어문화학회. pp.59~10.

민현식(2004), 국어교육과 한국어교육에서의 문화교육, 외국어 교육 10-2, 한국외국어교육학회. pp.429~452.
민현식(2006), 한국어 교육에서 문화교육의 방향과 방법, 한국언어문화학 3-2, 국제한국언어문화학회. pp.137~180.
민현식(2008), 한국어교육에서 소위 다문화교육의 문제점에 대해, 한국언어문화학 5-2, 국제한국언어문화학회. pp.115~150.
민현식(2009), 언어 습득 및 문화 관련 이론의 동향, 국어교육연구 24, 서울대학교 국어교육연구소. pp.71~118.
민현식(2010), 국어문화의 정체성과 다양성 문제, 세계한국어문학 3, 세계한국어문학회. pp.83~134.
민현식(2012), 한국어 문화교육의 제반 문제, 한중인문학연구 35, 한중인문학회. pp.1~27.
박갑수(1998), 외국어로서의 한국어 교육과 문화적 배경, 선청어문 26, 서울대학교 국어교육과. pp.133~150.
박갑수(2004), 재외동포의 한국어교육 현황과 과제, 언어와 문화 1-1, 한국언어문화교육학회. pp.1~34.
박갑수(2013), 한국어교육과 언어문화 교육, 역락.
박노자(2000), 한국 문화 교육의 현황과 문제점, 한국어교육 11-2, 국제한국어교육학회. pp.63~88.
박명기(2013), 중급 한국어 학습자의 의사소통 능력 향상을 위한 한국어문화 교육 방안, 울산대학교 대학원 석사학위논문.
박민정(2010), TV 휴먼 다큐멘터리를 활용한 한국어 · 문화 교수학습 방안 연구, 한양대학교 교육대학원 석사학위논문.
박상미(2012), 현대소설을 활용한 한국 가치문화 이해 교육 방안 연구, 한국외국어대학교 교육대학원 석사학위논문.
박석준(2006), 한국어교육에서의 인터넷 문화 콘텐츠 활용 방안, 한말연구 19, 한말연구학회. pp.121~143.
박선옥(2005), 한국 사회 문화의 이해와 표현 1, 역락.
박선옥(2011), 한국어 교원에 대한 한국문화 능력 평가 현황과 개선 방안, 인문과학연구 30, 강원대학교 인문과학연구소. pp.61~85.
박선희(2004), 한국어와 한국문화의 통합 교육 연구: 고급 단계 학습자를 중심으로, 경희대학교 교육대학원 석사학위논문.
박성실(2010), 쿠레레(Currere) 방법을 통한 여성결혼이민자 대상 한국문화교육 방안 연구: 함께하는 한국어 문화 편을 대상으로, 계명대학교 대학원 석사학위논문.

박수정(2008), 문학텍스트와 문화교육 활용방안, 아주대학교 교육대학원 석사학위논문.
박숙자(2004), 한국어와 한국문화 교육, 한국언어문화학 1-2, 국제한국언어문화학회. pp.119~129.
박영숙(2010), 관용어의 유래담을 활용한 한국어 문화교육 방안 연구, 한국외국어대학교 교육대학원 석사학위논문.
박영순(1989), 미국에서의 한국어 교육: 제2언어 교육으로서의 문화 교육: 한국어의 문화적 요소를 중심으로, 이중언어학 5, 이중언어학회. pp.43~60.
박영순(2002), 한국어 교육을 위한 한국문화론, 한국문화사.
박영순(2003), 한국어교육으로서의 문화 교육에 대하여, 이중언어학 23, 이중언어학회. pp.67~89.
박영순(2006), 한국어 교육을 위한 한국문화론, 한림출판사.
박영순(2008), 우리가 정말 알아야 할 한국문화, 현암사.
박영순(2011), 문화어를 통한 한국문화교육의 내용과 방법 연구, 세계한국어문학 6, 세계한국어문학회. pp.123~156.
박영실(2012), 재일 한국학교 고등학생을 위한 한국어 및 한국문화의 통합교육 연구: 재일 한국학교 고등학생 대상 요구분석을 기초로 하여, 고려대학교 교육대학원 석사학위논문.
박영준(2000), 한국어 숙달도 배양을 위한 문화적 어휘 · 표현의 교육, 한국어교육 11-2, 국제한국어교육학회. pp.89~110.
박용권(2003), 문학 텍스트와 변용 텍스트를 활용한 한국어 문화교육 방안: 협동학습 전략을 중심으로, 국어교과교육연구 5, 국어교과교육학회. pp.231~267.
박은주(2012), 요리를 활용한 한국어 지도 방안: 청원지역 초등학교의 다문화가정 자녀를 중심으로, 충북대학교 대학원 석사학위논문.
박은하(2011), 설문조사로 본 결혼 이주여성의 호칭어 사용 현황, 다문화콘텐츠연구 10, 중앙대학교 문화콘텐츠기술연구원. pp.7~28.
박정미(2011), 문화간 의사소통 능력 신장을 위한 문화기호 교육 방안, 부산외국어대학교 대학원 석사학위논문.
박정민(2010), 초급 한국어 교재 문화 항목 연구, 대구가톨릭대학교 대학원 석사학위논문.
박종원(2010), 한국언어문화 교육 방안 연구: 한, 러 동물 속담을 바탕으로, 상명대학교 교육대학원 석사학위논문.
박지연(2009), 일본인 이주여성을 위한 문화 항목 선정 및 문화 교육 방안, 선문대학교 대학원 석사학위논문.
박찬숙(2008), 한국문화 교육과 한류의 연관관계 연구: 드라마를 중심으로, 언어와 문화

4-2, 한국언어문화교육학회. pp.119~138.

박춘연(Chun Yan Piao)(2010), 중국 내 한국 문화 교육과정 설계 연구, 경희대학교 대학원 박사학위논문.

박춘연(Chun Yan Piao)(2010), 중국 대학교 한국어학과의 문화 교육 연구, 한국어교육 21-1, 국제한국어교육학회. pp.175~195.

박해숙(2009), 속담의 문화적 배경을 활용한 한국어교육 방안, 인하대학교 교육대학원 석사학위논문.

박현옥(2006), 유행어를 통한 한국 사회 문화 교육 연구, 연세대학교 대학원 석사학위논문.

박휘경(2013), 시리즈 영상 광고를 활용한 한국 문화 교육 방안 연구, 한국외국어대학교 교육대학원 석사학위논문.

박희은(2007), 영어권 한국어 학습자를 위한 문화 학습 방안 연구: 한, 미간 문화적 간섭에서 오는 의사소통 문제를 중심으로, 경희대학교 대학원 석사학위논문.

반학포(2011), 초급 한국어 중국인 학습자를 위한 음식 문화 교육 방안 연구, 부산대학교 대학원 석사학위논문.

방인태(2006), 자주적 한국어 교육론: 문화생산의 원리와 방법, 역락.

배영애(2013), 원어민 영어보조교사를 위한 한국어 문화 교육 방안 연구, 부경대학교 교육대학원 석사학위논문.

배윤정(2013), 한국 음식 문화어를 활용한 한국어 통합 교육 방안, 공주대학교 대학원 석사학위논문.

배재원(2011), 한국어 학습자를 위한 한국문화 교육 연구, 이화여자대학교 국제대학원 박사학위논문.

배재원(2013), 고급 한국어 학습자를 위한 한국문화 교육 방안 연구: 한국문화의 상호관계성을 중심으로, 시학과 언어학 24, 시학과 언어학회. pp.85~107.

배지윤(2005), 외국어로서의 한국어교육에서 문화교육 모형, 선문대학교 교육대학원 석사학위논문.

배현숙(2002), 한국어 교육에서 문화교육 현황 및 문제점, 이중언어학 21, 이중언어학회. pp.178~199.

배현숙(2007), 외국인 유학생의 문화적 문식성(literacy) 격차 해소 방안, 언어와 문화 3-1, 한국언어문화교육학회. pp.107~120.

백미옥(2007), 여성 결혼이민자를 위한 생활문화와 한국어의 통합 교육 연구: 초급 단계 학습자를 중심으로, 고려대학교 교육대학원 석사학위논문.

백봉자 외(2001), 한국어 세계화 기반 구축을 위한 2001년도 한국어 해외 보급 사업: 교육 · 연수 분과, 한국어 세계화 2001년도 최종보고서 1, 문화관광부 한국어세계화재단.
백봉자(2006), 문화 교육 자료의 개발 방향, 외국어로서의 한국어교육 31, 연세대학교 언어연구교육원 한국어학당. pp.1~23.
백장미(2009), 현대소설을 활용한 한국 문화교육 방안 연구: 「사랑 손님과 어머니」를 중심으로, 한국외국어대학교 대학원 석사학위논문.
베 히식자르갈(2009), 몽골인 한국어 학습자를 위한 언어 문화교육 연구: 언어 관련 속담을 중심으로, 한국언어문화학 6-1, 국제한국언어문화학회. pp.213~233.
변신원(2001), 문학 속에 드러난 민족문화의 자취와 외국인에 대한 문학 교육, 외국어로서의 한국어교육 25, 연세대학교 언어연구교육원 한국어학당. pp.389~407.
부해비(2012), 《외국인을 위한 한국 문화 읽기》 중역, 영남대학교 대학원 석사학위논문.
빠릿 웡타나센(2007), 태국에서의 한류 현상, 한국언어문화학 4-1, 국제한국언어문화학회. pp.129~143.
서경혜(2013), 한국문화교육을 위한 한국인의 가치체계 연구: 드라마를 중심으로, 한국외국어대학교 대학원 박사학위논문.
서광진(2009), 한국어 문화교육, 국어문학회 학술발표대회2009, 국어문학회. pp.65~72.
서영실 외(2007), 외국인 한국어학습자들의 한국다도교육 요구에 대한 조사연구, 한국차학회지 13-1, 한국차학회. pp.57~78.
서옥란 외(2012), 중국에서의 한국어 문화교육 현황, 한중인문학연구 35, 한중인문학회. pp.131~149.
서정수(1996), 한국 언어-문화의 몇 가지 특성, 한국어교육 7, 국제한국어교육학회. pp.1~18.
서진숙 외(2012), 외국인 단기 전문 연수자를 위한 한국어 교육과정 설계 연구: 문화동반자 대상 한국어 교육을 중심으로, 국어국문학 160, 국어국문학회. pp.249~276.
서진욱(2012), 원어민 영어보조교사를 위한 한국어 · 문화의 교육 내용 연구: 학습자 요구 분석을 중심으로, 전남대학교 교육대학원 석사학위논문.
석주연(2008); 한국어 언어문화 교육의 자리매김을 위한 일고찰: 한국어 언어문화 교육의 내용 체계화와 학습자 중심성의 인식을 중심으로, 어문연구 140, 한국어문교육연구회. pp.523~544.
석주연(2012), 다문화 교육 현장에서의 비언어적 신체 한국어의 습득 양상 연구, 한국언어문화학 9-1, 국제한국언어문화학회. pp.79~99.
성기철(2001), 한국어 교육과 문화 교육, 한국어교육 12-2, 국제한국어교육학회. pp.111~135.
성기철(2004), 언어와 문화의 접촉: 언어문화, 한국언어문화학 1-1, 국제한국언어문화학

회. pp.105~123.
성의연(2012), 한국 전래동화를 활용한 한국어 교육방안 연구: 중급 학습자를 대상으로, 청주대학교 대학원 석사학위논문.
소문헌(2012), 한국 기념일 문화 교육방법 연구, 부산외국어대학교 대학원 석사학위논문.
손다정(2009), 한국어 교육을 위한 현장 체험 중심의 문화 교재 개발 방안, 한국어교육 20-1, 국제한국어교육학회. pp.91~110.
손단(2010), 소설 텍스트를 활용한 한국 문화 교육 연구: 김승옥의 「무진기행」을 중심으로, 건국대학교 대학원 석사학위논문.
손은경(2003), 문화감지도구(Intercultural Sensitizer) 개발 연구: 일본인 한국어 학습자를 대상으로, 연세대학교 대학원 석사학위논문.
孫梨梨(2007), 중국인을 위한 한국어 호칭과 지칭 지도 방안 연구, 서울대학교 대학원 석사학위논문.
손정(2012), 중국인을 위한 한국 문화 교육 방안 연구: TV드라마 〈옥탑방 왕세자〉를 중심으로, 한국외국어대학교 대학원 석사학위논문.
손효소(2011), 매체 특성을 고려한 한국어 문화 교육 방안 연구: 중 · 고급 중국인 학습자를 중심으로, 한국외국어대학교 대학원 석사학위논문.
송용실(2012), 한국어 문화 교육의 실태와 교육 방향 연구: 한국어 교재에 나타난 문화 교육 관점 분석을 중심으로, 인하대학교 교육대학원 석사학위논문.
송재희(2011), 한국어교육 웹 교재의 내용 설계 연구: 문화통합교육을 중심으로, 관동대학교 대학원 석사학위논문.
송지혜(2010), 한국어교육에서의 설화를 활용한 언어 · 문화 연계 수업방안 연구: 중국인 초급 학습자 대상 수업 사례를 중심으로, 건국대학교 대학원 석사학위논문.
신영지(2012), 한국어 문학교육을 통한 문화적응 가능성의 모색, 한국언어문화학 9-1, 국제한국언어문화학회. pp.101~128.
신주철(2004), 한국어교육에서 문화교육으로서의 한국문학교육, 워크숍2004, 한국언어문화교육학회. pp.74~83.
신현단(2011), 한국어 문화에 대한 태도 교육 연구, 한국언어문화학 8-2, 국제한국언어문화학회. pp.91~110.
신현숙 외(2008), 한국 문화에 나타난 색채어 의미 연구, 국어교육 125, 한국어교육학회. pp.341~370.
신혜경(2006), 한국인과 일본인의 언어행동과 문화의 차이, 보고사.
심민아(1998), 외국어로서의 한국어 교육에 있어서 문화교육 방안, 이화여자대학교 대학원 석사학위논문.

심주령(2013), 효 이야기를 통한 한국문화교육 방안 연구, 건국대학교 대학원 석사학위 논문.

심혜령(2009), 한국어 학습자를 위한 '문화기반어휘' 연구(1): 고유명사를 중심으로, 언어와 문화 5-2, 한국언어문화교육학회. pp.175~195.

심혜령(2010), 한국 언어문화 교육과 텍스트 1, 학술대회2010, 한국언어문화교육학회. pp.33~37.

안경화(2001), 속담을 통한 한국 문화의 교육 방안, 한국어교육 12-1, 국제한국어교육학회. pp.143~163.

안미영(2008), 한국어 교육에서 설화 문학을 활용한 문화 교육, 정신문화연구 31, 한국학중앙연구원. pp.107~130.

안성훈(2012), 이러닝 활용 다문화교육에 대한 결혼이민자의 수요 분석 및 지원 방안, 정보교육학회논문지 16, 한국정보교육학회. pp.131~142.

안증환(2004), 문화적 차이에 근거한 한국어와 일본어의 상대적 언어유형, 일본어교육연구 29, 한국일본어교육학회. pp.17~43.

안한나(2008), 한국어 교육이 정체성 영향에 미치는 영향: 재미교포 학습자를 대상으로, 언어와 문화 4-2, 한국언어문화교육학회. pp.139~167.

야마모토 아키코(2003), 외국어로서의 한국어 교재와 일본어 교재의 문화 내용 비교 연구: 초급 교재를 대상으로, 경상대학교 교육대학원 석사학위논문.

야마시타 마코토(1996), 말을 통하여 한국 문화를 만나다, 한일교육연구 2, 한일합동교육연구회. pp.249~265.

야마시타 마코토(2008), '타문화 교육' 으로서의 한국어교육의 가능성, 한일교육연구 14, 한일합동교육연구회. pp.153~161.

양루이(2011), 설화를 활용한 한국어능력 향상 방안 연구: 〈나무꾼과 선녀〉 설화를 중심으로, 부산대학교 대학원 석사학위논문.

양민정(2005), 외국인을 위한 한국문화 교육 방안 연구: 한국 고전문학을 중심으로, 국제지역연구 9, 한국외국어대학교 외국학종합연구센터. pp.101~126.

양민정(2007), 동아시아권 한국어 학습자를 위한 신화 활용의 문화교육 방안 연구: 한·중·일의 창세·건국신화 비교를 중심으로, 국제지역연구 11, 한국외국어대학교 외국학종합연구센터. pp.147~169.

양민정(2008), 민담을 활용한 한국어 문화교육 방안 연구, 국제지역연구 12, 한국외국어대학교 국제지역연구센터. pp.307~331.

양민정(2008), 외국인을 위한 고전시가 활용의 한국어문학문화의 통합적 교육, 외국문학연구 29, 한국외국어대학교 외국문학연구소. pp.237~261.

양민정(2008), 한국어 문화교육과 판소리의 세계화 방안 연구, 국제지역연구 12, 한국외국어대학교 외국학종합연구센터. pp.207~228.

양민정(2008), 한국어 문화교육의 세계화와 탈춤의 활용방안 연구, 세계문학비교연구 24, 세계문학비교학회. pp.251~283.

양민정(2009), 속담을 활용한 다문화가정의 한국어문화교육 방안 연구, 세계문학비교연구 29, 세계문학비교학회. pp.59~82.

양민정(2009), 전설을 활용한 한국어 문화교육 방안 연구, 세계문학비교연구 27, 세계문학비교학회. pp.23~43.

양산(2012), 외국인을 위한 단군신화의 교육 전략: 중국 학습자 중심으로, 전남대학교 대학원 석사학위논문.

양승관(2006), 사회·문화적 관점에서 본 스페인어와 한국어 비교 분석 및 교육 활용 방안, 스페인어문학 38, 한국스페인어문학회. pp.397~417.

양영희 외(2010), 한국어교육과 한국문화교육의 상호 역할에 대한 바람직한 시각, 우리말 글 50, 우리말글학회. pp.107~128.

양위남(2012), 한국어 파생명사의 형태론적 연구, 강원대학교 대학원 석사학위논문.

양지선(2007), 한국어 교육을 위한 한국과 동남아시아 속담 비교 연구: 문화 비교를 중심으로, 경희대학교 대학원 석사학위논문.

양지선(2009), 단군신화를 활용한 한국어와 문화 교육, 고황논집 44, 경희대학교 대학원. pp.11~32.

양지선(2009), 전래동화를 활용한 한국 문화교육 방안, 정신문화연구 32, 한국학중앙연구원. pp.341~361.

양지선(2009), 한국어 교육에서의 민간신앙 활용 연구, 한국의 민속과 문화 14, 경희대학교 민속학연구소. pp.63~87.

양지선(2010), 민간신앙을 활용한 한국어와 문화 교육: 문학작품을 중심으로, 이중언어학 42, 이중언어학회. pp.47~71.

양지선(2010), 한국어 교육에서의 민속극 활용 방안 연구: 탈춤을 중심으로, 정신문화연구 33, 한국학중앙연구원. pp.155~173.

양지선(2011), 의사소통의 민족지학 방법론을 활용한 한국어 문화 교육: 단편드라마 활용을 중심으로, 한국어교육 22-3, 국제한국어교육학회. pp.153~176.

양지선(2012), 외국인 학습자에 따른 한국문화 인식 조사, 한국언어문화학 9-1, 국제한국언어문화학회. pp.129~152.

양현모(2012), 지역문화콘텐츠를 활용한 한국문화 교수·학습 방안 연구, 부산외국어대학교 대학원 석사학위논문.

엄상란(2011), 한국어 교사와 중국인 학습자의 문화적 규범을 둘러싼 부적응 사례 연구, 이화여자대학교 국제대학원 석사학위논문.

엄소연(2012), '네' 의 의미 기능에 관한 고찰: 외국인을 위한 한국어 교육을 중심으로, 한국어와 문화 12, 숙명여자대학교 한국어문화연구소. pp.163~195.

여경선(2001), 한국어 학습자를 위한 문화 교육 연구: 체험을 통한 문화 교육을 중심으로, 경희대학교 교육대학원 석사학위논문.

오경숙(2011), 한국어 이메일 쓰기 수업에서의 언어 문화 교육, 우리말연구 29, 우리말학회. pp.293~316.

오고시 나오키(生越直樹)(2006), 상대방 소유물 사용시의 무언행위에 대해서: 피행위자 측의 의식, 한일 청년 조사 결과로부터, 한국어교육 17-2, 국제한국어교육학회. pp.183~198.

오나영(2011), 한국어 학습자를 위한 문화 어휘 선정과 제시 방안 연구: 초등학교 교과서의 문화 어휘를 중심으로, 배재대학교 대학원 석사학위논문.

오문천(2012), 통합 한국어 교재에 나타난 문화 학습 활동 분석, Journal of Korean Culture 21, 한국어문학국제학술포럼. pp.125~168.

오민정(2010), 의사소통향상을 위한 언어 중심 한국어 문화 교재 개발 연구, 경희대학교 대학원 석사학위논문.

오세인(2004), 시를 활용한 한국 문화 교육 방안, 한국어교육 15-1, 국제한국어교육학회. pp.110~111.

오세인(2007), 국제화 시대의 한국어 교육: 한국 문화 교육 방안, 비교한국학 15, 국제비교한국학회. pp.121~137.

오우(2011), 대중문화를 활용한 한국어 교육방안 연구, 상명대학교 대학원 석사학위논문.

오정란 외(2011), 외국어로서의 한 · 중언어 문화비교, 박이정.

오정미(2012), 설화에 대한 다문화적 접근과 문화교육: 며느리설화를 중심으로, 건국대학교 대학원 박사학위논문.

오종현(2010), 한국어 학습자를 위한 선택적 문화 교육 방안: 고급 단계를 중심으로, 경희대학교 교육대학원 석사학위논문.

오지혜(2007), 한국어교육에서의 언어문화 교육을 위한 교육내용의 범주 및 구조 설계 방안, 한국언어문화학 4-2, 국제한국언어문화학회. pp.83~120.

오지혜(2012), 광고 텍스트를 활용한 한국어 학습자의 문화 간 리터러시 교육 연구, 한국언어문화학 9-1, 국제한국언어문화학회. pp.173~197.

오지혜(2012), 한국어 학습자의 문화 리터러시를 위한 언어문화 교육 방안: 광고 텍스트를 중심으로, 국제한국언어문화학회 학술대회 제13차 학술대회 발표 자료집, 국제한국언어문화학회. pp.125~136.
오지혜(2013), 문화 능력의 재개념화를 통한 한국어 문화 교육 내용 연구: 문화 교재 분석을 중심으로, 한국언어문화학 10-1, 국제한국언어문화학회. pp.75~97.
오춘화(2011), 한국어교육에서 현대소설을 활용한 문화교육: 최인훈의 《광장》을 중심으로, 중국조선어문 174, 길림성민족사무위원회. pp.13~17.
오치성(2012), 한국문화교육 교재 분석 연구, 부산외국어대학교 대학원 석사학위논문.
王建(2013), 외국인을 위한 한국 문화 교육 방안 연구: 현진건과 은희경의 「빈처」를 중심으로, 한남대학교 대학원 석사학위논문.
왕경용(2012), 외국인을 위한 한국, 한국인 그리고 한국 문화: 한국인의 생활 문화는 어떠한가?, 영남대학교 대학원 석사학위논문.
왕문도(2011), 한국어 학습자를 위한 한국문화교육 방안 연구: 속담을 중심으로, 건양대학교 대학원 석사학위논문.
왕연(2010), 외국어로서의 한국어교육에서 문화교육 연구 동향 분석, 언어와 문화 6-3, 한국언어문화교육학회. pp.201~238.
왕연(2011), 중국 내 대학교 한국어전공 학습자를 위한 문화교육 연구: 행동문화를 중심으로, 부산외국어대학교 대학원 박사학위논문.
왕옥각(2012), 한·중 드라마의 고부간 갈등대화 구조에 대한 대조 연구, 국민대학교 대학원 석사학위논문.
왕의립(2012), 한·중 거북문화 비교 연구, 부산외국어대학교 대학원 석사학위논문.
왕일림(2011), 중국 대학생의 한국 드라마 시청 행태에 관한 연구, 강원대학교 대학원 석사학위논문.
왕한석(2009), 한국어 언어문화 연구를 위한 몇 가지 제언, 세계한국어문학회 학술대회, 세계한국어문학회. pp.7~17.
왕혜숙(2009), 유머를 이용한 한국어 문화 교육, 이중언어학 39, 이중언어학회. pp.171~211.
于楠(2013), 한·중 타임 슬립 드라마 비교 연구: 〈천년지애〉, 〈닥터 진〉, 〈구오지존〉, 〈보보경심〉을 中心으로, 중앙대학교 대학원 석사학위논문.
우레(2011), 유머 텍스트를 활용한 한국어문화교육 방안: 어휘·말하기·문화교육을 중심으로, 부산외국어대학교 대학원 석사학위논문.
우인혜(2004), 외국인을 위한 한국 문화 항목 선정, 이중언어학 25, 이중언어학회. pp.149~186.
우인혜(2007), 국외 입양인을 위한 한국어, 한국문화교육 연구, 이중언어학 35, 이중언어학회. pp.191~226.
于超群(2012), 문화콘텐츠를 활용한 한국문화교육 연구: 중국 대학 한국어과 학생을 중심으로, 고려대학교 대학원 석사학위논문.
우한용(2008), 한국어 문화권의 교육력 제고를 위한 전망, 한중인문학연구 25, 한중인문학회. pp.5~26.
우한용(2010), 소설 텍스트 중심으로 본 문학능력과 한국어교육, 한국어와 문화 7, 숙명여자대학교 한국어문화연구소. pp.211~241.
원순련(2011), 외국인여성결혼이민자들의 글쓰기를 통한 능동적 한국생활적응에 관한 반성적 실천연구, 경남대학교 대학원 박사학위논문.
원순옥(2007), 문화 체험을 통한 한국어 교육 방안, 한국말글학 24, 한국말글학회. pp.75~92.
유 빅토리아(2012), 방문취업제도 CIS 동포 근로자 대상의 한국어와 생활문화 통합적 교육과정에 대한 연구, 연세대학교 대학원 석사학위논문.
유가(2011), 외국인 유학생을 위한 한국생활문화교육에 관한 교수 모형: 초급 학습자를 대상으로, 대불대학교 대학원 석사학위논문.
유경민(2008), 개념 은유를 활용한 한국의 어휘, 문화 교육: 인간관계에 대한 개념 은유를 중심으로, 한국어 의미학 26, 한국어의미학회. pp.153~182.
유란(2013), 〈성균관스캔들〉을 활용한 한국 문화 교육 내용 연구, 건국대학교 대학원 석사학위논문.
유문명(2012), 한국 가치문화에 대한 중국인의 인식 조사: 교육 내용 선정을 위하여, 연세대학교 대학원 석사학위논문.
유민(2012), 견우직녀 설화의 변이양상과 그 의미 연구: 한국과 중국을 중심으로, 한국외국어대학교 대학원 석사학위논문.
유보전(2008), 한국어 전공 학생에 대한 한국역사 교육의 제문제, 한중인문학연구 24, 중한인문과학연구회. pp.393~416.
유상희(2003), 일본에서의 한국어교육과 언어문화, 국어교육연구 12, 서울대학교 국어교육연구소. pp.181~192.
유선아(2011), 여성결혼이민자를 위한 한국문화 교육방안에 관한 연구: 민족지학적 연구방법을 중심으로, 한양대학교 교육대학원 석사학위논문.
유영미(2009), '외국어교육표준'에서의 간 문화적인 이해: 미국의 한국어표준개발의 경우, 한국언어문화학 6-1, 국제한국언어문화학회. pp.29~51.
유진(2012), 소설을 활용한 한국문화 교육 연구: 하근찬의 〈수난이대〉를 중심으로, 한양대학교 대학원 석사학위논문.
유초군(2012), 한·중 어휘 대조를 통한 한국문화교육 방안: 색채어를 중심으로, 상명대학교 교육대학원 석사학위논문.
유혜정(2012), 외국인을 위한 역사문화 체험학습 방안 연구: 부산지역 역사문화를 중심으로, 부산외국어대학교 대학원 석사학위논문.
유효단(2011), 속담을 통한 언어문화 교육 방안 연구: 한국과 중국의 衣, 食, 住 속담을 중심으로, 중앙대학교 대학원 석사학위논문.
윤경원(2010), 한국어 교육에 있어서의 한국어 문화교육: 태국에서의 한국어 교육경험을 중심으로, 동남아연구 19, 한국외국어대학교 동남아연구소. pp.191~217.
윤상철(2004), 현장학습을 통한 한국어 문화 교육 방법 연구: 중급 단계를 중심으로, 경희대학교 교육대학원 석사학위논문.
윤상호(2012), 한국어 교육을 위한 의례적 인사표현 용법 연구, 세종대학교 대학원 석사학위논문.
윤석임(2006), 한국대중문화를 응용한 한국어 교육의 일 방안: 일본의 비전공 초급 한국어 학습자의 경우를 중심으로, 일본문화연구 20, 동아시아일본학회. pp.435~455.
윤여탁(2000), 한국어교육에서 문화의 위상과 역할, 국어교육연구 7, 서울대학교 국어교육연구소. pp.291~308.
윤여탁(2003), 문화교육과 한국어교육, 한국어 교육 14-1, 국제한국어교육학회. pp.131~152.
윤여탁(2010), 한국문학과 대중문화의 대응, 국어교육연구 26, 서울대학교 국어교육연구소. pp.3~24.
윤여탁(2011), 한국어 문화교육의 내용과 방법, 언어와 문화 7-2, 한국언어문화교육학회. pp.163~181.
윤영(2006), 학습자 중심의 문화수업 방법 연구: 프로젝트를 통한 한국 전통문화 수업 방안, 한국언어문화학 3-2, 국제한국언어문화학회. pp.219~235.
윤영(2011), 한국어 교육에서 영화를 활용한 소설 교육 연구, 연세대학교 대학원 박사학위논문.
윤정화(2006), "-더-" 의미의 문화적 접근, 외국어로서의 한국어교육 31, 연세대학교 언어연구교육원 한국어학당. pp.173~190.
윤혜란(2011), 이주 초기 새터민 초등학생 한국어 · 한국문화 교육 방안 연구, 고려대학교 교육대학원 석사학위논문.
윤호병(2001), Effective Teaching of Korean Language in Relation to Understanding Korean Culture, 국제어문 23, 국제어문학회. pp.253~270.
이가원(2012), 문학텍스트를 활용한 한국어교육방안 연구: 외국인 유학생을 대상으로 한 패러디(Parody) 활동 중심으로, 한국문예비평연구 38, 한국현대문화비평학회. pp.329~359.
이경란 외(2006), 북미 한인청소년 대상 한국생활문화교육 효과에 대한 연구: 친족과 호칭을 중심으로, 한민족문화연구 19, 한민족문화학회. pp.191~218.

이관식(2011), 광주 지역 중국인 한국어 학습자의 문화적응 스트레스 연구, 시학과 언어학 21, 시학과 언어학회. pp.151~173.

이광재(Guang Zai Li)(2006), 중국 내 대학생용 한국문화교재 개발 연구, 외국어로서의 한국어교육 31, 연세대학교 언어연구교육원 한국어학당. pp.191~206.

이근영(2011), 외국인을 위한 한국 문학과 한국 문화에 대한 고찰, 국문학논집 21, 단국대학교 국어국문학과. pp.153~187.

이근화(2011), 여성 결혼이민자를 위한 민속 문화 교육 방안 연구, 부산대학교 대학원 석사학위논문.

이금춘(2011), 중국 내 한국어 교재에서의 문화 내용 비교 연구, 한국외국어대학교 국제지역대학원 석사학위논문.

이기성(2009), 문화 텍스트 구성과 한국어 문화교육의 지평 확대, 학술대회2009, 한국언어문화교육학회. pp.313~331.

이기성(2009), 한국문화교육을 위한 문화 텍스트 구성방안: 분단의 문화를 중심으로, 언어와 문화 5-3, 한국언어문화교육학회. pp.23~49.

이길원(2005), 외국어교육으로서의 한국어 · 한국문화와 일본어 · 일본문화, 학술대회2005, 국제한국언어문화학회. pp.31~39.

이길원(2007), 한국문화의 교육내용과 교육방법 연구, 언어와 문화 3-3, 한국언어문화교육학회. pp.159~175.

이동규(2005), 중 · 고급학습자를 위한 한국어 문화어휘 교육: 속담관용어 교육을 중심으로, 고려대학교 교육대학원 석사학위논문.

이명주(2004), 영화 '춘향전'을 통한 한국 문화 교육 방법, 부산외국어대학교 교육대학원 석사학위논문.

이미영(2011), 여성결혼이민자를 위한 문화교육 방안: 음식문화를 중심으로, 선문대학교 대학원 석사학위논문.

이미영(2012), 원어민 영어 보조교사를 위한 한국어 문화 교육 항목 선정 연구, 영남대학교 대학원 석사학위논문.

이미정(2007), 한국어교육에서의 문화교육의 방향과 학습모형: 초급학습자를 중심으로, 언어와 문화 3-3, 한국언어문화교육학회. pp.177~194.

이미향(2011), 한국어 교수 설계를 위한 상호작용적 관점에서의 언어문화 考: 외국인 저술 초기 한국어 교재를 중심으로, 한국언어문화학 8-2, 국제한국언어문화학회. pp.113~131.

이미향(2012), 한국어 언어문화교육에서의 사회적 상호작용 고찰: 참여자 인식과 대인 관계 형성을 중심으로, 한국언어문화학 9-2, 국제한국언어문화학회. pp.235~263.

이미혜(2004), 한국어와 한국 문화의 통합 교육: 언어 교육과 문화 교육의 통합 양상을 고려한 교육 방안, 한국언어문화학 1-1, 국제한국언어문화학회. pp.143~163.
이미혜(2005), 대중문화 교육을 통한 한국 언어문화 교육: 문화 중심의 언어 통합 교육 모형 설계, 학술대회2005, 국제한국언어문화학회. pp.371~385.
이병환(2011), 한국 문화 교육을 위한 한국 역사 인식에 대한 조사 연구: 한국 고등학생과 외국인 한국어 학습자를 중심으로, 연세대학교 교육대학원 석사학위논문.
이상린(2012), Vygotsky의 사회문화이론에 근거한 한국어교육 교수-학습 방안 연구, 전라북도교육청.
이상억(1987), 서울대-UCLA 한국어 문화 연계 교육 프로그램의 소개, 이중언어학 3, 이중언어학회. pp.109~193.
이상혁(2009), 한국학과 훈민정음: 한국어 문화교육을 기반으로 한 훈민정음 콘텐츠를 중심으로, 우리어문연구 35, 우리어문학회. pp.221~246.
이석주(2002), 이중언어교육과 문화교육: 한국어 문화의 내용별, 단계별 목록 작성 시고, 이중언어학 21, 이중언어학회. pp.19~43.
이선애(2010), 중국의 한국어 교재에 나타난 문화요소 분석 연구: 생활양식 중 음식문화를 중심으로, 연세대학교 대학원 석사학위논문.
이선이(2003), 문학을 활용한 한국문화 교육 방법, 한국어교육 14-1, 국제한국어교육학회. pp.153~171.
이성희(1999), 설화를 통한 한국어 문화 교육 방안, 한국어교육 10-2, 국제한국어교육학회. pp.257~271.
이성희(2008), 한국어 · 문화 통합 교육의 원리와 방향, 국어국문학 150, 국어국문학회. pp.537~564.
이소영(2001), 한국어 교재의 문화 요소 분석 및 한국어 문화 통합 교수 방안: 웹 활용 방안을 중심으로, 이화여자대학교 교육대학원 석사학위논문.
이수지(2012), 한국 가족문화 교육방법 연구: 중국인 여성결혼이민자를 대상으로, 부산외국어대학교 대학원 석사학위논문.
이수진(2012), 결혼이주여성의 문화적응문제와 한국어 학습에 관한 연구, 군산대학교 교육대학원 석사학위논문.
이숙화(1995), 이중 언어 문화 교육 철학론과 교육 모형, 이중언어학 12, 이중언어학회. pp.19~52.
이승재 외(1999), 한국어와 한국문화, 새문사.
이승주(2012), TV드라마를 활용한 여성 결혼 이민자 대상 문화 교육 방안 연구, 한양대학교 교육대학원 석사학위논문.

이영(2011), 소설 텍스트를 활용한 한국 문화 교육 방안: 이청준의 『축제』를 중심으로, 건국대학교 대학원 석사학위논문.
이오암(2013), 여성 결혼이민자의 문화적응 스트레스 고찰과 해소 방안 연구: 전래동화를 활용한 문화교육, 한국외국어대학교 대학원 석사학위논문.
이원희(2012), 문화간 의사소통 능력 향상을 위한 문화간 감수성 연구: 중국인 학문목적 학습자를 중심으로, 연세대학교 대학원 석사학위논문.
이은성(2010), 「농가월령가」를 활용한 한국어 문화교육 방안 연구, 한국외국어대학교 교육대학원 석사학위논문.
이은숙(2004), 한국 문화 교육의 관점에서 보는 판소리 영화 〈서편제〉, 한국언어문화학 1-1, 국제한국언어문화학회. pp.165~181.
이은숙(2007), 한류와 한국어 교육, 박문각.
이은숙(2010), 외국인을 위한 문화체험 중심의 한국 문화 교육 방안 고찰, 국어문학 48, 국어문학회. pp.331~353.
이은아(2011), TOTKA '한국문화' 영역, 전남대학교 대학원 석사학위논문.
이은정(2009), 한국어 학습자의 숙달도에 따른 문화 적응 스트레스에 관한 연구, 경희대학교 교육대학원 석사학위논문.
이은진(2012), 문화감지도구(intercultural sensitizer) 개발 연구: 중국인 학습자를 대상으로, 연세대학교 교육대학원 석사학위논문.
이점숙(1997), 문화와 언어 차이에 따른 의사소통의 문제점, 논문집 27, 가톨릭상지전문대학. pp.119~139.
이정택(2009), 한국어교육을 위한 한국문화교육의 이상과 현실, 문법 교육 11, 한국문법교육학회. pp.283~300.
이주성(2009), 다문화가정 학생의 학교생활적응에 관한 연구, 충남대학교 교육대학원 석사학위논문.
이중언어학회(1997), 문화와 한국어 교육, 박이정.
이지민(2011), 전문 근로자를 위한 비즈니스 한국어 문화 항목 설정과 교육방안 연구, 한국외국어대학교 교육대학원 석사학위논문.
이지영(2011), 한국문화교육을 위한 수필 텍스트 선정과 교육의 실제: 여성 결혼이민자를 대상으로, 부산외국어대학교 대학원 석사학위논문.
이지영(2013), 중급 학습자의 문화 교육을 위한 문화 어휘 선정 및 분석, 연세대학교 교육대학원 석사학위논문.
이진선(2011), 다문화가정 자녀를 위한 프로그램 실행연구(Action Research): 이중언어 · 상호문화교육 지원 프로그램 중심으로, 세종대학교 정책과학대학원 석사학위논문.

이진숙(2003), 외국어로서의 한국어교육에서 문화를 통합시키기 위한 교육적 방안, 국어교육연구 12, 서울대학교 국어교육연구소. pp.331~350.
이해영(2002), 비교문화적 화용론에 기초한 한국어의 화용 교육, 이중언어학 21, 이중언어학회. pp.45~69.
이향주(2012), 외국어로서의 한국어 문화 어휘 선정 및 교육 방법: 초급단계를 중심으로, 선문대학교 교육대학원 석사학위논문.
이현정(2009), 소설 작품을 활용한 한국어 수업 지도 방안: 고급 학습자를 대상으로, 인하대학교 교육대학원 석사학위논문.
이현정(2012), 한국어 고급 학습자를 위한 문화 수업 설계, 한국어교육학회 학술발표회 2012, 한국어교육학회. pp.171~178.
이현진(2011), 중국인 유학생의 대학생활 적응과 사회복지관련 서비스의 실태, 공주대학교 대학원 석사학위논문.
이혜경(2013), 담화 · 화용을 고려한 한국어 '문화문법' 내용 연구, 고려대학교 교육대학원 석사학위논문.
이혜진(2010), 영어권 한국어 학습자를 위한 문화감지도구(Intercultural Sensitizer) 개발 연구, 연세대학교 교육대학원 석사학위논문.
이호형(2008), 문화교육의 국어교육적 수용 방안 연구: 국어교육과 한국어교육의 비교를 중심으로, 한국언어문화학 5-1, 국제한국언어문화학회. pp.293~319.
이화성(2012), 프로젝트 학습을 활용한 한국 문화 수업 모형 연구: 한국 음식 문화 주제를 중심으로, 경희대학교 교육대학원 석사학위논문.
이효인(2011), 한국어 문화 항목 편성 연구, 한민족어문학 59, 한민족어문학회. pp.499~522.
이효정(2007), 속담을 활용한 한국어 문화 교육 방안, 한국외국어대학교 교육대학원 석사학위논문.
이희진(2005), 금기 체계의 사례를 이용한 한국어 교육 방안, 이화여자대학교 교육대학원 석사학위논문.
임경순(2005), 한국어 문화 교육의 방안 연구, 한중인문학연구 14, 한중인문학회. pp.5~26.
임경순(2011), 한국어문화교육을 위한 한국문화의 이해, 한국외국어대학교 출판부.
임금복 외(2010), 한국문화 교육의 현황과 한국학의 한 통로로서 한국문화: '연세 한국어' 에 나타난 한국문화를 중심으로, 국제한국학연구 4, 명지대학교 국제한국학연구소. pp.93~122.
임금복(2010), 한국문화 교육의 현황과 한국학의 한 통로로서 한국문화, 명지대학교 국제한국학연구소 학술대회2010, 명지대학교 국제한국학연구소. pp.49~65.
임상(2007), 중국인 학습자를 위한 한국 문화교육 연구: 조지훈의 시를 중심으로, 한국언어문화학 4-2, 국제한국언어문화학회. pp.183~213.
임서연(2005), 한국어 문화적 어휘 교육 연구, 새국어교육 71, 한국국어교육학회. pp.263~284.
임성희(2009), 한국어의 문화적 의미 고찰, Journal of Korean Cluture 13, 한국어문학국제학술포럼. pp.123~142.
임효례(2010), 중국의 한국어 문화교육 의의와 내용에 대한 고찰, 언어와 문화 6-1, 한국언어문화교육학회. pp.23~43.
임효례(2012), 설화를 활용한 한국어 문화교육 방안 연구, 배달말교육 32, 배달말교육학회. pp.129~158.
자오쥔야(2012), 중국인 학습자를 위한 한국 문화교육 내용 연구: 단군신화를 중심으로, 부산대학교 대학원 석사학위논문.
장경숙(2007), 문학작품을 활용한 한국문화 교육방안: 고급 학습자를 대상으로 한 가치체계를 중심으로, 경희대학교 대학원 석사학위논문.
장경은(2001), 문화를 통한 한국어 교육의 실현 방안, 외국어로서의 한국어교육 25, 연세대학교 언어연구교육원 한국어학당. pp.435~452.
장경은(2001), 한국어 교육을 위한 단계별 문화 내용과 교수 방법, 전남대학교 대학원 석사학위논문.
장귀해(2012), 인터넷 신문을 활용한 한국 문화 교육 방법: 고급 학습자를 중심으로, 부산대학교 대학원 석사학위논문.
장로기(2013), 시를 매개로 한국 문화 교육의 활성화 방안: 노천명의 작품을 중심으로, 건국대학교 대학원 석사학위논문.
장문정(2008), 한국어 문화 교수요목 설계를 위한 요구 분석, 이중언어학 36, 이중언어학회. pp.345~369.
장미라 외(2012), 문화 기반 초급 온라인 한국어교육 콘텐츠의 교수요목 설계 및 단원 구성 방안 연구, 어문학 116, 한국어문학회. pp.103~130.
장미영(2011), 글로벌 시대의 문화 전략과 한국어 교육, 전북대학교 국제문화교류연구소 심포지움2011, 전북대학교 국제문화교류연구소. pp.24~29.
장상(2013), 한국어 교육을 위한 한·중 사군자의 상징의미 대조 연구, 경희대학교 대학원 석사학위논문.
장소원 외(2006), 한류 열풍과 한국어 보급의 전망, 한국문화 38, 서울대학교 규장각한국학연구원. pp.499~536.
장소원(2012), 한국어교육에서의 언어와 문화의 연계, 한국언어문화학 9-2, 국제한국언어문화학회. pp.27~48.

장연희(1988), 외국어교육에 있어서의 문화교육, 이화여자대학교 교육대학원 석사학위논문.
장용선(2012), 동화를 활용한 한국어 교육 방안 연구: 『강아지똥』과 「옥상의 민들레꽃」을 중심으로, 순천향대학교 대학원 석사학위논문.
장원기(2010), 한국어능력시험에서 문화감지 요소의 적용 연구, 한국말글학 27, 한국말글학회. pp.161~188.
장유진(2009), 전래 동화를 활용한 다문화가정 자녀 대상 한국어 교육방안 연구, 한국외국어대학교 교육대학원 석사학위논문.
장춘매(2005), 한 · 중 동물속담 비교를 통한 한국어 문화 교육 연구, 서울대학교 대학원 석사학위논문.
장현옥(2008), 이주 노동자 대상 한국어 문화 교재 모형 개발 연구, 상명대학교 대학원 석사학위논문.
재외동포재단(2009), CIS지역과 중국 동포사회 실태조사 및 한글학교 교육현황 조사 결과보고서, 재외동포재단.
전미순 외(2009), 초급 단계 문화 어휘 선정과 문화 교육 방안, 한국언어문화학 6-1, 국제한국언어문화학회. pp.119~144.
전미순 외(2011), 한국어 문화어휘에 관한 일고찰: 문화어휘 분석을 중심으로, 언어와 문화 7-1, 한국언어문화교육학회. pp.191~210.
전미순(2011), 한국어 문화어휘 교육 연구, 부산대학교 대학원 박사학위논문.
전은주(2013), 한국어 교육과 로컬리티, 한국언어문화학 10-1, 국제한국언어문화학회. pp.153~181.
전재호(2005), 한 · 일 언어문화 대조연구, 역락.
전종영(2011), 중국인 한국어 학습자를 대상으로 한 문화체험학습 요구분석과 적용 방안 연구: 중요도-만족도 분석을 통하여, 이화여자대학교 교육대학원 석사학위논문.
전홍식(2006), 이민자를 위한 한국어 교육 교재에 나타난 문화 항목에 관한 분석, 교육연구 16, 부산대학교 교육연구소. pp.117~130.
전홍화(2009), 외국인 한국어 학습자를 위한 남 · 북한 이질문화 교육방법 고찰, 고황논집 44, 경희대학교 대학원. pp.77~93.
정경운(2009), 여성결혼이민자의 문화적응과 언어 문제, 외국어로서의 한국어교육 34, 연세대학교 언어연구교육원 한국어학당. pp.89~111.
정대용(2011), 결혼 이민 여성의 문해 교육 경험이 생활 적응 과정에 미치는 의미, 숭실대학교 대학원 박사학위논문.
정미숙(2008), 한국어문화교육에서의 비언어적 의사소통 표현 연구: 「봄봄」을 중심으로,

한국외국어대학교 교육대학원 석사학위논문.
정미진(2011), 〈TV동화 행복한 세상〉을 활용한 한국문화 교육 방안: 중 · 고급 한국어 학습자 대상으로, 한양대학교 교육대학원 석사학위논문.
정선민(2012), 한국어 교육에서의 인사 표현 연구, 대진대학교 대학원 석사학위논문.
정수영(2008), Cultural Diversity in Linguistic Politeness Strategies between American English and Korean, 교과교육연구 29, 조선대학교 사범대학 부설 교과교육연구소. pp.169~188.
정영주(2011), 국제결혼 이주여성의 다면적 특성을 고려한 문화 기반 읽기 자료 개발 방안 연구, 배재대학교 교육대학원 석사학위논문.
정예희(2007), 외국어로서의 한국어 교육용 한국문화상징 어휘 연구, 연세대학교 대학원 석사학위논문.
정은경(2004), 학습자 중심의 문화교육에 대한 이론적 고찰, 한국외국어대학교 교육대학원 석사학위논문.
정지혜(2010), 한국어 교육에서의 문화 체험 학습 방안 연구, 공주대학교 대학원 석사학위논문.
정현선(2004), 동화와 애니메이션 보기(viewing)를 중심으로 한 멀티리터러시의 국어교육적 고찰, 국어교육 114, 한국어교육학회. pp.109~141.
정혜경 외(2007), 한류의 수용과 한국어 교육: 일본 · 중국 편, 박이정.
정혜경(2005), 외국어로서의 한국어교육 활성화에 관한 연구: 일본과 중국에서의 한국대중문화의 파급과 영향을 중심으로, 외국어 교육 12-3, 한국외국어교육학회. pp.417~449.
정혜민(2012), 단기해외봉사활동 한국 문화교육 프로그램의 개발 연구: 캄보디아 대학생을 대상으로, 한국외국어대학교 교육대학원 석사학위논문.
정혜진(2010), 한국 문화 교육을 위한 속담 연구: 한 · 영 속담 비교를 중심으로, 한국외국어대학교 교육대학원 석사학위논문.
정호선(2004), 한국어 교재에 나타난 문화 교육내용 분석, 상명대학교 교육대학원 석사학위논문.
정환승(2008), 태국에서의 한류와 한국어교육, 동남아연구 17, 한국외국어대학교 동남아연구소. pp.131~168.
조남민(2011), 한국어 교육과정에 반영된 사회문화적 현상에 대한 연구: 한국어 교재에 나타난 성별언어와 관련하여, 언어와 문화 7-1, 한국언어문화교육학회. pp.211~239.
조뢰(2012), TV 광고를 활용한 한국문화교육 방안 연구: 한 · 중 TV 광고 대조 분석을 중심으로, 부산외국어대학교 대학원 석사학위논문.

조문경(2011), 전래동화를 활용한 한국 문화 교육 방안 연구, 부산대학교 대학원 석사학위논문.

조수진(2009), 한국어교육의 간문화 교육 연구-정의적 영역에서의 접근, 한국언어문화학 6-2, 국제한국언어문화학회. pp.185~207.

조수진(2010), 한국어 문화 교육 내용 선정에 대한 연구, 한국언어문화학 7-2, 국제한국언어문화학회. pp.195~219.

조영미(2010), 북미 지역 내 한국어 마을의 한국어 교육 사례 연구: 미국 콘코디아 언어마을의 외국어 몰입교육 프로그램을 중심으로, 한국문화인류학 43-2, 한국문화인류학회. pp.45~90.

조영미(2011), 영화 〈축제〉를 활용한 한국어 문화 교육 방안: 장례문화를 중심으로, 부산대학교 대학원 석사학위논문.

조욱경(1988), 외국어 교육에 있어서 문화교육의 중요성: 한 · 미의 문화적 배경을 중심으로, 연세대학교 교육대학원 석사학위논문.

조윤희(2011), 호랑이 전래동화를 활용한 한국어 교육 방안 연구: 외국인 성인 초급 학습자를 중심으로, 건국대학교 대학원 석사학위논문.

조은희(2003), 한국어 교재의 문화 교육 내용에 대한 연구, 중앙대학교 교육대학원 석사학위논문.

조창환 외(2010), 국내 체류 외국인의 한국문화적응과 모국문화친화도에 영향을 미치는 요인, 한국언론학보 54, 한국언론학회. pp.374~397.

조창환(1996), 한국어교육과 연계된 한국문화 소개 방안, 한국어교육 7, 국제한국어교육학회. pp.109~119.

조항록 외(2001), 초급 단계 한국어 학습자를 위한 문화 교수 요목의 개발(1), 한국어교육 12-2, 국제한국어교육학회. pp.491~510.

조항록(1998), 한국어 고급 과정 학습자를 위한 한국 문화 교육 방안, 한국어교육 9-2, 국제한국어교육학회. pp.223~237.

조항록(2000), 초급 단계에서의 한국어 교육과 문화 교육, 한국어교육 11-1, 국제한국어교육학회. pp.153~173.

조항록(2004), 한국 언어문화와 한국어 교육, 한국언어문화학 1-2, 국제한국언어문화학회. pp.193~210.

조항록(2004), 한국어 문화교육론의 내용 구성 시론, 한국언어문화학 1-1, 국제한국언어문화학회. pp.199~219.

조항록(2011), 한국어 교육에서 언어와 문화의 접점 모색, 학술대회2011, 한국언어문화교육학회. pp.3~4,

조현용(2004), 한국어문화 교육방안에 대한 연구, 이중언어학 22, 이중언어학회. pp.345~366.
조효정(2012), 여성 결혼이민자의 이문화 의사소통에 대한 민족지학적 연구, 영남대학교 대학원 석사학위논문.
종량(2009), 신화를 활용한 한국어 문화교육 방안 연구: 한국과 중국 창세신화의 비교를 중심으로, 건국대학교 대학원 석사학위논문.
周極(2012), 한국과 중국의 범죄수사 드라마 비교 연구, 중앙대학교 대학원 석사학위논문.
주도(2011), 한국어 학습자를 위한 문화 교육 방법: 『춘향전』을 중심으로, 건양대학교 대학원 석사학위논문.
주뢰 외(2012), 중국에서의 한국어교육의 문화교육 실태 및 대안 연구, 아시아문화연구 28, 가천대학교 아시아문화연구소. pp.185~215.
주선자(2013), 한·중 소설 비교를 통한 한국어 문화교육 연구, 서울대학교 대학원 석사학위논문.
주시동(2012), 초급 단계 중국인 한국어 학습자를 위한 문화 교육 방안 연구, 경희대학교 대학원 석사학위논문.
주월랑 외(2011), 여성 결혼 이민자의 한국문화 교육을 위한 요구조사, 한국언어문화학 8-1, 국제한국언어문화학회. pp.175~203.
증천부(2003), 대만에서의 문화를 통한 한국어 교육의 실정과 개선방향, 국어교육연구 12, 서울대학교 국어교육연구소. pp.307~330.
지수용(2000), 중국인을 위한 문화 도입식 한국어 교수법 연구, 한국어교육 11-2, 국제한국어교육학회. pp.169~187.
지현배(2006), 한국어교원 자격시험의 문화영역 문항 연구, 문학과 언어 28, 문학과언어연구회. pp.189~212.
지현숙(2004), 한국어능력 평가에서의 의사소통 문화기술학의 적용, 이중언어학 26, 이중언어학회. pp.355~369.
지현숙(2010), 한국어교육에서 문화 교육과정 연구의 새로운 탐색: 소위 '다문화 교육'을 넘어, 한국언어문화학 7-1, 국제한국언어문화학회. pp.261~290.
진강려(2012), 한국어 강독 수업에서의 문화 교육 연구, 한국언어문화학 9-1, 국제한국언어문화학회. pp.247~270.
진강려(2012), 한국어 강독 수업에서의 문화 내용 교육 연구: 중국S대학교 한국어과 사례를 중심으로, 국제한국언어문화학회 학술대회 제13차 학술대회 발표 자료집, 국제한국언어문화학회. pp.99~112.
진환상(2013), 한국어 정보문화 교육 항목 선정 및 교육 방안: 중국 내 대학 한국어 전공자를 중심으로, 고려대학교 대학원 석사학위논문.
차인애(2009), 스토리텔링을 활용한 한국어 문화교육 방안 연구: 〈우렁각시〉 설화를 중심으로, 한국외국어대학교 교육대학원 석사학위논문.
채윤미(2009), 다문화가정 자녀를 위한 한국어, 한국 문화 통합 교육 방안 연구, 상명대학교 교육대학원 석사학위논문.
천성옥(2010), 요구분석을 통한 한국어·문화 교육 통합 프로그램 설계 방안 연구: 비정규 비영리 한국어 교육 기관을 중심으로, 이화여자대학교 국제대학원 석사학위논문.
최경희(2011), 중국인 학습자를 위한 한국어 호칭어 교육 연구: 사회 호칭어를 중심으로, 한국언어문화학 8-2, 국제한국언어문화학회. pp.225~252.
최권진(2006), 한국 문화의 이해와 충돌: 동유럽 지역에서 한국어와 한국문화 교육, 한국언어문화학 3-1, 국제한국언어문화학회. pp.209~233.
최권진(2008), 쿠레레(Currere) 방법을 적용한 한국어 문화교육: 그 이론과 실제, 한국언어문화학 5-1, 국제한국언어문화학회. pp.113~134.
최승호(2000), 한국어와 문화적 경쟁력, 나랏말쌈 15, 대구대학교 국어교육과. pp.12~13.
최영희(2011), 한·중「선녀와 나무꾼」설화를 활용한 한국어 학습자 문화 교육 연구, 충남대학교 교육대학원 석사학위논문.
최웅환(2004), 한국어 교육에서의 언어문화교육, 문학과 언어 26, 문학과언어연구회. pp.87~106.
최웅환(2007), 한국 언어문화 교육에 대한 비판적 고찰, 언어와 문화 3-1, 한국언어문화교육학회. pp.87~106.
최인락(2012), 대중가요를 활용한 한국어교육 방안 연구, 부산외국어대학교 대학원 석사학위논문.
최정순(2004), 한국어교육과 한국문화교육의 등가적 통합, 언어와 문화 1-1, 한국언어문화교육학회. pp.63~81.
최정희(2011), 외국인근로자 대상 한국 언어 문화 교육 방안 연구: 인도네시아 근로자를 중심으로, 계명대학교 대학원 석사학위논문.
최주열(2006), '신한류' 정책으로서의 한국어 교육, 비교한국학 14, 국제비교한국학회. pp.59~84.
최준식(2012), 문화를 가르친다는 것은?, 한국언어문화학 9-1, 국제한국언어문화학회. pp.271~285.
최진희(2010), 영어권 KFL 학습자의 문화교육 학습활동 구성 연구, 전남대학교 대학원 석사학위논문.
최하영(2011), 외국인 근로자들의 한국사회 적응방안에 관한 연구: 문화적 적응방법을 중심으로, 경남대학교 경영대학원 석사학위논문.

최현주(2011), 비즈니스 한국어교재를 위한 문화요소 연구, 세종대학교 대학원 석사학위논문.

최희아(2012), 한·중 몽점 비교 연구: 『삼국유사』·『삼국연의』를 중심으로, 중앙대학교 대학원 석사학위논문.

최희진(2013), 문화콘텐츠를 활용한 한국어 교육 정책 개발 연구: 프랑스의 국외 자국어 교육 정책 분석을 바탕으로, 연세대학교 교육대학원 석사학위논문.

태평무(2004), 중한 문화의 차이와 한국어 교수, 한국언어문화학 1-1, 국제한국언어문화학회. pp.221~232.

하연주(2007), 재미교포 청소년 학습자의 요구조사를 바탕으로 한 문화 중심의 한국어 교재 개발 방향 연구, 선문대학교 교육대학원 석사학위논문.

하염야(2012), 한·중 가정드라마에 나타난 가정 문화의 비교 연구, 한남대학교 대학원 석사학위논문.

학명예(2013), 한국 전래동화를 활용한 한국 문화교육, 부산대학교 대학원 석사학위논문.

학회(2009), 베트남 학습자들의 드라마를 활용한 한국 언어 · 문화 교육 연구, 한국언어문화학 6, 국제한국언어문화학회. pp.191~211.

한국정신문화연구원(1998), 재외 민족교육 강화를 위한 사회문화적 한계 극복방안: 재미동포를 중심으로, 한국정신문화연구원.

한국학술진흥재단(2004), 외국인 유학생과 재외교포 자녀의 한국어 연수 및 문화체험을 위한 활성화 방안, 한국학술진흥재단.

한상미(1999), 한국어 교육에서 언어와 문화의 통합적인 교육 방안: 의사소통 민족지학 연구 방법론의 적용, 한국어교육 10-2, 국제한국어교육학회. pp.347~366.

한선(2007), 영상 매체를 활용한 한국 문화 교육: 'TV 드라마와 영화' 를 중심으로, 언어와 문화 3-3, 한국언어문화교육학회. pp.195~216.

한선(2011), 문화간 의사소통 중심의 한국 문화 교수요목 설계 방안 연구, 한국외국어대학교 대학원 박사학위논문.

한슬기(2008), 초급 단계 한국어 학습자의 문화 능력 평가 방법, 한말연구 22, 한말연구학회. pp.391~423.

한윤정(2002), '아줌마' , '아가씨' , '언니' 의 사회언어학적 연구: 외국어로서의 한국어교육에의 적용, 한국외국어대학교 대학원 석사학위논문.

한정연(2012), 동물 속담을 활용한 한국어문화 교육 방안 연구, 경희대학교 교육대학원 석사학위논문.

허용(2010), 외국어로서의 한국어교육에 대한 언어학적 접근, 언어와 문화 6-1, 한국언어문화교육학회. pp.285~307.
허웅(2000), 원격교육을 통한 한국어와 한국문화 교육을 위한 소프트웨어 개발에 대한 연구, 한국방송통신대학교 방송통신교육연구소.
혼다 토모쿠니(Honda Tomokuni) 외(2012), 한국어, 일본어 거절 화행의 비교 문화 화용론적 연구, 국어교육학연구 43, 국어교육학회. pp.563~595.
홍혜련(2006), 외국어로서의 한국어 교육에 있어서의 문화교육: 태국인 학습자를 대상으로, 언어와 문화 2-3, 한국언어문화교육학회. pp.193~213.
홍혜련(2009), 간문화를 활용한 한국어 교육, 한국언어문화학 6-2, 국제한국언어문화학회. pp.209~228.
홍혜준(2004), 고전 작품을 통한 한국어 문화 교육 연구, 국어교육학연구 21, 국어교육학회. pp.529~555.
황가이(2008), 인도인을 위한 한국어 교재의 문화항목 설정에 대한 연구, 전남대학교 대학원 석사학위논문.
황설운(2013), 학문 목적 한국어 학습자를 위한 문화교육 항목 선정 연구, 한국언어문화학 10-1, 국제한국언어문화학회. pp.253~273.
황용(2011), 대중문화를 활용한 한국어 교육 방안 연구, 대불대학교 대학원 석사학위논문.
황우철(2009), 시조를 활용한 한국문화 교육: 중급이상 일본인 학습자를 대상으로, 계명대학교 대학원 석사학위논문.
황인교(2006), 한국어 교육과 문화 교육, 외국어로서의 한국어교육 31, 연세대학교 언어연구교육원 한국어학당. pp.207~227.
황인교(2007), 외국인을 위한 한국어 교재와 문화, 이중언어학 35, 이중언어학회. pp.409~437.
황인교(2008), 여성 결혼 이민자를 위한 한국문화교육 연구, 언어와 문화 4-2, 한국언어문화교육학회. pp.265~287.
황인교(2011), 언어와 문화의 접점 모색, 학술대회2011, 한국언어문화교육학회. pp.7~15.
황인교(2011), 정규 한국어 교육과정에서의 문화교육 사례, 외국어로서의 한국어교육 36, 연세대학교 언어연구교육원 한국어학당. pp.291~311.
황인교(2011), 한국문화 및 한국문학 교육 연구, 이중언어학 47, 이중언어학회. pp.553~589.
황재웅(2004), 외국인 노동자를 위한 한국어 문화 교육 방안 연구, 고려대학교 교육대학원 석사학위논문.
황재원(2009), 여성 결혼 이민자를 위한 동화를 활용한 읽기 교육 방안, 경희대학교 교육대학원 석사학위논문.
황정아(2008), 한중 관용어의 표현 양상과 내포 문화 비교, 상명대학교 대학원 박사학위논문.

황정혜(2010), 한·중 관용표현을 통한 한국 문화 교육 연구, 부산대학교 대학원 석사학위논문.

황지민(2011), 속담을 통한 한국어와 한국문화 교육 방법 연구: 여성 결혼이민자의 요구 분석을 중심으로, 청주대학교 대학원 석사학위논문.

Anna Wierzbicka(2003), The Theory of Cultural Scripts as a Tool of Cross-cultural Communication, 한국어학 18, 한국어학회. pp.191~218.

Barbara Unterbeck(1996), The "unorthodox" category of number in Korean, 한국어교육 7, 국제한국어교육학회. pp.211~243.

Beckers-Kim 외(2007), 비한류(非韓流) 지역의 한국어 · 한국학 · 한국문화 교육 진흥 방안 모색: 서유럽 독일을 위주로, 한국언어문화학 4-1, 국제한국언어문화학회. pp.99~128.

Chun, Hee Chung(2011), 재미교포 청소년의 문화정체감과 한국어 숙달도의 상관관계 연구, 이화여자대학교 국제대학원 석사학위논문.

D. Skorbatyuk(1996), Korean Language and Korea Unification, 한국어교육 7, 국제한국어교육학회. pp.65~68.

Donald Baker(1996), Defining, Interpreting, and Teaching Korean Culture in the 21st Century, 한국어교육 7, 국제한국어교육학회. pp.143~154.

JIN RIQUAN(2010), 중국 대학의 한국어 학습자를 위한 한국문화 교육방안 연구, 학술대회2010, 한국언어문화교육학회. pp.201~211.

John H. Koo(1989), Some Korean Cultural Values Seen Through the Language, 한국어교육 1, 국제한국어교육학회. pp.115~125.

Karlsson, Anders(1997), TEACHING KOREAN SOCIETY AND CULTURE THROUGH LANGUAGE, 한국어교육 8, 국제한국어교육학회. pp.251~259.

Kim, Tschung-Sun(2003), World View of Korean Culture, 비교한국학 11, 국제비교한국학회. pp.77~100.

Li, Tatiana(2012), 러시아권 학습자를 위한 한국어 문화교육 연구: 비지니스 맥락의 간문화적 의사소통을 중심으로, 서울대학교 대학원 석사학위논문.

Liang Miao(2011), 중국 대학용 한국문화교재 개발 방안: 학습자 요구를 중심으로, 고려대학교 대학원 석사학위논문.

Nguyen Thi Phuong Mai(2009), 베트남 학습자들의 드라마를 활용한 한국 언어 · 문화 교육 연구, 한국언어문화학 6-1, 국제한국언어문화학회. pp.191~211.

O'Grady, William(1996), Two Recent Research Initiatives in Korean Language Education,

한국어교육 7, 국제한국어교육학회. pp.31~53.
Rou Seung Yoan 외(2010), Role and Importance of Korean Cultural Education in Korean Language Education: A Case Study of Malaysian Universities, 한국언어문화학 7-1, 국제한국언어문화학회. pp.117~144.
Wang, Hye Sook(2000), Culture, Commercials and Teaching Korean, 한국어교육 11-1, 국제한국어교육학회. pp.85~109.
Werner Sasse(1996), 한국문화의 교육: 신화를 창조하며, 한국어교육 7, 국제한국어교육학회. pp.331~360.

Ⅶ-03.
문학

공영희(2009), 문학 작품을 활용한 한국 문화 교육 방안: 〈흥부전〉을 중심으로, 계명대학교 교육대학원 석사학위논문.

권혁률(2010), 중국 내 한국어교육에서의 문학 교육에 대하여, 한어문교육 23, 한국언어문화교육학회. pp.31~44.

금염(2013), 중국인 고급 학습자를 위한 한국문학 영상텍스트 교육 연구, 서울대학교 대학원 박사학위논문.

김경미(2011), 다문화 사회에서의 한국어 교육과 문학 활용 방안, 민족연구 47, 한국민족연구원. pp.63~80.

김경선(2004), 중국의 한국어교육에서 문학 활용의 현황과 과제, 국어교육연구 14, 서울대학교 국어교육연구소. pp.213~233.

김경회(2009), 문학을 활용한 여성 결혼 이민자를 위한 한국어문화 교재 개발 연구, 외국어교육연구 23, 한국외국어대학교 외국어교육연구소. pp.1~25.

김경회(2010), 다문화 가정의 자녀 교육을 위한 한국어문화 교육의 문학 텍스트 활용 방안 연구, 인문연구 58, 영남대학교 인문과학연구소. pp.733~764.

김남형(2010), 옛이야기를 활용한 한국어 교육 연구, 강원대학교 교육대학원 석사학위논문.

김문희(2011), 전래동화 스토리텔링을 활용한 한국어 교육 방안 연구: 중국인 학습자를 대상으로, 청주대학교 대학원 석사학위논문.

김미혜(2010), 다문화 교육을 위한 문학 제재 선정 원리 탐색, 한국언어문화학 7-2, 국제한국언어문화학회. pp.23~46.

김병민(2000), 재중 조선족 중 · 고등학교에서의 한국어권 문학교육에 대한 고찰, 문학교육학 6, 한국문학교육학회. pp.243~262.

김보경(2003), 한국어 중급 학습자를 위한 문학 텍스트 활용 방안 연구: 수필 교육을 중심으로, 연세대학교 대학원 석사학위논문.

김선정(2010), 언어의 보편성과 유표성을 통한 한국어 교육, 인문학연구 43, 계명대학교 인문과학연구소. pp.65~90.

김성미(2013), 여성결혼이민자 대상 한국어 교육을 위한 전래동화 활용 방안 연구, 한양대학교 교육대학원 석사학위논문.

김성숙(2006), 외국인을 위한 한국문학 교육의 위상과 내용에 대한 검토, 학술대회 발표집, 한국언어문화교육학회. pp.24~42.

김성용(2013), 스마트폰 애플리케이션을 활용한 시조교육 방안 연구: 외국인 학습자를 대상으로, 대구가톨릭대학교 대학원 석사학위논문.

김소현(2011), 육하원칙을 활용한 외국인의 전래 동화 읽기 교육 방안, 대불대학교 대학원 석사학위논문.

김솔(2012), 초·중급 중국어 학습자를 위한 전래동화 읽기 교육방안: '牛郎織女' 중심으로, 순천대학교 교육대학원 석사학위논문.

김수진(2009), 문학작품을 활용한 한국언어문화교육 연구: 맥락 활성화에 기반한 수업사례를 중심으로, 한국어교육 20-3, 국제한국어교육학회. pp.31~58.

김순자(2010), 한국어교육에서 소설 텍스트 교육 연구, 부산외국어대학교 대학원 박사학위논문.

김양숙(2010), 현대소설의 한국어교육 제재화 방안과 교수학습 방법연구, 한성대학교 대학원 석사학위논문.

김연실(2009), 외국인을 위한 문학 중심 한국어 교재 개발 연구, 한국외국어대학교 교육대학원 석사학위논문.

김연희(2010), 시와 수필을 활용한 초·중급 한국어 교육 연구, 이화여자대학교 교육대학원 석사학위논문.

김염(2007), 중국어권 고급 학습자를 위한 한국 현대시교육 방법 연구: 번역과 비교문학을 중심으로, 한국언어문화학 4-2, 국제한국언어문화학회. pp.21~42.

김영근(2012), 여성 결혼 이민자 대상 한국어 문학 교육 모형 연구, 경희대학교 대학원 석사학위논문.

김옥결(2010), 현대시를 통한 한국어 의성어·의태어 교육 연구: 중국인 고급 학습자를 대상으로, 중앙대학교 대학원 석사학위논문.

김종철(2004), 한국어교육에서 문학 제재 활용의 전통, 국어교육연구 14, 서울대학교 국어교육연구소. pp.185~212.

김지연(2001), 시(詩)를 활용한 한국어교육의 실제: 발화의 내적 조건과 관련하여, 한국어교육 12-2, 국제한국어교육학회. pp.89~109.

김진호(2012), 외국어로서의 한국어교육에서 시문학을 활용한 한국 문화 교육 연구: 김소월의 작품을 중심으로, 단국대학교 대학원 박사학위논문.
김충실(2006), 한국어교육에서 한국문학교육의 실태와 그 전망, 비교문화연구 18, 부산외국어대학교 비교문화연구소. pp.25~39.
김해옥(2004), 문학 작품을 통한 한국 언어 · 문화 교육방법, 비교문화연구 8, 경희대학교 비교문화연구소. pp.205~226.
김해옥(2005), 문학교육과 어휘교육, 국학자료원.
김해옥(2012), 문학 정전을 통한 한국 문화 및 한국학 교수 방안에 대한 연구: 『사랑손님과 어머니』와 『우리들의 일그러진 영웅』에 나타난 관점 문화를 중심으로, 한국어교육 23-2, 국제한국어교육학회. pp.91~114.
김현정(2012), 다문화소설 『완득이』를 활용한 한국문학교육 방안 연구, 부산외국어대학교 대학원 석사학위논문.
김혜영(2011), 한국어 교육에서 수준별 시 텍스트 선정을 위한 연구: 텍스트 위계화를 위한 변인에 대한 고찰, 한국어교육 22-1, 국제한국어교육학회. pp.215~246.
김혜영(2013), 한국어 교육에서 문학 교재 개발의 방향, 새국어교육 94, 한국국어교육학회. pp.361~388.
김혜진(2008), 한국어 학습자를 위한 한국 시 교육 연구: 김소월의 시에 나타난 상징을 중심으로, 상명대학교 대학원 석사학위논문.
나정선(2008), 외국인을 위한 문학 교육 방법 연구, 단국대학교 대학원 박사학위논문.
남연(Yeon Nam)(2004), 중국인 학습자를 위한 한국문학 교육과정에 관한 연구: 목표, 내용의 선정 및 위계화를 중심으로, 한국어교육 15-3, 국제한국어교육학회. pp.43~63.
노금숙(Jin Shu Lu)(2010), 노래와 시의 상호텍스트성을 활용한 한국어교육: 김소월의 시와 마야의 진달래꽃을 중심으로, 국어교육학연구 38, 국어교육학회. pp.155~176.
류소옥(2010), 〈바리데기〉를 통한 서사 중심 한국어 교육 연구, 건국대학교 대학원 석사학위논문.
류수열(2010), 시조와 한국어교육, 세계한국어문학회 학술대회2010, 세계한국어문학회. pp.125~131.
리광재(2005), 중국대학생들에 대한 《한국문학》 교육 연구, 중국조선어문 138, 길림성민족사무위원회. pp.18~22.
문혜진(2009), 고전문학을 활용한 다문화가정 자녀 교육 방안 연구, 한국외국어대학교 교육대학원 석사학위논문.
민원정(2008), 문학을 활용한 한국문화수업: 공지영의 『꿈』을 중심으로, 한국어교육 19-3, 국제한국어교육학회. pp.147~168.
박미향(2011), 한국어 능력 신장을 위한 현대시 텍스트 활용 방안 연구: 고급학습자를 대상으로, 경희대학교 대학원 석사학위논문.
박성창(2004), 문학 텍스트와 외국어 교육: 외국인을 위한 프랑스어 교재를 중심으로, 국어교육연구 14, 서울대학교 국어교육연구소. pp.235~253.
박수정(2008), 문학텍스트와 문화교육 활용방안, 아주대학교 교육대학원 석사학위논문.
박숙자(2010), 스토리텔링을 활용한 외국어로서의 한국어 교육: 문학제재 활용 방안과 관련하여, 새국어교육 86, 한국국어교육학회. pp.105~123.
박영순(1987), 재중공 한인들의 문학활동과 한국어 이질화 양상, 이중언어학 3, 이중언어학회. pp.23~49.
박용권(2003), 문학 텍스트와 변용 텍스트를 활용한 한국어 문화교육 방안: 협동학습 전략을 중심으로, 국어교과교육연구 5, 국어교과교육학회. pp.231~267.
박재승(2005), 문학관과 한국어교육, 새국어교육 71, 한국국어교육학회. pp.119~142.
박청(2002), 외국인을 위한 한국 소설교육 방안 연구: 메밀꽃 필 무렵을 중심으로, 이화여자대학교 교육대학원 석사학위논문.
박충록(2006), 북경대학교 한국어과에서 한 한국문학교육, Korean 연구와 교육2, Korean 교육 연구 국제협의회: 이화여자대학교 한국어문학연구소. pp.55~69.
박현진 외(2010), 멀티미디어를 활용한 한국어 문학 수업, 한국어교육 21-4, 국제한국어교육학회. pp.119~152.
박혜주(2005), 해외 한국학 대학 문학교재 연구, 한국문학번역원.
배규범(2010), 외국인 학습자를 위한 한국문학사 교육의 전개 방향, 언어학연구 17, 한국중원언어학회. pp.71~94.
백인자(2004), 한국어 교육에서의 고전 문학 교육, 이화어문논집 22, 이화어문학회. pp.61~83.
백장미(2009), 현대소설을 활용한 한국 문화교육 방안 연구: 「사랑 손님과 어머니」를 중심으로, 한국외국어대학교 대학원 석사학위논문.
변신원(2001), 문학 속에 드러난 민족문화의 자취와 외국인에 대한 문학 교육, 외국어로서의 한국어교육 25, 연세대학교 언어연구교육원 한국어학당. pp.389~407.
서덕민(2012), 외국인을 위한 한국어 교육에 있어서의 문예 텍스트 활용 방안, 영주어문학회지 23, 영주어문학회. pp.241~261.
서주연(2011), 시조의 향유의식과 한국어 교육적 함의: 하이쿠와 비교를 통해, 서울시립대학교 대학원 석사학위논문.
서희정(2005), 한국어 학습자를 위한 고전 서사문학 작품 선정 방안, 고황논집 36, 경희대학교 대학원 원우회. pp.115~130.
섭악(2013), 유학생을 위한 교양 한국어 문학교육 연구, 한성대학교 대학원 석사학위논문.

성의연(2012), 한국 전래동화를 활용한 한국어 교육방안 연구: 중급 학습자를 대상으로, 청주대학교 대학원 석사학위논문.

손정(2013), 한국어교육에서의 전래동요 활용방안 연구: '말놀이노래' 를 중심으로, 건국대학교 대학원 석사학위논문.

손지혜(2013), 한국어교육에서의 시적 표현의 교수 · 학습 방안 연구, 부산외국어대학교 대학원 석사학위논문.

송명진(2010), 현대소설과 외국인을 위한 문학교육, 시학과 언어학 18, 시학과 언어학회. pp.139~162.

송명희 외(2010), 몽골 대학의 한국문학교육 연구, 한어문교육 23, 한국언어문학교육학회. pp.75~110.

신영지(2011), 한국어 문학 교육의 실제, 우리말교육현장연구 5, 우리말교육현장학회. pp.121~154.

신영지(2012), 한국어 문학교육을 통한 문화적응 가능성의 모색, 한국언어문화학 9-1, 국제한국언어문화학회. pp.101~128.

신윤경(2008), 한국어 교육을 위한 문학 텍스트 연구: 문학 텍스트 선정기준과 교수 방법을 중심으로, 고려대학교 대학원 박사학위논문.

신윤경(2008), 한국어 문학 수업을 위한 읽기 · 쓰기 통합 방안, 작문연구 7, 한국작문학회. pp.107~129.

신윤경(2011), 한국의 가치문화 교육과 문학 활용, 한국어문교육 9, 고려대학교 한국어문교육연구소. pp.77~100.

신윤경(2012), 중국대학 한국문학교육을 위한 작품선정: 1990년대 이후 문학을 중심으로, 외국어로서의 한국어교육 37, 연세대학교 언어연구교육원 한국어학당. pp.223~242.

신주철(2003), 한국 시 교육의 실제: 외국어로서의 한국어교육 고급과정의 경우, 한국어교육 14-1, 국제한국어교육학회. pp.109~129.

신주철(2004), 한국어교육에서 문화교육으로서의 한국문학교육, 워크숍2004, 한국언어문화교육학회. pp.74~83.

신주철(2006), 한국어 교육에서 한국문학 교육의 이론과 실제, 커뮤니케이션북스.

신주철(2006), 한국어교육에서 한국문학의 위계별 교수사례안: 현대시 작품을 활용하여, 한국어교육 17-2, 국제한국어교육학회. pp.135~155.

신주철(2012), 동화를 활용한 여성결혼이민자와 유아자녀의 동시적 한국어교육 설계 시론, 한민족어문학 62, 한민족어문학회. pp.135~158.

신해홍(2012), 중국인 고급 학습자를 위한 한국어 해학 소설 이해 교육 연구, 서울대학교 대학원 석사학위논문.

쑨쓰쓰(2013), 현대시를 통한 한국어 교육 연구: 중급의 중국인 학습자를 중심으로, 대구가톨릭대학교 대학원 석사학위논문.

안미영(2008), 한국어 교육에서 설화 문학을 활용한 문화 교육, 정신문화연구 31, 한국학중앙연구원. pp.107~130.

안부영(2010), 한국어 교육 제재로서 전래동화가 가지는 이점에 대하여, 새국어교육 86, 한국국어교육학회. pp.209~227.

양민정(2008), 외국인을 위한 고전시가 활용의 한국어문학문화의 통합적 교육, 외국문학연구 29, 한국외국어대학교 외국문학연구소. pp.237~261.

양선경(2004), 극문학 작품을 활용한 한국어 교육에 관한 연구, 고려대학교 교육대학원 석사학위논문.

양성지(2012), 설화를 활용한 한국어 교육방안 연구: 〈흥부와 놀부〉를 중심으로, 청주대학교 대학원 석사학위논문.

양영희(2013), 한국어교육에서 문학 텍스트의 바람직한 활용 방안에 대한 시론: 다문화가정 여성들을 대상으로, 언어과학 20-1, 한국언어과학회. pp.139~163.

楊韻柔(2012), 〈興夫傳〉을 활용한 한국어 교수–학습 지도방안 연구: 중국인 학습자를 중심으로, 중앙대학교 대학원 석사학위논문.

양정현(2013), 희곡을 활용한 한국어 고급 학습자의 의사소통 능력 향상 방안 연구: 사회·문화 맥락 소통 능력을 중심으로, 한국외국어대학교 대학원 석사학위논문.

엄태숙(2013), 한국어 교육 자료로서 시조 활용 텍스트 구안 연구, 서울교육대학교 교육대학원 석사학위논문.

오복남(2011), 문학을 활용한 한국어 통합 교육 방안: 박완서의 단편소설 〈그 남자네 집〉을 중심으로, 충북대학교 대학원 석사학위논문.

오세인(2004), 시를 활용한 한국 문화 교육 방안, 한국어교육 15-1, 국제한국어교육학회. pp.110~111.

오정미(2008), 한국어교육에서 문학작품 선정에 관한 문제, 한말연구 22, 한말연구학회. pp.221~250.

오지혜 외(2010), 한국어교육에서 비교문학을 활용한 현대시 교육 연구, 국어교육 131, 한국어교육학회. pp.551~589.

오지혜(2010), 한국어 학습자의 리터러시(Literacy) 교육을 위한 문학 제재 연구: 현대 시 작품을 중심으로, 시학과 언어학 18, 시학과 언어학회. pp.207~225.

왕가음(2011), 대중소설을 활용한 한국문학교육 지도 방안 연구: 김수현 장편소설 〈눈꽃〉을 중심으로, 인하대학교 대학원 석사학위논문.

王建(2013), 외국인을 위한 한국 문화 교육 방안 연구: 현진건과 은희경의 「빈처」를 중심으로, 한남대학교 대학원 석사학위논문.
우메다 히로유키(梅田博之)(2003), 雨森芳洲의 한국어교육론, 일어일문학연구 46, 한국일어일문학회. pp.49~68.
우한용(2010), 소설 텍스트 중심으로 본 문학능력과 한국어교육, 한국어와 문화 7, 숙명여자대학교 한국어문화연구소. pp.211~241.
우혜(2011), 동요를 활용한 한국어교육 방안 연구: 중국인 학습자를 대상으로, 대불대학교 대학원 석사학위논문.
우혜경(2011), 문학지문을 활용한 다문화 중학생의 한국어교육, 청람어문교육 44, 청람어문교육학회. pp.583~610.
우혜경(2012), 문학 텍스트를 활용한 다문화 학습자의 한국어 교육, 한국교원대학교 대학원 석사학위논문.
우혜연(2011), 외국인 유학생을 위한 시 문학교육 방안 연구, 대불대학교 대학원 석사학위논문.
유홍주(2011), 해외 한국학 교육기관에서의 한국문학교육: 터키 에르지예스대학을 중심으로, 새국어교육 88, 한국국어교육학회. pp.275~293.
유홍주(2012), 해외 대학 한국어학과의 한국문학 교수 방안: 헝가리 엘테대학교를 중심으로, 새국어교육 91, 한국국어교육학회. pp.135~157.
윤미정(2008), 전래동화를 활용한 한국어 교육, 전북대학교 교육대학원 석사학위논문.
윤성애(2010), 다문화가정 자녀의 한국어 문식성 향상을 위한 문학작품 활용 방안 연구: 국제결혼 가정의 중학교 취학 자녀를 대상으로, 영남대학교 대학원 석사학위논문.
윤여탁(1999), 문학을 활용한 한국어 교육 방법, 국어교육연구 6, 서울대학교 국어교육연구소. pp.239~256.
윤여탁(2002), 한국어교육에서 현대 문학 정전 연구, 국어교육연구 10, 서울대학교 국어교육연구소. pp.39~64.
윤여탁(2003), 문학교육과 한국어교육, 한국어 교육 14-1, 국제한국어교육학회. pp.131~152.
윤여탁(2003), 한국어교육에서 문학교육 방법, 국어교육 111, 한국어교육학회. pp.511~533.
윤여탁(2004), 한국어교육에서 문학교육 방법 연구: 미주 지역 한국어교육을 중심으로, 국어교육연구 14, 서울대학교 국어교육연구소. pp.67~146.
윤여탁(2006), 한국어 문학 교수-학습 방법의 현황과 과제: 교육과정, 교재, 외국어 문학교육론을 통한 투시, 국어교육연구 18, 서울대학교 국어교육연구소. pp.123~144.
윤여탁(2007), 외국어로서의 한국문학교육, 한국문화사.
윤여탁(2009), 비교문학을 적용한 외국어로서의 한국 현대문학 교육 방법, 한국언어문화학 6-1, 국제한국언어문화학회. pp.53~70.

윤여탁(2013), 다문화 사회의 문식성 신장을 위한 한국어교육의 전략: 문학교육의 관점을 중심으로, 새국어교육 94, 한국국어교육학회. pp.7~29.
윤영(2012), 한국어 초급 학습자를 위한 문학 교육 연구, 한국어교육 23-3, 국제한국어교육학회. pp.195~229.
이가원(2012), 문학텍스트를 활용한 한국어교육방안 연구: 외국인 유학생을 대상으로 한 패러디(Parody) 활동 중심으로, 한국문예비평연구 38, 한국현대문예비평학회. pp.329~359.
이강록 외(2009), 한국어 읽기 능력 향상을 위한 문학작품 읽기: 중국인 학습자의 스키마 활용을 통한 문학작품 읽기, 비교한국학 17, 국제비교한국학회. pp.463~496.
이근영(2011), 외국인을 위한 한국 문학과 한국 문화에 대한 고찰, 국문학논집 21, 단국대학교 국어국문학과. pp.153~187.
이기성(2003), 장르통합적 방법을 이용한 한국어 문학교육, 외국어로서의 한국어교육 28, 연세대학교 언어연구교육원 한국어학당. pp.169~199.
이기성(2004), 미적 체험으로서의 한국문학 교수-학습, 이화어문논집 22, 이화어문학회. pp.237~256.
이기성(2009), 한국문학 교육을 위한 텍스트 활성화 방법 연구: 고급반 시 수업을 중심으로, 외국어로서의 한국어교육 34, 연세대학교 언어연구교육원 한국어학당. pp.283~312.
이다혜(2013), 개작 동화를 활용한 한국어 교육방안 연구: 중도입국 청소년을 대상으로, 대진대학교 대학원 석사학위논문.
이미진(2012), 학문 목적 한국어 학습자 문학교육을 위한 대화주의 프로젝트 교수 · 학습 방안 연구: 백석 시를 중심으로, 한양대학교 교육대학원 석사학위논문.
이산하(2011), 학습자 요구분석을 통한 한국어 문학교육 방안 연구: 여성결혼이민자를 중심으로, 한국외국어대학교 교육대학원 석사학위논문.
이상억(2004), 한국어 교육 현장의 경험적 담론: 해외 및 국내 한국어 교육계 현실 및 개선방안, 관악어문연구 29, 서울대학교 국어국문학과. pp.51~63.
이선이(2003), 문학을 활용한 한국문화 교육 방법, 한국어교육 14-1, 국제한국어교육학회. pp.153~171.
이성희(2010), 영어권 고급 학습자를 위한 한국 문학 교수, 학습의 실제: "상호문화능력 신장"과 "개인성장"을 중심으로, 한국어교육 21-4, 국제한국어교육학회. pp.153~182.
이소영 외(2011), 한국어 교재에 수록된 문학작품의 적합성 판단과 기준, 우리말교육현장연구 5, 우리말교육현장학회. pp.85~118.
이소현(2009), 초등학교 다문화 가정 자녀를 위한 동화 활용 한국어 교육 연구, 부산외국어대학교 교육대학원 석사학위논문.
이영조(2007), 문학을 통한 한국어 교육 강의 자료집, 배재대학교 외국어로서의 한국어 학과.
이영조(2008), 시를 통한 한국어교육의 실제, 비평문학 28, 한국비평문학회. pp.211~238.
이왈렌찐(1991), 재소한인들의 문학활동과 한국어교육, 이중언어학 8, 이중언어학회. pp.628~630.
이지연(2011), 설화를 활용한 '외국어로서의 한국어' 지도방안 연구: 「선녀와 나무꾼」을 중심으로, 강원대학교 교육대학원 석사학위논문.
이창식(2009), 다문화시대 한국어교육을 위한 한국문학의 이해, 박이정.
이현주(2009), 외국인을 위한 한국 문학 교육 연구: 설화를 통한 초급 과정 문학 교육, 새국어교육 82, 한국국어교육학회. pp.391~413.
이혜진(2011), 고전소설을 활용한 한국어교육 방안 연구: '홍길동전' 을 중심으로, 대구가톨릭대학교 대학원 석사학위논문.
이효재(2012), 단편소설을 이용한 한국어 교육 방안: 전광용의 〈꺼삐딴 리〉를 중심으로, 고신대학교 교육대학원 석사학위논문.
장로기(2013), 시를 매개로 한국 문화 교육의 활성화 방안: 노천명의 작품을 중심으로, 건국대학교 대학원 석사학위논문.
장문정(2008), 한국어 문학 교수요목 설계를 위한 요구 분석, 이중언어학 36, 이중언어학회. pp.345~369.
장민정(2009), 문학텍스트를 활용한 한국어 교육, 한양대학교 대학원 석사학위논문.
장세아(2005), 한국어 교육에서의 희곡 교육 연구, 이화여자대학교 교육대학원 석사학위논문.
장영미(2004), 한국어교육에서의 문학교육의 위상과 효과적인 교수방법, 중국조선어문 134, 길림성민족사무위원회. pp.31~35.
장원기(2010), 고전문학을 활용한 한국어 교육 연구, 대구가톨릭대학교 대학원 석사학위논문.
장유진(2009), 전래 동화를 활용한 다문화가정 자녀 대상 한국어 교육방안 연구, 한국외국어대학교 교육대학원 석사학위논문.
장정숙(2010), 한국어 교육을 위한 현대 단편소설 선정 연구, 동덕여자대학교 대학원 석사학위논문.
전애숙(2012), 동화를 활용한 한국어 통합 교육 방안 연구: 초등학교 교과서 수록 동화를 중심으로, 대불대학교 대학원 석사학위논문.
전지영(2012), 한국어 교육용 도깨비 설화 텍스트 연구, 한성대학교 대학원 석사학위논문.

전철웅 외(2011), 고전문학을 활용한 중학교 다문화교육, 개신어문연구 33, 개신어문학회. pp.345~381.
정길남 외(2009), 한국어와 한국문학, 서울교육대학교 다문화교육연구원.
정미영(2003), 동화를 활용한 외국어로서의 한국어 지도 방안, 국어교과교육연구 5, 국어교과교육학회. pp.337~356.
정병헌(2002), 입문기 외국인을 위한 한국문학교육의 과제와 전망, 한국어교육학회 학술발표회2002, 한국어교육학회. pp.1~9.
정연숙(2012), 문학텍스트를 이용한 한국어 교육의 양상, 국어교과교육연구 21, 국어교과교육학회. pp.361~385.
정은화(2001), 한국어교육에 있어서 시 교육에 대한 연구, 이화여자대학교 교육대학원 석사학위논문.
정해권 외(2011), 한국어 교육에서 문학작품의 통합적 위계화 방안, 한국어교육 22-1, 국제한국어교육학회. pp.203~221.
조위수(2009), 한국문학 교재 단원 구성 방안: 아랍어권 한국어 학습자를 대상으로, 이중언어학 41, 이중언어학회. pp.425~448.
주선자(2013), 한·중 소설 비교를 통한 한국어 문화교육 연구, 서울대학교 대학원 석사학위논문.
朱玉(2012), 조선족 이중 언어교육에서 문학 텍스트에 관한 연구: 중국 조선족 중학교 『조선어문』을 중심으로, 고려대학교 대학원 석사학위논문.
주옥파(Yu Bo Zhou)(2004), 외국인을 위한 한국문학 교육에 대한 반성: 한국학 지향 중국 대학의 경우를 중심으로, 국어교육학연구 20, 국어교육학회. pp.499~521.
주은정(2002), 문학텍스트를 활용한 한국어교육 연구: 초급 학습자를 중심으로, 경희대학교 교육대학원 석사학위논문.
진로(2012), 수필을 활용한 한국어 교육 방안 연구, 대불대학교 대학원 석사학위논문.
차순정(2011), 인터넷 멀티미디어 동화를 활용한 자기주도학습 방법 연구: 중급학습자를 중심으로, 선문대학교 대학원 석사학위논문.
최권진(2006), 전래동화를 활용한 한국어 교수-학습 방법 연구, 한국어교육 17-2, 국제한국어교육학회. pp.237~266.
최미진(2011), 전래동화를 활용한 수업이 한국어 읽기 능력 향상에 미치는 영향 연구: 여성 결혼이민자를 대상으로, 영남대학교 대학원 석사학위논문.
최선영(2012), 한국문학작품의 스토리텔링을 활용한 한국어 교수-학습 방안: 다문화가정 중학교 학생을 대상으로, 인하대학교 교육대학원 석사학위논문.
최원오(2009), 다문화사회와 구비문학 교육, 어문학 106, 한국어문학회. pp.131~147.

최인자(2010), 대중 영상 서사물에 나타난 한국적 다문화 담론 양상: 다문화 시대의 소통 윤리를 중심으로, 국어교육연구 26, 서울대학교 국어교육연구소. pp. 87~11.

최지현(2004), 한국어교육과 문학의 연관성 탐색: 영어권 한국어 교재 편찬에 활용되는 한국 문학의 범위와 과제, 국어교육연구 14, 서울대학교 국어교육연구소. pp.337~364.

최태호(2013), 문학교육을 통한 다문화가정 문화문식력 향상 방안 연구, 새국어교육 94, 한국국어교육학회. pp.449~468.

축취영(2011), 중국대학 한국어 전공자를 위한 〈양반전〉교육 연구, 한국언어문화학 8-1, 국제한국언어문화학회. pp.231~254.

한승옥(2008), 미국에서의 한국 현대문학 교육, 한중인문학연구 25, 한중인문학회. pp.27~46.

한옥순(2012), 문학 작품의 재귀 번역 텍스트를 통한 한국어 교육 연구: 중국어 모어 사용자를 대상으로, 한국어교육학회 학술발표회2012, 한국어교육학회. pp.135~149.

황인교 외(2004), 집중적인 한국어 교육과정의 교육: 연세대학교 언어연구교육원 한국어학당 문학 수업을 중심으로, 외국어로서의 한국어교육 29, 연세대학교 언어연구교육원 한국어학당. pp.231~280.

황인교(2001), 외국어로서의 한국문학교육의 가능태, 외국어로서의 한국어교육 25, 연세대학교 언어연구교육원 한국어학당. pp.409~434.

황인교(2004), 한국어 교육과 한국문학: 외국어로서의 한국어 교육의 제 문제, 이화어문논집 22, 이화어문학회. pp.5~29.

황인교(2007), 한국어 교육학의 문학 연구 방향, 한국어교육 18-3, 국제한국어교육학회. pp.273~299.

황인교(2011), 한국문화 및 한국문학 교육 연구, 이중언어학 47, 이중언어학회. pp.553~589.

황효명(2012), 한국어 학습자를 위한 문학교육 전략, 전남대학교 대학원 석사학위논문.

Ross King(2004), 문학을 통한 한국어교육: 현대 한국 단편 소설 활용 양상에 대한 고찰, 국어교육연구 14, 서울대학교 국어교육연구소. pp.295~335.

V. D'Urso(2004), 시(詩)를 통한 한국어교육, 국어교육연구 14, 서울대학교 국어교육연구소. pp.279~293.

Zhu, Cuiying(2012), 중국인 고급 학습자를 위한 한국어 문학 교육 연구: 연암소설과 〈유림외사〉의 비교 · 탐구를 중심으로, 서울대학교 대학원 박사학위논문.

Ⅷ-01.
대조

가리야 미쯔노부(2011), 한국어와 일본어 인과접속의 통사 및 의미 대조 고찰: '-아서, -니까'와 'て, ので, から'를 중심으로, 전남대학교 대학원 석사학위논문.
가와카미 에리코(2010), 韓 · 日兩言語의 지시사 습득에 관한 고찰: 설문조사를 통해서, 명지대학교 대학원 석사학위논문.
가취명(2010), 한 · 중 정도부사 공기양상 대조 연구, 연세대학교 대학원 석사학위논문.
강계천(1992), 한 · 일 양국어의 지시어 대조비교, 일본어교육연구 8, 한국일본어교육학회. pp.45~74.
강남욱(2010), 몽골인 한국어 학습자의 처, 여격 조사 사용에 대한 대조언어학적 분석 및 교육 방안 연구, 한국어교육 21-3, 국제한국어교육학회. pp.1~21.
강단정(2013), 한국어 '-었-'과 중국어 '了'의 비교 연구: 과거시제와 완료상을 중심으로, 동국대학교 대학원 석사학위논문.
강병창(2011), 독일어와 한국어 손 관용구의 비유적 의미구성 비교: 은유, 환유, 은환유를 중심으로, 독어교육 50, 한국독어독문학교육학회. pp.81~104.
강석진(2010), 중국어와 한국어의 분절음 음운변동 대조 연구, 중국학 36, 대한중국학회. pp.1~29.
강악(2011), 접속어미 '-고'에 대응하는 중국어 접속표현 연구, 건국대학교 대학원 석사학위논문.
강운(2013), 한국어 복수 표지 '들'과 중국어 복수 표지 '們'의 대조 연구, 동국대학교 대학원 석사학위논문.
강은정 외(2012), 한국어 "완전"과 "완전히"의 의미 · 통사적 고찰: 일본어와의 대조를 중심으로, 한국어교육 23-1, 국제한국어교육학회. pp.331~353.
강현화 외(2002), 한국어와 스페인어의 대조 연구: 한국어의 기본동사를 중심으로, 이중언어학 21, 이중언어학회. pp.71~95.

강현화 외(2004), 대조분석론: 한국어, 스페인어 문형 대조를 바탕으로, 역락.
강현화(2002), 서-한 기본동사의 의미, 통사 유형 대조연구, 배달말 30, 배달말학회. pp.91~108.
강현화(2005), 한국어학습을 위한 프레지올러지에 관한 연구 (2): 한중 대조 자료를 중심으로, 한국어교육 16-1, 국제한국어교육학회. pp.1~21.
경연(2011), 한국어 접미사 '-적'과 중국어 구조조사 '的'의 대조 연구, 창원대학교 대학원 석사학위논문.
고려혜(2012), 한·중 친척 관계 호칭어·지칭어의 동형이의어 비교 연구, 중앙대학교 대학원 석사학위논문.
고뢰(2011), 한국어와 중국어의 경어 어휘에 대한 대조적 연구: 접두사 중심으로, 대전대학교 대학원 석사학위논문.
고륙양(2007), 한·중 호칭어의 대조 연구: 사회언어학적 방법론, 박이정.
고선(2013), 한·중 매개호칭·지칭에 대한 대조 연구, 국민대학교 대학원 석사학위논문.
고승희(2009), 한국어와 폴란드어의 수량사구에 대한 연구, 이중언어학 41, 이중언어학회. pp.1~26.
고영림(2002), 프랑스어와 한국어의 운율 구조에 대한 음성학적 비교 연구: 음성분석 컴퓨터 프로그램을 이용한 프랑스어 억양과 리듬 교육용 모델 개발, 한국프랑스학논집 39, 한국프랑스학회. pp.1~22.
곡천(2012), 한국어 보조용언 '싶다'와 중국어 능원동사 대조 연구: '소원'의 뜻을 나타내는 표현을 중심으로, 경희대학교 대학원 석사학위논문.
공혜진(2012), 한중 발음 대조를 통한 중국어권 학습자를 위한 발음 교육 연구: 자음을 중심으로, 대구가톨릭대학교 대학원 석사학위논문.
곽뢰단(2012), 한·중 부정 접두사 대조 연구: 無, 未, 不, 非를 중심으로, 경희대학교 대학원 석사학위논문.
곽박림(2013), 중국인 학습자를 위한 한·중 한자어의 의미 대조 연구, 울산대학교 대학원 석사학위논문.
곽수경(2003), 중국어 학습을 위한 언어 구사 단계별 한국어와 중국어 비교, 언어와 언어교육 18, 동아대학교 국제교육원. pp.115~139.
곽연(2013), 한·중 사동문 대조 연구: 어휘사동을 중심으로, 부산대학교 대학원 석사학위논문.
곽정(2011), 연결어미 '-어서'와 중국어 대응표현 연구, 건국대학교 대학원 석사학위논문.
郭楓(2012), 한국어와 중국어 시간부사 대비 연구: 은희경의 『새의 선물』과 신경숙의 『외딴방』 원본 및 중역본을 대상으로, 중앙대학교 대학원 석사학위논문.

국남(2012), 한국어와 중국어의 감정 표현 의태어 비교 연구, 중앙대학교 대학원 석사학위논문.

菊地香里(2011), 일본어 「のだ」와 한국어 「것이다」, 「거든」의 한일대조연구: 문법화의 관점에서, 고려대학교 대학원 석사학위논문.

권미정(2009), 한국어 교육을 위한 한국어와 영어의 공손 표현 대조 연구, 한양대학교 교육대학원 석사학위논문.

권병희(2012), 벵골어 모어 화자에게 한국어를 효율적으로 교육하기 위한 한국어와 벵골어 음운 체계 대조 연구, 한국어교육 23-3, 국제한국어교육학회. pp.1~22.

권선옥(2002), 한·중·일 상용한자 비교 연구: 字數·字意를 중심으로, 경희대학교 대학원 석사학위논문.

권해주(1992), 한·일 한자어의 의미대조(1), 일본어교육연구 8, 한국일본어교육학회. pp.97~119.

권현주(1996), 일본인 학습자를 대상으로 한 한국어 발음교수법 연구: 대조언어학적 방법을 통하여, 이화여자대학교 교육대학원 석사학위논문.

근보강(2010), 한·중 분류사 대조와 한국어 분류사 교육, 한국언어문화학 7-2, 국제한국언어문화학회. pp.1~21.

기단봉(2010), 중국어권 학습자를 위한 한국어 연어 대조 연구: 목술관계 연어를 중심으로, 고려대학교 대학원 석사학위논문.

김경석(1993), 한국어와 영어에서의 칭찬에 대한 응답의 비교분석, 영어교육 46, 한국영어교육학회. pp.223~237.

金京善(2002), 韓國語詞尾的對比教學法研究, 한중인문학연구 9, 중한인문과학연구회. pp.323~337.

김계연(2012), 일한 양국어의 飮·食관련 관용표현 대조연구, 한국외국어대학교 대학원 박사학위논문.

김공대(2007), 프랑스어와 국어의 지시사의 대용적 용법 비교 연구, 프랑스어문교육 26, 한국프랑스어문교육학회. pp.95~122.

김기선(2006), 현대 몽골어와 한국어의 사동과 피동구문 대조 연구, 몽골학 20, 한국몽골학회. pp.73~95.

김기선(2007), 현대 몽골어와 한국어의 부정문 대조 연구, 몽골학 22, 한국몽골학회. pp.47~72.

김기선(2008), 현대 몽골어와 한국어의 특수문장(대용, 생략, 도치, 감탄) 대조 연구, 몽골학 24, 한국몽골학회. pp.125~168.

김기선(2009), 몽골어와 한국어의 의성어, 의태어 대조 연구, 몽골학 26, 한국몽골학회.

pp.37~63.
김기성(2006), 현대 몽골어와 한국어의 연결어미 대조 연구: 현대 몽골어의 접속연결어미를 중심으로, 몽골학 20, 한국몽골학회. pp.111~145.
김기성(2007), 현대 몽골어와 한국어의 내포문 대조 연구: 명사절, 관형사절, 내포문을 중심으로, 몽골학 22, 한국몽골학회. pp.99~122.
김기성(2008), 현대 한국어와 몽골어의 서법 대조 연구, 몽골학 25, 한국몽골학회. pp.7~46.
김기성(2009), 현대 몽골어와 한국어의 접속문 비교연구, 몽골학 27, 한국몽골학회. pp.151~186.
김기창(2009), 재중 동포 대학생의 작문에 나타난 중국 조선어와 한국어의 언어 차이 현상, 새국어교육 83, 한국국어교육학회. pp.431~457.
김나리(2011), 한·중 과거시제 비교 연구: '了' 와 '-었-', '過' 와 '-었었-' 을 중심으로, 인하대학교 교육대학원 석사학위논문.
김덕숙(2012), 한국어 능격동사의 대조언어학적 연구: 영어, 일본어, 중국어와의 대조, 한국외국어대학교 교육대학원 석사학위논문.
김명화(2011), 한·중 12지신 동물 속담 비교 연구, 공주대학교 대학원 석사학위논문.
김병원(1985), 한국어와 영어의 주제표시, 이중언어학 2, 이중언어학회. pp.43~66.
김병원(1987), 한국말과 글의 특성 비교, 이중언어학 3, 이중언어학회. pp.3~22.
김보미(2007), 한·중(韓中) 인체어휘의 의미 확장 비교 연구, 제주대학교 교육대학원 석사학위논문.
김봉민(2012), 한국어와 중국어의 사동사 대조 연구, 경희대학교 대학원 박사학위논문.
김선희(2003), 後置詞の用法に關する日・韓對照硏究, 일본어교육연구 25, 한국일본어교육학회. pp.109~128.
김성란(2011), 한국어와 중국어 자음의 음성학적 대조고찰, 인문논총 21, 서울여자대학교 인문과학연구소. pp.34~58.
김성란(2012), 한국어 교육을 위한 한중언어 대조연구, 역락.
김수남(2001), 독일어와 한국어의 신체부위『손』관련 관용구 비교 연구, 독어교육 22, 한국독어독문학교육학회. pp.143~174.
김수정(2011), 한·일 신체언어 비교 연구: 손짓언어를 중심으로, 언어정보와 사전편찬 27, 연세대학교 언어정보연구원. pp.93~116.
김수정(2012), 한국어와 일본어의 오노마토피아(Onomatopoeia) 비교 연구, 한국어교육학회 학술발표회2012, 한국어교육학회. pp.109~117.
김숙자(2000), 한·일 교과서의 외래어의 대조, 일본학보 44, 한국일본학회. pp.211~223.
김영란(2012), 중한 어휘 대조 연구: '看' 과 '보다' 의 비교를 중심으로, 한양대학교 대학

원 석사학위논문.

김옥영(2005), 「走る」「驅ける」と「달리다」「뛰다」の意味對照, 일본문화연구 14, 동아시아일본학회. pp.489~507.

김용(2012), 한국어 피동사 교육 방안 연구: 한 · 중 대조 분석을 중심으로, 국어교육연구 29, 서울대학교 국어교육연구소. pp.83~109.

김욱(2011), 한·중 완곡어 대조연구, 경희대학교 대학원 석사학위논문.

김원태(2012), 한국, 북한, 중국의 우리말 커뮤니케이션 기능에 관한 비교 분석 연구, 커뮤니케이션학연구 20, 한국커뮤니케이션학회. pp.21~41.

김원필(2002), 스페인어와 한국어의 자음동화현상 대조, 스페인어문학 22, 한국스페인어문학회. pp.17~35.

김유진(2012), 한국어와 태국어의 분류사 대조 연구, 부산외국어대학교 대학원 석사학위논문.

김유향(2009), 한국인과 중국인의 거절 화행 비교를 통한 한국어 교수 학습 방안 연구, 학술대회2009, 한국언어문화교육학회. pp.425~442.

김은애(2008), 표현 양상 연구와 연구 방법론: 한국어와 일본어의 대조 연구, 외국어로서의 한국어교육 33, 연세대학교 언어연구교육원 한국어학당. pp.95~116.

김은영(2012), 한·일 양국어의 화제회피전략에 관한 대조연구, 고려대학교 대학원 석사학위논문.

김인균(2004), 한국어와 영어의 명사 형성 접미사 비교 및 대조, 이중언어학 25, 이중언어학회. pp.67~85.

김인천(2003), 체코어와 한국어의 공주어(空主語) 현상에 대한 실험적 고찰, 한국어교육 14-2, 국제한국어교육학회. pp.61~81.

김인현(1993), 韓日 兩語に おける 助詞の 對照研究: 「の」と「의」の 用法と 機能を 中心に, 일본어교육연구 9, 한국일본어교육학회. pp.137~153.

김정(1998), 보조사 「까지」, 「조차」, 「마저」 한 · 일 대조연구: 효율적인 한국어 교육을 위하여, 고려대학교 대학원 석사학위논문.

김정애(2013), 한국어 결과상 '-고 있다, -아/어 있다' 구문과 중국어 '着' 구문 대조 연구, 경희대학교 대학원 석사학위논문.

김정은(2006), 한국어와 중국어의 요청표현 대조 분석, 중국어문학논 41, 중국어문학연구회. pp.173~192.

김종규(1997), 불어와 한국어의 동사 생성 프로그램 비교, 어학연구 4, 강원대학교 어학교육원. pp.201~221.

김종완(2007), 일본어 「普通體」와 한국어 「반말」의 언어형식 대조연구: 친구들끼리의 잡담 담화분석을 중심으로, 중앙대학교 교육대학원 석사학위논문.
김주연(2008), 한·중 색채어 비교를 통한 한국 문화교육 방안에 관한 연구, 중앙대학교 대학원 석사학위논문.
김중섭(2000), 남북한 한국어 교육 비교연구, 어문연구 106, 한국어문교육연구회. pp.77~99.
김진원(1992), 노어와 국어 자음음소의 음성 음운적 대조, 이중언어학 9, 이중언어학회. pp.85~102.
김진원(1994), 한국어와 노어의 동작상 및 시제범주 체계 대조분석, 이중언어학 11, 이중언어학회. pp.1~21.
김진희(2008), 한국어 'X하다' 용언과 일본어 대응 표현과의 대조 분석과 교육 방안 연구, 한국외국어대학교 대학원 석사학위논문.
김창구(2003), 한일 한자 어휘의 대조 분석과 교육적 접근: 한국어 교재에 나타난 한자 어휘를 대상으로, 경희대학교 대학원 석사학위논문.
김청룡(2012), 한국어와 중국어의 대우어 대조연구, 경희대학교 대학원 박사학위논문.
김학선(2005), 현대 몽골어와 한국어의 대격표지에 관하여: "주제화" 기능을 중심으로, 몽골학 19, 한국몽골학회. pp.75~90.
김학선(2006), 현대 몽골어와 한국어의 명령, 원망법 어미 대조 연구, 몽골학 20, 한국몽골학회. pp.163~185.
김학선(2007), 현대 몽골어와 한국어의 부사 대조 연구, 몽골학 22, 한국몽골학회. pp.73~98.
김현경(2003), 한자문화권 학습자를 위한 한자 어휘 지도 방안: 한·중·일 한자어 대조 분석을 중심으로, 한국외국어대학교 대학원 석사학위논문.
김현식(2004), 한국어와 스페인어의 시제의미구조, 이중언어학 25, 이중언어학회. pp.63~92.
김현식(2005), 한국어의 '-았었-'과 스페인어의 'hube+과거분사': 공통의 시제의미구조, 해석상의 매개변인 그리고 상이한 시제의미, 이중언어학 27, 이중언어학회. pp.87~118.
김현아(2007), 일본어와 한국어의 표현구조 대조연구: 명사·동사표현구조를 중심으로, 고려대학교 교육대학원 석사학위논문.
김형남(2012), 맞장구표현에 관한 한일 비교 연구: 드라마 분석을 중심으로, 중앙대학교 교육대학원 석사학위논문.
김홍실(2008), 한국어의 '-었-'과 중국어의 '了'의 대조 연구, 이중언어학 38, 이중언어학회. pp.123~147.
김희섭(2001), 한국어와 일본어의 말소리 대조 분석, 우리말연구 11, 우리말학회. pp.123~142.
나디아(2011), 말레이어·한국어 대조 분석을 통한 한국어 호칭어 교육 연구, 경희대학교

대학원 석사학위논문.
나라오카 와카코(Naraoka Wakako)(2011), 日本語の「は」の誤用分析: 韓國語の「이/가」との対応を中心に, 한국외국어대학교 대학원 석사학위논문.
나성숙(2005), 한국어의 '-아/-어' 형에 대한 소고: 일본어의 연용형과 대조, 이중언어학 29, 이중언어학회. pp.83~101.
나윤희(2008), 한국어 '화' 와 프랑스어 'colere' 연어 대조, 프랑스어문교육 28, 한국프랑스어문교육학회. pp.193~216.
나자루딘(2010), 한국어와 인도네시아어의 수 분류사 비교 연구: '개' 와 'buah' 를 중심으로, 인하대학교 대학원 석사학위논문.
나카가와 아키오(1994), 한국어와 일본어의 음운체계에 대하여: 외국어 학습의 관점에서, 서울대학교 사범대학원 입학지원 논문.
남명애(Myung Ai Nam) 외(2008), 한 · 중 이형동의 한자 어휘 대조 연구, 국어교육 127, 한국어교육학회. pp.233~279.
남현경(2001), 「ようだ」, 「らしい」와 한국어와의 대응 관계 연구, 부산외국어대학교 대학원 석사학위논문.
노금송(2008), 한국어 '-고 싶다' 와 중국어 '想' 의 대조연구, 이중언어학 38, 이중언어학회. pp.185~206.
노원영(2008), 한 · 루마니아 속담의 내용상 비교 연구: 동물 소재를 중심으로, 강남대학교 대학원 석사학위논문.
노은화(2011), 한국어 '-었-' 과 중국어 '了' 의 대조 연구, 한양대학교 대학원 석사학위논문.
노은희(1996), 속담에서의 '여성' 표현에 나타난 발상 연구: 한 · 영 · 일 비교 분석, 한국국어교육연구회 논문집 58, 한국어교육학회. pp.38~70.
노지현(2011), 한국어와 일본어의 상적 의미 대조 연구: '-고 있-' , '-아 있-' 과 '-ている(-teiru)' 를 대상으로, 한국외국어대학교 대학원 석사학위논문.
노진서(2005), 영어와 한국어의 은유의 보편성: 신체 표현을 중심으로, 이중언어학 29, 이중언어학회. pp.125~143.
녹일분(2012), 한 · 중 사자성어의 통사 · 의미에 대한 대조 연구, 국민대학교 대학원 석사학위논문.
뇌뇌(2011), 한국 추석문화 교육방법 연구: 한 · 중 문화대조를 중심으로, 부산외국어대학교 대학원 석사학위논문.
다케치 유키에(2012), 일본어 2자 한자어 형용동사와 이에 대응하는 한국어 '2자 한자어+하다' , '2자 한자어+이다' 의 대조 연구, 경희대학교 대학원 석사학위논문.

담흔(2010), 한국어와 중국어의 한자음 대비 연구, 영남대학교 대학원 석사학위논문.
대만빈(2011), 현대 한국어 '하다'에 대한 대조적 연구: 특히 '하다'와 중국어 동사를 중심으로, 경원대학교 대학원 석사학위논문.
도이미호(2004), 한국어와 일본어의 호칭 사용에 관한 대조 연구, 고려대학교 대학원 석사학위논문.
동양(2011), 한국어와 중국어의 중의성 대비와 교육 방안 연구: 중국어권 한국어 학습자를 중심으로, 영남대학교 대학원 석사학위논문.
동치엔(2011), 중국인 학습자를 위한 한·중 의성어·의태어 대조 연구, 한양대학교 대학원 석사학위논문.
동흠(2010), 한·중 동물 속담 비교 연구: '개'에 관한 속담을 중심으로, 경희대학교 대학원 석사학위논문.
동흠(2010), 한·중 여성호칭어의 사회언어학적 대조 연구: 여성의 사회적 지위를 중심으로, 조선대학교 대학원 석사학위논문.
두위(2012), 한국어 한자어 합성어와 중국어의 대조 연구, 부산대학교 대학원 박사학위논문.
두전하(2011), 고유어계 관용구와 한자어계 관용구의 비교 연구, 인하대학교 대학원 석사학위논문.
등아연(2012), 韓中俗語中動物象征意義對比研究: 以韓國俗談和中國成語爲中心, 건국대학교 대학원 석사학위논문.
등염추(2012), 한·중 인칭대명사의 대비 연구, 충남대학교 대학원 석사학위논문.
딩리민(2011), 한국어와 중국어 부정 표현의 대조 연구, 청주대학교 대학원 석사학위논문.
띠미린(2012), 한국어와 베트남어의 위치어 대조 연구, 인하대학교 대학원 석사학위논문.
레이 레이 몬(2012), 한국어 부사격 조사 '에, 에서'와 미얀마어 대응 표현 연구, 연세대학교 대학원 석사학위논문.
로크(2011), 한국어와 네팔어의 '-에, -에서'에 대한 대조 연구, 인제대학교 대학원 석사학위논문.
뢰홍주(2013), 한국어 '되다'에 대응하는 중국어 표현 연구, 동국대학교 대학원 석사학위논문.
루징(2012), 한중 복수표지 대조 연구: '들'과 '們' 중심으로, 연세대학교 대학원 석사학위논문.
루탄투이(2011), 한국어와 베트남어의 인칭대명사 대비 연구, 건국대학교 대학원 석사학위논문.
류가(2011) 한국어와 중국어의 어휘높임법 비교 연구, 배재대학교 대학원 석사학위논문.

류환(2012), 한중 의문문의 반문용법 대조 연구, 인제대학교 대학원 석사학위논문.
리샤오원(2012), 한국어 교육을 위한 한·중 신체언어 대조연구, 경희대학교 대학원 석사학위논문.
리양(2012), 한·중 신조어의 대비 연구, 충남대학교 대학원 석사학위논문.
마난차야 넷폭까나(2011), 태국인 학습자를 위한 한국어 형용사 유의어 대조 분석 연구: 초급단계를 중심으로, 경희대학교 대학원 석사학위논문.
마에무라 카즈아키(2012), 일본인학습자를 위한 한일어비교를 통한 접속어미 교육연구: 시간관계를 나타내는 접속어미를 중심으로, 고려대학교 교육대학원 석사학위논문.
마쯔모또 리에(2012), 한일 양국어 한자어동사에 대한 비교고찰과 교육방법 제안: 일본어 「漢字語+する」 동사와 한국어 「漢字語+하다/되다」 동사를 중심으로, 목포대학교 대학원 석사학위논문.
마홍염(2005), 한국어와 중국어의 시간 표현 요소 대조 연구, 연세대학교 대학원 석사학위논문.
만림(2010), 의미 대조를 통한 한국 미각어 교육연구: 중국어권 학습자를 대상으로, 고려대학교 대학원 석사학위논문.
말하리 귀꿀러(2011), 한국어와 스리랑카어의 사동법 대조분석 연구, 경희대학교 대학원 석사학위논문.
맛띠다우(2012), 한국어와 미얀마어의 신체 관련 관용표현 대조 연구, 경희대학교 대학원 석사학위논문.
망점란(2012), 한국어와 캄보디아어 어순 대조 연구, 경희대학교 대학원 석사학위논문.
메무나(2013), 한국어교육을 위한 한국어와 우르두어 관용표현 대조연구, 경희대학교 대학원 석사학위논문.
모리모토 가츠히코(森本勝彦)(1999), 한국어 양태소 "-지"와 일본어 양태소 "-ね, -よ"에 대한 고찰, 한국어 의미학 5, 한국어의미학회. pp.271~309.
모리모토 가츠히코(森本勝彦)(2001), 한국어 양태소 "-겠-"과 일본어 양태소 "-う"의 대조 분석, 한국어학 14, 한국어학회. pp.165~204.
모리모토 가츠히코(森本勝彦)(2002), 한국어 양태소 '-더-'와 일본어 양태소 '-っけ'의 대조 분석, 이중언어학 21, 이중언어학회. pp.199~236.
모리모토 가츠히코(森本勝彦)(2003), 한국어와 일본어의 양태에 관한 대조 연구, 한양대학교 대학원 박사학위논문.
모리모토 가츠히코(森本勝彦)(2003), 한국어와 일본어의 양태와 주어 제약에 관한 대조 분석, 한국언어문화 24, 한국언어문화학회. pp.397~425.
모리모토 가츠히코(森本勝彦)(2004), 한국어와 일본어의 양태에 관한 의미론적 대조 분

석: '-겠, -더, -지, -구나' 와 '-う, -っけ, -よ, -ね, -な' 를 중심으로, 한국어학 22, 한국어학회. pp.95~129
문혜경(2009), 한·중 동형어 의미대조를 통한 어휘지도 방안, 교육논총 20, 숙명여자대학교 교육대학원 원우회. pp.39~56.
민성홍(1989), 한일 비유표현의 비교연구, 어문연구 64, 한국어문교육연구회. pp.478~488.
민성홍(1997), 한일 비유표현의 비교연구: 이질문화배경을 중심으로, 한국외국어대학교 일본연구 11, 한국외국어대학교 일본연구소. pp.33~57.
바양(2012), 한 · 중 의성어 대조 연구: 사람과 관련된 의성어를 중심으로, 서울시립대학교 대학원 석사학위논문.
바양다이 벌드마(2012), 한·몽 몸짓 시늉말 대비 연구, 부산대학교 대학원 석사학위논문.
바트촐롱 체첵바야르(2013), 한국어와 몽골어의 명사형 어미의 비교 연구, 창원대학교 대학원 석사학위논문.
박기성(2004), 영어와 한국어의 술어적 소유 구문 비교 연구: 영 · 한 번역 교육에서의 활용 방안, 새한영어영문학 46, 새한영어영문학회. pp.215~236.
박기숙(2011), 한국어와 중국조선어 비교를 통한 어휘 교육: 조선족 학생을 대상으로, 경희대학교 대학원 석사학위논문.
박덕유(2006), 한국어와 몽골어의 동사상에 대한 비교 연구: 相 대립의 통사론적 표현을 중심으로, 이중언어학 32, 이중언어학회. pp.191~225.
박동열(2003), 한국어의 인칭범주: 프랑스어 인칭체계와 비교연구, 프랑스어문교육 15, 한국프랑스어문교육학회. pp.163~185.
박리사(2009), 한·일 양 언어에 나타나는 성차에 관한 비교 · 고찰: 드라마 한·일 대역집을 중심으로, 한국외국어대학교 교육대학원 석사학위논문.
박문화(2013), 한국어 보조용언과 중국어 결과보어의 대조연구: '-(어)버리다' 와 '掉' 를 중심으로, 서울시립대학교 대학원 석사학위논문.
박미경(2005), 맞장구표현에 관한 한·일 비교연구: 드라마 『겨울연가』를 중심으로, 중앙대학교 교육대학원 석사학위논문.
박부종(2011), 「기」의 관용구에 관한 한·일 대조 연구, 충남대학교 대학원 석사학위논문.
박상택(2013), 몽골어 토박이 화자를 위한 한·몽 특수조사 비교 연구: 한국어 '도' 와 몽골어 대응표현 'Ч(C)' 를 중심으로, 선문대학교 교육대학원 석사학위논문.
박성일(2007), 한·중 지시화행 수행 형식에 대한 대조분석, 선청어문 35, 서울대학교 국어교육과. pp.161~183.
박소현(2013), 한국어-스페인어 부호전환: 한국에 거주하는 중남미 교포들의 구어담화를 중심으로, 고려대학교 대학원 석사학위논문.

박수영(2004), 헝가리어 존재동사 van 구문과 한국어 대응 구문의 대조 연구, 이중언어학 26, 이중언어학회. pp.117~143.

박아봉(2007), 韓·中 韓字詞匯 比較 硏究: 以韓國常用漢字1,800字爲中心, 순천향대학교 교육대학원 석사학위논문.

박연옥 외(2008), 한국어 교육을 위한 한중 사동문 대조 연구, 언어와 문화 4-2, 한국언어문화교육학회. pp.127~149.

박연옥 외(2010), 한국어 "우리"와 중국어 대응표현의 대조분석, 한국어교육 21-4, 국제한국어교육학회. pp.99~118.

박연옥(2012), 중·한 사동문 대조 연구, 경희대학교 대학원 박사학위논문.

박위선(2011), 한·일 보조동사의 상적 의미 비교, 숭실대학교 대학원 석사학위논문.

박은숙(2011), 한국-몽골 초등학생 및 중학생의 보통 명사 정의하기 능력 비교, 명지대학교 사회교육대학원 석사학위논문.

박은영(2000), 영어권 한국어 학습자와 한국어 원어민의 화행 실현 비교 연구: '사과'와 '감사응답'을 중심으로, 이화여자대학교 대학원 석사학위논문.

박재연(2003), 한국어와 영어의 양태 표현에 대한 대조적 고찰: 부정과 관련한 문법 현상을 중심으로, 이중언어학 22, 이중언어학회. pp.201~224.

박정섭(2000), 불어의 DE와 한국어의 '의' 비교, 프랑스어문교육 9, 한국프랑스어문교육학회. pp.129~159.

박종만(2012), 한국어와 중국 광동어의 종성 발음 대조 연구, 동국대학교 대학원 석사학위논문.

박종한(1998), 중국어와 한국어의 문법적 특성 대조 연구, 외국어 교육 4-1, 한국외국어교육학회. pp.137~161.

박준석 외(2012), 한국어 교육을 위한 한국어 조사와 말레이시아어 전치사의 의미와 기능의 대조 연구, 한국어교육 23-2, 국제한국어교육학회. pp.143~170.

박지연(2011), 한일어 부사의 조어법 대조 연구, 가톨릭대학교 대학원 박사학위논문.

박지현(2012), 중국인 학습자와 한국인의 억양 비교 연구, 한양대학교 교육대학원 석사학위논문.

박채림(2010), 영어 마찰음 S와 한국어 마찰음 'ㅅ, ㅆ'에 관한 대조 음향연구, 홍익대학교 대학원 석사학위논문.

박해연(Hai Yan Piao)(2007), 한국어 억양 발음 교육: 한·중 의문문 억양 곡선 비교를 중심으로, 선청어문 35, 서울대학교 국어교육과. pp.185~213.

박향미(2012), 한·일 양언어의 상적표현의 대조연구, 조선대학교 교육대학원 석사학위논문.

박현주(2011), 한국어 교육을 위한 한 · 일 속담 비교 연구: 한국어 교재와 한국어능력시험을 중심으로, 충북대학교 대학원 석사학위논문.

박혜령(2013), 영어와 한국어 정중성 표현의 비교분석, 부산외국어대학교 대학원 석사학위논문.

박혜진(2011), 한·중 동형 한자어의 의미 차이 연구: 부분 이의 한자어를 중심으로, 중앙대학교 대학원 석사학위논문.

박호은(2012), 프랑스어권 학습자를 위한 한국어 발음 교육 연구: 음운 대조분석과 학습자 오류분석을 중심으로, 연세대학교 대학원 석사학위논문.

방가미(2012), 한·중 유의어 대조 연구: 〈한국어 능력 시험〉 중급 어휘를 중심으로, 경희대학교 대학원 석사학위논문.

방서우(2012), 한국어와 중국어 부정문의 대조연구, 경희대학교 대학원 석사학위논문.

방성원(2009), 한국어 문법 평가 연구: 숙달도 평가와 성취도 평가를 중심으로, 문법 교육 10, 한국문법교육학회. pp.175~203.

백설(2012), 한국어 조사 {에/에서/(으)로}와 중국어 개사의 대조 연구, 상명대학교 교육대학원 석사학위논문.

백낙천(Nak Cheon Baek) 외(2010), 한국의 문화: 한·중 음식 관련 관용표현의 특징 비교: 한국어교육적 접근을 위하여, 한국사상과 문화 53, 한국사상문화학회. pp.217~243.

백은정(2011), 한국어 모어 화자와 한국어 학습자의 담화표지 사용 양상 대조 연구, 영남대학교 대학원 석사학위논문.

밤바체렝 받돌가(2013), 한국과 몽골의 속담 비교 연구: '말(馬)' 관련 속담을 중심으로, 공주대학교 대학원 석사학위논문.

벌로마(2012), 한국어와 몽골어의 도움토씨 대비 연구: 현대어를 중심으로, 건국대학교 대학원 박사학위논문.

범려나(2012), 한중 부사어 어순 대비 연구, 숭실대학교 대학원 석사학위논문.

베로니까 고우브꼬바(2003), 주제부를 통해서 본 텍스트 결속성에 대한 연구: 한국어와 체코어 소설 텍스트의 비교, 연세대학교 대학원 석사학위논문.

변광수(1992), 한국어와 스웨덴어의 음운론적 대조분석, 이중언어학 9, 이중언어학회. pp.103~130.

변수지(2012), 한국어 추측 표현의 일본어 대응 양상 연구, 계명대학교 대학원 석사학위논문.

보로비악 안나(2010), 폴란드어와 한국어 분류사의 대조 연구, 이중언어학 43, 이중언어학회. pp.163~216.

보로비악 안나(2012), 한국어와 폴란드어 형용사의 파생법 대조 연구, 경희대학교 대학원 박사학위논문.

부교연(2013), 신체어와 색채어 결합 구성의 비유 의미에 대한 대조 연구: 한국어와 중국어를 대상으로, 서강대학교 대학원 석사학위논문.

부상염(2012), 한국어와 중국어 지시어 대조연구: '이, 그, 저' 와 '這, 那' 를 중심으로, 한양대학교 대학원 석사학위논문.

부이 티 응옥 빗(2011), 한국어와 베트남어의 어문 규정 대조 연구, 영남대학교 대학원 석사학위논문.

붑파분숭(2008), 한국어와 라오스어의 품사 특성 비교 연구, 경희대학교 대학원 석사학위논문.

뿌팅(2013), 한·중 개관련 속담 비교 연구, 세종대학교 대학원 석사학위논문.

사시완 낙콩(2013), 한국어교육을 위한 한국어와 태국어의 다의어 대조 연구: 동사 '먹다' 를 중심으로, 경희대학교 대학원 석사학위논문.

사와다 히로유키(2002), 외국어로서의 한국어 학습을 위한 한·일어 동사 대응 연구, 전남대학교 대학원 석사학위논문.

사윤(2012), 중국인 학습자를 위한 한중 동형 한자어의 의미대조 연구, 세종대학교 대학원 석사학위논문.

사혜분(2010), 한국어와 중국어의 시각과 청각 관련 다의어 대조 연구, 영남대학교 대학원 석사학위논문.

샤우쮸나스 까찐스까스 마르띠나스(2011), 한·중·일 한자의 발음 비교 연구: 자음 중심으로, 경희대학교 대학원 박사학위논문.

서문화(2012), 한국어와 영어의 구조와 어휘표현의 차이, 충주대학교 인문대학원 석사학위논문.

서빈(2011), 한국어 조동사와 중국어 대응표현 대조 연구, 영남대학교 대학원 석사학위논문.

서석미(2012), 한국어 '-었-' 과 중국어 '了' 의 의미 기능에 대한 대조 연구, 아주대학교 대학원 석사학위논문.

서성(2011), 한국어 '-적' 과 중국어 '的(de)' 에 관한 비교 연구, 전북대학교 대학원 석사학위논문.

서성(2012), 한국어 접속어미와 중국어 접속사에 대한 비교연구: 의미론적 기능을 중심으로, 명지대학교 교육대학원 석사학위논문.

서소소(2012), 한국어 연결어미와 중국어 연사의 대조 연구: 인과관계를 중심으로, 동국대학교 대학원 석사학위논문.

서아경(2012), 중국어와 한국어의 인용표현 대조연구, 경희대학교 대학원 석사학위논문.
서월아(2011), 영어, 중국어, 그리고 한국어 부사어 비교연구, 조선대학교 대학원 석사학위논문.
서익환(1991), 한일양언어의 한자어대조연구, 일본어교육연구 7, 한국일본어교육학회. pp.57~95.
서정수(1993), 한일 양국어의 일부 후치사(조사) 대비 연구: 에, 에서, 로, 로써, (に, へ, で), 이중언어학 10, 이중언어학회. pp.80~117.
서총(2011), 한·중 신조어의 형태론적·어휘론적 대비연구, 충남대학교 대학원 석사학위논문.
서혜민(2012), 한국어와 중국어 격의 대조 분석, 상명대학교 교육대학원 석사학위논문.
선단단(2011), 한·중 신체 관련 관용구에 나타난 다의어 비교 연구: 한국어 '손', '발', '다리' 와 중국어 '手', '脚', '腿' 를 중심으로, 배재대학교 대학원 석사학위논문.
성비락(Sainbilegt, D.)(2002), 몽골어와 한국어의 단모음 비교: 실험음성학적 연구, 한국어교육 13-2, 국제한국어교육학회. pp.111~130.
성아영(2010), 한국어와 스페인어의 연어 대조 분석: 신체어휘를 중심으로, 연세대학교 교육대학원 석사학위논문.
성태수(2002), 한국어와 영어의 진행형 비교, 영상영어교육(STEM journal) 3, 영상영어교육학회. pp.77~94.
소소우(2013), 한국 한자어와 중국어의 파생어 대조 연구: 접미사를 중심으로, 동국대학교 대학원 석사학위논문.
蘇雨(2012), 한·중 완곡에 의한 공손표현 대조 연구, 고려대학교 대학원 석사학위논문.
孫潔妮(2013), 한·중 신어 중 파생어의 비교 연구, 중앙대학교 대학원 석사학위논문.
손국령(2013), 오관으로 표현되는 한국어와 중국어의 미움 표시 관용어 대비 연구, 건국대학교 대학원 석사학위논문.
손동희(2010), 한·일 양 언어의 사죄 전략에 관한 대조연구, 고려대학교 대학원 석사학위논문.
손사가(2011), 중국인 한국어 학습자를 위한 한·중 속담의 비교와 교수방법 연구, 부산외국어대학교 대학원 석사학위논문.
손영(2012), 한중(韓中) 사동표현의 대조 연구, 명지대학교 대학원 석사학위논문.
손예화(2011), 한·중 가열요리동사 대조 연구, 부산대학교 대학원 석사학위논문.
손옥정(2012), 한국어와 중국어의 '가능성' 표현 대비 연구: '-(으)ㄹ 수 있-' 과 '能' 을 중심으로, 건국대학교 대학원 석사학위논문.
손월명(2012), 접속어미 '-나' 와 중국어 대응 표현 대비 연구, 건국대학교 대학원 석사학

위논문.
손주한(2011), 한국어 '를'과 일본어 'を'의 대조 연구, 한국외국어대학교 교육대학원 석사학위논문.
손철위(2012), 한·중 인터넷 언어 비교연구, 전북대학교 대학원 석사학위논문.
송거(2012), 한중 간접인용문의 대조연구, 부산대학교 대학원 석사학위논문.
송국명(2012), 한국어 '들다'와 중국어 대응 표현 대비 연구, 건국대학교 대학원 석사학위논문.
송엽휘(2008), 한국어 접속어미 '-면' 구문과 중국어의 해당 구문 대조 연구, 이중언어학 36, 이중언어학회. pp.275~298.
송향근(1994), 핀란드어의 격체계 고찰: 한국어 격체계와의 대조 분석적 관점에서, 이중언어학 11, 이중언어학회. pp.23~40.
송향근(2011), 한국어 교육의 대조 연구 동향 분석, 이중언어학 47, 이중언어학회. pp.263~305.
송효교(2011), 중국인 한국어 학습자를 위한 한중 속담 비교 연구, 공주대학교 대학원 석사학위논문.
수혜교(2011), 한국어와 중국어의 비친족 관계 호칭어 비교 연구, 경희대학교 대학원 석사학위논문.
수혜총(2011), 한·중 시간부사의 대조 연구, 부산대학교 대학원 석사학위논문.
숙산산(2011), 한·중 양국의 외래어 비교 분석, 안동대학교 대학원 석사학위논문.
쉬원원(2013), 한·중 불교어의 대조 연구, 경희대학교 대학원 석사학위논문.
시려나(2012), 한·중 부정 표현 '안'·'못'과 '不'·'沒(有)'의 대비 연구, 충남대학교 대학원 석사학위논문.
신군(2012), 한·중어의 높임법 비교 연구, 배재대학교 대학원 석사학위논문.
신동일 외(2008), 한국어와 영어 스토리텔링 구사능력의 비교 탐색연구, 이중언어학 38, 이중언어학회. pp.207~234.
신은희(2009), 한·중 한국어 교재 비교 연구, 대진대학교 대학원 석사학위논문.
신자영(2005), 한국어 교육과 스페인어 교육을 위한 화행 대조 연구: 요청 화행을 중심으로, 스페인어문학 35, 한국스페인어문학회. pp.31~48.
신자영(2005), 한국어 연어의 다국어 대조 연구, 이중언어학 28, 이중언어학회. pp.185~203.
신평(2009), 한·중 한자어 파생어 비교 연구, 한양대학교 대학원 석사학위논문.
심도(2011), 한·중 비교성 정도부사의 대비 연구, 부산대학교 대학원 석사학위논문.
심련화(2002), 중국조선어에서의 외래어와 한국어에서의 외래어 비교 연구, 경기대학교 국제대학원 석사학위논문.

심봉섭(1996), 불어와 한국어에서 '지시한정사+명사' 용법의 비교연구, 프랑스어문교육 4, 한국프랑스어문교육학회. pp.1~29.

심언비(2007), 한·중 동물속담의 비교 연구, 충남대학교 대학원 석사학위논문.

심혜령 외(2009), 중국인 학습자를 위한 한국어 관용어 교육 방안 연구: 중국어와의 대조 분석적 접근을 통하여, 중국문학 61, 한국중국어문학회. pp.267~294.

심혜령(2007), 한국어 교육용 기초 한자어 명사의 공기 관계 연구: 한중 대조 연구를 예시로 하여, 연세대학교 대학원 박사학위논문.

심호연(2013), 한국인과 유학생의 학위논문 결과-논의 부분에 나타난 완화표지 사용 양상 비교, 이화여자대학교 교육대학원 석사학위논문.

심훼(2012), 한·중 외래어 대조 연구: 구조와 의미를 중심으로, 중앙대학교 대학원 석사학위논문.

싸키네 버게리(2013), 한국어와 페르시아어 격조사 대조 연구, 경희대학교 대학원 석사학위논문.

쑤원쥬엔(2010), 한국어와 중국어의 문장연결 비교 연구: '-고, -면서'를 중심으로, 청주대학교 대학원 석사학위논문.

씨나롯 낫타완(2011), 한국어 부사격 조사와 태국어 전치사 대비 연구, 충남대학교 대학원 석사학위논문.

안병곤 외(1991), 일문법교육자료로서의 한일양국어의 부사대조연구, 일본어교육연구 7, 한국일본어교육학회. pp.5~31.

안병곤 외(2000), 동사에서 유래한 파생명사에 대한 일한 대조연구, 일본어교육연구 17, 한국일본어교육학회. pp.139~175.

안병호(2005), 언어 대비와 발음교육, Korean 연구와 교육 1, 이화여자대학교 한국어문학연구소. pp.3~14.

안성도(1994), 한국어와 영어의 자음 및 모음 비교분석, 논문집 27, 서울교육대학. pp.383~413.

안연령(2011), 한·중 관형어의 대비 연구, 충남대학교 대학원 석사학위논문.

안연진(2011), 한·중 접속문 대조분석과 교육적 활용에 대한 연구: 원인·이유 연결표현을 중심으로, 동국대학교 대학원 석사학위논문.

안주영(2012), 한국어 부사어의 중국어 대응표현에 관한 연구, 부산대학교 대학원 석사학위논문.

안증환(2004), 문화적 차이에 근거한 한국어와 일본어의 상대적 언어유형, 일본어교육연구 29, 한국일본어교육학회. pp.17~43.

야하타 사나에(2012), 한·일 부정 양태부사 대조 연구: 한국어 교육적 관점에서, 계명대

학교 대학원 석사학위논문.
양기기(2011), 한국어 '-겠-'과 중국어 '要'의 대비연구, 건국대학교 대학원 석사학위논문.
양단(2011), 한·중 시간부사의 상적 특성에 대한 대조 연구, 한양대학교 대학원 석사학위논문.
양상(2012), 한중 친족호칭어 대비 연구, 경남대학교 대학원 석사학위논문.
양설(2009), 한중 피동문 대조 연구: 중국어 被자문과의 대조를 중심으로, 경희대학교 대학원 석사학위논문.
양승관(2006), 사회·문화적 관점에서 본 스페인어와 한국어 비교 분석 및 교육 활용 방안, 스페인어문학 38, 한국스페인어문학회. pp.397~417.
양승관(2010), 한국어와 스페인어 문화 어휘 대조 분석 및 활용 방안 연구, 스페인어문학 56, 한국스페인어문학회. pp.111~135.
양연(2012), '말다' 구성에 대응하는 중국어 대조 연구, 동국대학교 대학원 석사학위논문.
양혜순(1990), A comparative study of (in)definite reference in English and Korean, 한국문화연구원 논총 58, 이화여자대학교 한국문화연구원. pp.331~350.
에린 피츠제럴드(2013), 호주 영어와 한국어에서의 사과 화행 대조 분석, 청주대학교 대학원 석사학위논문.
여홍초(2011), 한·중 경어법의 비교연구, 호서대학교 대학원 석사학위논문.
연교월(2013), 한국 한자어 축약형과 중국어 축약형의 대조 연구, 경희대학교 대학원 석사학위논문.
오노 하루나(2012), 한일 양언어의 감사 표현에 관한 대조연구, 부산대학교 대학원 석사학위논문.
오대환(2010), 식민지 시기의 조선어와 일본어의 문법 대조를 통한 조선어교육에 관한 연구: 조선문조선어강의록(경성 조선어연구회 간행)의 국선문대역법을 중심으로, 한국어교육 21-3, 국제한국어교육학회. pp.105~128.
오려려(2011), 한국어와 중국어의 과거 상황 표현 대조 연구, 영남대학교 대학원 석사학위논문.
오봉염(2012), 한·중 1인칭 대명사의 대조 연구, 전북대학교 대학원 석사학위논문.
오영혜(1977), 한일 양국어의 대우표현 비교연구, 연세대학교 대학원 석사학위논문.
오자키 다쓰지(2006), 접속조사 て와 한국어 연결어미 대조 연구, 연세대학교 대학원 석사학위논문.
오정은(2003), 외국어로서의 한국어 교육 연구: 발음 오류를 중심으로, 인천대학교 교육대학원 석사학위논문.

오종렬(2010), 중 · 일 · 한 3개국 아스펙트 체계의 대조연구, 일본어교육연구 19, 한국일어교육학회. pp.151~171.
오현아 외(2011), 한국어와 영어의 발상에 대한 비교 인지언어학적 고찰: 청자 중심 원리와 화자 중심 원리를 중심으로, 국어교육연구 28, 서울대학교 국어교육연구소. pp.1~29.
오현주(2012), 한국어와 러시아어 이동 동사의 쓰임과 의미: {오다/가다: прий ти/идти}를 중심으로, 상명대학교 대학원 석사학위논문.
와와메인(2011), 한국어와 미얀마어 공손표현 대조 연구, 원광대학교 대학원 석사학위논문.
왕례량(2012), 한국어와 중국어의 상 범주 대조 연구, 연세대학교 대학원 박사학위논문.
왕례량(Li Liang Wang)(2006), 한국어 보조용언과 중국어와의 대조 연구, 문법 교육 5, 한국문법교육학회. pp.261~297.
왕로(2011), 한·중 한자어 시간부사의 대조적 연구, 중앙대학교 대학원 석사학위논문.
왕리(2013), 한·중 상 형식 대조 연구, 부산대학교 대학원 석사학위논문.
왕립위(2013), 한·중 문장부호의 대비 연구, 충남대학교 대학원 석사학위논문.
왕방(2012), 중·한 속담 비교연구, 한서대학교 대학원 석사학위논문.
왕배배(2011), 한 · 중 동형이의 한자어 대조 연구: 한국 각 한국어교육기관 교재를 중심으로, 한양대학교 대학원 석사학위논문.
왕설명(2011), 한국어와 중국어의 위치표현 대조 연구: '상·하·위·아래'를 중심으로, 세종대학교 대학원 석사학위논문.
왕소단(2011), 한국어와 중국어 완곡 표현의 대비 연구, 충남대학교 대학원 석사학위논문.
왕소훼(2012), 한·중 육아 관련 텍스트의 어휘 대비연구: 명사, 동사 중심으로, 충남대학교 대학원 석사학위논문.
왕신(2012), 한국어와 중국어의 수사 대비 고찰: 중국인 학습자를 위하여, 청주대학교 대학원 석사학위논문.
왕신천(2011), 한·중 사자성어 비교연구, 호서대학교 대학원 석사학위논문.
왕영(2010), 한중 피동 표현 대조 연구, 한국외국어대학교 교육대학원 석사학위논문.
왕영영(2010), 한국어와 중국어의 조건표현 대비 연구, 충남대학교 대학원 석사학위논문.
왕예(2010), 한국어와 중국어의 의문문에 대한 화행이론적 대조 연구, 영남대학교 대학원 석사학위논문.
왕옥각(2012), 한·중 드라마의 고부간 갈등대화 구조에 대한 대조 연구, 국민대학교 대학원 석사학위논문.
왕옥주(2011), 중국어 '的'에 대응하는 한국어 표현 연구, 인제대학교 대학원 석사학위논문.

왕우남(2012), 한·중 초등학교 국어 교과서에 수록된 상징어의 대비 연구, 충남대학교 대학원 석사학위논문.

왕위(2012), 한국어 '있다'와 중국어에서의 대응 연구, 숭실대학교 대학원 석사학위논문.

왕위(2013), 한중 행정용어에 나타난 행정기관명과 직위 대조 연구, 연세대학교 대학원 석사학위논문.

왕위령(Wang Wei Ling)(2010), 한·중 의문문에 대한 비교 연구, 문법 교육 12, 한국문법교육학회. pp.299~319.

왕윤정(2012), 한국어와 중국어 어휘적 경어법 대조 연구, 경희대학교 대학원 석사학위논문.

왕의립(2012), 한·중 거북문화 비교 연구, 부산외국어대학교 대학원 석사학위논문.

왕정(2011), 한국어 '오다/가다'와 중국어 '來/去'의 대조 분석, 연세대학교 대학원 석사학위논문.

왕정(2012), 한 중 친족 호칭어의 비교 연구, 부산외국어대학교 대학원 석사학위논문.

왕정(Jing Wang) 외(2012), 한국어와 중국어의 조어법 대조 연구, 새국어교육 91, 한국국어교육학회. pp.289~317.

왕정춘(2003), 중국인 위한 韓·中 대조분석: '-因爲… 所以…', '旣然… 就…'와 '-어서', '-니까' 중심으로, 연세대학교 대학원 석사학위논문.

왕종연(2010), 조사 용법에 대한 한국어와 중국어 비교 연구: 부사격 조사 '-에', '-에서', '-에게', '-로'의 용법을 중심으로, 단국대학교 대학원 석사학위논문.

왕진곤(2013), 한·중 피동 표현 대조 연구: 피동문 유형 대조를 중심으로, 동국대학교 대학원 석사학위논문.

왕천(2013), 한·중 미각 형용사의 대조 연구: 의미 전이 양상을 중심으로, 경희대학교 대학원 석사학위논문.

왕페이(2011), 의문문에 대한 한·중 대조 연구, 한양대학교 대학원 석사학위논문.

왕한림(2011), 한중 경어법의 비교연구, 선문대학교 대학원 석사학위논문.

왕호(2011), 한국어 단위명사와 중국어 양사(量詞)의 비교 연구, 대구대학교 대학원 석사학위논문.

요시나가 이쿠코(2002), 한국어와 일본어의 자음 앞 비음에 관한 음성학적 비교연구: 일본인의 한국어 자음 앞 비음 습득의 관점에서, 서울대학교 대학원 석사학위논문.

요흔동(2013), 한국어와 중국어 경어법 대조 연구, 울산대학교 대학원 석사학위논문.

우메다 히로유키(梅田博之) 외(1988), 한국어와 일본어의 대우법 비교대조, 이중언어학 4, 이중언어학회. pp.159~202.

우메다 히로유키(梅田博之)(2004), 최근 일본에서의 한일대조언어학의 동향, 국어국문학

136, 국어국문학회. pp.7~45.
우연(2011), 한국과 연변지역의 날씨 어휘 {바람, 눈, 비} 대비 연구, 충남대학교 대학원 석사학위논문.
우영지(2012), 한국어와 중국어 높임어휘에 대한 대조적 고찰, 전남대학교 대학원 석사학위논문.
우인혜(1998), 한일 언어 비교를 통한 발음 교수법, 이중언어학 15-1, 이중언어학회. pp.319~347.
원영호(1992), 韓日摩擦音及び破擦音の對照硏究: 發音教育を中心に, 동대논총 22, 동덕여자대학교. pp.517~540.
웨 노에 흐닌 쏘(2012), 한국어와 미얀마어 '크다/작다, 많다/적다'의 언어 관계 대조 연구: (체언+용언)형을 중심으로, 연세대학교 대학원 석사학위논문.
웬빈뜨엉(2012), 한국어와 베트남어의 의성어와 의태어 대조 연구: 반복형을 중심으로, 영남대학교 대학원 석사학위논문.
위교(2013), 한국어와 중국어 상의 문법화 대조연구: '-(고) 있-'과 '着'을 중심으로, 서울시립대학교 대학원 석사학위논문.
위영(2012), 한국어 한자어 접미사와 중국어 접미사 대조 연구: 인칭접미사 중심으로, 연세대학교 대학원 석사학위논문.
유나(2013), 한국어와 중국어의 의무양태·증거양태에 대한 비교 연구, 단국대학교 대학원 석사학위논문.
유단청(2011), 한국어와 중국어의 재귀 대명사 대조 연구: 한국어 '자기', '자신'과 중국어 '自己'를 중심으로, 부산외국어대학교 대학원 석사학위논문.
유동청(2010), 한·중 동물명 비교연구, 경희대학교 대학원 박사학위논문.
유상(2012), 한국어 '-적'과 중국어 '的'의 대비연구, 충남대학교 대학원 석사학위논문.
유소영(2012), 일본어「する」동사와 한국어「하다/되다」동사의 대응관계: 2자 한자어를 선행요소로 취하는 경우를 중심으로, 한양대학교 대학원 석사학위논문.
유약남(2012), 한·중 외래어에 대한 비교 연구: 표기와 의미변화를 중심으로, 한국교원대학교 대학원 석사학위논문.
유양(2010), 중국 대학교에서 사용하는 한국어 교재의 비교 분석과 개선 방안: 초급 교재를 중심으로, 경기대학교 대학원 석사학위논문.
유연연(2011), 한·중 인칭 대명사 대비 연구, 충남대학교 대학원 석사학위논문.
유영(2011), 한국어 교육을 위한 한·중 고사성어의 대조 연구, 상명대학교 대학원 석사학위논문.
유장옥(2001), 한·일 동사의 수동표현 성립조건에 관하여, 일본어교육연구 19, 한국일본

어교육학회. pp.143~163.
유정정(2011), 한·중 외래어 차용 방식 양상의 대조 연구: 한국어 교육용 외래어를 중심으로, 연세대학교 대학원 석사학위논문.
유초군(2012), 한·중 어휘 대조를 통한 한국문화교육 방안: 색채어를 중심으로, 상명대학교 교육대학원 석사학위논문.
유효동(2012), 한·중 기본 미각형용사의 의미 확장 대조 연구, 서울시립대학교 대학원 석사학위논문.
육성영(2010), 한·중 호칭어 대조연구, 서울시립대학교 대학원 석사학위논문.
윤려홍(2012), 한국어 '어떻게' 와 중국어 '怎么' 의 대비, 숭실대학교 대학원 석사학위논문.
윤시내(2011), 한·일 조리동사의 의미 대조 연구, 동의대학교 대학원 석사학위논문.
윤영민(2011), 현대 한·일어 접사의 비교 연구, 고려대학교 대학원 박사학위논문.
윤영숙(2007), 보조사 "-도" 의 기능과 해당 중국어 형태소와의 비교, 한국어교육 18-3, 국제한국어교육학회. pp.145~165.
윤은경(2011), 한국어와 영어 이중모음의 대조분석: 활음의 음의 길이를 중심으로, 한국어교육 22-4, 국제한국어교육학회. pp.299~319.
윤은미(2004), 한국인과 한국어 학습자의 거절화행에 나타난 공손전략 비교연구: 체면보호를 위한 언어적 장치를 중심으로, 외국어로서의 한국어교육 29, 연세대학교 언어연구교육원 한국어학당. pp.117~145.
윤혜(2012), 한국어 '돌다' 와 중국어 '轉' 의 대비 연구, 동국대학교 대학원 석사학위논문.
응엔응옥융(2012), 한국어와 베트남어의 의성어 · 의태어 대조연구, 경희대학교 대학원 석사학위논문.
응오티번안(2013), 경제 기사문에 나타난 한국어-베트남어 은유표현 비교, 충남대학교 대학원 석사학위논문.
이 나제즈다(2012), 러시아어권 학습자를 위한 한국어 연어 교육: 'работать' 동사와 한국어 대응 표현을 중심으로, 연세대학교 대학원 석사학위논문.
이가 외(2012), 한국어교육을 위한 한국어와 중국어의 어순 대조 연구, 새국어교육 93, 한국국어교육학회. pp.469~502.
이강호(2001), 한국어와 독일어의 상적 구절의 유형, 독어교육 21, 한국독어독문학교육학회. pp.231~254.
이건희(2012), 한국어와 중국어의 파찰음 대조 연구: 변이음을 중심으로, 경희대학교 대학원 석사학위논문.
이경수(2012), 한일어 대조 연구, 한국방송통신대학교 출판부.
이경은(1998), 한국어 문말시상형태소의 오류분석: 외국어로서의 한국어 교육에서 '-고

있다' 와 '-ている' 의 대조분석을 중심으로, 이화여자대학교 대학원 석사학위논문.
이경화(2011), 한 · 일 양국에 있어서의 다문화가정을 위한 언어 교육의 비교, 대조 연구: 양국의 교재 분석을 중심으로, 중앙대학교 교육대학원 석사학위논문.
이광숙(1992), 독일어의 보충어와 한국어의 대응구조, 이중언어학 9, 이중언어학회. pp.72~84.
이광연(2013), 한국어 조사 '의' 의 통사와 의미: 중국어 조사 '的' 과의 대조를 중심으로, 서울시립대학교 대학원 석사학위논문.
이기(2012), 한 · 중 촉각 형용사에 대한 대조적 연구, 서강대학교 대학원 석사학위논문.
이기웅(2008), 한국어 교육을 위한 한 · 일 의성어 · 의태어 대조 분석, 상명대학교 교육대학원 석사학위논문.
이길섭(2012), 한영 대조분석을 통한 한국어 관형사절 교수방안 연구, 한국외국어대학교 교육대학원 석사학위논문.
이길원(2009), 대조언어연구와 한 · 일 언어분석의 실제, 한국어정보학 11-1, 한국어정보학회. pp.30~34.
이남(2010), 한 · 중 신체 관련 관용어 비교 연구: '손' 과 '발' 을 중심으로, 경희대학교 대학원 석사학위논문.
이남(2012), 한중 방향성 이동동사 구성의 대조 연구, 부산대학교 대학원 박사학위논문.
이득춘(1994), 한국 한자어와 중국어의 대조에서 나타나는 구조적 및 의미적 차이, 외국어로서의 한국어교육 19, 연세대학교 언어연구교육원 한국어학당. pp.27~39.
이명강(2010), 한국어와 중국어의 의태어 대조 연구, 대구대학교 대학원 석사학위논문.
이명주(2010), 현대 한 · 일어 어휘 대조연구: 의미분야별 대응관계를 중심으로, 고려대학교 대학원 박사학위논문.
이명희(2009), 한 · 중 대학생의 거절 화행 대조 연구, 외국어로서의 한국어교육 34, 연세대학교 언어연구교육원 한국어학당. pp.313~345.
이명희(2010), 한국어와 중국어의 요청 화행 대조 연구, 이중언어학 42, 이중언어학회. pp.103~133.
이민(2011), 음식 {맛}과 관련된 한국어와 중국어 어휘 대조 연구: {달다}와 {쓰다}를 중심으로, 상명대학교 대학원 석사학위논문.
이민행(1995), 보편문법과 언어학적 상상력: 독일어와 국어, 영어의 문장구조 대조분석, 외국어로서의 한국어교육 20, 연세대학교 언어연구교육원 한국어학당. pp.33~55.
이설(2006), 한국어와 중국어 접속문의 표현 방식에 대한 대조 연구, 연세대학교 대학원 석사학위논문.
이성규(2006), 몽골어와 한국어의 수사체계 비교연구, 몽골학 21, 한국몽골학회. pp.1~17.

이순미(2012), 한 · 일 양어의 경어체계에 대한 비교 고찰, 울산대학교 교육대학원 석사학위논문.
이양금(2010), 대조를 통한 한국어 관용어 교육 연구: 영어권 학습자를 대상으로, 부산외국어대학교 대학원 석사학위논문.
이양금(2011), 한 · 영 대조를 통한 한국어 관용어 교육의 효과, 응용 언어학 27, 한국응용언어학회. pp.77~105.
이연니(2011), 한 · 일 신체어휘 관용어의 비교 연구, 선문대학교 대학원 석사학위논문.
이영(2011), 한국어 교육을 위한 한 · 중 양태 표현의 대조 연구, 고려대학교 대학원 박사학위논문.
이영남(2011), 한국어 분류사와 중국어 양사의 대조 연구, 부산외국어대학교 대학원 석사학위논문.
이영숙(2008), 한국어와 러시아어의 자음 음소 및 변이음의 대조 분석, 연세대학교 대학원 석사학위논문.
이예화(2013), 한 · 중 분류사 의미 대조 연구, 경희대학교 대학원 석사학위논문.
이옥환(2010), 한국어와 중국어의 양태 표현 대조 연구, 한양대학교 대학원 석사학위논문.
이운(2012), 인과관계 표현에 대한 한 · 중 대조분석, 한양대학교 대학원 석사학위논문.
李元元(2012), 한국어와 중국어 결과구문 대조 연구, 중앙대학교 대학원 석사학위논문.
이은미(2009), 'déjà' 상응하는 한국어 '벌써'와 '이미'에 대한 고찰, 프랑스어문교육 30, 한국프랑스어문교육학회. pp.263~284.
이은정(2011), 한국어 '하다' 표현의 일본어 대응 양상 연구: 한국어 교육적 관점에서, 계명대학교 대학원 석사학위논문.
이자연(2012), 한 · 일 양언어의 지시사 이동에 관하여, 인하대학교 교육대학원 석사학위논문.
이점출(Jum Chool Rhie)(2001), 한국어와 독일어의 형용사 보충어 및 문형 대조분석, 독어교육 22, 한국독어독문학교육학회. pp.219~243.
이정민(2003), Negative polarity items and free choice in Korean and Japanese: a contrastive study, 이중언어학 22, 이중언어학회. pp.1~48.
이정택 외(2005), 한 · 일어 피동 범주 대조 및 일본어 사용자를 위한 한국어 피동 범주 교수, 학습 방법 연구, 국어교육 116, 한국어교육학회. pp.197~220.
이정택(2008), 능동과 피동의 의미 차에 관한 한 · 영 대조 연구, 청람어문교육 38, 청람어문교육학회. pp.467~482.
이정택(2010), 의식주 범주 어휘의 한 · 중 대조 분석: 한 · 중의 공통요소인 한자어를 중심으로, 겨레어문학 45, 겨레어문학회. pp.207~233.

이정하(2011), 일·한 양국어의 미각형용사의 의미대조연구, 부산대학교 대학원 석사학위논문.
이정희(2010), 일본어「てしまう」와「てしまった」에 대한 한국어 대응표현 고찰, 경희대학교 대학원 석사학위논문.
이주행(2002), 한국어와 만주-퉁구스 제어의 격 표지어에 대한 비교 연구, 국어교육 109, 한국어교육학회. pp.277~298.
이주행(2008), 한국어와 중국 조선어의 규범문법 비교 연구, 국어교육 125, 한국어교육학회. pp.371~416.
이준형(2011), 인지적 관점에서 본 한국어와 세르비아크로아티아어의 색채 표현 비교연구, 한국외국어대학교 대학원 석사학위논문.
이진실(2012), 한국어 연어구성과 그에 대응되는 러시아어 대응 표현의 대조 연구: 한국어 동사 '보다' 중심으로, 연세대학교 대학원 석사학위논문.
이찬종(2008), 한국어와 포르투갈어의 음소결합확률 대조연구, 외국어교육연구 22, 한국외국어대학교 외국어교육연구소. pp.111~131.
이천(2010), 한·중 속담의 비교 연구: 빈도수가 높은 108개의 속담을 중심으로, 동국대학교 대학원 석사학위논문.
이철재(2008), 한국어와 태국어의 음운 현상 대조 연구, 한국외국어대학교 대학원 석사학위논문.
이청(2013), 한·중 '희다' 계열 색채어 대조 연구, 울산대학교 대학원 석사학위논문.
이춘매(2011), 한국어 능력시험과 신 한어 수평모의고시의 어휘 문항 비교 연구, 연세대학교 대학원 석사학위논문.
이춘염(2013), 중국인 학습자를 위한 한국어 부정 의문문의 교육 연구: 중·고급 학습자를 대상으로, 서울대학교 대학원 석사학위논문.
이택명(2010), 한국어와 중국어의 어순 비교 고찰: 한국어와 중국어의 번역을 중심으로, 대불대학교 대학원 석사학위논문.
이패연(2010), 한국어 교육을 위한 '적(的)' 파생어의 한·중 대조 연구, 고려대학교 대학원 석사학위논문.
이혜영(2009), 한국어와 일본어의 젠더표현 연구, 한국학술정보.
이홍염(2011), 한·중 맞장구 표현 대조 연구, 한양대학교 대학원 석사학위논문.
이화진(2011), 대조분석과 언어 보편성을 통한 한국어 단모음 교육: 중국인 학습자를 대상으로, 한국문법교육학회 학술발표논문집, 한국문법교육학회. pp.111~119.
이효숙(2004), 한국어교육에서의 효율적인 피동 교수 방안: 한·일 대조 분석을 중심으로, 선문대학교 대학원 석사학위논문.

일노궁내앙(2009), 한일 연어 대조연구: '명사+(조사)+동사' 형을 중심으로, 가톨릭대학교 대학원 석사학위논문.
임룡(2013), 한국어와 중국어의 지시어 대조 연구: '이, 그, 저' 와 '這, 那' 를 중심으로, 영남대학교 대학원 석사학위논문.
임문연(2010), 한국어 조사 '-에', '-에서', '-로' 와 중국어 전치사의 대응 연구: 자동사 문장을 중심으로, 연세대학교 대학원 석사학위논문.
임민(2012), 한·중 기상속담의 비교 연구, 부산외국어대학교 대학원 석사학위논문.
임배리(2013), 한·중 동형 한자어의 어감 대조 연구, 경희대학교 대학원 석사학위논문.
임봉교(2010), 한·중 한자 어휘 대비 연구: 〈한국어 학습용 어휘 선정 결과 보고서〉의 2음절 명사 어휘를 중심으로, 건국대학교 대학원 석사학위논문.
임엘레나(2011), '발' 과 관련된 한·러 표현 대조 연구, 경희대학교 대학원 석사학위논문.
임현열 외(2008), 한국 한자음과 중국 한자음의 대응에 관한 연구, 어문연구 139, 한국어문교육연구회. pp.393~418.
임혼의(2012), 중국인 학습자를 위한 한국어 '-었-' 의 중국어 대응 양상 연구, 연세대학교 대학원 석사학위논문.
자원(2012), 한·중 착탈어 연어표현 대조연구: 신체 착탈어를 중심으로, 경희대학교 대학원 석사학위논문.
蔣麗容(2013), 한국어 접속어미 '-고' 와 중국어, 일본어 대응표현 대조 연구, 전남대학교 대학원 석사학위논문.
장령(2011), 한·일·중 신체어휘 비교연구: 두부(頭部) 관련 관용표현을 중심으로, 인천대학교 대학원 석사학위논문.
장리(2011), 한국어와 중국어의 음절 구조와 음운 체계 대조, 연세대학교 대학원 석사학위논문.
장망(2011), 한·중 신체 동작 의태어 비교 연구, 경희대학교 대학원 석사학위논문.
장목비(2012), 한국어와 중국어의 지시표현 대조 연구: 사물, 처소, 시간, 상태 지시를 중심으로, 경희대학교 대학원 석사학위논문.
장미령(2011), 한국어와 중국어의 신체 관련 관용표현 비교 연구: '손' 과 '발' 관련표현을 중심으로, 울산대학교 대학원 석사학위논문.
장미화(2012), 한일 수동표현의 대조분석, 조선대학교 교육대학원 석사학위논문.
장민정(2012), 신문기사의 텍스트언어학적 대조분석: 한국, 미국, 일본의 재난뉴스를 중심으로, 한양대학교 대학원 박사학위논문.
장방(2011), 한·중 부정의문문의 대비 연구, 충남대학교 대학원 석사학위논문.
장수군(2008), 한·중 감탄사의 대조 연구: 일 음절 한·중 유사감탄사를 중심으로, 배재대학교 대학원 석사학위논문.
장시우(2013), 한·중·일 상용한자의 字形·字義 비교 연구, 선문대학교 대학원 석사학위논문.
장아롱(2012), 한·영 음소대조분석을 통한 한국어 발음지도 연구, 충남대학교 대학원 석사학위논문.
장염자(2013), 한·중국어 속담 비교연구: '개'와 '닭'의 속담표현을 중심으로, 강원대학교 대학원 석사학위논문.
장엽(2012), 한·중 속담 비교 연구, 전남대학교 대학원 석사학위논문.
장예(2011), 한국어 보조사 '도'와 중국어 대응 표현 연구, 동국대학교 대학원 석사학위논문.
장용(2011), 한국어 '오다/가다'와 중국어 '来/去(lái/qù)'의 비교연구, 전북대학교 대학원 석사학위논문.
長原成攻(2004), 한·일 양 언어의 시간어에 대한 대조 고찰, 일본어교육연구 27, 한국일본어교육학회. pp.121~143.
장원원(2011), 한국어 동사 '놓다'와 '두다'의 비교 연구: 중국어 대응 양상을 중심으로, 연세대학교 대학원 석사학위논문.
장웨이쉔(2012), 한국어 다의어 '먹다'와 중국어 '吃'의 의미 대조 연구, 경희대학교 대학원 석사학위논문.
장유린(2011), 한국어 조사 '으로, 으로서, 으로써'의 대조 분석: 중국인 학습자의 교육을 위하여, 동국대학교 대학원 석사학위논문.
장쟁(2011), 한·중 합성명사의 구조 비교 연구, 선문대학교 대학원 석사학위논문.
장정(2012), 한국어와 중국어의 '손(手)' 및 '발(脚)' 관련 관용 표현 대조연구, 영남대학교 대학원 석사학위논문.
장천매(2008), 대만인 초급 학습자를 위한 한국어 모음 발음 교육 연구: 대만어와 한국어 모음 체계의 대조를 중심으로, 한국외국어대학교 교육대학원 석사학위논문.
장효화(2012), 한국어 분류사와 중국어 양사 대비 연구, 울산대학교 대학원 석사학위논문.
장희(2013), '-然' 형용사·부사의 한국어, 중국어 대조 연구, 단국대학교 대학원 석사학위논문.
전경재(1997), 한국어와 독일어의 수식어의 품사 및 형태, 한국어교육 8, 국제한국어교육학회. pp.91~105.
전경준(2012), 대명사 유형 연구: 프랑스어와 한국어를 중심으로, 외국어 교육 13, 한국외국어교육학회. pp.133~151.
전락(2011), 한국어와 중국어의 반복어 대조 연구, 한양대학교 대학원 박사학위논문.

전성기(1992), 불어와 한국어의 의미론적 대조분석, 이중언어학 9, 이중언어학회. pp.56~72.
전용(2012), 한 · 중 한자어 동형어 비교 연구, 건국대학교 대학원 석사학위논문.
전우화(2011), 「-ている」와 「-었-」에 관한 고찰: 한 · 일 양국의 시간 개념의 차이를 중심으로, 중앙대학교 교육대학원 석사학위논문.
전재호(2005), 한 · 일 언어문화 대조연구, 역락.
전홍화(2010), 중국인 한국어 학습자를 위한 한 · 중 속담 비교 연구: 한국어 속담 활용 교육을 중심으로, 경희대학교 대학원 석사학위논문.
정건진(2011), '-적(的)'의 용법에 대한 한 · 중 대조, 한양대학교 대학원 석사학위논문.
정남희(2010), 한 · 중 · 일 의성어 · 의태어 비교연구: 초등학교 국어 교과서를 중심으로, 경성대학교 교육대학원 석사학위논문.
정다운(2007), 중국인과 일본인의 한국어 작문 텍스트 대조 분석: 텍스트 구조를 중심으로, 이중언어학 33, 이중언어학회. pp.215~243.
정림(2011), 한 · 중 색채어 대비 연구: 오색어의 형태특징과 문화 상징의미를 중심으로, 연변대학교 대학원 석사학위논문.
정보경(2011), 한국어 한자어 접미사와 중국어 접미사의 대조 연구: 사람과 관련된 명사를 중심으로, 목포대학교 대학원 석사학위논문.
정성아(2012), 한 · 중 어휘대조를 통한 한국 한자어 교육방안, 부산대학교 대학원 석사학위논문.
정소현(2013), 한국어 · 영어 code-switching에 관한 연구: 형태통사론적, 화용론적 특징을 중심으로, 서울시립대학교 대학원 석사학위논문.
정아영(1985), 한국어와 영어의 음운론적 대조 연구, 이중언어학 2, 이중언어학회. pp.67~87.
정연숙(2012), 한국어와 광동어의 음운대조, 부산대학교 대학원 석사학위논문.
정하영(2007), 한 · 일 양국어의 수동표현 비교연구, 제주대학교 교육대학원 석사학위논문.
정향란(Xiang Lan Zheng)(2007), 한국어 조사 '의'의 실현 양상과 해당 중국어 표현의 대조, 이중언어학 33, 이중언어학회. pp.245~268.
정현미(2011), 한 · 일 속담 비교를 통한 한국어 교육 방안 연구: 일본인 학습자를 대상으로, 한국외국어대학교 교육대학원 석사학위논문.
정혜진(2010), 한국 문화 교육을 위한 속담 연구: 한 · 영 속담 비교를 중심으로, 한국외국어대학교 교육대학원 석사학위논문.
정홍영(2012), 한 · 중 계절 관련 속담 비교연구, 충남대학교 대학원 석사학위논문.
조가유(2012), 한국어와 대만 민남어의 음운적 대조 연구: 음절구조, 음운체계, 음절구조 제약, 음소결합 제약, 음운변동을 중심으로, 연세대학교 대학원 석사학위논문.

조경아(2003), 일본인 한국어 학습자의 요청(request) 화행에 관한 연구: 한국인 화자와 일본인 한국어 학습자간의 대조를 통해, 연세대학교 대학원 석사학위논문.
조명숙(2005), 한국어 · 베트남어 대비를 통한 문법 교육, 국어교육연구 16, 서울대학교 국어교육연구소. pp.321~350.
조문비(2012), 중국인 한국어 학습자 단어 연상 의미의 양상 연구, 중앙대학교 대학원 석사학위논문.
조민정 외(2003), 한국어 · 스페인어 관용 표현 대조 분석, 초등 국어교육 13, 서울교육대학교 국어교육과초등 국어 교육 연구소. pp.149~174.
조산산(ZHAO SHAN SHAN)(2012), 중국어 介詞 '給'와 한국어 조사 '-에게'의 대조 연구, 경희대학교 대학원 석사학위논문.
조선경(1997), 한국어 조사 {의}와 일본어 조사 {の}의 대조연구: 외국어로서의 한국어교육의 측면에서 {의}의 생략과 실현을 중심으로, 이화여자대학교 대학원 석사학위논문.
조수진(2010), 사회적 변인에 따른 피치차이: 독일어 · 한국어 · 영어에 나타난 공손한 언어행위를 중심으로, 고려대학교 대학원 석사학위논문.
조영량(2010), 한 · 중 속담의 대비 및 교육방법 연구, 충남대학교 대학원 석사학위논문.
조영주(2011), 발화개시표현에 대한 한 · 일 대조연구, 중앙대학교 대학원 석사학위논문.
조정여(2011), 한 · 중 형용사 대비 연구, 충남대학교 대학원 석사학위논문.
조헌주(2012), 영어와 한국어의 신체은유에 대한 범주적 접근방법, 전남대학교 대학원 박사학위논문.
조혜진(2012), 일본인 한국어 학습자를 위한 한일 한자어 대조 연구: 의미 · 형태 · 화용 · 악센트를 중심으로, 연세대학교 교육대학원 석사학위논문.
曹曉玲(2012), 한 · 중 부부관계에 관한 속담 비교 연구, 중앙대학교 대학원 석사학위논문.
종결(Jie Zhong)(2011), 한국어 먹다와 중국어 吃(chi)의 의미 확장 비교, 국어문학 51, 국어문학회. pp.29~61.
주교령(2011), 한국어 한자어 접두사와 중국어 접두사의 비교 연구, 순천향대학교 대학원 석사학위논문.
주려빈(2008), 한국어 '가다'와 중국어 '去', '走'의 의미 대조 연구, 경희대학교 대학원 석사학위논문.
주문효(2012), 한국어 '치다'와 중국어 '打'의 대비 연구, 건국대학교 대학원 석사학위논문.
주서(2012), 한국어 조건 연결어미와 중국어 대응표현의 대비 연구: '-면'과 '如果' 중심으로, 건국대학교 대학원 석사학위논문.
周順(2013), 한국어와 중국어 피동문의 대조 연구: 한국현대소설《엄마를 부탁해》와 중국어 번역본의 피동문 대조를 중심으로, 영남대학교 대학원 석사학위논문.

주신자(1998), 영어와 한국어의 담화문법 대조 분석, 한국어교육 9-1, 국제한국어교육학회. pp.183~200.
주요(2011), 한국어 담화표지에 관한 중국어 대응 표현 연구, 한양대학교 대학원 석사학위논문.
주운(2012), 중국인 학습자를 위한 한 중 감탄사 대조 연구, 경희대학교 대학원 석사학위논문.
周元媛(2013), 한국어 인사 표현 연구: 중국어와의 대비를 중심으로, 충북대학교 대학원 석사학위논문.
朱偉(2012), 중국어 '要' 와 한국어 '-겠-' 의 양태적 용법에 대한 비교 연구, 한중인문학연구 36, 한중인문학회. pp.253~272.
주유나(2012), 한·중·일의 관용적 비유 표현 대조 연구: '-듯이', '-처럼', '-만큼' 을 중심으로, 경희대학교 교육대학원 석사학위논문.
주자우(2011), 한·중 신체어의 다의성 대비 연구, 서강대학교 대학원 석사학위논문.
주재우(2007), 유추(類推)를 통한 설득 표현 교육 연구, 국어교육 122, 한국어교육학회. pp.177~199.
酒井眞弓(1996), 韓日兩國語の音聲學的對照研究と日本語 學習者の發音上の問題点, 덕성여대논문집 25, 덕성여자대학교. pp.161~183.
酒井眞弓(1998), 韓日兩國語における表現構造の對照研究, 인문과학연구 4, 덕성여자대학교 인문과학연구소. pp.197~222.
酒井眞弓(2002), 日韓兩國語の母音に關する對照分析, 인문과학연구 7, 덕성여자대학교 인문과학연구소. pp.305~324.
朱茜(2012), 한국어 격조사 '의' 와 중국어 '的' 의 대조 연구, 창원대학교 대학원 석사학위논문.
周青(2012), 한·중 '먹다' 류 동사의 개념적 은유 대조 연구, 고려대학교 대학원 석사학위논문.
지창란(2012), 한국 한자어와 현대 중국어 어휘비교연구: 고등학교 중국어교재를 중심으로, 계명대학교 대학원 석사학위논문.
진다위(2011), 한·중 부사어 비교연구, 경희대학교 대학원 석사학위논문.
진동하(2011), 한·중 의성어의 특징 대비 연구: 동물의 소리를 중심으로, 전북대학교 대학원 석사학위논문.
진려혜(2012), 한국어 부사 "아주" 의 수식관계 및 중국어에서의 대응, 숭실대학교 대학원 석사학위논문.
진서기(2013), 한·중 외래어 차용의 비교: 2002년 이후 서구 차용어 중심으로, 한양대학

교 대학원 석사학위논문.
진설매(2011), 한국어 조건 접속문과 중국어의 대응 구문에 대한 연구, 연세대학교 대학원 석사학위논문.
진신(2012), 한·중 금기어의 변형 양상 대조 연구, 경희대학교 대학원 석사학위논문.
진양(2010), 한국어와 중국어의 불평 화행에 관한 대조 연구, 중앙대학교 대학원 석사학위논문.
진열(2012), '이다' 구문에 대한 연구: 중국어에서의 대응형식을 중심으로, 동국대학교 대학원 석사학위논문.
진정정(2011), 한·중 신체관용어의 은유 비교 연구: 눈, 입, 귀, 코를 중심으로, 경상대학교 대학원 석사학위논문.
쩌우티투퉈(2011), 한국어와 베트남어의 음운론적 대조 연구, 영남대학교 대학원 석사학위논문.
쩐 티 타인 프엉(2010), 한국어-베트남어 부정표현 대조 연구, 전남대학교 대학원 석사학위논문.
채미나(2011), 중국어 '自己'의 한국어 대응 양상 연구, 연세대학교 교육대학원 석사학위논문.
채옥자(Cai Yuzi)(2004), 한국어와 중국어의 대비 연구: '적(的)' 파생어를 중심으로, 한국어교육 15-2, 국제한국어교육학회. pp.253~266.
채잉(2011), 한·중 신체어의 다의 대조 연구: '몸통 신체어와 사지(四肢) 신체어'를 중심으로, 국민대학교 대학원 석사학위논문.
체나랑게렐(2003), 현대 한국어와 몽골어의 높임표현 대조 연구, 상명대학교 대학원 석사학위논문.
초아매(2011), 한·중 조건 연결 표현 대비 연구, 충남대학교 대학원 석사학위논문.
최금자(2011), 한·중 양보 표현에 대한 대비 연구, 충남대학교 대학원 석사학위논문.
최동권(2009), 대용어 비교연구: 한국어 "것", 몽골어 yum, 만주어 -ngge, 몽골학 27, 한국몽골학회. pp.205~228.
최란희(2010), 중국어 '抓'와 한국어 '잡다'의 의미대조 연구, 한양대학교 대학원 석사학위논문.
최상식(1991), 韓·日 兩國語助辭「は」,「が」と「는」,「가」の 比較硏究, 일본어교육연구 7, 한국일본어교육학회. pp.33~55.
최선아(2010), 한·일어 비유표현의 비교연구: 동물 관용구를 중심으로, 단국대학교 대학원 석사학위논문.
최옥춘(2013), 한·중 시간부사 유의어 대조 연구: 한국어 중급 학습자를 대상으로, 경희대학교 대학원 석사학위논문.

최은경(2011), 한국어 교육을 위한 한국어와 크메르어의 대조 분석 연구: 유형적 특징을 중심으로, 한국어교육 22-1, 국제한국어교육학회. pp.257~274.

최은주(2003), 일본어 「氣」와 한국어 '기'의 의미 확장 대조, 일본어교육연구 25, 한국일본어교육학회. pp.43~66.

최은하 외(2010), 중국인 학습자의 한국어와 중국어 유사발음 비교 분석 및 발음지도 연구: 폐쇄음을 중심으로, 국어문학 48, 국어문학회. pp.355~383.

최종훈(2010), 「논의(論意)」와 「의론(議論)」의 의미특징에 관하여: 한국어와의 대조를 통하여, 일어일문학연구 74, 한국일어일문학회. pp.263~277.

최탁래(2012), 한중 대립 접속 형태 '그러나'와 '但但是' 대비 연구, 건국대학교 대학원 석사학위논문.

최호량(2011), 제2 언어습득 과정에서 북경어권과 광동어권 중국인 학습자의 한국어 /ㄹ/ 발음 대조연구, 서울시립대학교 대학원 석사학위논문.

최희아(2012), 한·중 몽점 비교 연구: 『삼국유사』·『삼국연의』를 중심으로, 중앙대학교 대학원 석사학위논문.

추엔웨이(2013), 반의관계의 문장 실현 양상 대조 연구: 한국어, 중국어의 반의관계 구문을 중심으로, 경희대학교 대학원 석사학위논문.

췌이페이(2013), 한국어 '치다'와 중국어 '打'의 의미 확장 대조 연구, 경희대학교 대학원 석사학위논문.

츠루마루 타쿠야(2012), 한일 감정관련 용언형 관용어 대조 연구: 분노와 미움의 감정을 중심으로, 경희대학교 대학원 석사학위논문.

츠모리 사유리(2013), 한국어와 일본어의 '마음' 관련 연어표현 대조 연구, 경희대학교 대학원 석사학위논문.

침혜령(2009), 중국인 학습자를 위한 한중 관용어 대조 연구, 학술대회2009, 한국언어문화교육학회. pp.103~116.

카몰로브 만수르(2012), 영어, 한국어, 우즈벡어의 신체 관련 관용어 비교 연구: '머리', '눈', '손'을 중심으로, 계명대학교 대학원 석사학위논문.

코올뤼 라지예(2013), 한국어와 터키어의 격과 격조사 비교 연구, 영남대학교 대학원 석사학위논문.

콩웨이나(2012), 한·중 否定詞의 비교 연구, 선문대학교 대학원 석사학위논문.

콩판레이(2013), 한·중 부정적 감정표현의 대조 연구: '분노, 슬픔, 두려움'을 중심으로, 부산대학교 대학원 석사학위논문.

키무라 하루나(木村春菜)(2008), 한·일어 '당하다' '받다'의 대조분석 연구: 말뭉치에 의

한 선행요소 분석을 중심으로, 경희대학교 대학원 석사학위논문.
타티아 마나가제(2012), 한국어와 그루지아어의 의성어·의태어 대조 연구, 경희대학교 대학원 석사학위논문.
탄나나 외(2013), 한국어와 중국어 계사구문의 대조 연구: 통사적 분포와 의미 기능 확장을 중심으로, 외국어로서의 한국어교육 38, 연세대학교 언어연구교육원 한국어학당. pp.253~278.
탄나나(2012), 한 중 부정문 대조 연구, 경북대학교 대학원 석사학위논문.
탄투이밀린(2012), 한국어와 베트남어의 안면부관련 속담 대조 연구, 영남대학교 대학원 석사학위논문.
테미르불라토바 인디라(2013), 한국어와 우즈베크어의 호칭어·지칭어 대비 연구, 충남대학교 대학원 석사학위논문.
테티아나보디아니츠카(2012), 한국어와 우크라이나어에서의 '가슴'의 은유, 목포대학교 대학원 석사학위논문.
텟텟윙아웅(2012), 한국어와 미얀마어의 조사 대조 연구, 인하대학교 대학원 석사학위논문.
판디(2011), 중·한 인터넷 통신언어의 비교 연구, 전남대학교 대학원 석사학위논문.
팜티탄냔(2012), 한국어의 '의'와 베트남어 'cua' 대조 연구, 인하대학교 대학원 석사학위논문.
표마마딴(2012), 한국어와 미얀마어 관용구 대조 분석 연구: 신체어휘를 중심으로, 연세대학교 대학원 석사학위논문.
풍월흠(2010), 한·중 피동문 대조 연구: 被자문을 중심으로, 서울시립대학교 대학원 석사학위논문.
풍정(2011), 한국어 연속동사 구문과 중국어 연동문의 대비 연구, 충남대학교 대학원 석사학위논문.
풍진동(2011), 한·중 경어표현 비교연구, 전북대학교 대학원 석사학위논문.
풍혜월(2011), 한국어 '이, 그, 저'와 중국어 '這, 那'의 대조 연구, 충남대학교 대학원 석사학위논문.
퓨퓨민(2011), 한국어와 미얀마어 분류사의 대비 연구, 원광대학교 대학원 석사학위논문.
플로리안(2008), 한국어와 인도네시아어 피동법 비교 연구, 경희대학교 대학원 석사학위논문.
필숙나(2012), 한·중 서법표현에 대한 대조연구, 명지대학교 대학원 석사학위논문.
하과(1997), 현대 몽골어와 한국어의 격조사 생략에 관한 대조 분석, 이중언어학 14, 이중언어학회. pp.347~364.
하염야(2012), 한·중 가정드라마에 나타난 가정 문화의 비교 연구, 한남대학교 대학원

석사학위논문.
하원원(2010), 한·중 한자어의 대조 연구: 1음절어를 중심으로, 명지대학교 대학원 석사학위논문.
하윤정(2012), 영어동사 'open'과 한국어동사 '열다'의 목적어 연어 비교, 부경대학교 대학원 석사학위논문.
한교(2011), 한국어교육을 위한 한·중 감탄사 대조 분석: 한국어 학습용 어휘 목록 A등급 감탄사를 중심으로, 연세대학교 대학원 석사학위논문.
한미경(1997), 겸양어의 한일양국어 대조연구, 일본연구 11, 한국외국어대학교 일본연구소. pp.445~465.
한세환(2012), 일본인 한국어 학습자를 대상으로 한 사동 교수 방안: 한·일 대조 분석을 중심으로, 인하대학교 교육대학원 석사학위논문.
한욱(2010), 한국어 조사 '-로', '-에'와 중국어 전치사 '到'의 대조 연구: 방향의미를 중심으로, 동국대학교 대학원 석사학위논문.
한지은(2011), 중국인 한국어 학습자의 한·중 텍스트 대조분석: 텍스트 결속 기제 사용 양상을 중심으로, 연세대학교 교육대학원 석사학위논문.
한지현(2012), 한국어 조사「의」와 일본어 조사「の」의 의미 및 기능에 관한 대조 연구, 인하대학교 교육대학원 석사학위논문.
한청(2009), 중국인 한국어 학습자의 내포문 오류 양상 연구: 한·중 내포문 대조 연구를 중심으로, 경희대학교 대학원 석사학위논문.
해가림(2012), 한·중 지속상의 대조 연구: '-고 있다', '-어 있다', '在', '着'을 중심으로, 숭실대학교 대학원 석사학위논문.
향우우(2011), 한·중 부정극어에 대한 대비 연구, 부산대학교 대학원 석사학위논문.
허기(2012), 한·중 반복어 대조분석 및 교육 방안 연구, 인하대학교 대학원 석사학위논문.
허벽(1994), 한·중 양국어의 어휘비교연구 (특히 한자어휘를 중심으로), 외국어로서의 한국어교육 19, 연세대학교 언어연구교육원 한국어학당. pp.5~25.
허성도(1992), 한국어와 중국어의 대조분석, 이중언어학 9, 이중언어학회. pp.39~56.
허세립 외(2011), 한·중 언어표현의 차이에 대한 고찰, 한중인문학연구 33, 한중인문학회. pp.325~345.
허용(2004), 중간언어 음운론에서의 간섭현상에 대한 대조언어학적 고찰, 한국어교육 15-1, 국제한국어교육학회. pp.257~259.
허정영(2011), 한·중 감각형용사의 공감각적 의미전이 대조연구, 경희대학교 대학원 석사학위논문.
허정정(2012), 한·중 색채어의 의미 대응 양상 연구: '검다, 희다, 누르다, 푸르다, 붉다'

를 중심으로, 경희대학교 대학원 석사학위논문.
허훼정(2010), 한국어와 말레이어 접두사 대조 연구, 경희대학교 대학원 석사학위논문.
허흔(2012), 중한 사회호칭어 대비연구와 교육법의 검토, 숭실대학교 대학원 석사학위논문.
현성준(2012), 한·중 수사성어(數詞成語)의 외부형식 비교 연구, 비교문화연구 27, 경희대학교 비교문화연구소. pp.319~346.
현해영(2012), 한·중 속담 비교 연구: "술" 관련 속담을 중심으로, 중앙대학교 대학원 석사학위논문.
현효정(2013), 중국인 학습자의 한국어 종결기능 연결어미 억양에 대한 실험음성학적 연구, 한양대학교 대학원 석사학위논문.
형육(2012), 한·중 외래어 대비 연구, 경남대학교 대학원 석사학위논문.
혜정(2012), 한국어와 중국어 어순 대조연구: 문장성분과 관련하여, 세명대학교 대학원 석사학위논문.
호접(2011), 한·중 부정(否定)의 대조적 연구: 한·중 부정소의 언어적 특징을 중심으로, 전북대학교 대학원 석사학위논문.
홍미경(1999), 독일어와 한국어의 소유관계동사의 비교연구, 외국어로서의 독일어 4, 한국독일어교육학회. pp.283~309.
홍미현(2011), 인칭접미사 '-家' 와 '-師' 의 한·중·일 비교 연구: 인지적 대조언어학 관점에서, 충북대학교 대학원 석사학위논문.
홍사만(2005), 일본에서의 한국어 연구사와 한·일어 대조 연구, 어문학 87, 한국어문학회. pp.1~46.
황단(2011), 한국어 '소원' 의 뜻을 나타내는 관용 표현과 중국어에서의 대응 형식: '-싶다' 관용 표현을 중심으로, 숭실대학교 대학원 석사학위논문.
황도생(1997), 한국어와 도이치어 동사 조어모형의 비교 분석, 독어교육 15, 한국독어독문학교육학회. pp.323~350.
황미연(2006), 중국인 학습자의 한국어 학습을 위한 관용표현 대조 연구, 비교문화연구 10, 경희대학교비교문화연구소. pp.171~192.
황신(2012), 한·중 정도부사의 비교 연구, 중앙대학교 대학원 석사학위논문.
황임화(2011), 한·중 동사의 의미 대조 연구: '보다' 와 '보다' 복합어를 대상으로, 고려대학교 대학원 박사학위논문.
André Fabre(1997), 한국어와 프랑스어에서의 '인칭' 의 개념과 대명사의 용법, 교육한글 10, 한글학회. pp.91~100.
Andrew Kim(1990), Typological Characteristics of Korean and English Relative Clauses: Prenominal(SOV) vs. Postnominal(SVO), 한국어교육 2, 국제한국어교육학회.

pp.107~126.

Angkul Titiwat(2012), 한국어와 태국어의 공감각 표현에 대한 인지언어학적 대조 연구, 경북대학교 대학원 석사학위논문.

Batsaikhan Munkhtsetseg(2013), 한국어 격조사와 몽골어 격어미의 비교, 충북대학교 대학원 석사학위논문.

Cha, Ho-Soon(1989), Verbs of Perception in English and Korean, 논문집 12, 아주대학교. pp.95~107.

Chang, Shin-Jae(1989), Contrastive Analysis of Korean and English, 홍대논총 21, 홍익대학교. pp.239~251.

Chin W. Kim(1995), Korean and Other Languages: Contrasts and Concords, 한국어교육 6, 국제한국어교육학회. pp.3~31.

D. OTGONTSETSEG(2005), 몽·한 말[馬] 관련 상징에 대한 비교 연구, 한국언어문화학 2-1, 국제한국언어문화학회. pp.149~170.

Dong, Liyang(2012), 한국어와 중국어의 파생어 대조 연구, 이화여자대학교 대학원 석사학위논문.

Fan, Kexin(2012), 한·중 부정법 대조 연구, 이화여자대학교 대학원 석사학위논문.

Fouser, Robert J.(2000), Too Close for Comfort? Sociolinguistic Transfer from Japanese into Korean as an L3, 한국어교육 11-2, 국제한국어교육학회. pp.211~237.

Ghebru, Bethel(2009), 한국어와 암하라어의 격 실현 양상 비교 연구, 경희대학교 대학원 석사학위논문.

I, Nadezda(2012), 러시아어권 학습자를 위한 한국어 연어 교육: 'работать' 동사와 한국어 대응 표현을 중심으로, 연세대학교 대학원 석사학위논문.

Jiang, Linghui(2012), 중국인 학습자를 위한 한국어 의문대명사와 중국어 의문대사의 대조 연구: '누구' – '誰', '무엇' – '什麽', '어디' – '哪裡'를 중심으로, 연세대학교 대학원 석사학위논문.

JIN XIAN SHUN(2012), 한·중 동형 한자 파생접사 대조 연구, 성균관대학교 대학원 석사학위논문.

Krawmoh, Wanida(2012), 현대 한국어와 태국어의 인칭 대명사 대조 연구: 언어 유형론적 측면을 중심으로, 이화여자대학교 대학원 석사학위논문.

Kumagai Yuichi(2013), 일본어의 '–ている'와 한국어 시상 형식 대조 연구, 연세대학교 대학원 석사학위논문.

Kurashima, Reiko(2011), 일본어 'の'와의 대조를 통한 한국어 '의'의 생략 양상 연구: 준구어 자료를 중심으로, 연세대학교 대학원 석사학위논문.

Lay Lay Mon(2012), 한국어 부사격 조사 '에, 에서'와 미얀마어 대응 표현 연구, 연세대학교 대학원 석사학위논문.

Lim, Ji Ryong 외(1999), The Grammar Discourse Relationship of Korean, German, and English, 한국어교육 10-2, 국제한국어교육학회. pp.295~311.

Lin, Yao Hua(1992), A Comparative Study Between the Chinese Koreans and other Minority Ethnic groups in Northeast China, 환태평양연구 5, 경북대학교 환태평양연구소. pp.195~203.

Liu Lu(2013), 한국어와 중국어 인과관계 구문의 대조 연구: '-아/어서'와 '因爲…所以…', '-(으)니까'와 '旣然…就…'를 중심으로, 경희대학교 대학원 석사학위논문.

Liu, Shuang(2011), 한국 한자음과 중국 한자음의 비교 고찰: 〈천자문〉의 한자를 중심으로, 충북대학교 대학원 석사학위논문.

MA guij-uan(2011), 한·중 국어 색채어 비교 연구: 형태·의미를 중심으로, 강원대학교 대학원 석사학위논문.

Meng Lin(2013), 한국어 형용사 '크다/작다'와 중국어 형용사 '大/小'의 대조 연구, 경희대학교 대학원 석사학위논문.

Meutia Fitri(피트리 메우티아)(2013), 한국어교육을 위한 인도네시아어와 한국어 단모음의 대조와 /ㅓ/, /ㅗ/ 습득 연구, 경희대학교 대학원 석사학위논문.

Mouri, Mina(2006), 전자메일 텍스트 구조 비교: 한·일 전자메일의 비교를 중심으로, 연세대학교 교육대학원 석사학위논문.

Myat Thida Oo(2012), 한국어와 미얀마어의 신체 관련 관용표현 대조 연구, 경희대학교 대학원 석사학위논문.

Nicola Fraschini(2010), 한국어와 이탈리아어 학술 논문의 텍스트 구조 비교: 언어 교육 분야 논문의 서론을 중심으로, 이탈리아어문학 29, 한국이탈리아어문학회. pp.289~316.

Odontuya, Enkhtaivan(2012), 현대 한국어와 몽골어 명사 파생 접미사 대조 연구, 이화여자대학교 대학원 석사학위논문.

Osaman, Rania(2011), 한국어와 이집트어 호칭어 대조 분석 연구, 한양대학교 대학원 석사학위논문.

OWN, OUT(2013), 영어 구동사와 한국어 대응표현의 공간 활동성 연구: UP, 고려대학교 대학원 석사학위논문.

Roy, Alok(1997), 문화와 한국어교육: 이중언어 및 대조 분석, 이중언어학 14, 이중언어학회. pp.323~345.

Seong, Buiboke(2006), Form and function of code-switching in Korean/English bilingual's e-mail notes, 이중언어학 30, 이중언어학회. pp.245~273.

Shi, Jian(2010), 한국어 부사격 조사와 중국어 개사의 대조 연구, 경북대학교 대학원 박사학위논문.

SHILEI(2012), 한국어 부사어와 그에 상응하는 중국어 성분의 대조 연구, 경희대학교 대학원 석사학위논문.

Srijan Kumar(2012), 한국어와 힌디어 격조사 대조 연구, 경희대학교 대학원 석사학위논문.

Stefan Kramer(2011), 독일어와 한국어 장소 규정어, 독어교육 50, 한국독어독문학교육학회. pp.53~77.

Trang, Le Thanh(2012), 한국어와 베트남어의 신체어휘 관용구 대조 연구, 고려대학교 대학원 석사학위논문.

Wang Su Yao(2013), 한·중 분류사의 대조와 교육 방안 연구, 전남대학교 대학원 석사학위논문.

WANG SUXING(2012), 한중 신체 관련 다의어의 의미 대응 양상 연구: '손', '발'과 '手', '脚'을 중심으로, 경희대학교 대학원 석사학위논문.

Wang, Duan(2012), 한국어와 중국어의 피동문 대조 연구, 이화여자대학교 대학원 석사학위논문.

WU JINGJING(2012), 한국어 '있다'에 대응하는 중국어 표현 연구, 경희대학교 대학원 석사학위논문.

Wu Yi(2012), 중한 합성동사의 대조 연구, 경희대학교 대학원 석사학위논문.

Yan, Wang(2011), 한·중 신어에 사용된 명사 파생 접미사의 비교 연구: 한자어·외래어 접미사를 중심으로, 아주대학교 대학원 석사학위논문.

Yu, Hongrui(2009), 한국어와 중국어 경어법의 대비 연구, 충남대학교 대학원 석사학위논문.

Zhang Yue(2013), 한·중 한자어의 대조 연구: 「新標準韓國語」를 중심으로, 전남대학교 대학원 석사학위논문.

Zhang, Xiaoman(2011), 한국어와 중국어의 부사절 대조 연구, 이화여자대학교 대학원 석사학위논문.

Zheng, Chunlan(2009), 한국어와 중국어 인과관계 접속문 대비 연구, 충남대학교 대학원 석사학위논문.

Zheng, Shunmei(2005), 한국어 교육을 위한 의성어·의태어의 한·중 대조 연구, 서울대학교 대학원 석사학위논문.

Ⅷ-02.

통번역

곽성희(1999), Acceptability and Grammaticality in English-Korean Translation, 한국어 교육 10-2, 국제한국어교육학회. pp.135~152.

구보미(2013), 번역 과정에 나타난 한국어 학습자의 언어문화 이해 양상 연구: 미국인 고급 학습자를 중심으로, 연세대학교 교육대학원 석사학위논문.

김기석(2006), 중국 학습자를 위한 한국어 번역 교육 방법론, 국어교육연구 18, 서울대학교 국어교육연구소. pp.245~266.

김려(2011), 중국어와 한국어의 인칭대명사 번역 연구, 부산외국어대학교 대학원 석사학위논문.

김려나(2012), 한중 번역에서의 '了'와 '-었-'의 사용 오류 분석, 부산외국어대학교 대학원 석사학위논문.

김성희(2004), 한국어와 중국 조선어의 번역문 비교 연구, 고려대학교 대학원 석사학위논문.

김수경(2012), 한영 번역에 나타난 지시표현의 차이, 부경대학교 대학원 석사학위논문.

김염(2007), 중국어권 고급 학습자를 위한 한국 현대시교육 방법 연구: 번역과 비교문학을 중심으로, 한국언어문화학 4-2, 국제한국언어문화학회. pp.21~42.

김원호(2010), 한일번역탐구, UUP(울산대학교출판부).

김재욱(2012), 외국어로서의 한국어 교재 개발에서의 번역 양상 문제, 통번역학연구 16, 한국외국어대학교 통번역연구소. pp.39~64.

김주영(2010), 한-베 문화차이와 번역 상의 문제: 응우옌 응옥 뜨(Nguyễn Ngọc Tư)의 까잉 동 벗 떤(Cánh Đông Bất Tận)의 한국어 번역본 끝없는 벌판을 중심으로, 한국외국어대학교 대학원 석사학위논문.

남 빅토르(2001), 번역 과제 수행 중심 교수법 연구: 러시아어권 한국어 학습자 중심으로, 경희대학교 교육대학원 석사학위논문.

당문평(2012), 중국인 한국어 학습자의 중·한 번역에 나타난 오류 분석 연구, 계명대학교 대학원 석사학위논문.

박종탁(2007), 스페인어-한국어 직역 대 치환·변조, 외국어 교육 14-2, 한국외국어교육학회. pp.305~325.

서유경(2011), 한국어 관용 표현의 러시아어 번역 전략에 관한 실증적 연구, 한국외국어대학교 통번역대학원 박사학위논문.

서정민(2012), 한영 번역에 나타난 자타동 교체에 관한 연구, 부경대학교 대학원 석사학위논문.

심상완(2002), 한국어-스페인어 번역과 이차 술어, 스페인어문학 24, 한국서어서문학회. pp.53~76.

왕문찬(2013), 중국어 조사 '的'의 한국어 번역 연구, 동국대학교 대학원 석사학위논문.

유명우(2000), 한국의 번역과 번역학, 번역학연구 1, 한국번역학회. pp.229~248.

이상원(2002), 외국어로부터 한국어로의 번역: 교육의 목표와 전략에 관해, 통역과 번역 4, 한국통역번역학회. pp.135~152.

이상정(2012), 한·중 한자어의 의미 및 번역에 대한 연구, 선문대학교 대학원 박사학위논문.

이석규 외(2002), 우리말답게 번역하기, 역락.

이은진(2011), 외국인 근로자를 위한 한국어 통역 교육과정 개발 연구: TV 뉴스를 중심으로, 상명대학교 교육대학원 석사학위논문.

임현정(2011), 중한 번역에서 나타난 번역투 양상 연구, 이화여자대학교 통역번역대학원 석사학위논문.

장민(2005), 한국어 교육에서의 번역 교육, Korean 연구와 교육 1, 이화여자대학교 한국어문학연구소. pp.137~146.

장정윤(2011), 번역 교육 모형설계를 위한 고찰: 고급수준이상의 한국어 학습자를 대상으로, 고려대학교 교육대학원 석사학위논문.

정근식(2007), 구한말 일본인의 조선어교육과 통역경찰의 형성, 한국문학연구 32, 동국대학교 한국문학연구소. pp.7~55.

주옥파(Yu Bo Zhou)(2006), 중·한 문화차이의 번역에 관한 소고, 한국어교육 17-1, 국제한국어교육학회. pp.365~394.

최권진(2006), 통역을 위한 한국어 교수-학습 방법 연구, 이중언어학 32, 이중언어학회. pp.349~379.

최수진(2008), 面向中国高级汉语学习者的中韩翻译教育方案研究, 한중인문학연구 25, 한중인문학회. pp.47~65.

최진영(2001), 한국어-아랍어 동시통역 교수법, 외국어 교육 8-2, 한국외국어교육학회. pp.331~346.

하안나(2012), 중국인 한국어 학습자 대상 번역 교육 방안 연구, 고려대학교 대학원 석사학위논문.

하은진(2012), 한국어 '-었-'에 대한 한영 번역 연구, 부산대학교 대학원 석사학위논문.

한성일(2002), 한국어 번역과 국어교육, 학회발표집 16, 한말연구학회. pp.143~155.

한옥순(2012), 문학 작품의 재귀 번역 텍스트를 통한 한국어 교육 연구: 중국어 모어 사용자를 대상으로, 한국어교육학회 학술발표회2012, 한국어교육학회. pp.135~149.

한원덕(2002), 스페인어-한국어 통역의 기능어교육 연구, 통번역학연구 6, 한국외국어대학교 통번역연구소. pp.177~193.

황순희(2011), 코퍼스 기반 번역 연구: 신문 텍스트에 나타난 프랑스어와 한국어의《양보》표지 분석을 중심으로, 프랑스어문교육 36, 한국 프랑스어문교육학회. pp.231~258.

Ⅸ-01.

정책, 북한, 표준화, 기본법

강말림(2012), 다문화가족 지원대책의 문제점과 개선방안에 관한 연구: 경상남도를 중심으로, 창원대학교 대학원 석사학위논문.

강태구(2012), 우리나라 다문화 교육정책의 발전방안에 관한 고찰, 원광대학교 대학원 석사학위논문.

강현화(2006), 한국어교육·한국학 교육과정 분석 및 발전방향, 아태연구 13-1, 경희대학교 아태지역연구원. pp.73~104.

고혜원(2011), 한국어 교육 정책의 현황과 과제, 한성어문학 30, 한성대학교 한성어문학회. pp.197~215.

구본관(2006), 남북의 조사(토)의 분류와 한국어 교육, Korean 연구와 교육 2, Korean 교육 연구 국제협의회: 이화여자대학교 한국어문학연구소. pp.5~20.

국립국어원(2006), 한국어 전문가 국외 파견 결과 보고서: 2003~2006, 국립국어원.

국립국어원(2007), 세종학당 운영길잡이, 국립국어원.

국립국어원(2008), 세종학당 논총, 글누림출판사.

국립국어원(2008), 한국어 교원 수급 계획 수립을 위한 기초 조사, 국립국어원.

국립국어원(2008), 한국어 교육 관련 국내외 웹사이트 현황 조사, 국립국어원.

권재일(2010), 세계화 시대의 국어 정책 방향, 국어국문학 155, 국어국문학회. pp.5~17.

김동언(2011), 호주 초·중등학교의 한국어 교육과 정책, 인문과학논집 22, 강남대학교 출판부. pp.137~160.

김병운 외(1994), 한·중 원격대학간 한국학교육의 협력방안, 한국방송통신대학교.

김이선(2011), 다문화사회 정책의 성과와 미래 과제: 총괄보고서, 한국여성정책연구원.

김재욱(2012), 이주 노동자를 위한 한국어 교육 현황과 정책에 대한 소고, 새국어생활 22-3, 국립국어원. pp.67~81.

김재훈(2007), 세종학당 설립 및 운영의 경제적 효과 분석, 국립국어원.

김정숙(2008), 해외 한국어 보급 활성화에 관한 연구, 교육과학기술부.
김정식(2012), 다문화가정 자녀의 한국어교육 지원 개선 방안 연구: 충청남도 다문화가정 자녀의 한국어교육을 중심으로, 공주대학교 대학원 석사학위논문.
김중섭 외(1996), 북한의 언어정책과 한국어교육 연구, 이중언어학 13, 이중언어학회. pp.115~136.
김춘자(1998), 중국 방송을 통한 한국어의 국제화, 이중언어학 15, 이중언어학회. pp.195~206.
김호정(2007), 재외동포의 한국어 사용 실태 연구 방향에 대한 일고찰: 한국어 교육 정책 수립을 위한 기초 연구 관점에서, 한국어교육 18-1, 국제한국어교육학회. pp.73~100.
김희숙(2004), Which strategy is preferable for the export of Korean culture: globalization of Korean or globalization of Hangul?, 이중언어학 25, 이중언어학회. pp.69~89.
김희숙(2011), 21세기 한국어정책과 국가경쟁력, 소통.
문화관광부(2004), 모어(母語) 네트워크 구축 방안 연구, 문화관광부.
문화체육관광부(2009), 국어발전과 보전에 관한 시책 및 시행결과 보고서, 문화체육관광부.
문화체육부(1997), 21세기 세종계획: 국어정보화 중장기 발전계획: 연구보고서, 문화체육부.
문화체육부(1997), 국어정책자료집, 문화체육부.
박영순(1997), 이중, 다중언어 교육론: 세계 각국의 언어교육과 한국의 언어정책 과제, 한신문화사.
박정아(2012), 다문화 시대의 한국어 교육 정책 방향과 추진 현황, 새국어생활 22-3, 국립국어원. pp.5~19.
박창원(2003), 남북의 언어와 한국어교육, 태학사.
박춘태(2013), 한국어 국외 보급 정책 연구, 부산대학교 대학원 박사학위논문.
박희양 외(2007), 재외동포 한국어 교육의 과제와 발전 방향, 이중언어학 33, 이중언어학회. pp.551~574.
방향옥(Xiang Yu Fang) 외(2007), 한국어학과 중·한 2+2 학제에 따른 성과와 문제점: 중국(中國) 제제합이대학교(齊齊哈爾大學校)를 중심으로, 새국어교육 78, 한국국어교육학회. pp.195~218.
서진숙(2012), 한국어 교육기관의 상담 체계 구축 방안 연구, 한국어교육 23-3, 국제한국어교육학회. pp.95~131.
서혁(2007), 다문화 가정 현황 및 한국어 교육 지원 방안, 인간연구 12, 가톨릭대학교 인간학연구소. pp.57~92.
송경섭(2011), 한국의 다문화교육정책 분석 및 발전방향탐색, 경기대학교 교육대학원 석사학위논문.

송향근(2011), 국립국어원과 한국어 교육, 새국어생활 21-1, 국립국어원. pp.69~81.
신성철(2012), Linking Australian Secondary Schools with Tertiary Language Programs: Current Practices and Feasibility for Korean, 외국어로서의 한국어교육 37, 연세대학교 언어연구교육원 한국어학당. pp.195~222.
양명희(2009), 다문화 시대와 언어정책, 한국어교육 20-1, 국제한국어교육학회. pp.111~133.
오대영 외(2011), 다문화 가정의 미디어 이용 실태 및 정책적 지원방안 연구, 한국언론진흥재단.
오은순(2010), 다문화가정 학생을 위한 한국어교육 지원 실태 및 요구 분석: 델파이 조사를 통한 전문가 인식을 중심으로, 다문화교육연구 3-2, 한국다문화교육학회. pp.37~69.
왕가(2011), 한국어 어학당의 교육 서비스품질이 수강생 만족도에 미치는 영향 연구: 중국인 유학생을 중심으로, 영남대학교 대학원 석사학위논문.
우창현(2011), 한국어교육과 대학 유학생 유치 전략의 미래, 언어와 정보 사회 14, 서강대학교 언어정보연구소. pp.75~95.
윤지영(2013), 공자학원과 세종학당의 운영 및 성과 비교, 명지대학교 교육대학원 석사학위논문.
윤혜란(2011), 이주 초기 새터민 초등학생 한국어 · 한국문화 교육 방안 연구, 고려대학교 교육대학원 석사학위논문.
윤홍주 외(2006), 학교신설 재정투자 구조의 혁신 방안 탐색, 교육재정 경제연구 15, 한국교육재정경제학회. pp.135~159.
이관식(2010), 광주광역시 다문화가족 지원 사업에서의 한국어교육 정책 개선방안, 인문사회과학연구 27, 호남대학교 인문사회과학연구소. pp.111~142.
이광석(2009), 어문 정책의 이해, 우리말교육현장연구 3, 우리말교육현장학회. pp.7~52.
이병규(2008), 국외 한국어 교육 정책 현황 및 추진 방향, 새국어교육 79, 한국국어교육학회. pp.341~366.
이병규(2008), 국외 한국어 교육 정책론 정립을 위한 탐색, 한국어교육 19-3, 국제한국어교육학회. pp.349~377.
이삼형(2004), 한국어 교육의 계층적 체계화 시론, 한국어교육 15-2, 국제한국어교육학회. pp.175~197.
이상린(2011), 한국어 교육 정책에 대한 신문의 보도 양상 연구, 새국어교육 89, 한국국어교육학회. pp.529~551.
이상용(2011), 다문화 가정에 대한 지원정책의 효율성에 관한 연구: 서울특별시를 중심으로, 고려대학교 정책대학원 석사학위논문.

이상일(2012), 다문화가정의 한국어 교육 현황과 발전 방안 모색, 중부대학교 대학원 석사학위논문.

이성미(2006), 여성결혼이민자 가족 및 혼혈인 · 이주자의 사회통합 지원방안, 한국어의 미래를 위한 제1차 토론회: 국외 동포 및 이주민을 위한 한국어 교육을 중심으로, 이화여자대학교 한국어문학연구소. pp.26~47.

이성연(1998), 이민족에 대한 언어정책의 변천, 조선대학교출판국.

이시다 사키(2012), 다문화 사회의 언어 정책 연구: 한국과 일본의 언어 정책 비교를 중심으로, 계명대학교 대학원 석사학위논문.

이영희(2010), 다문화 가정을 위한 한국어 교육의 현황과 과제, 세계한국어문학회 학술대회2010, 세계한국어문학회. pp.13~35.

이용은(2004), 재미 교민을 위한 한국어 교육 개선에 관한 연구, 공주대학교 대학원 석사학위논문.

이재분 외(2011), 한국과 대만의 국제결혼가정 자녀의 이민자 부모 출신국 언어교육 지원 실천사례 비교 연구, 중국학논총 33, 한국중국문화학회. pp.61~82.

이정택(2012), 베트남 진출 한인 기업의 한국어 및 한국어교육에 대한 인식 조사: 기업 주도 한국어교육의 진흥을 위해, 외국어로서의 한국어교육 37, 연세대학교 언어연구교육원 한국어학당. pp.303~324.

임경예(2010), 국제결혼이주자의 다문화가족복지정책에 대한 구조 기능적 비교연구, 경기대학교 사회복지대학원 석사학위논문.

임준애(2011), 다문화아동 지원정책에 대한 고찰, 동아대학교 대학원 석사학위논문.

임형재(2012), 태국 중고등학교 한국어교원 파견과 관리를 위한 시스템 구축 사례연구, 새국어교육 93, 한국국어교육학회. pp.403~435.

장미영 외(2008), 국제결혼 이주여성을 위한 효과적인 한국어 지원 정책 방안 연구, 국어문학 44, 국어문학회. pp.111~138.

장효단(2008), 중국에서의 한국어 교육 발전 방안 연구: 중국의 대외한어 정책과의 비교를 중심으로, 상명대학교 대학원 석사학위논문.

정주미(2011), 다문화 가정의 실태와 정책적 지원방안에 관한 연구, 경원대학교 사회정책대학원 석사학위논문.

정진봉(2009), 한국어교육기관의 조직효과성 평가모형 개발에 관한 연구: 계층분석절차(AHP) 기법을 적용하여, 한성대학교 대학원 박사학위논문.

조남호(2009), 한국어 교육 정책의 이해, 우리말교육현장연구 3-1, 우리말교육현장학회. pp.155~176.

조태린(2011), 국가 브랜드와 한국어 교육 정책: '세종학당' 공동 브랜드화 사업을 중심으로, 한글 294, 한글학회. pp.199~224.
조항록(2004), 재외동포를 대상으로 하는 한국어 교육정책의 실제와 과제, 한국어교육 15-2, 국제한국어교육학회. pp.199~232.
조항록(2007), 국어기본법과 한국어교육: 제정의 의의와 시행 이후 한국어 교육계의 변화를 중심으로, 한국어교육 18-2, 국제한국어교육학회. pp.401~422.
조항록(2008), 이주 노동자 대상 한국어 교육의 실제와 과제: 한국어 교육 정책의 관점에서, 사회언어학 16-1, 한국사회언어학회. pp.299~316.
조항록(2010), 한국어 교육정책론, 한국문화사.
조항록(2012), 사회통합프로그램 한국어 교육의 확대 실시 방안 연구, 이중언어학 50, 이중언어학회. pp.235~267.
조현선(2012), 국어 학습자의 상담 만족도에 관한 연구, 외국어로서의 한국어교육 37, 연세대학교 언어연구교육원 한국어학당. pp.385~410.
진정란(2009), 재미동포 저밀집 지역의 한국어 교육을 위한 한국어 캠프, 외국어교육연구 23-2, 한국외국어대학교 외국어교육대학원. pp.105~126.
채보근(2011), 이민자 사회통합을 위한 다문화교육정책에 관한 연구: 여성가족부와 법무부를 중심으로, 청주대학교 대학원 석사학위논문.
최기호(1990), 중국에서의 국어 정책에 대한 연구, 이중언어학 7, 이중언어학회. pp.30~49.
최두열(2012), 다문화가족 한국어 교육 정책에 관한 연구, 건양대학교 대학원 석사학위논문.
최용기(2009), 한국어 교육 정책의 현황과 과제, 인문과학연구 15, 동덕여자대학교 이문과학연구소. pp.41~63.
최용기(2010), 한국어 정책의 이해, 한국문화사.
충북개발연구원(2010), 충북 다문화 정책 발전 방안 연구: 한 · 미 · 일 지방정부의 다문화 정책 비교, 충북개발연구원 인적자원개발지원센터.
한국노동연구원(2011), 유학생 시장의 특성과 정책과제, 한국노동연구원.
홍미희 외(2008), 인천지역 결혼이주여성 실태와 지원정책, 인천발전연구원.
홍범표(2012), 다문화가정 자녀의 실태와 사회적응을 위한 정책지원방안 연구: 경기도 사례를 중심으로, 고려대학교 정책대학원 석사학위논문.
홍진향(2009), 국외입양동포 사후관리 정책 연구: 한국어교육 정책을 중심으로, 연세대학교 교육대학원 석사학위논문.
황갑진(2011), 학교 다문화교육 정책과 프로그램의 현황과 문제점, 사회과교육연구 18, 한국사회교과교육학회. pp.151~167.
황진(2010), 이주노동자 대상 한국어 교육 정책 연구, 상명대학교 교육대학원 석사학위논문.
황진영(2010), (양성평등 다문화 가정을 위한) 성인지적 이중언어교육 정책 연구, 광주여성희망포럼.
Shin Seong-Chul(2010), 한국어 교육의 범세계적 확대를 위한 전략적 방향과 과제, 한국언어문화학 7-2, 국제한국언어문화학회. pp.93~119.

Ⅸ-02.

다문화, 여성결혼이민자, 방언

강금염 외(2013), 중국인 결혼이민자를 위한 특수 분야의 기본어휘 선정 방안 연구: 중국어 강사로서의 직업문식성 신장을 중심으로, 새국어교육 94, 한국국어교육학회. pp.413~448.

강말림(2012), 다문화가족 지원대책의 문제점과 개선방안에 관한 연구: 경상남도를 중심으로, 창원대학교 대학원 석사학위논문.

강소영(2011), 여성결혼이민자를 위한 속담 교육 방안 연구, 한국외국어대학교 교육대학원 석사학위논문.

강지영(2013), 다문화 교육을 위한 국어교과서의 구성 양상 연구: 초등1~6학년 국어교과서를 중심으로, 아주대학교 교육대학원 석사학위논문.

강태구(2012), 우리나라 다문화 교육정책의 발전방안에 관한 고찰, 원광대학교 대학원 석사학위논문.

강현화 외(2009), 다문화 가정의 언어 문화 교육 〈座談〉, 이중언어학 39, 이중언어학회. pp.425~464.

강현화(2011), 다문화 관련 한국어교육학 연구의 쟁점, 배달말 49, 배달말학회. pp.375~399.

강희정(2013), 초등학교 다문화가정 자녀의 쓰기 능력 분석: 초등학교 전 학년을 대상으로, 고려대학교 교육대학원 석사학위논문.

경기도가족여성개발원(2007), 경기도 국제결혼 이민자가족 지원 장단기 계획, 경기도가족여성개발원.

경상북도(2007), 2007 경상북도 결혼이민자가족 실태조사와 정책과제, 경상북도.

고경민 외(2009), 다문화 가정 자녀들의 한국 문화 교육 방안, 우리말교육현장연구 3, 우리말교육현장학회. pp.217~242.

고혜원 외(2010), 여성결혼이민자의 취업 지원 방안: 언어·문화 자원 활용 분야를 중심으로, 한국여성개발원 연구보고서2010, 한국여성정책연구원. pp.1~240.

고흔영(2011), 한국한자음과 중국 방언의 비교 연구: 성모를 중심으로, 영남대학교 대학원 석사학위논문.

곽연화(2010), 몽골 이주노동자 자녀를 위한 한국어 교육과정 개발 연구: 재한몽골학교 초등한국어 교육과정을 중심으로, 경희대학교 교육대학원 석사학위논문.

곽영숙(2008), 이주 노동자 한국어 교육 현황 및 발전 방안에 대한 사례 연구, 우리말교육현장연구 2-2, 우리말교육현장학회. pp.293~342.

곽정선(2011), 다문화 가정 어머니의 양육 어려움에 관한 사례 연구, 국민대학교 교육대학원 석사학위논문.

곽홍란(2010), 다문화가정 방문지도사의 활동 특성 및 현황 연구, 한민족어문학 57, 한민족어문학회. pp.599~625.

곽홍란(2010), 동화·동요를 활용한 한국어 말하기 교수-학습법 연구: 다문화가정 어머니와 유아를 대상으로, 영남대학교 대학원 박사학위논문.

구선희 외(2008), 결혼이민자를 위한 한국어, 문화 교육방안 연구: 전래동화를 활용하여, 한국어교육 19-3, 국제한국어교육학회. pp.45~64.

구은미(2011), 다문화 가정의 문해교육 활성화 방안 연구, 강남대학교 교육대학원 석사학위논문.

국립국어원(2008), 국제결혼 이주여성의 지역별 한국어 교육실태 및 방문교육 방안 연구, 국립국어원.

권순희(2008), 다문화 시대를 대비한 다문화 교육의 방향, 국어교육 126, 한국어교육학회. pp.89~121.

권순희(2009), 다문화 가정 자녀의 국어 사용 실태, 국어교육학연구 36, 국어교육학회. pp.195~228.

권순희(2010), 다문화시대의 국어 문화 교육의 방향, 세계한국어문학회 학술대회2010, 세계한국어문학회. pp.79~91.

권은주(2013), 언론의 다문화 담론에 대한 비판적 연구, 연세대학교 대학원 석사학위논문.

권은형(2012), 다문화가족지원센터의 한국어 방문교육사업 연구, 연세대학교 교육대학원 석사학위논문.

권혁범 외(2012), 결혼이주민여성을 위한 한국어 디지털 교육 컨텐츠 UI 컨셉 제안, 한국HCI학회 학술대회2012, 한국HCI학회. pp.741~743.

권회연(2010), 다문화가정 아동의 언어발달에 관한 연구 문헌 분석, 중복·지체부자유아교육 53, 한국지체부자유아교육학회. pp.283~306.

김경렬(2012), 중학교 다문화 가정 학생의 학습 한국어 능력 신장을 위한 한국어 교육과정 설계 연구, 한국외국어대학교 교육대학원 석사학위논문.

김경령(2012), 다문화 가족 아동의 한국어 능력에 영향을 미치는 변인 분석, 한국어교육 23-2, 국제한국어교육학회. pp.1~37.

김경령(2013), 결혼이민자의 거주 기간별, 언어권별에 따른 한국어 능력: 10개국 출신의 전국 거주자를 대상으로, 외국어로서의 한국어교육 38, 연세대학교 언어연구교육원 한국어학당. pp.1~28.

김경미(2011), 다문화 사회에서의 한국어 교육과 문학 활용 방안, 민족연구 47, 한국민족연구원. pp.63~80.

김경희(2010), 다문화 가정의 자녀 교육을 위한 한국어문화 교육의 문학 텍스트 활용 방안 연구, 인문연구 58, 영남대학교 인문과학연구소. pp.733~764.

김금하(2010), 다문화가정을 위한 한국어 방언 병행 교육 연구, 고려대학교 대학원 박사학위논문.

김기정(2012), 다문화 가정 어머니들의 개인적 변인과 가정환경이 유아영어발달과 능력에 미치는 영향, 중앙대학교 대학원 박사학위논문.

김대숙(2012), 결혼 이주 여성의 주체적 삶을 위한 설화 전승의 의의, 한국고전연구 25, 한국고전연구학회. pp.37~63.

김도연(2012), 다문화 가정의 한국어교육 욕구분석: 예산다문화가족지원센터 중심으로, 강남대학교 교육대학원 석사학위논문.

김명화(2011), 자녀 교과를 활용한 여성결혼이민자 한국어 교육 연구, 경희대학교 교육대학원 석사학위논문.

김미진(2011), 결혼이민자를 위한 한국어 문화 교육 연구, 한어문교육 24, 한국언어문학교육학회. pp.301~329.

김미혜(2009), 다문화 교육의 관점에서 본 북한 서정시와 문학교육, 국어교육학연구 34, 국어교육학회. pp.175~209.

김미혜(2010), 다문화 교육을 위한 문학 제재 선정 원리 탐색, 한국언어문화학 7-2, 국제한국언어문화학회. pp.23~46.

김민호(2010), 여성결혼이민자를 위한 한국어 방언 교육 연구: 경북방언을 중심으로, 영남대학교 대학원 석사학위논문.

김민화 외(2008), 국제결혼가정 자녀의 한국어 방문교육 교재개발 연구, 국립국어원.

김민화 외(2008), 다문화가정 취학 전 유아 한국어교육 지원을 위한 기초 연구, 아동학회지 29, 한국아동학회. pp.155~176.

김선정 외(2009), 다문화가정 자녀의 어휘력 고찰, 이중언어학 40, 이중언어학회. pp.31~55.

김선정 외(2010), 다문화 가정 한국어 학습자를 위한 한국어 발음 교육: 베트남 여성결혼이민자를 중심으로, 나라사랑 119, 외솔회. pp.131~160.

김선정(2007), 결혼 이주 여성을 위한 한국어 교육, 이중언어학 33, 이중언어학회. pp.423~446.

김선정(2009), 설문조사를 통해 본 여성결혼이민자 대상 한국어교재 개발의 방향, 언어과학연구 49, 언어과학회. pp.1~22.

김선정(2010), 다문화가정 자녀 실태 및 다문화교육의 추진 방향, 외국어교육연구 24, 한국외국어대학교 외국어교육연구소. pp.21~46.

김선정(2011), 다문화 사회와 한국어 교육, 이중언어학 47, 이중언어학회. pp.659~686.

김선정(2012), 다문화 가정 대상 한국어 교육의 현황과 성과, 비교문화연구 29, 경희대학교 비교문화연구소. pp.367~389.

김선정(2012), 여성 결혼 이민자와 다문화 가정 아동의 한국어 사용 실태 및 이들 대상 한국어 교육을 위한 정책적 제언, 새국어생활 22-3, 국립국어원. pp.47~65.

김성수 외(2007), 이주여성 대상 한국어교육 사례 보고: 대구경북지역, 언어와 문화 3-2, 한국언어문화교육학회. pp.13~32.

김성이(2012), 학령전 다문화가정 아동과 일반가정 아동의 시제표지의 이해와 산출, 단국대학교 대학원 석사학위논문.

김승권(2010), 한국 다문화가족의 사회경제적 특성과 정책적 함의, 보건복지포럼 165, 한국보건사회연구원. pp.5~18.

김승옥(2012), 여성결혼이민자를 위한 한국어 교육방안 연구: '좀' 의 의미 · 기능을 중심으로, 세종대학교 대학원 석사학위논문.

김신회(2012), 여성결혼이민자의 방문교육 서비스에 대한 만족도 분석, 원광대학교 대학원 석사학위논문.

김연권(2009), 다문화 사회와 한국어, 시학과 언어학 17, 시학과 언어학회. pp.7~33.

김연희 외(2010), 다문화 가정 자녀를 위한 한국어 교재 분석: 기초 문식성을 중심으로, 이중언어학 43, 이중언어학회. pp.55~79.

김연희(2011), 여성 결혼이민자를 위한 내용중심 한국어 교육 방안 연구: 부모교육을 중심으로, 경희대학교 대학원 석사학위논문.

김영옥 외(2008), 다문화 가정 어머니의 개인변인에 따른 양육태도 비교, 열린유아교육연구 13, 한국열린유아교육학회. pp.143~164.

김영옥(2010), 결혼이주여성의 한국 사회 통합, 다문화사회연구 3, 숙명여자대학교 다문화통합연구소. pp.123~159.

김영주(2009), 다문화 가정 아동의 한국어 문어 교재 개발: 균형적 접근법을 활용하여, 새국어교육 83, 한국국어교육학회. pp.99~132.

김영호(2011), 초등학교 다문화 학습자를 위한 친족어 지도 방안 연구, 부산교육대학교

교육대학원 석사학위논문.
김예원(2013), 베트남 출신 여성결혼이민자를 위한 초급 한국어 교재 개발, 이화여자대학교 외국어교육특수대학원 석사학위논문.
김옥남 외(2009), 도시지역 여성결혼이민자의 재사회화에 관한 질적 연구, 교육사회학연구 19, 한국교육사회학회. pp.55~80.
김유경(2009), 다문화가족의 실태와 정책방안, 보건복지포럼 151, 한국보건사회연구원. pp.29~52.
김유미(2011), 균형적 접근법을 이용한 다문화 가정 아동의 한국어 문어 교육 방안, 한국어정보학 13-2, 한국어정보학회. pp.40~55.
김윤주(2012), 다문화 학생 대상 한국어 교재의 학습 한국어 단원 구성 방안, 이중언어학 50, 이중언어학회. pp.25~46.
김윤주(2013), 다문화 배경 학생 대상 한국어 교육과정 구성 방안: 다문화 시대 문식성 교육을 중심으로, 고려대학교 대학원 박사학위논문.
김은숙(2006), 토의 상황에서 말차례 가지기에 관한 연구: '이주노동자 세상' 을 중심으로, 연세대학교 대학원 석사학위논문.
김은영(2012), 결혼 이민자를 위한 한국 문화 사전 편찬에 관한 요구 조사, 외국어로서의 한국어교육 37, 연세대학교 언어연구교육원 한국어학당. pp.65~97.
김은정(2009), 다문화 사회에서의 한국어 교육 정책 연구: 일본, 프랑스, 독일의 자국어 교육 정책과의 비교를 중심으로, 상명대학교 교육대학원 석사학위논문.
김의수 외(2012), 이주노동자용 한국어교재들의 통사적 수준 비교 연구, 한민족어문학 62, 한민족어문학회. pp.401~426.
김일란(2006), 여성 결혼이민자 대상 한국어 교육과정 개발을 위한 요구분석: 서울, 경기, 인천 지역을 중심으로, 학술대회 발표집, 한국언어문화교육학회. pp.134~143.
김재욱(2012), 이주 노동자를 위한 한국어 교육 현황과 정책에 대한 소고, 새국어생활 22-3, 국립국어원. pp.67~81.
김정미(2011), 여성결혼이민자를 위한 한국어 교재 연구, 대구가톨릭대학교 대학원 석사학위논문.
김정숙(2011), 여성결혼이민자 대상 한국어교육을 위한 초등국어 저학년 교과서 활용 방안 연구, 강원대학교 대학원 석사학위논문.
김정식(2012), 다문화가정 자녀의 한국어교육 지원 개선 방안 연구: 충청남도 다문화가정 자녀의 한국어교육을 중심으로, 공주대학교 대학원 석사학위논문.
김정은 외(2010), 개혁개방 이후 다문화시대 중국조선족문학에서의 정체성에 대한 모색, 국어교육연구 26, 서울대학교 국어교육연구소. pp.25~59.

김정희(2011), 한·중 다문화 가정의 가족 문식성 경험에 관한 연구, 중앙대학교 대학원 박사학위논문.

김종백 외(2011), 교사의 다문화 교육인식과 다문화가정 학생의 학교적응과의 관계: 교사-학생관계의 매개효과를 중심으로, 청소년학연구 18, 한국청소년학회. pp.161~185.

김지숙(2010), 다문화가정 아동의 한국어 과거표현 습득 양상에 관한 연구: 4~8세를 대상으로, 이중언어학 43, 이중언어학회. pp.101~130.

김지숙(2011), 연결어미 '-고' 습득 양상에 관한 연구: 다문화가정 아동 4~8세를 대상으로, 이중언어학 45, 이중언어학회. pp.77~108.

김지영(2011), 다문화 가정을 위한 한국 문화 연구, 태릉어문연구 17, 서울여자대학교. pp.57~77.

김학실 외(2008), 충청북도 여성결혼이민자 실태조사, 충청북도여성발전센터.

김향영(2008), 다문화가정 자녀를 위한 초등교육과정 개발 방안 연구, 경희대학교 대학원 석사학위논문.

김현아(2011), 멀티미디어 매체를 활용한 한국어 교육 방안 연구: 결혼 이주여성을 중심으로, 한국외국어대학교 국제지역대학원 석사학위논문.

김현정(2012), 다문화소설 『완득이』를 활용한 한국문학교육 방안 연구, 부산외국어대학교 대학원 석사학위논문.

김현주(2009), 결혼 이주여성 대상 거절 화행 교육 방안 연구, 한국외국어대학교 교육대학원 석사학위논문.

김현주(2011), 인권을 주제로 한 이주여성 한국어 교재 구성 연구, 경희대학교 교육대학원 석사학위논문.

김혜영 외(2010), 다문화 사회의 (한)국어 수업: 중등 다문화 학습자의 국어과 교수-학습 양상 분석, 국어교육학연구 38, 국어교육학회. pp.5~31.

김홍범 외(2010), 다문화 가정 한국어학습자를 위한 문법 교육, 나라사랑 119, 외솔회. pp.194~217.

나임순(2008), 외국인 결혼 이주여성들의 스트레스에 영향을 미치는 요인, 한국비영리연구 7, 한국비영리학회. pp.97~136.

나정윤(2011), 여성결혼이민자 대상 범용교재의 수요자 만족도 조사와 개발 방안: 국립국어원 『여성결혼이민자와 함께하는 한국어』를 대상으로, 상명대학교 교육대학원 석사학위논문.

나카가와 마사오미(Nakagawa Masaomi)(2008), 다문화교육으로서의 한국어 교육 연구: 일본 고등학생을 위한 문화 교육을 중심으로, 국어교육연구 22, 서울대학교 국어교육연구소. pp.57~88.

남지희(2010), 다문화가정 자녀를 위한 초등학교 한국어 교재 개발 방안 연구, 한양대학교 교육대학원 석사학위논문.

노야마 히로시(2009), 일본의 다문화화 상황과 지역 일본어지원 활동의 전개: 지속 가능한 공생사회의 구축을 지향하며, 외국어로서의 한국어교육 34, 연세대학교 언어연구교육원 한국어학당. pp.33~64.

다나카 에리(2012), 일본인 여성 결혼이민자를 위한 한국어 요리 관련 동사 교육 방안 연구: 한 · 일 대조 분석을 중심으로, 경희대학교 대학원 석사학위논문.

류은정(2011), 결혼 이주여성을 위한 한국어 교육과정 연구, 연세대학교 대학원 석사학위논문.

마미정(Mi Jong Ma) 외(2010), 결혼이민자 가정 외국인 부모의 개인 변인에 따른 양육태도, 한국가족복지학 15, 한국가족복지학회. pp.5~22.

마키노 가즈로(2011), 다문화 가정 자녀의 언어 · 문화적 정체성 형성에 미치는 요인: 한일국제결혼가정 자녀를 중심으로, 전남대학교 대학원 석사학위논문.

모경환 외(2012), 결혼이주자를 위한 온라인 교육 프로그램 개발 연구, 시민교육연구 44, 한국사회과교육학회. pp.29~63.

문교영(2012), 다문화가정 자녀를 위한 한국어 글쓰기 교육 방안: 독후감과 일기 텍스트 구조 분석을 바탕으로, 계명대학교 대학원 석사학위논문.

문금현(2012), 실태조사에 근거한 다문화가정 여성 학습자의 한국어교육 방안, 어문연구 156, 한국어문교육연구회. pp.397~426.

문명희 외(2012), 한국어머니와 중국어머니의 다문화 교육에 대한 인식 및 양육실제, 유아 교육학논집 16, 한국영유아교원교육학회. pp.213~230.

문석우(2010), 다문화가정의 한국어교육 및 한국문화적응 실태조사, 중소연구 34, 한양대학교 아태지역연구센터. pp.233~268.

문은실(2013), 동화책을 활용한 결혼이민자 가정 자녀의 이중언어교육 방안, 순천대학교 교육대학원 석사학위논문.

문혜진(2009), 고전문학을 활용한 다문화가정 자녀 교육 방안 연구, 한국외국어대학교 교육대학원 석사학위논문.

미토마 모요(2011), 한일 다문화 가정의 언어 환경이 자녀의 이중언어능력에 미치는 영향, 동덕여자대학교 대학원 석사학위논문.

민상희(2010), 여성 결혼 이민자를 위한 독학용 한국어 발음 교재 개발 방안 연구: 베트남인 여성 결혼 이민자를 대상으로, 부산외국어대학교 교육대학원 석사학위논문.

민현식(2008), 한국어교육에서 소위 다문화교육의 문제점에 대해, 한국언어문화학 5-2, 국제한국언어문화학회. pp.115~150.

박경래(2008), 다문화가정 대상 방언 한국어 교재 개발 타당성 조사 연구 용역 보고서, 국립국어원.
박나현(2011), 다문화가정 아동의 교실에서의 언어적 상호작용과 정체성 형성: 필리핀 어머니를 둔 아동의 사례를 중심으로, 경인교육대학교 교육대학원 석사학위논문.
박명순 외(2011), 결혼이주여성의 한국어 사용능력이 가족생활에 미치는 영향에 관한 연구, 다문화교육연구 4, 한국다문화교육학회. pp.19~41.
박미숙(2011), 결혼이주자의 세시음식에 대한 인지도 및 실천도, 원광대학교 교육대학원 석사학위논문.
박서영(2011), 여성결혼이민자를 위한 전략 중심 한국어 쓰기 교육 방안 연구, 한국외국어대학교 교육대학원 석사학위논문.
박석준(2009), 다문화 가정 구성원을 위한 한국어 교육의 방향, 한국언어문학 71, 한국언어문학회. pp.215~243.
박선옥 외(2010), 자녀 교육 능력 향상을 위한 여성결혼이민자 특별 교육 프로그램 설계, 인문과학연구 26, 강원대학교 인문과학연구소. pp.551~574.
박선옥(2011), 여성결혼이민자를 위한 한국어 교재의 쓰기 활동 분석과 구성 방안 제언, 언어학연구 19, 한국중원언어학회. pp.71~96.
박성민(2012), 여성결혼이민자를 위한 한국어 매체 교육 교수요목 설계, 부경대학교 교육대학원 석사학위논문.
박성실(2010), 쿠레레(Currere) 방법을 통한 여성결혼이민자 대상 한국문화교육 방안 연구: 함께하는 한국어 문화 편을 대상으로, 계명대학교 대학원 석사학위논문.
박시균 외(2012), 결혼이주여성의 정부지원 한국어교육사업 현황 및 만족도 조사: 전라북도 3개 도시(전주·익산·군산)와 광주광역시를 중심으로, 한중인문학연구 37, 한중인문학회. pp.351~386.
박영순 외(2007), 이중언어 교육과 한국어교재론, 서울교육대학교 다문화교육연구원.
박영순 외(2009), 다문화 가정 자녀를 위한 이중언어 교육 3, 이중언어 교육과 한국어교재론, 서울교육대학교 다문화교육연구원.
박영순(2007), 이중언어 교육과 한국어교재론, 서울교육대학교 다문화교육연구원.
박영철(2011), 결혼이주여성 자녀의 학교적응 영향요인 분석: 전북지역을 중심으로, 원광대학교 대학원 석사학위논문.
박윤경 외(2009), 다문화가정 학생의 학교생활 실태에 대한 조사 연구, 시민교육연구 41, 한국사회과교육학회. pp.41~71.
박윤주(2009), 의사소통을 위한 응답 발화 전략 연구: 결혼 이주여성의 효율적인 한국어 교육을 위하여, 경희대학교 교육대학원 석사학위논문.

박은경(2010), 다문화가정 초등학생 대상의 내용중심 한국어 교육을 위한 교육주체 요구 분석, 이화여자대학교 국제대학원 석사학위논문.

박은하(2011), 결혼 이주여성을 대상으로 한 한국어교재와 설문조사에 나타난 호칭어 비교 연구, 사회언어학 19-1, 한국사회언어학회. pp.83~102.

박은하(2011), 설문조사로 본 결혼 이주여성의 호칭어 사용 현황, 다문화콘텐츠연구 10, 중앙대학교 문화콘텐츠기술연구원. pp.7~28.

박은하(2012), 다문화 가정을 위한 한국어교재 개발 방안, 인문과학연구 39, 대구대학교 인문과학연구소. pp.131~160.

박인기 외(2009), 다문화교육 시대에 되짚어 보는 한국인의 말, 한국인의 문화, 학지사.

박인옥(2010), 강원도 다문화가정의 미취학자녀에 대한 교육지원 실태 조사, 인문과학연구 25, 강원대학교 인문과학연구소. pp.467~507.

박정미(2012), 한국어문화교육에서의 다문화적 접근 방안 연구: 문화 간 의사소통 중심 문화교육, 국제한국언어문화학회 학술대회 제13차 학술대회 발표 자료집, 국제한국언어문화학회. pp.113~122.

박정아(2012), 다문화 시대의 한국어 교육 정책 방향과 추진 현황, 새국어생활 22-3, 국립국어원. pp.5~19.

박정윤(2009), 다문화가족지원센터의 다문화가정을 위한 지원서비스: 현황과 발전방향에 관한 연구, 다문화콘텐츠연구 7, 중앙대학교 문화콘텐츠기술연구원. pp.31~62.

박정은(2007), (캐나다에 사는) 소라엄마의 언어교육 이야기: 다문화 가정에서 한국어를 꽃피운다, 일지사.

박정은(2007), 다문화사회에서 생각하는 모어교육: 이주가정과 국제결혼가정을 중심으로, 일지사.

박정태(2012), 방문교육으로 살펴본 다문화가정 한국어사용 실태 및 교육 방안 연구: 베트남계 이주여성과 그의 자녀를 중심으로, 중부대학교 대학원 석사학위논문.

박주영(2011), 한국어 교육 관련 다문화가족지원사업의 문제점과 개선 방안, 한국어교육 22-2, 국제한국어교육학회. pp.161~186.

박주형(2010), 한국 내 중국 조선족의 언어 태도 연구, 조선대학교 대학원 석사학위논문.

박지선(2009), 초등학교 다문화가정 자녀를 위한 한국어 교육과정 연구, 한국외국어대학교 교육대학원 석사학위논문.

박지연(2009), 일본인 이주여성을 위한 문화 항목 선정 및 문화 교육 방안, 선문대학교 대학원 석사학위논문.

박지윤 외(2009), 다문화 가정 학생의 읽기 능력에 관한 사례 연구, 우리말교육현장연구 3-2, 우리말교육현장학회. pp.247~283.

박현선 외(2012), 다문화 가정의 이중언어, 이중문화적 양육 환경이 자녀 발달에 미치는 영향: 어머니 양육참여의 매개 효과를 중심으로, 사회복지연구 43, 한국사회복지연구회. pp.365~388.

박현숙(2012), 결혼 이민 여성의 모어 육아 및 가정 내 이중언어 교육에 관한 질적 연구, 이화여자대학교 교육대학원 석사학위논문.

박현주(2011), 그림동화를 활용한 이야기 구성 능력 향상 방안 연구: 여성결혼이민자를 대상으로, 부산외국어대학교 대학원 석사학위논문.

방기혁(2012), 중학교 수준의 공립형 다문화 대안학교 교육과정 개발 및 편성에 관한 연구, 다문화교육연구 5, 한국다문화교육학회. pp.93~115.

방성원(2008), 국제결혼 이주 여성을 위한 한국어 교재 개발 방안 연구, 한국어교육 19-3, 국제한국어교육학회. pp.262~293.

방혜자(2011), 다문화가정 자녀의 한국사회 적응방안에 관한 연구, 경남대학교 경영대학원 석사학위논문.

배상남(2011), 한국어 방문교육의 효용성 연구: 청주지역 여성 결혼이민자를 중심으로, 충북대학교 교육대학원 석사학위논문.

배연화(2013), 순천지역 여성결혼이민자의 한국어교육 인식 실태 연구, 순천대학교 교육대학원 석사학위논문.

배은주(2006), 이주노동자 자녀들의 교육복지 실태와 주요 쟁점, 아시아교육연구 7, 서울대학교 교육연구소. pp.49~85.

배은주(2006), 한국 내 이주노동자 자녀들의 학교 생활에서의 갈등 해결 방안, 교육인류학연구 9, 한국교육인류학회. pp.25~55.

배은희(2013), 여성 결혼이민자의 호칭어 사용 양상 연구: 베트남, 중국, 일본, 필리핀 여성 결혼이민자를 중심으로, 계명대학교 대학원 석사학위논문.

배현대(2010), 여성 결혼 이민자를 위한 한국어 교육 현황과 문화 어휘를 활용한 한국어 교육 방법, 경기대학교 대학원 석사학위논문.

백미옥(2007), 여성 결혼이민자를 위한 생활문화와 한국어의 통합 교육 연구: 초급 단계 학습자를 중심으로, 고려대학교 교육대학원 석사학위논문.

上野由香子(2011), 한일 국제 결혼 가정에 있어서 아이의 이중 언어 병용의 실태: 부모의 의식 조사 및 아이의 이중 언어 생활 조사의 일본어 분석을 중심으로, 순천대학교 대학원 석사학위논문.

서수경(2012), 다문화가정 자녀 대상의 이중언어교육 방안 연구, 부산외국어대학교 대학원 석사학위논문.

서승이(2011), 동시를 활용한 한국어 교육 방안: 여성결혼이민자를 대상으로, 한국외국어

대학교 교육대학원 석사학위논문.
서울교육대학교(2010), 글로벌 시대의 다문화교육, 사회평론.
서종남(2008), 다문화교육과 한국 다문화가정의 이해, 국제이해교육연구 3, 한국국제이해교육학회. pp.105~132.
서종남(2010), 결혼이민자 가정의 문제점과 해결방안 연구, 시민교육연구 42, 한국사회과교육학회. pp.103~126.
서주영(2013), 여성결혼이민자 대상 육아 목적 한국어 교재 개발 방안 연구: 영유아기(1세~4세)를 중심으로, 부산외국어대학교 대학원 석사학위논문.
서혁(2007), 다문화 가정 현황 및 한국어 교육 지원 방안, 인간연구 12, 가톨릭대학교 인간학연구소. pp.57~92.
성은정(2013), 여성결혼이민자 대상 EBS TV 한국어 교육 프로그램 이용실태 및 활용방안 연구, 연세대학교 교육대학원 석사학위논문.
성정희 외(2010), 국제결혼 이주여성의 우울증에 대한 서사적 이해와 문학치료 방안, 통일인문학논총 49, 건국대학교 통일인문학연구단. pp.149~174.
손경미(2013), 다문화가정 초등학생의 교과 학습 지원을 위한 학습 어휘(Learning Lexical Item) 중재 전략 구안, 부산외국어대학교 대학원 박사학위논문.
손병길(2011), 다문화가족지원센터의 한국어 집합교육에 대한 요구분석: 대구 경북 지역을 중심으로, 연세대학교 교육대학원 석사학위논문.
송경섭(2011), 한국의 다문화교육정책 분석 및 발전방향탐색, 경기대학교 교육대학원 석사학위논문.
송경옥(2012), 여성결혼이민자를 위한 띄어쓰기 지도 방안 연구, 인하대학교 교육대학원 석사학위논문.
송기철(2013), 다문화가정자녀교육의 한국어교육지원 방안에 관한 연구, 사회복지지원학회지 8-1, 한국사회복지지원학회. pp.53~76.
송미심(2012), 다문화가족지원센터를 활용한 효율적인 한국어 교육 방안: 서산시다문화가족지원센터를 중심으로, 상명대학교 교육대학원 석사학위논문.
송순호(2013), 결혼이민자 자녀 한국어 방문교육 연구: 청주지역을 중심으로, 충북대학교 교육대학원 석사학위논문.
송영복(2008), 다문화 학습자의 한글 깨치기 원리와 방법 연구, 한국초등국어교육 38, 한국초등국어교육학회. pp.214~239.
송유미(2009), 다문화가정의 한국어교육 방안 연구, 충남대학교 교육대학원 석사학위논문.
신성철(2008), 시드니 한인 이민자 자녀들의 언어 사용과 유지, 외국어로서의 한국어교육 33, 연세대학교 언어연구교육원 한국어학당. pp.139~167.

신수영 외(2010), 결혼이주여성을 위한 한국어 교실 체험에 담긴 문해교육의 의미 탐색, 교육인류학연구 13, 한국교육인류학회. pp.83~113.

신수정(2013), 중국 이주청소년 한국어 서사담화의 접속표지 사용양상 연구, 이화여자대학교 교육대학원 석사학위논문.

신주철(2012), 동화를 활용한 여성결혼이민자와 유아자녀의 동시적 한국어교육 설계 시론, 한민족어문학 62, 한민족어문학회. pp.135~158.

신찬양(2012), 지역에 따른 다문화가정 아동의 언어발달 및 관련 변인 연구, 한국외국어대학교 대학원 석사학위논문.

심보경 외(2012), 여성결혼이민자의 학부모 역량강화를 위한 시기별 한국어교육 및 자녀학습 지도방안 연구, 어문연구 71, 어문연구학회. pp.57~78.

심상민(2011), 다문화 가정 자녀 대상의 한국어교육 프로그램의 교육 목표 및 내용, 교수-학습 모형에 관한 연구, 국어교육연구 48, 국어교육학회. pp.115~140.

심재숙(2011), 동시를 활용한 한국어교육 과정안 연구: 여성결혼이민자 중 초급학습자를 중심으로, 충북대학교 교육대학원 석사학위논문.

안미영(2012), 다문화가정 아동의 한국어교육 방안, 한국언어문화 47, 국제한국언어문화학회. pp.123~145.

안성훈(2012), 이러닝 활용 다문화교육에 대한 결혼이민자의 수요 분석 및 지원 방안, 정보교육학회논문지 16, 한국정보교육학회. pp.131~142.

야마시타 마코토(2008), '타문화 교육' 으로서의 한국어교육의 가능성, 한일교육연구 14, 한일합동교육연구회. pp.153~161.

양명희(2009), 다문화 시대와 언어정책, 한국어교육 20-1, 국제한국어교육학회. pp.111~133.

양민정(2009), 속담을 활용한 다문화가정의 한국어문화교육 방안 연구, 세계문학비교연구 29, 세계문학비교학회. pp.59~82.

양영희(2013), 한국어교육에서 문학 텍스트의 바람직한 활용 방안에 대한 시론: 다문화 가정 여성들을 대상으로, 언어과학 20-1, 한국언어과학회. pp.139~163.

양옥경 외(2007), 서울거주 국제결혼이주여성의 문화적응과 사회적 지원서비스에 관한 조사연구, 서울도시연구 8, 서울시정개발연구원. pp.229~251.

양태식(2010), 다문화 사회 소통 문제와 한국어 교육의 과제, 한국초등교육 21-1, 서울교육대학교 초등교육연구소. pp.49~66.

어수진(2010), 협동학습을 통한 다문화 가정의 한국어 교육 방안 연구: 결혼이주여성과 그 자녀를 대상으로, 한국외국어대학교 대학원 석사학위논문.

어수진(2011), 협동학습을 통한 다문화 가정의 한국어 교육 방안 연구, 세계한국어문학 5, 세계한국어문학회. pp.133~174.

여성가족부(2005), 여성 결혼이민자 지원사업 결과보고서, 여성가족부 가족문화과.
여은혜(2012), 노래를 활용한 한국어 교육의 실제와 수업 방안 연구: 여성결혼이민자를 대상으로, 대구가톨릭대학교 대학원 석사학위논문.
연보라 외(2012), 국제결혼이주여성의 학교활동 참여 결정요인, 교육사회학연구 22, 한국교육사회학회. pp.127~153.
오대영 외(2011), 다문화 가정의 미디어 이용 실태 및 정책적 지원방안 연구, 한국언론진흥재단.
오만석(2011), 다문화가정 자녀교육의 현실과 과제, 다문화교육연구 4, 한국다문화교육학회. pp.43~77.
오성숙(2010), 다문화가정 환경변인과 유아 언어능력의 관계, 한국특수교육학회 학술대회2010, 한국특수교육학회. pp.109~124.
오세미(2011), 다문화 가정 자녀들을 위한 교과 연계 한국어 교육 방안 연구, 충북대학교 대학원 석사학위논문.
오소정 외(2009), 서울 및 경기지역 다문화가정 아동의 언어특성과 관련변인에 대한 기초 연구, 특수교육 8, 이화여자대학교 특수교육연구소. pp.137~161.
오은순 외(2009), 다문화가정 학생을 위한 한국어 교육 지원 방안 탐색 세미나, 한국교육과정평가원.
오은순 외(2010), 다문화가정 학생을 위한 한국어교육 프로그램 내용 요소 탐색: 학교체제 운영을 중심으로, 청소년학연구 17-12, 한국청소년학회. pp.83~107.
오은순(2010), 다문화가정 학생을 위한 한국어교육 지원 실태 및 요구 분석: 델파이 조사를 통한 전문가 인식을 중심으로, 다문화교육연구 3-2, 한국다문화교육학회. pp.37~69.
오재연 외(2009), 홀리스틱교육에 기초한 다문화캠퍼스에서 외국인 학생들의 교육 및 생활 실태분석과 효과적인 지원방안 연구, 홀리스틱교육연구 13, 한국홀리스틱교육학회. pp.131~155.
오정미(2012), 설화에 대한 다문화적 접근과 문화교육: 며느리설화를 중심으로, 건국대학교 대학원 박사학위논문.
오현진 외(2007), 한국어교육 1, 서울교육대학교 다문화교육연구원.
오현진 외(2009), 다문화 가정 자녀를 위한 이중언어 교육 4, 한국어교육 1. 서울교육대학교 다문화교육연구원.
오희자(2011), 일반가정 학습자와 다문화가정 학습자의 비교를 통한 한국어능력 향상 방안: 만7세 아동을 중심으로, 충북대학교 대학원 석사학위논문.
왕한석(2005), 국제결혼 이주여성의 언어 및 문화 적응 실태 연구: 전라북도 임실군 (및 순창군 · 남원시) 일원 사례 보고서, 국립국어원.
왕한석(2006), 국제결혼 이주여성의 언어 적응의 제 양상, 담화 · 인지언어학회 학술대회 발표논문집, 담화 · 인지언어학회. pp.3~17.
왕한석(2007), 또 다른 한국어: 국제결혼 이주여성의 언어 적응에 관한 인류학적 연구, 교문사.
우복남(2008), 충남 다문화가정 유·아동의 한국어구사 실태조사 및 교육지원 방안, 충청남도여성정책개발원.
우복남(2008), 충남 여성결혼이민자의 한국어구사 실태조사 및 한국어교육 프로그램 개발, 충청남도여성정책개발원.
우복남(2008), 충남 이주여성을 위한 한국어교육 전문 강사 양성 및 사이버교재 개발(1), 충청남도여성정책개발원.
우인혜(2008), 다문화 사회에 따른 한국어 교육의 동향과 과제, 새국어교육 79, 한국국어교육학회. pp.281~309.
우창현(2007), 결혼이민자에 대한 한국어 교육 문제: 충북 제천 지역을 중심으로, 언어와 문화 3-3, 한국언어문화교육학회. pp.145~158.
우혜경(2011), 문학지문을 활용한 다문화 중학생의 한국어교육, 청람어문교육 44, 청람어문교육학회. pp.583~610.
우혜경(2012), 문학 텍스트를 활용한 다문화 학습자의 한국어 교육, 한국교원대학교 대학원 석사학위논문.
원진숙(2007), 다문화 시대 국어교육의 역할, 국어교육학연구 30, 국어교육학회. pp.23~49.
원진숙(2008), 다문화 시대의 초등학교 국어과 교육: 다문화 가정 자녀를 위한 한국어 교육 지원 방안을 중심으로, 국어교육학연구 32, 국어교육학회. pp.269~304.
원진숙(2009), 초등학교 다문화 가정 학생을 위한 언어 교육 프로그램, 한국초등국어교육 40, 한국초등국어교육학회. pp.158~187.
원진숙(2010), 이주 여성의 자아 정체성 형성을 위한 한국어 쓰기 교육 사례 연구, 한국작문학회 연구발표회 자료집 18, 한국작문학회. pp.68~83.
원진숙(2012), 다문화적 한국어 교수 역량 강화를 위한 초등 교사 양성 및 커리큘럼 개발 방향, 한국어교육학회 학술발표회2012, 한국어교육학회. pp.189~210.
유선아(2011), 여성결혼이민자를 위한 한국문화 교육방안에 관한 연구: 민족지학적 연구 방법을 중심으로, 한양대학교 교육대학원 석사학위논문.
유해준(2011), 여성결혼이민자를 위한 한국어 교재 구성 방안, 다문화콘텐츠연구 10, 중앙대학교 문화콘텐츠기술연구원. pp.29~48.
유향선 외(2011), 결혼이주여성의 자녀 언어 지도 경험에 관한 고찰, 유아교육학논집 15,

한국영유아교원교육학회. pp.109~133.
유현정 외(2009), 중국우화를 활용한 다문화 교육활동, 다음세대.
유호엽(2012), 이미지 자료를 활용한 텍스트 상세화 효과 연구: 다문화 가정 자녀 대상 초등 사회과 내용을 중심으로, 고려대학교 교육대학원 석사학위논문.
육상효 외(2010), 스토리텔링을 통한 한국어 학습 콘텐츠 개발 연구: 베트남 국제결혼 이주여성을 중심으로, 이중언어학 42, 이중언어학회. pp.73~102.
윤경동(2011), 다문화 가정 자녀의 한국어 교육 실태조사 및 효율적인 한국어 교육 방안에 관한 연구, 한국교원대학교 교육대학원 석사학위논문.
윤미라(2011), 한어병음을 적용한 다문화 교수–학습안, 전남대학교 교육대학원 석사학위논문.
윤상석 외(2012), 다문화가정의 대화분석 연구: 부모 정체성의 회귀적 구성을 중심으로, 한국어학 56, 한국어학회. pp.149~181.
윤성애(2010), 다문화가정 자녀의 한국어 문식성 향상을 위한 문학작품 활용 방안 연구: 국제결혼 가정의 중학교 취학 자녀를 대상으로, 영남대학교 대학원 석사학위논문.
윤여탁(2008), 다문화교육으로서의 한국어교육: 현실과 방법론, 국어교육연구 22, 서울대학교 국어교육연구소. pp.7~34.
윤여탁(2009), 다문화 · 다매체 · 다중언어의 교육: 그 현황과 전망, 어문학 106, 한국어문학회. pp.21~55.
윤여탁(2010), 한국문학과 대중문화의 대응, 국어교육연구 26, 서울대학교 국어교육연구소. pp.3~24.
윤여탁(2013), 다문화 사회의 문식성 신장을 위한 한국어교육의 전략: 문학교육의 관점을 중심으로, 새국어교육 94, 한국국어교육학회. pp.7~29.
윤영숙(2009), 결혼이주여성 대상 한국어 방문교육의 효율성 제고 방안 연구, 배재대학교 대학원 석사학위논문.
윤인아(2010), 다문화 가정 아동을 위한 웹기반 한국어 교재 개발 방안, 한남대학교 교육대학원 석사학위논문.
윤인진(2009), 한국의 다문화교육에 대한 평가와 향후 과제, 외국어로서의 한국어교육 34, 연세대학교 언어연구교육원 한국어학당. pp.65~88.
윤정로(2012), 다문화 이주 외국인의 미디어 이용과 인식에 대한 연구, 고려대학교 언론대학원 석사학위논문.
윤지현(2013), 여성결혼이민자를 위한 식생활 기본 어휘 선정과 분류 방안 연구, 배재대학교 대학원 석사학위논문.
윤희원(2008), 다문화가정자녀의 교육을 위한 '초급' 교재 출판 및 '중급' 교재 개발 최종 보고서, 교육과학기술부.
윤희원(2009), 다문화 사회와 국어교육: 다문화 가정 자녀의 (한)국어 교육을 중심으로, 국어교육학연구 34, 국어교육학회. pp.5~25.
이경민(2008), 베트남 이주노동자를 위한 취업 전 한국어 교재 개발 연구, 부산외국어대학교 교육대학원 석사학위논문.
이경애(2008), 한국어교육에 관한 이주여성의 요구분석 및 컴퓨터 활용방안, 동국대학교 교육대학원 석사학위논문.
이관식(2010), 광주광역시 다문화가족 지원 사업에서의 한국어교육 정책 개선방안, 인문사회과학연구 27, 호남대학교 인문사회과학연구소. pp.111~142.
이근화(2011), 여성 결혼이민자를 위한 민속 문화 교육 방안 연구, 부산대학교 대학원 석사학위논문.
이기동 외(2012), 결혼이주여성을 위한 한국어 교육의 현실, 한국학연구 41, 고려대학교 한국학연구소. pp.63~85.
이동성 외(2012), 다문화가정 아동들의 삶과 교육, 다문화교육연구 5, 한국다문화교육학회. pp.137~154.
이락희(2011), 다문화가정 방문 한국어 교육의 학습효과에 관한 연구, 한남대학교 교육대학원 석사학위논문.
이명희(2011), 결혼여성이민자의 한국어 호칭어 · 지칭어 사용양상연구, 영남대학교 대학원 석사학위논문.
이미숙(2008), 다문화 시대의 미디어 문식성 교육을 위하여, 우리말교육현장연구 2, 우리말교육현장학회. pp.343~366.
이미연(2010), 다문화가정 아동 학습자들의 한국어 습득 · 발달에 관한 연구, 한국어와 문화 8, 숙명여자대학교 한국어문화연구소. pp.179~214.
이미영(2011), 여성결혼이민자를 위한 문화교육 방안: 음식문화를 중심으로, 선문대학교 대학원 석사학위논문.
이미정(2007), 한국어교육에서의 문화교육의 방향과 학습모형: 초급학습자를 중심으로, 언어와 문화 3-3, 한국언어문화교육학회. pp.177~194.
이미혜(2007), 방송 매체를 이용한 다문화 가정 한국어 교육 체계 구축을 위한 연구, 국립국어원.
이미혜(2007), 방송 매체를 이용한 다문화 가정 한국어 교재 개발, 국립국어원.
이미혜(2011), TV 방송의 다문화가정 대상 한국어교육 프로그램, 나라사랑 120, 외솔회, pp.170~195.
이미혜(2012), 여성결혼이민자 대상의 한국어교육에서 교육방송의 역할과 활용, 한국어

교육 23-3, 국제한국어교육학회. pp.231~258.
이상규(2007), 여성결혼이민자 한국어 교육의 과제, 어문논총 46, 한국문학언어학회. pp.101~130.
이상용(2011), 다문화 가정에 대한 지원정책의 효율성에 관한 연구: 서울특별시를 중심으로, 고려대학교 정책대학원 석사학위논문.
이상일(2012), 다문화가정의 한국어 교육 현황과 발전 방안 모색, 중부대학교 대학원 석사학위논문.
이상희 외(2010), 다문화가정 유·아동 자녀의 언어구사에 관한 실태조사: 제주지역을 중심으로, 특수아동교육연구 12, 한국특수아동학회. pp.395~412.
이선화(2011), 전래동화를 활용한 초등학교 다문화가정 학생의 한국어교육 방안, 충남대학교 교육대학원 석사학위논문.
이성미(2006), 여성결혼이민자 가족 및 혼혈인·이주자의 사회통합 지원방안, 한국어의 미래를 위한 제1차 토론회: 국외 동포 및 이주민을 위한 한국어 교육을 중심으로, 이화여자대학교 한국어문학연구소. pp.26~47.
이성순(2009), 이주여성과 자녀의 한국어교육 현황과 과제: 대전지역 한국어교실 운영사례를 중심으로, 우리어문연구 35, 우리어문학회. pp.247~276.
이성희(2011), 다문화가족 방문교육지도사의 서비스 실천 경험 연구, 성공회대학교 대학원 석사학위논문.
이소현(2009), 초등학교 다문화 가정 자녀를 위한 동화 활용 한국어 교육 연구, 부산외국어대학교 교육대학원 석사학위논문.
이소현(2010), 초등학교 다문화가정 자녀를 위한 한국어 교육 방안, 중앙대학교 문화콘텐츠기술연구원 학술대회2010, 중앙대학교 문화콘텐츠기술연구원. pp.99~113.
이송자 외(2008), 결혼이주여성의 한국어 방문교육 교재 개발 연구, 국립국어원.
이수미(2011), 다문화가정 자녀를 위한 한국어 교육 방법 연구: 전신반응 교수법을 중심으로, 국어교육연구 49, 국어교육학회. pp.269~290.
이수진(2012), 결혼이주여성의 문화적응문제와 한국어 학습에 관한 연구, 군산대학교 교육대학원 석사학위논문.
이순연(2011), 서울 지역의 다문화가정 초등학생을 대상으로 한 이중언어교육의 현황과 교육 주체의 요구 조사, 이중언어학 46, 이중언어학회. pp.215~236.
이순형 외(2011), 유아 다문화 교육, 교문사.
이순형(2008), (다문화가정 유아를 위한) 가나다 모둠: 유아용 프로그램 활동집, 제주특별자치도교육청.
이승주(2012), TV드라마를 활용한 여성 결혼 이민자 대상 문화 교육 방안 연구, 한양대학교 교육대학원 석사학위논문.
이시다 사키(2012), 다문화 사회의 언어 정책 연구: 한국과 일본의 언어 정책 비교를 중심으로, 계명대학교 대학원 석사학위논문.
이연수(2011), 여성결혼이민자 대상 한국어 교육에서의 교육연극 활용 방안, 부산외국어대학교 교육대학원 석사학위논문.
이영란(2011), 그림책을 활용한 한국어 교육 방법 연구: 여성결혼이민자를 대상으로, 충북대학교 대학원 석사학위논문.
이영옥(2007), 이주 여성을 위한 생활한국어 교재 개발 연구, 언어와 문화 3-2, 한국언어문화교육학회. pp.33~66.
이영희(2011), 다문화 가정을 위한 한국어교육의 현황과 과제, 세계한국어문학 5, 세계한국어문학회. pp.91~132.
이유미(2011), 결혼이민자를 위한 한국어 방문교육 연구: 춘천시 다문화가족지원센터의 활동을 중심으로, 강원대학교 교육대학원 석사학위논문.
이윤주(2013), 여성결혼이민자의 한국어 읽기·쓰기 교육 연구, 대구가톨릭대학교 대학원 석사학위논문.
이은경 외(2011), 7-8세 다문화가정 아동의 수용언어능력, 특수교육재활과학연구 50, 대구대학교 특수교육재활과학연구소. pp.317~331.
이은경(2008), 전남 지역 여성 결혼 이민자를 위한 한국어 교육 연구: 방언을 포함한 교재 구성을 중심으로, 목포대학교 대학원 석사학위논문.
이은주(2006), 결혼 이주여성을 위한 초급 한국어교재 단원 내용 구성 방안: 의사소통 상황을 중심으로, 선문대학교 교육대학원 석사학위논문.
이은화(2011), 중국, 베트남 여성결혼이민자의 한국전래동화 이해도 연구, 한국외국어대학교 교육대학원 석사학위논문.
이재분 외(2010), 다문화가족 자녀의 결혼이민 부모 출신국 언어 습득을 위한 교육 지원 사례 연구, 한국여성개발원 연구보고서2010, 한국여성정책연구원. pp.1~274.
이재분 외(2011), 한국과 대만의 국제결혼가정 자녀의 이민자 부모 출신국 언어교육 지원 실천사례 비교 연구, 중국학논총 33, 한국중국문화학회. pp.61~82.
이정민(2011), 다문화가정 어머니의 언어능력, 자발발화 특성과 자녀의 자발발화 특성 분석, 울산대학교 대학원 석사학위논문.
이정옥(2006), 경상북도 결혼이주여성 현황 및 적응교육, 한국어의 미래를 위한 제1차 토론회: 국외 동포 및 이주민을 위한 한국어 교육을 중심으로, 이화여자대학교 한국어문학연구소. pp.72~84.
이정은(2013), 다문화 가정 자녀를 위한 한국어 교육용 사회 교과 기본 어휘 선정 방안 연

구: 중학교 1학년 지리 영역 명사 어휘를 중심으로, 고려대학교 교육대학원 석사학위논문.
이정희(2009), 여성 결혼이민자의 구어 담화 특징 연구, 이중언어학 39, 이중언어학회. pp.265~292.
이정희(2011), 외국인의 한국어 구어 발화에 나타난 연결어미 사용 양상 연구: 결혼이민자와 외국인 유학생의 비교를 중심으로, 이중언어학 45, 이중언어학회. pp.189~207.
이주연(2011), 지역신문을 활용한 다문화교육 연구: 결혼 이주여성을 대상으로, 건국대학교 대학원 석사학위논문.
이지은(2012), 여성결혼이민자의 언어 학습전략 분석 연구, 경남대학교 대학원 석사학위논문.
이진선(2011), 다문화가정 자녀를 위한 프로그램 실행연구(Action Research): 이중언어 · 상호문화교육 지원 프로그램 중심으로, 세종대학교 정책과학대학원 석사학위논문.
이창식(2009), 다문화시대 한국어교육을 위한 한국문학의 이해, 박이정.
이춘영(2010), 다문화가정 초등학생을 위한 내용 중심 한국어교육 프로그램 개발 방안, 한남대학교 교육대학원 석사학위논문.
이학경(2012), 여성결혼이민자를 위한 한국어 학습용 외래어 목록 선정 연구, 한양대학교 교육대학원 석사학위논문.
이해영(2007), 외국인 근로자 자녀를 위한 한국어 교육: 재한몽골학교 운영 사례를 중심으로, 이중언어학 33, 이중언어학회. pp.469~496.
이현아(2010), 다문화가족 대상 방문 한국어교육 실태 조사, 한남대학교 교육대학원 석사학위논문.
이현정(2012), 다문화가정 초·중등 학생 학교적응을 위한 교육 프로그램 운영 및 개선에 대한 연구, 건국대학교 교육대학원 석사학위논문.
이효인(2012), 다문화가정 아동의 언어능력 연구: 초등학교 1, 2, 3학년을 중심으로, 새국어교육 92, 한국국어교육학회. pp.471~494.
임경화(2012), 초등학교 국어교과서를 활용한 여성결혼이민자 한국어교육 방안, 부경대학교 대학원 석사학위논문.
임동진 외(2011), 여성결혼이주민의 한국어 교육 실태와 개선방안 연구, 한국행정연구원.
임서연(2009), 한국어 교육과정 설계 방안 연구: 여성결혼이민자를 대상으로, 충북대학교 대학원 박사학위논문.
임성숙(2012), 음운인식 한글프로그램이 다문화여성의 한국어능력 및 심리적 안녕감에 미치는 효과, 한국국제대학교 대학원 석사학위논문.
임성희(2012), 결혼이주여성의 의사소통능력과 부부갈등에 관한 연구, 상지대학교 사회복지정책대학원 석사학위논문.
임승선(2006), 이주노동자 대상 취업 전 한국어 교육과정 개발 연구, 상명대학교 교육대학원 석사학위논문.
임은미 외(2010), 여성 결혼이민자의 문화적응 유형과 문화적응 스트레스, 상담학연구 11, 한국상담학회. pp.957~973.
임준애(2011), 다문화아동 지원정책에 대한 고찰, 동아대학교 대학원 석사학위논문.
임지현(2010), 결혼이주여성의 한국어 교육을 위한 교육 체제 구축 방안, 경성대학교 교육대학원 석사학위논문.
임희영(2011), 텔레비전 드라마를 활용한 한국어 교육 연구: 여성 결혼 이민자를 중심으로, 충북대학교 교육대학원 석사학위논문.
장미영 외(2008), 국제결혼 이주여성을 위한 효과적인 한국어 지원 정책 방안 연구, 국어문학 44, 국어문학회. pp.111~138.
장미영 외(2008), 다문화사회 바로서기: 여성결혼이민자의 한국 적응 교육프로그램 연구, 글솟대.
장미영(2006), 여성결혼이민자를 위한 체감형 한국어교육콘텐츠 개발 및 구성: 전북지역을 중심으로, 한국어교육 17-3, 국제한국어교육학회. pp.231~254.
장미영(2009), 다문화 콘서트: 이해와 소통을 위한 현장 연구, 신아.
장미영(2009), 다문화가정아동을 위한 언어치료 학습교재 개발 방안, 국어문학 46, 국어문학회. pp.209~234.
장온정(Chang On Jeong)(2011), 교사가 인지하는 초등학교 다문화교육 수행 실태에 관한 연구, 한국실과교육학회지 24, 한국실과교육학회. pp.281~304.
장유진(2009), 전래 동화를 활용한 다문화가정 자녀 대상 한국어 교육방안 연구, 한국외국어대학교 교육대학원 석사학위논문.
장은애 외(2010), 결혼이민여성의 문화정체성 유형과 생활만족도, 사회과학연구 26, 경성대학교 사회과학연구소. pp.1~25.
장인실 외(2012), 다문화교육의 이해와 실천, 학지사.
장창영(2011), 다문화가정 학습자를 위한 국어교육 방안, 다문화콘텐츠연구 11, 중앙대학교 문화콘텐츠기술연구원. pp.357~389.
장한님(2012), 새터민 청소년의 자아정체성 정립을 위한 한국어교육 방안, 상명대학교 교육대학원 석사학위논문.
전영옥(2011), 여성결혼이민자의 한국어 조사 오류 분석, 한국어교육 22-4, 국제한국어교육학회. pp.27~62.
전우리(2013), 다문화가정 자녀의 한국어 쓰기 능력 향상을 위한 과정 장르 통합 접근 방안 연구, 한국외국어대학교 대학원 석사학위논문.
전은주(2008), 다문화 사회와 제2언어로서의 한국어(KSL) 교육과정의 목표 설정 방향, 국어교육학연구 33, 국어교육학회. pp.629~656.
전은주(2009), 국제결혼 가정 자녀의 의사소통능력과 국어과 교수-학습에 영향을 미치는 변인, 청람어문교육 39, 청람어문교육학회. pp.73~108.
전은주(2009), 다문화 학습자와 일반 학습자의 국어과 교수-학습에 관한 비교 연구, 국어교육학연구 34, 국어교육학회. pp.117~150.
전재완(2009), 다문화 가정 자녀의 국어 교육 지도 사례, 우리말교육현장연구 3-2, 우리말교육현장학회. pp.289~309.
전철웅 외(2011), 고전문학을 활용한 중학교 다문화교육, 개신어문연구 33, 개신어문학회. pp.345~381.
전형길 외(2012), 의성 · 의태어를 활용한 여성결혼이민자의 자녀 교육 방안 연구: 학령기 전 자녀와의 상호작용을 중심으로, 한국어교육 23-2, 국제한국어교육학회. pp.361~393.
전홍주 외(2008), 결혼이민자 가정에서 이루어지는 자녀 교육지원의 실제와 의미: 필리핀과 일본 어머니들의 사례를 중심으로, 가족과 문화 20, 한국가족학회. pp.161~186.
정경운(2009), 여성결혼이민자의 문화적응과 언어 문제, 외국어로서의 한국어교육 34, 연세대학교 언어연구교육원 한국어학당. pp.89~111.
정길남 외(2009), 다문화 가정 자녀를 위한 이중언어 교육 2, 한국어와 한국문학 1, 서울교육대학교 다문화교육연구원.
정다운 외(2009), 다문화 가정 자녀를 위한 이중언어 교육 Ⅷ, 한국어 교수법, 서울교육대학교 다문화교육연구원.
정다운(2010), 다문화 가정 자녀의 한국어 교육에 대한 초등교사의 어려움 연구: 교수 학습 지도안을 중심으로, 우리어문연구 38, 우리어문학회. pp.383~408.
정대용(2011), 결혼 이민 여성의 문해 교육 경험이 생활 적응 과정에 미치는 의미, 숭실대학교 대학원 박사학위논문.
정대현(2010), 다문화 사회의 (한)국어 수업: 경력 교사와 예비 교사의 교수 행위와 사고 행위에 관한 연구, 국어교육학연구 38, 국어교육학회. pp.233~266.
정명숙(2009), 여성결혼이민자를 위한 한국어 웹교재 개발 방안, 이중언어학 39, 이중언어학회. pp.345~373.
정미정(2010), 다문화가정 초등학교 학생을 위한 한국어 교과학습 프로그램 실태 및 교육 정책 연구, 한양대학교 교육대학원 석사학위논문.
정미향(2009), 결혼이민자를 위한 한국어 방문교육 방안 연구, 경희대학교 교육대학원 석

사학위논문.
정성미(2010), 여성결혼이민자들의 자녀교육 참여를 위한 의사소통적 접근, 다문화콘텐츠연구 8, 중앙대학교 문화콘텐츠기술연구원. pp.115~134.
정성미(2010), 한국어교육에서 여성결혼이민자를 위한 글쓰기 치료적 접근, 어문논집 45, 중앙어문학회. pp.193~212.
정순영(2012), 여성 결혼이민자를 위한 한국어 교재에 나타난 요청 표현 연구: 드라마에 나타난 요청 표현과 비교하여, 영남대학교 대학원 석사학위논문.
정연배(2012), 다문화 가정의 한글 교육을 위한 기능성 게임 개발안 탐구, 경희대학교 대학원 석사학위논문.
정예리(2010), 다문화 가정 유아의 차별 경험을 통한 인간이해 가치교육적 함의, 윤리교육연구 21, 한국윤리교육학회. pp.249~267.
정윤경(2010), 다문화교육에 대한 이론적 고찰, 문화예술교육연구 5, 한국문화교육학회. pp.1~21.
정은미(2011), 결혼이주여성을 대상으로 한 알기 쉬운 통신문 작성을 위한 텍스트 수정 연구, 이화여자대학교 교육대학원 석사학위논문.
정은정(2011), 다문화가정 초등학생의 학교적응에 관한 초등교사인식연구, 인제대학교 대학원 석사학위논문.
정은희(2004), 농촌지역 국제결혼 가정 아동의 언어 발달과 언어 환경, 언어치료연구 13, 한국언어치료학회. pp.33~52.
정익희(2013), 여성결혼이민자들의 유아기 자녀 교육 역할 신장을 위한 한국어 교육 내용 연구: 유치원 '주간교육안 가정통신문' 을 활용하여, 고려대학교 교육대학원 석사학위논문.
정주리(2011), 여성결혼이민자를 위한 한국어 교재 개발 방안 연구: 여성결혼이민자의 요구분석을 중심으로, 서울교육대학교 교육대학원 석사학위논문.
정주미(2011), 다문화 가정의 실태와 정책적 지원방안에 관한 연구, 경원대학교 사회정책대학원 석사학위논문.
정주영(2009), 인터넷을 이용한 다문화가정 자녀의 한국어 교육 방안, 동국대학교 교육대학원 석사학위논문.
정지현 외(2009), 다문화교육 접근법에 따른 그림책 분석, 어린이미디어연구 8, 한국어린이미디어학회. pp.91~118.
정지현(2011), 다문화가정 자녀 대상 내용 중심 한국어 교육과정 개발, 부산대학교 대학원 석사학위논문.
정진숙(2011), 다문화가정 이주여성의 한국어 운율 발화의 음향적 특징, 원광대학교 동서보완의학대학원 석사학위논문.
정진영(2009), 이주여성을 위한 한국어 교육의 개선방안, 영남대학교 교육대학원 석사학위논문.
정현옥(2011), 이주민 여성을 위한 한국어 교재 분석 연구, 전주대학교 대학원 석사학위논문.
정희원(2006), 다문화 시대 사회 통합을 위한 한국어 교육 강화 방안, 한국어의 미래를 위한 제1차 토론회: 국외 동포 및 이주민을 위한 한국어 교육을 중심으로, 이화여자대학교 한국어문학연구소. pp.54~59.
조남두(2012), 성남시 다문화가정 자녀의 교육실태 연구, 한국교육학연구 18, 안암교육학회. pp.263~293.
조동순(2013), 한국어교육이 지역사회 발전에 미치는 영향: 동해시 다문화가정 중심으로, 충북대학교 교육대학원 석사학위논문.
조명희(2011), 다문화가정 자녀의 자아존중감과 사회적 지지가 학교생활적응에 미치는 영향, 성결대학교 대학원 석사학위논문.
조상식(2009), 이주노동자에 대한 '문화적응교육'의 실태와 대안탐색: 분석과 비판, 강현.
조선경(2007), 특수목적 한국어 교육 연구: 이주노동자, 이주여성 및 그 자녀에 대한 한국어 교육을 중심으로, 이화여자대학교 대학원 박사학위논문.
조선경(2008), (다문화 사회) 한국어교육의 이론과 실제, 모자이크출판사.
조수진 외(2008), 다문화가정자녀를 위한 "학습 한국어" 교재 개발의 방향, 이중언어학 37, 이중언어학회. pp.235~264.
조아라(2011), 한국어 어휘 능력에 따른 다문화 가정 아동과 일반 가정 아동의 이야기 산출 및 이해 능력 비교, 이화여자대학교 대학원 석사학위논문.
조영란(2011), 다문화가정 학생을 위한 한국어교육 방안 연구, 충북대학교 대학원 석사학위논문.
조옥이 외(2011), 다문화가정 중도입국 자녀에 대한 한국어문화 교육의 방안과 내용: 교육 사례 예시를 통한 문제 제기를 중심으로, 외국어로서의 한국어교육 36, 연세대학교 언어연구교육원 한국어학당. pp.217~238.
조항록(2008), 다문화 사회에서 한국어 교육 방안: 문화 상호주의의 지향, 새국어생활 18-1, 국립국어원. pp.23~42.
조항록(2008), 이주 노동자 대상 한국어 교육의 실제와 과제: 한국어 교육 정책의 관점에서, 사회언어학 16-1, 한국사회언어학회. pp.299~316.
조항록(2010), 다문화 가정 자녀를 위한 한국어 교육 프로그램 운영 지원 방안, 이중언어학 42, 이중언어학회. pp.243~271.

조현주(2012), 여성결혼이민자 구어 문장의 어휘·통사 비교 연구: 베트남어권·중국어권을 중심으로, 한국외국어대학교 대학원 석사학위논문.

조현지(2011), 거주기간과 상호작용이 여성 결혼이민자의 연어 습득에 미치는 영향, 이화여자대학교 교육대학원 석사학위논문.

조효정(2012), 여성 결혼이민자의 이문화 의사소통에 대한 민족지학적 연구, 영남대학교 대학원 석사학위논문.

주경아(2011), 공교육에서의 한국어교육 방안 연구: 중등학교의 다문화 가정 자녀를 중심으로, 인하대학교 교육대학원 석사학위논문.

주월랑 외(2011), 여성 결혼 이민자의 한국문화 교육을 위한 요구조사, 한국언어문화학 8-1, 국제한국언어문화학회. pp.175~203.

주월랑(2013), 필리핀 여성결혼이민자들의 연결어미 사용 양상: 구어 자료를 중심으로, 시학과 언어학 24, 시학과 언어학회. pp.241~262.

지현숙(2010), 한국어교육에서 문화 교육과정 연구의 새로운 탐색: 소위 '다문화 교육' 을 넘어, 한국언어문화학 7-1, 국제한국언어문화학회. pp.261~290.

진선희(2010), 다문화 사회의 국어과 교육 방향, 학습자중심교과교육연구 10, 학습자중심교과교육학회. pp.403~428.

채보근(2011), 이민자 사회통합을 위한 다문화교육정책에 관한 연구: 여성가족부와 법무부를 중심으로, 청주대학교 대학원 석사학위논문.

채옥희 외(2009), 결혼이민자를 위한 한국어와 가정생활교육효과, 한국가족자원경영학회지 13, 한국가족자원경영학회. pp.107~128.

채윤미(2009), 다문화가정 자녀를 위한 한국어, 한국 문화 통합 교육 방안 연구, 상명대학교 교육대학원 석사학위논문.

천우영(2011), 다문화가정에서 부모-자녀 간의 의사소통이 아동의 자아정체성에 미치는 영향, 중앙대학교 대학원 석사학위논문.

최경인(2010), 다문화가정 미취학 아동을 위한 전래동화 활용 한국어 교육 방안, 부산외국어대학교 대학원 석사학위논문.

최권진(2010), 다문화가정 자녀 대상 한국어 교육의 현황과 교재 분석, 한국어문학연구 학술발표자료, 한국어문학연구학회. pp.431~462.

최두열(2012), 다문화가족 한국어 교육 정책에 관한 연구, 건양대학교 대학원 석사학위논문.

최미진(2011), 전래동화를 활용한 수업이 한국어 읽기 능력 향상에 미치는 영향 연구: 여성 결혼이민자를 대상으로, 영남대학교 대학원 석사학위논문.

최민기(2012), 다문화가정 학생들이 수학 학습에서 겪는 장애요인과 지도방안 탐색, 한국교원대학교 대학원 석사학위논문.
최배영(2009), 여성 결혼이민자 대상 초급한국어교재의 생활문화 내용분석, 한국가정관리학회지 27-1, 한국가정관리학회. pp.107~125.
최선영(2012), 한국문학작품의 스토리텔링을 활용한 한국어 교수-학습 방안: 다문화가정 중학교 학생을 대상으로, 인하대학교 교육대학원 석사학위논문.
최송아(2012), 학령기 다문화가정 아동과 일반가정 아동의 관용어 이해 능력 비교 분석, 나사렛대학교 재활복지대학원 석사학위논문.
최숙현(2011), 다문화가정 영유아의 교육에 관한 실태: 전북지역을 중심으로, 군산대학교 대학원 석사학위논문.
최슬기(2012), 어머니 나라의 동화를 통한 다문화 교육 프로그램 연구: 필리핀 어머니를 둔 다문화가정 아동을 대상으로, 건국대학교 대학원 석사학위논문.
최승원(2012), 드라마를 활용한 초급 한국어 인사표현 교수 방안 연구: 여성결혼이민자를 대상으로, 동국대학교 대학원 석사학위논문.
최연숙(2013), 구두 DCT와 회고적 보고 방법을 활용한 불평 화행의 전략 사용 연구: 베트남 결혼이민자 한국어 학습자를 중심으로, 이화여자대학교 교육대학원 석사학위논문.
최영환(2009), 초등학교 국어 교실 현장의 다문화 교육 방향, 국어교육학연구 34, 국어교육학회. pp.27~55.
최용기 외(2010), 다문화 사회를 위한 한국어 교육의 현황과 과제, 나라사랑 119, 외솔회. pp.218~243.
최운선(2007), 국제결혼 이주여성의 사회문화 적응에 관한 연구, 아시아여성연구 46, 숙명여자대학교 아시아여성연구소. pp.141~181.
최원오(2009), 다문화사회와 구비문학 교육, 어문학 106, 한국어문학회. pp.131~147.
최인정(2013), 취학 전 다문화가정 아동의 어휘력 연구, 계명대학교 대학원 석사학위논문.
최정순(2008), 다문화 시대 한국어교육의 내실화를 위한 과제, 이중언어학 37, 이중언어학회. pp.287~316.
최지영(2012), 다문화가정 아동의 설명담화 구문발달 양상: 필리핀 이주여성가정의 초등학교 저학년 아동을 대상으로, 한국어교육 23, 국제한국어교육학회. pp.445~465.
최진희(2011), 경북지역 여성결혼이민자를 위한 방언 교육 연구: 듣기와 말하기를 중심으로, 대구가톨릭대학교 대학원 석사학위논문.
최충옥 외(2010), 다문화교육의 이해, 양서원.
최태호(2013), 문학교육을 통한 다문화가정 문화문식력 향상 방안 연구, 새국어교육 94, 한국국어교육학회. pp.449~468.

최현욱 외(2009), 다문화가정 이주여성의 한국어능력이 자녀의 한국어능력 발달에 미치는 영향, 특수교육저널: 이론과 실천 10, 한국특수교육문제연구소. pp.315~329.

최혜진(2009), 외국인 근로자 고용제도와 한국어 교육의 과제, 한말연구 25, 한말연구학회. pp.293~315.

최혜진(2011), 이주노동자를 위한 한국어 교육과정 개발 연구, 한국외국어대학교 대학원 석사학위논문.

충북개발연구원(2010), 충북 다문화 정책 발전 방안 연구: 한·미·일 지방정부의 다문화 정책 비교, 충북개발연구원 인적자원개발지원센터.

한경구 외(2007), 결혼이민자와 한국인 배우자를 위한 다문화 교육 컨텐츠 개발, 여성가족부.

한국교육과정평가원(2009), 다문화 교육을 위한 교수·학습 지원 방안 연구. 3, 한국교육과정평가원.

한국교육과정평가원(2009), 다문화가정 학생을 위한 한국어교육 지원 방안, 한국교육과정평가원.

한국행정연구원(2011), 여성결혼이주민의 한국어 교육 실태와 개선방안 연구, 한국행정연구원.

한명숙(2011), 다문화국어교육을 지원하는 교수내용지식, 공주교대논총 46, 공주교육대학교. pp.187~217.

한미연(2011), 여성결혼이민자를 위한 한국어 관용어 목록 선정과 학습 지도 방안 연구: 여성결혼이민자와 함께하는 한국어를 중심으로, 인하대학교 교육대학원 석사학위논문.

한상영(2011), 다문화가정 여성의 자녀 양육경험, 중앙대학교 대학원 박사학위논문.

한아름(2011), 다문화가정 자녀의 한국어 습득 양상 연구: 취학 전 만 2세-만 5세 아동을 중심으로, 경희대학교 교육대학원 석사학위논문.

함욱(Uk Ham) 외(2011), 이야기 표현을 통한 결혼이주여성의 한국어 교육 방안, 한국어교육 22-2, 국제한국어교육학회. pp.351~373.

허용 외(2009), 여성결혼이민자 대상 한국어 교원을 위한 한국어 교육의 이해, 한국문화사.

현은애(2011), 여성결혼이민자와 유아를 위한 어머니대상 '그림책 읽기 프로그램' 개발 및 효과, 한남대학교 대학원 박사학위논문.

홍성희 외(2009), 여성결혼이민자가족의 지원을 위한 통합적 교육프로그램 개발에 관한 연구, 한국가족자원경영학회지 13, 한국가족자원경영학회. pp.119~146.

홍승량(2011), 여성 결혼이민자 대상 한국어 교육에서의 스토리텔링 활용 방안 연구, 배재대학교 대학원 석사학위논문.

홍용도(2009), '여성 결혼이민자'의 한국어 교육 참여 실태 분석: 진주·사천시 지역 여성 결혼이민자를 중심으로, 계명대학교 교육대학원 석사학위논문.

홍종명(2012), 결혼이민자 한국어 학습전략 분석 연구, 우리어문연구 44, 우리어문학회. pp.419~451.

홍종명(2012), 요인분석을 통한 한국어 학습전략 범주화 연구: 결혼이민자 한국어 학습자를 중심으로, 새국어교육 92, 한국국어교육학회. pp.557~583.

홍종선(2007), 해외 이민 초기 사회의 한국어 사용과 교육 실태: 뉴질랜드 한인 사회를 중심으로, 이중언어학 35, 이중언어학회. pp.385~408.

홍칠선(2011), 여성결혼이민자를 위한 한국어 방문교육 개선 방안 연구: 경남지역을 중심으로, 부산외국어대학교 교육대학원 석사학위논문.

황갑진(2011), 학교 다문화교육 정책과 프로그램의 현황과 문제점, 사회과교육연구 18, 한국사회교과교육학회. pp.151~167.

황상심 외(2008), 농촌지역 다문화가정아동들의 언어특성관련 상관 연구, 언어치료연구 17, 한국언어치료학회. pp.81~102.

황성희(2012), 베트남 결혼이주여성의 언어실태 연구, 상명대학교 교육대학원 석사학위논문.

황인교(2008), 여성 결혼 이민자를 위한 한국문화교육 연구, 언어와 문화 4-2, 한국언어문화교육학회. pp.265~287.

황인해(2010), 여성 결혼이민자를 위한 한국어교육 방송 분석: 한국교육방송공사 프로그램을 중심으로, 연세대학교 교육대학원 석사학위논문.

황재원(2009), 여성 결혼 이민자를 위한 동화를 활용한 읽기 교육 방안, 경희대학교 교육대학원 석사학위논문.

황진(2010), 이주노동자 대상 한국어 교육 정책 연구, 상명대학교 교육대학원 석사학위논문.

황진영(2010), (양성평등 다문화 가정을 위한) 성인지적 이중언어교육 정책 연구, 광주여성희망포럼.

황진영(2012), 한국 다문화 사회의 이중언어 교육 연구, 전남대학교 대학원 박사학위논문.

황혜경(2010), 결혼이주여성 대상 한국어 교육과정 개발을 위한 요구분석, 연세대학교 교육대학원 석사학위논문.

Fouser, Robert J.(2009), 한국어교육의 '다문화화', 국어교육연구 24, 서울대학교 국어교육연구소. pp.119~141.

Hoang Thi Hai Anh(2010), 베트남 여성 결혼이민자 대상 입국 전 한국어 교육과정 개발을 위한 요구분석, 이화여자대학교 국제대학원 석사학위논문.

X-01.
사례

강남욱(2011), 북한의 외국어로서의 조선어교육 운영 사례에 대한 면담 조사 연구: 김형직사범대학 연수생 출신의 제보자 면담을 중심으로, 국어교육학연구 40, 국어교육학회. pp.295~326.

강승혜(2005), 학습자 요인 측면에서 본 한국어 학습자 분석: 학습자 상담 사례 분석을 중심으로, 이중언어학 27, 이중언어학회. pp.1~20.

강현화 외(2009), 한국어 학습자를 위한 어휘 학습용 워크북 개발 모형 연구: 그림 어휘사전 워크북 개발 사례를 중심으로, 한국어교육 20-3, 국제한국어교육학회. pp.1~30.

강현화(2008), 자국어 국외 보급을 위한 언어정책 사례 연구: 세종학당 교육과정 구축을 위해, 언어와 문화 4-2, 한국언어문화교육학회. pp.31~56.

곽영숙(2008), 이주 노동자 한국어 교육 현황 및 발전 방안에 대한 사례 연구, 우리말교육현장연구 2-2, 우리말교육현장학회. pp.293~342.

곽정선(2011), 다문화 가정 어머니의 양육 어려움에 관한 사례 연구, 국민대학교 교육대학원 석사학위논문.

김동욱(2011), 외국어로서의 한국어 문화 교재의 구성과 수업 방안 연구: 문화 체험 학습 사례를 대상으로, 청주대학교 대학원 석사학위논문.

김동환(2012), 모국어 지배 환경에서의 한국어 교수-학습 방법의 사례 연구: 태국 내 학습자를 중심으로, 국어교육학연구 43, 국어교육학회. pp.61~98.

김민성(2001), 과정 중심적 웹기반 한국어 쓰기 교육: 'hanclass'의 운영 사례를 중심으로, 연세대학교 교육대학원 석사학위논문.

김선희(2011), 시제 체계 대조를 통한 '-었-'의 교수 방안 연구: 한국어와 영어의 시제 불일치 사례 분석을 중심으로, 선문대학교 대학원 석사학위논문.

김성수 외(2007), 이주여성 대상 한국어교육 사례 보고: 대구경북지역, 언어와 문화 3-2, 한국언어문화교육학회. pp.13~32.

김수진(2009), 문학작품을 활용한 한국언어문화교육 연구: 맥락 활성화에 기반한 수업사례를 중심으로, 한국어교육 20-3, 국제한국어교육학회. pp.31~58.
김영순 외(2011), 결혼이주여성의 자기문화 스토리텔링 활용 표현교육 사례 연구, 비교문화연구 25, 경희대학교 비교문화연구소. pp.695~721.
김영아(2005), 한국어 수행평가와 공정성: 호주 모나시 대학의 사례 연구, 한국어교육 16-3, 국제한국어교육학회. pp.91~108.
김영춘(2009), 해외 교민 자녀의 한국어교육 문제점에 대하여: 중국의 사례를 중심으로, 한국어교육학회 학술발표회2009, 한국어교육학회. pp.101~114.
김중섭 외(2006), 인터넷을 활용한 한국어 교사 교육 사례 연구, 우리말연구 18, 우리말학회. pp.261~289.
김창원(2005), 싱가포르 한국학교의 사례를 통해 본 해외 한국학교의 국어교육 프로그램 개선 방안, 한국초등국어교육 28, 한국초등국어교육학회. pp.5~34.
남대현(2011), 원어민성: 두 명의 한국어-영어 이중언어자 사례연구, 외국어교육연구 25-2, 한국외국어대학교 외국어교육연구소. pp.171~193.
남부현(2008), 외국인을 위한 언어교육 액션플랜 사례와 농촌지역 외국인 대상 한국어 교육의 시사점, 농촌지도와 개발 15, 한국농촌지도학회. pp.243~292.
당영(2011), 외국어로서의 한국어교육을 위한 한국어 담화표지 연구: TV 토크쇼에 나타난 '이제', '막' 의 사례를 중심으로, 중앙대학교 대학원 석사학위논문.
박경하(2010), 사할린 한인 공노원 구술생애사: 사할린 한국어 교육의 선구자, 경진.
박나현(2011), 다문화가정 아동의 교실에서의 언어적 상호작용과 정체성 형성: 필리핀 어머니를 둔 아동의 사례를 중심으로, 경인교육대학교 교육대학원 석사학위논문.
박유진(2012), 한국어교육에서 모바일 앱과 소셜 미디어의 역할 및 활용 사례 분석, 이화여자대학교 교육대학원 석사학위논문.
박지윤 외(2009), 다문화 가정 학생의 읽기 능력에 관한 사례 연구, 우리말교육현장연구 3-2, 우리말교육현장학회. pp.247~283.
박태호(2008), 수업의 명료성과 국어 수업 사례, 국어교육 125, 한국어교육학회. pp.163~191.
서은주(2011), 결혼이주여성의 자녀양육 사례 연구, 순천대학교 교육대학원 석사학위논문.
서혁 외(2009), 다문화가정 학생의 사회문화적 배경과 읽기 능력에 대한 사례 연구, 국어교육학연구 36, 국어교육학회. pp.393~423.
송지혜(2010), 한국어교육에서의 설화를 활용한 언어·문화 연계 수업방안 연구: 중국인 초급 학습자 대상 수업 사례를 중심으로, 건국대학교 대학원 석사학위논문.
신문경(2006), 학문 목적의 한국어 교육과정 개발 연구: 외국인 대학생의 교육 사례를 중심으로, 경희대학교 대학원 석사학위논문.

신주철(2006), 한국어교육에서 한국문학의 위계별 교수사례안: 현대시 작품을 활용하여, 한국어교육 17-2, 국제한국어교육학회. pp.135~155.

신형욱(2010), 외국어로서의 한국어 교육을 위한 어휘 교수·학습 방안 제안: 외국어로서의 독일어 교육의 사례를 중심으로, 한국어교육 21-1, 국제한국어교육학회. pp.197~224.

안은희(2006), 다언어 학습 시스템을 통한 웹 기반 한국어 교육 프로그램: 동경외국어대학 『TUFS 언어모듈』 개발 사례를 중심으로, 한국어교육 17-2, 국제한국어교육학회. pp.157~181.

엄상란(2011), 한국어 교사와 중국인 학습자의 문화적 규범을 둘러싼 부적응 사례 연구, 이화여자대학교 국제대학원 석사학위논문.

왕한석(2005), 국제결혼 이주여성의 언어 및 문화 적응 실태 연구: 전라북도 임실군 (및 순창군 · 남원시) 일원 사례 보고서, 국립국어원.

원진숙(2010), 삶을 주제로 한 자기 표현적 쓰기 경험이 이주 여성의 자아 정체성 형성에 미치는 영향에 관한 한국어 쓰기 교육 사례 연구, 작문연구 11, 한국작문학회. pp.137~164.

원진숙(2010), 이주 여성의 자아 정체성 형성을 위한 한국어 쓰기 교육 사례 연구, 한국작문학회 연구발표회 자료집 18, 한국작문학회. pp.68~83.

윤희원 외(2012), 해외 대학의 비모어 화자 대학(원)생을 위한 언어 지원 사례 연구: 프랑스 파리 3대학, 7대학과 영국 서리 대학을 중심으로, 국어교육연구 29, 서울대학교 국어교육연구소. pp.389~413.

이성순(2009), 이주여성과 자녀의 한국어교육 현황과 과제: 대전지역 한국어교실 운영사례를 중심으로, 우리어문연구 35, 우리어문학회. pp.247~276.

이재분 외(2010), 다문화가족 자녀의 결혼이민 부모 출신국 언어 습득을 위한 교육 지원 사례 연구, 한국여성개발원 연구보고서2010, 한국여성정책연구원. pp.1~274.

이재분 외(2011), 한국과 대만의 국제결혼가정 자녀의 이민자 부모 출신국 언어교육 지원 실천사례 비교 연구, 중국학논총 33, 한국중국문화학회. pp.61~82.

이정은(2005), 재외동포의 이중언어상용 상황과 한국어 학습 양상의 특이성: 질적 연구방법을 통한 교육 현장 사례 분석을 중심으로, 사회언어학 13, 한국사회언어학회. pp.193~217.

이정희 외(2006), 중국 대학 한국어 교원 재교육 프로그램 개발을 위한 사례 연구, 이중언어학 31, 이중언어학회. pp.227~251.

이해영(2007), 외국인 근로자 자녀를 위한 한국어 교육: 재한몽골학교 운영 사례를 중심

으로, 이중언어학 33, 이중언어학회. pp.469~496.
이희진(2005), 금기 체계의 사례를 이용한 한국어 교육 방안, 이화여자대학교 교육대학원 석사학위논문.
임형재(2012), 태국 중고등학교 한국어교원 파견과 관리를 위한 시스템 구축 사례연구, 새국어교육 93, 한국국어교육학회. pp.403~435.
장세길(2010), 유학대상국에 대한 국가인식과 문화교육: 중국 내 한국인 유학생과의 비교를 통한 한국 내 중국인 유학생의 사례를 중심으로, 한국어교육 21-4, 국제한국어교육학회. pp.205~227.
장인실 외(2012), 재혼국제결혼이주여성의 삶과 적응에 관한 사례연구, 한국교육학연구 18, 안암교육학회. pp.143~175.
전재완(2009), 다문화 가정 자녀의 국어 교육 지도 사례, 우리말교육현장연구 3-2, 우리말교육현장학회. pp.289~309.
전홍주 외(2008), 결혼이민자 가정에서 이루어지는 자녀 교육지원의 실제와 의미: 필리핀과 일본 어머니들의 사례를 중심으로, 가족과 문화 20, 한국가족학회. pp.161~186.
정미영(2011), 학교생활 적응 프로그램을 통한 외국인 가정 자녀의 상담사례연구, 전주교육대학교 교육대학원 석사학위논문.
정아경(2012), 한국어 학습 경험을 통해 본 한국어 능력 발달 사례 연구, 건국대학교 대학원 석사학위논문.
정재훈 외(2009), 해외 한글학교 교육과정에 대한 연구: 호주의 사례를 중심으로, 새국어교육 82, 한국국어교육학회. pp.415~438.
조영미(2010), 북미 지역 내 한국어 마을의 한국어 교육 사례 연구: 미국 콘코디아 언어마을의 외국어 몰입교육 프로그램을 중심으로, 한국문화인류학 43-2, 한국문화인류학회. pp.45~90.
조영미(2012), 한국어 몰입교육 프로그램 개발을 위한 원리 연구: 한국어마을 프로그램 사례를 중심으로, 가톨릭대학교 대학원 박사학위논문.
조옥이 외(2011), 다문화가정 중도입국 자녀에 대한 한국어문화 교육의 방안과 내용: 교육 사례 예시를 통한 문제 제기를 중심으로, 외국어로서의 한국어교육 36, 연세대학교 언어연구교육원 한국어학당. pp.217~238.
조항록 외(2002), 한국어 배치고사 개발 사례 연구, 외국어로서의 한국어교육 27, 연세대학교 언어연구교육원 한국어학당. pp.417~493.
조현선(2011), 한국어 학습자의 상담 사례 분석, 외국어로서의 한국어교육 36, 연세대학교 언어연구교육원 한국어학당. pp.239~264.
주휘정(2010), 외국인 유학생의 국내대학 학습경험에 관한 질적 연구, 교육문제연구 36,

고려대학교 교육문제연구소. pp.135~159.
진강려(2012), 한국어 강독 수업에서의 문화 내용 교육 연구: 중국S대학교 한국어과 사례를 중심으로, 국제한국언어문화학회 학술대회 제13차 학술대회 발표 자료집, 국제한국언어문화학회. pp.99~112.
진정란(2009), 비한국계 학습자 대상 한국어 과정의 안착 방안: 미국 흑인 대학의 사례를 중심으로, 언어와문화 5-3, 한국언어문화교육학회. pp.323~343.
최선영(2010), 재외 한국학교 한국어 학습 부적응 학생을 위한 한국어 교육 프로그램의 설계: 싱가포르 한국학교 사례를 중심으로, 서울교육대학교 교육대학원 석사학위논문.
최윤곤(2010), 비원어민 한국어 교원의 현황과 역할: 중국 대학 사례를 중심으로, 외국어로서의 한국어교육 35, 연세대학교 언어연구교육원 한국어학당. pp.187~206.
최은규 외(2003), 한국어 교사 연수 프로그램 개발을 위한 사례 연구: 일본 고교 한국어 교사 연수의 경우, 한국어교육 14-1, 국제한국어교육학회. pp.323~341.
최재찬(2011), 한국어 도우미 프로그램 개발을 위한 요구분석 연구: A대학의 한국어 도우미 프로그램 사례를 중심으로, 연세대학교 교육대학원 석사학위논문.
하채현 외(2010), 한국소설과 한국영화 이해에 관한 사례 연구: 한국어 고급학습자를 중심으로, 언어와 문화 6-1, 한국언어문화교육학회. pp.229~257.
한도 치즈코(2005), 일본의 한국어 시민강좌에 미치는 한류의 영향: 요코하마 한국어교실에서의 사례 소개, 학술대회2005, 국제한국언어문화학회. pp.201~216.
한상미(2002), 학습자 자율성에 기초한 한국어 어휘 교육 사례 연구: 인터넷 사전과 인터넷 자료 검색 과정을 중심으로, 한국어교육 13-2, 국제한국어교육학회. pp.279~307.
홍범표(2012), 다문화가정 자녀의 실태와 사회적응을 위한 정책지원방안 연구: 경기도 사례를 중심으로, 고려대학교 정책대학원 석사학위논문.
황인교(2011), 정규 한국어 교육과정에서의 문화교육 사례, 외국어로서의 한국어교육 36, 연세대학교 언어연구교육원 한국어학당. pp.291~311.
Rou Seung Yoan 외(2010), Role and Importance of Korean Cultural Education in Korean Language Education: A Case Study of Malaysian Universities, 한국언어문화학 7-1, 국제한국언어문화학회. pp.117~144.

인명 찾아보기

1. 동명이인의 경우에는 별도로 구분하지 않았음.
2. 기관 저자의 경우에는 찾아보기에서 제외하였음.

ㄱ

가결 380
가리야 미쯔노부 380, 620
가마카리 스즈 182, 380
가와카미 에리코 620
가재은 468
가취명 380, 620
간노 히로오미 34, 68, 102
감영필 182, 468
강경민 182
강계천 380, 620
강국량 380
강군 216, 380
강근미 68
강금염 266, 468, 670
강나현 102, 182
강남욱 102, 166, 216, 306, 380, 468, 544, 620, 698
강단정 380, 620
강란숙 102, 558
강려 216, 266
강림 468
강말림 662, 670
강명순 320, 332
강명희 68, 166, 380
강문선 558
강미영 266
강미함 468
강민규 570
강민이 296
강바타르 어요 34, 380
강범 468
강병창 468, 620
강보선 254
강보유 34, 570
강봉식 182, 266
강사희 182
岡山善一郎 34
강석진 266, 620
강소영 152, 216, 381, 468, 670
姜帥 266
강수진 354, 468
강숙희 102
강승혜 24, 68, 102, 182, 216, 244, 254, 381, 544, 570, 698
강신 34
강아영 102, 570
강악 381, 620
강애리 354

강양원 34
강여림 381
강영 468
강영덕 60
강운 381, 620
강원경 381
강윤미 266
강은국 34
강은숙 381
강은정 468, 620
강정희 182, 216, 266
강주영 102
강지영 670
강진 570
강진숙 469, 570
강찬미 540
강철구 103
강철서 152, 254
강태구 662, 670
강헌규 34
강현정 103, 570
강현주 68, 306, 558
강현화 24, 68, 103, 152, 166, 182, 216, 244, 254, 306, 381, 382, 469, 534, 544, 558, 570, 571, 620, 621, 662, 670, 698
강혜림 296
강혜민 571
강혜원 354, 382
강혜은 68
강혜진 103
강희숙 34, 152
강희은 34
강희정 354, 670
게를마 534
경연 382, 621
고경민 24, 64, 103, 382, 571, 670
고경숙 166
고경태 382, 469, 534
고려연 382
고려혜 469, 621
고뢰 469, 621
고륙양 621
고리 306
高利金 382
고명균 332
고명지 103, 182
고문희 68
고민지 382
고비 216, 266
고석주 216, 383, 469, 534, 540
고선 469, 621
고선주 182
고성환 383
고송무 35
고승희 383, 621
고암 469
고영근 24
고영림 266, 621
고영원 68, 469
고예진 64, 103
고우경 470
고우리 544
고유평 470
고은영 68, 383
고은정 383, 470
고음람 470
고인경 383
고주환 383
고형진 217

고혜리 103, 183
고혜선 24
고혜원 35, 662, 670
고혜진 103, 183
고혜화 571
고흔영 671
곡천 383, 621
曲超 470
곡향봉 266
공민정 244
공영 68, 470
공영숙 354
공영희 608
공일주 35, 254, 544
공지연 470
공펭 소파 103, 183
공해령 266
공혜남 383
공혜진 267, 621
곽단양 183
곽뢰단 383, 621
곽미라 354
곽민경 104, 571
곽박림 183, 470, 621
곽부모 244
郭爽 183, 470
곽상흔 254, 320
곽새롬 254
곽설교 470
곽성미 104, 183
곽성희 658
곽소원 183, 470
곽수경 35, 621
곽수진 68, 104, 152, 383, 558
곽순복 152
곽연 383, 621
곽연화 152, 166, 671
곽영 183, 571
곽영숙 671, 698
곽옥 69, 383
곽자건 470
곽재용 166, 470
곽정 383, 470, 621
곽정선 571, 671, 698
곽지영 69, 104, 470
곽진주 354
곽추문 35
郭楓 470, 621
곽현진 383
곽홍란 69, 254, 671
곽휘 383
관건 354
관학걸 383
괵셀 튀르쾨쥬 35, 69, 183, 354, 571
喬宇博 104, 166, 217
교위운 306
구기성 558
구당평 470
구민숙 69, 183
구민영 384
구민지 69, 152, 332
구보미 571, 658
구본관 384, 662
구선희 571, 671
구영산 183
구영신 558
구은미 328, 671
구자혜 296
구장회 104
구정모 470

구지민 152, 384
구현정 254
구효진 69, 471
구희량 267
국남 471, 622
국응도 240 → Eung Do Cook
菊地香里 384, 622
굴영 183, 354
궁뢰 384
宮下桂 471
권경애 267
권경일 471
권경희 384
권기양 183, 267
권기영 240
권기환 69, 571
권미경 217, 384
권미림 217, 384
권미미 104, 384
권미정 69, 104, 244, 320, 332, 622
권미진 306
권민정 296
권병노 267
권병희 622
권선옥 471, 622
권성미 69, 104, 183, 217, 255, 267, 296, 376, 384, 558, 571
권성훈 35
권세라 471
권세희 217, 255
권수정 384, 385
권순대 69
권순영 385
권순호 471
권순희 69, 104, 471, 571, 671
권승림 385
권승명 166
권승임 104, 332
권양이 69
권영미 267
권영숙 69
권영은 306, 471, 540
권오경 572
권용해 35, 69, 104, 183, 267
권유진 217, 354
권은주 671
권은형 671
권의현 105, 267
권재욱 25
권재일 25, 35, 385, 662
권재현 25
권종산 105
권준영 105
권지영 558
권지현 105, 572
권해주 471, 622
권혁률 608
권혁범 105, 152, 671
권현주 35, 69, 105, 184, 267, 268, 622
권혜경 332
권회연 671
근보강 385, 471, 622
근향동 385
금염 608
금지아 572
금현수 471
기단봉 385, 471, 622
기시 카나코 558
기영흠 105, 385, 471
기준성 105, 184, 217, 332

길민균 558
길지혜 296, 385
김가람 354
김가연 471
김건수 25
김경근 60, 166
김경렬 166, 671
김경령 35, 70, 217, 240, 332, 333, 471 672 → Kim, Kyung Ryung
김경미 153, 167, 217, 572, 608, 672
김경민 472
김경석 622
김경선 35, 255, 385, 545, 608, 622
김경섭 105, 153, 184
김경숙 333, 572
김경식 105
김경안 385
김경애 167, 355
김경은 534
김경자 35, 105
김경주 244
김경중 244, 572
김경지 105, 184, 306
김경천 217, 355
김경표 333
김경현 355
김경혜 306
김경화 105, 385
김경회 105, 572, 608, 672
김경훈 35
김경휜 217
김계연 307, 472, 622
김계현 217, 333
김고은 184
김공대 622
김공언 106
김광미 472
김광옥 70, 106
김광일 70, 545
김광해 36, 472, 545
김구용 153, 167
김규진 36
김금 307, 386
김금석 70
김금숙 218
김금하 672
김금현 36
김금희 386
김기국 106, 572
김기석 658
김기선 472, 622
김기성 386, 622
김기정 672
김기중 36
김기창 355, 623
김기혁 386
김기훈 268
김길동 184, 268
김나나 218
김나라 218, 386
김나리 106, 386, 572, 623
김나연 218, 386
김나영 386, 472
김나형 218
김남경 307, 472
김남길 25, 36, 386 → Kim, Namkil/ Namkil Kim
김남돈 184
김남미 184, 218, 355
김남주 25

김남헌 572
김남형 255, 608
김낭예 153, 472, 572
김다원 106, 296
김다혜 333, 386
김대숙 672
김대행 25, 572
김대현 36
김덕숙 386, 623
김도남 333
김도연 184, 672
김도영 355
김동국 572
김동규 36
김동선 36, 153
김동수 386
김동언 662
김동욱 36, 106, 572, 698
김동위 244
김동환 70, 106, 333, 573, 698
김두섭 153
김라리사 106, 184
김려 386, 658
김려나 658
김려연 387
김련옥 472
김령 387
김록희 106
김룡범 387
김명광 25, 36, 106, 153, 167, 184, 218, 387
김명권 36, 255
김명민 472
김명순 106, 350, 472
김명월 70
김명자 472
김명화 106, 153, 623, 672
김명희 106, 245, 387
김목아 355
김몽 472
김묘영 472
김문기 106, 387
김문준 167
김문희 184, 268, 608
김미경 218, 255, 296, 355, 387
김미나 472
김미라 106, 255
김미선 296, 387, 473, 559
김미성 268
김미소 473
김미숙 320
김미애 153, 573
김미양 473
김미연 387
김미옥 70, 106, 184, 218, 296, 333, 376, 387, 473
김미정 106, 355, 473, 534, 545
김미진 268, 573, 672
김미향 473
김미형 387
김미혜 387, 473, 608, 672
김미희 218, 333, 387
김민경 153, 184, 185, 268, 320, 355, 387, 473, 545
김민국 153, 473
김민서 107, 255
김민성 107, 355, 387, 698
김민수 25, 36, 37
김민승 473
김민애 107, 185, 218, 255, 387

김민영 387, 540, 573
김민자 37
김민재 167
김민정 185, 218, 355, 473, 573
김민주 573
김민지 268, 387
김민진 107
김민창 167, 545
김민호 153, 672
김민화 107, 672
김범석 107
김범주 388
김병민 608
김병석 573
김병욱 307
김병운 37, 185, 268, 473, 662
김병원 70, 388, 623 → Kim, Byong Won
김병호 167
김보경 167, 218, 388, 608
김보람 153, 268
김보미 473, 623
김봉국 473, 573
김봉민 388, 623
김봉성 107, 573
김부영 185
김부옥 107, 473
김부용 388
김빅토리아 185, 268
김상수 107, 218, 255, 268, 388
김상아 307
김상영 153, 167, 218
김상희 25, 70, 219, 255, 296, 388
김새롬 245
김서윤 268, 307
김서형 70, 107, 167, 219, 307, 333, 355, 388, 573
김석기 573
김석자 37
김선미 107, 185, 307, 350, 573
김선숙 296
김선영 107, 307, 356
김선용 333
김선정 107, 108, 153, 167, 185, 245, 268, 269, 307, 388, 473, 474, 545, 573, 609, 672, 673
김선주 219
김선지 559
김선철 269
김선혜 534
김선호 25, 255
김선효 153, 185, 219, 356, 388, 474
김선희 108, 333, 388, 389, 573, 623, 698
김설경 389
김성란 37, 219, 269, 389, 623
김성렬 269
김성미 609
김성수 70, 185, 389, 474, 673, 698
김성숙 108, 356, 545, 609
김성애 474
김성여 574
김성용 609
김성은 333, 350
김성이 389, 673
김성일 108, 389
김성주 64, 108, 389
김성찬 108
김성혜 574
김성희 70, 255, 333, 474, 545, 574, 658

김세령 307
김세영 219, 356
김세용 474
김세중 389
김세현 108, 185
김세화 108, 296
김세희 108
김소담 108, 574
김소야 269
김소연 389, 474, 574
김소영 474
김소현 37, 333, 609
김소희 389
김솔 334, 609
김수경 297, 307, 658
김수남 474, 623
김수미 70, 154, 185, 219, 269, 320, 389, 559
김수연 154, 356, 389, 474, 574
김수원 245
김수은 574
김수정 37, 108, 245, 297, 307, 334, 389, 390, 474, 475, 545, 574, 623
김수진 70, 255, 334, 390, 574, 609, 699
김수현 109, 185, 269, 390, 574
김수홍 334, 545
김수희 185, 269, 334, 475
김숙경 167
김숙연 475
김숙자 109, 390, 475, 623
김숙지 37
김순녀 37, 109, 255
김순옥 168
김순임 109
김순자 350, 609
김순저 186
김순희 70, 390
김슬기 334
김승권 673
김승연 70, 109, 475 → Sung-Yeon Kim
김승옥 71, 154, 673
김승주 71, 390
김승화 475
김승환 25
김승희 219, 390
김시경 37
김시나 245
김신자 269
김신정 475, 574
김신회 71, 154, 673
김신희 297
김아늠 350
김아름 186
김아영 71, 168
김알라 269
김애경 71
김애순 109, 356
김애원 328
김양미 109
김양숙 71, 307, 609
김양원 545
김양희 574
김연권 574, 673
김연란 168
김연실 109, 609
김연아 154, 168
김연이 269
김연정 574
김연주 390
김연지 390

김연희 71, 109, 154, 390, 609, 673
김염 390, 559, 609, 658
김영 37, 297
김영곤 37, 71, 574
김영국 245, 575
김영규 25, 109, 320, 328, 334
김영근 109, 219, 609
김영금 475
김영기 71, 109, 575 → Kim-Renaud/Young Key Kim
김영란 71, 109, 110, 186, 307, 334, 356, 475, 559, 575, 623
김영랑 545
김영만 25, 71, 110, 219, 240, 307, 356, 475, 575
김영미 25, 110, 356
김영석 269
김영선 71, 110, 245, 269, 390, 545
김영송 270
김영수 168, 376
김영순 71, 110, 308, 699 → Kim, Young Soon
김영아 38, 110, 297, 320, 390, 545, 575, 699
김영엽 71, 110
김영옥 38, 270, 673
김영욱 270
김영은 270, 297
김영인 308, 475
김영일 390, 475
김영자 475, 575
김영주 72, 110, 154, 186, 219, 297, 334, 350, 356, 357, 390, 391, 559, 575, 673
김영찬 186
김영춘 38, 186, 699
김영호 476, 575, 673
김영황 391
김영희 72, 376
김예원 111, 674
김예지 559
김옥 308
김옥결 476, 609
김옥남 154, 674
김옥란 270
김옥사나 476
김옥선 297, 575
김옥영 476, 624
김용 391, 476, 624
金庸珏 270, 476
김용경 38, 391
김용성 575
김용현 25, 38, 334, 357
김우리 72
김우정 575
김욱 476, 624
김원경 357, 391, 476, 546
김원식 391
김원태 624
김원필 270, 624
김원호 658
김월휘 38, 111
김유경 674
김유리 186
김유미 111, 168, 186, 219, 350, 391, 476, 534, 540, 575, 674
김유선 186, 256, 391
김유정 64, 111, 219, 391, 476, 540, 546, 559
김유진 72, 297, 308, 391, 476, 624

김유향 559, 624
김윤선 256, 320
김윤수 111, 559
김윤옥 476
김윤정 111, 357
김윤주 111, 168, 186, 674
김윤진 111
김윤희 186, 220, 270, 308, 334
김율희 111, 308, 391
김은경 270, 392, 476
김은라 111, 270
김은서 476
김은선 111, 576
김은숙 72, 297, 350, 674
김은실 111, 186, 392
김은애 112, 186, 220, 270, 308, 546, 624
김은영 112, 220, 297, 392, 476, 534, 559, 624, 674
김은정 154, 186, 308, 320, 334, 357, 392, 576, 674
김은주 25, 112, 245, 392 → Kim Eun-Joo
김은지 245
김은혜 112, 220, 256, 357, 392, 476, 477
김은화 477
김은희 357
김의수 112, 220, 297, 320, 334, 357, 392, 477, 674
김의정 477
김이선 662
김이진 186, 220, 357, 392
김인경 576
김인규 64, 154, 168, 392, 559
김인균 392, 477, 624
김인선 220, 392
김인숙 38
김인애 335, 357
김인천 624
김인택 112, 270
김인현 392, 624
김인호 477
김인환 38
김일권 25
김일란 154, 168, 674
김일병 26, 393, 477
김일웅 393
김일환 393, 477
김장미 112, 576
김장식 335, 546
김재국 576
김재련 154
김재봉 393
김재영 112, 576
김재욱 72, 112, 168, 187, 245, 335, 393, 658, 662, 674
김재웅 38
김재정 256
김재훈 662
김재희 168
김정 38, 72, 187, 393, 624
김정관 297, 477, 559
김정교 477
김정남 26, 112, 187, 220, 308, 393, 394, 477
김정미 112, 187, 674
김정민 113, 394
김정선 297
김정수 394

김정숙 26, 72, 113, 154, 168, 169, 187, 220, 256, 270, 335, 357, 358, 394, 540, 546, 576, 663, 674
김정식 663, 674
김정아 477, 559
김정애 220, 358, 394, 624
김정우 113
김정욱 270
김정은 72, 113, 154, 187, 220, 245, 308, 335, 394, 477, 546, 576, 624, 674
김정자 240
김정해 72, 394
김정헌 114
김정혜 394
김정화 187, 321, 335, 394
김정환 546
김정훈 72, 114
김정희 394, 477, 675
김제열 114, 245, 394, 395
김종국 256, 546
김종규 114, 624
김종도 38
김종록 187, 534
김종백 245, 675
김종석 72
김종숙 169
김종완 395, 624
김종철 576, 609
김종태 477
김종학 478
김주연 270, 271, 625
김주영 658
김주은 245, 256
김주향 114
김주희 187, 478, 535
김준기 308
김준희 114, 245
김중섭 26, 38, 60, 114, 187, 220, 245, 335, 358, 395, 478, 546, 547, 576, 625, 663, 699
김쥬리 73, 114
김지 114, 358
김지나 187
김지선 114
김지수 256
김지숙 187, 221, 395, 675
김지애 478
김지언 114
김지연 114, 221, 271, 478, 609
김지영 39, 114, 169, 297, 358, 376, 395, 478, 576, 675
김지용 271
김지우 576
김지은 256, 271
김지인 358
김지학 358
김지향 114, 478
김지현 169
김지형 73, 271, 478
김지혜 73, 114, 187, 221, 271, 298, 308, 328, 358, 395, 396, 478, 576
김진규 396
김진만 271
김진복 73
김진석 271
김진숙 154, 169, 188, 335, 577
김진실 547
김진아 155, 188, 335, 396
김진영 308, 396
김진원 271, 396, 625

김진해 478
김진호 26, 39, 60, 577, 609
김진홍 396
김진희 114, 396, 478, 625
김창구 73, 115, 396, 478, 625
김창아 115, 335
김창원 39, 547, 577, 699
김창호 188
김창희 577
김천학 396
김철 39
김청룡 396, 479, 625
김청자 39
김춘미 358
김춘애 221, 271
김춘연 479
김춘영 298, 396
김춘자 663
김충실 73, 115, 188, 335, 396, 397, 479, 547, 577, 610
김치리 328, 335
김태경 221, 271
김태나 256, 298
김태연 321
김태엽 397
김태은 577
김태자 298, 336, 358
김태진 188
김택민 397
김하나 115, 358, 479, 547
김하령 328, 336
김하수 39, 115, 535, 577
김하얀 73, 115
김하영 397
김학선 397, 625
김학실 675
김한빛나리 246
김한샘 336
김한철 39
김해동 115
김해영 336, 577
김해옥 479, 577, 610
김향영 169, 675
김현경 188, 479, 625
김현권 115, 479, 577
김현미 115, 358
김현상 26
김현숙 39, 73, 271, 397
김현식 397, 625
김현아 115, 308, 625, 675
김현영 73
김현정 115, 188, 308, 336, 358, 577, 610, 675
김현주 115, 155, 188, 479, 559, 675
김현지 397
김현진 73, 115, 169, 577
김현희 115, 479
김형규 115
김형남 309, 625
김형복 73, 188, 271, 397
김형순 73
김형주 578
김혜경 336, 358, 397
김혜련 116, 336, 559
김혜림 298
김혜미 358
김혜민 578
김혜성 397
김혜숙 39, 116, 398, 578
김혜순 116, 271

김혜영 26, 73, 74, 116, 155, 271, 336, 547, 578, 610, 675
김혜은 188, 479
김혜정 74, 116, 336
김혜진 116, 309, 398, 578, 610
김호정 39, 155, 169, 188, 246, 328, 359, 398, 479, 663
김홍범 188, 272, 398, 479, 675
김홍상 116, 398
김홍실 625
김화 272
김화경 309, 479
김화란 39, 169
김화영 74
김효선 298, 398
김효일 578
김효주 309
김효진 309
김훈 547, 578
김훈태 39, 272, 479
김희선 188, 272
김희섭 578, 625
김희숙 26, 74, 663
김희영 188, 246
김희용 221
김희정 221, 272, 398
김희진 155, 221, 359
까녹완 판짜뤈 578
껀나파 분마럿 272

ㄴ

나경희 116
나동숙 359
나디아 398, 625
나라오카 와카코 221, 626
나빌 벤마크루프 272
나삼일 480
나성숙 626
나수경 116, 309
나애리 272
나원주 221, 359
나윤희 480, 626
나은미 359, 480
나은선 116
나은영 39, 221, 398, 578
나은진 321
나임순 155, 675
나자루딘 626
나재진 336
나정선 578, 610
나정윤 116, 675
나지혜 480
나찬연 116
나카가와 마사오미 256, 321, 398, 547, 578, 675
나카가와 아키오 272, 399, 480, 626
나카무라 마유 480, 559, 578
나혜숙 399
낙사 309, 399
난매매 309, 399
남 빅토르 74, 359, 658 → Nam Victor/ Victor Nam
남경희 578
남궁혜남 560
남기심 26, 60, 246
남대현 240, 699
남명애 221, 480, 626
남명호 547
남미정 359

남미혜 39, 40
남민우 547
남보현 578
남부현 188, 699
남상영 40
남상은 221, 480
남수경 399
남수정 359, 399
남신혜 480
남애리 116
남연 610
남정희 155
남주혜 116, 359
남지희 116, 676
남현경 626
남현진 188
남효정 399
노경래 480, 535, 560, 578
노구치 타카히로 480
노금송 40, 117, 626
노금숙 74, 117, 336, 610
노기호 40
노대규 40, 60, 74, 272, 547
노마 히데키 40, 60, 117, 246, 399
노명완 117
노미경 257, 328, 336
노미숙 272
노미연 40, 222, 298, 309, 399
노민경 188, 399
노선경 257
노선미 321
노성화 321
노아실 257
노야마 히로시 40, 676
노원영 480, 626
노유미 117, 579
노윤환 40
노은송 272
노은화 399, 626
노은희 117, 246, 257, 321, 399, 480, 626
노재은 309, 480
노정은 169, 399, 547
노지니 399
노지영 579
노지현 626
노지혜 579
노진서 626
노향숙 272
노형남 26, 74, 579
녹일분 481, 626
뇌뇌 579, 626
뇌뢰 309, 399
니르자 씽 40, 189
니보리 유카 222, 298
니시자와 토시유키 328

ㄷ

다나카 에리 155, 481, 676
다오티미칸 481
다케치 유키에 481, 626
다키구치 게이코 481
단현주 117, 399
담혼 481, 627
당문평 222, 659
당영 298, 400, 699
당홍 481
대만빈 400, 627
대문 400

데듀와나 309
도옥루이엔 189
도옥순 40, 400
도원숙 117, 189, 481
도이미호 627
도지희 222, 359
도파 481
도풍뚜이 579
동가곤 400
동동 579
동소령 117, 400
동신상 560
동쌍쌍 40
동양 481, 627
동양효 400
동이신 74
동치엔 481, 627
동환경 117, 257
동황염 359
동흠 481, 627
두도장 257, 321
두연 400
두위 481, 627
두전하 481, 627
등남 74, 481
등숙결 117, 155
등아연 627
등염추 400, 627
등정 579
등하 336, 359
디팡 560
딩리민 400, 627
뚜이 481
띠미린 627

ㄹ

라민툰 481
라티탄마이 189
라혜민 74, 117, 400, 579
란천우 117, 482
란하이팡 482
란효하 222, 272
랍 카루바 117, 400
런쭝린 336
레브 콘체비치 40
레이 레이 몬 400, 627
렴광호 240
로크 400, 627
뢰유 400
뢰홍주 309, 627
룽팅팅 482
루시언 브라운 400
루징 309, 627
루쩐 400
루탄투이 400, 627
류가 482, 627
류남 74, 401
류문문 272
류미용 222, 272
류방란 579
류상희 482
류선숙 117
류선영 401
류소옥 610
류수열 610
류영석 169
류은정 155, 169, 676
류은주 359
류징 117, 482

류투안 482
류한나 74, 579
류형엽 74
류혜림 336, 482
류화순 272
류환 401, 628
류희정
류희주 401
리 스미스 안젤라 401, 482, 547
→ Angela Lee Smith
리광재 610
리득춘 40, 41, 117, 401
리민덕 401
리비어 스티븐 74
리샤오원 482, 628
리송월 117, 482
리승매 579
리양 628
리우씨아오쉬엔 75, 560
리우위 482
리준 118, 337
리천 75
리해영 222, 401
린즈위 482
림금란 170, 579
림이진 309

ㅁ

마금선 41, 118, 273, 482
마나 482
마난차야 넷쭉까나 482, 628
마려평 273
마맹 189, 273
마미정 676
마쓰야마 수미레 118, 273
마쓰이세이치로 579
마에무라 카즈아키 401, 628
마에하 타유키 401
마영 483
마원 309
마정 222, 359, 401
마주영 118, 483
마쯔모또 리에 483, 628
마쯔자키 마히루 41, 118, 321, 337, 401
마키노 가즈로 676
마키노 미키 483
마홍염 628
마희정 579
막비아 222, 401
막효뢰 483
만건중 579
만리 118, 483
만림 483, 628
만비 273
만세창 401
말하리 귀꿀러 401, 628
맛띠다우 483, 628
망점란 402, 628
梅田博之 60 → 우메다 히로유키
맹상염 118
맹수미 118, 483
맹자 402
맹주억 189, 483
맹지은 155, 483, 540
메무나 309, 628
명월봉 64, 240
명현숙 579
모경환 118, 155, 676
모뢰 222, 337

모리모토 가츠히코 402, 628
모봉원 580
모선근 402
모승환 483
모예문 580
모졸 따지아나 560
목야미희 189, 483
목정수 298
묘로 376
묘예나 155, 483
묘춘매 41, 75, 118, 547, 580
武力文 41, 170
무서이 483
문경희 118, 257
문교영 359, 676
문금현 41, 75, 118, 189, 257, 298, 402, 483, 484, 676
문명희 676
문민정 359, 547
문보라 337, 580
문석우 580, 676
문선미 246
문수지 257, 309
문승실 189
문애리 41
문연희 273
문영은 298, 402
문영자 41, 580
문영하 580
문은실 676
문은영 189, 273
문은주 75, 580
문은희 376
문정현 402
문진형 75
문진희 222, 402
문혜경 484, 629
문혜심 402
문혜진 610, 676
문희영 337
뭉흐졸 484
뭉흐치멕 273
미가 484
미즈시마 히로코 560
미토마 모요 580, 676
민경모 118, 155, 170, 485, 540
민병곤 547
민상희 119, 273, 676
민성홍 402, 629
민수진 170
민여은 402
민영란 222, 485
민원정 189, 580, 610
민유경 360
민유미 328
민주희 360, 402
민지연 119, 402, 485, 548
민지혜 119, 402
민진영 189, 222, 402
민현식 27, 41, 60, 119, 170, 246, 376, 402, 403, 560, 580, 581, 676
민혜경 189
민혜정 75

ㅂ

바양 485, 629
바양다이 벌드마 485, 629
바트어치르 오란자르갈 403
바트촐롱 체첵바야르 403, 629

박갑수 27, 41, 42, 240, 376, 403, 548, 581
박건숙 119, 403
박경남 403
박경래 119, 677
박경애 298
박경철 42
박경하 699
박계영 42
박고영 170
박광근 337
박금룡 298
박금숙 222, 273
박금연 403
박기덕 27, 403
박기선 189
박기성 403, 629
박기숙 485, 629
박기영 119, 189, 273, 360, 403
박꽃새미 360, 535
박나리 75, 119, 360, 403
박나영 222, 273
박나현 299, 677, 699
박내별 309
박노순 257, 485
박노자 581
박대범 310, 403
박덕유 27, 189, 190, 273, 403, 485, 629
박덕재 75, 119, 246, 485
박동근 404
박동열 404, 629
박동호 404, 485
박래국 404
박리사 629
박명기 581
박명순 677
박명실 257, 321
박문자 75, 310, 404
박문화 629
박미경 75, 257, 310, 321, 404, 629
박미라 75
박미선 75, 76, 190, 485
박미숙 677
박미엽 76, 485
박미영 222, 404, 548
박미은 76
박미자 485
박미정 273
박미주 485
박미향 610
박미화 404
박미희 119, 337
박민신 119, 321, 404
박민정 76, 581
박민진 76, 405, 485
박병수 246
박병철 42, 273
박봉남 190
박봉상 405
박부종 486, 629
박상규 60
박상미 581
박상은 119, 299
박상천 486
박상택 405, 629
박새미 486
박서영 223, 360, 677
박서향 120, 486
박석준 120, 155, 223, 405, 486, 548, 560, 581, 677

박석진 257
박선미 360
박선민 257
박선아 405
박선영 76, 120
박선옥 120, 156, 170, 190, 257, 360, 405, 486, 548, 581, 677
박선용 405
박선우 560
박선자 42
박선혜 190, 223
박선희 76, 190, 223, 360, 405, 486, 581
박설교 486
박성규 190
박성미 405
박성민 156, 170, 405, 677
박성수 170
박성숙 76, 405
박성실 581, 677
박성심 486
박성옥 257, 360, 406
박성우 120
박성원 258, 548
박성은 223, 486
박성일 120, 406, 560, 629
박성창 76, 611
박성현 274
박성혜 76, 120
박성희 76, 120, 486
박세원 190
박세희 190, 223, 274
박소라 76, 406
박소연 42, 120, 486
박소영 190, 223, 406
박소현 629
박수경 76
박수란 310
박수연 190, 223, 486, 535, 540
박수영 240, 360, 406, 630
박수자 360
박수정 582, 611
박수지 76
박수진 190, 406
박수현 42, 240
박숙영 486
박숙자 486, 582, 611
박숙희 274
박순애 120
박승재 258, 548
박시균 274, 677
박시은 76, 406
박아봉 486, 630
박아현 120, 299, 406
박애양 258
박연 406
박연신 156, 486
박연옥 310, 406, 630
박영목 223
박영미 487
박영숙 406, 487
박영순 27, 42, 60, 120, 121, 190, 240, 241, 246, 406, 582, 611, 663, 677
박영실 582
박영애 42, 406, 487
박영준 487, 582
박영철 677
박영환 42, 487
박영훈 310
박옥화 406
박용권 582, 611

박용준 76
박용희 274
박우신 406
박위선 406, 630
박유나 407
박유진 76, 77, 121, 699
박윤경 677
박윤신 121, 337, 407, 487
박윤정 274
박윤주 156, 170, 223, 258, 677
박은경 121, 678
박은선 77, 121, 350
박은숙 487, 630
박은영 560, 630
박은정 77, 121, 487
박은주 582
박은하 121, 223, 407, 535, 582, 678
박은현 274
박은희 241, 407
박인기 678
박인애 321
박인옥 42, 678
박일재 42
박재남 487
박재승 77, 611
박재양 274
박재연 407
박재연 630
박재현 223, 299, 548, 560
박재호 407
박재희 121, 191, 299, 407
박정미 582, 678
박정민 121, 582
박정선 191
박정섭 630
박정아 663, 678
박정애 77
박정우 121
박정윤 42, 678
박정은 121, 274, 487, 678
박정진 27, 121, 170
박정태 43, 678
박종덕 274
박종만 274, 630
박종욱 27
박종원 487, 582
박종탁 659
박종한 407, 630
박종호 191, 223, 360, 407, 487
박주경 241
박주영 43, 223, 310, 361, 678
박주현 223, 224, 361, 407
박주형 678
박준석 407, 630
박준언 43, 156
박지선 170, 678
박지순 246
박지애 361
박지연 274, 337, 407, 582, 630, 678
박지영 274, 487, 560
박지원 156, 361
박지윤 337, 407, 678, 699
박지은 487
박지현 274, 488, 630
박지희 191
박진경 121, 488
박진국 121
박진길 224
박진아 77
박진양 541

박진영 488
박진욱 77, 310
박진철 77
박진희 321, 322
박찬숙 191, 361, 582
박참희 488
박창원 27, 43, 122, 663
박채림 274, 630
박채형 43, 64
박철린 488
박청 611
박춘설 488
박춘연 170, 583
박춘태 663
박충록 43, 611
박태호 77, 699
박하나 170, 224, 274
박한나
박해숙 488, 583
박해연 191, 258, 275, 630
박햇님 560
박향단 488
박향미 310, 630
박헤레나 275, 322
박현선 241, 258, 361, 679
박현숙 679
박현옥 583
박현정 156, 258, 407, 488
박현주 156, 258, 488, 631, 679
박현진 122, 611
박혜경 122, 258
박혜랑 488
박혜령 631
박혜미 258, 548
박혜숙 43
박혜원 488
박혜주 122, 611
박혜진 488, 631
박호은 191, 224, 275, 631
박환 77
박효영 122, 407
박효은 258, 310, 408
박효훈 122, 337
박휘경 583
박휴용 408
박희선 488
박희숙 43
박희양 191, 663
박희영 299, 350, 408
박희은 583
반려 408
반소연 322
반학포 583
방가미 488, 631
방기혁 679
방민화 408
방서우 408, 631
방성원 43, 122, 170, 191, 247, 408, 631, 679
방성희 156, 489
방인태 27, 583
방향옥 275, 408, 489, 663
방혜숙 77, 122, 191, 310
방혜자 679
배고운 77
배규범 77, 408, 489, 611
배덕희 408
배도용 191, 361, 409, 489
배문수 43
배상남 77, 156, 679

배성봉 489
배성애 258, 548
배성영 310
배수찬 310
배순호 43
배연화 679
배영애 191, 583
배윤경 122, 156, 322, 361
배윤정 583
배은주 679
배은희 489, 679
배재원 191, 583
배재현 156, 310
배재훈 258, 361
배정선 275
배주채 535
배지영 489
배지윤 170, 583
배현대 489, 679
배현숙 43, 77, 489, 583
배희임 27, 122, 409, 535
백경미 275
백낙천 122, 409, 489
백대현 191, 224, 275
백미경 337
백미옥 583, 679
백민영 224
백방 409
백봉자 78, 122, 123, 191, 247, 361, 409, 535, 548, 583, 584
백설 409, 631
백성은 170
백소영 123, 191, 224, 275, 409
백수진 409
백승옥 192
백승주 123, 224, 299, 310, 409, 489
백승희 192
백악천 489, 631
백옥란 192, 224, 275
백은정 409, 631
백웅진 123
백인선 247
백인자 611
백장미 584, 611
백재파 337
백종학 43
백종훈 123
백준오 409
밤바체렝 반돌가 489, 631
번위협 361, 548
벌러르마 123, 489
벌로마 409, 631
범려나 409, 631
범류 275
범신성 489
범엽 409
범혜매 490
베 히식자르갈 584
베로니까 고우브꼬바 631
邊境 560
변경희 323
변광수 275, 631
변수지 310, 631
변신원 584, 611
변우영 541, 561
변지영 171
변혜경 337
변혜원 123, 171
변흔 409
보로비악 안나 409, 631, 632

보야코프스카 크리스티나 43
本田知邦 490
봉미경 311, 410, 490, 541
부교연 632
부루너퉁 야닉 78, 192
부상염 490, 632
부소려 410
부수현 361
부이 티 응옥 빛 376, 632
付子健 156, 171, 361
부첵 43
부티응옥안 490
부해비 337, 584
北島佳代子 490
붑파분숭 632
뷰티반앵 123, 337, 361
브로홀로스 홀머 43
비강강 192, 275
빅토르 코쥐먀코 43
빈도경 156, 192
빠릿 웡타나센 44, 584
뿌팅 632
쁘리마코바 따띠아나 44

ㅅ

사공진 410
사근 192, 490
사금 410
사노 데루아키 490
사마와디 캉하에 78, 410
사모토 마리 490
사미란 192
사사키 노리코 44
사시완 낙콩 632
사야크벡 누르잣 490
사와다 히로유키 156 171, 224, 247, 311, 338, 361, 410, 490, 561, 632
→ 히로유키 사와다
사원원 192, 410, 548
사윤 490, 632
사카와 야스히로 123, 171
사토우 아이 490
사혜분 490, 632
산선 410
상명식 258
上野由香子 679
상야지미 258
샤우쮸나스 까쩬스까스 마르띠나스 276, 632
서경 259
서경석 276
서경혜 584
서광진 584
서단 192, 410, 490
서덕민 351, 611
서려 410, 548
서만 410
서명숙 410
서문화 490, 632
서민아 123, 157
서민정 123, 410
서빈 410, 632
서상국 123
서상규 28, 410, 490, 491, 535, 541, 548
서상영 78
서석미 410, 632
서성 411, 632
서세정 411
서소소 411, 632

서수경 679
서승아 276, 535
서승이 157, 679
서아경 411, 633
서아름 224, 561
胥陽 491
서연주 548
서영 276
서영미 338
서영빈 44
서영실 584
서옥란 44, 584
서월아 411, 633
서유경 659
서윤미 259
서은나 411
서은영 276, 491
서은주 699
서은진 411
서익환 491, 633
서정민 659
서정수 411, 584, 633
서정애 247, 411
서정연 411
서정현 491, 541
서종남 680
서종오 491
서종학 124, 548
서주연 611
서주영 124, 157, 680
서중운 411
서지현 124, 157, 491
서지혜 124, 351, 411
서진숙 171, 491, 663
서진욱 192, 247, 584
서총 491, 633
서춘희 78, 124, 491
서평 259
서풍 411
서하 491
서혁 28, 44, 124, 224, 338, 663, 680, 699
서혜민 412, 633
서효원 224, 361
서희경 491
서희연 224, 491
서희정 78, 124, 192, 311, 412, 491, 561, 611
석예 311
석주연 78, 192, 224, 247, 311, 412, 584
석지영 192, 412
석진주 311
선광용 412
선단단 491, 633
선신휘 412
선은희 412
선주원 328
설수연 225, 413
설위 413
설은혜 413
설이 259
설혜경 492
섭악 611
성광수 44, 413
성광희 299
성기철 28, 413, 584
성낙수 44
성미선 78, 311
성미숙 492
성보금 124, 413, 492

성비락 44, 276, 633
성상환 276, 413
성선월 413
성시온 247
성아영 492, 561, 633
성영주 124, 338
성은정 680
성은주 362, 413
성의연 192, 585, 612
성인경 78
성정희 680
성지연 78, 192, 193, 225, 413
성진선 78, 414
성태수 633
성효정 124, 276
성희재 193
성희제 276
소령령 414
소림 414
소문헌 585
소상 414
소소우 414, 492, 633
蘇雨 311, 633
소지영 329
孫潔妮 414, 633
손경미 492, 680
손국령 311, 633
손근정 492
손금추 414
손다정 124, 414, 585
손단 585
손동희 225, 299, 633
孫麗萍 414
손림여 414
손명진 78
손민수 225
손병길 680
손복희 124, 276
손사가 492, 633
손상미 44, 247
손석주 157, 259
손성옥 28, 44, 78, 171, 549
손성희 78, 193, 225
손세모돌 124, 492
손승남 78
손시진 338, 351
손연자 78, 362, 492
손연화 376, 492
손영 414, 633
손영복 124
손영헌 276
손영훈 44
손예화 492, 633
손오규 171
손옥정 311, 633
손옥현 414
손운운 492
손월명 414, 633
손유미 311
손은경 585
손이 124, 492
孫梨梨 492, 585
손재은 125, 414
손정 585, 612
손정란 322
손정애 125, 362
손정일 44, 171
손종영 28 → John Y. Sohn
손주일 125
손주한 414, 634

손중권 414
손지영 492
손지혜 612
손진아 414
손철위 634
손초 376
손춘섭 125, 415, 493
손한 44, 415 → Han Sohn
손해숙 322
손현미 276
손현화 193
손혜진 362
손호민 28, 44, 45, 79 → Ho Min Sohn
손호섭 225, 415
손효소 585
손희연 79, 415
송거 415, 634
송경섭 663, 680
송경옥 376, 680
송국명 493, 634
송기악
송기철 680
송대헌 125, 193, 415
송명진 612
송명희 45, 612
송미심 680
송미정 79
송민 79
송병렬 493
송소교 79, 415
송순호 680
송아명 311
송안나 493
송연화 79, 493
송엽휘 634
송영미 561
송영복 45, 329, 338, 680
송영승 322, 549
송용실 125, 585
송유미 680
송윤경 193, 276
송은영 45
송이슬 338
송재목 125
송재희 125, 585
송종경 415
송종윤 322
송주영 225, 415
송지연 157, 338
송지현 157
송지혜 193, 585, 699
송진영 277
송철의 28
송필숙 125
송학성 415
송향근 28, 45, 79, 247, 277, 415, 493, 549, 634, 664
송현숙 415
송현아 493
송현정 311
송현주 79, 535
송현호 45
송혜원 125
송효교 493, 634
송효진 362
수몬몬쩌 493
隋增輝 193, 277
수파편분룽 561
수혜교 493, 634
수혜총 415, 634

숙산산 493, 634
쉬원윈 493, 634
스가이 요시노리 549
스테판 크놉 415
승종경 311, 415
시려나 415, 634
시마 아츠코 45
시요민 193, 277
시정곤 493
신경선 362, 549, 561
신경철 28, 247, 277
신군 416, 634
신나탈리아 193, 225, 416
신노 토모코 277
신동광 493
신동일 634
신명선 157, 225, 416, 493
신문경 157, 171, 699
신문영 125, 171
신미진 125, 338
신범숙 561
신보라 416
신보미 225, 362
신상성 79
신상철 28
신상현 299
신석홍 171
신선미 493
신성 157, 193
신성옥 416
신성철 45, 157, 225, 247, 377, 493, 494, 664, 680
신수영 157, 329, 681
신수정 681
신승은 494
신아영 259, 416
신영주 416
신영지 585, 612
신예리 277
신유정 494
신윤경 338, 362, 494, 612
신은경 125, 171, 299, 362, 494
신은정 416
신은희 125, 634
신자영 171, 494, 541, 561, 634
신재윤 494
신정아 171
신정애 171, 277, 311, 416
신주연 225, 362
신주철 79, 585, 612, 681, 700
신지민 125, 193
신지영 61, 193
신쪼오 후토시 172
신찬양 681
신필여 338
신핑 494, 634
신해균 79
신해홍 612
신현단 585
신현숙 28, 64, 125, 172, 494, 495, 535, 585
신현정 416
신형욱 495, 700
신혜경 585
신혜숙 311
신혜순 225, 362
신혜원 126, 416
신혜인 311
신호철 277, 312, 416, 495
신효경 416

신효원 126
신희랑 157, 193, 338
신희삼 495
심규성 247
심도 416, 634
심란희 416
심련화 495, 634
심마니 322
심민아 585
심민희 126, 193, 226, 259, 277
심반 416
심방 416
심보경 64, 157, 681
심봉섭 416, 635
심상민 45, 172, 226, 338, 339, 362, 681
심상완 659
심순실 79
심승자 549
심언비 635
심영섭 64
심옥례 79, 193
심윤진 79, 495
심은경 417
심은지 194, 362, 417
심은희 226
심재기 45
심재숙 157, 194, 681
심죽령 586
심현숙 172, 549
심현주 277
심혜령 194, 417, 495, 535, 586, 635
심혜영 496
심호연 635
심훼 635
싯티니 탐마차이 194, 226, 362
싸키네 버게리 417, 635
쑤원쥬엔 417, 635
쑨메이링 79
쑨쓰쓰 613
씨나롯 낫타완 417, 635

ㅇ

아뜨크닌 빅토르 277
아라와키 메구미 79, 194
아리프 이스람 194, 417 → Khandaker Ariful Islam
아마르자르갈 417
아사리 텐세이 172
악휘 64
안가희 496
안경화 126, 172, 194, 226, 299, 362, 417, 496, 586
안경희 194
안기화 45, 549
안나영 417
안다 417
안령군 417
안리주 496
안미란 158, 322, 339, 362, 549
안미영 194, 496, 586, 613, 681
안병걸 496
안병곤 496, 635
안병일 80, 312
안병호 277, 635
안부영 613
안상철 277
안선연 561
안선욱 80
안성도 45, 277, 635

안성혜 126
안성훈 126, 586, 681
안소영 126, 158
안수정 45, 172, 248
안승주 194
안여경 46
안연령 635
안연진 417, 635
안영수 126
안영희 172, 417
안유진 80, 339
안윤정 80
안은경 158, 172
안은영 80
안은희 172, 700
안의정 299
안재경 194, 496
안정균 277
안정근 46
안정민 248
안정현 126
안종천 194
안주연 194
안주영 496, 635
안주호 126, 299, 312, 417, 418, 549, 561
안주희 278
안중환 586, 635
안지영 312
안지은 226, 259, 418
안지혜 363
안첨 418
안한나 586
안향란 496
안형미 158, 172, 194
알레파이 멘나탈라 194, 418
앤드류 변 226, 259, 339, 363, 561
앤드류 펀치 46
야다나 산다 윈 418
야마기와 타카코 496
야마모토 미사키 278
야마모토 아키코 126, 586
야마시타 마코토 586, 681
야마시타 미유키 549
야마시타아이 158, 496
야마타 히로이토 64
야하타 사나에 418, 635
양건승 351
양경미 419
양경진 126
양군 80, 377
양금평 419
양기 194, 419
양기기 419, 636
양눈꽃송이 496
양단 419, 636
양루이 80, 586
양명희 126, 195, 278, 322, 339, 419, 496, 561, 664, 681
양민애 248
양민정 80, 496, 586, 587, 613, 681
양민화 377
양산 126, 419, 587
양상 496, 636
양선경 613
양선진 127
양선희 496
양설 419, 636
양성지 613
양소 80

양소영 226, 363
양수향 226, 497
양순녀 363
양순영 497
양순임 226, 278
양승관 497, 587, 636
양연 419, 636
양염 195
양영희 248, 561, 587, 613, 681
양옥경 681
양옥주 419
楊韻柔 613
양원석 497
양위남 587
양재승 419
양전 339
양정숙 419
양정정 80
양정현 613
양종샤 80, 195
양지선 46, 497, 587
양지연 419
양지원 127
양지이 278
양청즈 80
양태식 28, 681
양하석 278
양현모 587
양혜순 636
楊和 419
양희 312
어광숙 127
어다은 172, 195
어덩치멕 497
어수진 80, 681
어지혜 248
엄기철 419
엄나영 127, 299
엄녀 127, 419
엄상란 588, 700
엄소연 562, 588
엄수진 497, 549
엄정윤 80, 195
엄종란 419
엄진숙 195, 420
엄태숙 613
엄훈 80, 339, 497
에릭 코테 80
에린 피츠제럴드 562, 636
엔드류 변 339
엥흐졸 420
여경선 195, 588
여덕휘 195, 420
여순민 195, 363
여위령 420
여윤희 562
여은혜 127, 158, 682
여지민 339
여춘연 420
여하나 549
여학봉 46, 127, 278
여홍초 420, 636
연교월 497, 636
연보라 682
연봉월 226, 420
연재훈 46, 127 → Jae Hoon Yeon
연준흠 248
연지은 312, 420
염결여 497
염수 226, 562

염수진 322
염시열 81
염염 226, 420
염주희 420
염준 420
염창권 46, 81, 172, 241, 278, 497
염혜경 339
葉涓 497
옌난 195
오가레크 최 81, 127
오경석 81
오경숙 339, 363, 420, 562, 588
오경진 420
오경화 226, 363
오고시 나오키 47, 127, 588
오광근 81, 127, 278, 420
오기노 신사쿠 497
오기원 363
오나영 497, 588
오노 하루나 312, 636
오누리 81, 312
오다케 키요미 329
오대영 664, 682
오대환 47, 65, 278, 279, 299, 421, 636
오려려 421, 636
오로지 81, 421
오만석 47, 682
오명진 127, 562
오명희 81, 497
오문경 195, 279
오문천 128, 588
오미경 300
오미라 279
오미정 81, 128, 497
오민수 81, 562
오민정 128, 588
吳鉢 226, 279
오복남 613
오봉염 421, 636
오빛나래 363, 549
오상미 322
오상순 47
오상언 128, 421
오상은 195, 227, 421
오선 279
오선경 322
오선영 421
오선화 128, 279
오성숙 682
오성애 128, 195, 279, 497
오세곤 279
오세미 682
오세인 588, 613
오세진 339, 498
오소정 227, 682
오솔샘 498
오수진 421
오순희 195, 279, 498
오승영 128
오승은 81
오언여 498, 549
오영혜 421, 636
오영훈 128
오우 588
오유영 498
오유진 81, 128, 158, 363, 498
오윤정 421
오은경 81, 279
오은순 172, 664, 682
오은아 81

오은영 322
오이선 549
오인미 128, 158
오일륵 421
오자키 다쓰지 421, 636
오재연 682
오재혁 279
오정 421
오정란 588
오정미 588, 613, 682
오정은 279, 636
오종렬 421, 637
오종현 588
오지연 158, 312
오지헌 128, 562
오지혜 172, 195, 227, 312, 329, 339, 363, 421, 498, 588, 589, 613
오진욱 158
오초롱 196, 279
오춘광 421
오춘화 47, 589
오츠보 81
오치성 128, 589
오태헌 47
오현아 128, 637
오현정 312, 422, 562
오현주 312, 498, 637
오현진 682
오혜인 562
오혜진 339
오희자 682
옥혜정 498, 535
온다르마 227, 363
와와메인 312, 637
완자미 377
왕가 664
왕가영 363, 549
왕가음 81, 613
王建 589, 613
왕경용 589
왕교하 498
왕국영 498
왕군 498
왕금봉 259
왕기 196, 422
왕나 259, 323
왕남 422
왕단 129, 173, 196, 227, 279, 280, 329, 339, 422, 536 → Wang Dan
왕단단 227, 300
왕려혜 227, 498
왕례량 422, 637
왕로 498, 637
왕뢰 498
왕리 422, 637
왕리후에이 422, 498
왕립위 499, 637
왕맹 47, 82, 499
왕문군 312
왕문도 499, 589
왕문비 227, 422
왕문용 47
왕문찬 659
왕미 129, 422
왕방 82, 280, 499, 637
왕배배 129, 499, 637
왕비 196, 340
왕사민 196
왕서령 241
왕설 82, 422

왕설명 499, 637
왕소단 312, 637
왕소훼 499, 637
왕슈에 82, 422, 499
왕시훼 129, 422
왕신 422, 637
왕신천 499, 637
왕아전 499
왕애려 499
왕연 589
왕엽 227, 422
왕영 422, 637
왕영영 312, 637
왕예 562, 637
왕옌닝 499
왕옥각 300, 589, 637
왕옥주 422, 637
왕외 423
왕우남 499, 638
왕원원 196, 499
왕월 82, 312
왕위 423, 499, 638
왕위령 423, 638
왕윤정 423, 499, 638
왕융 423
왕의립 589, 638
왕이 82, 313
왕일림 589
왕재이 47
왕정 340, 423, 499, 638
왕정정 280, 423
왕정춘 423, 638
왕종연 423, 638
왕지원 129
왕진곤 423, 638
왕천 500, 638
왕청청 500
왕춘예 500
왕페이 423, 638
왕한림 423, 638
왕한석 158, 589, 682, 683, 700
왕해하 248
王絢 82
왕혜 323
왕혜숙 227, 500, 589 → Wang, Hye Sook
왕호 423, 638
왕효도 423
왕효림 500
왕효성 259, 323, 340, 363
왕효효 82, 313
왕효휘 500
요금휘 82, 500
요네자와 아유미 500
요시나가 이쿠코 280, 638
요시모토 하지메 47, 82, 423
요외 280
요흔동 423, 638
용재은 340, 364
용효엽 280
우가민 82
우금훼 280
于楠 589
우레 259, 500, 589
우림걸 47
우메다 히로유키 47, 423, 614, 638 → 梅田博之
우명천 500
우미노 하루미 424
우민정 364, 550

우박 500
우보의 424
우복남 129, 683
우삼삼 82, 424
우상 424
우상열 47
우선미 500
우선희 82
우순조 424
우연 500, 639
우영란 48
우영지 500, 639
우윤미 329, 340
우인혜 82, 129, 196, 227, 280, 323, 364, 424, 589, 639, 683
우재영 424
우정 500
우주희 82
우지수 424
우창현 82, 196, 300, 424, 664, 683
于超群 589
우파 196, 323
우한용 590, 614
우해영 364
우형석 424
우형식 48, 61, 82, 129, 340, 424, 425, 500, 550
우혜 614
우혜경 614, 683
우혜령 340
우혜연 614
우화정 313
웅문도 425
웅빈 500
원극연 196
원동연 83
원미진 248, 500
원사가 129, 364
원샤오엔 227, 425
원수은 196
원순련 364, 590
원순옥 590
원씨향 227, 425
원영호 280, 639
원원 83, 196, 340
원자혜 500
袁征 425
원진숙 129, 173, 248, 259, 364, 550, 683, 700
원진아 129
원진영 300
원천 425
원초희 248, 550
원춘매 425
원해영 129, 300, 425
원홍 280
웨 노에 흐닌 쏘 501, 639
웬빈뜨엉 501, 639
위교 425, 639
위수광 173, 425
위연리 425
위영 425, 501, 639
위위 425
위윤 280
위징징 227, 501
위추사 425
위평 426
유 빅토리아 173, 196, 590
유 엔 마주르 48, 426
유가 590

유경민 501, 590
유경수 83, 129
유경숙 83, 501
유경화 501
유기환 129
유나 313, 639
유단단 501
유단청 426, 639
유덕자 313
유동청 501, 639
유란 590
유람 501
유력몽 227, 501
유림 501
유말희 83
유명우 659
유문명 590
유미상 196, 501, 541
유미정 340, 364
유미현 130, 501
유민 590
유민애 313
劉蓓 83, 426
유보전 590
유붕 280
유사사 426
유산산 426
유상 426, 639
유상희 590
유샨샨 259
유서천 227, 501
유석훈 83, 130, 541
유선아 590, 683
유성미 130
유소영 426, 639
유소정 323
유수정 158, 173
유숙영 83
유순희 501
유승섭 228, 426
유승원 130
유쌍옥 501
유약남 502, 639
유양 83, 130, 426, 639
유언동 83
유연경 196
유연숙 280
유연연 426, 639
유영 502, 639
유영미 590
유영지 48, 130
유예진 259
유완이 426
유우 323
유욱봉 426
유은숙 83, 426
유은우 130, 300
劉立麗 502
유장옥 639
유재택 130, 173
유정 228, 280
유정정 502, 640
유정호 130
유준영 158, 550
유지연 130, 426, 502
유지인 426
유진 502, 590
劉晉 502
유창 83, 280, 313
유창균 502

유천 130, 228
유초군 502, 590, 640
유추문 502
유춘매 83
유춘정 502
유춘희 300, 427
유타니 유키토시 427 → Yutani, Yukitoshi
유탕탕 83, 427
유패림 48
유패패 260
유풍 260
유하나 280
유한아 158, 364
유해준 83, 130, 158, 340, 427, 502, 683
유향선 158, 683
유현경 197, 427, 502, 541
유현정 313, 684
유형선 228
유혜령 562
유혜정 83, 590
유호엽 351, 684
유홍주 48, 614
유홍준 83
유홍태 173
유효단 502, 591
유효동 427, 640
유효영 427
유효진 197, 364
유흔 502
유흔동 427
육상효 684
육성영 503, 640
육주 503
육효창 280, 281
윤경동 684
윤경미 228, 364
윤경숙 130, 364
윤경애 427
윤경원 48, 131, 197, 260, 427, 536, 591
윤금선 48
윤남주 197, 562
윤려홍 640
윤미라 684
윤미영 228, 377, 427
윤미정 614
윤민애 323, 340
윤병우 173
윤상미 260, 550
윤상석 300, 684
윤상철 591
윤상호 313, 591
윤새롬 329, 341, 503
윤석임 197, 591
윤성순 197, 228
윤성애 614, 684
윤성준 131
윤소영 83, 197, 503
윤소정 313
윤슬기 248
윤시내 503, 640
윤신애 260, 323, 427
윤애선 84, 131
윤여옥 364
윤여탁 28, 48, 84, 131, 591, 614, 615, 684
윤연진 562
윤영 84, 197, 591, 615
윤영로 131
윤영민 640

윤영숙 84, 158, 427, 640, 684
윤영하 159
윤영해 281
윤유선 197, 503
윤윤진 503
윤은경 260, 281, 550, 640
윤은미 228, 562, 640
윤은재 131, 197
윤이나 503
윤인아 131, 684
윤인진 28, 48, 684
윤재민 84, 503
윤재한 131
윤정기 131, 281
윤정로 684
윤정숙 281
윤정아 159, 197, 341, 563
윤정화 427, 591
윤준채 341, 550
윤지영 131, 427, 664
윤지원 248, 260, 364
윤지현 503, 684
윤지혜 563
윤창숙 536
윤해연 48
윤현애 300, 428
윤혜 503, 640
윤혜경 503
윤혜란 591, 664
윤혜선 428
윤혜숙 228, 503
윤혜영 84, 197
윤혜진 428
윤호병 591
윤홍주 664
윤희경 197
윤희원 28, 131, 173, 550, 684, 685, 700
은연옥 197
음승민 428
응엔응옥융 503, 640
응오티번안 428, 640
이 나제즈다 503, 640
이 예까쩨리나 503
이가 428, 640
이가람 428
이가원 591, 615
이가화 503
이강록 341, 615
이강민 65
이강순 563
이강호 428, 640
이강훈 29
이건희 281, 640
이견희 563
이경 131, 281, 341, 428
이경란 591
이경민 131, 685
이경선 428
이경수 640
이경숙 504, 563
이경애 685
이경연 131
이경우 173, 197
이경은 84, 228, 428, 640
이경임 131, 341, 504
이경주 313
이경화 84, 132, 341, 365, 641
이경희 281
이관규 132, 429
이관식 84, 132, 159, 504, 592, 664, 685

이광규 48
이광석 664
이광숙 504, 641
이광연 429, 641
이광재 48, 132, 592
이광정 48
이광호 29, 313, 504
이광희 248
이귀염 132, 341, 365
이귀옥 48
이규희 29, 429
이근영 592, 615
이근화 592, 685
이금진 84, 132
이금춘 132, 592
이금희 173, 365, 429
이기 429, 641
이기갑 84
이기동 429, 685
이기성 592, 615
이기연 504
이기웅 504, 641
이기종 173
이길섭 429, 641
이길원 48, 429, 592, 641
이나 49, 173
이나라 281
이남 504, 641
이남근 49
이남순 49
이남희 281
이다미 197, 241 → Lee, Da Mi
이다혜 615
이대규 84, 132, 429
이대로 49
이덕향 429
이덕희 159, 173
이도영 260
이동규 429, 504, 592
이동배 49, 132
이동성 685
이동연 260, 365, 550
이동은 49, 84, 159, 260, 300, 365, 377, 429, 550
이동재 49, 84, 429 → Dong Jae Lee
이두행 504, 550
이득춘 49, 65, 84, 132, 198, 241, 504, 641
이라용 504
이락희 85, 685
이란희 504
이래호 504
李麗秋 85
이림림 132
이립 281
이명강 504, 641
이명오 300, 429
이명우 228, 341
이명자 281
이명주 281, 504, 592, 641
이명화 159, 504
이명희 65, 159, 505, 563, 641, 685
이목자 228, 505
이묘영 85
이문군 429
이문규 260
이문화 313, 541
이미경 341, 505
이미숙 85, 365, 505, 685
이미연 505, 685

이미영 430, 550, 592, 685
이미정 430, 592, 685
이미지 313, 505
이미진 159, 430, 615
이미향 65, 132, 198, 282, 323, 505, 592
이미혜 29, 132, 133, 159, 173, 198, 260, 323, 365, 430, 593, 685
이민 505, 641
이민경 85, 198, 313, 563
이민민 260, 365
이민선 430
이민아 260, 430
이민우 248, 505, 550
이민정 85, 563
이민행 430, 641
이병규 49, 133, 664
이병근 536
이병민 228
이병운 228, 282, 377, 505
이병환 593
이병희 341
이보라 133, 430
이보라미 133, 159
이보배 85, 505
이보혜 430
이복자 260, 563
이빈 85, 323
이사묘 313
이산하 615
이삼형 29, 431, 664
이상구 85
이상규 198, 686
이상금 133
이상린 341, 550, 593, 664
이상미 313
이상섭 505
이상숙 133, 198, 228, 377, 431
이상애 133, 505
이상억 29, 133, 241, 431, 550, 593, 615
이상용 664, 686
이상원 659
이상일 665, 686
이상정 505, 659
이상혁 133, 593
이상희 133, 159, 505, 686
이서현 229, 300, 431
이석규 659
이석란 198, 229, 431
이석재 282
이석주 241, 593
이선근 49, 198
이선미 505
이선애 133, 593
이선영 133, 261, 365, 431, 550
이선우 300
이선웅 431
이선이 593, 615
이선중 198, 431
이선진 85, 198, 229
이선한 85, 133
이선현 85
이선화 85, 505, 686
이선희 229, 431, 541, 563
이설 133, 198, 431, 641
이설동 282
이성규 505, 641
이성미 665, 686
이성순 49, 198, 563, 686, 700
이성연 50
이성은 29, 85

이성지 85
이성희 85, 133, 341, 365, 593, 615, 686
이세화 248
이세훈 261, 550
이소라 134
이소연 85, 159, 300, 341, 342, 432
이소영 85, 134, 198, 229, 261, 365, 377, 432, 506, 593, 615
이소현 86, 300, 432, 506, 615, 686
이송자 134, 686
이수 86
이수경 229, 432
李秀楠 198, 506
이수미 86, 301, 342, 351, 432, 536, 686
이수민 229, 248, 365
이수복 198, 261
이수연 365, 432, 563
이수정 159, 366, 506
이수지 593
이수진 342, 366, 506, 593, 686
이수현 506
이수희 506
이숙 432
이숙의 506
이숙진 229
이숙현 174
이숙화 241, 593
이순룡 86, 432
이순미 432, 642
이순복 134, 432
이순애 134, 506
이순연 686
이순자 229
이순정 432
이순형 686
이슬비 86
이승민 199
이승아 342
이승연 61, 134, 174, 199, 229, 248, 249, 342, 366, 506, 541, 551
이승은 329, 342, 506
이승자 506
이승재 593
이승주 593, 686
이승혁 249
이승혜 313
이승환 50
이승희 134, 342, 432
이시다 사키 665, 687
이시훈 366
이쌍건 199, 506
이아람 134, 174, 506
이아름 159, 199, 366
이안나 50
이암 199
이애리 134, 342
이약진 433
이양금 507, 642
이양혜 433, 507
이언경 433
이엘레나 134, 261
이연경 86, 507
이연니 507, 642
이연수 159, 687
이연옥 507
이연정 86, 313, 342, 433, 507
이연주 86, 160, 507
이연희 86, 507
이영 199, 433, 507, 594, 642
이영근 29 → Lee, Young Geun

이영남 433, 642
이영란 134, 160, 687
이영민 134, 433
이영숙 50, 86, 282, 433, 507, 642
이영식 261, 551
이영옥 134, 687
이영은 507
이영조 616
이영주 282, 507
이영준 507, 563
이영지 366, 507
이영진 433
이영희 50, 134, 135, 199, 433, 508, 536, 665, 687
이예령 433
이예승 366
이예화 508, 642
이오암 594
이옥화 86
이옥환 434, 642
이왈렌찐 616
이용 434
이용권 282
이용규 249
이용운 508
이용은 665
이용주 86
이우미 249
이운 434, 642
이운정 86, 434
이운혜 434
이원 434
이원아 434
李元元 434, 642
이원표 563 → Won Pyo Lee
이원희 594
이유경 135, 199, 434, 508
이유림 342
이유미 86, 323, 563, 687
이유진 199, 377
이윤경 86, 135
이윤아 434
이윤영 434
이윤정 50, 135, 434
이윤주 351, 687
이윤진 86, 135, 199, 366, 434, 508
이윤필 174, 435
이윤희 261, 282
이은경 87, 135, 160, 199, 366, 435, 508, 551, 687
이은기 229, 435
이은미 282, 435, 508, 642
이은선 160, 282
이은섭 508
이은성 508, 594
이은숙 50, 135, 342, 435, 509, 551, 594
이은아 594
이은애 87
이은영 342, 366, 509
이은자 50, 87, 301
이은정 29, 87, 135, 435, 509, 594, 642
이은주 87, 135, 314, 687
이은진 160, 174, 323, 435, 594, 659
이은하 551
이은혜 29, 351, 366
이은화 329, 687
이은희 87, 135, 174, 200, 301, 435, 436
이을지 261
이응호 65
이인선 261

이인순 324
이인영 229, 366
이인혜 551
이인화 342, 367
이인희 367, 551
이임경 436
이자연 509, 642
이자영 436
이재경 200, 230, 436
이재분 50, 665, 687, 700
이재선 436
이재성 230, 436
이재욱 230, 509
이재원 87, 282
이재윤 342
이재은 87, 160, 174, 200, 509, 541
이전 230, 436
이점숙 594
이점출 436, 642
이정 87, 436
이정노 50, 135 → Joe Jungno Ree
이정덕 200, 282, 564
이정란 200, 301, 436, 564
이정래 136, 261
이정민 136, 160, 200, 230, 261, 301, 436, 509, 642, 687
이정숙 87, 200, 230, 509
이정순 50
이정아 367
이정엽 343
이정옥 50, 687
이정은 200, 301, 509, 687, 700
이정이 301
이정자 87, 301
이정철 282
이정택 436, 437, 509, 594, 642, 665
이정하 509, 643
이정한 282
이정현 87, 136, 437, 509, 510, 541
이정화 200, 261, 367, 551
이정희 87, 136, 160, 174, 200, 201, 230, 249, 301, 314, 343, 367, 437, 510, 551, 643, 688, 700
이제희 136, 437
이조아 282
이종수 437
이종순 50
이종은 283, 437, 510 → Lee, Jong Eun
이종호 160, 174
이주미 367, 437
이주민 367
이주성 594
이주연 87, 688
이주영 564
이주용 510
이주행 50, 136, 283, 437, 643
이주화 136, 437
이주희 136, 283, 367
이준규 438
이준기 136, 160
이준형 510, 643
이준호 87, 136, 160, 174, 201, 230, 314, 329, 367, 438, 510, 551, 564
이중진 136, 201, 230, 283, 324, 343
이지민 174, 594
이지아 510
이지연 87, 136, 616
이지영 65, 88, 136, 137, 201, 230, 301, 314, 343, 438, 510, 594
이지용 88

이지욱 510
이지은 88, 160, 174, 230, 343, 688
이지현 261
이지혜 343, 564
이지훈 230, 438
이진경 137, 438
이진명 51
이진선 283, 594, 688
이진숙 595
이진실 510, 643
이진아 137
이진영 174, 367
이진옥 367
이진은 438
이진주 201, 324, 438, 510, 564
이찬규 438
이찬종 283, 643
이찬희 88, 137
이창덕 510
이창식 616, 688
이채원 137, 438
이천 510, 643
이철재 283, 643
이청 511, 643
이추연 88
이춘매 511, 643
이춘염 438, 643
이춘영 688
이춘호 51
이춘희 201, 511
이충우 88, 249, 511
이침 88
이탁균 439
이택명 439, 643
이토 히데토 51, 88
이패연 511, 643
이하나 564
이하늘 160, 343
이학경 160, 511, 688
이한나 137
이한비 511
이해영 29, 137, 161, 174, 201, 231, 249, 324, 329, 439, 511, 551, 564, 595, 688, 700
이해인 138, 324, 551
이향 138, 261, 283, 551
이향숙 343
이향아 202
이향주 511, 595
이현 367, 552
이현복 29, 283
이현순 202, 439
이현아 88, 688
이현의 283
이현정 174, 511, 595, 688
이현주 138, 343, 439, 511, 616
이현진 88, 439, 595
이현희 367, 511, 536
이형재 202, 283
이혜강 283
이혜경 138, 175, 439, 595
이혜련 241
이혜리 175
이혜승 565
이혜영 138, 283, 284, 439, 511, 643
이혜용 565
이혜은 138
이혜진 88, 343, 439, 595, 616
이호 249
이호영 511

이호형 595
이홍매 329, 343, 511
이홍염 314, 643
이화성 595
이화진 202, 284, 439, 643
이환우 439
이환환 202, 314
이효상 138, 202, 440, 512
이효숙 284, 440, 643
이효신 202, 231, 284, 343, 512
이효영 231, 440
이효인 88, 440, 595, 688
이효재 616
이효정 88, 440, 595
이훈 88, 231, 440
이훈병 89
이훈호 89
이휘 440
이흥수 175
이희경 89, 440, 552
이희성 440
이희순 262
이희영 367
이희자 138, 440
이희재 202
이희진 89, 595, 701
인알렉산드르 138
인윤희 440
일노궁내앙 512, 644
임경순 595
임경예 665
임경화 138, 161, 688
임경희 231, 440
임근석 440
임금복 595
임금선 314
임기중 51
임동윤 89, 440
임동진 688
임룡 441, 644
임마누엘 565
임문연 441, 644
임미은 51, 175, 202
임미화 89, 284
임민 512, 644
임배리 512, 644
임백성 367
임병준 512
임봉교 512, 644
임삼미 89, 441
임상 595
임상석 65
임서연 29, 175, 512, 596, 688
임선영 202, 441
임성숙 688
임성욱 512
임성희 89, 596, 688
임소영 29
임수경 89, 368
임수희 284
임승선 175, 689
임시현 441
임엘레나 512, 644
임연희 262, 552
임영 343
임영상 51
임예선 89, 138
임예영 343
임용기 284
임유종 231, 441

임윤선 138
임은미 689
임은정 344
임은주 368
임은진 202
임은하 89, 138, 231, 368, 512
임은해 512
임정빈 51
임준애 665, 689
임지룡 89, 441 → Lim, Ji Ryong
임지선 89, 512
임지아 89, 138, 441, 512
임지현 368, 441, 512, 689
임지혜 89, 138
임진숙 90
임찬진 138
임채훈 441
임천우 202, 231, 284
임초희 441
임칠성 441, 513
임태연 90
임태운 90, 441
임향란 29
임현성 139
임현숙 90, 262
임현열 284, 513, 644
임현영 175
임현정 301, 442, 659
임형옥 202, 368, 552
임형재 51, 90, 139, 536, 665, 701
임형통 324
임혜원 139, 202
임혜진 202
임화정 262
임효례 596
임흔의 442, 644
임홍수 51
임희경 513
임희영 139, 161, 689

ㅈ

자세 베르너 52 → Werner Sasse
자오쥐야 596
자원 513, 644
장가문 284
장걸 442, 552
장경미 90, 202
장경숙 596
장경은 596
장경희 231, 262, 368, 513
장광군 52, 90, 139, 324, 442
장귀해 596
장근주 90
장기 513
장나 513
장단화 314
장러 90, 513
장려려 442
蔣麗容 442, 644
장령 513, 644
장로 284
장로가 596, 616
장뢰 442
장리 285, 644
장망 513, 644
장명원 344, 351
장목비 442, 644
장문정 175, 344, 596, 616
장미 513

장미경 52, 262, 344, 513, 552, 565
장미라 90, 175, 249, 344, 442, 596
장미령 513, 644
장미선 442, 443, 565
장미영 139, 161, 443, 596, 665, 689
장미정 301
장미화 443, 644
장미희 443
장민 52, 659
장민정 616, 644
장민지 202, 443
장방 443, 644
장범 344, 368
장복 90, 368
장부연 285
장상 596
장서평 66
장석진 139
장선영 513
장설교 203, 285, 368
장성희 513
장세길 701
장세아 90, 616
장세영 513
장소원 52, 66, 90, 344, 443, 513, 552, 596
장수 443
장수군 513, 644
장수진 443
장슈엔원 514
장시우 514, 645
장아롱 285, 645
장연희 597
장염자 514, 645
장엽 514, 645
장영 161, 203, 262, 314
장영미 139, 203, 231, 368, 514, 616
장영산 514
장예 443, 645
장옥경 231
장옥정 90
장온정 689
장요한 443
장용 514, 645
장용선 91, 597
장용수 29, 139
장우군 285
장운잠 91
장원기 597, 616
長原成攻 514, 645
장원원 514, 645
장월 514
장웨이쉔 514, 645
장위 443
장유린 443, 645
장유진 597, 616, 689
장윤희 368, 565
장은미 514
장은아 552
장은애 689
장은옥 139
장은혜 231, 301
장은화 231, 443
장이 139
장이원 514
장익 203, 514
장인실 689, 701
장일결 203, 514
장쟁 514, 645
장쟁언 285

장전자 443
장점 91
장정 514, 645
장정렬 443
장정민 514
장정숙 616
장정윤 175, 659
장정정 514
장주연 285
장준익 203, 285
장지영 329, 344, 515
장지정 515
장지현 443
장진 515
장창영 91, 689
장채린 232, 515
장천매 203, 285, 645
장춘뢰 443
장춘매 597
장치 139
장판 444
장학련 203, 515
장한님 689
장해구 285
장향실 175, 232, 285, 368
장현묵 344
장현옥 140, 597
장혜진 515
장호종 52
장홍수 91, 515
장화 444
장화숙 232, 368, 444
장회병 324
장효단 52, 665
장효우 91, 324
장효화 444, 645
張欣 203, 444
장희 515, 645
저복진 444
적령 314
전가영 140, 444
전경선 368
전경숙 377
전경재 444, 645
전경준 444, 645
전금혜 203, 285
전나영 140, 203, 262, 285, 286, 314, 368, 444, 552
전락 515, 645
전미순 203, 286, 515, 597
전미화 369
전민지 262, 444
전병선 52, 241
전병옥 161, 344
전상인 29
전성기 646
전성운 29
전소현 91, 301
전수정 344
전아원 91, 344, 515
전애숙 616
전영미 444
전영분 232, 344
전영아 203, 232, 444
전영옥 161, 232, 444, 689
전용 203, 515, 646
전우 52
전우리 91, 369, 689
전우정 515
전우화 444, 646

전원해 232, 286
전유나 344
전유현 515
전윤희 232, 369
전은 286
전은영 232, 565
전은주 52, 161, 175, 203, 262, 301, 302, 324, 344, 369, 445, 552, 597, 690
전은지 91
전재연 445
전재완 690, 701
전재호 29, 241, 597, 646
전전령 445
전종영 597
전지수 91, 140
전지숙 91, 302
전지영 616
전지원 565
전지현 203, 345
전진애 445
전철웅 617, 690
전태현 329, 515
전하나 204, 286
전한성 91
전헌주 91
전형길 91, 161, 516, 690
전혜경 516
전혜영 91, 314, 516
전홍 329, 345
전홍식 140, 262, 597
전홍주 690, 701
전홍화 516, 597, 646
정건진 445, 646
정경옥 516
정경운 597, 690
정경일 61
정경자 445
정경화 345
정광 30, 66, 552
정광숙 175, 345
정근식 66, 659
정기영 369
정길남 617, 690
정남조 91
정남희 516, 646
정녕유 445, 516
정다솜 204, 286
정다운 92, 140, 249, 302, 351, 369, 646, 690
정달영 445
정대용 161, 330, 597, 690
정대현 92, 175, 249, 445, 690
정도상 52
정동환 30
정로 377
정림 516, 646
정명숙 92, 140, 161, 176, 204, 286, 302, 445, 690
정문함 445, 552
정미경 232, 262
정미라 204, 232, 286
정미량 52
정미숙 597
정미영 92, 617, 701
정미정 176, 690
정미지 204, 286
정미진 140, 445, 598
정미향 161, 690
정미혜 176
정민주 565

정병선 286
정병철 445
정병헌 617
정보경 445, 516, 646
정보영 302, 445
정상근 204, 445, 446, 536
정선민 314, 598
정선주 92, 314
정선화 92, 302, 324, 330, 345
정성 204, 446
정성미 369, 691
정성범 242
정성아 516, 646
정세란 302
程篠 516
정소민 516
정소아 516
정소진 92, 140
정소현 646
정수민 314, 446
정수아 232, 345
정수영 204, 302, 598
정수정 287
정수진 446, 517
정숙향 204, 232
정순영 140, 314, 691
정순희 140
정승혜 52, 66, 92, 140, 517
정쌍 204, 287
정아경 701
정아영 287, 646
정여훈 369
정연배 140, 691
정연숙 287, 617, 646
정연심 324
정연창 92 → Jung, Yeon-Chang
정연희 140
정영교 446, 517
정영근 176
정영미 140, 262
정영선 92, 140, 204
정영애 140, 369
정영주 345, 598
정예랜 232, 369, 446
정예리 691
정예희 517, 598
정우희 232, 446
정유진 517
정윤경 691
정은경 92, 204, 446, 598
정은모 204, 287
정은미 161, 351, 691
정은정 249, 691
정은주 345, 446, 552
정은화 92, 617
정은희 162, 691
정익희 691
정인경 204, 314
정재훈 176, 701 → Jung, Jae Hoon
정정 141, 162, 204, 262
정정덕 92, 446
정정승 369
정정식 52
정정정 93, 517
정종수 162, 205, 345
정주리 141, 691
정주미 665, 691
정주영 93, 691
정주희 517
정쥔주 287

정지연 287
정지예 377, 517
정지윤 552
정지은 205, 250, 446
정지현 176, 691
정지혜 598
정진 517
정진경 369
정진배 66
정진봉 176, 553, 665
정진숙 287, 691
정진영 517, 692
정진옥 345, 553
정진철 314
정진현 205, 446
정철주 205
정태섭 176
정하라 446
정하영 446, 646
정한네 141, 446
정해권 232, 447, 617
정해연 232, 287
정향란 447, 646
정현미 205, 517, 646
정현선 93, 598
정현아 517
정현옥 141, 692
정형근 52, 93
정혜 205, 447
정혜경 93, 517, 565, 598
정혜령 517
정혜민 176, 598
정혜진 302, 598, 646
정호선 141, 598
정호완 93
정호진 141
정홍영 517, 646
정환승 53, 517, 598
정효민 205, 233, 370, 377
정효정 287
정효주 205, 233, 287
정훈 93, 517
정희원 93, 692
정희정 447, 536
제갈명 287
齊藤明美 66
齊夢瑤 205, 447
齊振 205, 517
제혜숙 302
제효봉 205, 324, 447
조가 287
조가유 287, 646
조개나 517
조경순 93, 302, 447
조경아 205, 565, 647
조경애 345, 370
조경윤 518
조경임 518
조경하 518
조경훈 287
조광문 162, 176
조나야 53
조남두 692
조남민 141, 176, 287, 288, 325, 447, 553, 598
조남호 665
조동순 692
조동일 53
조동현 205, 233, 288
조련희 205, 447

조렬녕 141, 302
조뢰 93, 518, 598
조명숙 53, 447, 647
조명희 692
조무숙 447
조문경 599
조문비 518, 647
조문정 141
조미경 141
조미선 205, 518
조미영 518
조민정 315, 447, 518, 647
조민하 448
조복자 518
조빈삼 206, 518
조산산 448, 647
조상식 692
조석호 448
조선경 93, 141, 162, 206, 448, 518, 647, 692
조성문 93, 206, 262, 288, 302, 448, 518, 565
조성민 233, 377
조세영 93
조수봉 93, 518
조수진 141, 262, 302, 599, 647, 692
조수현 141, 176, 206, 448
조승복 30, 53
조승은 448
조승희 448
조신 518
조아라 262, 288, 330, 518, 553, 692
조애란 142, 288
조양 93, 448
조영란 93, 692
조영량 518, 647
조영미 53, 94, 448, 599, 701
조영주 315, 647
조영철 345, 370
조영화 94, 518
조오현 30
조옥이 142, 315, 692, 701
조용기 553
조욱경 599
조위수 53, 142, 206, 233, 263, 325, 565, 617
조유경 370
조윤경 94, 233, 250, 553
조윤정 325
조윤지 233, 263, 448
조윤형 315
조윤희 599
조은숙 53, 176
조은영 370
조은주 206
조은희 142, 599
조의성 94, 206
조인순 370
조인옥 553
조인정 142, 206, 233, 315, 345, 377, 448
조일옥 206
조재수 536
조재윤 553
조정 94, 448
조정남 565
조정순 53
조정여 448, 647
조주동 518
조주희 142

조준학 315
조중빈 263
조진경 66
조진영 288
조진희 206
조찬희 142, 263
조창규 94, 519
조창환 599
조태린 30, 94, 176, 206, 665
조하 142, 206, 315
조항록 30, 53, 94, 142, 176, 177, 206, 250, 325, 553, 599, 666, 692, 701
조해순 370, 448
조헌주 519, 647
조현선 666, 701
조현용 53, 61, 94, 142, 162, 206, 315, 449, 519, 553, 600
조현주 302, 693
조현지 162, 519, 693
조형일 53, 94, 370, 519
조혜 142, 206, 449
조혜경 303
조혜란 206, 288
조혜리 288, 370
조혜인 315
조혜진 325, 519, 647
조화영 250
조효경 142, 345
曹曉玲 519, 647
조효뢰 207, 519
조효설 449
조효정 303, 600, 693
종결 449, 520, 647
종량 600
종선 315
주경아 94, 693
주경희 30, 449, 520
주교령 449, 520, 647
周極 600
주도 95, 600
주려빈 520, 647
주림 288, 600
주문효 520, 647
주미옥 142
주서 449, 647
주서연 207, 288
주선자 600, 617
주설 565
주세형 449, 536
주소사 449
주송희 520
주수정 520
周順 449, 647
주시동 600
주신자 449, 648
朱玉 617
주옥파 345, 617, 659
주요 449, 648
주운 233, 449, 648
주원경 143, 520
周元媛 315, 648
주월랑 449, 600, 693
朱偉 449, 648
주유나 315, 648
주은경 207, 449
주은정 617
주일 143, 520
주일문 143
주자우 520, 648
주재우 315, 648

주재환 520
酒井眞弓 288, 450, 648
주중천 450
주지연 520
주지현 233, 370
朱茜 450, 648
주천문 520
周青 520, 648
주하 95, 520
주혼 450
주효진 520
주휘정 701
櫛部榮次 288
증천부 53, 54, 143, 450, 600
지민정 207 → Min Jung Jee
지서원 233, 521
지수용 95, 600
지승필 143
지아씨아오 207, 450
지아오쳔리 521
지창란 143, 521, 648
지현배 250, 600
지현숙 95, 143, 177, 207, 233, 250, 263, 303, 325, 450, 553, 600, 693
지혜성 450
지화숙 288
진가리 233, 450
진강려 207, 345, 450, 565, 600, 702
진경지 143, 521
진교어 325
진기호 450
진꾸이시엔 207, 521
진다위 450, 648
진대연 143, 250, 351, 370, 521, 553
진동하 521, 648
진동희 450
진려혜 521, 648
진로 617
진림 451
진사위 207, 521
진서기 521, 648
진선희 693
진설매 451, 649
진신 233, 451, 521, 649
진아름 521
진아정 451
진양 565, 649
진연주 325, 553
진열 451, 649
진염평 451
진위명 521
진은영 521
진정 143
진정란 54, 143, 177, 207, 250, 666, 702
진정신 95
진정은 451
진정정 521, 649
진제희 95, 207, 234, 250, 263, 303
진청 207, 288
진태하 521
진환 451
진환상 600
짜오원쯔 451
쩌우티투튀 288, 649
쩐 티 타인 프엉 451, 649

ㅊ

차숙정 95, 234, 370, 521
차순정 143, 617

차윤정 66, 234
차인애 601
차재은 541
차한필 54
차현진 162, 370, 554
창성난 289
蔡連康 54
채문숙 451
채미나 451, 649
채보근 666, 693
채부규 451
채상이 234, 370
채숙희 143, 303, 451
채영주 315
채영희 95, 143, 289
채옥자 522, 649
채옥희 162, 693
채완 250
채윤미 601, 693
채윤정 95
채윤희 451
채의나 452
채잉 522, 649
척전 95, 144
泉文明 378
천민지 303
천성옥 177, 601
천신신 522
천영자 54
천우영 693
천은정 207, 371
천자우투이 452
천재윤 315
체나랑게렐 452, 649
초곤 95
초시 95
肖晨樂 522
초아매 452, 649
최경도 95, 452
최경봉 30
최경아 522
최경인 96, 693
최경자 96, 315
최경화 452
최경훈 452
최경희 522, 601
최고양 207
최권진 54, 96, 144, 162, 207, 452, 522, 566, 601, 617, 659, 693
최규련 452
최규수 452
최규일 452
최금단 207, 234, 289
최금자 315, 649
최기영 452
최기호 30, 54, 61, 522, 666
최기홍 242
최길시 30, 96, 554
최낙구 54
최낙복 54
최동권 649
최두열 666, 693
최란희 522, 649
최리나 452, 522
최명선 208, 522, 566
최명옥 30
최명환 96
최문석 96, 144, 325, 452
최미경 522
최미진 346, 617, 693

최민기 693
최배영 144, 694
최보라 144, 234, 452
최보미 234, 371
최보선 452
최봉랑 452
최상식 453, 649
최선경 162
최선미 144, 371
최선아 522, 649
최선영 177, 234, 523, 554, 617, 694, 702
최성 144
최성욱 523
최소현 208, 289
최송아 523, 694
최수근 208
최수정 144, 325, 554
최수진 566, 659
최수현 263
최숙현 694
최숙희 325, 554
최슬기 694
최승식 330
최승원 315, 694
최승호 601
최승희 162
최쓰웨틀라나쎄르게예브나 54
최아람 523
최안나 523
최애녕 316
최연 453
최연숙 208, 566, 694
최연재 144
최열 144, 208
최영 263, 453
최영권 96, 208
최영란 208
최영롱 316
최영미 346, 371
최영빈 453
최영자 523
최영환 694
최영희 601
최예리 453
최옥춘 523, 649
최용기 54, 666, 694
최용재 61
최우영 234, 371
최욱 234
최운선 523, 694
최웅환 453, 601
최원오 617, 694
최원평 453, 523
최유리 453
최유미 144, 566
최유진 234
최유하 250
최윤갑 30, 54
최윤곤 54, 144, 162, 177, 250, 316, 453, 702
최윤정 162, 177, 234
최윤혜 177, 346
최윤희 96, 145
최은경 453, 650
최은규 54, 66, 96, 145, 162, 208, 250, 251, 453, 554, 702
최은란 208
최은미 316
최은영 289, 325

최은정 208, 234, 289, 454
최은주 523, 650
최은지 55, 96, 208, 234, 325, 371, 523
최은하 55, 289, 650
최인나 55
최인락 601
최인실 378
최인자 96, 145, 316, 618
최인정 523, 694
최재찬 145, 702
최재혁 454
최재희 454
최정민 55
최정순 30, 96, 145, 162, 177, 234, 251, 289, 303, 316, 346, 351, 554, 601, 694
최정인 145, 371
최정희 145, 371, 601
최종원 523
최종훈 650
최주리 235, 371
최주열 96, 163, 251, 523, 601
최주희 208, 289, 454
최죽산 566
최준식 601
최지아 523
최지연 208, 371
최지영 96, 454, 523, 694
최지은 289
최지현 145, 209, 351, 618
최지훈 454
최진숙 145, 163, 524
최진아 145
최진영 660 → Jin Young Choi
최진희 263, 325, 601, 694
최창성 55
최청미 251
최충옥 694
최탁래 454, 650
최태호 251, 618, 694
최하영 209, 601
최한우 55
최해주 97, 454
최향란 289
최향옥 145, 371
최현섭 30
최현욱 695
최현정 209, 235
최현주 145, 602
최현지 235, 289
최형난 146, 177
최혜경 209 → Choi, Hye-Kyung
최혜령 97 524
최혜민 371, 554, 566
최혜진 97, 163, 177, 209, 695
최호량 289, 650
최호림 524
최호정 524
최호철 30, 524
최효선 251
최효연 454
최효정 146, 371
최희명 346, 371
최희수 30, 55
최희아 602, 650
최희정 524
최희진 602
추민 454
추엔웨이 454, 650
추영재 454
추의정 251

추준수 235, 455
추혜정 146
축취영 618
췌이가오양 524
췌이페이 524, 650
츠루마루 타쿠야 524, 650
츠모리 사유리 524, 650
침혜령 524, 650

ㅋ

카몰로브 만수르 524, 650
카와노유카 209, 455
카츠타 사토시 209, 524
코미야 유미코 524
코올뤼 라지예 455, 650
콩웨이나 455, 650
콩판레이 316, 650
쿤 드 퀘스터 55
키무라 하루나 542, 650
키타무라 타다시 455

ㅌ

타마라 카플란 372
타바타 미츠코 524
타카스카 요코 303
타티아 마나가제 524, 651
탁진영 235, 455
탄나나 455, 651
탄투이밀린 524, 651
탕톈쟈오 209, 525
태평무 55, 177, 602
테미르불라토바 인디라 525, 651
테시마 아이코 146
테티아나보디아니츠카 525, 651
텟텟윙아웅 455, 651
토모자와 아키에 55
토우조우 나오코 525
티엔티다탐즈른깃 55

ㅍ

파와나 펫프라이 263, 525
판디 525, 651
판띠홍하 330
판원차오 146, 525
팜티탄냔 455, 651
팜티튀린 97, 455
팽언 326
펑쉬통 97, 455
페이페이 455
편효경 146, 263
포문수 97, 455
포윤 209, 455
폴리 룽 209, 378
표마마딴 525, 651
푸레브오치르 아디야수렝 55, 146
풀쌉쌔뚜 455
풍월흠 455, 651
풍의산 55
풍정 455, 651
풍진동 456, 651
풍혜월 456, 651
퓨퓨민 525, 651
프로스트 56
플로리안 456, 651
피트리 메우티아 289 → Meutia Fitri
필숙나 456, 651
필아걸 209

ㅎ

하경식 525
하과 456, 651
夏琪 566
하나리 209
하미령 235, 456
하설월 525
하성희 525
하세가와 유키코 146, 209, 290, 456
하수정 525
하수진 456
하승현 97, 372
하안나 660
하연주 146, 602
하염야 602, 651
하영우 290
하원원 525, 652
하윤정 525, 652
하은진 456, 660
하인숙 56
하재선 146
하지걸 456
하지경 456
하지선 456
하지영 146, 209, 290
하채현 702
하치근 31
하타나 카츠유미 290
하평평 263, 372
하화정 525
학명예 602
학미 290
학사경 566
학회 602
한가누 비앙카 알리나 209, 456
한경구 695
한경진 536
한경화 326
한교 525, 652
한국희 163, 525
한귀은 178
한금희 526
한기흔 235, 263
한길 456
한나 526
한도 치즈코 702
한득봉 56
한명숙 566, 695
한미경 456, 652
한미연 163, 526, 695
한민지 235, 526
한병수 456
한봉원 146, 526
한상 456, 526
한상미 178, 209, 235, 251, 264, 303, 526, 555, 566, 602, 702
한상영 695
한서인 290
한선 147, 178, 602
한성우 210, 290
한성일 660
한성희 526
한세환 457, 652
한송윤 457
한송화 147, 163, 178, 235, 251, 457, 526, 566
한송희 147, 210
한수민 326
한슬기 602

한승규 303, 457
한승옥 618
한아름 242, 695
한여빈 526
한염아 457
한영 235, 346
한영균 56, 526
한영목 31, 251
한예진 457
한옥순 618, 660
한옥희 457
한용 56
한욱 457, 652
한원덕 660
韓媛媛 210, 235, 457
한유석 526, 536
한윤정 458, 602
한은실 526
한인희 458, 526
한재영 31, 61, 97, 210, 290, 458, 526
한정연 527, 602
한정일 527
한정희 235
한제 210, 458
한중덕 458
한지은 458, 652
한지현 458, 652
한진건 458, 527
한청 235, 458, 652
한하림 458
한현진 527
한혜민 147
한후영 566
한희숙 458
함계임 372, 458
함미령 210, 235, 458
함미자 527
함병호 458
함욱 97, 316, 695
함윤희 527
함은주 290
함정현 346
해가림 458, 652
향우우 458, 652
허경 251
허기 458, 652
허남영 458
허덕행 56
허련화 56
허명란 372, 459
허문영 264, 555
허미정 372
허미진 527, 555
허벽 527, 652
허봉자 178, 210, 235, 459
허성도 652
허세립 316, 652
허송난 97
허연경 459
허영자 56
허용 31, 97, 147, 178, 210, 236, 251, 290, 291, 459, 555, 602, 652, 695
허웅 603
허유라 147, 291
허은혜 372, 527
허재석 459
허재영 31, 66, 147, 210, 316, 372, 459
허정영 527, 652
허정정 527, 652
허지애 147

허지은 326, 330
허지훈 147
허팔복 147
허형원 56
허훼정 459, 653
허흔 527, 653
헤르만 147
현성준 527, 653
현우주 527
현원숙 56
현윤호 97, 147, 148, 264
현은애 346, 695
현해영 527, 653
현효정 291, 653
형연희 264
형육 528, 653
형재연 97, 528
혜정 459, 653
호결 528
호명양 148
호선희 97, 459
호심 98, 316
호양 291
호유선 528
호전마수자 148, 210, 459
호접 459, 653
호정환 98
호총총 459
호취월 528
혼다 토모쿠니 148, 372, 566, 603
홍경표 98
홍경화 303, 459
홍도일 291
홍미경 528, 653
홍미현 459, 653
홍미희 666
홍민경 460
홍범표 666, 702
홍사만 653
홍선미 148
홍선수 566
홍성채 98, 528
홍성희 163, 178, 695
홍수민 148, 210
홍순주 98, 148
홍승랑 148, 163, 695
홍승아 566
홍승연 316
홍승희 316, 372
홍연정 236, 460
홍용도 163, 696
홍용철 460
홍윤기 98, 163, 372, 460, 528
홍윤의 98
홍윤표 148
홍윤혜 148, 264, 460
홍은선 210, 346
홍은실 98, 148, 210, 372, 555
홍은영 291
홍은진 56, 210, 236, 528
홍재성 56, 461, 536
홍정은 148
홍정현 372
홍종명 148, 163, 178, 210, 303, 330, 346, 351, 555, 696 → Jong Myung Hong
홍종선 56, 378, 461, 537, 696
홍종호 372, 461
홍종화 461
홍주영 98, 148

홍주희 537, 566
홍진영 211, 567
홍진향 666
홍칠선 98, 163, 696
홍혜란 211, 372, 461, 528
홍혜련 603
홍혜준 603
홍희종 148
황 뱌채슬랍 178
황가이 148, 603
황갑진 666, 696
황경수 31, 61, 461
황나영 461
황단 528, 653
황도생 461, 653
황미연 236, 291, 528, 653
황미향 372
황민형 346, 528
황산산 291
황상심 696
황선영 304
황설운 163, 603
황성은 528
황성현 346
황성희 696
황소하 528
황순희 660
황신 461, 653
황아영 461
황영미 461, 461
황예 529
황용 603
황우철 603
황유복 56
황유진 567
황윤정 163, 178
황은미 378
황은정 529
황은지 149, 291
황은하 211
황인교 31, 56, 149, 178, 346, 372, 603, 618, 696, 702
황인해 149, 163, 696
황임화 529, 653
황재웅 373, 603
황재원 346, 603, 696
황정민 211, 567
황정숙 98, 461
황정아 529, 603
황정인 236, 346
황정현 326
황정혜 529, 604
황종 211, 529
황종배 461
황주원 98
황주하 98, 236, 461, 567
황지민 529, 604
황지원 461
황지유 149, 291
황진 666, 696
황진영 667, 696
황진재 149, 346
황철 461
황티엔 163, 178
황현숙 291
황현옥 461, 462
황현주 164, 178
황혜경 164, 179, 696
황혜나 98, 251
황혜진 462

황효명 618
황효우 98, 462
황희선 373
후문옥 529
후스차 57
후인 투이 미 웬 149, 211, 291
후지모토 유키오 57
후지와라 요시쯔구 211
후지이시 다카요 57, 149
후찡 264
후청 211, 236, 291
히가시노 사토미 462
히라타 에미 211, 291
히로유키 사와다 264, 529, 555
→ 사와다 히로유키
히시게 57

Adinda, Rura Ni 211, 291
Ahn, Sang Cheol 529
Aizawa Yuka 462
Albrecht Huwe 373
Anders Karlsson 57
André Fabre 462, 653
Andrew Inseok Kim 316
Andrew Kim 653
Angela Lee Smith 316, 529, 537 → 리 스미스 안젤라
Angkul Titiwat 316, 654
ANJALI, SINGH 236, 373, 529
Anna Wierzbicka 604
Antonetta L. Bruno 57
Aung, Phyu Phyu 462
Bae Jungok 373
Bae Sungbong 529
Banks, James A. 61
Banzragch, Oyungerel 291
Barbara Unterbeck 604
Batsaikhan Munkhtsetseg 462, 654
Beckers-Kim 604
Brekle, Herbert E 31
Bronislav Lee 57
Bronislav S. Lee 57
Camino, Tabitha Naomi 462, 529
Cha, Ho-Soon 654
Chang, Shin-Jae 654
Chen, Liuyan 149, 462
Chin W. Kim 292, 654
Choi, Hye-Kyung 304 → 최혜경
Choi, Jong-Wook
Chu Wen Bo 567
Chun, Hee Chung 604
Cong, Ni 462
Cui, Yinglan 304, 462
D. OTGONTSETSEG 529, 654
D. Skorbatyuk 604
Dina Yehia 211, 264
Donald Baker 604
Dong Jae Lee 149 → 이동재
Dong, Liyang 530, 654
Du, Fan 236, 292
Elias, Miryanthi Savitri 292
Eung Do Cook 292 → 국응도
Fan, Kexin 462, 654
Fkorian Carolus Horatianus 57
Fouser, Robert J. 98, 149, 555, 654, 696
Fraschini, Nicola 149, 251, 346
Fred Lukoff 317, 462
Ghebru, Bethel 654
Gotz Wienold 530
Han Sohn 179 → 손한

Heba Mohammed 211, 236, 373
Ho Min Sohn 31, 99 → 손호민
Hoang Thi Hai Anh 179, 696
Hu Meng 530
Hyung Mi Joo 242
I, Nadezda 236, 530, 654
Ik Sang Eom 242, 292, 462
Il Kon Kim 462
In Seok Yang 462, 530
Intaek Kim 292
Jae Hoon Yeon 462 → 연재훈
Jae Oh Choi 463
Jaiswal, Mukesh Kumar 463
Jason Bumyong Sung 211, 530
Jean L. Turner 211
Jeong-Yi Lee 373
Ji Meng 292
Ji Young Jung 236
Jiang, Linghui 463, 654
JIN RIQUAN 604
JIN XIAN SHUN 463, 530, 654
Jin Young Choi 304 → 최진영
Jin Zhongshi 150, 264
Jiyoung Daniel 304
Joe Jungno Ree 463 → 이정노
John H. Koo 463, 604
John Y. Sohn 57, 211, 463 → 손종영
Jong Myung Hong 463 → 홍종명
Julie Damron 236
Jung, Jae Hoon 99, 150 → 정재훈
Jung, Yeon-Chang 463 → 정연창
Kang, Insun 304
Kang, Seok-Han 99
Karlsson, Anders 604
Kawaji, Mai 463
Kenneth M. Wells 251
Kesmanee, Chutimon 212, 463
Khandaker Ariful Islam 212, 463 → 아리프 이스람
Kidera Emi 212, 463
Kil Su Park 99
Kim Eun-Joo 236, 292, 373 → 김은주
Kim, Byong Won 31 → 김병원
Kim, Kyung Ryung 212, 463 → 김경령
Kim, Namkil 464 → 김남길
Kim, Young Soon 464 → 김영순
Kim-Renaud 31 → 김영기/Young Key Kim
Koncevich, L. R 57
Kondo Mikako 212, 292
Krawmoh, Wanida 464, 654
Kumagai Yuichi 654
Kurashima, Reiko 304, 464, 654
Kwan Sik Minn 99
Kyung Min Bae 252
Lay Lay Mon 464, 655
LE DANG HOAN 99
Lee, Da Mi 212, 304 → 이다미
Lee, Jong Eun 150, 212, 555 → 이종은
Lee, Shin Sook 292
Lee, Young Geun 99 → 이영근
LEI LEI 292
Lein, Gim Woon 164
LI, QIAN 530, 537
Li, Tatiana 604
Liang Miao 150, 604
Lim, Ji Ryong 464, 655 → 임지룡
Lim, Jong Seong 464
Lin, Yao Hua 655
Liu Dan 57

Liu Lu 464, 655
Liu Shuang 530
Liu, Fangtong 464
Liu, Shuang 655
LU WEN JING 464
Luedee, Natthawut 292
MA guij-uan 655
Ma Jun 530
Marcin Starnowski 57
Matsuo Isamu 57
Meng Lin 530, 655
Merrill, Craig C. 57
Meutia Fitri 212, 292, 655 → 피트리 메우티아
Min Jung Jee 99 → 지민정
Mizuma Ikumi 150, 530
Moon, Kyung Hwan 464
Morya Misako 317
Mouri, Mina 655
Mukabenova, Zhanna 236, 464
Myat Thida Oo 530, 655
Myung Yoon Kang 464
Nam Gui Chang 99
Nam Kil Kim 150, 464, 465 → 김남길
Nam Victor 57 → 남 빅토르/Victor Nam
Nguyen Thi Phuong Mai 604
Nicola Fraschini 655
O' Grady, William 212, 465, 604
Odontuya, Enkhtaivan 530, 655
Osaman, Rania 655
OTSUKA CHIE 212
OWN, OUT 655
Paradowska, Anna Izabella 292
Phan Thi Thanh Lan 57
Piao Lian Yu 567
Piao, Chengri 465
Pippidhana, Boonma 555
Qi Feng 530
Qin, Lifeng 530
Ross King 32, 58, 150, 618
Rou Seung Yoan 605, 702
Roy, Alok 655
S. Robert Ramsey 212, 378
Sabine Ganter 99
Sainbilegt. D. 179
Saito Akemi 58
Seong, Buiboke 655
Seung-Jung Kim 567
Shao Juan 531
Shi, Jian 465, 656
SHILEI 465, 656
Shin, Seong-Chul 32, 212, 236, 237, 252, 531, 667
Sila-ek Supsin 212, 292
Skillend W. E. 58
Sohn, John Y. 179
Sohn, Joong-dong 212, 465
Sohn, Sung Ock Shin 32
Sonja Häußler 58
Soo Ah Kim 99
Soo Ok Kweon 465
Srijan Kumar 465, 656
Stefan Kramer 531, 656
Suci Dewi 150
Suketsak Wanvaja 212, 373
Sun Linru 465
Sun, He 317
Sung Ock S. Sohn 465
Sung Yun Bak 465

Sung-Yeon Kim 373, 531 → 김승연
Tamara Kaplan 58
Tran Thi Huong 150
Trang, Le Thanh 531, 656
Unterbeck, Barbara 99
V. D'Urso 618
Vercholyak, Vladmir 179, 555
Victor Nam 179, 373 → 남 빅토르/Nam Victor
Vu, Thi Ngoc Anh 237, 531
Wang dan 58
Wang Su Yao 531, 656
WANG SUXING 656
WANG Ye 237, 465
Wang, Duan 465, 656
Wang, Hye Sook 605 → 왕혜숙
Weon-Don Jeong 292
Werner Sasse 605 → 자세 베르너
Won Pyo Lee 465 → 이원표
WU JINGJING 465, 656
Wu Xiao 567
Wu Yi 465, 656
XU XUEFEL 465
Yan, Wang 531, 656
Yang Yang 466
Yin, Lan 466
Young Key Kim 179 → Kim-Renaud/김영기
Yu, Hongrui 466, 656
Yu, Wenjing 293
Yutani, Yukitoshi 555 → 유타니 유키토시
Z. Gantsetseg 531
Zhang Li Li 466
ZHANG LIN 213, 293
Zhang Lu 466
Zhang Rui 213, 237
Zhang Wenyi 213
Zhang Xiaowen 213, 466
Zhang Yue 531, 656
Zhang, Xiaoman 466, 656
Zheng Hui 466
Zheng, Chunlan 466, 656
Zheng, Shunmei 531, 656
ZHOU, WENXIAN 237, 531
Zhu Ming 347, 351
Zhu Wenying 99, 264
Zhu, Cuiying 213, 618

신구 한국어교육선서 14

한국어교육 연구의 현황 2013

초판 발행 2013년 12월 18일

지은이 한재영
펴낸이 김정일
펴낸곳 신구문화사
디자인 은디자인

등록 1968년 6월 10일 제1-205호
주소 경기도 성남시 중원구 광명로 395번길1
전화 031-741-3055~6
팩스 031-741-3054
이메일 shingupub@naver.com
홈페이지 www.shingubook.com

ISBN 978-89-7668-202-4 93700

*지은이와 협의에 따라 인지는 생략합니다.
*값은 뒤표지에 있습니다.